Gustav Adolf Beckmann
Gesammelte Aufsätze zur altfranzösischen Epik

Gustav Adolf Beckmann

Gesammelte Aufsätze zur altfranzösischen Epik

DE GRUYTER

ISBN 978-3-11-073650-2
e-ISBN (PDF) 978-3-11-061569-2
e-ISBN (EPUB) 978-3-11-061583-8

Dieses Werk ist lizenziert unter der Creative Commons Attribution-NonCommericial-NoDerivatives 4.0 Lizenz. Weitere Informationen finden Sie unter
https://creativecommons.org/licenses/by-nc-nd/4.0/.

Library of Congress Control Number: 2018967104

Bibliografische Information der Deutschen Nationalbibliothek
Die Deutsche Nationalbibliothek verzeichnet diese Publikation in der Deutschen Nationalbibliografie; detaillierte bibliografische Daten sind im Internet über http://dnb.dnb.de abrufbar.

© 2020 Gustav Adolf Beckmann, publiziert von Walter de Gruyter GmbH, Berlin/Boston
Dieses Buch ist als Open-Access-Publikation verfügbar über www.degruyter.com.
Dieser Band ist text- und seitenidentisch mit der 2019 erschienenen gebundenen Ausgabe.

Satz: Meta Systems Publishing & Printservices GmbH, Wustermark
Druck und Bindung: CPI Books GmbH, Leck

www.degruyter.com

Danksagung

Mein Dank geht diesmal zunächst an die Verlage, die – von Deutschland über die Benelux-Staaten und Frankreich bis Spanien – bereitwillig dem gebührenfreien Nachdruck meiner Aufsätze zustimmten.

Sodann an das Team des de-Gruyter-Verlages für eine – in der Tradition des alten Niemeyer-Verlages – nun schon altbewährte Zusammenarbeit. Insbesondere danke ich zum vierten Mal Dr. Ulrike Krauß, zum zweiten Mal Dr. Christine Henschel als verantwortlichen Lektorinnen, nicht minder für die Produktion jetzt Anna Hofsäß, die die Mischung von alten und neuen Abstracts, alten, zum Teil rekonvertierten Texten und neuen Postskripts samt dem Umgang mit einem ‚digitalstutzigen' Autor reibungsfrei bewältigte.

Meine Dankesschuld gegenüber Anne Éliès-Neuberg als französischer Muttersprachlerin und Diplom-Übersetzerin wird in der Einleitung zu präzisieren sein.

Meine Frau Erika Timm hat das Entstehen aller dieser Texte jetzt zum zweiten Mal aktiv mit durchlitten; ich weiß nicht recht, wie ich ihr dafür danken soll.

Trier, den 1. 1. 2019   Gustav Adolf Beckmann

Open Access. © 2019 Gustav Adolf Beckmann, publiziert von De Gruyter. Dieses Werk ist lizenziert unter der Creative Commons Attribution-NonCommercial-NoDerivatives 4.0 Lizenz.
https://doi.org/10.1515/9783110615692-202

Zum Geleit

Der vorliegende Band ist vor allem gedacht als *companion volume* zu meiner *Onomastik des Rolandsliedes* (Beiheft 411 zur Zeitschrift für romanische Philologie), Berlin, de Gruyter, 2017.

Zwei der wiederabgedruckten Aufsätze, *Le vers, le verset et le contexte* und *Schwierigkeiten und Triumph einer Überhöhung*, überschneiden sich inhaltlich mit Passagen meiner *Onomastik*. Doch was dort auf die einzelnen Lemmata verteilt und in recht technischer Darstellung erscheint, wird hier unter je einem dominanten Gesichtspunkt zusammengefasst: zum einen soll die biblische Typologie als noch immer unerschöpfte Inspirationsquelle des Dichters vorgeführt werden, zum anderen habe ich versucht, einen großen historischen Prozess – kühn gesagt: die Arbeit ‚Turolds' an seiner Vorlage – gewissermaßen generativ, also als sich entfaltend, einzufangen.

Im Übrigen bestimmen zwei methodisch zentrale Aspekte, die beim Rolandslied in meiner *Onomastik* bis in alle Details verfolgt werden konnten, auch hier den Großteil des Bildes, doch hier zwanglos gestreut über die altfranzösische Epik als Gattung: Fragen der Onomastik und solche der Historizität des Dargestellten. Wie dort, so greifen auch hier beide Aspekte meist sogar ineinander: Personennamen wie *Audegarius (+ Oscheri) ~ Oggero Spatacurta ~ Ogier*, *Malduit* der Schatzmeister, *(Ricardus) Baligan*, *Nikephóros ~ Hugue li Forz*, *Witburg ~ Wigburg ~ Guibourc* neben *Widukind ~ Witekind ~ Guitequin/-clin*, *Alpais*, *A(da)lgis (→ Malgis/Amalgis)*, Toponyme wie *Belin*, *Lucena ~ Luiserne*, *Worms ~ Garmaise*, *Dortmund ~ Tremoigne*, *Esch-sur-Sûre ~ Ascane*, *Avroy ~ Auridon ~ Oridon ~ Dordone*, *Aigremont ~ Acremonte*, *Pierrepont ~ Pierlepont* sowie das doppelte Hydronym *Rura ~ Rune* und *Erunia ~ Rune* bringen jeweils ein Stück ihrer überraschenden, aufschlussreichen Geschichte mit sich. Gelegentlich ist das Problem nur randhaft ein onomastisches, im Wesentlichen eines der Historizität wie bei *Renewart ~ Rainoart*; umgekehrt kommt es vor, dass die Onomastik aussagekräftig, eine historische Person aber nicht zu ermitteln ist, so bei *Renaut d'Aubépine ~ de Montauban*. Ganz vereinzelt wage ich eine These aufzunehmen, der zufolge ein Name für einen anderen eingetreten ist, nämlich *Berthe* für *Alpais*.

Nach so viel Onomastik und Historie habe ich in den drei letzten Beiträgen ‚gegen den Strich gebürstet'. Schon Alpert von Metz und der Pseudo-Alkuin sind meines Erachtens keine Zeugen der frühen altfranzösischen Epik. Chlothars II. Sachsenkrieg – so es diesen denn gab – bildet zur altfranzösischen Epik zwar nicht ein Stück Vorgeschichte, sondern ein Stück ‚Vorgeschichte zweiten Grades', doch ließen sich Überschneidungen zu dem Aufsatz über die (Sachsen-) *Epik um einen Fluss* nicht ganz vermeiden; der bisher unveröffentlichte

Aufsatz wendet sich übrigens primär nicht an den Literaturhistoriker, sondern an den Fachhistoriker, lädt diesen aber zu einer hier notwendigen additiv fach- und literarhistorischen Interpretation der reizvollen Erzählung ein. Der letzte Beitrag stellt sogar eine mit Sicherheit unhistorische Gestalt vor – strenggenommen allerdings nicht aus der Epik, sondern hier aus der Chronikliteratur –, bei der die Nichtnennung ihres Namens gerade die Bedingung ihres Weiterlebens war.

Bei dem ältesten der Aufsätze, über *Hugue li Forz*, hielt ich es für geraten, einige zähflüssig-polemische Passagen merklich zu straffen (was sprachlich einige Neuformulierungen nötig machte). Doch von diesem Einzelfall abgesehen, sind die Texte bewusst in ihrer ursprünglichen Erscheinungsform, bis auf die Ausmerzung einzelner Druckfehler und die Anpassung von Seitenverweisen auf den vorliegenden Band, beibehalten – bei deutschsprachigen Aufsätzen einschließlich der Rechtschreibung, bei allen einschließlich der Charakteristika der jeweiligen Zeitschrift.

Wohl aber habe ich alle Aufsätze sorgfältig aus der Forschungsperspektive des Jahres 2018 durchgesehen und, wo es mir nötig oder zweckdienlich erschien, mit einem Postskriptum versehen. Ich brauche kaum zu betonen, dass diese Postskripte keine Forschungsberichte sind und auf fremde Arbeiten nur gedrängt eingehen können, und auch das nur, wo diese mit meiner Auffassung in mehr als randhafter Weise kollidieren oder zu kollidieren scheinen. Da ich – die Postskripte eingerechnet – zum Inhalt der Aufsätze stehe wie zur Zeit ihrer Veröffentlichung, habe ich sie nicht nach dem Datum ihres Erscheinens, sondern nach thematischen Gruppen geordnet; ich hoffe, dass die Sammlung dadurch mehr den Charakter eines Panoramas bekommt.

Soweit die älteren Aufsätze noch mit keiner französischen oder englischen Zusammenfassung versehen waren, habe ich ein französisches *résumé* beigefügt. Dankbar betone ich dabei, dass alle meine französischen *résumés* – die alten wie die neu hinzugekommenen – unter der glättenden Hand von Anne Éliès-Neuberg, Trier, nicht nur sprachlich, sondern auch an inhaltlicher Durchsichtigkeit merklich gewonnen haben.

Nicht in die Sammlung aufgenommen, obwohl thematisch zur altfranzösischen Epik gehörig, sind die folgenden Aufsätze:

Der Bischof Johannes im deutschen Rolandslied – eine Schöpfung des Pfaffen Konrad? In: Beiträge zur Geschichte der deutschen Sprache und Literatur 95 (1973), 289–300, weil ich des Ergebnisses (speziell aus methodischen Gründen) nicht mehr sicher bin;

L'identification «Nobles = Dax». In: Le Moyen Age 79 (1973), 5–24, weil im Wesentlichen übernommen in meine *Onomastik des Rolandsliedes*;

Zwischen Trier und Aachen. Der geographische Rahmen der altfranzösischen Basinerzählung (Karlamagnussaga I 1–26). In: *Verführung zur Geschichte. Festschrift zum 500. Jahrestag der Eröffnung einer Universität in Trier 1473–1973)*, Trier 1973, 60–70, weil im Wesentlichen übernommen in mein Buch *Die Karlamagnús-Saga I und ihre altfranzösische Vorlage* (Beiheft zur Zeitschrift für romanische Philologie 344), Tübingen, Niemeyer, 2008;

Die erste Branche des Couronnement Louis und die drei Typen epischer ‚Historizität'. In: Germanisch-romanische Monatsschrift NF 24 (1974), 385–408, weil eine besonders bei der damaligen Forschungslage akute Unterscheidung (zwischen mündlicher Überlieferung, schriftlicher Überlieferung und Anpassung an die Zeitgeschichte) auf schmaler Faktenbasis etwas langatmig abgehandelt wird.

Um in Bezug auf meine Arbeiten zur altfranzösischen Epik vollständig zu sein, seien auch die beiden noch nicht erwähnten Buchveröffentlichungen genannt:

Wieland der Schmied in neuer Perspektive – Romanistische Fakten und germanistische Folgerungen, unter Mitarbeit von Erika Timm, Frankfurt a. M., Peter Lang, 2004, und *Gualter del Hum – Gaiferos – Waltharius* (Beiheft 359 zur Zeitschrift für romanische Philologie), Berlin/New York, de Gruyter 2010.

Inhalt

Danksagung —— V

Zum Geleit —— VII

Ogier

1 Oggero Spatacurta und Ogier le Danois
   Zur Komplexität einer epischen Tradition —— 3

Rolandslied und Pseudo-Turpin

2 Le vers, le verset et le contexte : encore le Roland d'Oxford et la Bible
   À propos de *Roland* 1423 et suiv., 2393, 2477 et 2616 —— 45

3 Schwierigkeiten und Triumph einer Überhöhung
   Zur Erzählkunst im Rolandslied —— 55

4 *Aoi* und kein Ende? —— 87

5 *Malduit*, ein Scherzname im Oxforder Roland-Manuskript –
   und ein Priester namens Baligan —— 115

6 Von Belin, einem Rätsel am Jakobsweg, von der Begräbnisliste
   des Pseudo-Turpin und von Herzog Naimes —— 131

Wilhelmsepik

7 Das Beispiel Renewart
   Geschichte und Folklore als Inspirationsquellen
   der altfranzösischen Epik —— 161

8 Luiserne und der überraschende ‚historische' Hintergrund
   der *Enfances Vivien* —— 199

Karlsreise

9 Hugue li Forz – zur Genesis einer literarischen Gestalt —— 225

Sachsenepik

10 Epik um einen Fluss: Geographie, Geschichte und Mittellatinistik als Schlüssel zur Sachsenepik —— 247

Alpais und Berthe

11 Les deux Alpais et les toponymes épiques (Avroy-)Auridon-Oridon-Dordon(e) —— 293

12 Berthe au(x) Grand(s) Pied(s) – ou plutôt : les Enfances d'un « faux bâtard » —— 305

Renaut de Montauban

13 Maugis d'Aigremont
Zur Genesis einer literarischen Gestalt —— 331

14 Pierrepont at a crossroads of literatures
An instructive parallel between the first branch of the *Karlamagnús Saga*, the Dutch *Renout* and the Dutch *Flovent* —— 355

15 Renaut de Montauban and the Pseudo-Turpin's Renaut d'Aubépine – two names for one person? —— 373

Zwei Fehlspuren und ein Ersatz für sie

16 Sind Alpert von Metz und der Pseudo-Alkuin frühe Zeugen der altfranzösischen Epik? —— 397

Vorgeschichte zweiten Grades

17 ‚Chlothars II. Sachsenkrieg': eine Relektüre —— 421

Ein Seitwärtsblick

18 Odins Schatten auf der Durchreise in Rouen —— 457

Ogier

1 Oggero Spatacurta und Ogier le Danois

Zur Komplexität einer epischen Tradition

Résumé : Pour évaluer les désignations et l'ancrage historique de ce personnage, il importe de confronter plusieurs données qui peuvent a priori sembler hétérogènes :

1) Dans une charte de 1063 (sinon de 1053), émanant de Guigues le Vieux, comte d'Albon (~ Dauphiné), un témoin s'appelle *Otgerius spata curta*. Ce nom rappelle l'*Oggero Spatacurta* de la *Nota Emilianense* et prouve que non seulement l'Ogier épique lui-même, mais aussi son épée légendaire étaient connus dès le milieu du XIe siècle dans un vaste territoire s'étendant au moins de la Rioja espagnole jusqu'en Dauphiné.

Ici, *spata curta* désigne le *(scrama)sax* ou *semispatium* du haut Moyen Âge, arme apte à frapper, piquer et même à éventrer, doté à l'origine d'une lame d'environ 25 cm, puis d'environ 50 cm ou même un peu plus longue vers les IXe ou Xe siècles. À cette dernière époque, elle cessa définitivement de faire partie de l'équipement du chevalier au profit de l'épée classique, désormais unique arme de taille, à lame d'environ 65–80 cm. Parallèlement, le terme *spata curta* devait prendre une connotation de 'pré-chevaleresque, farouche'.

2) Le duc *Audgarius* des années 752–771, 'spécialiste' des relations avec le pape sous Pépin, détenteur de biens fiscaux à l'ouest de Paris probablement déjà sous Pépin, certainement sous Carloman, est quasiment indissociable de la mention de *Ga(i)llardon* dans la *Chevalerie Ogier*. C'est bien lui le modèle principal de l'Ogier épique.

3) Pourquoi alors Ogier *le Danois* ou *de Denemarche/Danemarche* ? Il n'est guère possible de dissocier le viking *Oscheri dux* (< anc. norrois *Ásgeirr* ; cf. anc. angl. *Osgar*), qui sévissait surtout dans l'ouest de la France de 841 à 851, notoire comme destructeur de Beauvais, d'Ogier 'le Danois', destructeur de Beauvais dans la *Chevalerie*.

4) Le roi danois *Gøtrik* (ou peut-être *Guðfrið/Guðrøð*, le nom vernaculaire étant difficile à restituer), ennemi de Charlemagne, *Godofridus* dans les sources latines contemporaines, est devenu le roi danois *Gaufrei/Gaufroi*, père d'Ogier dans la *Chevalerie*.

5) Enfin, l'indéniable polarité inhérente à l'Ogier épique – loin de nécessiter l'hypothèse de deux Ogier *francs*, l'un conseiller intime, l'autre ennemi de Charlemagne – s'explique par l'isolement progressif auto-imposé de l'Ogier historique, reconnu par la plupart de ses compatriotes comme hautement honorable, mais aussi comme tout à fait contraire à la raison d'État.

I

Als im Jahre 1953 die Romanistik in der *Nota Emilianense* einen *Oggero Spatacurta* als Paladin Karls des Großen kennenlernte, konnte dessen Identität mit dem *Ogier le Danois* der altfranzösischen Epik nicht zweifelhaft bleiben.

Anmerkung: Erstmals veröffentlicht in: Zeitschrift für romanische Philologie 120 (2004), 421–456.

Open Access. © 2019 Gustav Adolf Beckmann, publiziert von De Gruyter. Dieses Werk ist lizenziert unter der Creative Commons Attribution-NonCommercial-NoDerivatives 4.0 Lizenz.
https://doi.org/10.1515/9783110615692-001

Dennoch gab die neue Benennung der Forschung zwei Probleme auf: einmal führt Ogier sein Schwert *Corte/Cortain* noch nicht im Oxforder *Roland*, sondern erst in den jüngeren Fassungen von V4 an sowie im *Fierabras*, *Agolant*, *Aspremont*, *Renaut de Montauban*, in der *Chevalerie Ogier* und in anderen, noch späteren Epen;[1] zweitens aber macht keine Chanson de geste und kein Dokument außer der *Nota Emilianense* aus dem Namen des Schwertes einen Beinamen seines Trägers. Wer der *Nota* eher skeptisch gegenüberstand, konnte in dem ersten Umstand ein Argument für deren möglichst späte Datierung, in dem zweiten ein Anzeichen für ein noch embryonales Stadium der Ogierlegende, ja für den peripher-provinziellen Charakter der *Nota* sehen.[2]

Andererseits hat Ramón Menéndez Pidal im Namen des Neotraditionalismus nicht gezögert, wie die anderen Angaben der *Nota* auch diese in einen großen Zusammenhang zu stellen:

> «La *Nota* constitue, en outre, le premier témoignage connu sur l'épée légendaire d'Ogier, en dotant ce héros d'une épithète épique, *Oggero Spatacurta*. Un tel surnom manifeste un grand archaïsme dans le développement de la légende épique d'Ogier, puisqu'il n'apparaît plus dans les nombreuses chansons de geste postérieures, celles que nous connaissons aujourd'hui. Mais le caractère épique du surnom, au XIe siècle, est tout à fait hors de doute aux yeux du traditionalisme, qui ne voit aucun motif pour refuser un entier crédit au témoignage de la *Nota*, d'autant qu'il est conforme à l'usage, pratiqué au cours du même siècle, des épithètes composées d'un substantif ou d'un adjectif; cet usage nous est attesté par l'apocryphe de Saint-Yrieix. On peut donc conjecturer que, dans les gestes françaises du XIe siècle, l'épithète *Ogier Courte-Epée* était d'usage courant (...).
>
> Mais cette épée, qui fait sa première apparition dans la *Nota Emilianense*, ne réapparaît que cent ans plus tard; elle est alors nommée dans treize chansons de geste conservées. Il serait déraisonnable de supposer que ce fameux et vivant souvenir ne s'est réveillé dans la poésie qu'à la fin du XIIe siècle. Nous savons qu'un *Oggero Spatacurta*, ou plutôt *Ogier Courte-espée*, intervenait dans le *Roland* représenté par la *Nota*; nous savons que l'Ogier du *Roland* des environs de 1100, privé de son épée courte, se sert d'une arme anonyme; nous savons enfin que l'Ogier du *Roland* rimé vers 1170 a recouvré sa *Curtaine*. Nier la continuité poétique entre le XIe et le XIIe siècle, c'est fermer les yeux à la réalité et méconnaître l'histoire des remaniements épiques».[3]

---

1 Für die Nennungen in den späteren Versionen des Rolandsliedes cf. Alonso (1953, 14–19); R. Menéndez Pidal (1960, 140 ss.); Togeby (1969, 17, wo V 7 fehlt). Die Nennungen in anderen Epen findet man bei Moisan (1986, jeweils s. v. *Co(u)rtain*). Weniger umfassend und in bezug auf die benutzten Ausgaben teilweise veraltet, aber leichter zu handhaben und deshalb weiterhin wichtig bleibt Langlois (1904, hier s. v. *Corte*).

2 Vor allem Walpole (1956/7, 7 s.); Frank (1956, 226 ss.); nuancierter, aber im Prinzip ebenso Lecoy (1955, 256, 265 n. 1): Verdacht, das Epitheton *Spata Curta* könne einer lat. Vorlage entstammen und umgekehrt (269): «même en ce qui concerne les noms des personnages, il [le moine de San Millán] fait preuve d'une telle ignorance qu'il nous est bien difficile de faire fond sur ses affirmations».

3 Menéndez Pidal (1960), 417, 419.

Wie man sieht, kann der Neotraditionalismus hier wie so oft den Gedanken einer geschichtlichen Kontinuität für sich als Wahrscheinlichkeitsargument in Anspruch nehmen; dennoch fehlt ein eigentlicher Beweis.

Ich glaube nun, mit Hilfe eines neuaufgefundenen Dokuments diese Lücke schließen, also die Kontroverse im Sinne Menéndez Pidals entscheiden zu können. Im Laufe einer größeren Untersuchung[4] über das Vorkommen «epischer» Eigennamen in französischen und benachbarten Urkundensammlungen stieß ich im Kartular des nahe der Dora Riparia (also im heutigen Italien, aber noch im franko-provenzalischen Sprachgebiet) gelegenen Priorates von Oulx auf die folgende Urkunde:

> «In nomine sancte et indiuidue trinitatis. Anno ab incarnacione domini M.L[X].III. Indiccione prima. Ego Guigo comes qui nomine uocor senex. atque filius meus Guigo pinguis dono et confirmo pro anime mee mercede et pro anima patris mei et matris mee et parentum meorum ecclesie beati petri cum ceteris apostolis et ecclesie sancti laurencii martiris in loco qui dicitur ple[b]s martirum mansum unum cum omnibus rebus ad se pertinentibus, iacet in loco qui dicitur sesana, et canonicis in supra nominatis ecclesiis regulariter uiuentibus et omnibus eorum successoribus. ut pro animabus nostris ipsi apud omnipotentem intercessores existant. quod totum factum est consilio domini ade castellani briençonis existentis. Interfuerunt testes quidam canonici. Girardus ualençole. Vidricus prepositus et uuarnerius. et martinus. Galterius: et quidam laici. Aurucius. Armannus presbiteralis. letardus crossus. Girardus garembo. **Otgerius spata.(g.)curta.** Cat(b)aldus diaconus».[5]

Die Urkunde findet sich im ältesten erhaltenen, 1236 geschriebenen Kartular des Priorates sowie in den jüngeren, seit dem 16. Jh. entstandenen Kartularen, die zwar hier zur Textgestaltung nichts beitragen, doch immerhin nach dem Herausgeber Collino nicht Abschriften des ältesten Kartulars sind, sondern mit diesem eine *origine comune* haben;[6] sie erscheint demgemäß in praktisch identischer Form in den beiden Druckausgaben der Kartularüberlieferung von Oulx. Soweit ich bei sorgfältiger Nachprüfung habe feststellen können, ist sie noch von niemandem als gefälscht oder verfälscht bezeichnet worden, insbesondere nicht von den beiden bahnbrechenden Historikern der Region, A. de Terrebasse

---

4 Bei dieser noch nicht veröffentlichten Arbeit habe ich mich bemüht, die Gesamtheit des im Druck erschienenen Urkundenmaterials der Zeit von 778 bis 1150 aus dem französischen und provenzalischen Sprachgebiet sowie den angrenzenden Gebieten westlich des Rheins und nördlich des Ebro auszuwerten. Es handelt sich insgesamt um etwa 75.000 Urkunden und weitere 15.000 Regesten; ihre Durchsicht war selbstverständlich nur möglich, weil viele Urkundensammlungen, speziell neueren Datums, verläßliche Namenregister enthalten.
5 Collino (1908, 18). Ältere Ausgabe: Rivautella/Berta (1753, 135). Schon vorher war die Urkunde mit unbedeutenden Varianten abgedruckt worden bei Guichenon (1660, 177).
6 Collino (1908, IX).

(1875) und G. de Manteyer (1925), die sie beide besprechen.[7] Der ältere der beiden Donatoren, Graf Guigo *Senex* von Albon, tritt zu einem schlecht fixierbaren Zeitpunkt zwischen 1060 und 1075 in das Kloster Cluny ein und stirbt dort zwanzig Tage später; er heißt auch sonst im Unterschied zu seinem gleichnamigen Sohn *Maior* oder *Vetus*. Der jüngere Guigo muß um 1025 geboren sein, erscheint 1034 als Zeuge, 1050 als verheiratet und ist nach de Manteyer bis 1076/79 belegt; er führt auch sonst bereits in zeitgenössischen Quellen, und zwar in Urkunden seiner eigenen Familie, den Beinamen *Crassus*.[8] Zu einer Bemerkung Anlaß gibt nur der Umstand, daß das Jahr 1053 nicht mit der ersten Indiktion zusammenfiel. De Terrebasse und nach ihm Collino haben angenommen, im Archetyp der Jahreszahl sei versehentlich ein *X* ausgefallen; die Datierung auf 1063 sei umso eher gerechtfertigt, als die wirkliche Existenz des Priorates erst durch die große Schenkung des Oddo und der Adelheid von Savoyen vom Jahre 1057 gesichert sei. De Manteyer hält demgegenüber an 1053 fest, vertritt also offenbar die Meinung, daß im Original die Indiktion *VI* stand, schon bei der Niederschrift des Archetyps aber das *V* übersehen wurde. Wer mit der mittelalterlichen Diplomatik vertraut ist, weiß, daß solche Unfälle bei der Abschrift römischer Zahlen, insbesondere in der Datumzeile, alltäglich sind und bei weitem nicht ausreichen, eine Urkunde zu verdächtigen. Der belanglose Einzelbuchstabe *g* zwischen *spata* und *curta* schließlich, den Collino zu Recht getilgt hat, ist wohl darauf zurückzuführen, daß der Schreiber zunächst ein falsches Adjektiv (oder eine falsche Graphie von *curta*) niederschreiben wollte, dann zwar seinen Fehler sofort erkannte, die Verbesserung jedoch bis zum Trocknen der Tinte verschob und anschließend vergaß.

Da ich den Beinamen *spata curta* trotz intensiver Bemühungen in einer Unzahl von Urkunden[9] nie mit einem anderen Namen gekoppelt vorgefunden habe, kann ich es unmöglich als Zufall ansehen, daß er hier gerade wie in der *Nota* mit dem Namen *Otgerius* gekoppelt erscheint.

Frappant ist dabei zunächst die zeitliche Nähe zur *Nota*: selbst wenn wir die Datierung von de Terrebasse übernehmen und anerkennen, daß der Beiname vielleicht erst dem erwachsenen Zeugen beigelegt wurde, ist damit der Doppelname, wie er uns in der *Nota* entgegentritt, für das Jahr 1063 belegt, also gerade in der Mitte jenes dritten Viertels des 11. Jh., in welches Gonzalo und Ramón Menéndez Pidal[10] die *Nota* datieren! Und da es über alle Maßen bizarr wäre,

---

[7] De Terrebasse (1875, 55 ss.); de Manteyer (1908, 182–184; 1925, 36 ss., 81 n. 29 sowie Stammtafel der Grafen von Albon am Schluß des Buches).
[8] De Terrebasse und Manteyer (wie vorige n.); cf. noch *Gallia Christiana* (1865, 82).
[9] Cf. oben n. 4.
[10] Gonzalo Menéndez Pidal (1958, 7–19); Ramón Menéndez Pidal (1960, 385–387).

die Ausdrucksweise der *Nota* von dem unbekannten Laienzeugen aus den Westalpen oder von einem ebenfalls unbekannten, willkürlich postulierten Namensvorgänger abzuleiten, bleibt nur die eine Lösung, daß der Zeuge in Oulx seinen Beinamen dem «epischen» Ogier verdankt. Warum sollte man weiter mit dem obengenannten Argument die Datierung der *Nota* anzweifeln, wenn für den verdächtigen Ausdruck ein gleichzeitiges Zeugnis vorliegt? Aufgrund der großen Entfernung zwischen San Millán und Oulx aber wird man die gemeinsame Quelle beider mindestens in die Zeit um 1050 zurückverlegen müssen.

Noch wichtiger als der zeitliche scheint mir der räumliche Aspekt. Selbst wenn man ganz grundlos die Urkunde als eine Fälschung des ältesten Kartularschreibers und damit des Jahres 1236 ansähe, bliebe der für die individualistische Forschung fatale Umstand, daß die Benennung, in der man so schnell provinzielle Besonderheit erblicken wollte, in einer Entfernung von fast tausend Kilometern Wegstrecke ebenfalls bekannt war. Urteilte Ramón Menéndez Pidal zu streng, als er den Versuch, in der *Nota Emilianense* eine *légende locale* zu sehen, eine *bien mauvaise échappatoire*[11] nannte? Und hätte er sich, wenn er unsere Urkunde gekannt hätte, besser ausdrücken können, als er es aufgrund einer lebenslangen Erfahrung mit epischen Texten tat?

II

In welchem Sinn charakterisierte nun in der zweiten Hälfte des 11. Jh. das Kurzschwert seinen Träger? Der *gladius* des römischen Legionärs war ein ziemlich kurzes Schwert (~ 50 cm Klingenlänge); doch in der Spätantike ging Rom großenteils über zur *spatha*, dem Langschwert (65–80 cm Klingenlänge), das sich gegenüber hochgewachsenen oder berittenen Feinden besser bewährte[12] und das dann als *épée* bis in die Neuzeit die «edelste» Waffe blieb. Im Merowingerreich freilich konnte sich nur eine Minderheit der Krieger ein Langschwert leisten;[13] «Volkswaffe» war stattdessen die *Frankiska*-Axt, seit dem 6. Jh. dann das *(scrama)sax* oder *semispatium*, ein Kurzschwert, dessen Klingenlänge bis zum 8. Jh. allmählich von etwa 25 cm bis auf 55 cm und darüber zunahm.[14] Doch auch die Wohlhabenden verschmähten lange Zeit neben der Spatha nicht das Kurzschwert: der *Waltharius*-Dichter schreibt (vv. 337s.) Walter den Gebrauch beider Schwerter zu und bezeichnet das als ursprünglich hunnische Sitte; schon

---

11 Ramón Menéndez Pidal (1960, 392) mit Bezug auf Frank (1956 passim).
12 Cf. z. B. Der kleine Pauly s. vv. *gladius*, *spatha*; Lombard (1974, 98).
13 Cf. z. B. Lombard (1974, 91); Siegmund (1997, 700, 705).
14 Siegmund (1997, 700 ss.); Périn/Kazanski (1997a, 710 s.). Cf. schon Böhner (1958, 130–145).

im Grab des Frankenkönigs Childerich (von 481) lag neben einem prunkvollen Langschwert auch ein Kurzschwert,[15] ebenso im englischen Königsgrab von Sutton Hoo (um 625);[16] um 730 gehörte Abt Wido von Saint-Wandrille «zu den weltlichen Klerikern und hatte immer jene Art Schwert um, die man *semispatium* nennt»;[17] Karl der Große verlangte nicht vom Fußsoldaten, wohl aber vom *cabalarius*, daß er *spatam et semispatium* mitbringe;[18] und noch um 964 durchbohrte Graf Wilhelm Taillefer von Angoulême mit dem Kurzschwert einem Normannenführer die Brust[19] – was aber sichtlich schon als Ausnahme berichtet wird. Denn das *Lexikon des Mittelalters* schreibt vom *Sachs* (s. v.) wohl mit Bezug auf das Karolingerreich sogar: «Seit dem 8. Jh. verschwand er aus der Bewaffnung des Kriegers.» Wie dem auch sei, für das sich im 11. Jh. voll entwickelnde ständische Rittertum folgte, wie dann schon die ältesten erhaltenen Chansons de geste sattsam bezeugen, auf den Lanzenkampf, wenn nicht schon dieser die Entscheidung brachte, jeweils sofort der Kampf mit dem Langschwert als einzigem Schwert,[20] dessen durchschnittliche Klingenlänge übrigens bis ins 13. Jh. noch zunahm (bis auf 90 cm und mehr). Das Kurzschwert hatte keine Funktion mehr; vielmehr bestand jetzt das Non-plus-ultra eines siegreichen Kampfes – wenigstens in epischer Übertreibung – darin, mit einem gewaltigen Hieb des Langschwertes den Gegner vom Kopf abwärts und möglichst noch sein Pferd in zwei Teile zu zerspalten.[21] Vorgeführt wird uns ein solcher Hieb erstmalig – wohl in der ersten Hälfte des 11. Jh. – im Haager Fragment.[22] In der zweiten Hälfte des 11. Jh. dürfte demnach die Vorliebe für ein kurzes Schwert, wie sie damals in Ogiers Beinamen zum Ausdruck kommt, schon einen gewissen Eigensinn seines Trägers und zumindest unterschwellig auch den Gedanken an ein wildes und mutiges, aber wenig rittermäßiges Gerangel auf Kurzdistanz suggeriert haben, sozusagen das Bild eines Ogier *«the Ripper»*.[23]

---

15 Périn / Kazanski (1997a, 178).
16 Laux (1978, 486).
17 Pertz (1829, 284 s.) = Löwenfeld (1886, 34), jeweils cap. 11 = Lohier/Laporte (1936, 57), cap. 7.
18 *MGH, Capit. reg. Franc.* I 168 nr. 75, a. 804–811.
19 Ademar von Chabannes III, cap. 28.
20 Cf. unter anderem das Beispielmaterial bei Rychner (1955, 129).
21 R. Menéndez Pidal (1960, 376 ss.), wo de Riquers Hinweis in n. 1 auf das Wilhelmslied vv. 3303–3328 zu beziehen ist.
22 Abschnitt 21 der Suchierschen Einteilung. Cf. auch die vorige n.
23 Nach 1200 freilich war die Erinnerung an die einstige Beliebtheit der Kurzschwerter so völlig geschwunden, daß man jetzt für den Schwertnamen *Corte* ein ätiologisches Histörchen brauchte: demzufolge hatte der Schmied oder Karl der Große zur Probe des Schwertes damit einen Amboß, Stahl- oder Marmorblock gespalten und beim Herausziehen ein Stück von der Klinge abgebrochen (*La Chevalerie Ogier de Danemarche*, ed. Eusebi 1963, vv. 1657–1673 ~ ed.

Möglicherweise stand bei dieser Entwicklung zum ausschließlichen Gebrauch des Langschwertes der durchschnittliche Nordeuropäer (nicht der Führer mit seinem Prunkschwert) dem durchschnittlichen Westeuropäer zeitlich nach.[24] Wenn Rollos Sohn Herzog Wilhelm Mitte des 10. Jh. den Beinamen «Langschwert» bekam, so doch wohl aus seiner Umgebung von den vielen, die noch kein Langschwert besaßen; das Herzoghaus kann auch in diesem Punkte wie sonst Schrittmacher der Französierung und «Verritterung» gewesen sein. Um 970 schreibt Widukind von Corvey (I 6), die *Angli* führten lange Messer (~ kurze Schwerter) «nach der Weise des alten Volkes noch heutigentags», und im 11. Jh. glaubt der Lukan-Kommentator Arnulf von Orleans, die *Saxones* führten noch *arma[...]brevia*.[25] Insofern kann der Beiname *Spatacurta* durch eine zeitweilige Ideenassoziation 'Kurzschwert > Germane' die Umformung Ogiers zum *Daneis* erleichtert haben. Doch wird man sich für diesen neuen Beinamen noch eine spezifischere Begründung wünschen (dazu s. unten IV).

III

Die Geschichte des 8. Jh. zeigt uns bekanntlich einen Audgar, der als Herzog in Pippins Diensten 753 und 760 jeweils am päpstlichen und am langobardischen Hof weilte, dann wiederum einen Audgar, der einer der mächtigsten Vasallen Karlmanns gewesen sein muß, da er Ende 771 beim Tode des erst zwanzigjährigen Königs dessen Kinder über die Alpen brachte und für sie am langobardischen wie am päpstlichen Hofe tätig wurde. Auch wenn Audgar bei seinen ersten Missionen auf den Langobardenkönig, bei seiner letzten hingegen auf den Papst Druck ausübte, haben aufgrund der Ähnlichkeit dieser Tätigkeiten die meisten Forscher mit Recht die Identität der beiden Audgar für sehr wahrscheinlich gehalten.[26]

Barrois 1842, vv. 1648-1663; *Karlamagnús Saga*, ed. Loth 1980, I, Fassung A cap. 41; Jean d'Outremeuse, ed. Goosse 1965, 50 s., f. 337r und v der Hs.).
24 Cf. die Daten, die David Gale einerseits (1989, 71) für den Kontinent, andererseits (78 s.) für die Wikinger angibt; zu letzteren stimmt auch der angelsächsische Befund bei Lang/Ager (1989, 113 s.).
25 Ed. Marti (1958, zu Lukan 6.259).
26 In den letzten 130 Jahren hat im wesentlichen nur Voretzsch (1891, 17 s.) die Identität der beiden Audgar bezweifelt mit dem Argument, der ältere sei gegen die Langobarden für den Papst, der jüngere mit den Langobarden gegen den Papst aufgetreten – als ob nicht gerade die neue Politik Karlmanns und seiner Mutter Berta nach 768 diese Wendung Audgars voll erklärte! Mit guten Gründen widersprachen ihm u. a. Riezler (1892, 748 s.); Chaume (1922, 278): «l'importance du rôle de celui-ci auprès des fils de Carloman, qu'il veut faire couronner par le pape, ne s'explique vraiment que si l'on reconnaît en lui un diplomate de profession, très

In den allgemein bekannten Dokumenten versteckt sich jedoch noch ein Argument, das die Personengleichheit fast zur Gewißheit erhebt.

Ein Großer Pippins namens Audgar wird für uns erstmalig sichtbar im Königsdiplom[27] vom 1. März 752, demzufolge Fulrad, Abt des im Pariser Gau gelegenen Klosters St. Denis, die Villen Avezé im Gau Le Mans und Civry-la-Forêt bei Mantes im Madriegau erstreitet. Die Beisitzer des Königsgerichtes sind hier *Milo, Rotgarius, Cheimgaudus* (wofür wohl *Chelmgaudus* zu lesen ist), *Crothardus, Gerichardus, Autgarius* und *Wibertus comes palatii*. Nun wirkt der Pfalzgraf an allen solchen Urteilen als Verfahrensspezialist mit; im übrigen wissen wir: daß der Graf von Paris damals Gerhard heißt; daß im 8./9. Jh. lange ein Grafengeschlecht mit den Leitnamen Helmgauz und Gauzhelm die Grafschaft Meaux innehat; daß zwischen etwa 730 und 900 in Le Mans Grafen namens Rotgarius belegt sind; daß schließlich der Name Milo im 8. Jh. charakteristisch ist für die Familie der Widonen, die zumindest von 799 bis 852 Markgrafen- und Grafenämter längs der Grenze zur Bretagne innehaben.[28] Insgesamt setzt sich also das Königsgericht hier wohl aus geographisch benachbarten, deshalb als sachverständig angesehenen Grafen zusammen; wir dürfen somit eine ähnliche Lokalisierung für Audgar erwarten.[29]

---

informé des choses d'Italie, et disposant déjà d'une certaine influence à Rome»; vor allem Lejeune (1948, 43 ss.). In Voretzsch' Denkgebäude bleibt übrigens sein Zweifel an der Identität «beider» Audgar ganz funktionslos und ist wohl nur als prinzipielle Gebärde einer Gewissenhaftigkeit zu deuten, die den Autor nichts kostet.

27 Mühlbacher (1906, 3 s., Nr. 1); cf. Lejeune (wie vorige n.).

28 Über den Grafen Gerhard I. von Paris, Großvater des Grafen Gerhard II. von Paris-Vienne (-«Roussillon»), berichtet ausführlich Louis (1946 passim). Zu den Helmgauz cf. Werner (1965, 142 n. 28, mit Verweis auf Chaume); zu den Rotgar Werner (ebd. 141 s. und 1958, 279–283). Die Belehnung eines Rotgar mit Limoges im Jahre 778 kann hier außer Betracht bleiben, da damals Karl e r s t m a l i g Franken seiner Umgebung nach Aquitanien verpflanzte. Zu den Milo-Wido existiert eine umfangreiche Literatur; cf. die bei Werner (1958, 270 n. 63) genannten Arbeiten sowie Schreibmüller (1952, 174–233) und Ewig (1954 passim). Diese Hinweise erstreben keine Vollständigkeit, sondern sollen nur eine Möglichkeit der schnellen Orientierung aufzeigen. Andererseits ist zuzugeben, daß sich m.W. Rothard als Grafenname bisher nur im lothringisch-elsässisch-alemannischen Raum hat nachweisen lassen.

29 Am 8. 7. 753 prozessiert Fulrad wieder vor dem Königsgericht, diesmal g e g e n den Grafen Gerhard um die Pariser Marktzölle, also in einer für sein Kloster weit wichtigeren Sache, s. Mühlbacher (1906, 9–11, Nr. 6). Wiederum sind *Milo, Helmegaudus, Chrothardus* und Pfalzgraf *Wicbertus* anwesend, dazu elf weitere (worunter ein *Raucho* und ein *Gisleharius*); es fehlen also nur *Rotgarius* und *Autgarius* – und die Abwesenheit des letzteren ist insofern nicht erstaunlich, als er um den 1.10. bereits als Pippins Gesandter in Rom gewesen zu sein scheint (Oelsner 1871, 171 n. 3), sich also im Juli möglicherweise auf die Gesandtschaft vorbereitete oder gar schon im Aufbruch war. Und wenn Fulrad am 30. 10. 759 vor *Wido, Raulco, Milo, Helmgaudus, Rothardus, Gisleharius* und Pfalzgraf *Wicbertus* abermals gegen Graf Gerhard prozessiert (Mühlbacher 1906, 17 s., Nr. 12), scheint Audgar schon auf seiner zweiten Fahrt zum

Im Dezember 771, höchstens vier Tage vor seinem Tod und schon an seinem Sterbeort, der Pfalz Samoussy, überantwortet nun König Karlmann dem Abt Fulrad von St. Denis die Villen Faverolles bei Nogent-le-Roi im Madriegau und Néron im Gau Chartres, die ihm einst sein Vater Pippin mit dem Auftrag übergeben hatte, sie an St. Denis weiterzuschenken, die aber bis jetzt im Besitze seines Vasallen *Audegarius* verblieben waren.[30] Der Große Pippins und der namensgleiche Vasall Karlmanns sind also nicht nur im Bedarfsfall Spezialisten für die Italienpolitik, sondern sie sind normalerweise von Amts wegen im selben Gebiet westlich Paris tätig. Mehr noch: dieses Gebiet bildet während der Reichsteilung, als bereits starke Spannungen zwischen Karl und Karlmann bestehen, den Vorposten von Karlmanns Reich gegenüber dem seines Bruders.[31]

Man vergleiche nun, was meines Wissens noch nie geschehen ist, diese Zeugnisse mit den berühmten Versen 4402–4411 der *Chevalerie Ogier* (ed. Eusebi; ed. Barrois 4420–4429):

> [...] Puis m'a fait Kalles mult pener et cachier,
> A **Garlandon** me vint il asegier,
> Il et Callot que je n'ai gaires chier.
> J'en afuï a cest roi Desïer,
> Passai Mongieu por ma vie alonger;
> S'en amenai Loüi et Loihier,
> Ces .II. enfans petis a alaitier,
> Qu'il voloit faire ocire e detrancher:
> A Pentecoste les ferons chevaliers;
> Encor volront vestre roi gerroier.

Ph. Aug. Becker (1940, 82) wollte bekanntlich diese Stelle durch die Behauptung banalisieren, es müsse sich um Ogiers, nicht um Karlmanns Kinder han-

---

Langobardenhof und von da nach Rom zu sein, wo Papst Paul I. seine Anwesenheit vor April 760 bezeugt. Von Graf Raucho wissen wir, daß er 766 Staatsgut in Essonnes bei Paris zu Lehen hatte, also offenbar eine benachbarte Grafschaft verwaltete.

30 Mühlbacher (1906, Nr. 53). – Voretzsch (1891, 18) vermutete zwar, der hier genannte Audegar sei bereits verstorben; allein Lejeune (1948, 76 n. 2) entgegnet mit Recht, daß die Urkunde gerade nicht von einem *quondam Audegarius* spreche. Überdies heißt es den Zufall strapazieren, wenn man annimmt, dieser Audegar sei einige Tage v o r Ausstellung der Urkunde, der König selbst unmittelbar d a n a c h gestorben.

31 Für die Zeit der Reichsteilung (768–771) weist Lejeune (1948, 78 n. 3) mit Recht auf die *Vita Karoli* hin: *multis ex parte Karlomanni societatem separare molientibus, adeo ut quidam eos etiam bello committere sint meditati* – und wen sollen wir zu den *quidam* zählen, wenn nicht Audgar aufgrund seiner Handlungsweise unmittelbar nach Karlmanns Tod und, wie wir jetzt sehen, aufgrund seiner Funktionen im weitest vorgeschobenen Teil von Karlmanns Reich gegenüber dem seines Bruders Karl?

deln, «denn diese wären bei der Flucht keine Säuglinge mehr gewesen». Aber die Kinder des erst zwanzigjährigen Königs standen notwendigerweise noch praktisch im Säuglingsalter, und Ludwig und Lothar sind nun einmal Karolingernamen; man sieht nicht, weshalb der Dichter Söhne Ogiers so genannt haben sollte. Die Stelle darf also sehr wohl als Relikt einer älteren Fassung gelten; damit aber wird auch das rätselhafte *Garlandon* interessant. Nun scheint es zwar in Frankreich keinen Ort dieses Namens zu geben,[32] aber die Handschrift M nimmt gegen Ende der *Chevalerie* das Motiv noch einmal auf, indem sie Karl sagen läßt:

> Je li rent chi l'onneur de **Gaillardon**
> Dont le getai a tort par mesprison.[33]

Und diese Namensform ist die richtige. Denn das heutige Gallardon bei Maintenon heißt in älterer Zeit gelegentlich auch *Gaillardon*; es liegt gerade noch im Gau Chartres, wenige Kilometer von der Südspitze des Madriegaues entfernt; schließlich ist es schon im 11. Jh. als stark befestigt belegt.[34] Wenn wir nicht vor dieser Stelle der *Chevalerie* schlechthin kapitulieren und eine willkürliche Lautfolge als Poesie ausgeben wollen, so bleibt nichts übrig, als eine ununterbrochene Tradition anzunehmen. Selbst wenn die Befestigung von Gallardon nicht auf das 8. Jh. zurückgeht,[35] konnte sich eine in der Gegend weiterlebende Erinnerung an Audgar nach der Errichtung des stattlichen Donjons leicht auf diesen konzentrieren.

---

32 Wohl gibt es im 11. und 12. Jh. eine Familie *de Garlande*, die sich nach einem Weiler im Kanton Lagny (Seine-et-Marne) benennt, in Tournan und Livri in der Brie größere Besitzungen hat und durch die Gunst Philipps I. und noch Ludwigs VI. zeitweilig Hofämter und einen Bischofssitz innehat. Doch weder die Familie noch der Weiler tragen in ihrem Namen je das Suffix *-on* (Fliche 1912, Register unter *Anseau, Etienne, Garlande*; Luchaire 1890, XXXV; Waquet 1929, 41 n. 5; Stein 1954, s. v. *Garlande*.) Der Name *Garlande* reicht also eindeutig zur Erklärung der *Chevalerie* nicht aus; andererseits liegt er nahe genug, um als eine Art *lectio facilior* die Fehllesung *Garlandon* heraufbeschworen zu haben.
33 Ed. Eusebi, *nota* zu v. 4403; ed. Barrois, LVIII.
34 Merlet (1861, s. v. *Gallardon*); Spruner/Menke (1880, Karten 30 und 51).
35 Laut Lemarignier (1945, 69 s.) hat der Vizegraf Geoffroi von Châteaudun kurz vor 1025 die Burg Gallardon gebaut, doch läßt König Robert der Fromme sie 1025 auf Bitten des Bischofs Fulbert von Chartres schleifen und übergibt die Örtlichkeit dann einem gewissen Aubert le Riche zu Lehen. Aus solchen Angaben läßt sich jedoch im Mittelalter nie verläßlich schließen, daß sich nicht ebendort schon vorher gewisse Befestigungen oder deren Ruinen befanden; cf. die ganz parallele Entscheidung Longnons, später Lots zu Gouy-en-Arrouaise (Lot 1958, 51 mit n. 2). Zudem kann sogar die Erinnerung an die Schleifung von 1025 über das Alter der zerstörten Befestigung umso vagere und damit romantischere Vorstellungen haben aufkommen lassen.

Hier haben wir also anfangs vielleicht wirklich eine *légende locale*,[36] aber sie blüht nicht dort, wo wir sie vermutet hätten: in Meaux oder in Italien. Und wenn sie für uns in der *Chevalerie* des Raimbert von Paris sichtbar wird, ist sie schon eingemündet in den Strom einer viel breiteren Ogiertradition.

IV

Ogiers Beiname *le Danois* oder *de Denemarche* (*Danemarche*) ist bekanntlich bis auf den heutigen Tag nicht überzeugend gedeutet worden.

Leibniz sah darin eine Art Ehrentitel, und zwar letztlich ein mißverstandenes deutsches *degen* 'Degen, Held'.[37] Diese Hypothese bedarf wegen ihrer extremen Willkür wohl heute keiner Widerlegung mehr.

Paulin Paris[38] wollte von einem Ausdruck wie *sponsor daciae* ausgehen, worin *dacia* ursprünglich 'Steuer, Tribut' geheißen habe, dann aber als der Ländername 'Dakien' verkannt worden sei, den das Mittelalter bekanntlich seit dem frühen 11. Jh. fälschlich mit 'Dänemark' gleichsetzte. Aber erstens ist *dacia* weit davon entfernt, der Normalausdruck für 'Tribut' zu sein.[39] Zweitens scheint mir die Erklärung eine *petitio principii* zu enthalten. Mit einem Tribut hat der epische Ogier nur insofern zu tun, als er in seiner Jugend Geisel für den dänischen Tribut an Karl ist. Setzt man dieses Motiv als gegeben voraus, so taucht mit dem Begriff 'Tribut' zugleich schon die dänische Herkunft auf, bedarf also nicht mehr der Herleitung über das Mißverständnis; postuliert man hingegen eine Vorstufe ohne den Begriff 'Dänemark', so verschwindet auch das erklärende Moment des Tributes.

Barrois (1842, lss.) bemerkte, daß in der Handschrift B der *Chevalerie Ogier* der Held ein einziges Mal (v. 1344 ed. Barrois, v. 1355 ed. Eusebi) *l'Ardenois* statt *le Danois* genannt wird, und baute darauf seine Theorie, daß *Danois* ein verkanntes *Ardenois* sei. Aber erstens bedürfte eine Lokalisierung Ogiers in den Ardennen ihrerseits einer Erklärung, die kaum einfacher ausfallen dürfte als die

---

36 Einen sympathischen Versuch, im traditionalistischen Sinne sogar über R. Lejeune hinauszugehen und dabei Ogier im Raum um Laon festzumachen, unternimmt S. Martinet (1991, 291–300). Leider fließt manches faktisch Unsichere, speziell zur Genealogie des historischen Audgarius, ein; vor allem aber fehlt jede Erwähnung entgegenstehender Forschungsmeinungen.
37 Leibniz, ed. Pertz (1843, 81–85).
38 P. Paris, in: *Histoire littéraire de la France*, XX, Paris 1842, 688–694.
39 Cf. dazu Du Cange, der das seltene *datia/dacia* (anscheinend eine Kreuzung zwischen *data* und *datio/dacio*) unter *data* 1) einreiht und nur Belege aus Italien und Österreich, und zwar aus der Zeit nach 1100, kennt.

für Dänemark.[40] Zweitens werden die Begriffe 'Ardennen' und 'aus den Ardennen stammend' sonst in der altfranzösischen Epik – z. B. bei der Person des Thierry d'Ardenne – fast immer[41] störungslos tradiert; weshalb sollte sich gerade bei Ogier ein so katastrophales Mißverständnis ungestört breitmachen können? So hat der neue Herausgeber Eusebi zweifellos recht, wenn er die auch in B vereinzelt bleibende Lesart in den Apparat verweist und offensichtlich einer momentanen Unaufmerksamkeit des Kopisten anlastet.

Gaston Paris (1882, 616 n. 3) fragt sich, ob der historische Audgar nicht auch Markgraf an der Dänengrenze hat sein können. Aber bevor Audgar im Dezember 771 das Frankenreich verließ, konnte von der Errichtung einer solchen Mark nicht die Rede sein, weil Sachsen noch selbständig war; und wenn Karl 773/4 Audgar auch nicht an Leib und Leben strafte, so hat er ihn doch nach dem Zeugnis der Chronik von Moissac[42] «ins Exil gestoßen», womit in der Sprache der Zeit die Zwangseinweisung in ein Kloster, nicht aber ein Militärkommando, auch nicht in Grenzbezirken, gemeint sein kann. In diesem Zusammenhang taucht allerdings in der Romanistik gelegentlich, so noch bei Paul Aebischer, ein gewisses *Chronicon S. Martini Coloniensis*[43] auf, demzufolge dieses Kölner Kloster kurz nach 778 *per Olgerum Daniae ducem* wiederaufgebaut worden sei; da das *Chronicon* im Jahre 1021 abbricht, läge an sich die Vermutung nahe, es könne um diese Zeit geschrieben sein und damit das erste Zeugnis für eine Verbindung zwischen Ogier und Dänemark darstellen. Demgegenüber ist darauf hinzuweisen, daß schon 1900 Otto Oppermann den durchschlagenden Nachweis erbracht hat, daß das *Chronicon* im 18. Jh. von einem Mönch des Klosters St. Martin namens Olivier Légipont gefälscht wurde.[44] Die Vorstellung, St. Martin sei von Ogier von Dänemark erbaut, ist zwar keine freie Erfindung Légiponts, läßt sich aber, wie Oppermann eindeutig gezeigt hat, nur bis ins Jahr 1551 zurückverfolgen und ist damit für die Romanistik wertlos.

---

40 Nicht ausreichend, weil auf eine zu späte Zeit bezüglich oder aber inhaltlich zu unsicher, scheint mir in dieser Hinsicht alles, was Lejeune (1948, vor allem 98 ss., 105 ss., 167–184), über Ogiers Beziehungen zum heutigen Belgien vorbringt; es ist nur folgerichtig, wenn auch Lejeune nach einigem Zögern die Erklärung von Barrois ablehnt (181 ss.).
41 Langlois (1904, s. v.) verzeichnet, soweit ich sehe, nur ein einmaliges *Tierri le Danois, Saisnes* I 73, wo aber als Variante auch das übliche *l'Ardenois* belegt ist; wie man sieht, ist der Irrtum möglich, bleibt aber isoliert und damit praktisch folgenlos. Ähnliches wäre für Ogier zu erwarten, wenn die Entwicklung hier parallel verlaufen wäre.
42 *MGH, Scriptores* 1.295.
43 Aebischer (1969, 826); das *Chronicon* ist ediert von Pertz, *MGH, Scriptores* 2.214.
44 Oppermann (1900 passim). Schon Pertz hatte in seiner Edition dem Schreiber vorsichtigerweise vage eine *recentior manus* bescheinigt, und Wattenbach hatte die Quelle «nicht vor Ausgang des 13. Jh.» angesetzt; s. Togeby (1969, 239) und Voretzsch (1891, 22–25).

Carl Voretzsch (1891, 79 ss.) wiederum glaubte, die Einleitung der *Chevalerie Ogier* sei dem *Aspremont* nachgebildet. Da dort Roland zu Anfang der Handlung in Laon eingesperrt erscheint, habe auch Ogier anfangs eingesperrt sein müssen; so habe man willkürlich Geiselschaft und dänische Herkunft Ogiers erfunden. Wie man sieht, handelt es sich hier eigentlich nicht um eine Erklärung, sondern um den Verzicht darauf; außerdem liegt die gewagte Voraussetzung zugrunde, schon vor dem Oxforder *Roland*, der ja die dänische Herkunft kennt, habe es ein volles *Aspremont*-Epos gegeben.

Der Genealogist J. Depoin (1906 passim), der auch sonst durch abenteuerliche Vermutungen hervortrat, fand in der *Chronique des évêques de Tongres* aus dem 15. Jh. die Bezeichnung *Ogerus dux de Dammarchia* und glaubte, in dieser Variante für 'Dänemark' vielmehr den Namen der Stadt Dammartin-en-Goële erkennen zu sollen, die von Meaux nur etwa 20 km entfernt liegt und die laut Depoin «einst» *Dammars* oder *Dammarche* genannt worden sei. Aber da *Dammartin* ein einfaches *Domnus* (= *Sanctus*) *Martinus* ist und einem bekannten, im Mittelalter etymologisch voll durchschaubaren Typ angehört, ist die letztere, von Depoin nicht belegte Behauptung *a priori* äußerst unwahrscheinlich. Inzwischen ist das ausgezeichnete *Dictionnaire topographique* des Départements Seine-et-Marne (Stein 1954) erschienen: natürlich heißt Dammartin, seit 1080 häufig belegt, dort nur *Domnus Martinus* u. ä., nie *Dammars, *Dammarche oder *Dammarchie. Leider hat Maurice Chaume[45] die These von Depoin zunächst zögernd, dann als Faktum übernommen.

Einen anderen Weg der Erklärung wiederum beschritt F. Gabotto:[46] er versuchte zunächst mit ganz ungenügenden Indizien wahrscheinlich zu machen, Audgar sei ein Sohn des Alemannenherzogs Gottfried II. († a. 744/45) und damit ein Bruder jenes letzten Alemannenherzogs Theudbald, der kurz darauf in einem der blutigsten Kriege des 8. Jh. gegen den Hausmeier Karlmann unterging. (In diesem Falle müßten Karlmanns Bruder Pippin und dessen Sohn Karlmann dem Audgar ein geradezu ungeheures Maß an Vertrauen entgegengebracht haben!) Dann aber sei die Erinnerung an den Alemannen Gottfried auf den Dänen Gottfried übertragen worden. Von der Unbeweisbarkeit solcher relativ komplizierten Annahmen abgesehen, ist es mißlich, die Erklärung des Beinamens nicht an die Gestalt des Sohnes, sondern an die weit blassere, wahrscheinlich sekundäre des Vaters anschließen zu wollen.

---

45 In seinem Aufsatz (1922, 282) spricht er von einer *fort intéressante suggestion*; in seinen *Origines du duché de Bourgogne* (1925, 79 n. 1), ist daraus ein Faktum geworden.
46 Gabotto (1916, 150–167). Unbrauchbar ist auch die kurz anklingende Hypothese (p. 163) von einem «Donaugau» oder einer «Donaumark», die unter diesen Namen nicht belegt sind.

Ph. Aug. Becker (1940, 69) glaubte zur Erklärung des Namens beizutragen, indem er nachwies, daß Dänemark vom 9. bis zum 11. Jh. in Frankreich z. B. durch Einharts *Vita Karoli* oder durch das Wirken Knuts des Großen bekannt war. Aber zu erklären ist nicht, warum Dänemark bekannt war, sondern was es mit Ogier zu tun hat.

Die – allerdings zögernd vorgetragene – Hypothese von Romuald Bauerreiß (1946, 22–25), hinter Ogiers Herkunftsbezeichnung *Dacia* (wie sie der Pseudo-Turpin belegt) verberge sich das bayrische Dießen, scheint mir bei jedem ihrer Denkschritte gegen die Wahrscheinlichkeit oder gegen ein eindeutiges Faktum zu verstoßen: die Identität des historischen Franken Audgar mit dem Gründer von Tegernsee ist unbewiesen; dessen Zugehörigkeit zu der erst über zweihundert Jahre später auftauchenden Familie der Grafen Friedrich und Otto von Dießen-Sundergau wird von Bauerreiß mit extremer Willkür und ohne jede onomastische Absicherung postuliert; Dießen heißt sonst nirgends *Dacia*, und *Dacia* ist nicht die älteste belegte Form des Beinamens. Bauerreiß erweist sich übrigens als mit der einschlägigen Literatur ungenügend vertraut.

Während Leibniz und P. Paris einst vermuteten, ein Appellativum sei mit einem lautlich nahestehenden Völkernamen verwechselt worden, glauben R. Lejeune und wohl auch P. Le Gentil,[47] der Völkername sei hier ursprünglich metaphorisch gemeint, dann wörtlich genommen worden: *Danois* heiße ursprünglich einfach *barbare, guerrier, farouche*. Auch diese Erklärung ist bedenklich vage, zumal Togeby darauf hinwies, daß Ogier schon in der ältesten Quelle, die überhaupt den Beinamen kennt, im *Rolandslied*, nicht nur *le Daneis*, sondern auch mehrfach *de Denemarche* (*Danemarche*) genannt wird.

Togeby[48] seinerseits erinnerte daran, daß 788 ein Heerführer Karls namens *Audacar* die aus Ungarn gekommenen Avaren schlug, und da das spätere Ungarn ein Teil der einstigen *Dacia* sei, lasse sich der Beiname vielleicht von hier aus erklären. Demgegenüber ist zu betonen, daß *Audacar* n i c h t mit dem Namen *Audgar*, sondern mit dem etymologisch davon verschiedenen Namen *Audwac(c)ar* (Odoaker) identisch ist;[49] daß Audacar seinen Sieg nicht in Ungarn,

---

47 Lejeune (1948, 92 ss.); Le Gentil (1957 passim); dazu Togeby (1969, 18 und 68). Noch vager bleibt Spore (1999 passim). Sein Nachweis, daß sich das Adjektiv *Daneis* um 1100 im französischen Bewußtsein noch auf ganz Skandinavien beziehen konnte, trägt zum Verständnis Ogiers oder seiner Vorgeschichte nichts bei. Der historische wie der legendäre Karl hatten immerhin Beziehungen zu Dänemark, nicht aber zu Norwegen oder Schweden.
48 Togeby (1969, 19). Er folgte dabei einer Anregung von N. Lukman; cf. Togeby (1966, 111). Etwas später sprach Lukman gegenüber Togeby aber eine andere Hypothese aus; s. weiter unten.
49 Die Namen sind richtig getrennt bei Förstemann (1900, 201 ss.), sowie im Ergänzungsband dazu von Kaufmann (1968, 46 und 373 s.). Für die Zeit vor 1100 sollten sie bis zum Beweis des Gegenteils als nicht identisch gelten, obwohl außer Togeby auch Historiker wie E. Zöllner,

sondern an der Ybbs in Österreich errang; schließlich daß Ungarn, von Grenzgebieten abgesehen, keineswegs Teil der *Dacia* war, auch in karolingischer Zeit nicht so benannt wurde.

Wenigstens mit einem Satze wollen wir einer weiteren, immerhin möglichen Fehldeutung zuvorkommen: der Erzbischof *Otgarius* von Mainz taufte zwar 826 in der Person Haralds II., der sich dazu an den Hof Ludwigs des Frommen begeben hatte, erstmalig einen Dänenkönig; doch dieser Umstand reicht gewiß nicht aus, dem Bischof willkürlich den Beinamen 'der Däne' zuzusprechen und überdies anzunehmen, sein Andenken habe sich mit dem des älteren, ihm so unähnlichen Audgar vermischt.

Schließlich macht Togeby in seinem Buch über Ogier (1969, 19) ohne weiteren Zusammenhang noch die folgende Mitteilung: «M. N. Lukman m'a suggéré qu'on pourrait penser au viking danois Oscer (Asgeir). Mais il faut conclure qu'on ne saurait identifier Ogier le Danois de façon définitive avec aucun personnage historique.» Eine Fußnote verweist zu Oscer auf Jan de Vries, *De Wikingen in de lage landen bij de zee*, Haarlem 1923. Wie man sieht, glaubt Togeby selbst nicht an die ihm mündlich mitgeteilte Hypothese, hält es aber nicht für nötig, ein Gegenargument beizubringen.

Wenn wir in diesem letzten Fall unser Urteil einen Augenblick zurückstellen, dürfen wir sagen, daß die übrigen Hypothesen[50] nahezu sicher verfehlt sind.

M. Mitterauer und K. F. Werner sie implizit gleichsetzen. Im 12. Jh. allerdings scheinen sie gelegentlich vermischt zu werden, so bei Eberhard von Fulda. Wenn die *Chevalerie Ogier* den Sohn des Helden *Baudouin* nennt, so ist der Dichter vielleicht durch die Namenfolge *Audacer-Balduinus* in der Genealogie der Grafen von Flandern beeinflußt; cf. Lejeune (1948, 158) und Togeby (1969, 49) mit J. Dhondt (1940 passim).

50 Ich selbst habe eine Zeitlang die Möglichkeit erwogen, *Ogier de Denemarche* könne ein mißverstandenes *Ogier de la Marche* sein; faßt doch Eusebi in v. 8453 (= 8507 ed. Barrois) *tant sist li rois au castel de la Marche* diesen Begriff – m. E. allerdings ohne zwingenden Grund – als Eigennamen auf und heißt doch *Marchia* im italienischen Mittelalter gelegentlich 'die Markgrafschaft Toskana', z. B. Donizo, *Vita Mathildis*, II 1264 (*MGH, Scriptores* 12.404) *Marchia nolendo sibi paruit, atque volendo*. Dagegen spricht jedoch, daß schon im *Rolandslied* auch die adjektivische Benennung *le Daneis* gut bezeugt ist, daß überhaupt der neue Beiname von Nordwestfrankreich auszugehen scheint und daß die Beauvais-Episode (s. unten) bei dieser Annahme ungedeutet bliebe; schließlich sind Hypothesen, die einen akustischen Irrtum voraussetzen, in der Philologie immer mißlich, wenn die angeblich ältere Form nicht direkt belegt ist. – Die Tatsache, daß gegen Ende des 10. Jh. die *Annales Lobienses* (*MGH, Scriptores* 2.195) Ogier den Titel *marchio* geben, scheint mir zur Lokalisierung seines Herrschaftsbereiches und zur Erklärung seines Beinamens nicht beizutragen, da gerade in dieser Zeit der Markgrafentitel extrem unsystematisch den Herzögen und mächtigeren Grafen beigelegt wird; reiches Material findet man z. B. bei Kienast 1968, 57–60, 61 (mit n. 27) – 63 (mit n. 29), 74, 94, 147, 167, 190, 200, 260, 279–281 usw. passim. Auch die *Chevalerie Ogier* verwendet gelegentlich für Ogier noch diesen Titel, vor allem im Reim (z. B. v. 6737 ed. Eusebi ~ 6771 ed. Barrois), nennt

V

Bei unserer eigenen Erklärung empfiehlt es sich, zunächst die frühesten Zeugnisse der Beinamen in ihrer geographischen Verteilung zu betrachten. Im 11. Jh. trägt Ogier für den Mönch von San Millán und für ein Publikum um Oulx den Beinamen *Spata Curta*; für den Autor der *Conversio* von Meaux heißt er *Praeliator Fortis* und *Pugnator* und ist im Frankenreich *secundus a rege*; der Fälscher von St. Yrieix schließlich betrachtet vielleicht *Palatinus* als Beinamen. Keine dieser Quellen weiß von einer dänischen Herkunft, und im peripheren Bayern schließt noch gegen 1160 die Erzählung des Metellus von Tegernsee eine solche eindeutig aus. Das Rolandslied kennt für Ogier zwar ebenfalls noch die Bezeichnung *li puinneres* (3033) < *pugnator*, ist aber zugleich für die neue Benennung *li Daneis* (3033, 3544, 3546) bzw. *de Denemarche / Danemarche* (749, 3856, 3937) nicht nur das älteste Zeugnis, sondern von nun an wegen seines Siegeszuges durch Europa auch ein wichtiges, vielleicht das wichtigste Ausstrahlungszentrum.[51]

Dazu paßt gut eine andere Beobachtung. Aus den Forschungen von Rajna und Rosellini[52] geht insgesamt hervor, daß italienische Urkundenschreiber allgemein Beinamen, also auch epische, großzügiger aufnehmen als ihre französischen Kollegen, offenbar weil Italien dank der schnelleren Entwicklung der Städte früher dem Zweinamensystem zustrebt. In Italien läßt sich nun ein *Oger Danesis* (*Danesius*) seit 1157 in Genua nachweisen; weitere Personen mit diesem Doppelnamen folgen kurz nach 1200 in Saluzzo und Alessandria. Ferner sind kurz vor 1168 bei Neapel zwei Personen namens *Danese* belegt, und in Piove taucht 1169 schon der Sohn eines *Danisio* auf; da in der *Chevalerie Ogier* der Titelheld sehr oft nicht mit seinem Namen, sondern schlechthin als *le Danois*, *le bon Danois* bezeichnet wird, sind auch diese Belege von Interesse. Insgesamt darf man aus ihnen schließen, daß die neue Bezeichnung in der ersten Hälfte

---

aber ebenso unsystematisch und vereinzelt auch etwa Hoel von Nantes oder Thierry l'Ardenois *marchis*.

51 Aus dem Rolandslied hat den Beinamen wohl der Pseudo-Turpin (cap. 11, 14, 27, 29): *Otgerius rex Daciae*; mittellat. *Dacia* ist seit etwa 1000 gut belegt für 'Dänemark'. Allerdings weiß der Pseudo-Turpin von ihm auch schon aus anderer Quelle, sagt er doch (cap. 11): *De hoc canitur in cantilena usque in hodiernum diem quia innumera fecit prodigia*. Setzt *innumera* nicht schon fast die Tatenfülle des Ogier der *Chevalerie* voraus? Daß der Pseudo-Turpin Ogier dann in Roncevaux umkommen läßt, besagt nichts, läßt er dort doch ganz unpassenderweise auch Naimes, Hernaut von Bellande, die Lothringerbrüder Garin und Begon, Aubri den Burgunder u. a. sterben – kurzum jeden Helden, den er zu Recht oder Unrecht der Karlszeit zurechnete.
52 Rajna (1889, 52 s. und 66 n. 1); Rosellini (1958, 260).

des 12. Jh. in Italien bekannt geworden sein muß – durch das erhaltene *Rolandslied* oder parallel zu ihm.

Für die Zeit bis und um 1100 legt der Kontrast zwischen den Quellen von San Millán, Oulx, St. Yrieix und Meaux einerseits und dem irgendwo zwischen Paris, Dieppe und Le Mans entstandenen *Rolandslied* andererseits die Vermutung nahe, das neue Motiv könne etwa derselben Gegend entstammen wie das *Rolandslied* selbst. An Zufall wird man hier umso weniger denken, als ja im 11. Jh. die Normannenprinzessin Emma, Tochter Herzog Richards «des Alten», in zweiter Ehe dem größten aller Dänenkönige, Knut dem Großen, König von Dänemark, England und zeitweilig Norwegen, seine drei ihm nachfolgenden Söhne geboren hatte – da mußte den Normannen ein Hereinnehmen Dänemarks in die romanische Epik sozusagen prinzipiell willkommen sein. Von hier aus scheint mir dann die Erklärung leicht zu finden.

Bis zum Jahre 840 einschließlich hatten normannische Banden zwar schon mehrfach Küstengebiete des Karolingerreiches, vor allem Friesland und Aquitanien, heimgesucht, noch nie aber dessen zentrale Bereiche wie etwa das Seinebecken.[53] Im Mai 841 erfolgte dann unter einem *Oscheri dux* der erste große Angriff auf Rouen und sein Hinterland. Die Annalen des Westreiches (*Annales Bertiniani*), zu dieser Zeit geführt von Prudentius, der aus dem ehemaligen Westgotenreich stammte, bald darauf Bischof von Troyes wurde und sich in seiner Darstellung ganz überwiegend auf die innerfränkischen Gegensätze konzentrierte, berichten über den Zug naturgemäß weniger detailliert als das *Chronicon Fontanellense*, die Fortsetzung (841–859) der *Gesta abbatum Fontanellensium* und wie diese der essentiell zeitgenössische Bericht eines Mönchs von Saint-Wandrille (*Fontanella*). Hier heißt es:[54]

---

53 Wenn wir uns auf den romanischen Teil des Frankenreiches beschränken, so ist aus älterer Zeit i. w. nur eine kleine Expedition von dreizehn Schiffen zu nennen, die gemäß den Reichsannalen 820 vergeblich in die Seinemündung einzudringen versuchte, dann die Bretagne umfuhr und bei Bouin einige Beute gemacht zu haben scheint, sowie Angriffe gegen das Inselkloster Noirmoutier, das daraufhin 835 von seinen Mönchen aufgegeben wurde. Wie man sieht, sind solche Unternehmungen nicht entfernt vergleichbar mit dem tiefen Einbruch einer großen Flotte in eines der Hauptflußsysteme Frankreichs und mit der Eroberung einer erzbischöflichen Metropole.

54 *MGH, Scriptores* 2.301 s. Anders als Pertz (1829) haben die späteren Editoren der *Gesta*, Löwenfeld (1886) und Lohier/Laporte (1936), das *Chronicon* als selbständiges Werk angesehen und deshalb nicht aufgenommen (doch finden sich bei Lohier/Laporte p. XII, XV, XVI, XXIII alle Angaben zur handschriftlichen Überlieferung auch des *Chronicons*). Hingegen betrachtet Lot (1913, CXXIX) das *Chronicon* – unseres Erachtens zu Recht – als eine Fortsetzung der *Gesta*, und Lot und Halphen zitieren in ihrem grundlegenden Werk *Le Règne de Charles le Chauve* (1909), das *Chronicon* fast vierzigmal einfach als Bestandteil der *Gesta*.

> Anno dominicae incarnationis 841, indictione 4, quarto Idus Maii venerunt Nortmanni, Oscheri quoque dux. Pridie Idus Maii incensa est ab eis urbs Rotomagus; 17. Kal. Iunii regressi sunt a Rothomago; 9. Kal. Iunii Gemmeticum monasterium igne cremarunt; 8. Kal. Iunii redemptum est Fontinellense coenobium libris 6; 5. Kal. Iunii venerunt monachi de sancto Dionysio, redemeruntque captivos sexaginta octo libris viginti sex. Pridie Kal. Iunii pagani mare petierunt. Obviusque illis factus est Vulfardus regis homo cum populo; sed pagani minime ad pugnam se praeparaverunt [...]

Der Byzantinist Henri Grégoire hat bekanntlich in anderem Zusammenhang als *théorie du premier choc* die Erfahrung ausgesprochen, daß sich von mehreren kriegerischen Ereignissen der gleichen Art das erste wegen seiner schockartigen Wirkung der kollektiven Erfahrung am stärksten einprägt; wenn dieser Grundsatz hier zutrifft, hat *Oscheri dux* schon wegen dieses Zuges gute Aussichten, in die Sage einzugehen. Aber mehr noch: in den folgenden zehn Jahren suchten er und seine Scharen viele andere Gegenden Frankreichs heim, um schließlich 851, abermals im Seinebecken, die größten Verwüstungen seit Menschengedenken anzurichten. Wiederum berichtet der Fortsetzungsteil der *Gesta* von St. Wandrille ausführlicher als die Annalen des Prudentius:

> Anno 851 [...] Eodem tempore classis Nortmannorum fluvium Sequanam ingressa est ipso die tertio Idus Octobris, duce Hoseri, qui aliquot ante annos Rothomagum urbem depopularat ac incendio cremarat, id est anno dominicae incarnationis 841, et per annos undecim multas regiones latrocinando occuparat. Inter quas et urbem Burdegalim munitissimam, caput regionis Novempopulanae, de qua tunc progressus fuerat [...] Primitus Fontinellam monasterium agressi, cuncta eius depopularunt; ad extremum etiam post dies ingressus sui Sequanam 89. ipso die 5. Idus Ianuarii ad solum usque cremaverunt, cum stetisset a primo aedificationis suae die ducentis octodecim annis, mense uno, et dies tredicim. **Belloacus** interea urbem cremarunt, et Flaviacum monasterium. De qua cum reverterentur, in loco nuncupato Wardera a Francis excepti, plurimi interfecti sunt, reliqui silvis se occuluerunt; sicque noctu aliqui ad naves reversi sunt. Fuerunt autem in Sequana a tertio Idus Octobris usque Nonis Iunii dies ducentos octoginta septem. Sicque onustis navibus ad Burdegalim reversi sunt. Testantur regiones Sequanae adiacentes, quia ex quo gentes esse coeperunt, numquam tale exterminium in his territoriis auditum est. Tanta enim egerunt, quanta nemo prudentium cronographorum enarrare sufficeret; idcirco multa reliqui, quia sub brevitate narrare disposui.

In der Forschung scheint Einigkeit darüber zu bestehen, daß sich hinter *Oscheri/Hoseri* der altnordische Name *Ásgeir* verbirgt,[55] dem im Fränkischen strenggenommen die Form *Ansger* entspräche; doch wird auch in den folgenden Jahrhunderten altnordisches *Ás-* in der Normandie sehr oft durch *Os-* wiedergegeben, z. B. stets in so gängigen Namen wie *Osbern* und *Osmund* – sei es, daß

---

55 Zum Namen cf. Vogel (1906, 84 mit n. 2). *Asgeir* nennt ihn auch der als Nordist ausgewiesene Jan de Vries (1923 passim, s. Index).

in der Sprache der normannischen Invasoren das *a* dunkel klang, sei es, daß angelsächsische und sächsische Namensformen auf *Os-* schon als Präzedenzfälle wirkten. Das in unserem Falle resultierende **Osger* mußte in romanischem Mund allmählich von dem nahe benachbarten Namen **Odger* (> *Ogier*) absorbiert werden. Und da die skandinavischen Eindringlinge des 9. Jh. in den lateinischen Quellen ebenso gängig *Dani* wie *Nortmanni* heißen, mußte wohl aus dem «Normannen *Oscheri dux*» allmählich ein *Ogier le duc, le Daneis* werden, der zur Zeit eines Königs Karl [nämlich des Kahlen] mit seinen Scharen, alles verwüstend, durch Nordwestfrankreich zog, dabei speziell Beauvais zerstörte, schließlich aber das Land räumen mußte. Sein Beiname *le Daneis* verhinderte anfangs gewiß eine Verwechslung mit jenem anderen *Ogier le duc*, der etwa achtzig Jahre früher schließlich vor König Karl [dem Großen] aus der Gegend westlich von Paris und damit aus ganz Frankreich hatte weichen müssen. Aber in dem Maße, in dem die Normannen ein französischer Volksstamm wurden, konnte man sich auch vorstellen, daß ein «Däne» zum Vasallen des Frankenkönigs Karl geworden war, und damit verblaßte die Trennungslinie zwischen den beiden *Ogier*.

Man vergleiche nun in der *Chevalerie Ogier* die Beschreibung der Verwüstungszüge, die Ogier nach seinem Zerwürfnis mit Karl in Laon und vor seinem Rückzug aus Frankreich unternimmt (vv. 3354–3365 Eusebi, 3360–3371 Barrois):

> Et li Danois li fist maint enconbrer:
> Le roi ocist maint vallant chevalier.
> Maint borgoi prist, maint rice prisoner,
> Dont il avoit et argent et or mer.
> En Biauvisis entrerent li forrer;
> **Bialvais briserent** dusqu'aus murs du terrier,
> Dusqu'a Bialmont fisent tot gerillier.
> Li rois le suet, vis quida erragier;
> Tant per l'a fait fuïr et decacher,
> Et qe diroie? ne puet durer Ogier:
> Fuïr l'estuet et le resne laissier
> Et le roialme Kallemaine vidier.

Auch hier wird der Angriff als ähnlich wild und zerstörerisch wie ein normannischer Beutezug geschildert, und ganz wie in der *Gesta*-Fortsetzung fällt ihm speziell Beauvais zum Opfer.

Zusammenfassend dürfen wir dann wohl feststellen, daß der mündliche Hinweis von N. Lukman, den Togeby in einen indifferenten Satz zusammengedrängt hat, im Kern richtig ist. Zwar ist weder Osger der Däne schlechthin zu «dem» *Ogier le Danois* der altfranzösischen Epik «geworden» noch haben sich notwendigerweise, wie man vor hundert Jahren in einem derartigen Falle eilfertig angenommen hätte, «Lieder» über ihn mit solchen über den anderen Ogier «vermischt»; wohl aber hat er dort, wo die Erinnerung an ihn fortlebte – nämlich bei den alteingesessenen Nordwestfranzosen und/oder bei den bald einwandernden und dann schnell romanisierungsbereiten Normannen – zur Sage seines Quasi-Namensvetters den Beinamen und das Motiv der Zerstörung von Beauvais beigetragen.

Übrigens scheint der Romanistik bisher nur ein unwahrscheinlicher Zufall diese Lösung vorenthalten zu haben. Im Jahre 1912 kam nämlich ein gewisser Paul Gruger in seinem *Guide de Normandie* (aus der Reihe der *Guides Joanne*) auf die Idee, den historischen Normannenführer unter dem Namen *Ogier le Danois* vorzustellen: «Ce fut sous Charles le Chauve, petit-fils de Charlemagne, que les terribles pirates scandinaves, dits les *Northmans* ou *Normands*, commencèrent en France leurs incursions. Conduits par Ogier le Danois, ils remontèrent la Seine jusqu'à Rouen en l'an 841 [...]».

Ein Menschenalter später stieß bei ihrer bahnbrechenden Untersuchung über Ogier[56] auch R. Lejeune auf diese Sätze und zitierte sie, mußte aber aus der Ausdrucksweise schließen, es gehe hier bereits um den Epenhelden und Gruger präsentiere seinen Lesern versehentlich irgendeine sekundäre Lokalsage als historische Wahrheit; sie ging deshalb der Spur ebensowenig nach wie später Togeby dem Hinweis Lukmans. *Habent sua fata Autgarii!*

Kann unsere Erklärung also keinen Anspruch auf unbedingte Originalität erheben, so dürfen wir uns mit dem Gedanken trösten, daß es in einer Wissenschaft, in der mehr als ein Dutzend Hypothesen nebeneinander stehen, eher nottut, einer davon zum Durchbruch zu verhelfen als eine neue aufzustellen.

VI

Aufgrund der dänischen Herkunft Ogiers mußte im Sinne des *Enfances*-Denkens bald nach dem Namen seines Vaters gefragt werden. Zur Zeit Karls des Großen war im Frankenreich nur ein Dänenkönig, und zwar in negativer Weise, allgemein bekannt geworden: in der späteren dänischen Tradition heißt er manch-

---

56 Lejeune (1948, 183 n. 3). Lejeune weist in diesem Zusammenhang sogar darauf hin, daß der Pseudo-Philomena kurz nach 1200 wenigstens streckenweise einen Augerius den Dänen von einem Augerius Herzog der Normandie trennt; cf. Togeby (1969, 43 s.). Vielleicht erklärt sich die Verdopplung daraus, daß der Autor den «bekannteren» Ogier von einem «normannischen» Ogier trennen wollte, ohne jedoch den Beinamen des ersteren als Produkt einer schon vollzogenen Vermischung zu erkennen. – Relativ nahe kam unserer Erklärung auch schon de Vries (1923, 126 s.).

mal *Guðfrið* oder *Guðrøð*, oft aber auch *Gøtrik*, während die fränkischen Quellen, angeführt von den Reichsannalen, von Anfang an nur die erste dieser Varianten, latinisiert als *Godofridus*, kennen.[57] Gottfried also – wie wir ihn nennen wollen[58] – erscheint 804 mit seiner gesamten Reiterei und Flotte zu Demonstrationszwecken an der Schleswiger Grenze, kündigt sein Erscheinen in Karls Lager an, kommt dann aber auf Drängen seiner Großen nicht, sondern tauscht mit Karl nur eine ergebnislose Gesandtschaft aus. Im Jahre 808 muß der jüngere Karl Sachsen gegen ihn schützen. Im folgenden Jahre läßt er Karl dem Großen melden, er habe von dessen Zorn gegen ihn erfahren und wolle sich von allen Vorwürfen reinigen; er bittet zu diesem Zweck um ein Grenztreffen von Vertrauensleuten beider Seiten. Dieses zeitigt jedoch keinen dauernden Erfolg; denn kurz darauf läßt Karl aufgrund mancher Prahlereien und Gewalttaten Gottfrieds die Grenze befestigen. Nunmehr verwüstet 810 Gottfrieds Flotte im Handstreich Friesland. Karl läßt seinerseits eine Flotte ausrüsten und rückt mit dem Heer durch Sachsen vor. Gottfried prahlt, er werde Karl in offener Feldschlacht schlagen und mit gewaltiger Heeresmacht in Aachen erscheinen – da wird er von einem seiner Vasallen ermordet, und sein Neffe Hemming schließt mit Karl Frieden.

Wie man sieht, war Gottfried durchaus ein selbständiger König; doch mußten zumindest in breiten Schichten des Frankenreiches seine zeitweiligen Friedensangebote und Rechtfertigungen als stillschweigende Anerkennung der fränkischen Vormachtstellung, seine Drohungen dann als umso unverschämtere Rückfälle wirken. Darin entspricht er durchaus dem späteren Gaufroi der Epik.

Daran, daß – in fränkischem Munde – *Godofridus* einer der Leitnamen des dänischen Königshauses war, wurden die Franken im Laufe des 9. Jh. noch zumindest zweimal schmerzlich erinnert:[59] ein jüngerer gleichnamiger Verwandter Gottfrieds wurde zwar 826 als Knabe in Mainz getauft, drangsalierte aber von 849 bis 855 Friesland und das dem König Karl [dem Kahlen] gehörige Flandern, einmal auch die Schelde- und die Seinemündung; ein dritter Gottfried und entfernter Verwandter der vorigen dehnte von 880 an seine Macht rheinaufwärts aus, forderte schließlich, dem Namen nach als kaiserlicher Vasall, von Karl [dem Dicken] Andernach und Koblenz, wurde dann aber von einem fränkischen Grafen ermordet. Schließlich tauchte 891 noch einmal kurz ein Norman-

---

57 Cf. Knudsen/Kristensen/Hornby (1936, 422 ss., 448 s.).
58 Zum Folgenden cf. z. B. Abel/Simson (1883, 307 s., 387 ss., 400 ss., 411 ss., 425 ss., 447).
59 Zu den jüngeren Gottfried cf. z. B. Dümmler (1887–88, I 343 s., 353 ss., 378; III 134, 157 ss., 201 ss., 206, 222, 237 ss., 350).

nenführer dieses Namens auf; doch fehlen anscheinend Angaben über seine Familienzugehörigkeit.

In den folgenden Jahrhunderten ist der Name *Godefridus/Godefroi* im Osten des französischen Sprachgebietes (vor allem in Niederlothringen) und in einem gewissen Teil des Südwestens (etwa mit dem Zentrum Turenne) recht bekannt. In den meisten anderen Gegenden aber wird er an Häufigkeit um ein Vielfaches übertroffen von dem etymologisch nicht identischen, aber lautlich benachbarten Namen *Gauzfridus*, der im Westen und im Zentrum zu *Jofrei/Jofroi/Gefrei*, in weiten Gebieten der Normandie und in der Pikardie aber nur zu *Gaufrei/Gaufroi/Gofrei/Gofroi* wurde. Man kann nun feststellen, daß die beiden Namen manchmal für identisch gehalten wurden; beispielsweise macht der Pfaffe Konrad im deutschen *Rolandslied* (v. 129 u. ö.) aus *Gefrei d'Anjou* einen *Gotefrît*; Langlois verzeichnet unter seinen *Godefroi* zwei Personen, die in der Epik bzw. in der Wirklichkeit auch *Jofroi* heißen,[60] und selbst in den Kartularen wird gelegentlich dieselbe Person mit beiden Namen bezeichnet.[61] In den Gebieten des Nordwestens, wo nach unserer Meinung Ogier seinen Beinamen *le Daneis* bekommen hat, dürfen wir überwiegend mit der Form *Gaufrei/Gaufroi* rechnen. In der Tat heißt Ogiers Vater nun in der *Chevalerie Ogier* (und sonst in der altfranzösischen Epik seit dem späten 12. Jh.) *Gaufrei/Gaufroi*, so auch als Titelheld eines Spätepos, das ihm im 13. oder frühen 14. Jh. wahrscheinlich in der Pikardie gewidmet wird; Namensvarianten mit /dž/ bzw. /ž/ bleiben selten.[62]

Die Identität des historischen *Godofridus-Gøtrik* mit dem epischen *Gaufrei* ist schon kurz nach 1266 von dem Verfasser einer Version der dänischen *Annales Lundenses* gesehen worden, dann im 15./16. Jh. von den dänischen Chroniken von *Keiser Karl Magnus* und *Kong Olger Danske* sowie von dem dänischen Humanisten Christiern Pedersen;[63] in der philologischen Forschung wurde sie erkannt u. a. von Voretzsch, Togeby und Aebischer,[64] doch immer ohne Untersuchung der hier durchaus wichtigen lautlichen Seite. Nur so konnte wohl Bédier (1929, 349) *Gaufrei* aus seiner berühmten Liste der historischen Personen ausschließen und damit stillschweigend seine Identität mit *Godofridus* leugnen – zu Unrecht, wie ich hoffe gezeigt zu haben.

---

60 Langlois (1904, s. v. *Godefroi* Nr. 1 und 29, letzterer von Lot richtig zu den Geoffroi de Lamballe der Wirklichkeit gestellt).
61 Beispielsweise heißt ein lokaler Großer a. 1095 im Kartular von Vierzon und im Livre d'Argent von Saumur *Godefridus*, in der Abschrift derselben Urkunde im Livre Noir von Saumur aber *Gosfridus*, in anderen Urkunden *Goffredus*, *Gaufredus* u. ä. (Devailly 1963, Register).
62 Langlois und Moisan können deshalb *Gaufrei*, *Gefrei* und *Godefroi* prinzipiell als drei selbständige Namen behandeln, zwischen denen es nur geringfügige Überschneidungen gibt.
63 Togeby (1969, 113 s., 227); Moisan (1986, vol. 1 s. v. *Gaufroi* [1]).
64 Voretzsch (1891, 85); Togeby (1969, 49); Aebischer (1973, 15–21).

Andererseits haben, von der Personengleichheit ausgehend, mehrere Forscher in älterer Zeit versucht, auch die Gestalt Ogiers ganz oder teilweise auf einen der Söhne Gottfrieds zurückzuführen, so im 16. Jh. Pedersen auf Olav, im 17. Jh. Bartolin mit Vorbehalten auf Helge, im 17. Jh. Mone auf Horich.[65] Wir dürfen uns hier auf die Feststellung beschränken, daß nichts, was wir über irgendeinen der Gottfriedsöhne wissen, zu einer solchen Gleichsetzung einlädt.

Anders als bei Ogier selbst bleibt nach allem Vorangehenden allerdings unentscheidbar, ob *Godofridus-Gaufrei* auf gelehrtem oder auf volkstümlichem Wege in die altfranzösische Epik gelangt ist. Sicher kann ein Neugieriger, der wissen wollte, wie der Vater des Ogier de Danemarche hieß, den Namen *Godofridus* bei Einhart oder in den Reichsannalen aufgesucht und in der ihm geläufigen, vermeintlich etymologisch identischen Form *Gaufrei* sprechbar gemacht haben. Ebensowenig aber ist es auszuschließen, daß Gottfried in der mündlichen fränkisch-französischen Erinnerung als dänischer Komparse ohne nennenswerte narrative Umkleidung weiterlebte. Wichtig hingegen scheint mir für beide Hypothesen, daß Ogier zum Dänen wurde, ehe er zu Gaufrois Sohn wurde.[66]

VII

Im Vorhergehenden hoffe ich gezeigt zu haben, daß die scheinbar so komplexe Frage der Beinamen *Spatacurta* und *le Danois* eine rationale Lösung findet, sobald man beiden Namen wenigstens umrißhaft eine historisch-geographische Dimension zuweist. Nun wird die Komplexität der Ogiertradition aber nicht nur durch die Beinamen, sondern mehr noch durch die weite geographische Streuung der Legende selbst und durch den Umstand bedingt, daß Ogier bald als Getreuer Karls, bald als Rebell gegen ihn auftritt. So sind die verschiedenen Versuche der Forschung, grundsätzlich zwei oder mehr Quellen der Ogiertradition zu unterscheiden, nicht etwa von dem Wunsch getragen, das eindeutig

---

65 Pedersen (ed. 1856); Bartolin (1677); Mone (1838); alle zitiert nach Voretzsch (1891, 2 und 7). Wir können hier von einer weiteren Schwäche der ersten beiden Thesen absehen, die darin besteht, daß strenggenommen von den fünf Gottfriedsöhnen nur einer, Horich, aus zeitgenössischen Zeugnissen namentlich bekannt ist; s. Vogel (1906, 405).

66 Selbst wenn sich hinter dem ganz isoliert stehenden Namen *Grossaille* (*Rol.* 1488, so nur O) wider Erwarten ein **Goffraille* verbergen sollte, das der Dichter um der Assonanz und vielleicht um des pejorativen Beiklangs willen aus *Goffrei* gemacht hätte (insgesamt bezeugen *Brigal, -gant, Haltilie, -toïe, Jurfaleu, -aret, Malpreis, -prose, Ormaleis, -leus* doch wohl einen ziemlich ungenierten Umgang mit Heidennamen), so hätte er sich, nach dem Tenor der Stelle zu urteilen, Goffrei kaum schon als Ogiers Vater vorgestellt.

sekundäre Motiv der dänischen Herkunft aus der Überlieferungsmasse auszusondern; vielmehr sollen sie durch Sondererklärungen für eines oder mehrere der frühen Elemente die geographische Vielfalt plausibler machen und für das Auftreten der gesamten Legende (oder speziell ihres «Rebellen»-Anteils) in Frankreich eine Spätdatierung ermöglichen.

Der Gedanke, den Ogier der *Conversio* von Meaux von der sonstigen Überlieferung zu trennen, klingt schon 1891 bei Voretzsch zaghaft an, wird dann von Bédier und Barry Cerf ausgebaut:[67] in der klassischen Formulierung Bédiers handelt es sich hier um «un inconnu qui avait eu le mérite de donner quelques terres à l'abbaye de Saint-Faron et qui s'y était fait enterrer». Aber erstens müßte, wer das Motiv «erster Mann im Staate nach Karl» (*secundus a rege* bzw. *in regni imperio et dominato* [...] *secundus*) als nichtssagenden Topos behandeln will, parallele Beispiele für eine ähnlich groteske Vergrößerung der sozialen Statur eines mittleren Landadligen beibringen – ich kenne keine. Zweitens sagt die *Conversio* gerade n i c h t, daß Ogier der Abtei Ländereien schenkte, sondern daß er mit dem Pilgerstab in der Hand dorthin kam und kurz darauf König Karl dazu brachte, dem Kloster Schenkungen zu machen. Das paßt abermals nicht zu dem Bild eines mittleren Landadligen; bedenkt man jedoch, daß weithin im Mittelalter Adlige beim Eintritt in ein Kloster diesem, im wesentlichen als Grundlage ihres eigenen Unterhaltes, Ländereien schenkten, so erscheint es einleuchtend, daß Karl für den Unterhalt eines Verbannten dem betroffenen Kloster eine ähnliche Schenkung machte, schon damit die Mönche ihrer Bewachungsaufgabe auf würdige, aber auch wirksame Weise nachkamen. Und wenn das in beiden Fassungen der *Conversio* an Saint-Faron vergabte Klösterlein bei Vercelli, wie der Wortlaut der längeren Fassung beinahe mit Sicherheit besagt, einst Ogier gehörte, dann aber an den Fiskus fiel, so ist Bédiers Partie umso eindeutiger verloren; denn – so darf man Ferdinand Lots[68] Einwand paraphrasieren – ein champagnischer Landadliger besitzt weder «zufälligerweise» ein Kloster in Italien, noch fällt dieses dann «zufälligerweise» dem Fiskus anheim. Das italienische Element im Leben des «zweiten» Ogier strapaziert also den Zufall zu sehr, um sich noch von der Biographie des «großen» Ogier trennen zu lassen.

---

67 Bédier (1926, 308–310, das folgende Zitat 310); Cerf (1910 passim). – Die beiden Fassungen der *Conversio* sind ediert von Krusch, *MGH, Scriptores rerum merovingicarum* 5.203–206, und zwar, wie in den Handschriften, als Anhang zur ebenfalls aus Meaux stammenden *Vita Faronis*.
68 Lot (1940, Wiederabdruck 1958, 285 n. 4 und 288 s.). – Für die obige Diskussion ist es fast gleichgültig, ob man mit Krusch (wie vorige n., 5.179) die kürzere oder mit Lot (284 n. 4) die längere Fassung der *Conversio* für die ursprüngliche hält, da gerade die längere Fassung auch laut Krusch op. cit. 178 in einer Hs. schon des 11. Jh. vorliegt.

Barry Cerfs Annahme schließlich, ein Rotgarius aus der Zeit Lothars sei durch eine Verwechslung zu einem Othgerius aus der Zeit Karls geworden, muß man mit Ferdinand Lot (1958, 292) als besonders mißlich deshalb bezeichnen, weil gerade d i e s e l b e n Schreiber beide Personen mühelos trennen.[69]

Was gegen diese Hypothesen einzuwenden ist, gilt *a fortiori* gegen die noch stärkeren Atomisierungsversuche Ph. Aug. Beckers (1940, 74–79): seine Annahme, erst das 13. Jh., und zwar wahrscheinlich der Dichter der *Chevalerie* selbst, habe die Legende von Otker von Tegernsee, dem historischen Autcharius, dem *Otgerius miles* von Meaux und dem dänischen Ogier des *Rolandsliedes* zu einer einheitlichen Gestalt verschmolzen, ist etwa so wahrscheinlich, wie es die Annahme wäre, ein heutiger Romandichter beobachte vier Personen, denen im wesentlichen nur der Familienname X gemeinsam ist, um daraus die Gestalt eines X-*par-excellence* zu gewinnen.

Als mit der *Nota Emilianense* ein etwa gleich altes und geographisch noch weiter abliegendes Zeugnis einer Ogierlegende auftauchte, konnte eine Isolierung der *Conversio* keine Spätdatierung und keine wesentliche geographische Konzentration der Ogierlegende mehr erbringen. Umso stärker geriet nun Ogiers «Doppelgesichtigkeit» ins Blickfeld, und zwar im selben Jahr 1969 bei so verschiedenen Forschern wie Paul Aebischer und Knud Togeby.

Aebischer (1969, 810–827) will konsequent den «treuen» Ogier der *Nota Emilianense*, der *Conversio*, der Fälschung von Saint-Yrieix und des *Rolandsliedes* von jenem «rebellischen» Ogier trennen, den er in der Geschichte der Jahre 771–773, bei dem Mönch von Sankt-Gallen, vielleicht in der Chronik von Moissac und den Annalen von Lobbes sowie schließlich in einem Ogierepos vorfindet, dessen verschiedene Fassungen für ihn durch Metellus von Tegernsee, die altnordische *Karlamagnússaga*, die dänische *Karl Magnus Krønike* und natürlich die *Chevalerie* vertreten sind. Diese Trennung kann aus zwei Gründen nicht befriedigen. Erstens bleibt die Hälfte des zu Erklärenden, nämlich die Gestalt des «treuen» Ogier, schlicht unerklärt. Denn der Hinweis auf die Historizität Gaufreis (art. cit. 821 s.) und der implizite Versuch, Ogiers Jugendgeschichte als zeitloses, will sagen, recht altes Ingrediens der altfranzösischen Epik darzustellen (art. cit. 825), ersetzen keine solche Erklärung.

Zweitens aber repräsentieren schon die *Conversio* und das *Rolandslied* nicht nur den «treuen» Ogier. Im *Rolandslied* fährt Ogier in einem Augenblick der

---

69 Versucht man Cerfs Grundgedanken – wie er es ansatzweise selbst (1910, 3 und 5), eindeutiger R. Lejeune (1948, 117 s.) tat – durch die Zusatzannahme akzeptabler zu machen, Rotgarius sei in Saint-Faron nur dadurch zu Othgerius geworden, daß die Legende des epischen «Othgerius, des zweiten Mannes im Reich nach Karl», bereits auf ihn attrahierend wirkte, so wird damit die *Conversio* zu einem Zeugnis auch für den epischen Ogier; dieser Fall bedarf hier keiner weiteren Diskussion.

Gefahr Karl an (3538 s.): «*Ja Deu ne placet qu'el chef portez corone, / S'or n'i ferez pur venger vostre honte!*» Läßt der Dichter hier nicht das Temperament des potentiellen Empörers durchbrechen?[70] Und in der *Conversio* deutet eben das Vercelli-Motiv auf die zeitweilige Rebellenexistenz – damit bricht die Unterscheidung zusammen. Aebischer verkennt entscheidend das hier vorliegende Wahrscheinlichkeitsproblem, wenn er glaubt, die beiden Traditionen berührten sich nur in einem Punkt, nämlich dem Namen Ogier, und wenn er von der Abtei bei Vercelli schreibt: «abbaye qu'il aura reçu de Désier, suppose un peu gratuitement Ferdinant Lot, et qui forcément lui aura été confisquée par Charlemagne, lequel la lui aura rendue au moment où il s'est fait moine.»[71] Vielmehr berühren sich der Ogier der *Conversio* und der des Jahres 774 darin, daß sie denselben Namen tragen, daß sie Zeitgenossen Karls des Großen sind, daß sie zunächst im Frankenreich eine der höchsten Stellungen gleich nach dem Königsrang bekleiden, daß sie dann aber in ein Kloster eintreten, zu dem sie vorher offensichtlich keine Beziehung unterhielten. Schon angesichts dieser Übereinstimmungen fällt die Unterscheidung beider schwer. Taucht nun in der Biographie des einen noch das Motiv eines Besitzes in Italien auf, und zwar mit großer Wahrscheinlichkeit eines von Karl zeitweilig konfiszierten Besitzes, so wird die Trennung extrem unwahrscheinlich, und genau das wollte der Fachhistoriker Lot in seiner etwas apodiktischen Kürze sagen.

Bei Togeby zeigt sich über Aebischer hinaus das Bestreben, den rebellischen Ogier in der Literatur als späte Schöpfung eines individuellen Dichters, nämlich des Verfassers der *Chevalerie*, darzustellen.[72]

Aber zwischen der ersten Quelle, die uns von Ogiers Rebellion und Unterwerfung berichtet, nämlich der *Vita Hadriani* (vor 800), und der *Chevalerie* (um 1200) liegen zumindest sieben Texte, die sich gerade mit dem Abgang Ogiers von der weltlichen Bühne befassen; jeder von ihnen bringt mindestens ein neues, meist legendäres Motiv, und immerhin die Mehrheit dieser Motive wird sich in der *Chevalerie* wiederfinden. Zwar sind sechs dieser sieben Texte der Romanistik prinzipiell bekannt, allein da ihr Zeugnis diffus präsentiert oder zerredet worden ist, können wir nicht umhin, sie kurz zu rekapitulieren.

---

70 So auch Ruggero M. Ruggieri (1969, 42).
71 Aebischer (1969, 817). Später sah Aebischer (1973, 30) hyperkritisch in der bloßen Tatsache, daß diese Abtei nicht näher zu identifizieren ist, einen Grund, an ihrer Existenz zu zweifeln, obwohl die *Conversio* einleuchtend genug sagt, daß ihre Unterordnung unter Saint-Faron de Meaux verloren ging, als Frankreich und Italien nicht mehr unter denselben Königen standen. Übrigens: selbst wenn die Angabe der *Conversio* erfunden wäre, würde sie zeigen, daß die Mönche ihren Ogier als begütert in Italien erscheinen lassen wollten – und schon das spräche für eine intendierte Identifizierung mit Audgar.
72 Togeby (1969, am klarsten 72 und 294).

Die *Vita Hadriani* selbst hatte berichtet, Ogier habe sich aus dem belagerten Verona mit Karlmanns Witwe und Kindern *propria voluntate* dem *benignissimo Carulo* ergeben, der sie – in welcher Weise, wird nicht gesagt – «aufnahm» (*eosque recipiens*).[73]

1) Im Laufe des 9. Jh. weiß nun die Chronik von Moissac[74] zu berichten, Karl und eine Elitetruppe (*legionem ex probatissimis pugnatoribus*) hätten die langobardischen Paßbefestigungen bei den Klausen auf einem Bergpfad umgangen[75] und anschließend die Langobarden mit Desiderius und Ogier in die Flucht geschlagen (*Langobardos cum Desiderio rege eorum et Oggerio in fugam converterunt*). Und vom Schicksal der Gefangenen heißt es: *truso in exilium Desiderio rege et Oggerio, et uxore et filia* (wo, wie der Zusammenhang zeigt, die Frau und die Tochter des Desiderius gemeint sind). *Exilium* heißt hier sprachlich, wie Bédier (1926, 309 n. 1) richtig erklärt, 'Gefängnis'; aber da wir von Desiderius und seiner Familie eindeutig wissen, daß sie den Rest ihrer Tage unter geistlicher Bewachung – nämlich hinter Klostermauern oder in der direkten Verantwortung eines Bischofs – verbrachten, darf man wahrscheinlich mit Ferdinand Lot (1958, 289 n. 1) auch das 'Gefängnis' des in ihrer Mitte genannten Ogier als Kloster oder (woran Lot nicht dachte, was aber nach Analogie des Desiderius ebenso möglich ist) als strenge bischöfliche Bewachung deuten. In ihrer Essenz werden die beiden neuen Motive – nämlich Ogiers Teilnahme an Kampfhandlungen samt seiner anschließenden Flucht sowie seine Einweisung in klösterliche bzw. bischöfliche Obhut – zu den Hauptthemen der späteren Ogierepik werden, und zwar einerseits in der *Chevalerie*, andererseits in der Moniage-Tradition.

2) Zwischen 883 und 887 erzählt uns der Mönch von St. Gallen[76] die bekannte *non-adhuc*-Episode vom furchterregenden Aussehen des «eisernen Karl» und zeigt dabei Ogier nicht wie in der Geschichte mit Adelgis in Verona, sondern mit Desiderius in Pavia (lat. *Ticinum*) belagert. Der Motivkomplex Ogier-Desiderius-Pavia wird in der *Chevalerie* bleiben; nur erscheint dort Ogier im letzten Augenblick aus der Stadt ausgesperrt – damit die Handlung weitergehen kann.[77]

3) In der zweiten Hälfte des 10. Jh. gibt der Annalist von Lobbes[78] Ogier den Titel *marchio* und nennt die Zahl der Söhne Karlmanns, nämlich zwei. Beide Elemente finden sich noch in der *Chevalerie*.

---

73 *Liber Pontificalis*, I 496; Bédier (1926, 197).
74 *MGH, Scriptores* 1.295.
75 In der Chronik der Novalese finden wir dann dieses Motiv stark legendär ausgestaltet (aber keineswegs frei erfunden!) wieder.
76 *MGH, Scriptores* 2.759 s.; Togeby (1969, 55 s.).
77 Verse 5831–5845 ed. Eusebi, 5858–5872 ed. Barrois.
78 *MGH, Scriptores* 2.195.

4) Spätestens im dritten Viertel des 11. Jh. berichtet die *Conversio* in beiden Prosafassungen und in der Versifizierung durch Foulcoie, Ogiers unzertrennlicher Begleiter in seinen Kämpfen habe *Benedictus* geheißen, sei mit ihm Mönch in Meaux geworden und dort begraben – die *Chevalerie* wird alle diese Elemente aufnehmen. Nur wird sie, um Ogier noch mit Brabant und Hennegau belehnen zu können, erst den **toten** Ogier ins Kloster Saint-Faron de Meaux führen; skurrilerweise und offensichtlich als Relikt einer älteren Handlungsführung hat aber vorher sein Roß schon Jahre im Dienste dieses Klosters zugebracht, während Ogier selbst von Erzbischof Turpin in Reims gefangen gehalten wurde.

5) Um 1120–25 fälscht auf der Reichenau ein den Cluniazensern nahestehender Mönch u. a. für das Kloster Kempten Urkunden Karls und Hadrians, deren Grundgedanke es ist, Karl habe bei seinem österlichen Aufenthalt 774 in Rom den adligen bisherigen Laien Audogarius zum ersten Abt von Kempten eingesetzt.[79] Diese lokale Seitenüberlieferung ist psychologisch dadurch von Interesse, daß sie mit derselben Leichtigkeit wie die *Conversio* die Rebellion des Helden verdrängt, sich vielmehr auf seinen folgenden Eintritt ins Kloster und die so erkaufte Versöhnung mit Karl beschränken will.

6) Als um 1160 Metellus von Tegernsee seine *Quirinalia*[80] dichtet, stehen durch die Heirat Barbarossas seit einigen Jahren die deutschen Gebiete des Imperiums in engster Wechselbeziehung zu Burgund. Metellus berichtet nun, noch heute sängen die Burgunder von ihrem Herzog Ogier, und identifiziert diesen mit Otker, einem der beiden Brüder, die um 760 das Kloster Tegernsee gründeten. Dann erzählt er jene berühmte, tragisch ausgehende Schachspielepisode, die wir in der *Chevalerie* wiederfinden; nur macht er sie seinen Zwecken dienstbar, indem er sie als unmittelbare Voraussetzung für Ogiers Eintritt ins Kloster darstellt.

7) Alexander Neckam, der von 1180 bis 1186 in Paris lehrte, kommt, als er in seinem *De naturis rerum* (cap. 158) von berühmten Pferden handelt, auch auf Ogiers Pferd zu sprechen. Er erzählt, wie Ogier, schon Mönch in Meaux, noch einmal die in Frankreich einfallenden Sarazenen besiegen und dazu auch sein altes Pferd reaktivieren muß. Selbst wenn Neckam dies einer hagiographischen

---

[79] Mühlbacher (1906, 296–300, Nr. 222 s.). Außer der dort angegebenen Literatur cf. Hirsch (1911 passim); *Germania Pontificia*, II 1.234 s. Die ältere, möglicherweise aber auch schon unhistorische Tradition, die für uns Mitte des 11. Jh. bei Hermann von Reichenau (*MGH, Scriptores* 5.99) sichtbar wird, nennt als Gründer und ersten Abt von Kempten auch schon *Audogarius*, aber zu a. 752 und damit nicht in Zusammenhang mit Karl dem Großen und dessen Italienzug von a. 773/74. Der Fälscher zeigt dann durch die Umdatierung und das Hineinbringen von Karls Italienzug, daß er eine Legende kennt, wonach Karl auf seinem Italienzug Audgar ehrenhaft in ein Kloster einwies.
[80] Peters (1913, speziell 66–68); Jacobsen (1965, speziell 207–208); Togeby (1969, 28 s.).

Quelle entnommen haben sollte,[81] beruht diese ihrerseits auf epischem Material. Denn hier wird ja der unhistorische Schlußteil der Chanson de geste sichtbar, nämlich dessen Zentralthema einer letzten kriegerischen Großtat Ogiers n a c h der Versöhnung mit dem Monarchen samt dem nostalgischen Nebenthema des alten Pferdes – auch wenn die erhaltene *Chevalerie* dann beide Themen etwas anders gestalten wird.

Wie man sieht, handeln alle diese Texte entweder ausdrücklich von einer schweren Krise zwischen Karl und Ogier vor dessen Eintritt ins Kloster, oder aber wir ertappen ihre Autoren – nämlich in Meaux und Kempten – dabei, wie sie die Krise kennen, aber verdrängen; sie bezeugen also eine Tendenz, von der frühen Doppelgesichtigkeit Ogiers nur die problemlose Hälfte wahrzunehmen. Im Zeitalter der Vorkreuzzüge und des ersten, überwältigend erfolgreichen Kreuzzuges dominiert offenbar aus ideologischen Gründen ein fast makelloses Karlsbild, und die Rebellentraditionen führen eine Zeitlang ein ziemlich bescheidenes Dasein; erst als im späteren 12. Jh. das westeuropäische Rittertum in seiner äußeren Expansion gegen den Islam schwere Rückschläge erleidet, zugleich aber im Innern vor der Expansion des Königtums zurückweichen muß, haben die Rebellenerzählungen ihre geschichtliche Stunde.[82] Noch aufschlußreicher aber ist es, wie schon R. Lejeune und R. Louis[83] gezeigt haben, die faktenfreudige *Vita Hadriani* mit Einhart und den fränkischen Annalen zu vergleichen, die – außer im peripheren Moissac und später im ottonischen Lobbes – die Anhänger der Karlmannssöhne mit der Strafe der Anonymität belegen, obwohl Audgars Kampf nach seiner Motivation ein innerfränkischer und nur umständehalber ein antipäpstlicher Kampf war, also eher Gegenstand der fränkischen als der päpstlichen Geschichtsschreibung hätte sein sollen. Von einem Zufall auf fränkischer Seite kann keine Rede sein; vielmehr gesellen sich zu den obengenannten «Verdrängern» des 11. und 12. Jh. eindeutig die frühen «Verschweiger», die noch der Sprachregelung des Karolingerhofes unterworfen sind.

Wenn aber die Spuren des *état latent* so eindeutig sind, dürfen wir mit R. Louis feststellen: «Les critiques qui veulent voir dans l'Ogier fidèle du Roland d'Oxford le type primitif et dans l'Ogier rebelle de la Chevalerie un type dérivé, énoncent un paradoxe invraisemblable: comment admettre de sens rassis que l'Ogier historique, rebelle à Charlemagne, soit d'abord entré dans la légende sous les traits d'un fidèle pour se muer à nouveau en rebelle?»[84]

---

81 So Bédier (1926, 323 s.).
82 Cf. allgemeiner dazu Bender (1967 passim).
83 Lejeune (1948 passim); Louis (1956, 405).
84 Louis (1956, 394), zitiert auch von Aebischer (1969, 825).

Aber wieso kommt dann die doch recht eindeutige Erzähltradition der Krise zwischen Karl und Ogier dem Leser des Togebyschen Buches kaum zum Bewußtsein?

Erstens ordnet Togeby seine Untersuchung in anscheinend musterhafter Objektivität chronologisch an; doch tendenziös ist gerade die Vorentscheidung, die Darstellung erst mit der Zeit um 1060 zu beginnen. Dadurch lernt der Leser alle älteren Denkmäler in der Perspektive eines Rückblicks kennen und muß dazu neigen, sie als außerhalb des Hauptstranges der Argumentation stehend anzusehen.

Zweitens wird beim Vergleich der Erzählung des Mönchs von St. Gallen mit der *Chevalerie* das gemeinsame unhistorische Element Pavia für belanglos gehalten.[85]

Drittens findet der dänische Forscher zwar auf 280 Textseiten im allgemeinen Gelegenheit, jedes Zeugnis der Ogiertradition ausführlich zu beschreiben; allein um aus dem 9. und 10. Jh., also dem klassischen Streitgebiet der Vorepentheorien, die je drei Zeilen der Chronik von Moissac und der Annalen von Lobbes zu zitieren, fehlt der Raum. Togeby verweist global auf Voretzsch und Lejeune (nicht aber z. B. auf Louis).[86]

Viertens wird aus der *Conversio* zwar das Vercelli-Motiv als *particulièrement problématique* vorgestellt, aber fast ohne Untersuchung seiner Wahrscheinlichkeitsstruktur, so daß der Leser kaum ahnen kann, an welchem Kreuzweg der Forscher hier steht.[87]

Fünftens bleiben die Fälschungen für Kempten – und damit immerhin ein psychologisches Pendant zur *Conversio* – Togeby ebenso wie der übrigen Romanistik unbekannt.

Sechstens stellt sich bei der Schachspielepisode unabweisbar die Frage, ob der Bayer Metellus sie aus einer Chanson de geste entlehnt hat oder umgekehrt. Metellus berichtet zwar in seiner Ode 11a, man singe in Burgund viel von Ogier, und weil er in seiner Klostertradition Otker als Zeitgenossen Pippins, in Burgund aber Ogier als Zeitgenossen Karls dargestellt findet, läßt er in dieser Ode

---

85 Togeby (1969, 55 s.).
86 Ebd. 54 s.; Louis (1956, 405).
87 Togeby (1969, 21 und 59). – Stattdessen lenkt Togeby den Leser ab auf einen Seitenpfad: er verweist in der Nachfolge von Cerf (1910, 8 n. 18) darauf, daß in der *Vita Faronis* auch ein *sanctus Autharius* erwähnt wird, *dont le nom a également pu être identifié avec une forme latine d'Ogier*. Er sagt nicht, daß dieser Autharius im Zusammenhang der *Vita* eindeutig als Person des frühen 7. Jh. erkennbar ist und daß d i e s e l b e n Schreiber diesen frühen *Autharius* mühelos von dem späteren *Othgerius-Otgarius* trennen; cf. Togeby (1969, 22) mit der Ed. Krusch. – Chaume (1969, 78) identifiziert sogar die nur ähnlichen Namen *Autharius* und *Autgarius* und gelangt somit zu einer Ahnenreihe, die weder wahrscheinlich noch für uns von Interesse ist.

den König vorsichtigerweise unbenannt; der Leser k a n n ihn mit dem in Ode 11 genannten Pippin identifizieren, braucht dies aber keineswegs. Doch trotz solcher deutlicher Indizien für die Entlehnungsrichtung befindet Togeby (1969, 29): «Mais l'auteur de la Chevalerie Ogier peut tout aussi bien avoir emprunté l'anecdote à Metellus.» Nun erscheint überdies eine eng verwandte Schachspielepisode im *Renaut de Montauban*, der laut Togeby (op. cit. 40) der *Chevalerie* vorangeht. Woher hat sie der *Renaut*? Wahrscheinlich, so antwortet Togeby (op. cit. 53), aus einer «source commune, par exemple Metellus». Die Frage, ob Metellus je außerhalb Bayerns rezipiert wurde, wird gar nicht erst gestellt; und die *source commune* darf offenbar alles sein – außer einer verlorenen *Chevalerie Ogier*.

Siebtens erkennt auch Togeby an, daß Ogiers Kindheitsgeschichte bekannt war, bevor die uns erhaltene *Chevalerie* gedichtet wurde (1969, 38, 47 s.; cf. 50). Nun enthält aber diese Kindheitsgeschichte in allen bekannten Fassungen das Thema der Rivalität, ja Feindschaft zwischen Ogier und dem Königssohn, das seinen Höhepunkt und damit seinen dramatischen Sinn erst in der Schachspielepisode des Hauptteils erreicht. Sollen wir annehmen, das Thema sei unabhängig zweimal ersonnen worden, nämlich von Metellus und von dem Dichter der selbständigen *Enfances*? Welchem Ende soll letzterer es zugeführt haben, wenn er die dramatische Weiterentwicklung nicht kannte, die vorher bei Metellus, nachher in der *Chevalerie* belegt ist? Oder ist auch er ein heimlicher Metellus-Leser? Ist es überhaupt wahrscheinlich, daß ein *Enfances*-Epos einer Gestalt gewidmet wird, die noch in keinem anderen Epos Protagonist war?

VIII

Bleiben somit alle Versuche unbefriedigend, die Ogiertradition (abgesehen von dem Motiv der dänischen Herkunft) auf verschiedene Quellen zurückzuführen, so muß man sich fragen, ob diese Versuche nicht von falschen Voraussetzungen ausgehen, nämlich von einer Unterschätzung selbst des mittelalterlichen Geschichtsbewußtseins. Ist denn die Doppelgesichtigkeit Ogiers psychologisch unverständlich? Oder gar die Entwicklung der Rebellenfabel in sich? Was konnte denn eigentlich an Ogiers Schicksal im Bewußtsein der ersten nachfolgenden Generationen «relevant» sein? Was bewahrte ihn davor, schlechthin vergessen zu werden? Diese «Relevanzfrage» sollte bei aller Forschung zur Vorgeschichte der altfranzösischen Epik gestellt werden; denn vornehmlich um ihretwillen lohnt solche Forschung überhaupt.

In unserem Fall nun liegen die beiden entscheidenden Umstände zweifellos darin, daß Ogier s c h r i t t w e i s e in die völlige V e r e i n z e l u n g geriet und daß ihm schließlich Karl in einem gewissen Sinne «verzieh». Er geriet in die Vereinzelung, indem er mehrfach vor die Alternative gestellt wurde, aufzugeben oder seine bisherige Haltung um eine Stufe – allmählich bis in die *desmesure* hinein – m zu verhärten. Im Jahre 771 bekleidete er einen der höchsten Ränge in demjenigen fränkischen Teilreich, dem die Zukunft zu gehören schien: Karlmann hatte zwei legitime Söhne, Karl trotz seines höheren Alters nur einen körperlich mißgestalteten von zweifelhafter Legitimität; Karlmanns Reich war räumlich kompakt, das seines Bruders monströs weitgestreckt und auf die Dauer kaum lebensfähig. Da verfiel Karlmann einer tödlichen Krankheit, doch so, daß er selbst noch Zeit für letztwillige Anordnungen und sein Bruder Karl schon Zeit für einen Aufmarsch an der Grenze fand.[88] Es ist in dieser Situation zu vermuten, daß der todkranke Karlmann einen Großen seines Vertrauens zum Beschützer seiner Söhne einsetzte. Nun waren die Franken zwar aus ihrer nationalen Geschichte an Teilungen des Reiches und (vor 751) der Majordomuswürde gewöhnt. Doch gab es keine eindeutige Tradition in der Frage, ob hierbei auch Minderjährige ein Anrecht hatten; gegen ihre Berücksichtigung sprachen nicht nur die Erfahrungen nach dem Tode Pippins des Mittleren, sondern auch die Überlegung, daß konsequente Teilungen schließlich zur Zerstückelung des Reiches führen mußten. Im Prinzip durften in einer solchen Lage die Großen und das Volk innerhalb der Königssippe ihren neuen Herrscher wählen, zumindest soweit sie sich nicht bei Lebzeiten des Vorgängers schon gebunden hatten. Beim Tode des erst zwanzigjährigen Karlmann hatten gewiß die meisten seiner Untertanen ein solches Gelöbnis noch nicht abgelegt, sich ihm vielleicht in den letzten Lebenstagen des Königs bewußt entzogen. Als sie sich nunmehr legitim für Karl entschieden, mußte ihnen die gegenteilige Haltung einer Minderheit um Audgar zwar politisch falsch, aber keineswegs moralisch unverständlich erscheinen, im Gegenteil. Audgars erste Entscheidung zog unmittelbar eine zweite nach sich. Wäre Karlmanns Familie im Frankenreich verblieben, so hätte Karl sie zweifellos zum Eintritt ins Kloster gezwungen; denn er konnte es sich nicht leisten, in weltlichem Stande zwei prinzipiell thronfähige Jungen heranwachsen zu lassen, die bei jeder Reichskrise selbst gegen ihren Willen zu Kristallisationszentren des Widerstandes geworden wären. So flieht Audgar mit ihnen und jetzt nur noch wenigen[89] Getreuen an den Langobardenhof, zu dem die Franken unter Karl Martell gutnachbarliche, unter Pippin überwiegend feindliche, nach seinem Tode aber wieder sehr enge Beziehungen unterhalten

---

[88] Hierzu und zum Folgenden Lejeune (1948, 67) mit Verweis auf Delaruelle, «Charlemagne, Carloman, Didier et la politique du mariage franco-lombard», *Revue historique* 170 (1932), 220.
[89] *Cum aliquibus paucis Francis* sagen die zeitlich nächststehenden *Annales Laurissenses* (*MGH, Scriptores* 1.148).

hatten, der also jedenfalls nicht als ihr Erbfeind gelten konnte. Zwar bedingt die Ankunft der Flüchtlinge in Italien zwischen beiden Reichen neue Spannungen; doch da Karl fast gleichzeitig seine langobardische Gattin verstößt, zeigt er, daß diese Spannungen ihm geradezu willkommen sind. Noch ist Karl in Sachsen beschäftigt; aber Audgar weiß aus Pippins Zeiten, daß die militärische Konfrontation auf längere Sicht unvermeidlich und daß ein einiges Frankenreich dem Langobardenreich überlegen ist. Will er die fränkische Einigkeit noch rechtzeitig schwächen, so muß er seinen letzten Trumpf ausspielen: er muß die Karlmannssöhne vom Papst zu Frankenkönigen salben lassen.[90] Hadrian weigert sich, und Audgar rückt inmitten eines langobardischen Heeres auf Rom. Erst damit wird er rechtlich zum Verräter: Karl ist jetzt durch Akklamation der überwältigenden Mehrheit der bisherigen Untertanen Karlmanns legaler König aller Franken, und wer andere Frankenkönige neben ihm einsetzen will, begeht Hochverrat. Noch hat Audgar nicht gegen Landsleute gekämpft; doch bleibt ihm auch dies in dem folgenden Krieg zwischen Karl und Desiderius kaum erspart: selbst wenn er manuell nie die Waffe geführt haben sollte, darf Karl ihn rechtlich als kriegsführende Partei behandeln, spätestens nachdem er sich vorübergehend mit Adelgis in Verona verschanzt hat. Als er sich schließlich mit seinen Schützlingen dem Sieger unterwirft, ist er buchstäblich einer der letzten Franken, die den Weg zu Karl finden.

Andererseits verdient Karl sehr wohl das ihm in der *Vita Hadriani* verliehene Prädikat *benignissimus*: er hätte Audgar nach Kriegsrecht zum Tode verurteilen lassen können. Insofern kann man durchaus von einer Versöhnung sprechen, wie der Autor der *Vita Hadriani* sie ja auch durch die Worte *eosque recipiens* andeutet.

«Isolation» und «Versöhnung»: in diesen beiden Stichworten schon des Jahres 773 liegt die spätere Doppelgesichtigkeit Ogiers beschlossen. Denn von jetzt an waren gegenüber der Erinnerung an Audgar zwei ganz verschiedene Erzählhaltungen möglich.

E n t w e d e r ein Erzähler hatte den Mut, sich ausdrücklich die Rebellion Ogiers zum Thema zu nehmen; dann wurde es seine Hauptaufgabe, die fortschreitende Vereinsamung des Rebellen möglichst bildkräftig darzustellen. Und da die Epik stärker aus der Handlung als aus der Diktion lebt, mußten diese bildhaften Elemente ihren Platz in der Handlung selbst finden: es sind die Flucht durch halb Italien längs der Pilgerstraße, der allmähliche Verlust der Getreuen, der einsame siebenjährige Widerstand in der Toskana, schließlich als Antiklimax die Überwältigung des erschöpft Schlafenden in einem friedlichen

---

[90] Cf. z. B. die *Vita Hadriani* im *Liber Pontificalis* 488, 493, 495; Bédier (1926, 195 ss.).

Tal. Orts- und Zeitangaben mögen durch epische Vergrößerung unhistorisch geworden sein, die psychologische «Relevanz» der Erzählung ist über Jahrhunderte dieselbe geblieben.[91] Freilich machte sich in der ersten Hälfte des 12. Jh. selbst in dieser Tradition der Wunsch bemerkbar, Karl zu schonen: indem das Thema der «verfolgten Kinder» von dem neuen Schachspielthema rasch überschattet wurde, konzentrierten sich die Affekte des Hörers auf den mißratenen Sohn Charlot statt auf Karl.

Oder aber – damit kommen wir zu der zweiten Möglichkeit der Gestaltung – ein Autor zeigte ohnehin keine Neigung, das heikle Rebellionsthema anzupacken, sondern verdrängte es. Als Positiva Audgars blieben aber auch dann die entscheidenden Dienste, die er seinem Volk unter Pippin in Italien geleistet hatte, und die Tatsache einer leidlichen «Versöhnung» mit Karl. Aus diesen Elementen kann ein Autor entweder Ogiers erbauliches Ende thematisieren – so geschehen in Meaux, Kempten und Tegernsee (sowie im Schlußteil der *Chevalerie*). Oder er beschränkt sich auf den Namen und das allgemeine Prädikat der «Größe» Ogiers und kann dann die Gestalt in beliebigen Epenhandlungen als eine Art überdimensionalen Komparsen einsetzen.

Und ist diese letztere Lösung so ungewöhnlich? Der historische Raimbaut[-Radbod] de Frise war einer der gefährlichsten Gegner Karl Martells, Huidelon[-Odilo] de Bavière bereitete schon Karl Martell, dann Pippin ständige Schwierigkeiten, Gaifier[-Waifar] de Bordele war der Alptraum der Franken in Pippins zweiter Lebenshälfte und noch beim Regierungsantritts Karls des Großen, Rispeu[-Erispoe] und Salomon de Bretagne standen mit Karl dem Kahlen überwiegend auf dem Kriegsfuß – in der Epik hingegen sind sie sämtlich zu treuen Satelliten «Karls» geworden. Konnte man so sehr von ihren Taten und von ihren genauen Lebensdaten absehen, aber zugleich so zäh an ihren Namen festhalten, warum hat dann Herzog Audgar nicht schon aufgrund seiner unter Pippin geleisteten Dienste ein Anrecht auf intensiveres und positiveres Weiterleben? Insgesamt dürfen wir also auch für die positive Hälfte der frühen Doppelgesichtigkeit Ogiers historische Gründe in Anspruch nehmen.

---

91 Übrigens haben auch drei Forscher, die nicht dem Neotraditionalismus nahestehen, die Vereinsamung Ogiers als zentrales Thema seiner Tradition sehr wohl erkannt: R. R. Bezzola (1959, 188) spricht von *Ogier l'idéal du vassal solitaire*. Vor allem aber hat der feinhörige A. Adler (1963, 76–119, speziell 100) in den Mittelpunkt seiner immanenten Interpretation die Beobachtung gestellt, daß die wenigen Getreuen Ogiers, «einer nach dem anderen, dahingehen müssen, bis der Held großartig verlassen und einsam dasteht.» Ähnlich schließlich vor kurzem J. Belam (1998, 25–40): nach einer bemühten, aber letztlich unzureichenden Durchleuchtung des historischen Hintergrundes, die in einem Verdikt «real, aber für die *Chevalerie* ziemlich unerheblich» gipfelt, folgt eine gute Interpretation mit Herausarbeitung des Isolationsthemas, aber als einer vermeintlichen Nouveauté des Dichters.

Ronald Walpole schrieb: «If, then, the mention of Ogier in the Nota is to be considered proof of the existence of a well developed legend concerning him, it must be the mark of a strangely complex legend containing the incompatible elements of Ogier the rebel and Ogier the faithful vassal of Charlemagne. [...] Such a conclusion is not acceptable.»[92]

Incompatible? Welchen Triumph feiert in diesen Sätzen eine glasklare Mediävistik! Für sie ist jede Epengestalt zunächst böse o d e r gut. An Walpoles Raisonnement scheint mir nichts willkürlich als eben diese Grundannahme. Ich hoffe umgekehrt gezeigt zu haben, daß nicht nur die Geschichte komplexer war, sondern daß auch die frühe Ogiertradition wesentliche Teile dieser Komplexität einzufangen wußte; daß wir trotz der Untersuchungen von Aebischer und Togeby nicht genötigt sind, prinzipiell (d. h. abgesehen vom Beinamen *Danois*) abzugehen von dem Bilde eines einheitlichen und historischen Ogier, wie es R. Lejeune und R. Louis entworfen haben; daß Audgars Zeitgenossen zunächst von ihm erzählten, nicht obwohl, sondern w e i l sie von seinem komplexen Schicksal ergriffen waren, weil sie den Widerspruch zwischen älterer, personengebundener und jüngerer, institutionsgebundener Treue als in ihrer Epoche unaufhebbar erlebten, und weil schließlich diejenigen, die diesen Widerspruch nicht gestalten konnten oder wollten, Ogier das vage Prädikat der «Größe» umso weniger verweigern mochten.

Bibliographie

Abel, Sigurd/Simson, Bernhard v., *Jahrbücher des fränkischen Reiches unter Karl dem Großen*, vol. 2, Berlin, Duncker und Humblott, 1883.

Adler, Alfred, *Rückzug in epischer Parade*, Frankfurt a. M., Klostermann, 1963.

Aebischer, Paul, *Le concept d'état latent dans la préhistoire des chansons de geste*, Revue Belge de Philologie et d'Histoire 47 (1969), 789–839.

Aebischer, Paul, *La mesnie Doon de Mayence et son plus illustre représentant, Ogier le Danois*, in: *Mélanges de langue et de littérature médiévales offerts à Pierre Le Gentil*, Paris, S.E.D.E.S, 1973, 13–32.

Alexander Neckam, *De naturis rerum*, ed. Thomas Wright, London, Longman, 1863.

Alonso, Dámaso, *La primitiva épica francesa a la luz de una «nota emilianense»*, RFE 37 (1953), 2–94.

Arnulfi Aurelianensis, *Glosule super Lucanum*, ed. Berthe M. Marti, Rom, American Academy, 1958.

Barrois, Joseph (ed.), *La Chevalerie Ogier de Danemarche*, Paris, Techener, 1842 (Nachdruck Genf, Slatkine, 1969).

---

[92] Walpole (1956/57, 8).

Bartholinus, Thomas, *De Holgero Dano qui Caroli Magni tempore floruit dissertatio historica*, Kopenhagen, 1677.
Bauerreiß, Romuald, *Die älteste Kirche von Tegernsee und ihre Stifter*, Studien und Mitteilungen zur Geschichte des Benediktinerordens 60 (1946), 9–26.
Becker, Philipp August, *Ogier von Dänemark*, ZfSL 64 (1940), 67–88.
Bédier, Joseph, *Les légendes épiques*, Paris, Champion, vol. 2, ³1926, vol. 4, ³1929.
Belam, Judith, *Ogier le Danois: making use of a legend*, in: Ailes, Marianne (ed.), *Reading around the Epic: a Festschrift in Honour of Professor Wolfgang von Emden*, London, King's College, 1998, 25–40.
Bender, Karl-Heinz, *König und Vasall. Untersuchungen zur Chanson de geste des XII. Jahrhunderts*, Heidelberg, Winter, 1967.
Bezzola, Reto R., *À propos de la valeur littéraire des Chansons féodales*, in: *La Technique Littéraire des Chansons de Geste. Actes du Colloque de Liège 1957*, Paris, 1959, 183–196.
Böhner, Kurt, *Die fränkischen Altertümer des Trierer Landes*, Berlin, Mann, 1958.
Cerf, Barry, *Ogier le Danois and the Abbey of Saint Faro of Meaux*, RR 1 (1910), 1–12.
Chaume, Maurice, *Le sentiment national bourguignon de Gondebaud à Charles le Téméraire*, in: *Mémoires de l'Académie de Dijon*, vol. 1, Dijon, Bernigaud, 1922, 195–285.
Chaume, Maurice, *Les origines du duché de Bourgogne*, vol. 1, Dijon, Jobard, 1925.
Chevalerie Ogier de Danemarche, s. Barrois und Eusebi.
Collino, Giovanni (ed.), *Le carte della Prevostura d'Oulx*, Pinerolo 1908.
Depoin, Jules, *Études sur le Luxembourg à l'époque carolingienne (Suite)*, Ons Hémecht [Luxemburg] 12 (1906), 461–467.
Devailly, Guy (ed.), *Le cartulaire de Vierzon*, Paris, P.U.F., 1963.
de Vries, Jan, *De Wikingen in de lage landen bij de zee*, Haarlem, Willink, 1923.
Dhondt, Jan, *De Forestiers van Vlaanderen*, Bulletin de la Commission royale d'histoire [Bruxelles] 105 (1940), 282–305.
Dümmler, Ernst, *Geschichte des ostfränkischen Reiches*, 3 vol., Leipzig ²1887–88 (Nachdruck Hildesheim, Olms, 1960).
Eusebi, Mario (ed.), *La Chevalerie Ogier de Danemarche*, Mailand, Ist. Ed. Cisalpino, 1963.
Ewig, Eugen, *Milo et eiusmodi similes*, in: Stadt Fulda (ed.), *Sankt Bonifatius, 754–1954, Gedenkgabe zum 1200. Todestag*, Fulda, Parzeller, 1954.
Fliche, Augustin, *Le règne de Philippe Ier*, Paris 1912 (Nachdruck Genf, Slatkine, 1975).
Förstemann, Ernst, *Altdeutsches Namenbuch*, vol. 1: *Personennamen*, Bonn ²1900 (Nachdruck München, Fink, 1966), Ergänzungsband von Henning Kaufmann, München, Fink, 1968.
Frank, István, *L'affaire de Roncevaux*, in: *Coloquios de Roncesvalles*, Saragossa, Edición «El Noticiero», 1956, 212–223.
Gabotto, Ferdinando, *Il conte di Tortona Alpgario e la famiglia di re Berengario I e di Uggieri il Danese*, Archivio Storico Italiano 74 (1916), vol. 2, 150–167.
Gale, David A., *The Seax*, in: Sonia Ch. Hawkes (ed.), *Weapons and Warfare in Anglo-Saxon England*, Oxford, 1989, 71–83.
Gallia Christiana, vol. XVI, besorgt von Jean Barthélemy Hauréau, Paris, 1865.
Germania Pontificia, vol. II 1, ed. Albert Brackmann, Berlin, Weidmann, 1923.
Gesta abbatum Fontanellensium s. Pertz, Löwenfeld und Lohier/Laporte.
Guichenon, Samuel (ed.), *Bibliotheca Sebusiana*, Lyon 1660.
Hirsch, Hans, *Die unechten Urkunden Papst Leos VIII. für Einsiedeln und Schuttern*, Neues Archiv 36 (1911), 397–413.
Histoire littéraire de la France, XX, Paris, 1842.

Jacobsen, Peter Christian (ed.), *Die Quirinalien des Metellus von Tegernsee*, Leiden, Brill, 1965.
Jean d'Outremeuse, *Le Myreur des Histors, Fragment du Second Livre*, ed. André Goosse, Brüssel, Académie Royale de Belgique, 1965.
Karlamagnús Saga: branches I, III, VII et IX, nach Knud Togeby und Pierre Halleux ed. Agnete Loth, Kopenhagen, Reitzels, 1980.
Kienast, Walther, *Der Herzogtitel in Frankreich und Deutschland*, München, Oldenbourg, 1968.
Knudsen, Gunnar/Kristensen, Marius/Hornby, Rikard, *Danmarks gamle Personnavne*, vol. 1, Kopenhagen, Dansk Historisk Håndbogsforlag, 1936.
Lang, J./Ager, B. *Swords of the Anglo-Saxon and Viking Periods in the British Museum: a Radiographic Study*, in: Hawkes, Sonia Ch. (ed.), *Weapons and Warfare in Anglo-Saxon England*, Oxford 1989, 85-122.
Langlois, Ernest, *Table des noms propres de toute nature compris dans les chansons de geste imprimées*, Paris, Bouillon, 1904.
Laux, Friedrich, *König Raedwalds Grab bei Sutton Hoo*, in: Ahrens, Claus (ed.), *Sachsen und Angelsachsen*, Hamburg, 1978, 483-493.
Lecoy, Felix, Rez. Alonso (s. oben), Romania 76 (1955), 254-269.
Le Gentil, Pierre, *Ogier le Danois, héros épique*, Romania 78 (1957), 199-233.
Leibniz, Gottfried Wilhelm, *Annales Imperii occidentis Brunsvicenses*, ed. Georg Heinrich Pertz, Hannover, Hahn, 1843.
Lejeune, Rita, *Recherches sur le thème: Les chansons de geste et l'histoire*, Liège, 1948.
Lemarignier, Jean-François, *Recherches sur l'hommage en marche et les frontières féodales*, Lille, Bibliothèque universitaire, 1945.
Liber Pontificalis, ed. Louis Duchesne, vol. 1, Paris, 1886 (Nachdruck Paris, Boccard, 1955).
Lohier, Dom F./Laporte, J. (ed.), *Gesta sanctorum patrum Fontanellensis coenobii (Gesta abbatum Fontanellensium)*, Rouen/Paris, Lestringant/Picard, 1936.
Lombard, Maurice, *Les métaux dans l'ancien monde*, Paris, Mouton, 1974.
Lot, Ferdinand/Halphen, Louis, *Le Règne de Charles le Chauve*, vol. 1 (a. 840-851), Paris, Champion, 1909.
Lot, Ferdinand, *Études critiques sur l'Abbaye de Saint-Wandrille*, Paris, Champion, 1913.
Lot, Ferdinand, *La légende d'Ogier le Danois*, Romania 66 (1940), 238-253 (Wiederabdruck in F.L., *Études*, 280-292).
Lot, Ferdinand, *Études sur les légendes épiques françaises*, Paris, Champion, 1958.
Louis, René, *De l'Histoire à la légende*, vol. 1: *Girart, comte de Vienne (... 819-877) et ses fondations monastiques*, Auxerre, Imprimerie moderne, 1946.
Louis, René, *L'épopée française est carolingienne*, in: *Coloquios de Roncesvalles*, Saragossa, Edición «El Noticiero», 1956, 327-460.
Löwenfeld, Samuel (ed.), *Gesta abbatum Fontanellensium*, Hannover, Hahn, 1886.
Luchaire, Achille, *Louis VI le Gros, annales de sa vie et de son règne*, Paris, Picard, 1890.
Manteyer, Georges de, *La Provence du Ier au XIIe siècle*, Paris, Picard, 1908.
Manteyer, Georges de, *Les Origines du Dauphiné de Viennois*, Gap, Jean et Peyrot, 1925.
Martinet, Suzanne, *Le grand duc Autcarius préfigure d'Ogier le Danois*, in: Buschinger, Danielle (ed.), *Histoire et littérature au Moyen Age. Actes du Colloque du Centre d'Etudes Médiévales de l' Université de Picardie (Amiens 20-24 mars 1985)*, Göppingen, Kümmerle, 1991, 291-300.
Menéndez Pidal, Gonzalo, *Sobre el escritorio Emilianense en los siglos X a XI*, Boletín de la Real Academia de la Historia 143 (1958), 7-19.

Menéndez Pidal, Ramón, *La Chanson de Roland et la tradition épique des Francs*, Paris, Picard, ²1960.
Merlet, Lucien, *Dictionnaire topographique du Département d'Eure-et-Loir*, Paris, Impr. Impériale, 1861.
Moisan, André, *Répertoire des noms propres de personnes et de lieux cités dans les chansons de geste françaises et les œuvres étrangères dérivées*, 2 Teile in 5 Bänden, Genf, Droz, 1986.
Mone, Franz Joseph, *Übersicht über die niederländische Volks-Literatur älterer Zeit*, Tübingen, Fues, 1838.
Mühlbacher, Engelbert (ed.), *Diplomata Karolinorum* I (*Monumenta Germaniae Historica*), Hannover, Hahn, 1906.
Oelsner, Ludwig, *Jahrbücher des fränkischen Reiches unter König Pippin*, Berlin, Duncker und Humblot, 1871.
Oppermann, Otto, *Kritische Studien zur älteren Kölner Geschichte*, vol. 1: *Die Fälschungen des Oliver Legipont zur Überlieferung von St. Martin*, Westdeutsche Zeitschrift für Geschichte und Kunst [Trier] 19 (1900), 271–344.
Paris, Gaston, Rez. Pio Rajna, *Le Origini dell' epopea francese* (Florenz 1884), Romania 13 (1884), 598–627.
Pedersen, Christiern, *Danske Skrifter*, ed. C. J. Brandt, vol. 5., Kopenhagen, 1856.
Périn, Patrick/Kazanski, Michel, (a) *Das Grab Childerichs I.*, (b) *Männerkleidung und Bewaffnung im Wandel der Zeit*, in: Wieczorek, Alfried, et al. (edd.), *Die Franken – Les Francs*, Mainz, Zabern, ²1997, vol. 1, 173–182 (= 1997a) bzw. vol. 2, 707–711 (= 1997b).
Pertz, Georg Heinrich (ed.), *Gesta abbatum Fontanellensium*, in: *Monumenta Germaniae Historica, Scriptores* II, Hannover, Hahn, 1829, 270–300.
Peters, Paul (ed.), *Die Quirinalien des Metellus von Tegernsee*, (Diss.), Greifswald, 1913.
Rajna, Pio, *Contributi alla storia dell'epopea e del romanzo medievale*, Romania 18 (1889), 1–69.
Riezler, Siegmund, *Naimes von Bayern und Ogier der Däne*, in: SB phil.-hist. Kl. AdW, München 1892, 713–788.
Rivautella, Antonio/Berta, Francesco (edd.), *Ulciensis Ecclesiae Chartarium*, Turin, 1753.
Rosellini, Aldo, *Onomastica epica Francese in Italia nel medioevo*, Romania 79 (1958), 253–267.
Ruggieri, Ruggero M., *Les Lombards dans les Chansons de geste*, in: Quatrième Congrès International de la Société Rencesvals, Actes et Mémoires, Heidelberg, Winter, 1969, 37–45.
Rychner, Jean, *La Chanson de geste. Essai sur l'art épique des jongleurs*, Genf, Droz, 1955.
Schreibmüller, Hermann, *Die Ahnen Kaiser Konrads II. und Bischof Brunos von Würzburg*, in: Herbipolis Jubilans (= Würzburger Diözesangeschichtsblätter 14/15), Würzburg, 1952, 174–233.
Siegmund, Frank, *Kleidung und Bewaffnung der Männer im östlichen Frankenreich*, in: Wieczorek, Alfried, et al. (edd.), *Die Franken – Les Francs*, Mainz, Zabern, ²1997, vol. 2, 691–706.
Spore, Palle, *Oger li Daneis est-il Danois?*, in: Boysen, Gerhard/Moestrup, Jorn (edd.), *Études de linguistique et de littérature dédiées à Morten Nøjgaard*, Odense 1999, 551–555.
Spruner, Karl/Menke, Theodor, *Handatlas für die Geschichte des Mittelalters und der neueren Zeit*, Gotha, ³1880.
Stein, Henri, *Dictionnaire topographique du Département de Seine-et-Marne*, Paris, Impr. nationale, 1954.

Terrebasse, Alfred de, *Notice sur les Dauphins de Viennois*, in: *Œuvres posthumes de A. de Terrebasse*, Vienne, Savigné, 1875.
Togeby, Knud, *Ogier le Danois*, RRo 1 (1966), 110–119.
Togeby, Knud, *Ogier le Danois dans les littératures européennes*, Kopenhagen, Munksgaard, 1969.
Vogel, Walther, *Die Normannen und das Fränkische Reich bis zur Gründung der Normandie (799–911)*, Heidelberg, Winter, 1906.
Voretzsch, Carl, *Über die Sage von Ogier dem Dänen und die Entstehung der Chevalerie Ogier*, Halle, Niemeyer, 1891.
Waquet, Henri (ed.), *Suger, Vie de Louis VI de Gros*, Paris, Les Belles Lettres, 1929.
Walpole, Ronald N., *The Nota Emilianense, New Light (But How Much?) on the Origins of the Old French Epic*, RPh 10 (1956/57), 1–18.
Werner, Karl Ferdinand, *Untersuchungen zur Frühzeit des französischen Fürstentums*, Welt als Geschichte 18 (1958), 258–289, 19 (1959), 146–193, 20 (1960), 87–119.
Werner, Karl Ferdinand, *Bedeutende Adelsfamilien im Reich Karls des Großen*, in: Braunfels, Wolfgang, et al. (edd.), *Karl der Große*, vol. 1, Düsseldorf, Schwann, 1965.

Rolandslied und Pseudo-Turpin

2 Le vers, le verset et le contexte : encore le Roland d'Oxford et la Bible

À propos de *Roland* 1423 et suiv., 2393, 2477 et 2616

Depuis plusieurs dizaines d'années, la dimension religieuse du *Roland* d'Oxford, et surtout les éléments typologiquement issus de la Bible que l'auteur y a intégrés, ont fait l'objet d'études détaillées et approfondies. On peut avoir l'impression que tout a été dit. Néanmoins, j'aimerais étudier ici quatre passages dont les liens bibliques ne me semblent pas encore avoir été reconnus à leur juste valeur.[1]

*

Commençons par une relecture des présages de la mort de Roland (v. 1423 et suiv.)[2] :

> En France en ad mult merveillus turment :
> Orez i ad de tuneire e de vent,
> Pluie e gresilz desmesureement;
> Chiedent i fuildres e menut e suvent,
> E terremoete ço i ad veirement :
> De Seint Michel del Peril josqu'as Seinz,
> Des Besençun tresqu'as porz de Guitsand,
> Nen ad recét dunt li murs ne cravent.
> Cuntre midi tenebres i ad granz;
> N'i ad clartét, se li ciels nen i fent.
> Hume ne•l veit ki mult ne s'espoent.
> Dïent plusor : « ço est li definement,
> La fin del secle, ki nus est en present ».
> Il ne le sevent, ne dïent veir nïent :
> Ço est li dulors por la mort de Rollant.

En 1927, Bédier commente[3] : « Les présages de la mort de Roland rappellent sans doute les présages de la mort de César dans l'*Énéide* [*recte :* dans les *Géor*-

---

1 Je tiens à remercier Simon Neuberg, professeur à l'Université de Trèves, de ses conseils qui m'ont été d'un précieux secours.
2 Je cite d'après *La Chanson de Roland*, éd. crit. Cesare Segre, nouvelle édition revue, traduite de l'italien par Madeleine Tyssens, 2 tomes, Genève, 1989.
3 Joseph Bédier, *La chanson de Roland* commentée par J.B., Paris. 1927, p. 314.

Note: Publié pour la première fois dans : Romania 122 (2004), 532–542.

giques 1.466 et suiv.], mais aussi bien des scènes de l'*Apocalypse* (8,5; 16,18) : *Et facta sunt tonitrua et voces et fulgura et terraemotus magnus*, et la scène de la Passion (Matth. 27,45 ; Luc 23,44) : *A sexta hora tenebrae factae sunt super universam terram usque ad horam nonam … Et ecce … terra mota est; viso terraemotu et his quae fiebant, timuerunt valde.* » Au contraire, en 1979, Gérard Brault,[4] minimisant ou niant implicitement l'influence virgilienne, insiste uniquement sur le « deliberate effort on the part of Turoldus to inform the audience that Roland's martyrdom is a conscious *imitatio Christi* ». Enfin en 1993, Alain Labbé, retraçant en détail les deux traditions, classique et scripturaire, situe de nouveau la scène du *Roland* à leur carrefour. En passant, il cite aussi Luc 21,11 – verset qui fait partie du grand discours de Jésus sur les épreuves à venir entre sa mort et sa deuxième venue –, sans pourtant se prononcer sur un possible apport spécifique de ce verset à la scène du *Roland*.[5]

À mon avis, tout le passage Luc 21,9–11 (~ Matth 24,6–8 ~ Marc 13,7 et suiv.) mérite qu'on s'y attarde, parce que lui aussi a visiblement influencé l'auteur du *Roland*. Le voici :

> [9] Cum autem audieritis praelia et seditiones, nolite terreri ; oportet primum haec fieri, sed nondum statim finis. [10] […] Surget gens contra gentem, et regnum adversus regnum. [11] Et terraemotus magni erunt per loca, et pestilentiae, et fames, terroresque de caelo, et signa magna erunt.

Les pestilences et les famines sont impropres à présager la mort imminente de Roland, d'autant plus qu'il n'y en a pas eu lors de la mort du Christ ; donc, l'auteur les supprime. Quant aux tremblements de terre, dont la signification est religieuse, ce passage, à la différence des passages bibliques cités par Bédier, nous enseigne qu'il y en a eu et qu'il y en aura non seulement à la mort du Christ et à la fin du monde, mais aussi bien pendant le temps intermédiaire quand *consurget gens contra gentem, et regnum adversus regnum* – comme c'est le cas à Roncevaux. Mettre en scène un tremblement de terre lors de la mort de Roland n'est donc pas démesuré, a priori. En poète, l'auteur étale les *terrores de caelo*, c'est-à-dire le *mult merveillus turment*, en forme d'*orez, pluie, gresilz*,

---

[4] Gérard Brault, *The Song of Roland. An analytical edition*, 2 vol., University Park (Pennsylvania), 1978, vol. I, p. 199 et suiv.
[5] Alain Labbé, « *Segles feniz*. L'angoisse eschatologique dans la *chanson de Roland* et dans *Girart de Roussillon* », dans *Fin des temps et temps de la fin dans l'univers médiéval*, Aix-en-Provence, 1993 [Senefiance no 33], p. 285–306. De même, Alessandro Vitale-Brovarone, « Elaborazione stilistica e tradizione apocalittica nella lassa CX della *Chanson de Roland* », dans *VIII Congreso de la Société Rencesvals*, Pamplona, 1981, p. 527–534, mentionne incidemment (p. 529) Marc 13,8 (verset parallèle à Luc 21,10).

fuildres et *tenebres*, et dans la technique même de l'énumération, on peut reconnaître, si l'on veut, l'empreinte virgilienne. Le *per loca* peut avoir suggéré à l'auteur de préciser la région principalement frappée par la catastrophe imminente, en l'occurrence le pays natal de Roland, la France au sens étroit, voire d'indiquer le lieu de la catastrophe elle-même, en situant le centre des ténèbres, et donc l'origine de l'orage, *cuntre midi*. Dans Virgile, on trouve bien ici quelques indications de lieu, mais pas une structure géographique lourde de signification. Enfin et surtout, l'avertissement emphatique du Christ *sed nondum statim finis* – qui n'est cité par aucun des trois commentateurs – n'est-il pas, vu à travers l'expérience médiévale, le modèle des trois vers sur le *definement* ? La transformation formelle que l'auteur fait subir aux paroles bibliques me semble, en effet, des plus simples : si le Christ juge nécessaire de mettre en garde contre une erreur, il s'ensuit que la plupart des gens ne sont que trop prêts à tomber dans cette erreur – et c'est sous cette forme que le motif s'intègre aisément dans le poème.

*
* *

Vers Roland mourant descendent trois anges. Et Roland (v. 2389 et suiv.)

> Sun destre guant a Deu en puroffrit :
> † Seint Gabrïel de sa main l'ad pris.
> Desur sun braz teneit le chef enclin ;
> Juntes ses mains est alét a sa fin.
> Deus li tramist sun angle Cherubin
> E seint Michel de la Mer del Peril ;
> Ensembl'od els sent Gabrïel i vint :
> L'anme del cunte portent en pareïs.

Dès le IVe siècle, et avec plus d'efficacité depuis le VIIIe siècle, l'Église catholique a limité le nombre des archanges à trois, à savoir aux anges qui portaient un nom individuel dans l'Ancien Testament (y compris le livre de Tobie considéré comme canonique) : Michel, Gabriel, Raphaël.[6] Un quatrième archange, Ouriel, n'apparaît que dans le quatrième livre d'Esdras, que l'Église considère comme apocryphe. Exclu donc de la vénération, il se trouve refoulé dès lors dans une position marginale.[7] Ce qui le rend tout de même intéressant pour

---

6 Synode de Laodicée, deuxième moitié du IVe siècle ; concile du Latran de 746.
7 Cf. le *Dictionnaire d'archéologie chrétienne et de liturgie*, ed. Fernand Cabrol et Henri Leclercq, Paris, 1907–1953, s. v. *Ouriel*; *Reallexikon für Antike und Christentum*, ed. Th. Klauser, Stuttgart, 1950 et suiv., s. v. Engel (IX); Paul Perdrizet, « L'archange Ouriel », dans *Seminarium Kondakianum* [Prague] t. 2 (1928), p. 241–276.

nous, c'est qu'il est parfois identifié au Moyen Age avec le chérubin brandissant une épée flamboyante à l'entrée du Paradis (Genèse 3,26)[8] – identification à la base de laquelle se trouve l'étymologie de son nom : *Uriel interpretatur ignis Dei* (Isidore de Séville, *Etymologiae* VII,5).

Quant aux trois archanges canoniques, saint Michel est le protecteur combatif du peuple de Dieu dès le livre de Daniel (10,13 et 21 ; 12,1) ; dans l'Apocalypse (12,7 et suiv.), il est le chef des armées célestes qui combattent les forces du dragon. Son deuxième rôle, de psychopompe chrétien, se laisse entrevoir dans la lettre de Jude (v. 9) et est pleinement attesté, par exemple, dans la *Visio Pauli*, chez Grégoire de Tours, et dans une oraison prononcée à la fin de la *Commendatio animae* et passée ensuite dans l'office des défunts.[9] Donc, que saint Michel apparaisse auprès de Roland mourant, cela se comprend. Saint Gabriel, lui, est le légat *a latere* de Dieu, le messager spécial entre Dieu et ses élus, déjà dans le livre de Daniel (8,16 ; 9,21). C'est lui qui a annoncé à Zacharie la naissance du Précurseur, à Marie celle du Sauveur. Dans le *Roland*, il inspire à Charles des rêves prémonitoires, le réconforte au moment critique de son duel avec Baligant, et dans les derniers vers du poème, l'exhorte à une nouvelle campagne. Selon l'opinion générale au Moyen Age, il agit aussi en sens inverse, c'est-à-dire en transmettant à Dieu les prières des fidèles. C'est ce qu'il fait ici : le gant qu'il accepte de la main de Roland symbolise, dans cette situation au moins, une demande de pardon.[10] Le domaine de saint Raphaël est la guérison, au sens physique : il a guéri la fiancée et le père de Tobie, il est l'ange *qui medicinae praeest* déjà pour Origène (*In Numeros Homiliae* 14,2),[11] et il sera le patron des pharmaciens et des médecins. Pour Roland, aucune guérison physique n'est plus possible ; Raphaël serait donc déplacé ici. Mais qui est précisément cet « ange Chérubin » qui l'a remplacé ? L'auteur a-t-il transformé à la légère un terme générique en nom propre ? Ou sa pensée est-elle plus spécifique ? Jenkins,[12] dans sa note au vers 2393, mentionne vaguement le chérubin de la porte du paradis, mais sans preuve à l'appui. Examinons donc le problème d'un peu plus près.

Il y a dans la Bible un seul passage (Genèse 3,24) où le pluriel *keroubim* de l'original, maintenu littéralement par les Septante et saint Jérôme, a été interprété comme singulier par la chrétienté médiévale. Selon la Bible hébraïque, le

---

8 Perdrizet, art. cit., p. 242; Louis Réau, *Iconographie de l'Art chrétien*, vol. II 1, Paris, 1956 [réimpr. Nendeln, 1974], p. 42.
9 *Reallexikon für Antike und Christentum*, s. v. Engel (VII), col. 249 et suiv.
10 Brault, *op. cit.*, vol. I, p. 257–259.
11 *Reallexikon für Antike und Christentum*, s. v. Engel (VIII), col. 253.
12 T. Atkinson Jenkins éd., *La Chanson de Roland*, édition revue, Boston, 1924.

Seigneur, après avoir expulsé Adam et Ève, place en sentinelle devant le jardin d'Eden « des chérubins [*pluriel*] armés de l'épée flamboyante et tourbillonnante [*singulier*] ». Comme il est difficile de se figurer une seule épée maniée par plusieurs anges, l'imagination chrétienne a adopté la solution de facilité, en interprétant ici – et seulement ici – la forme en -*im* comme singulier. Dans la langue parlée, on prononçait -*in* au lieu de -*im*.[13] Et cette forme, clairement attestée comme singulier dès le IIIe siècle,[14] prévaudra dans les langues romanes.[15] Les arts témoignent de la nouvelle interprétation du vers de la Genèse au moins depuis le Ve siècle; par exemple, les peintures léonines à Rome montrent un seul *keroub*, norme iconographique qui prévaut encore de nos jours.[16] Bref, pour le Moyen Age, le chérubin par excellence, c'est celui de la porte du paradis. Mais est-il sûr que l'auteur de *Roland*, lui aussi, ait pensé précisément à lui ?

À mon avis, oui. La preuve en est dans ce poème latin qui traite de la célèbre campagne navale des Pisans et de leurs alliés contre Mahdiya en 1087 et qui semble contemporain des événements.[17] Selon ce poème, lorsque les Pisans sont sur le point d'entamer les hostilités, Jésus Christ

> Cherubin emittit illum cum aperit [h]ostia
> qui custodit paradysum discreta custodia.

En d'autres termes, pendant ces grandes campagnes des XIe et XIIe siècles contre les infidèles où tant de guerriers chrétiens doivent mourir ensemble, « le » chérubin est censé quitter sa place sur l'ordre de Jésus Christ. Celui-ci ouvre temporairement la ou les portes (*ostia*) du paradis et envoie le chérubin quelque part hors du paradis (*emittit illum*). Où l'enverrait-il sinon sur le champ de bataille ?[18] Et pour quel motif sinon pour accueillir avec les honneurs les âmes des guerriers

---

13 Dans les rares cas où il n'était pas en syllabe atone, -*m* final est devenu -*n* en latin vulgaire (lat. *rem* > fr. *rien*). En l'occurrence, une influence additionnelle de l'araméen (où le pluriel se termine régulièrement en -*in*) n'est pas exclue.
14 *Thesaurus Linguae Latinae*, Leipzig, 1900 et suiv., *Onomasticon* s. v. *Cherub*.
15 Et, durant le Moyen Age, également en anglais et en allemand, où plus tard elle a été supplantée par un *cherub*, *Cherub* favorisé par les puristes.
16 *Lexikon der christlichen Ikonographie*, 8 vol., Fribourg-en-Brisgau, 1968–1976, s. v. Adam und Eva, col. 65 et suiv.
17 Giuseppe Scalia, « Il carme pisano sull'impresa contro i Saraceni del 1087 », dans *Studi di filologia romanza offerti a Silvio Pellegrini*, Padova, 1971, p. 565–627, le passage en question p. 603, v. 55 et suiv.
18 Plus tard dans le poème, saint Michel et l'ange anonyme qui a jadis annihilé l'armée de Sennakérib interviennent eux aussi dans la bataille. Donc, tout comme dans la scène du *Roland*, la présence de l'un des anges n'exclut pas celle des autres.

morts pour la foi ? Si nous suspendons pour un moment toute critique envers l'esprit des croisades, qui se veut si chrétien et qui est pourtant si loin du Sermon sur la Montagne, ne faut-il pas reconnaître à ce motif du chérubin interrompant la dure besogne qui lui a été assignée pour une brève action de miséricorde, une âpre et austère beauté ? Evidemment, l'auteur du *Roland* a eu connaissance du motif et l'a intégré dans son triptyque d'anges.

*
* *

Le passage typologique le plus célèbre de la Chanson est sans conteste le miracle de l'arrêt du soleil (v. 2447 et suiv.) : chacun sait que c'est le calque d'un événement similaire rapporté dans le Livre de Josué (10,9–14). Dans les deux cas, Dieu prolonge la journée pour permettre à l'armée de ses fidèles d'exterminer une armée ennemie en fuite. Je viens de relire, entre autres, les lignes de Jenkins et de Bédier, les pages de Dufournet et de Brault et l'article de Marianne Cramer Vos concernant les affinités bibliques de cette scène du *Roland*,[19] et, *mirabile dictu*, je n'ai pas trouvé mention d'un aspect qui me semble capital. Pour le voir, il est vrai, il faut examiner un contexte un peu plus large.

Une coalition de rois amorites est sur le point d'attaquer les Gabaonites qui ont conclu un accord avec les Israélites. Ceux-ci, sous la conduite de Josué, accourent à la rescousse des Gabaonites et attaquent les Amorites :

> [9] Irruit itaque Iosue super eos repente, tota nocte ascendens de Galgalis. [10] Et conturbavit eos Dominus a facie Israel [...] [11] Cumque fugerent filios Israel, et essent in descensu Bethoron, Dominus misit super eos lapides magnos de caelo usque ad Azeca : et mortui sunt multo plures lapidibus grandinis, quam quos gladio percusserant filii Israel. [12] Tunc [« C'est ce jour-là où »] locutus est Iosue Domino, in die qua tradidit Amorrhaeum in conspectu filiorum Israel, dixitque coram eis : Sol, contra Gabaon ne movearis [...] [13] Stetit itaque sol in medio caeli, et non festinavit occumbere spatio unius diei. [14] Non fuit antea nec postea tam longa dies, oboediente Domino voci hominis, et pugnante pro Israel.

Les Français, eux aussi, arrivent fatigués par une marche forcée qui les a conduits d'abord du versant nord du défilé des Pyrénées jusqu'à Roncevaux, sur le versant sud, où ils découvrent leurs vingt mille camarades morts, puis jusqu'à Valténèbre, localité imaginaire que l'auteur situe sur l'Èbre. C'est là qu'ils

---

[19] Jenkins, *op. cit.*, ad v. 2450; Bédier, *op. cit.*, p. 314; Jean Dufournet, *Cours sur la Chanson de Roland*, Paris, 1972, p. 179–185; Brault, *op. cit.*, vol. I, p. 87, 260–264; Marianne Cramer Vos, « L'épisode de l'arrêt du soleil dans la *Chanson de Roland* – Christus oriens! », dans *Memorias de la Real Academia de Buenas Letras de Barcelona*, t. 21 (1990), p. 173–183 (aussi en réimpression photomécanique : M.C.V., *Etudes sur la 'Chanson de Roland', Littéralité et typologie*, s.l., 2000, p. 157–167).

atteignent les fugitifs et réussissent à leur couper la route, de sorte que ceux-ci, dans un ultime effort pour gagner Saragosse, se jettent dans l'Èbre où ils se noient jusqu'au dernier. Le miracle solaire se produit, cette fois aussi, à la demande explicite du chef de l'armée des poursuivants,[20] mais l'auteur du *Roland*, évidemment par respect de la Bible, en diminue un peu les dimensions : le miracle occupe non pas une journée entière, mais seulement une partie non spécifiée de la soirée. Et voici la phrase qui, à la différence de mes prédécesseurs, m'a particulièrement intrigué : l'auteur nous dit (v. 2476 et suiv.)

> [...] que tuit sunt mort paien,
> Alquanz ocis et li plusur neiét [...]
> [« les uns tués par le fer, et la plupart noyés » traduit Bédier].

Il y a donc plus de noyés que d'hommes tués par les Français, tout comme jadis il y eut plus de victimes des grêlons que d'hommes tués par les Israélites. « C'est moi qui tirerai vengeance ! » dit le Seigneur, et même ici, on le voit, il n'a pas dérogé à ce principe, il s'est seulement adjoint un associé humain.

Deux choses méritent d'être soulignées. Premièrement, entre les grêlons comme point de départ de la transformation et la noyade comme point d'arrivée, la ressemblance visuelle est faible. Loin donc de se laisser simplement guider par une association d'images, l'auteur a dû extraire de l'image biblique le principe théologique pour revêtir celui-ci ensuite d'une nouvelle image.[21] S'il était encore nécessaire en l'état actuel de la recherche de démontrer que l'auteur du *Roland* d'Oxford fut un lettré et posséda très probablement une formation de théologien, ne suffirait-il pas de citer cet exemple ? Deuxièmement, la discrétion rare avec laquelle ces nuances du sens typologique sont introduites ici, au risque même de rester inaperçues de maint auditeur ou lecteur – cette discrétion même ne trahit-elle pas l'écriture d'un grand artiste ?

*

---

20 Même le fait que le miracle ne constitue pas une intervention spontanée de Dieu, mais soit déclenché par l'initiative énergique d'un homme, dérive donc du livre de Josué et ne me semble pas avoir besoin d'une deuxième source. Dans notre perspective, nous pouvons laisser de côté la question de savoir s'il y a derrière cette scène, voire derrière toute la *Chanson de Roland*, une dimension « dumézilienne » – thèse qu'a plaidée éloquemment Joël Grisward, « L'or corrupteur et le soleil arrêté ou la substructure mythique de la *Chanson de Roland* », dans *Pour un temps : George Dumézil*, Paris, 1981, p. 257–270.
21 Celle-ci est motivée immédiatement par le nouveau contexte géographique, c'est-à-dire par l'association « Èbre ». Il se peut pourtant que derrière cet élément réaliste il y ait, une fois de plus, un rapport typologique : Brault, *op. cit.*, vol. I, p. 263, et Cramer Vos, art. cit., p. 177, pensent à la noyade des Égyptiens dans la Mer des Roseaux (Exode 14,21–29).

Dans les vers introductifs de la partie baligantine, la mention inattendue de Virgile et d'Homère (v. 2616) est restée jusqu'aujourd'hui assez énigmatique.[22] Marsile, roi de Saragosse,

> En Babilonie Baligant ad mandét
> (Ço est l'amiraill, le viel d'antiquitét,
> Tut survesquiét e Virgilie e Omer) [...]

Puisque Virgile apparaît ici en compagnie d'Homère, nous avons affaire non pas à Virgile le magicien inventé par le Moyen Âge, mais bel et bien à Virgile le poète. Toutefois, Virgile et Homère n'étant pas, contrairement par exemple à Mathusalem, des prototypes de longévité, le sens n'est pas : « Baligant avait déjà atteint à ce moment un âge plus avancé que ne l'avaient jamais atteint Virgile et Homère », mais plutôt : « Baligant avait survécu à (l'époque caractérisée par) Virgile et Homère ».[23] Cette époque des deux poètes est visiblement non pas celle où ils ont vécu – même le Moyen Âge ne les tenait pas pour des contemporains –, mais celle dont ils ont chanté la gloire, c'est-à-dire les générations qui ont précédé et suivi la guerre de Troie. Étant donné l'admiration du Moyen Âge pour l'Antiquité sous tous les rapports séculiers, y compris l'art et la bravoure militaires, l'auteur veut sans doute dire que Baligant est le survivant d'un âge héroïque plus aguerri encore que celui de Charlemagne ou, plutôt, de ses contemporains islamiques. Derrière cette louange de Baligant, on entrevoit l'ancien principe épique : plus redoutable est l'adversaire, plus grande est la victoire.

D'autre part, il ne paraît nullement nécessaire de se représenter Baligant comme un individu miraculeusement plusieurs fois centenaire, à l'instar des *muʿammarīn* de l'épopée populaire arabe.[24] En admettant une légère métonymie poétique, il semble légitime de prendre sa longévité pour une simple longévité

---

22 Récemment, Dorothea Kullmann a soigneusement étudié ces vers introductifs et, plus généralement, la fonction des repères chronologiques dans l'art narratif français du XIIe siècle, mais elle a dû exclure de son analyse, au moins dans le cadre de cette communication, la mention de Virgile et d'Homère; voir D. Kullmann, « Le début de l'épisode de Baligant », dans *L'épopée romane*, Actes du XVe Congrès international Rencesvals, Poitiers, 21–27 août 2000, t. I, Poitiers, 2002, p. 577–587, spécialement p. 586.
23 *Antiquité* en ancien français et *antiquitas* en latin médiéval signifient couramment ‚temps d'autrefois'. Il n'y a pas encore de restriction à l'Antiquité classique, mais c'est néanmoins souvent elle qui est visée.
24 Cf. l'article très informatif *muʿammar* de l'*Encyclopédie de l'Islam*, nouv. éd., vol. VII, Leyde, 1993.

de la dynastie : il est le scion d'une famille qui seule – en Orient au moins – a su maintenir pleinement les imposantes vertus guerrières d'antan.[25]

D'où l'auteur a-t-il tiré cette idée d'un adversaire provenant d'un âge antérieur et réputé plus fort? C'est ici qu'entre en jeu la pensée typologique. Tentons de nous figurer l'auteur de la partie baligantine à la recherche, pour son personnage principal, d'un prototype biblique. Évidemment, le Nouveau Testament et les parties tardives de l'Ancien n'en offrent pas. Dans le livre de Samuel, bien sûr, il y a Goliath; mais la situation est très différente : il s'agit d'un duel formel devant les deux armées, le protagoniste israélite est un tout jeune berger presque sans armes, la lutte se réduit à un seul jet de pierre. Quant à Josué, ses adversaires ne sont guère individualisés, en tout cas ne font pas figure de héros. Reste Moïse. Les Égyptiens et les Israélites n'en viennent jamais aux mains; c'est Dieu qui combat pour les Israélites. Mais plus tard, Moïse a dû combattre, l'un après l'autre, les rois Sihon et Og. De Sihon, on n'apprend rien de personnel. Sur la bataille contre Og, roi du Bachan, le livre des Nombres (21,35) ne nous renseigne que sommairement : « Les Israélites battirent Og, ses fils et toute son armée, sans laisser le moindre survivant [...] ». Mais le Deutéronome (3,11) d'y ajouter le détail précieux selon lequel le roi Og « était le dernier survivant des Refaïtes ; à Rabbat Ammon [...] on montre encore son cercueil [...] qui mesure plus de quatre mètres de long et environ deux mètres de large ». La Vulgate traduit 'Refaïtes' simplement par 'géants' : *Solus quippe Og rex Basan restiterat de stirpe gigantum*.[26] Si l'on prend à la lettre cette phrase, le plus-que-parfait *restiterat* suggère que déjà avant la bataille Og était le dernier des géants, de sorte que ses sujets n'étaient pas géants. L'époque où les géants prospéraient en tant que peuple était donc nettement plus ancienne encore que celle de Moïse.[27]

La conclusion théologique à tirer de ces événements peut se formuler ainsi : en éprouvant la foi de son peuple et surtout de son chef dans une de ces grandes batailles qui semblent mettre en jeu jusqu'à leur existence, Dieu peut même leur opposer une armée commandée, pour comble d'horreur, par une

---

25 Dans le Pseudo-Turpin (cap. XVII) l'idée est pratiquement la même : le *gigas quidam nomine Ferracutus de genere Goliath*, originaire de Syrie et envoyé contre l'armée de Charlemagne par le *Babilonis Admirandus*, est évidemment un scion tardif de la race quasi éteinte des géants, mais non pas lui-même d'un âge surnaturel.
26 Marianne Cramer Vos, « Baligant – le vieux géant de la chanson de Roland », dans *The University of South Florida Language Quarterly*, t. 16 (1977), p. 11–13, mentionne Goliath, mais non Og.
27 Cette croyance hébraïque, faut-il le dire, n'est qu'un cas particulier d'une croyance populaire presque universelle : les géants sont un peuple de 'jadis' – pour la simple raison qu'on n'en voit plus.

sorte de surhomme originaire d'un âge du monde plus ancien et plus fort. Pour revenir à l'époque de Charlemagne, quelle serait, dans sa perspective à elle, cette ère antérieure, païenne et d'une renommée militaire supérieure, sinon l'âge héroïque de l'Antiquité décrit par Virgile et Homère ?

Il est vrai que la Bible ne nous dit pas que le roi Og ait été abattu par Moïse en personne. Mais pour l'imagination populaire de toutes les époques, cette apogée de la bataille n'est que trop naturelle, voire inévitable. La tradition rabbinique s'est déjà prononcée en ce sens (Talmud de Babylone, *Berakhot* 54 b). Nous ne conclurons pas, sur la force de ce seul détail, que l'auteur du *Roland* a eu accès à la tradition rabbinique. Mais même en tant que simple parallèle psychologique, la coïncidence garde tout son intérêt. Résumons donc notre conclusion en forme de proportion typologique : Baligant « survivant » de l'époque de Virgile et d'Homère est à Charlemagne ce que Og « survivant » des premiers temps du monde est à Moïse. Et n'oublions pas que le chrétien médiéval, pénétré de la doctrine de l'inspiration verbale, croyait à la « survivance » d'Og, même au niveau du *sensus litteralis* – ce qui d'emblée mettait ce motif à l'abri de tout reproche de bizarrerie.

3 Schwierigkeiten und Triumph einer Überhöhung

Zur Erzählkunst im Rolandslied

Résumé : L'article tente de décrire avec toute la précision possible les problèmes narratifs qui se présentaient lors de la dernière grande transformation de la *Chanson de Roland*, c'est-à-dire lors de l'addition de la partie Blancandrin et de la partie Baligant, de la refonte du procès de Ganelon et de l'élaboration de la nouvelle fin sophistiquée – changements tous dus, semble-t-il, à un seul et même poète de génie.

Wie lang oder kurz man sich die Vorgeschichte des erhaltenen Rolandsliedes[1] auch vorstellen mag – heute gibt es wohl keinen Forscher, der dem Lied jede Vorgeschichte abspricht, es sich gleichsam dem Haupt des Dichters entsprungen denkt wie Athene dem Haupt des Zeus. Und da die Entwicklung des Stoffes doch von dem historischen Kern des Liedes, dem Untergang der fränkischen Nachhut, ihren Ausgang genommen haben dürfte, drängt sich der Schluss auf, dass es einmal ein Lied noch ohne Blancandrin-Szene, ohne Baligant-Teil, mit einem nur rudimentären Prozess gegen Ganelon[2] und ohne die Schlussverse um Vivien, Bire und Imphe gab.

Andererseits sollte nach den Forschungen der letzten etwa siebzig Jahre unbestritten sein, dass jener Literat – nenne man ihn Dichter, Bearbeiter oder wie immer –, der das erhaltene Lied ‚verantwortet', das heißt, in essentiell der auf uns gekommenen Form aus der Hand gab, ein hochgebildeter Kleriker war und ohne diese Bildung seinem Werk nicht jene Dichte und Tiefe hätte geben

---

[1] Die gängige Bezeichnung ‚Oxforder Roland' ist insofern missverständlich, als nicht der Text der Oxforder Handschrift (O), sondern ein fast immer aus O, doch unter ständigem Vergleich der sonstigen Überlieferung erstellter Text gemeint ist, wie ihn etwa Cesare Segre bietet in den recte gedruckten (nicht in den kursiv gedruckten, in O fehlenden) Laissen seiner von mir im Folgenden stets zitierten Edition *La Chanson de Roland, nouvelle édition revue, traduite de l'italien par Madeleine Tyssens*, 2 Bde., Genf 1989, die substantiell nicht verschieden ist von der italienischen Erstauflage *La Chanson de Roland, edizione critica a cura di Cesare Segre*, Mailand 1971. (Bei Segres partienweise doppelter Verszählung gebe ich stets die nicht-eingeklammerten Zahlen, die O ohne Laissenumstellungen folgen.)

[2] Mir ist unklar, ob und wie lange ein Rolandslied ohne Verrat und Strafe, also noch ganz ohne Ganelon, lebensfähig gewesen wäre; deshalb gehe ich nicht bis zu einer solchen Stufe zurück.

Anmerkung: Erstmals veröffentlicht in: Romanistisches Jahrbuch 59 (2008), 128–156.

Open Access. © 2019 Gustav Adolf Beckmann, publiziert von De Gruyter. Dieses Werk ist lizenziert unter der Creative Commons Attribution-NonCommercial-NoDerivatives 4.0 Lizenz.
https://doi.org/10.1515/9783110615692-003

können, die es hinaushebt nicht nur über die anderen *chansons de geste*, sondern zugleich über die ganze Epoche früher romanischsprachiger Dichtung.³ Ohne dass wir völlig sicher sein können, dass Blancandrin-Szene, Baligant-Teil, die jetzige Form von Ganelons Prozess und erst recht die Schlussverse von ein und demselben Dichter stammen – über diese Problematik sind ja viele hundert Seiten geschrieben worden –, berechtigt uns doch die bloße Tatsache, dass das Lied so erhalten ist, bis zum Beweis des Gegenteils dazu, es als Einheit zu würdigen; die Beweislast für das Gegenteil läge bei den Chorizonten. Aber selbst wenn die genannten Teile nicht von demselben Dichter stammen sollten, ist es lohnend, sie systematisch auf ihre narrative Leistung innerhalb des Gesamtwerkes und zugleich auf die Probleme zu befragen, die ihr Einbau in die Handlungsfolge mit sich brachte.

Das soll im Folgenden versucht werden. Dabei scheint mir gerade die letztgenannte Fragestellung, die nach den ‚Einbauproblemen', in der Forschung bisher nicht ausgeschöpft. Hier möchte ich unter anderem aufzeigen, wie die Technik, den Rezipienten naheliegende Fehlperspektiven zu verbauen – oder, mit einem anderen Bilde gesagt, wie das Vermeiden narrativer Klippen – einen nicht unwesentlichen Teil der Erzählkunst ausmacht, die hinter dem erhaltenen Rolandslied steht.

*

Im Pseudo-Turpin finden wir bekanntlich keine Blancandrin-Episode. Die Hinführung zur Roncevaux-Handlung ist einfacher als im Rolandslied: Karl hat ganz Spanien außer Saragossa erobert; bevor er nun gegen die Stadt vorgeht, schickt er Ganelon als Boten mit der Aufforderung zur Taufe oder Tributzahlung. Eine solche Botschaft wird nahegelegt wohl schon durch ein rudimentäres *ius gentium*, sicher durch Karls christliche Grundhaltung und seinen Willen zur Vermeidung unnötiger eigener Verluste. Da hier die Franken vom Denken des Marsirus (und seines Bruders Beliguandus) gar nichts wissen, kann Ganelons Leben wirklich in Gefahr sein. Marsirus braucht nur eine Verteidigung der Stadt

---

3 Freilich macht dieses Lied es der heutigen Leserschaft oft nicht leicht, *ex ungue leonem* zu erkennen. Ich denke insbesondere daran, wie vermeintliche *ad-hoc*-Einfälle, ‚Bildungslücken' oder Bizarrerien unvermutet einen tiefen Sinn offenbaren können. Exemplarisch für einen nur scheinbaren *ad-hoc*-Einfall ist etwa die Mitteilung, im Ebro seien mehr Gegner ertrunken als von den fränkischen Verfolgern getötet wurden (v. 2477), für eine scheinbare Bildungslücke die (Erz-) Engeltrias Gabriel-Cherubin (statt Rafael!)-Michael (v. 2389 ff.), für eine scheinbare Bizarrerie die Erwähnung von Vergil und Homer (v. 2616, nur in O, doch ins Original gehörig, da O sonst nie inhaltliche Zusätze enthält). Vgl. zu diesen Stellen meinen Artikel „Le vers, le verset et le contexte : Encore le Roland d'Oxford et la Bible", Romania 122 (2004), S. 532–542.

bis zum letzten Blutstropfen zu planen, und es würde ihn nichts kosten, als Trotz- und Warngebärde gegen Karl dessen Boten abzuschlachten. Insgesamt ist diese Fassung des Stoffes ebenso einfach wie logisch, und schon weil sich in der Forschung der letzten Jahrzehnte die Tendenzen zur Spätdatierung beim Rolandslied stärker als beim Pseudo-Turpin ausgewirkt haben, wird sich erneut die alte Frage melden, ob die einfache Fassung nicht auch die ältere ist. Doch ist die Prioritätsfrage für das Folgende im Prinzip irrelevant; es kommt nur darauf an, dass die beschriebene Handlungsstruktur auf Grund ihrer Einfachheit jedem Bearbeiter des Themas mindestens für einen Augenblick in den Sinn gekommen sein muss, auch wenn er schließlich eine komplexere Lösung vorzog, wie dies der Rolanddichter tut. Was gewinnt er eigentlich durch die Blancandrin-Episode? Zumindest zweierlei.

Erstens kennen wir hier Marsilies wahres Denken. Dadurch wird für uns die ganze erste Ratsszene der Franken gleichsam doppelbödig, was gleich für die ersten ‚Diskussionsbeiträge' darin entscheidend wichtig ist. Roland widerspricht als Wortführer weiteren Krieges seinem kaiserlichen Onkel recht aufbrausend (*ne l'otriët mie* [...], *li vint cuntredire*, v. 194 ff.), während Ganelon (v. 217 ff.) trotz kaum verschleierter Beleidigungen gegen Roland ein humaneres Ziel, nämlich das Wohl des ganzen Heeres, im Auge zu haben scheint – aber wir wissen: Objektiv ist Roland im Recht, nicht Ganelon.

Zweitens ermöglicht Blancandrins Botengang eine der psychologisch eindrucksvollsten Szenenfolgen der mittelalterlichen französischen Literatur: das Weggespräch zwischen ihm und Ganelon (v. 366–406) und Ganelons Auftreten vor Marsilie (v. 407–660). Ganelon hatte zwar schon in der Ratsszene durch die Diskrepanz zwischen seinem Friedensplädoyer und seiner anschließenden Panik das Gesicht verloren und glaubte es nur zurückgewinnen zu können, indem er in Gegenwart der ganzen Versammlung zunächst Roland seine Feindschaft für den Fall seiner Rückkehr aus Saragossa ankündigte (v. 289–291), dann seine Fehdeansage auf die zwölf Pairs ausdehnte (v. 322–326). Doch die Tatsache, dass sich weder der Kaiser noch die Ratsmitglieder über diese Ankündigungen entsetzten, erweist, dass alle zunächst nur an die übliche Privatfehde dachten, die den Lehnsherrn der befehdeten Person oder Personen nicht in Mitleidenschaft ziehen und selbstverständlich erst nach dem Ende des gemeinsamen Kriegszugs in Kraft treten durfte. Ganelon zieht zu seinem Botengang voller Hass aus, aber noch ist es ein dunkler Hass *in potentia*, nicht *in actu*. Da tritt der Versucher zu ihm in einer Geste von, man möchte sagen, auffälliger Unauffälligkeit: Blancandrin bleibt hinter den anderen sarazenischen Boten einige Schritte zurück und gesellt sich zu Ganelon (v. 368). Wie einst bei der Ursünde der Menschheit Eva und Adam nicht spontan sündigten, sondern des Versuchers bedurften, so auch hier. Und wie dort der Versucher zunächst ein unverfänglich wirkendes breiteres Thema ansprach – „Ihr dürft nicht von den Früchten der Bäume essen?" – so auch hier (v. 370–374, 377–380): „Ein wundersamer Mann ist Karl; er hat so viele Länder erobert! Weshalb reicht ihm dieser Ruhm nicht endlich?" Doch Ganelon ist nicht willens, den Kaiser selbst zu verleumden (v. 375 f.), Blancandrin muss etwas genauer werden (v. 378–380): „Die Kriegstreibereien seiner Großen müssen doch letztlich den Franken selbst zum Schaden gereichen!?" Jetzt offenbart die einengende Antwort der oder des zu Verführenden die entscheidende Schwachstelle, wie einst: „Gott hat uns nur einen einzigen Baum verboten," so jetzt (v. 380 f.): „Nur Roland ist der eigentliche Kriegstreiber." Von nun an kann der Versucher auf dieser Schwachstelle insistieren und damit Ganelon eine zunehmend reale Perspektive zu Rolands Vernichtung eröffnen. Schließlich geloben noch auf dem Wege Ganelon und Blancandrin einander, gemeinsam auf Rolands Tod hinzuarbeiten. Da dies mitten im Krieg geschieht, ist der Charakter einer Privatfehde überschritten: Ganelon gelobt einen Verrat, hat ihn aber noch nicht ausgeführt. Denn noch ist die Umsetzung dieser Absicht für ihn alles andere als einfach. Blancandrin führt ihn zwar, an der Hand haltend, bei Marsilie ein als *noble barun* und *mult riches hom* (v. 415, 421 f.), Gesten, die ihn als Boten aufwerten und zugleich diskret andeuten sollen, dass sich hier eine unerwartete Entente anbahnt. Aber um den bisher ja zutiefst kampfunwilligen Marsilie zur Aufbietung aller Kräfte gegen Roland umzustimmen, muss Ganelon ihm panischen Hass gegen Roland einpflanzen. Dafür bleiben ihm nur wenige Augenblicke; deshalb muss er zunächst, seine Vollmacht überschreitend, Marsilie demütigen und ihm Roland vorstellen im Schreckbild einer Teilung Spaniens (v. 432) mit Roland als „mult orguillos [...] parçuner" (v. 473 f.).[4] Das Manöver kostet ihn fast sein Leben; doch für eine schlechte Sache bringt er jetzt – psychologisch durchaus glaubhaft – in einer ihm dämonisch zuwachsenden Kraft den Mut und sogar die äußere Contenance auf (v. 467: „Noble baron ad ci!"), die ihm jüngst für eine gute Sache fehlten. Seine Rechnung geht auf: Man kann Marsilie knapp zur Mäßigung bringen, er zieht sich mit seinen engsten Getreuen zur Beratung in den Garten zurück. Dort klärt ihn Blancandrin so auf, dass sogar Ganelons Provokation vergeben und vergessen ist um der größeren Perspektive willen: Der Franke (v. 507) „de nostre prod m'ad plevie sa feid." Bei Ganelon erkundigt sich nun auch Marsilie zunächst eindringlich nach dem ihm bekannten Feind, eben Karl, mit der dreimaligen hyperbolischen Formulierung, Karl müsse doch nach all

---

4 Die Passage hat zu divergierenden Interpretationen Anlass gegeben, vgl. etwa Gerard J. Brault, *The Song of Roland*, Bd. I, *Introduction and Commentary*, University Park PA 1978, S. 144–155, 399–401 (mit Lit.). Die obige Interpretation scheint sich mir durch Einfachheit zu empfehlen.

seinen Feldzügen inzwischen wohl zweihundert oder mehr Jahre alt sein (v. 524, 539, 552). Heute würde man, wenn man ebenfalls hyperbolisch sein wollte, etwa sagen: ‚Karl führt doch nun schon seit endlosen Zeiten einen Krieg nach dem andern.' Doch wieder hütet sich Ganelon vor jedem bösen Wort über Karl (v. 529–536) und engt stattdessen das Gespräch zielstrebig ein auf Roland (v. 544–550, 557–562), dann auf die Möglichkeit, ihn zu töten (v. 567–579, 582–600). Schließlich beschwört er ohne Zögern den Verrat auf die Reliquien seines Schwertes (v. 608): „La traïson jurat, si s'est forsfait."[5] Denn selbst wenn er jetzt in einem Anflug von Furcht oder Reue in der zweiten Ratsszene Roland nicht zum Führer der Nachhut vorschlüge, hätte er Verrat schon dadurch begangen, dass er Marsilies gesamte Heeresmacht auf die Nachhut lenkte.

Man stelle sich nun statt dieser durch zunehmende Dämonie aufgeladenen Ereignisfolge vor, wie plump ein allein eintreffender Ganelon wäre, der sich kurz nach seiner Ankunft selbst als Verräter anbiedern müsste – und man wird für die Blancandrin-Episode dankbar sein. Die Handlungsfolge im Pseudo-Turpin zeigt gesunden Menschenverstand, die Blancandrin-Episode Genie.[6]

---

[5] Als in der ersten Hälfte des zwanzigsten Jahrhunderts der Historismus etwa eines Friedrich Meinecke das europäische Denken beherrschte in Richtung auf ein ‚Alles verstehen ist alles verzeihen', mag es auch Ansätze zu einem ‚humanist misreading' (so der griffige Terminus von Roger Pensom, *Literary Techniques in the Chanson de Roland*, Genf 1982, S. 127) von Ganelons Charakter gegeben haben. Dagegen hat dann die zweite Jahrhunderthälfte zunehmend opponiert, am stärksten mit dem Tenor ‚ein bloßer Verräter', „completely evil" ohne einen „redeeming trait whatsoever", Brault (wie Anm. 4), passim, speziell S. 100–103. Ich halte es jedoch für entscheidend wichtig, dass sich der Dichter weder bei Ganelon noch im umgekehrten Sinne etwa bei Bramimonde oder Roland über seinem emphatisch-eindeutigen Endurteil davon dispensiert, vorher sein ganzes psychologisches Talent aufzuwenden auf die Nachzeichnung des Weges zu diesem Endpunkt. Unterscheidet man Weg und Endpunkt nicht schon prinzipiell, so übersieht man eine der wichtigsten Dimensionen dichterischer Größe des Oxforder Rolands; denn dann hebt sich dessen Ganelon kaum noch ab von dem Ganelon der späteren Rolandfassungen und anderer Epen, der in der Tat bei jeder Gelegenheit ein bloßer Verräter ist, würdiger Spross eines Clans, der schon Julius Cäsar umgebracht hat. Wie weit der Dichter seinen Ganelon von einem solchen Erbbiologismus entfernt sah, zeigt ein kleines, aber eindrucksvolles Wort: Ganelons (durch die *Saisnes*-Epik bestätigte) Gewissheit, dass sein leiblicher Sohn „ert prozdoem" (v. 314). Zu Bramimondes Entwicklung siehe den Haupttext weiter unten. Zu Roland sei hier nur bemerkt, dass Gott selbst noch dem todwunden Helden seinen letzten ‚weltlichen' Wunsch, die Zerstörung seines Schwertes (v. 2297 ff.), abschlägt und dass Roland erst nach langer Reflexion über seine Eroberungen und nach dem dritten und letzten Versuch der Zerstörung sich der Reliquien im Schwert erinnert, die es ‚hochheilig' (*seintisme*, v. 2344) machen und, so man denn an sie glaubt, eine Zerstörung des Schwertes in merkwürdigem Licht erscheinen lassen müssten.

[6] Angesichts dieser Errungenschaften der Blancandrin-Szene sollte es nicht schwerfallen, im Gegenzug zuzugeben, dass bei ihrem Einbau in das ältere Handlungsgefüge kleine Unebenheiten geblieben sind. Doch sind sie das? Wenn von Marsilies zehn Boten (v. 63–68) höchstens

Doch sozusagen auf der Rückseite dieses erzählerischen Triumphes sind für den Erzähler zwei gefährliche Klippen, nämlich für sein Publikum zwei naheliegende narrative Fehlperspektiven, entstanden.

Erste Frage: Warum schickt nicht Karl einfach Blancandrin mit einem Ultimatum an Marsilie zurück, ohne einen seiner Männer zu gefährden? Eine gerade in ihrer Banalität gefährliche Frage; denn Roncevaux läuft Gefahr, nicht stattzufinden. Bédier hat zwar aus der Realität des Ersten Kreuzzuges einen Fall beigebracht, wo Gesandte und Gegengesandte hin- und hergesandt werden: Von Antiochia aus stellen die Kreuzfahrer den noch fernen Kalifen von Kairo vor die Wahl, entweder ihr Feind oder aber ihr Bundesgenosse gegen die Türken zu werden, die ihm kurz vorher Jerusalem abgenommen haben.[7] Doch da sind beide Parteien zunächst bereit, gleichsam auf Augenhöhe zu verhandeln. Vor Saragossa ist das nicht so: Marsilie steht sichtlich mit dem Rücken gegen die Wand. Dass hier eine Gegengesandtschaft keineswegs zu erwarten war, lässt der Rolanddichter selbst durchblicken, wenn der heimkehrende Blancandrin meldet (v. 418–422): „Vostre message fesime[s] a Charlun ; / Ambes ses mains en levat cuntre munt. / Loat sun Deu, ne fist altre respuns. / Ci vos enveiet un sun noble barun / Ki est de France, si est mult riches hom : / Par lui orrez si avrez pais u nun." Man hat also eher mit einer Antwort Karls an Blancandrin als mit dem Erscheinen Ganelons gerechnet. Anders ausgedrückt: Der Dichter hat diese Erzählklippe durchaus wahrgenommen.

Wie schafft er es dann, dass sie den Rezipienten nicht zum Bewusstsein kommt? Er schafft es, indem er uns nachhaltig daran erinnert, dass im Mittelalter der kluge Bote auch eine Art Späher sein konnte. Wer bis zum feindlichen König vorgelassen wurde, konnte *en passant* manches beobachten zur Stärke und Moral des Heeres, zur Persönlichkeit und jetzigen Befindlichkeit des Herrschers, vor allem zur Möglichkeit und zum Stand der Verteidigung gegen eine Belagerung. Einen eigenen klugen Boten zu schicken, konnte sich also auszahlen als Erkenntnisgewinn. In diese Richtung lenkt Karl gleich zu Anfang der ersten Ratsszene das Denken seiner Berater durch den Satz (v. 191): „Mais jo ne sai quels en est sis curages." Es wird also darum gehen, mehr von Marsilies wahrem Denken zu erfahren, und dieses Mehr wird man nicht aus Blancandrin herausholen können. Deshalb schlägt sich gerade Naimes, Inbegriff des klugen

---

ein einziger später als Kämpfer wiedererscheint (*Est<r>amarin*, KV4 -*iz* v. 64 ~ *Estramariz* v. 941, 1304), so kann sich der Dichter die Boten überwiegend als würdige Senioren jenseits des Kampfalters vorgestellt haben. Die *(h)ostages* wiederum erscheinen noch in v. 572, 646, 679, also bis ins ‚Nachfeld' der Blancandrin-Szene; ‚vergessen' sind sie erst im Schlussteil des Liedes.

[7] Joseph Bédier, *Les légendes épiques*, 3. Aufl., Bd. III, Paris 1929, S. 404.

Königsfreundes, als erster für den Botengang vor (v. 246); doch Karl möchte seinen einzigen Intimus in der Nähe behalten. Es folgt Roland, den aber Olivier sofort wegen seiner Unbeherrschtheit als ungeeignet bezeichnet – und Karl schließt durch ein Machtwort gleich alle zwölf Pairs aus; hier sind keine Heißsporne gefragt. Jetzt schlägt sich mit klarerer Begründung Turpin vor (v. 269 f.): „E jo irai al Sarazin espa[n], / Si·n vois vedeir alques de sun semblant." Karl will in der Tat Näheres über Marsilies *semblant* erfahren, aber nicht über dessen Götzendienst, er braucht die Augen eines Diplomaten. Vielleicht erraten nun schon viele, wen er im Sinn hat, wagen aber aus hierarchischer Scheu nicht, des Kaisers Schwager zu benennen; nur einer, der in der Hierarchie genau so hoch, dem Kaiser mindestens genau so nahe steht, wagt es (v. 277): „Ço ert Guenes, mis parastre." Damit wird es von einem Augenblick zum andern ungefährlich, im Chor zu bestätigen (v. 278 f.): „Car il le poet ben faire! / Se lui lessez, n'i trametrez plus saive." Der Bote muss also vor allem *saive* sein. Und noch einmal wird später vorausgesetzt, dass der eigene Bote, so er denn *saive* ist, unschätzbare Informationen bringen kann – oder vielmehr könnte: bei Ganelons Lügenbericht vom Meerestod des Algalife und seiner Leute (v. 681–691).

Hat das Publikum des Liedes somit am Nutzen eines eigenen Boten keine Zweifel mehr, so liegt doch dicht neben der ersten narrativen Klippe eine zweite. Unterstellt man nämlich einen intellektuell und emotional leidlich normalen Marsilie, so ist im Rolandslied anders als im Pseudo-Turpin Ganelons Mission schlechthin gefahrlos. Zwar wissen die Franken nicht, ob Marsilie es mit seiner Bitte, gerade in Aachen getauft zu werden, ehrlich meint oder nicht. Aber eines wissen sie genau: Marsilie will sie zum Rückzug bewegen. Ist er aufrichtig, so kann Ganelon seine diplomatische Mission ehrenvoll zum Erfolg führen. Ist er es nicht, so würde ein ‚normaler' Marsilie auch die kurze Anwesenheit des Boten noch heuchelnd durchstehen, schließlich geht es für ihn um alles oder nichts. Dieser elementaren Logik könnte sich auch der intelligente Ganelon nicht verschließen; er könnte nicht mehr glauben, von Roland in den Tod geschickt zu werden, und würde sich hüten, nur wegen eines für ihn blamablen Wortstreits seine Existenz durch Verrat aufs Spiel zu setzen. Abermals droht Roncevaux auszufallen.

Um auch diese Klippe zu umschiffen, das heißt, um den Rezipienten diesen Denkweg früh genug zu verlegen, muss Marsilie als blutrünstig und unbeherrscht bis zur Selbstschädigung dastehen, und zwar von Beginn der ersten Ratsszene an, damit schon während der Szene Ganelon die Sendung nach Saragossa als Todesurteil empfinden kann (v. 311): „Hom qui la vait, repairer ne s'en poet." Wie schafft der Dichter das? Genial einfach: Gleich im ersten Diskussionsbeitrag zur Ratsszene erfahren wir, dass Marsilie schon einmal so gehandelt hat (v. 201–209). „Li reis Marsilie i fist mult que traïtre. / De ses paien‹s vos en en›veiat quinze, / Cha[s]cuns portout une branche d'olive; / Nuncerent vos cez paroles meïsme. / A voz Franceis un cunseill en presistes; / Loërent vos alques de legerie. / Dous de voz cuntes al paien tramesistes; / L'un fut Basan e li altres Basilies; / Les chef en prist es puis desuz Haltilie." Marsilies spätere Zornesanfälle (v. 438 ff., 485 ff.) wirken dann wie eine Bestätigung von v. 201–209. Doch schon mit diesen Versen selbst sollte die alte Hoffnung mancher Epenforscher, dass schon vor dem Rolandslied ‚von Basan und Basilie' gesungen wurde, dahin sein; zu eindeutig ist der Text Satz für Satz in die Situation hineingeschrieben. Mehr noch: Diesem Grafenpaar gibt der Dichter alliterierende Namen, wie er sie auch sonst liebt, so bei Gerin und Gerer, Ive und seinem Freund Ivórie (gerade jenen vier unter den zwölf Pairs, von denen wir weder den Rang noch das Lehen kennen, die also wohl zur Auffüllung der Zwölfzahl paarweise hinzuerfunden sind), bei Machiner und seinem Onkel und Mitboten Maheu, Clarifan und seinem Bruder und Mitboten Clariën, Esturganz und seinem Genossen Estramariz samt einem weiteren Genossen Escremiz, Malcud und seinem Sohn Malquidant. Dazu kommt eine offenbar ad hoc erfundene Hinrichtungsstätte, unidentifizierbar und mit redendem Namen: „es puis desuz Haltílie" (so O, v. 209; „souz Montoïe" V7, „soz Aute-vile" C) oder „as puis de Haltoïe" (so O, v. 491, „Montoïe" V 7, „Aute Hoïe" C), also bei ‚Hohenhausen' oder ‚Hohenecho'.[8] Kurzum, nirgends finden wir in dieser Szene die Spur eines Archaismus, stattdessen durchgängig die Handschrift und eine klare Erzählmotivation des Dichters.

Zu dieser Erkenntnis liefert unfreiwillig Paul Aebischer eine Gegenprobe. Er möchte die Episode um Basan und Basilie schon einer vor dem Rolandslied liegenden, heute verlorenen *Entrée d'Espagne* zuschreiben.[9] Wie begründet er

---

8 An der zweiten Stelle verlangen beide Stemmazweige *Haltoïe* gegen Segres Emendation *Halt[il]ie*, an der ersten steht O gegen V7, C hat vielleicht eine Mischform (Rhythmus aus *Haltoïe*, -l- aus *Haltílie*). Will man nun nicht annehmen, V7 oder seine Vorlage habe in erstaunlicher Sorgfalt die weiter hinten stehende, als richtig empfundene Lesung zurückblätternd vorn hineinkorrigiert, so gehört *Haltoïe* mit Stengel, Hilka und Roncaglia an beiden Stellen in den Text. Auch inhaltlich kann es bestechen durch eine ähnliche akustische Sensibilität, wie die berühmten Hornszenen sie bezeugen; *Haltílie* kann dann einfach durch *Basílie* am Ende des vorhergehenden Verses beeinflusst sein. Freilich könnte man *Haltílie* auch aus dem (schlecht datierbaren) Typ *Altillo* der spanischen Kleintopographie herleiten und deshalb für primär halten. Fernzuhalten ist hingegen aus chronologischen wie geographischen Gründen das italienische *Attilie* des *Otinel*.
9 Paul Aebischer, „Deux récits épiques antérieurs au Roland d'Oxford: l'*Entrée d'Espagne* primitive et le *Girard de Viane* primitif", Études de lettres [Genf], III 1 (1968), S. 4–35 (wiederabgedruckt bei P. Ae., *Des Annales carolingiennes à Doon de Mayence. Nouveau recueil d'études sur l'épique française médiévale*, Genf 1975, S. 131–158, hier S. 141–143), und ders., *Textes norrois et littérature française du Moyen Âge*, II, *La première branche de la Karlamagnús-Saga*, Genf 1972, hier S. 84–91, das oben folgende Zitat S. 85.

dann Marsilies Verhalten? „Ne sachant plus à quelle idole se vouer, Marsile envoie des ambassadeurs à Charlemagne, lui disant qu'il était disposé à se faire chrétien, à condition qu'on lui laisse son royaume. Charles, heureux de cette solution, charge Basin et son frère Basilius de notifier à Marsile son complet accord; mais on ne sait trop pourquoi – peut-être par suite de cette logique diplomatique arabe qui parfois nous échappe – le roi de Saragosse, au comble de la colère, fait saisir et mettre à mort les deux envoyés impériaux." Ganz recht, auf der Ebene des Erzählten *nous échappe* jede Erklärung für Marsilies Verhalten – weil sie eben auf der Ebene des Erzählers, des Rolanddichters als Erfinders der Blancandrin-Episode, liegt.

*

Kommen wir von Blancandrin zu Baligant! Der Baligant-Teil trägt in die alte Fabel das neue Weltgefühl der Kreuzzugszeit hinein, insbesondere deren mächtig erweiterten geographischen Horizont, einen großenteils durchkämpften, also ‚erlebten' Horizont, innerhalb dessen die bisherige Beschränkung des Liedhorizontes auf Spanien samt einem nordafrikanischen Anhang schlechthin provinziell wirken musste.[10] Der Dichter konnte Roncevaux nicht glaubhaft in den Orient verlegen, so holte er umgekehrt – gewissermaßen das Ei des Kolumbus – den Orient nach Spanien hinein. Und da sich dieses neue ‚universale' Weltgefühl viel eher an der Gestalt eines idealen universalen Monarchen[11] als an der Person des Führers einer Nachhut festmachen ließ, überhöht der Baligant-Teil das Rolandsdrama zum Karlsdrama, ja zu einem Ringen zwischen Christentum und Heidentum schlechthin.

Das Baligant-‚Problem' ist oft als Dichotomie gesehen worden: Stammt das erhaltene Rolandslied von einem oder von zwei Dichtern? Wenn diese seit 1877[12] geübte Fragestellung bis heute zu keinerlei Konsens geführt hat, so wohl, weil sie *eo ipso* eine Annäherung zwischen beiden Positionen erschwert.

---

10 Kennzeichnend für den Bewusstseinsumschwung vom elften zum zwölften Jahrhundert ist beispielsweise, dass nach der Eroberung von Jerusalem Papst Paschalis II. Anfang des zwölften Jahrhunderts Spaniens Rittern und Klerikern mehrfach die Teilnahme an Orientexpeditionen verbieten musste, damit Spanien nicht von Kämpfern entblößt werde (Jaffé-Löwenfeld 5839 f., 5863, letzteres noch um die Jahrhundertmitte *verbatim* aufgenommen in die *Historia Compostellana* [ed. Emma Falque Rey, Turnhout, 1988], Buch 1, Kap. 39). Also galt selbst bei Spaniern – und *a fortiori*, so muss man schließen, bei Franzosen – der im Orient zu gewinnende Ruhm weit mehr als der in Spanien zu gewinnende.
11 Schon durch das Bewusstsein der Teilnehmer des Ersten Kreuzzuges geistert ja die Idee eines *Karolus Magnus resuscitatus*, dazu etwa Ekkehard von Aura (vor 1107), *MGH, Scriptores*, Bd. 6, S. 215.
12 Vgl. Bédiér (wie Anm. 7), S. 393. Einen rezenten gedrängten Überblick über die jüngere Forschungsgeschichte und die Problematik des Baligant-Teils findet man bei Mary Jane

Linguistische (grammatische oder lexikalische) Unterschiede zwischen beiden Teilen des erhaltenen Rolandsliedes darf man in Abrede stellen;[13] vielmehr beeindruckt gerade, dass ein so unübertrefflich guter Kenner des Textes wie Segre passim von ‚der' Sprache ‚des' Rolandsliedes redet. Bei Annahme zweier Autoren sollte man deshalb zumindest mit einem ungewöhnlich kongenialengen Verhältnis rechnen, in dem der ‚Schüler' den ‚Lehrer' vor allem überragt, weil er auf dessen Schultern steht.

Aber auch umgekehrt: Optiert man im Prinzip für die Autoreinheit, so heißt das noch keineswegs, dass das Werk nach vorgegebenen normativen Kriterien ‚aus einem Guss' sein müsste. Der Dichter könnte nach Jahren, sogar Jahrzehnten auf Grund seiner neuen kreuzzugsdominierten Vision sein Werk überarbeitet und ausgeweitet haben; schon das könnte z. B. einen etwas pompöseren Stil des Baligant-Teils als Altersstil erklären.[14] Aber selbst wenn er beide Teile bald nacheinander schrieb, verlangte der Übergang von ihm eine teilweise neue poetische Technik.

Im Roland-Teil waren ihm zumindest Grundzüge der Handlung vorgegeben, und er wird auch an mancher sprachlichen Formulierung, an manchem Einzel-

---

Schenck, „The Baligant Episode", in: *Approaches to Teaching the „Song of Roland"*, edd. William W. Kibler und Leslie Zarker Morgan, New York, 2006, S. 213–219.

13 Hier genügt es, sich an die beiden exemplarischen Diskussionen zu erinnern: Suchier glaubte, der Baligant-Teil trenne /ē/ und /ā/, das übrige Lied vermische sie; aber Bédier (wie Anm. 7), S. 399 Anm. 1, zeigte, dass die Proportionen in beiden Teilen nur wenig verschieden sind. (Vgl. auch Bédiers spätere, etwas subtilere Darstellung in *La Chanson de Roland commentée*, Paris 1927, S. 278–280.) Und die Vokabular- und Formelunterschiede, die Jules Horrent, *La Chanson de Roland dans les littératures française et espagnole au moyen âge*, Paris 1951, festzustellen glaubte, wurden von seinem Lehrer Maurice Delbouille, *Sur la genèse de la Chanson de Roland: essai critique*, Brüssel 1954, S. 46–57, in minutiöser und überzeugender Argumentation durch geeignete Parallelen als zufällig erklärt. (Anschließend, S. 57–61, bringt Delbouille auch Argumente für eine Übereinstimmung der Laissentechnik. Doch siehe dazu genauer den Haupttext weiter unten mit Anm. 18!) Die Gefahr bei zu weiter Öffnung des linguistischen ‚Mikroskops' besteht eben darin, dass man unter die Signifikanzschwelle, in den Bereich des plausiblerweise Zufälligen, gerät. Zur Probe teile man einen beliebigen Text von der Länge des Rolandsliedes in der Mitte; man wird immer, mindestens mit Hilfe des Computers, sprachliche ‚Unterschiede' zwischen beiden Hälften finden können.

14 Ich denke hier speziell an die richtige Charakterisierung des Baligant-Stils als „plus orné, plus fleuri" bei Horrent (wie Anm. 13), S. 253–254, und die Erklärung dieses Sachverhalts aus der Verfassereinheit in Delbouilles Erwiderung (wie Anm. 13), S. 44–45. (Auch die übrigen Argumente von Delbouilles Kapitel „De l'authenticité de *Baligant*", op. cit., S. 32–44, bleiben lesenswert.) – Darf ich hier vergleichshalber zu einem albtraumhaften Denkexperiment einladen? Im Jahr 2700 seien *Faust I* und *Faust II* unbeschädigt zusammen überliefert und im Wortsinn gut verständlich, aber alle Zeugnisse von Goethes Autorschaft verloren. Welcher Stilforscher wird wagen, ein solches Werk als verantwortete Einheit zu betrachten?

motiv seines Vorgängers gehangen haben. Im Baligant-Teil hingegen musste er die Handlung neu entwerfen, wobei er sich anscheinend locker an militärische Ereignisse im Nordspanien der Jahre 1110–1118 anlehnte, speziell an den überraschenden und zunächst sehr bedrohlichen Vorbruch der auf Afrika gestützten Almoraviden nach Saragossa.[15]

Doch vor allem: Ihm musste klar sein, dass er, wenn er seine Rezipienten nicht ermüden wollte, die grandiosen Dimensionen der Baligantschlacht weit gedrängter als die Schlacht von Roncevaux würde darstellen müssen. Ich weiß nicht, ob die Beobachtung, so naheliegend sie ist, je gemacht worden ist: Im erhaltenen Rolandslied mit seinen 4002 Versen liegt der Goldene Schnitt *a maiore* (d. h. mit dem längeren Teil als erstem) in v. 2474; das ist der letzte Vers, der vom Untergang der Flüchtigen am verlängerten Tag berichtet. Dann zieht der Laissenschlussvers 2475 die Bilanz dieser Episode: „Franceis escrïent: – Mar [veï]stes Rollant!" Mit v. 2476 beginnt die Laisse, mit der Delbouille[16] den Baligant-Teil einsetzen lässt: Karl beschließt an Ort und Stelle jene Übernachtung, während deren er den Baligant-Traum hat. Wie anscheinend das ganze Mittelalter[17] kannte zweifellos auch der Dichter des erhaltenen Liedes den Begriff des Goldenen Schnittes nicht, beweist aber einen ähnlichen Sinn für Proportionen: Ob man nun den Beginn der Baligant-Handlung hier oder etwas später ansetzt – auch nach der ‚Überhöhung' wird der Roland-Teil des Liedes jedenfalls vom Nach-Roland-Teil nicht erdückt. Und wer so die Proportionen zu wahren versteht, ist sich zwangsläufig auch der Notwendigkeit größerer Gedrängtheit im Baligant-Teil bewusst. Deshalb finden wir jetzt keine *laisses similaires* mehr, auch die sonstigen verbal-repetitiven Verknüpfungen aufeinander folgender Laissen, die ja ebenfalls Raum kosten, nehmen gegenüber dem Roncevaux-Teil

---

15 So wohl richtig André de Mandach, *Naissance et développement de la Chanson de geste en Europe*, Bd. 6, *Chanson de Roland*, Genf, 1993, S. 184 ff. – Falls man der im Pseudo-Turpin sichtbar werdenden Tradition auch die zeitliche Priorität zubilligt, wie das ja bei den heutigen Datierungen ohne Weiteres möglich ist, hätte der Autor des erhaltenen Rolandsliedes zudem, um nicht ganz als Erfinder ‚wilder Märe' dazustehen, den Beliguandus, der auch im Pseudo-Turpin aus Persien ~ Babylonien kommt und im Gegensatz zu Marsirus Roncevaux überlebt, seinen Zwecken dienstbar gemacht mit einer leichten ‚Biblisierung' und damit Orientalisierung des Namens (*Bel-* > *Bal-* nach den biblischen Babylonierkönigen *Baladan* und *Balthassar* [so die Vulgata für ‚Belsazar'], vielleicht auch in vagerer Assoziation nach Gestalten wie *Balac* und *Balaam* [so die Vulgata für ‚Bileam']), was zugleich bei der Einführung Baligants (v. 2614) die einprägsame Alliteration *En Babilonie Baligant* ermöglichte.
16 Wie Anm. 13, S. 33.
17 Günter Binding im *Lexikon des Mittelalters*, 9 Bde., Studienausgabe, Stuttgart 1999, s. v. Proportionen.

im Verhältnis 34 : 54 ab.[18] Vor allem aber müssen jetzt die Zweikämpfe, die geradezu das Hauptingrediens des Roncevaux-Teils waren, sparsamer und zugleich gezielter eingesetzt werden: So illustrieren vom Beginn der Schlacht an einzelne knapp gehaltene Zweikämpfe (v. 3352–3368, 3463–3470) zunächst Sieg, dann tragischen Tod von dreien der vier Führer der fränkischen Jungmannschaft; von der Mitte der Schlacht an führt dann eine ebenfalls eng strukturierte Folge von drei Zweikämpfen (v. 3421–3450: Naimes tötet Baligants Sohn, wird beinahe von Baligants Bruder getötet, aber von Karl gerettet) über die momentane Gefahr eines feindlichen Durchbruchs (vv. 3529, 3533) zu dem einzigen breiter ausgeführten Zweikampf, dem schlachtentscheidenden zwischen Karl und Baligant (v. 3564–3620).

Stattdessen tritt jetzt, obgleich ständig kunstvoll verwoben mit einheimischen Motiven, ein struktureller Einfluss der Antike klarer hervor als vorher, ein generelles Wissen darum, wie Höhepunkt und Schlussteil einer großen epischen Handlung auszusehen haben.[19]

So kann das Duell zwischen Karl und dem Herrn der Heidenheit zwar durch eine Fassung des Sachsenkriegs angeregt sein; denn ein legendäres Duell zwischen Karl und Widukind als Höhepunkt und Schluss von Karls Sachsenkrieg findet sich schon um 974 und um 1002 in den beiden ältesten Mathildenviten,[20] dann um 1200 in Bodels *Saisnes*, vermutlich also auch in untergegangenen Zwischenstufen. Doch zugleich dürfte, poetisch legitimierend, das Herrscherduell als gattungsspezifisches Finale antiker Großepik, etwa der Äneis oder der Thebais – und warum nicht auch aus der Alexanderliteratur Alexanders Duell mit Porus? – im Hintergrund stehen.

---

18 Zu beidem, sachlich interessant, wenn auch die Relevanz des Fehlens der *laisses similaires* meines Erachtens überbetonend, Joseph J. Duggan, *The Song of Roland: formulaic style and poetic craft*, Berkeley CA 1973, S. 98–100. Bemerkenswert übrigens, dass auch Duggan, obwohl er schließlich knapp für Autorentrennung optiert, den Formelschatz beider Teile als großenteils gemeinsam erweist: Auf 526 Eigenformeln des Roncevaux-Teils und nur 81 Eigenformeln des Baligant-Teils kommen 300 gemeinsame Formeln, so dass Duggan (op. cit., S. 84, vgl. auch 97) schließt, der Baligant-Teil habe kein eigenes Formelrepertoire.
19 Insgesamt frappante Parallelen zwischen der Aeneis und auch den vorhergehenden Teilen des Rolandsliedes brachte zwar schon Bédier (wie Anm. 13), S. 316 f., bei; er bemerkt aber: „Mais, chose très digne de remarque! jamais le rapprochement n'est assez précis pour qu'on puisse affirmer que notre auteur a directement, consciemment imité." Eine beeindruckende Reihe von Parallelen auch bei André Burger, *Turold, poète de la fidélité*, Genf 1977, S. 73–81.
20 *MGH, Scriptores*, Bd. 10, S. 576, und Bd. 4, S. 284 f. Dieser Tatbestand wird manchmal selbst in Untersuchungen, die ausdrücklich der Vorgeschichte der *Saisnes*-Epik gewidmet sind, übersehen, z. B. bei Paul Aebischer, „L'élément historique dans les chansons de geste ayant la guerre de Saxe pour thème", in: P. Ae., *Des Annales carolingiennes* (wie Anm. 9), S. 223–239.

In dieselbe Richtung scheinen Einzelszenen zu weisen. Baligants Bruder Canabeus ist ein ‚Hunde-bell-o' (can[is] + abai[er],aboyer' + -us) vielleicht nur in deformierender Namenskomik; denn macht man eine angenommene Metathesis rückgängig, so lässt sich *Cabaneus, wie schon Jenkins vermutete,[21] schwer trennen von dem Capaneus (Handschriften-Variante auch Cabaneus) der Thebais, wobei das tertium comparationis darin liegt, dass beide noch buchstäblich in der Sekunde, in der sie zum sieghaften Schlag bzw. Sprung ansetzen, durch göttliches Eingreifen gefällt werden.

In der Episode um Jangleu, den ‚Kritikaster' (v. 3507–3519, afrz. *jangler* ‚quengeln, laut oder häufig tadeln' + -aeus), bliebe dessen Beiname *l'ultremarin* merkwürdig unspezifisch, wenn er (in der Perspektive des Dichters) bedeutete ‚mit den mehr als eineinhalb Millionen Vasallen Baligants soeben aus dem Orient herübergekommen' und nicht vielmehr (in Baligants Perspektive) ‚einst aus dem Okkzident in den Orient herübergekommen'; im selben Sinne auffällig sind Jangleus distanzierende Worte an Baligant „Morz estes" statt *Morz somes* und vor allem „vostre deu" statt *nostre deu*. Es liegt doch wohl die geringfügige Variation eines Erzählmusters vor, das bis in die griechische Geschichte zurückreicht (Herodot 7.101–105: Xerxes befragt den Griechen Demaratos; lateinisch Curtius 3.2.10–19: Darius fragt den Athener Charidemos) und das in der Schilderung der Schlacht vor Antiochia (1098) bei Raimond d'Aguilers (cap. 17) und Fulcher von Chartres (1.22.4–8), also vor 1106, auch auf Kerbogha übertragen erscheint, der einen aus dem christlich besetzten Antiochia entflohenen Türken befragt. Jeweils steht der orientalische Potentat vor einer großen Schlacht (oder einer ganzen Kampagne), die er auf Grund seiner materiellen Überlegenheit zu gewinnen hofft, und will sich seine Aussichten noch eben von einem bei ihm weilenden Kenner seiner okzidentalischen Gegner bestätigen lassen; doch der betont rückhaltlos deren Kampfgeist und sagt dem Potentaten ein völliges Scheitern voraus, das dann auch eintritt.

À propos Curtius: Ich vermute, dass auch die unmittelbar vor der Schlacht in Baligants Gegenwart zelebrierenden zehn ‚kanaanäischen' (*Canelius*) Götzenpriester mit ihren religiösen Gesängen (v. 3269 ff.) direkt oder (eher) indirekt inspiriert sind durch Curtius 3.3.9, wo in ähnlicher Situation (der persischen Heerschau) und ebenso prominenter Position „magi [die Angehörigen der Priesterkaste des Reiches] patrium carmen canebant" – abgesehen im Rolandslied natürlich von dem Namen ‚Kanaanäer', den sie als Nachkommen der prototypischen Götzendiener des Alten Testaments tragen.[22]

---

21 *La Chanson de Roland, Oxford Version, edition, notes, and glossary* by Thomas Atkinson Jenkins, 2. Aufl., Boston 1929, ad v. 3312.
22 Gerade angesichts der zunehmenden Spätdatierungen des Rolandsliedes scheint mir ein minutiöser Vergleich mit der gesamten auf Latein zugänglichen Alexander-Literatur ein Desi-

Geradezu das Markenzeichen antik-epischen Einflusses sind schließlich die beiden Truppenkataloge (v. 3026–3095, 3217–3264), wie sie ja seit Homer in kaum einem antiken Epos, in der Regel zu Beginn des Endkampfes, fehlen. Freilich überbietet der Dichter seine Vorbilder strukturell, indem er auf christlicher Seite zwischen dem A und O des reichstragenden Frankenvolkes die anderen Landsmannschaften in ungefährer Kreuzesform aufzählt[23] und auf heidnischer Seite manche der realgeographischen Namen umbiegt zu negativ-wertenden (speziell Farb-) Adjektiven, so dass Baligants Scharen von der Bosheit und dem fahlen Schein der Hölle durchglüht erscheinen.[24]

---

derat der Forschung zu sein. Vgl. auch einen so merkwürdigen Einzelfall wie den weiter unten behandelten des *Justin de Valferree*!

23 Zugleich übernimmt er aus der realen Schlacht vor Antiochia 1098 den ethnisch definierten *eschele*-Begriff (vgl. Bédier, wie Anm. 13, S. 53 f.) samt der charakteristischen Schluss- (nicht Spitzen- oder Mittel-) Position des Oberbefehlshabers (dort also Bohemunds Position nach dem übereinstimmenden Zeugnis von *Gesta*, Raimund von Aguilers, Anselm von Ribemont, Petrus Tudebodus, Tudebodus imitatus, Robert von Reims, Albert von Aachen, Ordericus Vitalis, Wilhelm von Tyrus und *Chanson d'Antioche*) in der quantitativ stärksten *eschele* (so explizit Albert von Aachen und Wilhelm von Tyrus). Baudri de Dol erklärt sogar ausdrücklich: *Aciei sextae praesedit Boamundus, ut omnibus praevideret atque singulorum in necessitatibus adesset.* Denn da die größte Gefahr in einer solchen Schlacht darin besteht, dass der Gegner irgendwo einen Durchbruch erzielt und aus der Flanke heraus Truppenteile in panische Flucht treibt, muss der Oberbefehlshaber zunächst für den Notfall mit einer starken Eingreiftruppe im Hintergrund bleiben; nur so kann Karl dann ja auch den feindlichen Durchbruch (v. 3528 f., 3533) noch eindämmen. Entsprechend nimmt auch Baligant bei *cil d'Ociant* (v. 3286), also der letzten *eschele* des zentralen, rückwärtig platzierten (s. folgende Anm.!) Heeresdrittels (v. 3246), eine entsprechende Schlussposition ein; das befähigt auch ihn, seine eigens gebildete Eingreiftruppe (v. 3283–3285) gegen Ende der Schlacht einzusetzen (v. 3517–3519). Zugleich hat diese strategisch motivierte Schlussposition beider Oberbefehlshaber den dichterisch erwünschten Nebeneffekt, dass beide physisch erst spät, doch dann gegeneinander und damit schlachtentscheidend eingreifen können.

24 Ich akzeptiere alle diesbezüglichen Bemerkungen in den Aufsätzen Alfred Noyer-Weidners, wie sie am leichtesten zugänglich sind in seinem *Umgang mit Texten*, Bd. I, hrg. von Klaus W. Hempfer, Stuttgart 1986, S. 1–148, speziell 1–64. Doch glaube ich im Gegensatz zu Noyer-Weidner gerade nicht, dass damit die konkurrierenden realgeographischen Bezüge hinfällig sind; obwohl z. B. die *Avers* auch ‚Gottwidrige' und die *Pers* ‚(Höllisch-) Fahlblaue' sind, stehen dahinter doch die Avaren, die Perser usw. Der Dichter juxtaponiert nicht hin- und herspringend Reales und Symbolisches zu einer anderweitig unbelegten Mischästhetik (deren Jeu sogar recht fazil wäre, denn wieso kommen die ‚Widrigen' gerade an sechzehnter, die ‚Fahlblauen' an dreizehnter Stelle...?). Vielmehr folgt er – was hier freilich aus Platzgründen nicht im Einzelnen belegt werden kann – einem einfachen realgeographischen Schema: Die ersten zehn *escheles*, von der Baligantschen Westperipherie stammend (Osteuropa bis Nordostafrika), bilden den linken Vorderflügel seiner Schlachtordnung; die dritten zehn *escheles*, von der (zwangsläufig in Vagheit oder Phantasie ausklingenden) Baligantschen Ostperipherie, bilden den rechten Vorderflügel; die mittleren zehn *escheles*, aus Baligants Schwerpunktzone (etwa

Insgesamt gibt es also zwischen beiden Teilen des Rolandsliedes keine sprachlichen Unterschiede, hingegen merkliche erzähltechnische. Da ich bei ihnen jedoch mit einer bemerkenswerten Fähigkeit ‚des' Dichters zur erzähltechnischen Anpassung an seine neue Vision rechne, halte ich Autoreinheit für das Wahrscheinlichere. Andere mögen umgekehrt urteilen – doch in beiden Perspektiven bleibt für uns Heutige die poetologische Schwelle zwischen Roncevaux- und Baligant-Teil.

Für jene große Mehrheit der mittelalterlichen Rezipienten, die sich noch keineswegs zur Anerkennung einer ‚Legitimität der Fiktion' durchgerungen hatte, war es sogar eine viel stärkere Schwelle: aus einem geliebten, leidlich ‚geglaubten' Terrain hinaus in eine Welt unverbürgten narrativen Neulands. Und wenn das Fehlen des Baligant-Teils im Pseudo-Turpin originär sein kann, so scheint es mir in der *Karlamagnús-Saga* und in späteren Textzeugen wie dem niederländischen *Roelantslied* oder der Roland-Hs. L so gut wie sicher auf bewusster Elimination, das heißt, auf Ablehnung zu beruhen.[25] Selbst dass im 13. und 14. Jh. die Rolandslied-Überlieferung hinter der Pseudo-Turpin-Überlieferung quantitativ extrem zurückbleibt, könnte außer auf dem Latein-Bonus und der Autorfiktion des Pseudo-Turpin auf einem verbreiteten Misstrauen gegenüber der Baligant-Handlung beruhen.

Auch hier ist also mit der großen neuen Vision und sozusagen in ihrem Rücken eine banale Gefahr entstanden: dass viele Rezipienten den Baligant-Teil global als ‚wilde Märe' verwerfen. Sie kann auch dem Dichter nicht verborgen geblieben sein. Deshalb bereitet er im Roncevaux-Teil den Übergang ‚von langer Hand' vor, freilich so dezent, dass es heutigen Rezipienten meist entgeht. Machen wir in diesem Sinne einmal Bilanz!

Schon in v. 89 f. schickt Marsilie Karl „dis blanches mules [...] / Que li tramist li reis de Suatilie" – wo Metrum und Assonanz die Lesungen *Sua-ti-lí-e* und *Su-a-tí-lie* zulassen.[26] Maultiere können zwar überall gezüchtet werden, wo es

---

Persien bis Bulgarien), sind hinter beiden aufgestellt, und bei ihrer zwanzigsten und damit letzten Schar steht Baligant selbst (vgl. Anm. 23). Doch durch leichte Namendeformationen in Richtung auf die Adjektiv- und speziell Farbsymbolik macht der Dichter zusätzlich ‚Tiefe im Antlitz der Welt' sichtbar. Diese Vertiefungsästhetik (durch negative Interpretation realer Namen), nicht eine Juxtapositionsästhetik (des willkürlichen Nebeneinanders realer und symbolischer Namen) ist durch die mittelalterliche Bibelinterpretation gedeckt. Übrigens scheint mir die ‚fahlblaue' und verwandte höllische Farbsymbolik nicht erst mittelalterlich zu sein, sondern aus *Apoc.* 9. 14–17 zu stammen, wo zum Klang der sechsten Posaune (also spät, aber noch vor Anbruch des Endgerichts) das über den Euphrat (!) andringende Heer durch *loricas igneas, et hyacinthinas, et sulphureas* gekennzeichnet ist.

25 Siehe jetzt G.A. Beckmann, *Die Karlamagnús-Saga I und ihre altfranzösische Vorlage*, Tübingen 2008, S. 197–200.
26 *Açil rei de Cecilie* ‚Sizilien' V 4 ist sichtlich *lectio facilior*.

Pferde und Esel gibt, doch hier geht es um besonders edle, weiße Tiere, offenbar ein kostbar-charakteristisches Geschenk ihres Heimatlandes. Am ältesten und berühmtesten ist die Maultierzucht Kleinasiens.[27] Denkt der Autor an sie, so liegt der Einschiffungshafen der Tiere am ehesten an der Südküste der heutigen Türkei – und dort gibt es nur einen Hafen ersten Ranges, das antike *Attáleia* (so die griech. Betonung im Nom. und Akk., *Act. Apost.* 14.25: *eis Attáleian*), heute *Antalya*, doch lat. *Attalía* und bei den nichtgriechischen Christen seit dem frühen 12. Jh. durchweg *Satalía, Satellía* u. ä.[28] Antalya war im 8. oder 9. sowie im späten 11. oder frühen 12. Jh. mehrfach muslimisch besetzt, sonst bis 1207 – doch lange ohne das Umland – in byzantinischer Hand.[29] Obwohl das -*u*- in O unerklärt bleibt, ist an der Identifikation kaum zu zweifeln. Marsilie steht also in freundschaftlicher Verbindung mit muslimischen (Teil-) Herrschern des Orients.

Auch Marsilies Gold ist „or d'Arabe" (v. 185, 652), sein Faltstuhl bespannt mit einem „paile Alexandrin" (v. 408).

Dem Margariz de Sibilie „tramist li amiralz de Primes" sein Schwert (v. 967). Die Forschung nimmt *Primes* als Toponym, ohne eine diskussionswürdige Hypothese anzubieten. Im Rolandslied ist *amiralz* der höchste muslimische Titel – kann da ein *amiralz* an einem relativ kleinen, unidentifizierbaren Ort sitzen? Geht es nicht einfach wie v. 589, 1924, 2845 um das Adverb *primes* ‚vorher, zuerst', hier also *de primes* etwa ‚einst'? Dann wurde dem Margariz sein Schwert einst einfach von ‚dem' *amiralz* ‚herübergesandt'.[30]

---

27 Nordkleinasien (*Ilias* 2.852), Mysien (*Ilias* 24.276, Anakreon), Galatien (Luxustiere, Plutarch, *De cupidit. divit.* 2), Phrygien (Hieronymus und danach Rhabanus Maurus *in Ez.* 27.14 [Migne, *Patrologia Latina*, Bd. 25, S. 253 f., Bd. 110, S.775]), Lydien (Äsop). Ausführliche Nachweise in Pauly-Wissowas *Realencyclopädie*, Bd. 6 (Halbd. 11), Sp. 659, s. v. Esel.
28 Mit einem *S*-, das abstrahiert ist entweder aus *(ei)s Attáleian* (vgl. *eis tên polin*, in mittelgriech. Aussprache /(i)stimbóli(n)/, > Istambul, Stambul) oder aus der sehr häufigen Wendung *tòn kólpon tês Attaleías* /toŋgòlpondisatalías/ > *il golfo di Satalía*. So haben etwa die Itinerare des Daniel und des Sæwulf (frühes 12. Jh.) *Satalia*, Eudes de Deuil (Mitte 12. Jh.) 64, 67 usw. *Satellia*, Wilhelm von Tyrus (spätes 12. Jh.) 16.26 zu a. 1146 *Satalia* (so nennen es *nostri*), *gulphus Sataliae*, der Trojaroman 12329 *Satelee*, Ambroise 1318 *al gofre de Sartalee, Florence de Rome* 5590 *Satel[l]ie* und noch Ariosts *Orlando Furioso* 17.65.7, 19.46.5 *Satalía*.
29 *Tübinger Atlas des Vorderen Orients*, Wiesbaden 1977–1991, Karte B VI 8, Kleinasien: Das Byzantinische Reich (7.–9. Jh.); *Islâm Ansiklopedisi*, Bd. I, Istanbul 1940, s. v. *Antalya*. Im Abendland wurde die Stadt besonders bekannt, als 1148 Ludwig VII. sich nur mit Mühe vor türkischen Verfolgern in die byzantinische Festung retten konnte.
30 Ich verzichte allerdings darauf, die dunkle Stelle v. 1502 f. parallel auszuwerten. Dort kann man *Val Metas* nicht gut mit Prosper Boissonnade, *Du Nouveau sur la Chanson de Roland*, Paris 1923, S. 195, als ‚Mekka' nehmen, da arab. *Máqqa*, gesprochen etwa /mæq:æ/, erwartungsgemäß im Frz. vom 12. Jh. bis heute ohne Akzentschwankungen *(la) Mecque* (im Altfrz. mit den zu erwartenden Varianten) ergibt. Den Galaf<r>es nennt nur O *amiralz*, CV7T vielmehr

Von zentraler Bedeutung, wenn auch in der Forschung bisher als Bizarrerie angesehen, scheint mir die Tatsache, dass Marsilies Bruder Falsaron Herr der *tere Dat[ha]n e [Abir]un* ist (v. 1215).[31] Dathan und Abiram sind nur aus dem Alten Testament (*Numeri* 16) bekannt, israelitische Sippen, die nie Land besaßen, sondern auf der Wüstenwanderung im Süden Palästinas infolge ihres Ungehorsams untergingen. Das ‚Land von Dathan und Abiram' kann also nur das Land ihres einstigen Untergangs meinen. Besitzt nun von zwei Brüdern der eine Spanien, der andere eine Herrschaft in Palästina, so heißt das doch wohl, dass beider Vater, aus Palästina stammend, an der Eroberung Spaniens entscheidend beteiligt war und dass das Verhältnis der Brüder trotz der geographischen Entfernung noch ein enges ist.[32]

In v. 1370 fällt ein *Justin de Val Ferree*, also ‚Justin vom mit Eisen versehenen' – d. h. doch wohl: mit Eisen versperrten – ‚Tal'. Bisher unbemerkt, taucht er als einziger Komparse des Rolandsliedes im *Roman d'Alexandre*[33] wieder auf. Und dort scheint er besser hinzupassen; denn Alexander hat ja nach der Legende eine Gruppe von Barbarenvölkern in der Ebene an Don und Asowschem Meer durch eine *porta ferrata* an ihrer gebirgigen Grenze von der zivilisierten Welt des Orients abgeschlossen, bis ein König der Hyrkaner – ein Zeitgenosse Vespasians und Titus'– sie wieder freiließ.[34] Also wieder ein orientalischer Gast bei Marsilie?

In v. 1556 macht Olivier sieben *Arrabiz* kampfunfähig. Da das Wort später im Lied (v. 3011, 3081, 3481, 3511, 3518, 3640) immer Orientalen bezeichnet, so sind diese mit einer gewissen Wahrscheinlichkeit hier ebenfalls, also als weitere orientalische Freiwillige, gemeint.[35]

---

amanzor, P weicht aus auf *son seignor*, nKV4L scheiden aus. Zu verstehen ist die Stelle wohl so, dass Abisme einst durch einen Teufel einen Helm erhielt, den ihm Galafre – wohl auf dem Totenbett, wo die Teufel schon warteten – vermacht hatte; Galafre wäre demnach zur Zeit der Roncevaux-Schlacht schon tot und konkurriert nicht mit Baligant.

31 So zu Recht alle Editoren. Die Vulgata hat wohlgemerkt *Abiron* statt des hebr. (und damit heutigen) *Abiram*. Richtig also nK *Datan et Abiron*, fast richtig CV7 *Datan et d'Abiron*. In O *datliun & balbiun* ist das *h* von *Dathan* als *li* und δ(') von *d'Abiron* als *b* verlesen; vorher hatte sich der Name *Albion* eingemischt.

32 Ein Korollar aus dieser Tatsache: Der Dichter stellt sich die islamische Eroberung Spaniens, historisch fast richtig, als in der Generation vor Karl geschehen vor. Dass er trotzdem in Spanien schon gar keine Christen mehr kennt, zeigt, dass er den Islam für intoleranter hielt, als dieser war – damals eine französische, nicht spanische Haltung, eine Projektion.

33 *The medieval French Roman d'Alexandre*, ed. Edward C. Armstrong [et al.], Bd. 2, *version d'Alexandre de Paris*, Princeton, Princeton U.P., 1937, Ndr. 1965, Branche 3, v. 1725.

34 So z. B. Hegesippus, *Historiae* [die lat. Fassung des Josephus], ed. Vincenzo Ussani, 2 Bde., Wien 1932, lib. 5, cap. 50, hier Bd. 1, S. 405.

35 So kommentarlos auch Segre [wie Anm. 1] im Namenregister: ‚Araber'. Diese Hauptbedeutung von afrz. *Ar(r)abi(t)* geht einfach zurück auf arab. *ʿarabī* ‚arabisch' (Volk oder Sprachge-

Zwischen Orient und Okzident angesiedelt ist Marsilies Vertrauter[36] *Valdabrun*, Herr über vierhundert Schiffe und fähig, mit ihrer Hilfe Jerusalem den Christen durch Verrat zu nehmen (v. 1562–1568).

In v. 1613–1652 finden wir unter Marsilies Kriegern auch *Grandónies, / Filz Capüel, le rei de Capadoce*. Kappadozien kennt der Dichter zumindest aus dem Neuen Testament (*Act. Apost.* 2.9, *1 Petr.* 1.1), kann sich also über seine ungefähre Lage nicht irren. Damit ist Grandonie ein weiterer orientalischer Gast an Marsilies Hof, ein Prinz, der außerhalb des väterlichen Schutzes an einem befreundeten Hof Kriegserfahrung und Kampfesruhm gewinnen will.

Im Pseudo-Turpin kann Roland kurz vor seinem eigenen Tod seinen Verderber Marsilie töten; das ist einfache Epenlogik, ausgleichende Gerechtigkeit, wie wir sie erwarten. Im Rolandslied kann Roland Marsilie nur die rechte Hand abschlagen (v. 1903), ohne im Diesseits zu erfahren, ob Marsilie an dieser Wunde stirbt. Warum? Marsilie verliert damit nicht etwa eine meineidige Schwurhand, denn er hat Karl keinen Eid geleistet und Ganelon seinen Eid gehalten. Der Dichter wird uns zwar leitmotivisch an die Agonie des verblutendeinarmigen Marsilie erinnern (v. 2574, 2701, 2719, 2781, 2795), aber seine eigentliche Begründung findet das Motiv in den beiden großen Szenen, die es ermöglicht. Da ist erstens (v. 2677f.) in schauerlicher epischer Ironie der noch ahnungslose Baligant, der nach seiner Landung in Spanien Marsilie einen goldbesetzten Handschuh übersendet, den dieser über die rechte Hand streifen soll, um sich vor Baligant als dessen Lehnsmann zu bekennen. Und da ist später (v. 2827ff.) der von zwei Helfern aufgerichtete Marsilie, der den Handschuh mit der linken Hand greifen muss, nicht um sein Lehen anzuerkennen, sondern um es zurückzugeben. Gerade hierdurch wird zwischen den beiden sarazenischen Hauptpersonen eine Verbindung sinnfällig gemacht, die dem Baligant-Teil sehr zugute kommt. Denn indem Baligant ausdrücklich diesen Handschuh annimmt

---

meinschaft); vgl. auch unten Anm. 39. Dass sie hier vorliegt, ist freilich nicht sicher. Denn der Pseudo-Turpin unterscheidet klar *Arabs* ‚Araber, arabisch' in der Wendung „regem Arabum" (cap. 9) gegenüber „milites fortissimi qui vulgo dicuntur Arabit" (cap. 3) ‚in Verbänden zusammenlebende Glaubenskrieger, die militärische und religiöse Exerzitien betreiben'; letzteres gehört laut FEW, Bd. 19, s. v. *arab* (wo die Vermischung beider Wörter im Altfrz. als möglich bezeichnet wird), zu arab. *ar-rābita* ‚Verband [solcher Krieger]' (vgl. auch *arbita*, einen der Plurale von *ribāṭ*, ‚Garnisonen [solcher Krieger]'), von derselben Wurzel wie das an sich gleichbedeutende, sekundär zur Dynastiebezeichnung gewordene *al-murābitūn* ‚Almoraviden'.

36 In O v. 1563 kann man zweifeln, ob Valdabrun (*celoi*) oder *Marsiliun* Subjekt ist, O v. 618 spricht trotz Verderbnis für ersteres, was an beiden Stellen durch den β-Zweig bestätigt wird (der am besten in v. 618 durch CV7, in v. 1563 durch TL repräsentiert ist), vgl. die Edition Segre (wie Anm. 1) ad loc. Dann ist Valdabron der Ältere der beiden, und seine Stellung zwischen Ost und West ist offenbar alt; vgl. das oben zu Falsaron Gesagte.

(v. 2838), übernimmt er auf seine Person die Bilanz aus Marsilies Situation, d. h., nicht nur die Pflicht, ihn an Karl zu rächen, sondern auch die Verantwortung für seine Taten. So ist es zu verstehen, dass Karl sich – nach der Rache an jenen anonymen Flüchtigen am verlängerten Tag – im Gebet (v. 3109) und in zwei anfeuernden Reden an seine Leute (v. 3411 f., 3627–3629) für Rolands Tod auch an Baligant ‚rächen' will. Wenn somit für den Dichter auch die Baligant-Schlacht noch Rache für Roland ist, sozusagen eine zweite, überhöhte Rache, so rücken damit beide Teile des Liedes wesentlich näher aneinander, als es zunächst den Anschein hatte. Marsilies abgeschlagene Hand setzt also den Baligant-Teil voraus. (Interpretiert man mit Graevell, Jenkins, Lerch und Steinmeyer[37] Karls zweiten Traum als Vorschau auf Roncevaux statt auf Ganelons Prozess, so bezöge sich sogar schon v. 732 „La destre oreille al premer ver trenchat" voraus auf den Verlust von Marsilies rechter Hand und damit indirekt auf den Baligant-Teil.[38])

Der Sarazene, der dem bewusstlosen Roland sein Schwert stehlen will (v. 2274–2282), frohlockt: „Iceste espee porterai en Arabe." Da er aus Spanien oder (wahrscheinlicher) Nordafrika, nicht aus Arabien stammt, heißt dieser Satz: Er will seine Trophäe nicht nur seinem unmittelbaren Lehnsherrn präsentieren, sondern möchte sie quer durch die Länder des Islams bis in den Orient tragen, zum Lehnsherrn seines Lehnsherrn.[39]

Warum wird Karls Schwert *Joiuse* gerade in v. 2501–2508 vorgestellt? Im Roncevaux-Teil hat Karl es nicht benötigt; auch die Verfolgung der Flüchtigen während des verlängerten Tages ist mehr das Niedermähen einer anonymen *gent criminel* als eine Schlacht, an der physisch teilzunehmen des Kaisers Ruhm vermehren könnte. Im Baligant-Teil hingegen wird *l'espee de France* (v. 3615) das Duell aller Duelle entscheiden. Doch statt es erst im letzten Augenblick ein-

---

37 Vgl. die Edition Segre (wie Anm. 1) ad. loc.
38 Ich selbst neige allerdings dazu, Karls zweiten Traum auf Ganelons Prozess zu beziehen. – Zur Form der Träume sei hier *en passant* festgestellt, dass entgegen den konsequenten Tierallegorien des zweiten bis vierten Traums der erste Traum (v. 719–723) Ganelon in menschlicher Gestalt zeigt, damit Karl schon von v. 743 an (Ganelon schlägt Roland als Führer der Nachhut vor) einer Erkenntnis von Ganelons Verrat näher kommen kann (vgl. v. 745–747, 771–773, 784–786, 823–825, 830–840) als selbst Naimes (v. 774–781, 832). Karls Tragik soll eben darin liegen, dass er entgegen der himmlischen Warnung aus menschlicher Rücksicht auf seinen Schwager vor dem Hof nicht auszusprechen wagt, was er fürchtet, und deshalb auch nicht die Kraft findet, seinem Neffen gegen dessen Willen das halbe Heer als Nachhut aufzudrängen (v. 784–791) – auch das ein psychologisch abgründiger Zug: Karl scheitert daran, dass er nicht an die Tiefe menschlicher Bosheit glauben will.
39 *Arabe* ‚Arabien' ist globale Bezeichnung der Weltgegend, aus der Baligant kommt (~ islamischer Orient), zumindest noch v. 2810, 2980, 3331, 3555, wahrscheinlich auch 185, 652 (zu beiden s. den Haupttext weiter oben), 3943, enger höchstens 3473.

zuführen – was auf die Rezipienten wie ein *ad-hoc*-Einfall wirken könnte –, nützt der Dichter dafür den letzten vorherigen Ruhepunkt der Handlung, nämlich das stimmungsvolle Bild des übermüdeten, in seiner Rüstung schlafenden Kaisers.[40] Ohne das Duell im Baligant-Teil gäbe es also auch die Schwertbeschreibung nicht.

Mehr noch. Zentrum dieser Beschreibung ist die Christusreliquie. Blicken wir nun zurück auf Rolands Durendal, so finden wir dort zwar eine wohlüberlegte Aufzählung von Reliquien (v. 2345–2348): Basilius vertritt die frühe (noch keiner Trennung von Rom verdächtige) Ostkirche; Dionysius wird seit dem 9. Jh. mit dem Areopagiten identifiziert, erleidet aber sein Martyrium, seinen *dies natalis*, im Westen und steht damit für diesen, speziell für Frankreich; Petrus vertritt Christi Jüngerschaft, Maria sogar seine Familie. Aber der natürliche Höhepunkt der Aufzählung fehlt: eine Christusreliquie. Sie fehlt, weil der Dichter sie Karls Schwert vorbehalten will. Schon in dieser Roncevaux-Szene *par excellence*, der Apostrophe an Durendal, denkt der Dichter also auch an Joiuse und damit an den Baligant-Teil und wahrt zwischen beiden Schwertern eine Hierarchie.

In v. 2525–2554 weist Karls Traum von dem teils kosmischen, teils tierischen Feindesheer apokalyptischer Größenordnung und von dem ihm selbst aufgezwungenen Zweikampf voraus auf den Baligant-Teil, was nie bezweifelt worden ist. Doch da die Kampfkraft Spaniens und Afrikas bereits erschöpft ist, wird damit den Rezipienten auch zu verstehen gegeben, dass dieses Heer aus dem islamischen Orient kommen muss. Die Verknüpfung dieser Laisse mit den unmittelbar vorhergehenden hat Burger[41] herausgearbeitet.

Jeder Rolandleser kennt die heidnische Anti-Trinität *Apol(l)in, Mahum(m)et, Tervagan(t)*. Aber zusammen werden die drei erst v. 2580–91 erwähnt, das heißt, auf der Schwelle zum – bzw. nach Delbouilles, Rychners und Duggans[42] Teilung schon im – Baligant-Teil, dann v. 2696 f., 2711 f., 3267 f., 3490 f. Vorher nennt das Lied (von v. 8 bis v. 2468) an neun Stellen nur einen, an zwei Stellen zwei von ihnen. Sollen wir glauben, erst der Baligant-Dichter habe in einem Geniestreich die drei schon vorgefundenen Götter zur Anti-Trinität vereint? Liegt

---

40 Das gestattet dann, schon v. 3146 Baligants *Preciuse* vorzustellen, wobei aber laut v. 2503–2511 *Joiuse* wie das damit zusammenhängende *Munjoie* nach der Erlösungsfreude des Christen benannt ist, *Preciuse* also, wie von Baligant nicht anders zu erwarten, ein karikaturhaft-missverstehendes Umschlagen ins Materielle zeigt.

41 André Burger, „Remarques sur la composition de l'épisode de Baligant", in: *Mélanges* [...] *Maurice Delbouille*, Gembloux 1964, Bd. II, S. 59–69, hier 60 f.

42 Delbouille (wie Anm. 13), S. 33, Jean Rychner, *La Chanson de geste. Essai sur l'art épique des jongleurs*, Genf 1955, S. 39, Duggan (wie Anm. 18), S. 74.

nicht viel eher ein bewusster Kalkül vor, dergestalt, dass erst nahe dem Höhepunkt durch das Zusammentreten der Trias die geistige anti-trinitarische, d. h. antichristliche Einheit der Heidenheit – ganz wie gleichzeitig ihre militärische Solidarität – manifest werden soll? Dann geschieht die Beschränkung im gesamten Roncevaux-Teil schon mit Blick auf den Baligant-Teil!

In Vers 2602 f. ruft Bramimonde aus: „Li amiralz i ferat cuardie, / S'il ne cumbat a cele gent hardie." Der bestimmte Artikel in ‚suggestiver' Funktion zeigt, dass es für Bramimonde nur einen *amiralz* gibt, und da eben Spanien und Afrika schon ausgeschieden sind, muss er im Orient sitzen.[43]

Namentlich genannt und charakterisiert wird Baligant erst in v. 2614–2616,[44] nämlich in dem Augenblick, als sich die ‚Kamera' des Dichters voll auf den Orient öffnet und zugleich eine eindeutige Rückblende vollzieht,[45] zunächst bis ins erste Jahr von Karls Spanienzug, dann konkreter in den Frühling des Jahres, in dessen Herbst soeben die Schlacht von Roncevaux stattgefunden hat. An dieser Stelle war eine sehr explizite Zeitangabe nötig, und der Dichter hat sie herausgearbeitet durch zitathaften Rückbezug auf Verse der Eingangslaisse des ganzen Rolandsliedes (v. 2609–2611 ~ v. 1–2, 4–5). Doch selbst diese klare Zäsur kann man, wie Burger[46] meines Erachtens überzeugend dargelegt hat, nicht als Indiz für einen Autorwechsel gelten lassen. Denn schon in v. 703 f. findet sich eine ähnliche, wenn auch kleinere Zäsur mit zitathaftem Rückbezug auf dieselben Verse der Eingangslaisse, und beide Zäsuren zusammen gliedern das gesamte Lied auffällig gut: v. 1–702 behandeln die Ursache der Roncevaux-Schlacht, Ganelons Verrat, v. 703–2608 die Folgen von Ganelons Verrat, nämlich die Roncevaux-Schlacht einschließlich der Flucht des todwunden Marsilie nach Saragossa, der letzte Teil des Liedes von v. 2609 an dann Gottes Urteil über die Heiden und über den Verräter. Zwar setzen solche zitathaften Rückgriffe mit einer an Sicherheit grenzenden Wahrscheinlichkeit Schriftlichkeit voraus; zudem ist zuzugeben, dass die verflossenen ‚sieben Jahre' in v. 2609 ff. mit mehr Inhalt erfüllt werden als in v. 1 ff.,[47] indem der Dichter eben achtzehn

---

43 Wobei allerdings nach der antiken und mittelalterlichen Geographie einschließlich derjenigen des Rolandsliedes die Grenze zwischen Afrika und Asien westlich Alexandria verläuft, Ägypten also (letztlich aus kulturellen Gründen) schon zum Orient gehört; der Golf von Suez war eben vor dem Bau des Kanals für eine mediterran orientierte Geographie uninteressant.
44 Zu ihnen ausführlich Beckmann (wie Anm. 3), S. 540–542.
45 Vgl. Dorothea Kullmann, „Le début de l'épisode de Baligant", in: *L'épopée romane, Actes du XVe Congrès international Rencesvals (Poitiers, 21–27 août 2000)*, hrgg. von Gabriel Bianciotto und Claudio Galderisi, Poitiers 2002, Bd. I, S. 577–587, hier 578 ff.
46 Burger (wie Anm. 19), S. 48 f.; vgl. auch dens. (wie Anm. 41), S. 68 f.
47 Darauf insistiert Kullmann (wie Anm. 45), S. 580 f., und sieht darin ein Argument für Autorentrennung.

Verse braucht, um Marsilies dringenden, fast drohenden Hilferuf und Baligants Kriegsvorbereitungen anschaulich zu schildern. Dennoch kann man sich schwer vorstellen, der Baligant-Dichter hätte die beiden ersten Markierungen als ein Doppel erkannt, das er zum Tripel steigern konnte.

Bedeuten nun alle diese Stellen zusammen nicht, dass der Dichter uns von Beginn des Rolandsliedes an beharrlich an die Existenz eines weiten muslimischen Orients glaubt erinnern zu müssen und dass er etwa von v. 1900 an – also innerhalb des Roncevaux-Teils noch vor Beginn des Algalife-Aktes, fast fünfhundert Verse vor Rolands Tod! – in kürzer werdenden Abständen überhaupt Verse schreibt, die eindeutig die Kenntnis der Baligant-Handlung voraussetzen?[48] Wird man diesem Sachverhalt noch durch die Annahme von ‚Interpolationen' gerecht? Wenn wir uns schon darauf kaprizieren wollen, den Dichter, der uns das erhaltene Rolandslied hinterlassen hat, den ‚Baligant-Dichter' zu nennen, scheint er dann nicht auch so tief in den Wortlaut des Roncevaux-Teiles eingegriffen zu haben, dass er diesen Text Vers für Vers ‚verantwortet' aus seiner Hand geben konnte?

Gewiss könnte man fragen, warum er dann nicht in der Einleitungslaisse bei der Vorstellung Marsilies kurz mitteilt, der sei ein Vasall des orientalischen Baligant. Aber die Antwort ist wohl einfach: Für sein in lehnsrechtlich-hierarchischen Vorstellungen befangenes Publikum wäre das eine Heruntertransformation der Gegner und damit auch der gesamten Roncevaux-Handlung selbst; zum Schaden des alten Hauptteils wäre von Anfang an klar, dass Roland und seine Mitstreiter nie mit dem Herrn der Heidenheit und seinem Hauptheer auch nur in Berührung kommen, ihr Leben vielmehr hauptsächlich im Kampf mit Vasallen von Vasallen opfern.

Noch eines bleibt hier zu bedenken. Die Afrikaner[49] kämpfen zwar zusammen mit den Spaniern in der Roncevaux-, nicht in der Baligant-Schlacht, doch erscheinen sie zunächst nur marginal (wohl schon v. 812, jedenfalls 1235 f. und 1593 f.). Erst als Marsilie mit den Spaniern flieht (v. 1910–1912), treten die Afrikaner in den Fokus, und ihnen gehört zwangsläufig von Oliviers Tod an der übrige Teil der Roncevaux-Schlacht. Auch hier erweitert sich also der geographische Horizont *de facto* plötzlich von Spanien auf Afrika. Ist es dann überraschend, dass er sich noch einmal, jetzt von Afrika auf den Orient, erweitert? Geschieht die geographische Ausweitung dann nicht in einem mächtigen Dreischritt (zu-

---

[48] Die Forschung ist sich zwar bei der Frage, wo der Beginn des Baligant-Teiles anzusetzen ist, ziemlich uneins, setzt ihn aber frühestens in v. 2476 an (also gerade am Goldenen Schnitt des Rolandsliedes, siehe oben Haupttext bei Anm. 17); vgl. den Forschungsüberblick bei Kullmann (wie Anm. 45), S. 578 Anm. 9.

[49] Im Sinne von Anm. 43.

nächst Spanien – ab v. 1913 offen Afrika – ab v. 2614 offen der Orient), der sogar der Geschichte abgeschaut ist (zunächst nur Spanien – seit 1086/1087 Afrika – seit 1097 der Orient)? Und bietet nicht auch der Pseudo-Turpin Ähnliches, wenn dort die Franken nacheinander gegen Spanier (cap. 2 ff.), den Nordafrikaner Aigoland (cap. 6 ff.), den Syrer Ferracutus (cap. 17 ff.) und schließlich die Perser ~ Babylonier Marsirius und Beliguandus (cap. 21 ff.) kämpfen? Schließt aus dieser ebenfalls wohlkalkulierten Steigerung irgend jemand gegen die Autoreinheit?

*

Als Rolands Hornruf im Hauptheer vernommen wird, sucht Ganelon sowohl im Rolandslied als auch im Pseudo-Turpin durch Bagatellisierung dieses Signals Karl von der sofortigen Umkehr abzuhalten. Im Pseudo-Turpin gelingt ihm das für kurze Zeit, dann erfährt Karl durch Turpins Vision und Thierrys Kommen von Rolands Tod, eilt nach Roncevaux, wo er die Gefallenen beklagt, und weiter zu der durch das Sonnenwunder ermöglichten Verfolgung der Feinde. Doch kaum hat er so das Unaufschiebbare getan, lässt er noch in Roncevaux Ganelon den Prozess machen; denn ‚viele' bezichtigen diesen des Verrats. Ohne dass man von einem Wort erfährt, das Ganelon zu seiner Verteidigung hätte sagen können, wird er, durch das summarisch geschilderte Duell zwischen Pinabel und Thierry des Verrats überführt, von vier Pferden zerrissen. Diese Eile der Verurteilung ist das zu allen Epochen bis in die jüngste Vergangenheit ‚Normale': Mit dem während eines Feldzugs gefassten Verräter macht man ‚kurzen Prozess'; er wird – wie es ja noch bis zum Ende des Zweiten Weltkriegs üblich war – ‚standrechtlich' hingerichtet.[50] Wieder hält es also der Pseudo-Turpin mit dem ‚gesunden Menschenverstand', fast möchte man, ein böses Wort hervorholend, sagen: mit dem ‚gesunden Volksempfinden'. Selbst wenn diese Lösung nicht die chronologische Priorität vor dem Rolandslied für sich haben sollte, drängte sie sich doch so auf, dass sie jedem, der in eigener Verantwortung die Episode erzählen wollte, als Möglichkeit in den Sinn gekommen sein muss.

Doch es ist eine poetisch karge und juristisch nicht unbedenkliche Lösung: Ein improvisiertes, vielleicht nur mäßig qualifiziertes Gericht urteilt unter dem momentanen Druck der ‚vielen', und der Verklagte tritt schnell und stumm ab,

---

[50] Freilich wurden in karolingischer Zeit Hochverratsprozesse manchmal mit großem Aufwand auf Reichstagen durchgeführt (so gegen Thassilo 788 in Ingelheim, gegen Bera 820 in Aachen). Dabei ging es zwar nicht um jüngst ‚auf frischer Tat' in Feldzügen gefasste Personen. Doch will ich keineswegs ausschließen, dass der Rolanddichter von solchen Prozessen direkt (Reichsannalen?) oder indirekt Kenntnis hatte; jedenfalls trifft er das Ambiente solcher Prozesse recht gut.

ohne die Mittel zu seiner Verteidigung ausschöpfen zu können. Hat nicht gerade der große Verbrecher im juristischen und erst recht im poetischen Sinne Anrecht auf einen großen Prozess? Und muss dieser nicht auch das Anliegen eines großen Königs sein?

Doch ein solcher Prozess lässt sich nicht im Felde improvisieren, er will in der Heimat gründlich vorbereitet sein. Somit besteht hier der wesentliche Unterschied des Rolandsliedes zum Pseudo-Turpin darin, dass Karl den Prozess auf einen (wohl mittwinterlichen, v. 3746) Hoftag in Aachen verschiebt.

Seinem Publikum macht der Dichter diese Verschiebung wieder durch kleine Kunstgriffe plausibel. Nicht die ‚vielen' durchschauen Ganelons Verrat, sondern der Klügste, Herzog Naimes. Und da er der Klügste ist, durchschaut er ihn nicht allmählich, sondern gleich nach Rolands doppeltem Hornruf gerade dadurch, dass Ganelon diesen bagatellisiert (v. 1792). Wieder, sozusagen *en passant*, ein psychologisch bewundernswerter Einfall: Der Verräter decouvriert sich in seinem letzten Schritt, einem Zuviel an List, selbst. Das reicht, nicht zum ‚kurzen Prozess' an Ganelon, wohl aber, um ihn in Ketten zu legen und damit zunächst für die Dauer des Feldzugs unschädlich zu machen. Die Misshandlungen des Verdächtigen durch Schergen vor seiner Verurteilung (v. 1821–1829, 3735–3741) missfallen uns heute, waren aber wohl gängige Praxis fast aller vormodernen Rechtsprechung.[51]

Durch die Verschiebung gewinnt der Dichter wieder zweierlei.

Erstens kann er den Prozess eben als große Staatsaktion gestalten.[52] Die Richter wählt Karl nicht einfach aus Überlebenden von Roncevaux, sondern

---

[51] Wenn Brault (wie Anm. 4), S. 319, hier annimmt, Ganelons Misshandlung sei typologisch der Misshandlung Jesu nachgebildet, wobei „Ganelon at the stake apes Jesus and poses as innocence persecuted, an attitude designed to arouse sympathy on the part of the unwary", so scheint mir das eine Über-Interpretation schon deshalb, weil Ganelon hier zwangsläufig völlig passiv ist, also nichts zu seiner ‚Pose' beitragen kann. Gewiss ‚äfft' der Teufel manchmal Gott nach, und auch im Rolandslied gibt es ‚Gegenbildungen' wie die Verehrung der Antitrinität oder Baligants Benennung seines Schwertes als *Preciuse*; aber da handelt es sich um Aktivitäten der Gegenseite, und man muss sich fragen, ob nicht die Ausdehnung einer *e contrario* argumentierenden Typologie auf passive Situationen zum methodischen Irrweg wird.

[52] Die Erklärung mancher Details des Prozesses in der Forschung schwankt bis auf den heutigen Tag; vgl. die beiden rezenten Darstellungen: Bob Duivestijn, „‚De Guenelun car me jugez le dreit'. Het proces Guenelun in rechtshistorisch perspectief", in: *Karolus rex: studies over de middeleeuwse verhaaltraditie rond Karel de Grote*, ed. Bart Besamusca und Jaap Tigelaar, Hilversum 2005, S. 25–36, und Emmanuel Mickel: „The Implications of the Trial of Ganelon", in: *Approaches to teaching the Song of Roland*, ed. William W. Kibler, New York 2006, S. 220–231. Demgegenüber hier, *à titre de mémoire*, das Wichtigste über die Struktur des Prozesses, wie es sich aus den Standardlehrbüchern der Rechtsgeschichte belegen lässt: Vorsitzender des Gerichts ist der König; doch ist er damit (im germanischen und weithin) im mittelalterlichen Recht nur Garant des korrekten Prozessablaufs und Verkünder des Urteils der Richter, nicht

beruft sie in aller Form aus dem ganzen Reich, von Sachsen bis zur Bretagne (v. 3699–3703). Er will auch hier vorbildlich handeln; nicht seine Macht als König, sondern das Recht selbst soll siegen. Doch dann kommt der Geniestreich des Dichters: Gerade durch diesen noblen Willen droht der König zu scheitern. Denn das ‚erregende Moment' des Prozesses, von doppelter psychologischer Illusionslosigkeit, besteht in der Feigheit der Richter (v. 3797–3806), einer Feigheit, die sie, sobald die Gefahr vorüber ist, durch beflissene Strenge (v. 3951, 3960 ff.) zu kompensieren trachten.

---

selbst Richter. Das Richterkollegium besteht vielmehr grundsätzlich aus ‚Pairs' des Beklagten (hier im geographisch weitesten Sinne, um dem Prozess Glanz zu geben); deshalb Karls Aufforderung an sie v. 3750 f. sowie später Karls Hilflosigkeit v. 3814–3818 („Vos estes mi felun!"). Prozessgegner sind der König als Lehnherr des getöteten Roland (und, erst durch Thierry konsequent in den Fokus gerückt, aller anderen Roncevaux-Opfer) sowie Ganelon; diese beiden sprechen also die Anklage- (v. 3752–3756) und die Verteidigungsrede (v. 3757–3760, 3768–3778). Die Doppelfunktion des Königs gilt nicht als bedenklich, da sein Gerichtsvorsitz essentiell ein formaler ist. Das Urteil, das die Richter dem Vorsitzenden zur Verkündung vorschlagen (v. 3808–3813), kann nur durch Anbieten des Zweikampfes – seitens einer Partei oder eines im Urteil überstimmten Richters (v. 3806) – angefochten werden (v. 3824–3836). Gegen den Zweikampf als Beweismittel erhoben sich vereinzelte kirchliche Stimmen schon im neunten Jahrhundert, doch noch im *Decretum Gratiani* (um 1140) nimmt die Kirche zu Gottesurteilen eine ambivalente Haltung ein, erst auf dem Vierten Laterankonzil werden sie 1215 generell verboten, bestehen aber in der Rechtspraxis noch längere Zeit fort (siehe *Lexikon des Mittelalters*, wie Anm. 17, s. vv. Gottesurteil und Zweikampf; weitere Literatur ebendort). Es bedarf also keiner Rechtfertigung, dass sowohl der Pseudo-Turpin als auch unser Dichter an den Zweikampf als Gottesurteil glauben. Ein König muss sich bei Zweikämpfen aus naheliegenden Gründen prinzipiell vertreten lassen, und wenn Ganelon nicht wesentlich jünger als seine Frau ist, gehört er in die Generation vor Roland, so dass schon aus Altersgründen seine Vertretung durch einen Clangenossen keiner Erklärung bedarf – sofern nicht überhaupt, wie es scheint, zur Zeit der Entstehung beider Texte Ersatzkämpfer schon in weitestem Umfang akzeptiert wurden. Während alle diese Punkte durchaus zur mittelalterlichen Rechtsprechung passen, gilt das im Rolandslied nicht von den Bürgen (*pleges*, v. 3846). Denn wenn der Dichter hier die alte Einrichtung der Eideshelfer hochtransformiert zu einem Clan von Bürgen, deren Leben am Ausgang des Zweikampfes hängt, so gab es dergleichen nie (Bédier, wie Anm. 13, S. 319) und kann es nie gegeben haben; andernfalls hätten verfeindete Adelsparteien einander in genau diese Position manövriert, ‚legal' auszulöschen versucht und damit schnellstens das Reich in den Bürgerkrieg gestürzt. Was schließlich die Vierteilung durch Pferde angeht: Nach Verhängung eines Todesurteils erfolgt im mittelalterlichen Gerichtswesen die anschließende Entscheidung über die Hinrichtungsart – in auffälligem Gegensatz zum vorhergehenden Formalismus des Prozesses – unmethodisch-situationsgebunden, je nachdem, wie stark sich die Empörung noch in Strafphantasien austoben muss (vgl. auch den folkloristischen Befund bei Stith Thompson, *A Motif-Index of Folk-Literature*, 6. Druck, Bloomington 1997, Bd. 5, Q 416: ‚Punishment: drawing asunder by horses'); insofern ist die Vierteilung hier die härteste denkbare, aber nicht eigentlich eine ‚unhistorische' Strafe, auch wenn sie später auf Königsmörder beschränkt erscheint (zu letzterem Punkt vgl. Bédier, wie Anm. 13, S. 319 f.).

Der zweite Gewinn aus der Verschiebung von Ganelons Prozess ist vielleicht der strukturell wichtigere: Durch die Verschiebung stellt der Dichter Ganelons und Bramimondes Schicksale nebeneinander und eröffnet damit einen Blick auf die ganze Breite der *condition humaine* oder, ohne Anachronismus gesagt, auf zwei Extremfälle von Lebenswegen in die Verdammnis und in das Heil – wobei es dem Lied sehr zugute kommt, dass das helle der beiden Bilder am Schluss steht. Nach überwiegender mittelalterlich-katholischer Theologie gewährt Gott dem Menschen eine zu dessen Seelenrettung ‚genügende' Gnade (*gratia sufficiens*), aber nicht jedem von vornherein gleich viel und gleich sichtbare Gnade. Ganelon scheint als Getaufter und mehr noch als hoher Würdenträger in einem christlichen Königreich, ja als Schwager des Beschützers der Christenheit ungewöhnlich nahe seinem Seelenheil aufgestellt; doch er verscherzt sich schrittweise alles und findet nicht einmal am Ende zu einem *mea culpa*. Bramimonde scheint als Heidin, spezieller als Heidenkönigin und intelligent-aktive Unterstützerin ihres Mannes (v. 634–640) ungewöhnlich weit von ihrem Seelenheil aufgestellt; aber im Leid um ihren Mann wird sie ganz allmählich an ihrem Glauben irre (v. 2576 ff., 2595 ff., 2714 ff., doch vgl. noch einen letzten, fast instinktiven Hilferuf v. 3641) und gelangt eben dadurch zu einer illusionslosen Einschätzung der Realität (v. 2721 f., 2734–2740); deshalb ist sie, statt wie ihr Mann stumpfer Verzweiflung und damit der *mors animae* zu verfallen, auch in schwerster Stunde noch zur Übergabe der Festung an Karl fähig (v. 3655 f.). Mit dieser durchaus aktiven Geste überantwortet sie sich auf der literalen Ebene der Gnade des siegreichen Königs, auf der moralischen zeigt sie eine Nicht-Verzweiflung, die auch beim noch irrenden Menschen gottgefällig ist, und da Karl ja für sie das Christentum verkörpert, dürfen wir hinzufügen: Auf der anagogischen Ebene wird sie bereit, wie halbbewusst auch immer, sich der ihr noch unbekannten Gnade dieses Glaubens zu öffnen. Von nun an kommt ihr diese Gnade auch sichtbar entgegen und gibt Karl eine Ahnung ein von dem moralischen und intellektuellen Potential dieser Frau (v. 3673 f., 3680 f.), das schließlich nach angemessener Vorbereitung (v. 3979) und eigenem Entschluss (v. 3980) in der Taufe (v. 3981 ff.) seine wahre Richtung finden wird, symbolisiert durch den Namen einer frühen Christin (v. 3986), die ebenfalls für sich, aber nicht für ihren hochgestellten Ehemann das Heil erringen konnte.[53]

*

---

[53] Knapp und richtig schon Bédier (wie Anm. 13) S. 320. Über andere, meines Erachtens weniger wichtige Aspekte der Namenwahl (wie die Existenz des Klosters Santillana del Mar) und der ganzen Konversionsszene vgl. Brault (wie Anm. 4) S. 333–335, 474–476. Ein typologischer Einfluss der biblischen Rahab, wie ihn Marianne Cramer Vos, *Aspects of Biblical Typology in La Chanson de Roland*, Diss. University of Rochester, 1970, S. 156–159, erkennen will, scheint

An Bramimondes Taufe schließen sich die vieldiskutierten zwölf Schlussverse des Liedes an (v. 3991–4002), die mit ihren unerwarteten Toponymen *Bire* und *Imphe* heute oft als Aufruf ihres Dichters an seine Zeitgenossen zu einem Entsatzkreuzzug gedeutet werden in der Hoffnung, damit den für das ganze Lied so erwünschten *terminus ad quem* zu finden.[54] Doch was mich an ihnen frappiert, ist ihre, wie ich glaube, reale Funktion im Lied und ihre dichterische Qualität. Unter diesen Aspekten möchte ich sie hier besprechen, ohne, wie einleitend gesagt, ganz sicher zu sein, dass sie ‚dem' Dichter ‚des' Rolandsliedes gehören.

Dazu muss ich in gedrängter Form[55] einige trivialisierende Deutungsmöglichkeiten ausräumen. Erstens: Dass die Episode innerhalb der Rolandslied-Überlieferung nur in O erscheint, spricht nicht gegen sie, da die anderen Textzeugen schon vorher ausgeschieden sind.[56] Das Rolandslied ist eben ein Text, dessen Schlussteil nur in einer Handschrift, glücklicherweise der besten, erhalten ist; um Teile eines solchen Textes für ‚unecht' zu erklären, müssten sehr gravierende innere Gründe angeführt werden. Zweitens: Bei v. 4002 „Ci falt la geste que Turoldus declinet" deutet nicht etwa schon die bloße Stellung am Werkende auf einen ‚Schreibervermerk'; denn wenige Jahrzehnte (oder nur Jahre?) später unterzeichnet Wace seine *Vie de sainte Marguerite* mit den Worten „Ci faut sa [scil. Margaretes] vie, ce dit Wace, / Qui de latin en romans mist /

---

mir nicht vorzuliegen: Weil die Hure Rahab an einen künftigen gottgewollten Sieg der Feinde glaubt, hilft sie ihnen schon, bevor überhaupt der Kampf um ihre Heimatstadt beginnt, erkauft durch ein heimliches Kennzeichen im Voraus ihr eigenes und ihrer Familie Überleben und muss während der Eroberung in ihrem gekennzeichneten Haus bleiben. Der Unterschied zu Bramimonde – und meines Erachtens zugunsten von Bramimonde – könnte kaum größer sein.

54 Dass diese Verse als Datum des Liedes schon einmal 1085 erweisen sollten (Henri Grégoire, „Imphe, la ville d'Amphion en terre d'Épire", in *Mélanges [...] Ernest Hoepffner*, Paris 1949, S. 183–190, speziell S. 183 Anm. 1 mit Nennung der einschlägigen Aufsätze Grégoires seit 1939), ist heute so gut wie vergessen. Was ich auch an der Datierung dieser Verse (wenn auch nicht des ganzen Liedes) auf nach 1149 bei de Mandach (wie Anm. 15), S. 199–203, 280, 296–300, noch unbefriedigend finde, habe ich kürzlich an anderer Stelle dargelegt, siehe Beckmann (wie Anm. 25), S. 201 Anm. 6.

55 In den folgenden Anmerkungen nenne ich aus der umfangreichen und kontroversen Literatur zu den Schlussversen nur die Beiträge, denen ich mich verpflichtet fühle. Doch dürfte meine Argumentation zur Genüge zeigen, weshalb ich dieser oder jener von der meinigen abweichenden Auffassung nicht folge.

56 Schon von v. 3682 an sind V4 und die Reimfassungen nur noch ‚sporadisch' (Segre, wie Anm. 1, ad v. 3675) vergleichbar; noch weniger trägt K bei, siehe Segres Apparat. (Zu n siehe unten Anm. 64.) Von v. 3975 an, d. h. schon für Bramimondes Konversion, fehlen alle Vergleichsmöglichkeiten, doch wird niemand die Zugehörigkeit dieser Laisse zum Lied bezweifeln, da sie in v. 3674 und 3680 angekündigt wird. In freilich viel vagerem Sinne kann man auch von der letzten Laisse sagen, dass sie in v. 2921–2925 angekündigt wird.

Ce que Theodimus escrist", dann seinen *Roman de Brut* mit „Ci falt la geste des Bretuns / [...] Puis que Deus incarnation / Prist, pur nostre redemption, / Mil e cent cinquante e cinc anz / Fist mestre Wace cest romanz".[57] Da überdies *decliner* trotz gelegentlicher gegenteiliger Behauptungen nicht ‚abschreiben', sondern etwa ‚paraphrasieren, (mit eigenen Worten) darlegen' bedeutet,[58] ist mit *Turoldus* eindeutig mehr als ein Abschreiber, mindestens also ein ‚Bearbeiter', anscheinend der ganzen *geste*,[59] gemeint – wobei ‚Bearbeiter' der höchstmögli-

---

[57] Die erste der beiden Wace-Stellen wurde in unserem Zusammenhang beigebracht von Ernst Robert Curtius, *Europäische Literatur und lateinisches Mittelalter*, 2. Aufl., Bern 1954, S. 99, die zweite von Burger (wie Anm. 19), S. 58.

[58] Von den relevanten Belegen zu lat. *declinare*, altokzitanisch *declinar*, afrz. *decliner* wurden die (beschränkt hilfreichen) antiken zuerst von Leonardo Olschki, „Ci falt la geste...", *Archivum Romanicum* 19 (1935), S. 425–431, beigebracht, die wesentlich aussagekräftigeren romanischen von Herbert K. Stone, „Decliner", *Modern Philology* 33 (1936), S. 337–350, hier 345–350. Sie sind übrigens zahlreich genug und semantisch nahe genug, um in v. 4002 auch die ganz andere Übersetzung von *declinet* als ‚verfällt körperlich' (mit dem im Rolandslied seltenen *que* ‚denn') wenig wahrscheinlich zu machen. Dieses ‚verfällt körperlich' würde zudem die Deutung der vorhergehenden elf Verse kaum beeinflussen. Denn selbst ein Autor, der nach nur elf Versen einer völlig neuen Handlung seinen körperlichen Verfall mitteilt oder fingiert, müsste, um überhaupt diese elf Verse noch bringen zu wollen, dieselben Motive haben, wie sie oben im Folgenden vorgeführt werden.

[59] La Geste (bzw. *l'ancïene geste* v. 3742 und *Geste Francor* v. 1443, 3262) bezeichnet im sonstigen Sprachgebrauch des Rolandsliedes (v. 1443, 1685, 2095, 3181, 3262, 3742 und wohl auch 788) nicht eine Folge von (Groß-)Taten, sondern einen schriftlichen (v. 1443, 3742) Bericht über solche, den sich der Dichter essentiell gleichzeitig mit den Ereignissen (v. 788, 1443, 3181) entstanden denkt und eben deshalb – implizit, aber eindeutig – als autoritativ ausgibt. Doch ist diese seine Quelle real oder fiktiv? Sie müsste nicht nur Roncevaux (v. 1685, 2095) und Ganelons Prozess (v. 3742), sondern sogar die Baligant-Handlung (v. 3262) erzählen und wäre deshalb nicht ‚alt' (v. 3742), sondern ein Produkt der Zeit nach 1100. Zudem sind alle ihre angeblichen Einzelaussagen verdächtig. Laut v. 1685 soll sie, in unklarer Verbindung mit *cartres* und *brefs*, bezeugen, dass schon vor dem letzten heidnischen Sturmangriff Roland, Olivier und Turpin zusammen viertausend Heiden getötet hatten (hier deckt sie eine der quantitativ unwahrscheinlichsten Aussagen des Liedes, und zwar speziell gegen eine Tradition in der Art des Pseudo-Turpin, die wegen des Tötungsverbotes für Geistliche Turpins Teilnahme an der Schlacht von Roncevaux leugnete); laut v. 2095 soll sie, in unklarer Parallele jetzt zu dem heiligen Ägidius, bezeugen, dass Turpin, bis zum letzten Atemzug kämpfend, noch vierhundert Heiden niedermetzelte (hier in besonders klarer Frontstellung gegen die Pseudo-Turpin-Tradition); laut v. 3262 soll sie gar die dreißig Scharen von Baligants Heer aufzählen (von denen die Pseudo-Turpin-Tradition bekanntlich nichts weiß); und laut v. 3742 bezeugt sie (wieder gegen die Pseudo-Turpin-Tradition), dass Karl den Prozess gegen Ganelon nicht im Felde, sondern mit eigens aufgebotenen Richtern aus vielen seiner Länder in Aachen veranstaltete. Insgesamt ist ihre Neigung zu großen Zahlen ebenso verdächtig wie die Tatsache, dass sie nur genannt wird, wo der Dichter einer speziellen Absicherung bedarf gegen die von dem Pseudo-Turpin verkörperte Tradition (möglicher-, aber nicht notwendigerweise sogar gegen den

che hier zu erwartende Grad ist; denn auch ein Dichter in unserem Sinne konnte nicht wagen, sich als Stofferfinder zu erkennen zu geben. Schließlich drittens: Dass eine (direkte oder indirekte) Vorlage von O mit v. 4001 an einem Blattende fragmentarisch geendet hätte und der Abschreiber dies in v. 4002 durch „ci falt la geste" hätte kommentieren wollen (gleichgültig, was er dann mit „que Turoldus declinet" genau gemeint hätte), ist sehr unwahrscheinlich nicht nur, weil in den gerade genannten Wace-Parallelen *ci falt* gerade kein Abbrechen, sondern ein natürliches Ende bezeichnet, sondern vor allem, weil diese Vorlage von O dann zwei volle Epen textlich geschickt verbunden haben müsste zu einer Zeit, als sich sonst noch keinerlei Tendenzen zu Sammelhandschriften erkennen lassen. Scheidet also diese Möglichkeit aus, so ist nach v. 4001 das überraschende Abbrechen einer Erzählung, die sich gerade erst zu entfalten begann, ein gewolltes, literarisch verantwortetes.

Ein abruptes Abbrechen der Handlung als literarischer Kunstgriff[60] und ein Turold als (mindestens) ‚Bearbeiter' der *geste* sollten mehr als ausreichen, den folgenden Versuch einer funktionalen Erklärung der zwölf Schlussverse zu rechtfertigen.[61]

Sind die Verse wirklich ein Kreuzzugsaufruf, so kann man zwar das Abbrechen vordergründig daraus erklären, dass dieser Kreuzzug noch der Zukunft angehört. Doch enden sie – bei dieser Hypothese unerwarteterweise – durchaus nicht exzitatorisch, sondern mit einem Müdigkeitsruf Karls; so bleibt dann nichts übrig, als in diesen Ruf eine implizit-gegenteilige Aufforderung hineinzulesen: Wo Karl müde wurde, müssen ‚wir' sein Banner aufnehmen.

Aber mag nun ein Kreuzzugsaufruf vorliegen oder nicht – die Verse beziehen sich im Literalsinn auf Karl und müssen deshalb vor allem auf dieser Ebene, der Erzählebene des ganzen Liedes, eine Funktion haben. Wie darf man sich die vorstellen?

Karls Sieg über Baligant hatte nahezu apokalyptische Ausmaße.[62] Wenn die Rezipienten aus der bis zum Ende des Liedes nachklingenden Hochstimmung

---

Pseudo-Turpin selbst). Ich halte sie deshalb für fiktiv; der Dichter weiß, dass in hochkarolingischer Zeit Annalen geführt wurden, und hat vielleicht sogar eine vage Vorstellung davon, dass diese Annalenliteratur seine eigene Zeit direkt und indirekt in so vielfältigen Formen erreicht hat, dass man ihn nicht mit Berufung auf eine dieser Formen der ‚Lüge' zeihen könnte.
60 Echte Parallelen dazu gibt es unter den älteren *chansons de geste* nicht. Das Wilhelmslied endet zwar pointiert-gedrängt mit einer Erkennungsszene, ist aber narrativ geschlossen. Das *Couronnement de Louis* wiederum endet mit einem Vers, der sehr vage auf den *Charroi de Nîmes* verweist, aber nicht den Eindruck erwecken soll, er selbst sei der Anfang einer neuen Handlung. Der ästhetische Effekt ist in beiden Fällen ein ganz anderer als im Rolandslied.
61 Ich erlaube mir im Folgenden auf Formulierungen zurückzugreifen, die ich in meiner Monographie zur Karlamagnús-Saga I (wie Anm. 25), S. 200 f., benutzt habe.
62 Freilich ist in der Erzähltradition wahrscheinlich das Sonnenwunder, möglicherweise auch die Einnahme Saragossas älter als die Entstehung des Baligant-Teiles. Theoretisch könnte also

heraustraten, erwartete sie eine ganz andere Wirklichkeit. Selbst Saragossa war nach mehrhundertjähriger unangefochtener muslimischer Herrschaft (bestenfalls) vor einigen Jahren oder Jahrzehnten zurückerobert worden, sonst war in Spanien, Nordafrika, dem Orient der Islam ungebrochen aktiv, und zumindest die Kreuzfahrerstaaten konnten ständigen Nachschub von christlichen Kämpfern gebrauchen. Wo waren nur die Früchte von Karls Sieg geblieben? Bei solchen frontalen Zusammenstößen zwischen Poesie und Wirklichkeit hat es die Poesie zu allen Zeiten schwer, ihr Terrain zu behaupten; im zwölften Jahrhundert drohte ihr, wie gesagt, die globale Verwerfung als ‚unwahr'.

Ich glaube deshalb, dass den Rezipienten nicht nur, wie oben ausführlich gezeigt, der Eintritt in die Baligant-Dimensionen, sondern jetzt durch die Schlussverse auch die Rückkehr aus den Baligant-Dimensionen in die raue Realität erleichtert werden sollte. Doch ist das offensichtlich nicht zwischen zwei Szenen des Liedes möglich, sondern erst ganz an dessen Ende – und selbst dort nur in gedrängtester Form, wenn die Passage nicht ein die Struktur des Gesamtliedes schädigendes Eigengewicht gewinnen soll.

Deshalb werden die Rezipienten mit der Schlussepisode daran erinnert, dass dem Christen – wie ja in aller Eindringlichkeit Jesu Abschiedsreden (*Matth.* 24 f. ~ *Markus* 13 ~ *Lukas* 21) und die Offenbarung Johannis lehren – bis zur Wiederkunft Christi kein irgendwie endgültiger Sieg im Diesseits verheißen ist. Weil der darin liegende fortwährende Anspruch Gottes an seine Christenheit die Spanne des einzelnen menschlichen Lebens transzendiert, können die nicht enden wollenden Mühen dem alternden Menschen das Gefühl der Überforderung eingeben; ein solcher Mensch hat – wie einst Hiob, so jetzt Karl (v. 3999–4001) – sehr wohl ein Recht zur Klage, ist aber dadurch nicht der Pflicht enthoben, das ihm Mögliche zu tun. Aus diesem Grunde soll das Lied noch, wie Brault zu Recht sagt, „on a plaintive note" durch „the prospect of never-ending warfare" zeigen, dass „man must struggle unceasingly if he is to gain eternal life."[63] Doch gerade deshalb soll die Episode wenigstens innerhalb des Rolandsliedes ohne Andeutung eines Endes bleiben.[64] Denn hier verschöbe die Nachricht von einem Sieg das Problem

---

auch auf dieser Stufe schon ein Erzähler das Bedürfnis nach abschließender Dämpfung der Siegesstimmung empfunden haben; dann wäre die Hoffnung, in den Versen einen *terminus ad quem* für das ganze erhaltene Lied zu finden, schon prinzipiell dahin.

63 Brault (wie Anm. 4), S. 337, 477.

64 Zwar ist *volsist* (v. 3999) an der einzigen anderen Vorkommensstelle (v. 332) ein klarer Irrealis, so dass wir auch bei v. 3999 immerhin vermuten dürfen, dass Karl sich der Aufforderung nicht endgültig entziehen wird. Doch selbst dass in der Karlamagnús-Saga, hier nur repräsentiert durch ihr dänisches Derivat, die Episode nicht als Aufruf, sondern als Erzählung bis zu einem für die Christen siegreichen Ende durchgeführt ist (übrigens mit sehr geringen narrativen Kosten), beweist nicht, dass auch der Rolanddichter sie schon so kannte; denn die Andeutung im Rolandslied musste in den folgenden einhundert Jahren sehr dazu verlocken, sie zu

nur um eine Stufe, eine Niederlage erschiene wie ein zynischer Schlusspunkt unter die Karlsepik, ein Kompromissfrieden wäre des Kaisers unwürdig, einen Kampfestod schließlich konnte Karl nicht sterben, weil allzu bekannt war, dass er in Aachen eines natürlichen Todes gestorben war.[65] Auch auf dieser Ebene ergibt sich also als anagogischer Sinn des Abbrechens etwa: ‚Handelt so, als ob der hier begonnene Krieg noch andauere – denn er dauert noch an'. Das ist ein Aufruf nicht notwendigerweise zu einem konkreten Kreuzzug, aber doch zu einer kreuzzugsbereiten Grundhaltung.

Nun kann aber ein Erzähler nicht ganz ohne formales Schluss-Signal, ohne ‚Versieglung' seiner Geschichte aufhören; das sähe so aus, als hätten er oder seine Kopisten durch irgendeinen Zufall die Feder aus der Hand gelegt. Hier reichte zu einer meisterhaft knappen Versieglung der letzte Vers: *Ci falt la geste que Turoldus declinet.* Und der hat bemerkenswerterweise etwas gemeinsam mit dem ersten Vers des Liedes, nämlich den latinisierenden Charakter. Verglichen mit der Exordialtopik (weniger der Schlusstopik) antiker und mittellateinischer Autoren mutet das bescheiden an, anders jedoch innerhalb des sonst mit Latinismen sparsamen[66] Rolandsliedes. Wer immer das Rolandslied – oder auch nur, wenn man unbedingt chorizontisch denken will, wesentliche Teile davon – dichtete, war ein Kleriker und lebte damit zuvörderst in einem lateinsprachigen Diskursuniversum; alle oder so gut wie alle Handschriften, die er seit seiner Jugend je in den Kloster- oder Dombibliotheken gesehen hatte, waren lateinisch. Deshalb baute er sich und den gelehrten unter seinen Rezipienten beim Eintritt in das noch seltene Milieu einer verschrifteten Muttersprache eine kleine, ‚halblateinische' Brücke: „Carles li reis, nostre emperere magnes". Auch ästhetisch ein bewundernswerter Vers; denn hier bringt die Tmesis *Carle(s)...magnes* die

---

‚komplettieren'. Aber auch wenn der Rolandsdichter die Episode schon so gekannt haben sollte, bleibt entscheidend, dass er sie für seine Rezipienten beschnitt und als bloßen Aufruf stilisierte. Zum Problem vgl. Beckmann (wie Anm. 25), S. 200–204.

65 So bekanntlich die gesamte historiographische Tradition von den Reichsannalen und Einhart an, doch nicht nur sie. Zur Bekanntheit von Karls natürlichem Tod auch in der Epik vgl. jetzt Beckmann (wie Anm. 25), S. 212–219, speziell 218 mit Anm. 49.

66 Ebenso eindeutige Latinismen wie die hier zu behandelnden *Turoldus* und *magnes* sind höchstens noch *Tere Major* v. 600 u. ö. (insgesamt sechsmal – falls es ‚Land der Ahnen' bedeutet), (*gent / enseigne*) *paienur* v. 1221, 2639, *Sathanas* v. 1268, *Geste Francor* v. 1443, 3262, *seintisme* v. 2344, *Oriente* v. 3594 (gegen *Orïent* v. 401, 558) und *omnipotente* v. 3599 (wo beidemal -*e* das lat. -*em* nachahmt) sowie wohl *Veire Paterne* v. 2384, 3100 – also ein klarer Latinismus auf durchschnittlich 250 Verse. Mit *decliner* wären mehr Wörter vergleichbar, in den ersten sechshundert Versen etwa *humilitet* v. 73, *glorïus* v. 124, 429, *poësteïfs* v. 460, *enluminét* v. 535, *martírie* v. 591 und vielleicht *chrestïentet* 431, also schätzungsweise eines auf je achtzig bis hundert Verse. Angesichts dieser Zahlen kann man den latinisierenden Charakter gerade des ersten und des letzten Verses nicht für Zufall halten.

Rezipienten dazu, das zum bloßen Namensteil herabgesunkene *magnes* von neuem, aus lateinisch *magnus* heraus, mit Leuchtkraft zu erfüllen.[67] Entsprechend führt der letzte Vers über eine kleine, ‚halblateinische' Brücke zurück: Nicht nur ist *decliner* hier aus semantischen Gründen ein Latinismus; auch konnte der Dichter, als er aus einem Werk, worin in gut muttersprachlichem Stilgefühl Turpin nie *Turpinus* genannt wurde, in seine lateinsprachige Bildungswelt zurücktrat, sich ohne Prätention so unterzeichnen, wie er es als Redaktor oder Zeuge einer – damals noch selbstverständlich lateinischen – Urkunde getan hätte: *Turoldus*. Ist diese Komplementarität des ersten und des letzten Verses wirklich Zufall?

---

[67] Das so wiederbelebte *magnes* benutzt er noch dreimal (v. 2321, 3611, 3622) nach *reis*, dazu achtmal (v. 703 u. ö.) im formelhaften Anvers *Carles li magnes*, aber nie mit anderem Bezug als dem auf Karl.

4 *Aoi* und kein Ende?

Résumé : L'article examine trente-trois essais d'explication du mystérieux AOI à la fin de nombreuses laisses du *Roland* d'Oxford.

La petite parodie du genre de la chanson de geste due au portugais Afonso Lopes prouve par ses EOI que les AOI du *Roland* étaient bel et bien *de simples séquences des voyelles /aoi/, audibles en tant que telles* dans la récitation – ce qui rend déjà superflue près de la moitié des explications.

Les autres, passées en revue une par une, s'avèrent problématiques, elles aussi, à divers égards – à l'exception de celle qui se borne à y voir une interjection-refrain, sorte de *sursum corda* belliqueux.

Le scribe du ms. d'Oxford attache peu d'importance à ce signal extra-métrique – qui n'est bien sûr pas nécessaire à la compréhension du texte. Il le met dans seulement 60 % des fins de laisse, et même la tentative la plus sérieuse d'expliquer cet état des choses – en essayant de distinguer deux degrés de césure entre les laisses – est facile à réfuter. La distribution reflète plutôt une simple courbe d'insouciance du scribe : celui-ci commence médiocrement par 74 % dans les laisses n° 1 à 50, puis ce chiffre tombe progressivement jusqu'à 38 % dans les n° 151 à 200, mais le scribe se ressaisissant une seule fois consciemment, la distribution atteint 78 % entre les n° 201 à 250 (et même 100 % entre les n° 209 à 224 !), pour retomber à 48 % dans la partie finale (n° 251 à 290). Cet étonnant degré d'insouciance, uni à l'absence complète du signal de tous les autres mss. de Roland, se comprend mieux si l'on suppose que dans les récitations orales les jongleurs avaient coutume de proférer ou de supprimer ce signal selon les besoins du moment (réactions du public, temps disponible etc.).

Resümee: Die Epenparodie des Afonso Lopez erweist, daß das *aoi* des Rolandsliedes als Vokalfolge hörbar war. Doch nur etwa die Hälfte der 33 Erklärungsversuche setzt Hörbarkeit voraus, fast alle haben zudem spezifische Mängel – außer der Interjektionstheorie. Die Verteilung im Oxforder Ms. ist eine Leistungskurve: Der Schreiber nimmt von Anfang an das *aoi* wenig ernst, läßt weiter nach, «bessert sich» abrupt ein einziges Mal, um bald wieder nachzulassen. Darin spiegelt sich eine Praxis der Vortragenden, je nach Reaktion der Hörerschaft die *aoi* bald zu artikulieren, bald zu unterdrücken.

In der romanistischen Mittelalterforschung hat kaum ein Detailproblem so viele Hypothesen hervorgerufen wie das *aoi* der Oxforder Roland-Handschrift (O). Was da am wenigsten not tut, wäre eine weitere Hypothese. Auch ich ließe die Forschungslage auf sich beruhen, wenn ich nicht glaubte, (1) daß die Romanistik hier eine Art Occamsches Messer besitzt, ein Mittel, etwa die Hälfte aller Hypothesen mit einem solchen Unwahrscheinlichkeitsfaktor zu versehen, daß sie schon deshalb aus der engeren Wahl ausscheiden sollten; (2) daß auch die

---

Anmerkung: Erstmals veröffentlicht in: Zeitschrift für romanische Philologie 124 (2008), 199–223.

ᵃ Open Access. © 2019 Gustav Adolf Beckmann, publiziert von De Gruyter. (CC) BY-NC-ND Dieses Werk ist lizenziert unter der Creative Commons Attribution-NonCommercial-NoDerivatives 4.0 Lizenz.
https://doi.org/10.1515/9783110615692-004

anderen Hypothesen mit Ausnahme der Interjektionsthese gravierende Schwächen aufweisen; und (3) daß die Verteilung der *aoi* eine wichtige, bisher nicht wahrgenommene Eigenschaft besitzt.

Als Occamsches Messer geeignet zu sein scheint mir die *gesta de maldizer*, die kurz vor 1253 der Portugiese Afonso Lopez de Baian[1] gegen einen persönlichen Gegner in Form einer kurzen Parodie der *chanson de geste* schrieb. Sie wurde seit 1875 eine ganze Reihe von Malen ediert, darunter 1948/1949 von Jules Horrent unter dem Titel *Un écho de la Chanson de Roland au Portugal* mit französischer Übersetzung und ausführlichem Kommentar.[2] Sie besteht aus drei gereimten Laissen auf -*on*, -*am* und -*eira* von 24, 15 und 17 Versen.[3] Uns interessiert insbesondere, daß am Ende jeder Laisse syntaktisch unverbunden das Signal *eoy* erscheint. Horrent versieht es jeweils mit Ausrufungszeichen und verbindet es, offensichtlich zu Recht, mit dem *aoi* von O – wie vor ihm schon Baist, C. Michaëlis und Menéndez y Pelayo, nach ihm etwa Scholberg, D'Heur, Lorenzo Gradín, Lapa, die Bearbeiter-Équipe der Sammlung *Lírica Profana Galego-Portuguesa* sowie Ventura und Isabel de Riquer.[4]

Wir können damit sogleich zwei Folgerungen verbinden. Einerseits zeigt uns das portugiesische Lied, daß das Signal noch ein Jahrhundert nach der Niederschrift von O und noch in etwa 1400 km Entfernung vom Entstehungsgebiet des auf uns gekommenen Rolandsliedes so bekannt war, daß Afonso Lopez es benutzen konnte, ohne es erklären zu müssen. Komplementär dazu erinnert uns der Befund aber durch das Fehlen aller schriftlichen Zwischenstufen und Parallelen auch daran, daß der allgemeine Schriftlichkeitsgrad selbst der westeuropäischen Kultur im 12. und 13. Jh. noch weit unter dem heutigen lag. Was selbstverständlich erscheinen konnte, blieb meist ungeschrieben.

Damit sind wir bei der Frage nach der Lautbarkeit des Signals. Hörte man es als Vokalfolge beim Epenvortrag? Daß Afonso Lopez das Signal nur auf

---

[1] Die Orthographie des Namens schwankt in der wissenschaftlichen Literatur; ich folge der Sammlung LPGP.
[2] Horrent (1948/1949 passim). Neuere kritische Ausgabe (nach beiden Hss.): Lapa (1995, Nr. 57). Bibliographie der sonstigen Ausgaben und der Sekundärliteratur: LPGP, 87 und 91. – Horrent datiert das Gedicht tendenziell etwas zu früh, was auch seine Analyse der politischen Situation beeinflußt; cf. Lorenzo Gradín (1994, 708 s.) sowie zur Biographie Afonsos jetzt LPGP, 86 s.
[3] Die gereimte statt der assonierenden Laisse ist ja in Frankreich schon seit dem späten 12. Jh. in Mode. – Zu den lexikalischen und idiomatischen Gallizismen des Gedichtes cf. Lorenzo Gradín (1994, 710).
[4] Horrent (1949, 197); Scholberg (1971, 32 s.); D'Heur (1973, 134–136 mit n. 21 zu Horrents Vorgängern); Lorenzo Gradín (1994 passim); Lapa (1995, Einleitung zu Nr. 57); LPGP, 90; Ventura (1997 passim); I. de Riquer (1999, 69).

schriftlichem Wege kennengelernt hätte, halte ich für äußerst unwahrscheinlich.

Erstens erscheint es ja nur in einer von den zehn ganz oder fragmentarisch erhaltenen Roland-Handschriften, gelangte also von vornherein nur selten in die Schrift.

Zweitens haben sich für die Vermittlung französischer Epenstoffe auf die Iberische Halbinsel bisher keine materiellen frankophonen Zeugnisse finden lassen, in bemerkenswertem Gegensatz zu dem Handschriftenbestand in Norditalien. Iberoromanische Versbearbeitungen dieser Epenstoffe – zunächst wohl des Roncevaux-Stoffes – gab es zwar vielleicht schon vor der *Nota Emilianense* und mit großer Wahrscheinlichkeit um 1150,[5] aber ihr einziger erhaltener Repräsentant vor dem Beginn der Romanzenzeit ist das *Roncesvalles*-Fragment, das noch dazu dem grenznahen Navarra angehört – und es enthält ja auch das Signal nicht. Die zunächst lateinische, später spanische Prosa wiederum, im Prinzip selbst die *Nota Emilianense* eingeschlossen, interessiert sich für Epeninhalte, aber nicht für deren Form. Da wird man sich ein solches epenspezifisch-formales Element hauptsächlich doch als mündlich tradiert vorstellen müssen, auf die Iberische Halbinsel gebracht von Pilgern, Helfern im Glaubenskrieg, Übersiedlern und speziell von Jongleuren, die zwar in ihrer aller Gefolge kamen, aber auch bei der heimischen Oberschicht – die ja oft französisch versippt war – ein williges Ohr gefunden haben dürften. Was speziell Afonso Lopez angeht, weilte er 1245–1250 am Hofe Ferdinands III. von Kastilien-León, der damals schon in zweiter Ehe mit der Französin Jeanne de Ponthieu verheiratet war, und seit 1250 war er einer der Großen Alfons' III. von Portugal, der vorher etwa ein Jahrzehnt lang durch seine Heirat Graf von Boulogne gewesen war.[6] Unser Dichter dürfte also durchaus Gelegenheit gehabt haben, französische Epen in der Originalsprache vorgetragen zu hören.

Bei Horrent und bei René Louis[7] klingt die Möglichkeit an, daß erst Afonso Lopez ein Signal anderer Art zu einem Vokalruf umfunktioniert haben könne. Aber was hätte dann – drittens – jene erdrückende Mehrheit seiner portugiesischen Rezipienten, die nie ein französisches Epenmanuskript, geschweige denn eines mit dem Signal zu Gesicht bekommen hatte, mit dem Ruf anfangen können? Wo bliebe dessen parodistisch-satirische Wirkung? In diesem Sinne sagt sehr richtig schon d'Heur: «Pour que l'effet tiré d'un *Eoy* lancé à la fin des

---

5 Cf. die überzeugenden Ausführungen von Rico (1985, speziell 209–211).
6 Cf. Lorenzo Gradín und LPGP (wie n. 2). Ich halte es sogar für wahrscheinlich, daß es die französische Vergangenheit König Alfons' III. war, die Afonso Lopez die Idee eingab, mit einem französierenden Pasticcio zu brillieren.
7 Horrent (1949, 200), R. Louis (1957, 360).

laisses soit atteint, il faut parmi les auditeurs des gens qui connaissent la *Chanson de Roland*, non pour l'avoir lue dans un manuscrit où figurait l'étrange clausule, mais pour avoir entendu réciter ses laisses où déjà la clausule était jetée comme une sorte d'interjection-refrain».[8] Und wenn man schon zugeben muß, daß der bloße Vokalruf hier eine Atmosphäre schaffende, wenn auch elementare ästhetische Funktion hatte – warum soll ähnliches nicht auch für ein früheres Stadium desselben Rufes gelten?

Schließlich viertens: Wie erklärt sich der Unterschied der Formen *aoi* und *eoy ~ eoi*? Horrent verwendet auf ihn kein Wort der Erklärung. Wäre *aoi* nicht ein als Vokalfolge mitrezitiertes Signal, sondern etwa eine Abkürzung für eine zu rezitierende Wortfolge oder ein selbst unhörbares Signal für die Art des musikalischen Vortrags, so bliebe der Übergang von *aoi* zu *eoi* schlechthin unverständlich, ja er müßte die Verständlichkeit des Signals zerstören. Ist hingegen *aoi* ein mitrezitiertes «Quasi-Wort», so drängt sich z. B. die folgende einfache Annahme auf: Afonso Lopez hörte einen reduzierten Vokal, den er als *e-* wiedergab, weil dieses Quasi-Wort inzwischen erfaßt worden war von dem im Frz. lautgesetzlichen Verfall der *(-)a-* in Initialsilbe vor Hiat, also von der Entwicklung des Typs *maturum > maür > meür* (> [myr]) bzw. **fatutum > faü > feü* (>[fø]).[9] Wörter wie *augurium > * agurio > aür*[10] *> eür* (> *bon-, mal-heur*), **habutum > *aü > eü* (> [y]), *Atura > *Aüre > Eüre* (> *Eure*)[11] zeigen ja, daß auch wortinitiales *a-*, sofern es nicht erkennbar das Präfix *a- < ad-* repräsentierte, diesem Verfall unterlag.[12]

---

[8] D'Heur (1973, 36). Ohne D'Heurs Aufsatz zu kennen, hält es auch Ventura (1997, 496 ss.) für wahrscheinlich, daß das *aoi/eoi* Afonso Lopez in einer mündlichen Tradition erreichte.
[9] Die Spaltung in eine majoritäre Entwicklung zu [y] und eine minoritäre zu [ø] vollzog sich erst nach dem hier zu betrachtenden Zeitraum.
[10] Cf. *ahurs* (bei Tobler/Lommatzsch s. v. *ëur*, col. 1522, I. 43) sowie die Ableitungen *aüreus* (ib., s. v. *ëuros*), *aürté* (ib., s. v. *ëurté*), *bienaürteit* (ib., s. v. *bienëurté*).
[11] Ältere Aussprache (noch 18. Jh.) [yr], cf. Nyrop (1914, 262).
[12] Fouché (1969, 439 s.) erkennt zwar die Entwicklung *a > e > ∅* nur vor *ü* an und lehrt vor anderen Vokalen eine Aufsaugung des *a* ohne Zwischenstufe (ähnlich einige ältere Darstellungen). Doch bezeugt inzwischen Tobler/Lommatzsch die *e*-Stufe auch bei *bëée* (1 Beleg), *bëer* (9 Belege bei endbetonten Formen), *grëil* (8), *grëille* (1), *grëillier* (7), *pëor* (25), *pëoros* (9), *sëol* (1), *sëoler* (2), dazu (mit derselben Metathese wie bei *medulla > mëolle > moelle*) die Nebenformen *soëlement* (3) und *soëler* (11). Ebenso ist bei *Sauconna > Sagonna > Säone > Sëone* > [sɔn] die *e*-Stufe gut belegt (z. B. im *Aimeri de Narbonne, Ivain, Roman de la Violette* und *Livre d'Arthur*; cf. die Repertorien von Moisan und Flutre). Allerdings wird die Reduktion manchmal verunklärt durch rundenden Einfluß der Nachbarlaute; so hat schon O *oüd < *habutum, pöur < pavorem* gegenüber *c(h)äeines, c(h)äeit/caüt* u. ä. (Bei *augustum > agosto >* [u] hat sich das *a-* in Anlehnung an das lat. Grundwort weitgehend erhalten, im heutigen Standardfrz. wenigstens noch graphisch; doch bezeugen einige Dialekte die *e*-Stufe; cf. das FEW s. v. *augustus*.)

Doch selbst wenn sich das *e-* hier irgend einem anderen okkasionellen Vorgang im Vortonvokalismus der Romania verdanken sollte, bliebe es ein Indiz für die Hörbarkeit des Signals als Vokalfolge schon vor – und wahrscheinlich lange vor – Afonso Lopez.[13] Im Sinne der Denkökonomie muß man sich dann fragen, wieso dazu überhaupt der Ansatz einer unhörbaren Vorstufe nötig wäre.

Jedenfalls zerfallen damit alle Erklärungsvorschläge in zwei Gruppen: in «Vokalrufhypothesen», bei denen sich aus der Erklärung selbst ergibt, daß die Vokalfolge als solche für das Publikum hörbar war, und in andere, bei denen angenommen wird, daß *aoi* Kürzel für eine andere Wortfolge war oder beim Vortrag überhaupt für die Zuhörerschaft unhörbar blieb. Wenn man Erklärungsvorschläge aus der zweiten Gruppe aufrechterhalten will, so müßte man zusätzlich einen Prozeß der sekundären «Verwortung» bzw. «Hörbarmachung» ansetzen, an den die Autoren dieser Vorschläge in aller Regel nicht gedacht haben und der kaum plausibel zu machen ist. Heute werden zwar nicht selten ursprüngliche Abkürzungen zu normalen Wörtern, wie etwa frz. *ovni* ‚Ufo', *sida* ‚Aids' u. ä., aber das setzt doch wohl eine weitgehend alphabetisierte Gesellschaft voraus. Wo wäre im mittelalterlichen Französisch ähnliches zu beobachten?[14]

*

---

13 Ventura (1997, 497) glaubt, daß das *e-* aus dem tonlosen *a-* «im Laufe der mündlichen Weitergabe» erst in Portugal, aber vor Afonso Lopez, entstanden sei, untermauert diesen Gedanken jedoch nicht näher. Nun ist im Alt-Galizisch-Portugiesischen zwar *a- > e-* gelegentlich durch Präfixwechsel, Assimilation oder Dissimilation eingetreten (Lorenzo 1995, 655; Coutinho 1978, 102; Nunes 1969, 63; Huber 1933, 62s.; García de Diego 1909, 62, 68); doch diese Fälle gestatten eindeutig keinen Rückschluß auf unser Problem. Im Hiat wird *ao > oo > o*, so **adoculare > aolhar > olhar, maiorem > maor > moor > mór, palumba > paomba > poomba > pomba* (Lorenzo 1995, 655; Coutinho 1978, 110; Nunes 1969, 65, 75; Huber 1933, 127; García de Diego 1909, 31); eine *e-*Stufe scheint nicht vorzukommen. Sollte sich aber wider Erwarten *eoi* doch einer alt-galizisch-portugiesischen Entwicklung verdanken, so hieße das *a fortiori*, daß dieses «Quasi-Wort» selbst im dortigen Sprachgebiet schon längere Zeit hörbar gewesen und somit aus hörbarem altfrz. *aoi* übernommen worden sein müßte.

14 Zum heutigen Französisch (und anderen europäischen Sprachen) cf. etwa Zumthor (1951 passim) und Calvet (1980 passim). – Das mittelalterliche Schullatein zwar benannte die Töne der Tonleiter nach Silben aus einem Hymnus (und bildete daraus weiter *solfare, solmisatio*), schuf sich Merkverse aus Silben für die Sieben Freien Künste sowie akronymische Kunstwörter für die Syllogismen, die fünf Sinne oder die sieben Todsünden (cf. Zumthor 1951, 11; Stotz 2000, 269 s.). Und im Judentum, in dessen männlicher Bevölkerungshälfte es so gut wie keine Analphabeten gab, ist spätestens seit dem Frühmittelalter das Sprechbarmachen von Abkürzungen und damit ihre Verwendung als Wörter bzw. Namen belegt (cf. die *Encyclopædia Judaica* s. vv. *abbreviations* und *notarikon*). Aus dem Frühchristentum schließlich könnte hierher als Einzelfall die berühmte Gleichung ΙΧΘΥΣ (‚Fisch') = «Jesus Christus, Gottes Sohn, Heiland» gehören (cf. etwa Dölger 1910 passim), falls nicht umgekehrt ἰχθύς tiefsinnig «expan-

Diese gravierende Schwierigkeit ist also allen jenen Hypothesen (im folgenden: Gruppe A) gemeinsam, die nicht auf eine Vokalrezitation hinauslaufen. Das gilt z. B. auch für die Deutung als «Alpha et Omega Jesus» (A 1), wie sie, unabhängig voneinander und mit Begründungsunterschieden, Faye (1941), das Ehepaar Kahane (1959), Mermier (1973) und Gellinek (1983) vertreten haben,[15] oder für die Hypothese von Jenkins (1924 ad v. 9, genauer 1933), wonach *aoi* < lat. *adauge* ‚vermehre!' (A 2) ein selbst unhörbarer, schriftlicher Hinweis sei, der den Vortragenden zu lauterem Vortrag des Laissenschlusses auffordere, oder schließlich für die gegenüber Jenkins nur vagere Vermutung, es handele sich um ein (nicht präzisierbares, weil sonst unbelegtes) Zeichen für den musikalischen Vortrag (A 3), wie sie Reese (1940), Horrent (1951) und Martín de Riquer (1957) ausgesprochen haben.[16]

Die meisten der Hypothesen dieser Gruppe sind aber über diese grundsätzliche Schwierigkeit hinaus schon im jeweiligen Ansatz bedenklich.

In seinen späteren Jahren vermutete schon der erste Editor von O, Francisque Michel, das *aoi* sei ein Beleg für Buchstabentonschrift, und Ernest Hoepffner vertrat denselben Gedanken in seinen Vorlesungen (A 4).[17] Aber für die komplizierte antike (griechische) Buchstabentonschrift gibt es Gebrauchsbelege nur bis ins 4. Jh. n. Chr., und Boëthius kannte diese Schrift um 500 «nicht mehr aus der Musikpraxis, sondern nur noch aus der gelehrten Tradition».[18] Das Mittelalter bevorzugte ganz entschieden die von ihm selbst geschaffenen Neumen, erst recht dann die mehrlinigen Systeme gegenüber der Buchstabentonschrift. Bei letzterer gibt es zwar von einigen Bemerkungen des Boëthius aus eine Kontinuität ins Mittelalter: Eine diatonische Leiter durch zwei Oktaven wird mit den

---

diert» wurde (das Fischsymbol war ja schon in den Evangelien mehrfach mit Jesus assoziiert worden). Aber aus alledem läßt sich nichts für das Frz. des 12. Jh. schließen.

15 Faye betont, daß Schreiber des 9./10. Jh. *o* statt des griech. ω benutzen, hat aber keinen Beleg mit Jesus als unmittelbarem Folgewort. Seine Annahme, die Abkürzung könne sekundär zum Vokalruf geworden sein, scheint nicht durch mittelalterliche Parallelen gedeckt zu sein; cf. n. 14. Die Kahanes verweisen auf die vielen Vokalfolgen der spätantiken Magie, unter denen auch, doch in sehr wenig prominenter Weise, *aoi* erscheint, vor allem aber auf das seit dem 5. Jh. belegte A + Ω + Fisch als Christussymbol. Mermier ist besonders beeindruckt von einem Ikonogramm, in welchem A und Ω ein T-förmiges Kreuz flankieren. Gellinek stützt seine Hypothese auf einen Gesamtsinn des Rolandsliedes. – Wo immer sich im folgenden wegen der relativen Kürze der Darstellungen die Angabe *passim* verantworten ließe, gebe ich das Jahr an, verzichte aber auf eine Anmerkung; statt dessen ist auf die Bibliographie (cf. unten) zu verweisen.

16 Reese (1940, 204); Horrent (1951, 333); M. de Riquer (1957, 104 n. 131).

17 Zu Michel, dessen zweite Rolandslied-Ausgabe (1869) ich nicht habe einsehen können, cf. Gautier (1878, 368 s.), zu Hoepffner Storey (1960, 313 s.).

18 MGG, vol. 7, col. 289.

Alphabetbuchstaben von *a* bis *p* bezeichnet.[19] Doch wie schon Gautier (1886) andeutete, wäre das Intervall *ao* – also zwei Oktaven minus einen Ton – völlig unsangbar und würde auch in der mittelalterlichen Instrumentalmusik, falls überhaupt ausführbar, als monströs gelten.[20]

Nach Paulin Paris (1853) ist *aoi* ein verlesenes *am*, die Abkürzung für *amen* (A 5).[21] Ohne seinen Vorgänger zu kennen, hat André de Mandach (1957) diese Hypothese erneut vertreten. Er zeigte, daß mitten im 20. Jh. Jean Graff als Editor des deutschen Rolandsliedes zweimal *aoi* zu lesen glaubte, wo mit Sicherheit – nach Ausweis von Parallelstellen innerhalb desselben Textes und nach dem Konsens der anderen Herausgeber – *am* zu lesen ist. De Mandach führte ferner einzelne Fälle aus O vor, wo man *m* als *oi* verlesen könnte. Doch nun soll ja der Urheber der Verschreibung ein *am* am Ende sehr vieler Laissen vor sich gehabt haben; soll er denn auch nach Dutzenden von *am* seinen Irrtum noch nicht erkannt haben und ständig ein *aoi* hinschreiben, bei dem er sich doch nichts denken kann?

Laut Paul-Louis Faye (1941) hat Brunot – man erfährt leider nicht, wo und wann – die Auflösung *Alius ordo incipit* (A 6) vorgeschlagen. Doch habe ich keinen Parallelbeleg für *ordo* = ‚Laisse' finden können.

Nach W. B. Cornelia (1934) hatte der Vortragende den mit *aoi* bezeichneten Vers zu wiederholen; *aoi* stehe etwa für c̲antet h̲omo i̲terum (A 7). Doch obwohl frz. *on* einst aus *homo* entstanden war, kann man einem Schreiber des 12. Jh. kaum ein stilistisch so miserables Mittellatein statt eines einfachen *repetatur* zutrauen. Vor allem aber: Wenn im Mittelalter eine Textformel nur durch Vokale ausgedrückt wird (wie in liturgischen Handschriften *euouae* für *sęculorum amen*), so steht jeder Vokal für eine Silbe, nicht für ein Wort.

Für Deferrari (1936) und Love (1982/1983) stammt *aoi* aus vlat. *avóco* (< klat. *ávoco*). Nach Deferrari bedeutet es ‚ich mache eine Unterbrechung' (A 8), nach Love ‚ich weiche von meiner Vorlage ab' (A 9). Abgesehen davon, daß Loves Hypothese eine Art literaturgeschichtliches Wunder postuliert, käme beides von vornherein wohl nur als merkwürdige Selbsterinnerung des Vortragenden in Frage; denn dem Publikum dies Dutzende von Malen mitzuteilen, wäre ja aus-

---

19 Anschauliche Tabelle im «Riemann», Sachteil, 125; Markovits (1977, 31, 40, 107).
20 Gautier (wie n. 17). Neben dem obengenannten, normalen Benennungssystem gab es zwar (laut Schmid 1999, 862) in früher Zeit einzelne «andere Versuche, die Töne zu benennen, etwa eine Reihe A B C F H I M O X Y [...] in der *Alia musica*», also Ende des 9. Jh. – aber auch dort wäre der Sprung von A zu O noch zu groß, um nach mittelalterlichen Maßstäben in Frage zu kommen, ganz abgesehen davon, daß es sehr unwahrscheinlich ist, daß dieses System über zweihundert Jahre nach der *Alia musica* noch irgendwo eine Rolle spielte.
21 Paulin Paris (1853, 267).

gesprochen kontraproduktiv. Doch beide Bedeutungen lassen sich ohnehin nur gezwungen dem lat. *avocare* abgewinnen. Zudem lebt dieses Verbum im Romanischen nirgends fort; das halbgelehrte altfrz. *avochier* stammt (gegen Deferrari) wie das erbwörtliche *avoër* eindeutig aus *advocare*,[22] und beide verlieren nie ihr *-v-*.

Place und Brenes (1950) glaubten, die mit *aoi* bezeichneten Laissen ergäben eine Kurzfassung des Rolandsliedes (A 10). Daß eine solche ausgerechnet durch *aoi* < *ad hodie* ,für heute' markiert sein sollte, wäre bizarr genug. Aber kann denn gleich in Laisse 3 Blancandrin Ratschläge erteilen, ohne daß in Laisse 2 Marsilië seine Situation geschildert hat?[23] Sollten die neunzehn Laissen 157–175, die Turpins und Rolands Todeskampf enthalten, auf ganze vier Laissen reduziert und soll auch die inhaltlich ganz unentbehrliche Laisse 176 mit der zu späten Ankunft von Karls Hauptheer unterdrückt werden, während die Laissen 216–224 und 227–237, die unter anderem beide Heere der Baligantschlacht ausführlich beschreiben, ungekürzt bleiben? Kann man auf Saragossas Einnahme (Laissen 264 s.) oder gar auf Ganelons Hinrichtung (Laisse 288) verzichten wollen?

Nach René Louis (1957) steht *aoi* für einen Refrain *h̲a̲lt s̲o̲nt li pu̲i̲* (A 11). Nun erscheint im Rolandslied zwar *pui* nicht in der Assonanz, aber *ui* assoniert immer auf *u*,[24] nicht auf *i*; der Rolanddichter sprach also noch einen fallenden Diphthong, den er nicht durch *i* angedeutet haben kann.[25] Überdies schreibt der Kopist, der uns als einziger das *aoi* überliefert, nie *sont*, sondern, wenn er keine Abkürzung benutzt, immer *sunt*.[26] Und schließlich: sollen wir das Bedürfnis nach diesem naturlyrischen Kontrapunkt wirklich so hoch einschätzen, daß er z. B. auch erklingen muß, wenn in Saragossa Bramimunde dem Baligant zu Füßen fällt (Laisse 200) oder Marsiliës Seele von Teufeln geholt wird (L. 263), wenn in oder bei Aachen Alde beerdigt wird (L. 268), die Richter Ganelon freisprechen wollen (L. 275) oder Ganelons Bürgen gehängt werden (L. 287)?

---

22 FEW, vol. 24, s. v. *advocare*.
23 Ich folge der Laissenzählung derjenigen Editionen, die in dieser Hinsicht am engsten an O bleiben, unter anderem den Editionen von Jenkins, Hilka/Pfister und Segre I (bei letzterer der nicht-eingeklammerten Zählung). Bédier hat Laisse 124 gespalten in 124 und 126, 125 an ihrer Stelle belassen; die Laissen 126–290 der anderen Herausgeber entsprechen also Bédier 127–291. Für die wesentlich andere Laissenzählung bei Segre II und III muß ich auf die dortige Tabelle (p. 91) verweisen.
24 Cf. vv. 239, 775, 778, 1047, 1326, 1596, 1598, 1963, 2043, 2055, 2092, 2309, 2371, 2374, 2822, 2823, 3610, 3933, 3957.
25 Der Einwand bestünde in gleicher Weise, wenn der Dichter **poi* (< lat. *podium*) statt *pui* geschrieben haben sollte, wie auch O *oi*, *hoi* (< lat. *hodie*) schreibt. Cf. Simoni-Aurembou (1995, 348, 350, 363), auch Goebl (1995, 332).
26 Unabgekürzte Fälle finden sich von v. 92 bis v. 3984.

F. und C. Crowley (1960) fragten sich, ob *aoi* nicht für ‚ainsi soit-il' stehen könne (A 12). Aber sowohl in der Assonanz (v. 1004, 1014, unter anderem auf *vermeilz, soleilz*) wie auch ausnahmslos im laufenden Text von O (dort 42mal)[27] steht *seit*, nicht *soit*, und nichts deutet darauf hin, daß der uns vorliegende Roland-Text vorher Mundarten durchlaufen hätte, in denen schon *ei > oi* geworden war.

Green (1970) dachte an eine Entlehnung aus griech. *aoidós* ‚Epensänger' (A 13). Aber das Wort ist sonst im Lateinischen und Romanischen – außer als Neologismus des 19. Jh. – nirgends zu finden. Die Behauptung, die Ableitung sei lautlich in Ordnung, ist doppelt unrichtig: Zur Zeit der ersten griechisch-normannischen Berührungen in Süditalien, an die Green dachte, war griech. *oi* längst monophthongiert, wahrscheinlich schon wie heute zu [i];[28] und intervokalisches *-d-*, das im Frz. in den Auslaut geriet, hinterläßt in O immer einen Reflex: *feid, mercit, nud*. Auf die Frage schließlich, welchen Sinn beim Vortrag des Rolandsliedes etwa 180mal das syntaktisch unverbundene Signal ‚Epensänger' hätte, erklärt der Autor nur, es sei wahrscheinlich «a cue for the musical performance». Wieso?

Nach Otaka (1990) ist *aoi* wohl eine Abkürzung für drei baskische Wörter mit der Bedeutung ‚Lied', ‚Blut', ‚Tal' oder auch ‚ah', ‚dies', ‚vorwärts', oder es ist eine Aneinanderreihung der baskischen Wörter für ‚Mund' und ‚Fuß' (A 14). Hier ist schon die Annahme, daß Jongleure aus Südfrankreich baskischer (nicht gaskognischer!) Muttersprache gewesen seien, essentiell verfehlt; auch die weitere Annahme, daß sich mehrere Jongleure beim Vortrag des Rolandsliedes abwechselten und einander Regiebemerkungen zuraunten, stützt sich auf gar nichts – ganz zu schweigen von der semantischen Beliebigkeit der drei Vorschläge, die gerade durch deren Nebeneinander klar hervortritt.

Ventura (1997) schließlich erwähnt als spontane Vermutung, «indemostrable, òbviament», daß *aoi* ursprünglich ein Akronym für *Ad Onorem Imperatoris* gewesen sein könnte (A 15).[29] Aber um 1100 lernt man im französischen Sprachgebiet das Latein schon seit drei Jahrhunderten schulisch-bewußt, so daß dort *onor* für *honor* recht atypisch wäre (und von Ventura auch nicht belegt wird).[30]

---

27 Ich verzichte hier und im folgenden auf Stellenangaben, wenn diese über Duggan (1969) mühelos zugänglich sind.
28 Schwyzer (1939, 233).
29 Ventura (1997, 494 n. 4).
30 Wesentlich häufiger ist allerdings umgekehrt unetymologisches *h-* bei der Wortsippe um *onus, onerare* durch falschen Anschluß an *honos/honor, honorare*.

Gegen alle diese Hypothesen aber spricht, wie gesagt, außer den je spezifischen Kritikpunkten vor allem, daß sie mit den Folgerungen, die man aus dem portugiesischen Lied ziehen darf, nicht vereinbar sind.

*

À cheval zwischen ihnen und den Vokalrufhypothesen steht die Gruppe jener Erklärungen (B), die an das *euouae* (< *sęculorum amen*) anknüpfen, welches in liturgischen Handschriften am Ende eines Psalms unter den Noten erscheint. Aber auch sie sind wohl unhaltbar.

Schon Francisque Michel erwähnt dieses *euouae* in den Addenda zu seiner *editio princeps* (1837).[31] Gennrich (1923) nahm dann an, nach normaler Kantillation des Laissenschlußverses sei eine Coda auf die Vokale *aoi* gesungen worden, und diese seien eine Deformation von *euouae* (B 1). Da letzteres wohl niemanden überzeugte, dachte Storost (1930) an eine Kreuzung von *euouae* und *alleluia* (bzw. dessen nur graphischer Abkürzung *aeuia*; B 2), was aber noch willkürlicher ist. Gennrichs und Storosts Erklärungen sind in unserem Sinne Vokalrufhypothesen. Doch machten drei kompetente Kritiker, der Liturgiekenner Hämel (1926), der Formenspezialist Spanke (1931) und am klarsten der Musikhistoriker Chailley (1955), gegen Gennrich ein grundsätzliches Argument geltend, das auch Storost treffen würde und das schon Gautier (1886)[32] und der Liturgiehistoriker Leclercq (1922) temperamentvoll gegen Francisque Michel ins Feld geführt hatten. Dem Sinne nach: *Euouae* ist ein rein graphisches Zeichen, das in der Liturgie nie als Vokalfolge gesungen noch an irgendeinen Text «angehängt» wurde;[33] Gennrichs Annahme einer Coda kann sich also nicht auf eine

---

31 Michel (1837, 314).
32 Wie n. 17.
33 In der katholischen Liturgie wurde in der traditionellen Form des Psalmengesangs dem Psalm ein immer gleicher, christianisierender Vers, die «kleine Doxologie», angehängt, der auf *sęculorum amen* ausgeht. Alle Verse eines Psalms einschließlich der Doxologie wurden auf dieselbe Melodiezeile kantilliert (in deren Mitte ein oder meist zwei Rezitationstöne es ermöglichen, eine von Vers zu Vers wechselnde Silbenzahl unterzubringen); in Noten brauchte somit nur diese Melodiezeile angegeben zu werden. Wichtig war dabei nach dem (zweiten) Rezitationston der Abschluß der Melodiezeile, die sogenannte *differentia*, weil sie einen glatten Übergang gewährleisten sollte zum jeweils Folgenden (nämlich zum nächsten Psalmvers oder aber zur Antiphon, einem meist psalmfremden, von der «Gegenpartei», heute oft der Gemeinde, gesungenen Kehr- und Rahmenvers). Die *differentia* fiel also von Vers zu Vers auf wechselnde Silben, außer daß sie im letzten Vers, der Doxologie, immer auf *sęculorum amen* fiel. Man pflegte deshalb unter die Noten der *differentia* einfach die Vokale von *sęculorum amen*, also *euouae*, zu setzen. Das *euouae* erklang somit in der Liturgie nie als Vokalfolge, sondern vertrat lediglich notationstechnisch die je sechs letzten Silben aller Psalmverse einschließlich der Doxologie. (Gennrich kannte diesen Sachverhalt selbstverständlich auch. Doch fand er in einigen Liedern des 15. Jh. einen Refrain *enne auvoy*, den er als ein zersungenes *euouae* betrachtete

Analogie zu *euouae* berufen, weil bei *euouae* gerade das Hörerlebnis fehlt, das die Bildung eines analogen *aoi* hätte auslösen können.

Hämel wandelte deshalb Gennrichs These in eine Unhörbarkeitsthese um: Es müsse vielmehr schon der letzte Halbvers der Laisse nach der Melodie einer kurzen liturgischen Formel gesungen worden sein, die die Vokalfolge *a-o-i* enthielt; da kämen nur *pax Dom(i)ni* und *pax vobis* in Frage (B 3). Darauf entgegnete Lausberg (1978) mit Recht, daß beide Formeln anders als *sęculorum amen* nie am Ende eines liturgischen Abschnitts stehen und daß deshalb niemand im Mittelalter auf die Idee gekommen wäre, sie in der Art von *euouae* abzukürzen.[34]

Nach Lausberg selbst repräsentiert *aoi* den Adonius *primus ab oris* (Vergil, Aen. 1.1; B 4). Lausberg ist nämlich überzeugt, daß (1) der Alexiusdichter seine fünfzeilige Strophe aus der vierzeiligen Strophe des Hymnus *Iste confessor* bildete, indem er das erste Verspaar verdoppelte – damit also den ursprünglich dritten Vers zum fünften machte – und den ursprünglich vierten, einem Adonius, als textloses Melodiestück beließ; und daß (2) der Rolanddichter die Alexiusstrophe zwar zur Laisse expandierte, dabei aber das abschließende textlose Melodiestück nicht nur beibehielt, sondern auch als Reflex des einstigen Adonius erkannte, diesen mit dem schulmäßig richtigen Namen «Adonius» belegte und deshalb das Melodiestück durch die Sigle *aoi* bezeichnen konnte, die er aus dem Adonius-Merkbeispiel *primus a̲b o̲ris* gewonnen hatte.[35] Doch erstens ist eine Hypothese, derzufolge ein Autor bei der Nachahmung einer Strophenform einerseits ein Verspaar verdoppelt, weil er viel zu erzählen hat, andererseits einen Vers ohne erkennbare Motivation als textlose Melodie beläßt, psychologisch schwer nachvollziehbar. Zweins bleibt die postulierte Übertragung des liturgisch-gesanglichen Abkürzungsmodus auf eine Textpartikel antiker Literatur wohl ohne Parallele. Drittens ist die Symbolisierung eines fünfsilbigen Verses durch drei, nicht fünf Vokale nur durch eine sehr schwache Analogie

---

und anscheinend zu einem mehr oder weniger impliziten Rückschluß auf ein hörbar gewordenes *euouae* benutzte. Aber diese Herleitung von *enne auvoy* bleibt unsicher, und der Refrain kommt dreihundert Jahre zu spät.) – Auch *alleluia* wird im Mittelalter gelegentlich graphisch zu *aeuia* abgekürzt, cf. MLW s. v. Selten werden ferner in Vulgata-Zitaten einzelne Wörter abkürzend durch ihre Vokale vertreten, wenn der Schreiber seiner Leserschaft zutraut, das Zitat ohne Mühe zu vervollständigen. Ein Beispiel: Im Münchener Glossenkodex Clm 18440 (spätes 11. Jh., aus Tegernsee) ist in Eccli. 23.13 *delictum illius* durch *eiuiiu* repräsentiert; cf. Steinmeyer (1901, 30). Selbstverständlich sollte auch hier nicht die Vokalfolge, sondern der volle Text gesprochen werden.

34 Lausberg (1978, 233).
35 Lausberg (1978, 226–237 mit Rückverweis speziell auf 1955, 204, und 1956, 47–50).

abgedeckt[36] und wäre von einem Zeitgenossen gewiß nicht entschlüsselt worden. Und schließlich läßt sich auch Lausbergs Grundthese einer Abhängigkeit des Rolandsliedes vom Alexiuslied durchaus bestreiten.[37]

*

Unter den Hypothesen, denen zufolge *aoi* als Vokalfolge für das Publikum hörbar war (C), nehmen mehrere zu seiner Erklärung – wie schon einige der Unhörbarkeitshypothesen – altfranzösisches nicht-interjektionales Vokabular in Anspruch.

Génin (1850) verstand *aoi* als *à voie!* (~ *allons!*; C 1), Saint-Albin (1865)[38] gar als *[que Dieu nous] aide!* (C 2) – was aber, wie schon Gautier (1886) entgegnete, in der Sprache des Rolandsliedes *a veie* bzw. *aiut* oder *aït* heißen würde.[39]

Engländer (1889) sah darin *a, oi* ‚ach höre doch!' (C 3),[40] für die Crowleys (1960) kam es (als alternative Möglichkeit zu «ainsi soit-il!») aus lat. *adaudi ‚höre aufmerksam zu!' (C 4). Doch sind diese Erklärungen anachronistisch, weil im 12. Jh. das Publikum einer *chanson de geste* nicht im Singular angeredet werden konnte. Diachronisch bedenklich bleibt ferner, daß ein *adaudire anscheinend weder im Lateinischen noch im Romanischen noch im Mittellatein der Romania zu belegen ist.[41]

Cohen (1935) interpretierte *aoi* «comme un mélisme ou modulation musicale sur les voyelles de l'Alleluia, *u* et *o* alternant souvent du français à l'anglo-normand» (C 5).[42] Chailley (1955) wollte denselben Grundgedanken noch präzisieren: Wie das seit dem 10. Jh. belegte *eia* aus *allèluiá* vereinfacht sei, so *aoi* aus der Schwesterform *àllelúia*. Doch während die frühe «normalaltfrz.» Graphie *o* (später meist *ou* bzw. in betonter freier Stellung *eu*) < lat. ō, ŭ einer anglo-normannischen Graphie *u* entspricht, geht es hier überhaupt um frz. [y] < lat. ū, wie das klar sogar die mittelalterlichen volkstümlichen Entstellungen voraussetzen.[43] Dadurch wird die postulierte Ableitung gerade im Tonvokal unhaltbar, selbst abgesehen von dem Fehlen des zu erwartenden finalen -*e* < -*a*.

---

36 Lausberg (1978, 235).
37 Cf. insbesondere Michel Burger (1996 passim).
38 Nicht 1932, wie Ventura (1997, 494) auf Grund eines Nachdrucks glaubt.
39 Génin (1850, 340); Saint-Albin (1865, 1); Gautier (1878, 369 s.).
40 Engländer (1889, 30 s.).
41 Ich finde es nur im spätmittelalterlichen Latein Deutschlands in einem Glossar bei Diefenbach s. v. (Germanismus oder Gelegenheitsbildung?).
42 Réau/Cohen (1935, 337).
43 FEW s. v. *alleluia*. Demgegenüber ist die Reformaussprache [aleluja] im Frz. ganz jungen Datums.

Es verbleiben die interjektionalen Erklärungen. Ähnlich wie vorübergehend schon Gautier (1886), aber ohne ihn zu kennen, verwies Spanke (1931) auf «Klangspielereien» mit bloßen Vokalen, wie sie sich – manchmal sogar in Refrainfunktion – in lyrischen und bacchischen Liedern des Mittelalters finden (C 6).[44] Wogegen René Louis[45] zu Recht einwandte, daß es sich hier immer um scherzhafte Bildungen handelt, die als Vergleichsobjekte für das ernste Rolandslied ungeeignet sind.

Devoto (1968) glaubte in *aoi* den jodelartigen Schlachtruf der Basken und damit der historischen Feinde von 778 wiederzuerkennen (C 7), den der Rolanddichter zusammen mit dem Ort der Schlacht kennengelernt habe und den er im Liede immer dort zurücktreten lasse, wo die Kräfte des Himmels hervorträten. Aber wenn der Dichter die Basken als Rolands Feinde erkannte, wieso läßt er sie im Kampf gegen ihn nirgends auftreten? Und ließe denn eine so selbstbewußte Kultur wie die französische der beginnenden Kreuzzugsszeit es sich bieten, daß der Ruf des Feindes ihr ganzes Hauptepos durchzöge, mehr als ein Dutzend mal so häufig wie das heimische *Munjoie*? Wenn uns der Dichter den Feindesruf hätte hören lassen wollen, so hätte er uns gewiß im Text des Liedes einen Hinweis gegeben; ohne einen solchen wäre doch das völlige Mißverständnis, auch für den Dichter erkennbar, vorprogrammiert gewesen. Devoto gesteht global (klugerweise ohne sie aufzuzählen), daß etwa zehn Fälle seiner Erklärung widerstünden. Aber in Wirklichkeit ist deren Zahl wesentlich größer; denn er überdehnt schon seine eigenen Kategorien sichtlich: So stehen ihm zufolge gleich beim ersten Ansturm der Heiden (L. 93–104) – wo man doch am ehesten deren Schlachtruf erwarten würde – nur wenige *aoi*, weil der Kampf der Zwölf gegen Zwölf (nicht vielmehr laut v. 587 s. schon der Zwanzigtausend gegen Hunderttausend?) «ein loyaler» sei, und wenn Alde am Altar eines Frauenklosters beerdigt wird und der Ruf ertönt (L. 268), so scheint Devoto auch das noch als Pluspunkt für seine Erklärung zu werten. (Übrigens publizierte er 1968 nur verbatim seine Vortragsfassung von 1961; die versprochene nähere Ausarbeitung ist nicht erschienen.)

Lucia Lazzerini (1979) leitete zunächst altvenezianisch *avoia* (*mi* etc.) ‚weh (mir etc.)' (mit toskanisierender Variante *aguaia*) von germ. *wai* ‚wehe!' ab, identifizierte es dann mit dem (wesentlich früher belegten) altfrz. *avoi* ‚nicht doch!, das verhüte Gott!' (dessen Bedeutung sich aus ‚o weh!' entwickelt habe) und dieses wiederum mit dem (abermals früher belegten) *aoi* von O, das damit zu dem *lamentatio*-Refrain einer wahren *Vita et passio Rotholandi* werde (C 8). Aber erstens läßt sich *aoi* in der Sprache des Rolandsliedes nicht aus germ.

---

44 Ähnlich zu verstehen sind wohl auch die Vermutungen bei Barth (1929, 302 s.).
45 Louis (1957, 352).

wai oder ahd. *auwê* ableiten. Zweitens erheben sich mentalitätsgeschichtliche Bedenken. Das Christentum kennt ja keine Tragik im griechischen oder altgermanischen Sinn, weil sich letztlich immer das Heilshandeln des guten Gottes durchsetzt; also ist der Tod des Märtyrers dessen Triumph, sein Todestag in der Hagiologie bekanntlich sein *dies natalis* und das katholische Märtyrergedenken fast das Gegenteil einer Klage. Wenn es also im Rolandslied nur e i n e n Laissenend-Ruf, nicht deren mehrere gibt, kann das kaum ein Klageruf sein. Gerade dort, wo ein Klageruf noch am ehesten seinen Platz fände, in den bereits erwähnten Laissen 157–176 mit Turpins und Rolands Todeskampf und Karls erster Totenklage, erreicht *aoi* seine geringste Dichte (vier von zwanzig möglichen Fällen).

Lafont (1987) will Spuren eines prozessionshaften sakralen Tanzes, wie sie in der *Chanson de sainte Foy* deutlich sind, auch im Rolandslied erkennen (C 9) und vermutet, *aoi* bezeichne eine auf diese Vokale gesungene «vocalise valant pour un vers». Die Plausibilität seiner Kombinationen wird aber unter anderem dadurch sehr geschwächt, daß er zu einer Vortragseinheit bald das folgende, bald das vorhergehende *aoi*, gelegentlich sogar beide oder keines zieht, um jeweils eine gerade Verszahl zu erhalten.[46]

Die verbleibenden Forscher sehen in *aoi* eine positiv gestimmte Interjektion. Schon Francisque Michel dachte (1837) spontan an eine «exclamation», fragte sich allerdings, ob das ein «cri de guerre» gewesen sei (den er absurderweise an engl. *away* anschließen wollte, C 10) oder vielmehr ein Ruf, mit dem der Vortragende jeweils das Laissenende einem (von Michel willkürlich angenommenen) Instrumentalbegleiter angezeigt habe (C 11). Auch Génin (1850) verdient trotz seiner verfehlten *à-voie*-Etymologie hier noch einmal genannt zu werden: Für ihn ist *aoi* eine «exclamation guerrière», dann für Gaston Paris (1865) eine «exclamation qui est un véritable refrain», für Lehugeur (1870) eine Art «hourra», für Gautier (1886) eine «interjection analogue à notre ohé», für Nyrop (1908), dem sich Sainéan (1925) anschloß, eine «simple onomatopée», für Suchier (1913) ein «Ausruf», für Luquiens «a sort of refrain», für C. H. C. Wright ein «refrain», in welchem «a trace of lyric poetry» mitschwingen mag, für von Richthofen (1962) eine «exhortation», für Menéndez Pidal (1963) eine «exclamación animadora de aliento, de excitación y de entusiasmo» (C 12).[47]

---

46 Lafont (1987, 20)
47 Michel (1837, 171); Génin (1850, 340); Gaston Paris (1865/1905, 21); Gautier (1878, 369 zu Lehugeur sowie 1888, 5 n. 9); Nyrop (1908, 310); Sainéan (1925, 2); Suchier (1913, 20); Luquiens und Wright hier zitiert nach Jenkins (1933, 11 s.); von Richthofen (1962, 95); Menéndez Pidal (1963, 176).

Ich schließe mich im Prinzip der Gruppe dieser Forscher an, weil ich alle vorher genannten Erklärungsversuche für unwahrscheinlich halte. (Ohne deren Nachprüfung schiene mir allerdings die Entscheidung für eine Interjektion fazil, und genau darin liegt die Schwierigkeit bei der Darstellung des gesamten *aoi*-Themas.) Doch möchte ich die Frage offenlassen, ob der Vortragende oder aber die Zuhörerschaft *aoi* rief.[48] Im letzteren Fall würde ein kleines Zeichen des Vortragenden – z. B. eine leichte Dehnung der letzten Silbe der Laisse – genügen, um die Zuhörerschaft an den gewünschten Stellen zu dem Ruf zu animieren.

Kritischer Untersuchung bedürfen noch die Versuche (C 13), dieses positiv-interjektionale *aoi* etymologisch zusammenzustellen mit dem hauptsächlich seemännischen Ruf engl. *ahoy*, selten *ohoy* ‚wohlauf!' (~ ‚gute Fahrt!' u. ä.; > küstennahes Dt. mit Ausstrahlungszentrum Hamburg *ahoi*,[49] dänisch *ohoj/ohøj/aahøj*, seltener *ohej*, schwedisch *ohoj*, niederländisch *ahoy/ahoi/ahooi*).[50] Mit diesem Ruf wurde unser *aoi* schon von Gautier (1888) identifiziert, von Nyrop (1908) und Sainéan (1925) immerhin verglichen. Deferrari (1936) wollte engl. *ahoy* aus unserem *aoi* ableiten;[51] auch der englische Dichter John Masefield (1878–1967) gab in seiner Teilübersetzung des Rolandsliedes *aoi* durch *ahoy* wieder.[52] Von Richthofen (1962) und Menéndez Pidal (1963) wiederholten dann, ohne ihre Vorgänger zu kennen, die Identifikation.

Beeindruckend ist zwar, daß der Ruf zumindest in Deutschland und Dänemark als volkstümlicher Refrainruf belegt ist,[53] enttäuschend aber die gene-

---

48 Spätestens Johannes de Grocheo (oder Grocheio, um oder kurz vor 1300) benutzt *cantilena* eindeutig als *terminus technicus* für ‚Sololied mit Chorrefrain' (Chailley 1955, 1 n. 1; cf. auch Rohloff 1972, Register s. v.); möglicherweise kündigt sich dieser Gebrauch im Laufe des 13. Jh. schon bei Johannes de Garlandia und Franco von Köln an (LMLMAe s. v. *cantilena*, C). Wäre er schon im zweiten Viertel des 12. Jh. nachweisbar, so könnte man auch William of Malmesburys berühmte Erwähnung einer *cantilena Rollandi*, die bei Hastings intoniert worden sei, so auffassen; als «Chorrefrain» käme dann praktisch nur das *aoi* in Frage. Aber bei der Durchsicht der Artikel *cantilena* im TLL, MLW und LMLMAe schwindet schnell die Hoffnung, eine genügend frühe Präzisierung des Wortgebrauchs wahrscheinlich machen zu können.
49 Für das 19. Jh. ist nicht-seemännischer Gebrauch nur in Hamburg bezeugt (*Hamburgisches Wörterbuch* s. v.), für das frühe 20. Jh. auch in einem Ort 70 km nördlich Hamburg (*Schleswig-Holsteinisches Wörterbuch* s. vv. *ahoi* und *Kanuut*). Sonst ist der Gebrauch längs der Küste klar ein seemännischer. (Passiv bekannt ist das Wort allerdings heute durch Belletristik, Medien und Ferienreisen in ganz Deutschland.)
50 Ordbog s. v. *ohoj*; Ordbok s. v. *ohoj*; Van Dale EN s. v. *ahoy*, Van Dale DN s. v. *ahoi*.
51 Wobei er freilich in merkwürdiger Hartnäckigkeit selbst für engl. *ahoy* die Bedeutung ‚I interrupt (you)' postulierte, die er schon in unserem *aoi* finden wollte (cf. oben, A 8)!
52 Cf. Storey (1960, 313).
53 Menéndez Pidal (1963); Ordbog s. v. *ohoj*. In meiner eigenen Umgebung erinnert man sich ferner an ein vor etwa 65 Jahren populäres Lied «Blaue Jungs, blaue Jungs von der Waterkant,

tische Dimension. Entgegen Menéndez Pidal ist das Wort im Dt. kein Relikt aus germanischer Zeit, sondern ein relativ junger Anglizismus[54] wie so viele andere Ausdrücke der dt. Seemannssprache. Schon die Identität des Rufes «Schiff (oder niederdt. Schipp) ahoi» mit engl. *ship ahoy* läßt da keinen Zweifel. Auch setzen die dt. Belege erst kurz vor 1850 ein;[55] die vier einschlägigen Dialektwörterbücher der Zeit um 1750–1800 für Bremen, Hamburg, Holstein und Pommern kennen das Wort noch nicht.[56] Nach dem dänischen Nationalwörterbuch sind auch das dänische und das schwedische Wort wohl Anglizismen,[57] und im Niederländischen ist das Wort so marginal, daß man es noch nicht im Nationalwörterbuch samt Supplementband von 1956,[58] sondern erst in modernen zweisprachigen Wörterbüchern findet.[59]

Von Richthofen wollte unser *aoi* und engl. *ahoy* aus einem altnord. *á haugi* der Bedeutung ‚to the height, upwards' ableiten (C 14). Aber: (1) Engl. *ahoy* läßt sich nur bis 1751 zurückverfolgen und gilt den Anglisten als Verstärkung eines (semantisch weniger spezifischen) *hoy*, das sich bis ins 14. Jh. zurückverfolgen läßt,[60] doch lautlich von *aoi* wegführt. (2) Altnord. *á haugi* scheint nicht als Ruf,[61] sondern nur in der einfachen Bedeutung ‚auf einer [Dat.!] Anhöhe' belegt zu sein.[62] (3) Das Neuisländische sagt statt «ahoi!» vielmehr *hae!* oder *hó!*[63] (4) Das altnordische Substantiv lebt im Normannischen fort als *la ho(u)gue*, *hoguette* – also mit *-g-*, nicht mit *-i-*![64] Damit wird ein genetischer Zusammenhang zwischen *á haugi*, *aoi* und *ahoy* (oder auch nur zwischen zweien davon) unwahrscheinlich.

---

ahoi, ahoi, ahoi!» Cf. auch das schwedische Nationalwörterbuch, Ordbok s. v. *ohoy* I 3 («im Arbeitsgesang» zur Markierung des Arbeitsrhythmus).

54 So zu Recht schon Kluge (1911), s. v., jetzt Seebold (1999), s. v.
55 Kluge (1911), s. v.; DWb, Neub., s. v.
56 Bremisches Wb. (1767–71), Richey (1743), Schütze (1800–06), Dähnert (1781), jeweils s. v.
57 Ordbog s. v. *ohoj*. – Hellquist 1948, s. v. *ohoj*, hält allerdings das schwedische Wort für autochthon. Er gibt als Erstbeleg von 1641 ein *o hoo, o ho* «in etwas anderer Betonung» an. Sollte wider Erwarten diese Fährte richtig sein, führt auch sie lautlich von *aoi* ab.
58 Woordenboek s. v.
59 Van Dale DN s. v. *ahoi* und EN s. v. *ahoy* von 1983 bzw. 1984.
60 OED, s. vv. *ahoy* (wurde auch gesungen) und *hoy*; MED s. v. *hoi* (Ende des 14. Jh., anscheinend im Refrain eines Liedes, aber mit den handschriftlichen Varianten *hey* und *how*); Onions (1967), s. v. *ahoy* und *hoy*.
61 Ich urteile nach den Wörterbüchern von Baetke, Cleasby/Vígfusson, Fritzner und Möbius sowie nach dem Artikel *á* des im Erscheinen begriffenen ONP, und mich macht stutzig, daß von Richthofen trotz einer klaren Bewegungsvorstellung *á* mit dem Dativ statt mit dem Akkusativ konstruiert.
62 Cleasby/Vígfusson (1957), s. vv. *á* und *haugr*.
63 Bogason (1976), s. v. *ahoy*, Ófeigsson (1953), s. v. *ahoi*.
64 FEW, vol. 16, s. v. *haugr*.

Immerhin lehrt auch ein mit *aoi* genetisch nicht verwandtes *ahoy*, daß eine Interjektion dieser Lautstruktur als positiv gestimmter, refrainhafter Zuruf fungieren kann. Gelegentlich nähert sich *ahoy* dabei einem Kriegsruf,[65] aber selbst dann kann man es als primär an eine *in-group* gerichtet ansehen und damit als das, was es auch sonst ist: die Bekundung einer Verbundenheit zwischen dem oder den Rufenden und dieser Gruppe. Leistung der Interjektion ist dabei strenggenommen nur die Herstellung oder Sicherung einer positiv gestimmten Kommunikationssituation als solcher; inhaltlich muß sich die Gemeinsamkeit aus dem situativen und sprachlichen Kontext ergeben.

Prinzipiell ähnlich sollten wir das *aoi* auffassen. Beim Rolandslied bestand diese Gemeinsamkeit zwischen dem Vortragenden und der Zuhörerschaft vor allem in der Glaubensgewißheit, daß für den Christen auch und gerade der scheinbar vorzeitige Tod im Kampf gegen Ungläubige in einem höheren Leben aufgehoben ist. Deshalb wird das *aoi* hier zu einer Art emphatischem Ja, einem *sursum corda*, das selbst – um Extremfälle zu nennen – bei der Bestattung der vielen Namenlosen in einem *carner* und der Präparierung der drei illustren Toten (L. 210–212) oder bei Aldes Bestattung (L. 268) erklingen kann.

*

Doch wie steht es mit der Verteilung der *aoi*?[66]

Von den 290 Laissen des Rolandsliedes haben 160 an ihrem Ende *aoi*.

In 13 weiteren Fällen ist das *aoi* um einen Vers «verrutscht»: Elfmal kommt es zu spät, zweimal zu früh. Nach Grace Frank (1933) sind die über mehrere Zeilen hinwegragenden Laissen-Initialen vor den *aoi* niedergeschrieben und haben dann das Auge des *aoi*-Schreibers irregeleitet. Ich möchte diese Beobachtung insofern leicht modifizieren, als meines Erachtens schon vor der Einsetzung der Initialen die für sie freigelassenen Räume dieselbe Wirkung gehabt haben können. Damit ist also zwischen Initialenmaler und *aoi*-Schreiber keine Reihenfolge präjudiziert. Wie dem auch sei, die 13 «verrutschten» *aoi* stellen ihrem Schreiber kein gutes Zeugnis aus. Ich betrachte sie im folgenden als regularisiert.[67]

---

[65] Cf. bei Menéndez Pidal (1963) das deutsche Marinelied und das mehr scherzhafte Lied der Schenefelder.
[66] Die folgenden Angaben sind geprüft an der Faksimile-Ausgabe von Laborde (1933). Zur Laissenzählung cf. n. 23. In der Ausgabe Jenkins (1924) fehlen das *aoi* nach Laisse 9, das zusätzliche *aoi* in Laisse 201 und das «verrutschte» *aoi* zu Laisse 255 (v. 3543); ferner steht das *aoi* zu Laisse 155 bei v. 2114 statt («verrutscht») bei 2115. In Bédiers *édition definitive* (1937) wird zu Laisse 256 (unserer 255) das «Verrutschen» von 3542 auf 3543 im Text nicht angegeben. Die Edition Segre I (1971) stellt das *aoi* nach Laisse 126 nicht zu v. 1691, sondern zu 1690, vermerkt aber, es stehe «unter» dem letzten Textwort. Zur Edition Hilka/Pfister (1997) cf. die folgenden.
[67] Stillschweigend regularisiert sind sie auch in der Ausgabe von Hilka/Pfister (1997).

In acht weiteren Fällen steht *aoi* mitten in der Laisse. Die heutigen Philologen pflegen sich an eine formale Laissen-Definition zu halten: Eine Laisse reicht so weit wie ihr Assonanzvokal; da kann es keine aufeinanderfolgenden assonanzgleichen Laissen geben. Mittelalterliche Schreiber mögen aber gelegentlich eine inhaltliche Zäsur empfunden und dann statt einer zwei Laissen gezählt haben. Wie wieder Grace Frank beobachtet hat, wird diese Deutung in sechs der acht Fälle durch eine auf *aoi* folgende Initiale bestätigt; einen siebten Fall (Laisse 65) hat Horrent[68] plausibel gemacht. Ich halte daraufhin auch die acht *aoi* für intendierte Laissenend-*aoi*, muß sie aber aus der folgenden Prozentrechnung ausschließen, weil ihr logisches Gegenteil unerkennbar bliebe, nämlich Fälle, in denen ein mittelalterlicher Schreiber ebenfalls ein Laissenende inmitten einer «unserer» Laissen empfunden, aber kein *aoi* gesetzt hätte.

Aoi ist dann ausschließlich Laissenend-Signal; es steht in 173 Fällen (= 60 % der möglichen Fälle).

Grace Frank war überzeugt, daß die Laissenenden mit *aoi* etwas größere inhaltliche Zäsuren markieren als diejenigen ohne *aoi*. Rechenschaft gibt sie über fünf Abschnitte von insgesamt 48 der 290 Laissenenden, und schon darunter sind subjektive Entscheidungen. Wenn z. B. die drei *laisses similaires* 83–85 von zwei *aoi* durchschnitten, aber von keinem *aoi* beendet werden, so soll das die Festigkeit von Rolands (drei!) Antworten kennzeichnen, oder wenn nach Laisse 185 der abrupte Orts- und Personenwechsel von Karls Nachtruhe zu dem verwundeten Marsilië in Saragossa ohne *aoi* bleibt, so wird in einer Fußnote *ad hoc* vermutet, der Autor überspiele die Zäsur bewußt, um den Baliganttteil näher an das Bisherige heranzurücken. Außerhalb der von Grace Frank vorgeführten Abschnitte steht *aoi* – um nur wenige Gegenbeispiele anzuführen – bei den *laisses similaires* 40–42 nur nach der zweiten und dritten, bei der Selbsternennung der zwölf heidnischen Pers (L. 69–78) nur nach den Positionen 1, 2, 5, 6, 8, 11, doch beim Kampf derselben gegen die christlichen Pers (L. 93–104) nur nach den Positionen 1, 2, 4, 8; es fehlt hingegen in der größten Zäsur des ganzen Epos, nach Laisse 187 vor dem bekannten Neuansatz und Wechsel in den Orient. Grace Franks Unterscheidungskriterium ist zwar psychologisch einleuchtend und wahrscheinlich von dem Schreiber unbewußt manchmal befolgt worden; doch von einer halbwegs konsequenten Anwendung kann nicht die Rede sein.

Nun ist ja manchmal die Vogelperspektive lehrreich, wo die Nahinspektion versagt; damit kommen wir zu der eingangs erwähnten, bisher unbekannten Eigenschaft der Verteilung. Ich habe das Epos in Tranchen von je 50 Laissen

---

[68] Horrent (1951, 332).

aufgeteilt. Insgesamt setzt der Schreiber, wie gesagt, *aoi* in 60 % der möglichen Fälle. Genauer nun: In Laisse 1–50 setzt er es in 74 %, in Laisse 51–100 noch in 60 %, in 101–150 in 58 %, in 151–200 nur noch in 38 %. (Hier befindet sich auch der Abschnitt 157–176, wo er sein Minimum von nur 20 % erreicht.) Von 201–250 kommt er aber plötzlich auf 78 %; denn etwa bei Laisse 209 liegt eine offenkundige Unstetigkeitsstelle, die einzige im Epos. (Dort beginnt auch die längste «zuverlässige» Passage, 209–224, mit 100 % plus einem inneren *aoi*.) Doch sehr bald stellt sich wieder der Schwund ein, und in 251–290 werden nur noch 48 % der möglichen Fälle erreicht. Dieser Befund ist numerisch zu massiv, um auf Zufall beruhen zu können. Aber er ist kaum zu erklären, wenn man wie alle bisherigen Kommentatoren annimmt, daß der *aoi*-Schreiber durch das ganze Epos ein bestimmtes Kriterium einigermaßen verläßlich befolgt hätte. Einfach zu deuten ist er hingegen als Leistungskurve: schwach ausreichender Anfang – weiteres Absacken – einmaliger Besserungsentschluß – erneutes Absacken. Mir scheint also die Folgerung unabweisbar, daß Ermüdung oder zunehmende Indifferenz bei der Verteilung eine entscheidende Rolle gespielt hat. Damit will ich die Möglichkeit nicht ausschließen, daß unter dieser «überdeckenden» Ursache hier und da andere Ursachen in der Feinstruktur am Werk waren. Neben der von Grace Frank postulierten Tendenz kann man sich z. B. leicht vorstellen, daß der Schreiber in der Passage von Turpins und Rolands Tod halb- oder unbewußt auch aus inhaltlichen Gründen den positiv gestimmten Ruf seltener setzte. Doch zu beweisen oder gar genau abzugrenzen sind solche möglichen feinstrukturellen Ursachen nicht; insbesondere können sie die überdeckende Kurve nicht als ganze erklären.[69]

Man wird entgegnen, eine Hauptschwierigkeit liege in der «exorbitanten»[70] Quote von durchschnittlich 40 % zu postulierenden «Fehlern». Hier ist eine kurze schreibpsychologische Betrachtung vonnöten. Wenn wir von «Flüchtigkeitsfehlern» sprechen, meinen wir in der Regel, daß ein Schreiber eine Norm prinzipiell anerkennt, aber zu ihrer Einhaltung nicht ganz die notwendige Auf-

---

[69] Grace Frank hat auch die Möglichkeit geprüft, daß die *aoi* nachträglich in einem schnellen Arbeitsgang eingesetzt und dabei versehentlich Seiten überschlagen worden wären. Sie verwirft sie, weil sie höchsten 27 % des Befundes erkläre. Ich komme zu noch geringeren Zahlen. Innerhalb der 71½ beschrifteten Blätter von O tragen nur neunmal zwei gegenüberliegende Seiten (also *n* verso und *n* + *1* recto) kein *aoi* (fol. 29, 36, 41, 43, 45, 46, 48, 56, 66 verso und die folgenden Rectoseiten), das sind nur 13 % des zu untersuchenden Textes. Nun wird ein Schreiber aber doch beim 71fachen Umblättern nicht neunmal, sondern höchstens ein- bis zweimal ein Blatt des «parchemin assez épais» von O (so Roques bei Ewert/Roques 1933, 82) überschlagen; das sind maximal 3 % des Textes – womit diese Möglichkeit zur Belanglosigkeit wird.
[70] So Frank (1933, 631).

merksamkeit aufbringt; es resultieren dann Fehler von in der Regel wenigen Prozent der Vorkommensfälle. Grundsätzlich anders liegen die Dinge aber, wenn ein Schreiber eine Norm kennt, aber für unnötig hält. Heute empfinden z. B. viele Personen es als lästig, in ihrer Schreibminuskel den Unterschied zwischen *n* und *u* einzuhalten. Bei ihnen liegt die Normbefolgung nicht notwendigerweise nahe bei 100 %, sondern kann alle Werte zwischen 100 % und 0 % annehmen. Und zwar können sie bei flüssigem Schreiben auch nicht vor jedem Wort abwägen, welche Folgen gerade hier eine Verwechslung von *n* und *u* hätte. Ebendeshalb kann dann auch der Philologe nicht eruieren, weshalb ein bestimmtes *n* oder *u* eindeutig ist, ein bald folgendes nicht. Sehr wohl aber kann man auch solche Texte statistisch darauf befragen, ob z. B. ein anfangs vorhandener Wille allmählich erlahmt.

Nehmen wir nun an, der Schreiber von O bekomme (wahrscheinlich entgegen einer Vorlage ohne *aoi*) den Auftrag oder Ratschlag, die *aoi* am Laissenende jeweils niederzuschreiben, er selbst halte sie aber für nicht zum Text des Liedes gehörig und deshalb (wie die meisten seiner Zeitgenossen!) in der Handschrift für ganz überflüssig. Er geht – in diesem Punkte widerwillig und damit ohne alle Sorgfalt – an die Arbeit, sagt sich wahrscheinlich, gegebenenfalls könne der Revisor vergessene *aoi* nachsetzen. Als er etwa Laisse 209 erreicht hat, schlägt ihm einmal das Gewissen, oder er empfängt eine Mahnung von außen. Doch sonst – davor und danach – nimmt seine Gleichgültigkeit in diesem Punkte langsam, aber stetig zu. Dann kann seine Nachlässigkeitsquote durchaus durchschnittlich 40 % erreichen, allerdings nur unter der Voraussetzung, daß seine Aufmerksamkeit nachhaltig von der sonstigen Textform in Anspruch genommen wird. Darf man letzteres annehmen?

Sehen wir uns dazu nach dem statistischen den paläographischen Befund an! Hier bestätigen sich in den wesentlichen Punkten die Beobachtungen von Horrent.[71] Die *aoi* stammen nicht vom Revisor, sondern, soweit bei der Beschränktheit des Materials ein Urteil möglich ist, vom Textschreiber. Doch während dieser im Rolandtext die waagerechte Grundlinie gut einzuhalten versteht, sitzt das *aoi* nicht selten etwas zu tief (nach L. 3, 24, 42, 115 ...) oder etwas zu hoch (nach L. 9, 14, 73, 83 ...). Ferner wechseln die Schriftgröße und der Abstand vom letzten Wort des Verses; das *a-* des *aoi* ist bald eine Majuskel, bald die normale Minuskel. Deshalb können die *aoi* nicht gleichzeitig mit dem Haupttext, sie müssen in einem späteren Arbeitsgang geschrieben sein.[72]

---

[71] Horrent (1948, 197 mit n. 4 und 5, sowie 1951, 330–332).
[72] Auch Horrent glaubt im Prinzip an nachträgliche Setzung (1948, 197 n. 5): «Ayant copié son texte, le copiste parcourait celui-ci pour noter mécaniquement les AOI après les vers qui les requéraient». Ähnlich 1951, 332, wo er aber in n. 1 das *aoi* nach Laisse 96 (und eine analoge, nicht näher bezeichnete Minderheit von Fällen) für gleichzeitig mit dem Text geschrieben

Wegen ihrer Diversität untereinander können sie aber auch nicht gut unmittelbar hintereinander, als einziger Inhalt dieses Arbeitsganges, geschrieben sein. Wie soll man sich den Arbeitsgang dann vorstellen? Samaran und Segre haben zahlreiche in O sichtbare Korrekturen dem Schreiber, nicht dem Revisor zugewiesen.[73] Bei den meisten läßt sich naturgemäß nicht entscheiden, wann der Schreiber sie ausgeführt hat. Doch einige beziehen sich auf Fehler, die wahrscheinlich nicht unmittelbar nach der Niederschrift, sondern irgendwann später erkannt wurden: So ist der ganze Vers 43 auf dem Rand nachgetragen; in v. 1044 ist *aurez*, in v. 1061 *tut*, in v. 1808 *le*, in vv. 2113 und 2584 jeweils ein Buchstabe nachträglich eingesetzt. Der Schreiber scheint also nach der Niederschrift des ganzen Textes (oder jeweils ganzer Lagen) das Geschriebene noch einmal leidlich aufmerksam gelesen zu haben. Wenn er nun erst bei einem solchen Arbeitsgang «nebenbei» und widerwillig die *aoi* setzte, so kann sich hinsichtlich deren Häufigkeitsverteilung und Diversität durchaus das in O vorliegende Bild eingestellt haben.

Wahrscheinlich gab es aber für die Nachlässigkeit des *aoi*-Schreibers noch einen weiteren Grund, der vor lauter Selbstverständlichkeit leicht übersehen wird. Weshalb sollte eigentlich ein Vortragender, der den Ruf rezitierte oder seiner Zuhörerschaft entlockte, dies obligatorisch nach j e d e r Laisse getan haben? Das Kantillieren eines Textes verlangt kaum mehr Zeit als ein Sprechvortrag, und die durchschnittliche Laisse des Rolandsliedes hat knapp vierzehn Verse: So dürfte ihr Vortrag etwa eine Minute beansprucht haben.[74] Ob nun ein erfahrener Vortragender innerhalb einer Stunde sechzigmal oder nur wesentlich seltener den Bekräftigungsruf ausstoßen bzw. seiner jeweiligen Zuhörerschaft abverlangen sollte, hing zweifellos weitgehend vom Respons dieser Zuhörerschaft ab; war dieser lahm, so verzichtete man besser auf manchen Ruf und eilte lebhaft vorwärts. Der Vortragende konnte ja jederzeit unauffällig über ein Laissenende hinweggleiten, und es kann sich nach Lage der Dinge nie ein Kanon dafür ausgebildet haben, wo er das tun sollte und wo nicht. War dies die Realität, die der *aoi*-Schreiber vor Augen hatte, so versteht man auch seine eigene Unbekümmertheit.

---

ansieht. Ich halte diese Vorsichtsklausel für unwesentlich. Erstens entstehen bei nachträglicher Zufügung von über 180 *aoi* durch denselben Schreiber schon auf Grund der natürlichen Streuung auch solche, die perfekt anschließen. Zweitens würde selbst durch eine schon mit dem Haupttext geschriebene Minderheit von *aoi* das Verteilungsproblem der Gesamtheit nicht verändert.

73 Samaran bei Laborde (1933, 19 s.), Segre jeweils *ad loc.*
74 Aus der fast unüberschaubar gewordenen Literatur über mündliche Poesie sei nur verwiesen auf die klassische Darstellung bei Rychner (1955, 48–53).

Postskriptum 2018

AOI als Ruf bei Hastings? Die oben in Anm. 48 besprochene Möglichkeit, dass schon Wilhelm von Malmesbury (*Gesta regum Anglorum*, lib. 3, § 242, p. 302 ed. Stubbs) unter *cantilena* ein ‚Sololied mit Chorrefrain' verstand, sehe ich heute als hochgradige Wahrscheinlichkeit.

Man stelle sich die Situation so konkret wie möglich vor: Es ist doch unter keinen Umständen damit zu rechnen, dass das Heer oder auch nur ein beträchtlicher Teil desselben ein solches erzählendes Lied *wörtlich* kannte; vorgetragen wurde der Text also von einem Einzelnen, wie denn ja auch laut Gui de Ponthieu ein Einzelner, eben *Incisor Ferri*, also Taillefer, ‚durch seine Worte' das Heer anfeuerte. Wirkte das Heer überhaupt mit, so bleibt dafür nur ein periodischer Ruf, in der Funktion eines Minimal-Refrains. Wenn man nun andererseits gerade in der ältesten erhaltenen Handschrift des Liedes eine Vokalfolge findet, die sich befriedigend nur als solcher Ruf oder Minimal-Refrain hat deuten lassen, dann passen die beiden Befunde zueinander wie Schloss und Schlüssel: die Vokalfolge hat alle Chancen, jener Ruf zu sein.

Bibliographie

Baetke, Walter, *Wörterbuch zur altnordischen Prosaliteratur*, 2 vol., Berlin, Akademie, 1965.
Barth, A., *Beiträge zur französischen Lexikographie, V: Aoi*, ZfSL 52 (1929), 301–303.
Bédier, Joseph, *La Chanson de Roland commentée*, Paris, Piazza, 1927.
Bédier, Joseph (ed./trad.), *La Chanson de Roland, Édition definitive*, Paris, Piazza, 1937.
Bogason, Sigurður Örn, *Ensk-íslenzk orðabók*, Reykjavík, Ísarfoldarprentsmiðja, 1976.
Bremisches Wb.: *Versuch eines bremisch-niedersächsischen Wörterbuches*, 5 Teile, Bremen, Förster, 1767–71.
Burger, Michel, *Les traits formels communs de l'Alexis et du Roland: témoins d'emprunts intentionnels ou témoins d'une langue poétique en formation?*, in: *Ensi firent li ancessor, Mélanges [...] Marc-René Jung*, ed. Luciano Rossi, Alessandria, Ed. dell'Orso, 1996, vol. 1, 199–225.
Calvet, Louis-Jean, *Les sigles*, Paris, P.U.F., 1980.
Chailley, Jacques, *Autour de la Chanson de Geste, II, Le problème de l'AOI*, Acta Musicologica 27 (1955), 8–10.
Cleasby, Richard/Vigfusson, Gudbrand, *An Icelandic-English Dictionary*, Oxford, Claredon, ^{2}1957.
Cornelia, William B., *On the significance of the symbol «AOI» in the Chanson de Roland*, RR 25 (1934), 126–129.
Coutinho, Ismael de Lima, *Pontos de gramática histórica*, Rio de Janeiro, Ao Livro Técnico, ^{6}1978.
Crowley, Francis/Crowley Cornelius, *Le problème de l'étymologie de AOI dans la Chanson de Roland*, CCM 3 (1960), 12–13.

Dähnert, Karl Johann, *Plattdeutsches Wörterbuch nach der alten und neuen pommerschen und rügischen Mundart*, Stralsund, Struck, 1781.
Deferrari, Harry A., *O.F. (Norman) AOI and AVOI, and English AHOY*, PMLA 51 (1936), 329–336.
Devoto, Daniel, *L'«AOI» dans la «Chanson de Roland»*, Anuario de Estudios Medievales 5 (1968), 433–436.
D'Heur, Jean-Marie, *Roland au Portugal et aussi en Espagne, dans l'art et dans la littérature*, in: *Hommage au professeur Maurice Delbouille*, ed. Jeanne Wathelet-Willem, Liège, Association des Romanistes de l'Université de Liège, 1973, 123–146.
Diefenbach, Lorenz, *Glossarium latino-germanicum mediae et infimae aetatis*, Frankfurt a. M., Baer, 1857 (Nachdruck Darmstadt, Wissenschaftliche Buchgesellschaft, 1968, 1997).
Dölger, Franz Joseph, *IXΘYC: Das Fischsymbol in frühchristlicher Zeit*, vol. I, Roma, Spithöver et al., 1910.
Duggan, Joseph J., *A Concordance of the Chanson de Roland*, [Columbus, Ohio], Ohio State University Press, 1969.
DWb, Neub.: *Deutsches Wörterbuch* von Jacob und Wilhelm Grimm, Neubearbeitung Leipzig, Hirzel, 1965–.
Encyclopædia Judaica, 16 vol., Encyclopaedia Judaica, Jerusalem 1971–72 (und mehrere Nachtragsbände).
Engländer, David, *Der Imperativ im Altfranzösischen*, Breslau, Zum Gutenberg, 1889.
Ewert, Alfred/Roques, Mario, *L'accident du vers 2242 de la Chanson de Roland*, Romania 59 (1933), 81–83.
Faye, Paul-Louis, *AOI: another suggestion*, University of Colorado Studies, Series B, Studies in Humanities 1 (1941), 307–308.
FEW: Wartburg, Walther von, et al., *Französisches etymologisches Wörterbuch*, Bonn, Klopp, dann Leipzig, Teubner, dann Tübingen, Mohr, dann Basel, Zbinden, 1922–.
Flutre, Louis-Fernand, *Table des noms propres avec toutes leurs variantes figurant dans les romans du Moyen Âge*, Poitiers, CESCM, 1962.
Fouché, Pierre, *Phonétique historique du français*, vol. 2 : *Les voyelles*, Paris, Klincksieck, ²1969.
Frank, Grace, *AOI in the Chanson de Roland*, PMLA 48 (1933), 629–635.
Fritzner, Johan, *Ordbog over det gamle norske sprog*, 3 vol., Kristiania, Norsk Forlagsforening, ²1886–96 (Nachdruck Oslo, Møller, 1954).
García de Diego, Vicente, *Elementos de gramática histórica gallega*, Burgos, 1909 (Nachdruck Santiago de Compostela, Universidade, 1984).
Gautier, Léon, *Les épopées françaises*, vol. I, Paris, Palmé, ²1878 (Nachdruck Osnabrück, Zeller, 1966).
Gautier, Léon (ed.), *La Chanson de Roland*, 17ᵉ éd., Tours, Mame, 1888.
Gellinek, Christian, *The «AOI» within the Ethos of The Song of Roland*, in: *Spectrum Medii Aevi. Essays in Early German Literature in Honor of George Fenwick Jones*, ed. William C. McDonald, Göppingen, Kümmerle, 1983.
Génin, François (ed.), *La Chanson de Roland, poème de Théroulde*, Paris, Imprimerie nationale, 1850.
Gennrich, Friedrich, *Der musikalische Vortrag der altfranzösischen Chansons de geste*, Halle, Niemeyer, 1923.
Goebl, Hans, *Les scriptae françaises*, III: *Normandie*, in: LRL II,2 (1995), 314–337.
Green, Herman J., *The Etymology of AOI and AE*, MLN 85 (1970), 593–598.

Hamburgisches Wörterbuch, edd. Hans Kuhn et al., bearb. von Käthe Scheel, dann Jürgen Meier, Hamburg 1956–.
Hämel, Adalbert, *AOI im Rolandslied*, ZfSL 48 (1926), 382–385.
Hellquist, Elof, *Svensk etymologisk ordbok*, Lund, Gleerup, ³1948.
Hilka/Pfister: Hilka, Alfons (ed.), *Das altfranzösische Rolandslied nach der Oxforder Handschrift*, 8. Aufl. besorgt von Max Pfister, Tübingen, Niemeyer, 1997.
Horrent, Jules, 1948/49: *Un écho de la Chanson de Roland au Portugal: la geste de médisance de D. Afonso Lopes de Baiam*, Revue des Langues Vivantes 14 (1948), 133–141, 15 (1949), 193–203.
Horrent, Jules, *La Chanson de Roland dans les littératures française et espagnole au moyen âge*, Paris, Les Belles Lettres, 1951.
Huber, Joseph, *Altportugiesisches Elementarbuch*, Heidelberg, Winter, 1933.
Jenkins, T. Atkinson (ed.), *La Chanson de Roland, Oxford Version*, Boston, Heath, 1924.
Jenkins, T. Atkinson, *Old French AOI*, in: id., *Word-Studies in French and English, First Series*, Baltimore, Waverly Press, 1933, 11–13.
Johannes de Groche(i)o: s. Rohloff.
Kahane, Henry/Kahane, Renée, *Magic and gnosticism in the Roland, IV, Aoi*, RPh 12 (1959), 225–226.
Kluge, Friedrich, *Seemannssprache*, Halle, Buchhandlung des Waisenhauses, 1911 (Nachdruck Kassel, Hamecher, 1973).
Laborde, Alexandre de (ed.), *La Chanson de Roland. Reproduction phototypique du Manuscrit Digby 23 de la Bodleian Library de Oxford. Étude historique et paléographique de Ch. Samaran*, Paris, SATF, 1933.
Lafont, Robert, *De la chanson de Sainte Foy à la Chanson de Roland: le secret de la formule de composition épique*, RLaR 91(1987), 1–23.
Lapa, Manuel Rodrigues (ed.), *Cantigas d'escarnho e de mal dizer dos cancioneiros medievais galego-portugueses*, Lisboa, da Costa, ³1995.
Lausberg, Heinrich, *Zur altfranzösischen Metrik*, ASNS 191 (1955), 183–217.
Lausberg, Heinrich, *Das Proömium (Strophen 1 – 3) des altfranzösischen Alexiusliedes*, ASNS 192 (1956), 33–58.
Lausberg, Heinrich, *Zur Metrik des altfranzösischen Rolandsliedes*, in: Henning Krauß (ed.), *Altfranzösische Epik*, Darmstadt, Wissenschaftliche Buchgesellschaft, 1978, 225–255 [= vom Autor 1973 erstellte Überarbeitung des gleichnamigen Artikels in den RF 67 (1956), 293–319].
Lazzerini, Lucia, *Antico Veneto «avoia» = antico francese «avoi»/«aoi»?*, Medioevo romanzo 6 (1979), 216–226.
Leclercq, Henri, Art. EUOUAE, in: *Dictionnaire d' archéologie chrétienne et de liturgie*, edd. Fernand Cabrol et Henri Leclercq, vol. 5/1, Paris, Letouzey et Ané, 1922, 744 s.
Lehugeur, Alfred (trad.), *La Chanson de Roland* [in neufrz. Versen], Paris, Hachette, 1870.
LM: *Lexikon des Mittelalters*, 9 vol., Studienausgabe, Stuttgart, Metzler, 1999.
LMLMAe: *Lexicon musicum Latinum medii aevi*, ed. Michael Bernhard, München, Bayerische Akademie der Wissenschaften, 1992–.
LPGP: *Lírica Profana Galego-Lusitana. Corpus completo das cantigas medievais, con estudio bibliográfico, análise retórica e bibliografía específica*, vol. 1, bearb. von Fernando Magán Abelleira et al., koordiniert von Mercedes Brea, Santiago de Compostela, Piñeiro, 1996.
Lorenzo, Ramón, *Galegische Koine / La koiné gallega*, in: LRL II,2 (1995), 649–679.

Lorenzo Gradín, Pilar, *Don Afonso Lopez de Bayão y la épica francesa*, in: *Actas do XIX Congreso Internacional de Lingüística e Filoloxía Románicas, Universidade de Santiago de Compostela, 1989*, ed. Ramón Lorenzo, vol. 7, A Coruña, Fundación Pedro Barrié, 1994, 707-716.

Louis, René, *Le refrain dans les plus anciennes chansons de geste et le sigle AOI dans le Roland d'Oxford*, in: *Mélanges de linguistique et de littérature romanes à la mémoire d'István Frank*, Saarbrücken, Universität des Saarlandes, 1957, 330-360.

Love, Nathan, *AOI in the Chanson de Roland: A Divergent Hypothesis*, Olifant 10 (1982/1983), 182-187.

LRL II,2: Günter Holtus/Michael Metzeltin/Christian Schmitt (edd.), *Lexikon der Romanistischen Linguistik*, vol. II/2: *Die einzelnen romanischen Sprachen und Sprachgebiete vom Mittelalter bis zur Renaissance*. Tübingen, Niemeyer, 1995.

Mandach, André de, *The so-called AOI in the Chanson de Roland*, Symposium 11 (1957), 303-315.

Markovits, Michael, *Das Tonsystem der abendländischen Musik im frühen Mittelalter*, Bern, Haupt, 1977.

MED: *A Middle English Dictionary*, edd. Hans Kurath et al., 12 vol. und Supplement, Ann Arbor, University of Michigan Press, 1952-2001.

Menéndez Pidal, Ramón, *El Aoi del manuscrito rolandiano de Oxford*, RFE 46 (1963), 173-177.

Mermier, Guy, *A thirteenth hypothesis: The Chanson de Roland's mysterious AOI*, The Michigan Academician 5 (1973), 481-491.

MGG: *Die Musik in Geschichte und Gegenwart*, 2. Aufl., ed. Ludwig Finscher, Sachteil, 9 vol. und Registerband, Kassel, Bärenreiter, 1994-1999.

MLW: *Mittellateinisches Wörterbuch*, begr. von Paul Lehmann und Johannes Stroux, München, Beck, 1967-

Michel, Francisque, ed., *La Chanson de Roland ou de Roncevaux*, Paris, Silvestre, 1837 (Nachdruck, Genf, Slatkine, 1974).

Möbius, Theodor, *Altnordisches Glossar*, Leipzig, Teubner, 1866 (Nachdruck Darmstadt, Wissenschaftliche Buchgesellschaft, 1963).

Moisan, André, *Répertoire des noms propres de personnes et de lieux cités dans les Chansons de geste françaises et les oeuvres étrangères dérivées*, 2 tomes en 5 vol., Genève, Droz, 1986.

Monaci, Ernesto (ed.), *Il canzoniere portoghese della Biblioteca Vaticana*, Halle, Niemeyer, 1875.

Nunes, José Joaquim, *Compêndio de gramática histórica portuguesa*, Lisboa, Teixeira, ^{7}1969.

Nyrop, Kristoffer, *Grammaire historique de la langue française*, København, Det Nordiske Forlag, vol 1, ^{3}1914; vol. 3, 1908.

OED: *The Oxford English Dictionary*, 2. Bearb. von John A. Simpson und Edmund C. Weiner, Oxford, Clarendon, 1989-.

Ófeigsson, Jón, *Þýzk-íslenzk orðabók*, Reykjavík, Ísarfoldarprentsmiðja, ^{2}1953.

Onions, Charles T., *The Oxford Dictionary of English etymology*. Nachdruck (mit Verbesserungen) Oxford, Clarendon, 1967.

ONP: *Ordbog over det norrøne prosasprog*, ed. Arnamagnaeanske Kommission, vol. 1, København, Det Arnamagnaeanske Institut, 1995.

Ordbog: *Ordbog over det danske sprog*, begründet von Verner Dahlerup, ed. Danske Sprog- og Litteraturselskab, 28 vol., København, Gyldendal, 1919-1956.

Ordbok: *Ordbok öf[f]ver svenska språket*, ed. Svenska Akademien, Lund, Lindstedt, 1893-.

Otaka, Yorio, *Encore sur «AOI»*, Memorias de la Real Academia de Buenas Letras de Barcelona 22 (1990), 119–129.
Paris, Gaston, *Histoire poétique de Charlemagne*, Paris, Franck, 1865, ²1905 (Nachdruck Genf, Slatkine, 1974).
Paris, Paulin, Einleitungsart. *Chanson de geste*, in: *Histoire littéraire de la France. Ouvrage [...] continué par les Membres de l'Institut (Académie des Inscriptions et Belles-Lettres)*, vol. 22, Paris, Didot/Treuttel & Wurtz, 1853 (Nachdruck Paris, 1895), 259–273.
Place, Edwin B./Brenes, Dalai, *The function of AOI in the Oxford Roland*, RR 41 (1950), 161–166.
Pope, Mildred K., *From Latin to modern French with especial consideration of Anglo-Norman*, Manchester, University Press, ²1952.
Réau, Louis/Cohen, Gustave, *L'art du Moyen âge [...] et la civilisation française*, Paris, Michel, 1935.
Reese, Gustave, *Music in the Middle Ages*, New York, Norton, 1940.
Richey, Michael, *Idioticon Hamburgense*, Hamburg, König, ²1754.
Richthofen, Erich von, *Style and chronology of the early Romance epic*, in: *Saggi e ricerche in memoria di Ettore LiGotti*, vol. 3, Palermo, Centro di Studi Filologici, 1962, 83–96.
Rico, Francisco, *Del «Cantar del Cid» a la «Eneida»: tradiciones épicas en torno al «Poema de Almería»*, Boletín de la Real Academia Española 65 (1985), 197–211.
Riemann: *Riemanns Musiklexikon*, Sachteil von Hans Heinrich Eggebrecht, Mainz, Schott, 1967.
Riquer, Isabel de (trad.), *Cantar de Roldán* [span. Übers. der *Chanson de Roland*, mit ausführlicher Einleitung], Madrid, Gredos, 1999.
Riquer, Martín de, *Les Chansons de geste françaises*, frz. Übers. von Irénée Cluzel, Paris, Nizet, ²1957.
Rohloff, Ernst (ed.) *Die Quellenhandschriften zum Musiktraktat des Johannes de Grocheio*, Leipzig, Deutscher Verlag für Musik, 1972.
Rychner, Jean, *La Chanson de geste, Essai sur l'art épique des jongleurs*, Genève, Droz, 1955.
Sainéan, Lazare, *Les sources indigènes de l' étymologie française*, vol. 2, Réalités et mirages, Paris, Boccard, 1925 (Nachdruck Genf, Slatkine, 1972).
Saint-Albin, Alex de (trad.), *La Chanson de Roland* [neufrz.], Paris, Lacroix, 1865.
Schleswig-Holsteinisches Wörterbuch, ed. Otto Mensing, 5 vol., Neumünster, Wachholtz, 1925–1935.
Schmid, Bernhold, Art. *Tonsystem*, in: LM 8, 862s.
Scholberg, Kenneth, *Sátira e invectiva en la España medieval*, Madrid, Gredos, 1971.
Schütze, Johann Friedrich, 1800–1806: *Holsteinisches Idiotikon*, 4 vol., Hamburg, Villaume, 1800–1806.
Schwyzer, Eduard, *Griechische Grammatik*, München, Beck, 1939.
Seebold, Elmar, *Kluge, Etymologisches Wörterbuch der deutschen Sprache*, 23., erweiterte Auflage, Berlin, de Gruyter, 1999.
Segre I: Segre, Cesare (ed.), *La Chanson de Roland. Edizione critica*, Milano, Ricciardi, 1971.
Segre II: Segre, Cesare (ed.), *La Chanson de Roland*, Segres Begleittext ins Frz. übers. von Madeleine Tyssens, 2 vol., Genève, Droz, 1989.
Segre III: Segre, Cesare (ed.), *La Chanson de Roland*, Segres Begleittext ins Frz. übers. von Madeleine Tyssens, Glossar von Bernard Guidot, 2 vol., Genève, Droz, 2003.
Simoni-Aurembou, Marie-Rose, *Les scriptae françaises. V: Haute-Bretagne, Maine, Anjou, Touraine, Orléanais, Berry*, in: LRL II/2 (1995), 347–365.

Spanke, Hans, *Klangspielereien im mittelalterlichen Liede*, in: *Studien zur lateinischen Dichtung des Mittelalters, Ehrengabe für Karl Strecker*, Dresden, Wilhelm-und-Bertha-von-Baensch-Stiftung, 1931, 171–183.
Steinmeyer, Elias, *Beiträge zur Entstehungsgeschichte des Clm. 18140*, in: *Festschrift Seiner Königlichen Hoheit dem Prinzregenten Luitpold von Bayern zum 80. Geburtstage dargebracht von der Universität Erlangen*, vol. 4/1, Erlangen, Deichert, 1901, 17–60.
Storey, Christopher, *AOI in the «Chanson de Roland»*, in: *Essays presented to C. M. Girdlestone*, ed. Elfrieda T. Dubois, Newcastle, University of Durham, 1960, 311–317.
Storost, Wolfgang, *Geschichte der altfranzösischen und altprovenzalischen Romanzenstrophe*, Halle, Niemeyer, 1930.
Stotz, Peter, *Handbuch zur lateinischen Sprache des Mittelalters*, vol. 2, München, Beck, 2000.
Suchier, Hermann, *Geschichte der französischen Literatur*, vol. 1, Leipzig, Bibliographisches Institut, ²1913.
TLL: *Thesaurus Linguae Latinae*, Leipzig, Teubner, 1900–.
Tobler, Adolf/Lommatzsch, Erhard, *Altfranzösisches Wörterbuch*, Berlin, Weidmann, dann Wiesbaden, Steiner, 1925–2006.
Trésor: *Trésor de la langue française. Dictionnaire de la langue du XIXe et du XXe siècle (1789–1960)*, ed. Paul Imbs, 16 vol., Paris, Gallimard, 1971–1994.
Van Dale DN: Cox, Heinrich L., *Van Dale Groot Woordenboek Duits-Nederlands*, Utrecht, Van Dale, 1983.
Van Dale EN: Martin, W., *Van Dale Groot Woordenboek Engels-Nederlands*, Utrecht, Van Dale, 1984.
Ventura, Joaquim, *La «gesta de mal-dizer» d'Afonso Lopes de Baian: recepció i paròdia dels cantars de gesta*, in: *Asociació Hispánica de Literatura Medieval, Actes del VII Congrès*, edd. S. Fortuño Llorens und T. Martínez Romero, vol. 3, Castilló de la Plana, Publicacions de la Universitat Jaume I, 1997 [erschienen 1999], 489–502.
Woordenboek: *Groot Woordenboek von de Nederlands[ch]e Taal*, begonnen von Matthias de Vries und Lambert Allard te Winkel, 's Gravenhage, Nijhoff, dann SDU, 1882–1998, 29 vol., erster Supplementband 1956.
Zumthor, Paul, *Abréviations composées*, Amsterdam, North-Holland, 1951.
Zumthor, Paul, *Introduction à la poésie orale*, Paris, Seuil, 1983.
Zumthor, Paul, *La lettre et la voix, De la «littérature» médiévale*, Paris, Seuil, 1987.

5 *Malduit*, ein Scherzname im Oxforder Roland-Manuskript – und ein Priester namens Baligan

Résumé : Le célèbre ms. d'Oxford (« O ») et les éditions critiques de la Chanson de Roland, excepté celle de Stengel (1900), nous montrent, à la cour du roi Marsile, un *Malduit le tresorer* qui garde les trésors du roi et que l'on voit en train d'en préparer une partie pour le transport. Les études consacrées à la Chanson n'ont pas remarqué qu'il existait également à la cour anglo-normande, au moins du XIe siècle tardif au XIIIe siècle, une famille du nom déjà héréditaire de *Malduit / Mauduit*, dont la tâche était non seulement de garder, mais surtout de transporter discrètement les trésors royaux. Dans O, le nom se révèle donc être une allusion facétieuse qui ne semble pourtant pas remonter jusqu'au poète. En revanche, les Malduit nous réservent une deuxième surprise : dès avant 1161, on retrouve dans leur entourage un clerc surnommé *Baligan*. C'est la première attestation sûre – et, en tout état de cause, la première attestation dans un milieu francophone – de ce nom qui présuppose le texte de la Chanson sous la forme qui nous est parvenue, c'est-à-dire y compris la partie ‹ baligantine ›. L'article se clôt sur une discussion rapide de ce que cela implique pour la datation de la Chanson.

Nachdem Ganelon und der König Marsilië ihren Bund beschworen haben, muss Marsilië mit dem zurückkehrenden Ganelon die Schätze zu Karl schicken, die er diesem schon durch Blancandrin hat versprechen lassen. Er fragt also seinen Schatzmeister, ob sie fertig gepackt sind: «Li reis apelet Malduit, sun tresorer. / – L'aveir Carlun est-il apareilliez?»[1]

Diesem ‹Thesaurar› obliegt also die physische Aufbewahrung der Schätze des Königs und jetzt ihre Herrichtung zum Transport. Im Lied wird er nur hier erwähnt. *Malduit* ist die Lesung von O, dem berühmten Oxforder Ms. Digby 23, und fand damit fast automatisch seinen Weg in die Editionen, genauer gesagt: seit 1900 mit Ausnahme der Ed. Stengel (1900) in alle bekannteren, insbesondere die kritischen Editionen, so die von Bédier (1921 und noch *Édition définitive* 1937), Jenkins (1924, 1929), Hilka (1926 und noch Hilka-Rohlfs 1974, Hilka-Pfister 1997), Bertoni (1935), Whitehead (1946 und noch Whitehead-Hemming 1993), Roncaglia (1947), Moignet (1969), Segre (1971 und noch 2003), Short (1990 und noch 2006), Dufournet (1993 und noch 2004).[2] Über die Lesungen der Nicht-O und die Ed. Stengel wird unten zu reden sein.

---

1 *Rol.* v. 642 s. in allen Ausgaben außer Stengel (1900).

2 Und natürlich im Rahmen der mehrbändigen Ausgaben von Mortier (1940) und von Duggan (2005) in den jeweiligen Abdruck der Fassung O (von Mortier bzw. Short). – Ich übergehe zweisprachige Ausgaben, die den Originaltext aus einer kritischen Ausgabe fast oder völlig unverändert übernehmen.

Anmerkung: Erstmals veröffentlicht in: Romanische Forschungen 124 (2012), 490–504.

Open Access. © 2019 Gustav Adolf Beckmann, publiziert von De Gruyter. Dieses Werk ist lizenziert unter der Creative Commons Attribution-NonCommercial-NoDerivatives 4.0 Lizenz.
https://doi.org/10.1515/9783110615692-005

Der Name ist identisch mit dem altfrz. Adjektiv *malduit*, später *mauduit*; dieses bedeutet oft ‹schlecht erzogen, ohne Manieren›, gelegentlich aber auch ‹in üblen Listen wohlunterrichtet, verschlagen›, so etwa in der *Prise de Cordres et de Sebille* (v. 47 und 93), wo ein sarazenischer Spion so genannt wird.[3] Der Name schillert also etwa zwischen ‹Lümmel, Tölpel› und ‹Schlitzohr, Galgenstrick›, wobei im Kontext des Rolandsliedes mehr Letzteres gemeint sein dürfte. Er gehört damit zu den redend-komischen, meist negativen ‹Heiden›-Namen, in denen sich das Wesen oder das unentrinnbare Geschick ihrer Träger spiegeln soll. Wie im Rolandslied zumindest noch *Abisme* ‹dem Höllenabgrund bestimmt oder schon ähnlich›, *Chernuble* ‹Finstergesicht›, *Clarïen/Clarifan/Clarin* (alle drei Gesandte, zu lat. *clarus* und *fari*) ‹[bedenklich] redegewandt›, *Dapamort*, recte *Clapamort*, ‹Schlagzutod›, *Faldrun* (zu afrz. *faldre/faudre*, Nebenform und Futurstamm von *faillir*) ‹der da grandios scheitern wird›, *Falsaron* ‹Pseudo-Aaron›[4] oder (zu lat. *falsarius*) ‹großer Fälscher›, *Gemalfin* ‹Stöhn-am-End›, *Grandonie* ‹Großtuer›, *Jangleu* (zu afrz. *jangler* + lat. *-aeus*) ‹Meckerer, Kritikaster›, *Joüner* ‹Fastengesicht, freudloser Mensch›, *Machiner* (zu lat. *machinari*) ‹Ränkeschmied› und natürlich die anderen *Mal*-Namen *Malbien* ‹Böses als gut ausgebend›, *Malquiant* ‹Übles ersinnend› samt seinem Vater *Malcud* ‹Übelsinn›, *Malpalin* ‹übles Bleichgesicht›, *Malprimes/Malpramis* ‹beim Bösen der Erste/zum bösen Ende bestimmt›, *Maltraïen* (zu *traïr* ‹verraten›, *traire* ‹sich entwickeln, ähnlich werden› und/oder zum Namen des großen Christenverfolgers Trajan) – so also auch *Malduit le tresorer* ‹Schlitzohr, der Schatzmeister›.

Nun machte den Kreuzfahrern von 1107/1108 bis 1113 ein gewisser Maụdūd, Gouverneur von Mossul, zu schaffen. Seinen Namen latinisierten sie unterschiedlich, gelegentlich auch (so bei Fulcher von Chartres 2.51.4) als *Maledoctus*. Dahinter stand dann natürlich – da das Afrz. ja die herrschende Kreuzfah-

---

[3] Cf. Tobler/Lommatzsch s. v. *mauduit* ‹schlecht erzogen, ungeschliffen [...] verschlagen(?)›; FEW s. v. *docere* und s. v. *ducere* ‹mal élevé, grossier›, aber auch ‹méchant, animé de mauvaises intentions›. Die Bedeutungsbreite des Wortes kann damit zusammenhängen, dass den beiden FEW-Artikeln zufolge lat. *male doctus* und *male ductus* in ihm zusammengefallen sind. Genauer gesagt: einerseits wurde lat. *dŭctus* (das regulär in it. *con-*, *pro-* etc. *-dotto* fortlebt) im Gallorom. ersetzt durch *dūctus* (mit dem Langvokal aller übrigen Formen von *dūcere*), daraus regulär afrz. *duit* (das in nfrz. *con-*, *pro-* etc. *-duit* fortlebt). Andererseits wurde lat. *dŏctus* wenigstens im zentralen Afrz. ebenfalls regulär zu *duit* (wie *nŏctem* zu *nuit*). Im Westen findet sich auch das dort zu erwartende *doit*, so beispielsweise in Angers 1060 im Namen des *Gosfridus Maldoitus* (Broussillon 1896–1903, I, p. 221) und später. Doch Einflüsse aus dem Zentrum machten sich dort früh breit; so wie das Roland-Ms. O auf 14 *noit* immerhin 3 *nuit* hat, waren die Latinisierungstypen *Maledoctus* und *Maleductus* im Westen beide gängig, so dass wir 1086 auf ein und derselben Seite des *Domesday Book* (*Hantescire* f. 47v) für dieselbe Person – von der unten noch die Rede sein wird – *Willi' Malduith* und *Will's maldoit* finden.
[4] So vorgeschlagen von Metz (1981: 39).

rersprache war – afrz. *malduit, mauduit.* Dessen vorkonsonantisch extrem velares *-l-* war damals schon in der Vokalisierung zu *-y̆-* begriffen. Während afrz. *Mald-* also die bestmögliche Wiedergabe des arab. *Mayd-* war, gilt das für afrz. *-ui-* im Verhältnis zu arab. *-ū-* zweifellos nicht. Die Einformung des Namens, seine Identifikation mit dem Adjektiv, ist also tendenziös, illustriert aber gerade dadurch, was auch für andere Namen ‹heidnischer› Personen und Völker wichtig werden kann, dass sich nämlich hinter einem scheinbar einheimisch-afrz. Namen manchmal ein fremder verbirgt. Paul Kunitzsch, einer der ganz wenigen Orientalisten, denen das Studium der ‹Heidennamen› in der mittelalterlichen europäischen Literatur wesentliche Fortschritte verdankt, hat deshalb den *Maudus/Mauduit de Rames* des *Aliscans* und des *Fouque de Candie* als einen ‹Maydūd von Ramla› gedeutet, wobei allerdings die Zusammenstellung des Personennamens mit gerade diesem Ortsnamen auch nach Kunitzsch dichterisch-willkürlich ist.[5]

Auf den *Malduit* des Rolandsliedes dehnt Kunitzsch vorsichtigerweise seine Etymologie nicht aus,[6] und in der Tat scheint dieser dem historischen Maydūd nichts zu verdanken, so dass man Letzteren nicht etwa als Kriterium einer Datierung des Rolandsliedes auf nach 1107 benutzen kann. Zwar ist beiden über die Namenähnlichkeit hinaus das Attribut ‹Muslim› gemeinsam, aber diese Übereinstimmung ist um ein Mehrfaches weniger spezifisch, als etwa die Übereinstimmung mit einem zweiten, selbst einem nicht-muslimischen ‹Schatzmeister› Malduit wäre; denn das Rolandslied erwähnt fast sechzig Muslime namentlich, aber nur einen Schatzmeister.

Erstaunlicherweise scheint noch kein Romanist entdeckt zu haben, dass es einen solchen zweiten *Malduit le tresorer* als Zeitgenossen des Rolanddichters gab. Mehr noch: Der Name ist als Bei-, dann Familienname mitsamt der Würde erblich am Hofe der anglonormannischen Könige von vor 1088 – und damit auch vor aller Kreuzzugserfahrung – bis ins 13. Jahrhundert. Da man diese Übereinstimmung zwischen Dichtung und Realität nicht guten Gewissens als Zufall bezeichnen kann, verdient sie eine genauere Analyse. Hier zunächst ein Abriss der Familiengeschichte.

*

Schon als sich um 1900 die englischen Historiker eingehender der Institutions- und der Wirtschaftsgeschichte zuwandten, widmete John Horace Round der

---

5 Kunitzsch (1980: passim). Die einschlägigen Studien Kunitzschs auch in Buchform (Kunitzsch 1996); der Aufsatz von 1980 dort p. 105–109.
6 Anders de Mandach 1993, 290 s.

Familie mehrere Seiten,[7] und 1976 begann Emma Mason ihren 23-seitigen Artikel über sie mit der Feststellung: «The Mauduit family held one of the chamberlainships of the exchequer [die Würde eines Kammerherrn im königlichen Schatzamt, G. A. B.] from the late 11th century until 1268, occupying a continuous, if unobtrusive, place at the centre of the expanding royal bureaucracy». Sie zeigte, dass dieses erblich gewordene Amt auch 1268 nur endete, weil William [V] Mauduit durch Heirat das Herzogtum Warwick erbte und damit in den Hochadel aufrückte.[8]

Die Anfänge des Amtes sind schwerer zu erkennen als sein Ende. Denn wir haben es nicht mit dem ‹upper exchequer› zu tun, jener hohen Würde eines Reichsschatzmeisters, die wohl erst im 12. Jh. unter Heinrich I. geschaffen und anfangs Bischöfen übertragen wurde und die sich im heutigen Chancellor of the Exchequer, dem Kollegen der kontinentalen ‹Finanzminister›, fortsetzt. Sondern uns geht es um das ‹lower exchequer›, das Amt derer, die physisch für die Bewachung und den Transport des Staatsschatzes zu sorgen hatten.[9] Die dürftigen Umrisse dieses bescheideneren, aber unentbehrlichen Amtes werden schon im späten 11. Jahrhundert sichtbar. Aber auch da geht es uns nicht um Institutionsgeschichte als solche, sondern nur um den Anteil der Mauduits daran.

Im Jahr 1862 veröffentlichte Léopold Delisle eine lange mittelalterliche Liste von ‹Mitstreitern Wilhelms des Eroberers im Jahr 1066›: ein *Guillaume Mauduit* (offensichtlich in Delisles eigener Orthographie) ist dabei.[10] Schon vorher hatte Migne ein andere Liste, vermutlich aus der Zeit um 1200, abgedruckt, allerdings nur der *cognomina*, der Bei-, hier praktisch schon Familiennamen, von Genossen des Eroberers: die *Maudut* sind dabei.[11] Doch sind solche Listen inzwischen

---

7 Round (1899: 81–84, und 1903: passim).
8 Mason (1976: passim, das Zitat p. 1).
9 Zu diesem Unterschied cf. etwa Chibnall (1986: 123 s.), Hollister (1978: 263 und 270), Douglas (1966: 301).
10 Delisle (1862: 4).
11 Migne (vol. 149, col. 1278). In ihrer Mehrheit nahmen die Normannen im Laufe des 10. Jh. christliche Rufnamen an. Da bei diesem Akt die sonstigen Vererbungskonventionen der zeitgenössischen Onomastik nicht griffen, übernahm insbesondere ihre Oberschicht gern Namen des höchsten französischen Adels, so den Leitnamen Wilhelm des reichsten Geschlechtes von ganz Frankreich, der Grafen-Herzöge von Poitou-Aquitanien, den Namen Richard des mächtigen Burgunderherzogs, der sie als Einziger mehrfach vor 911 besiegt hatte, und die Königsnamen Robert, Hugo und Radulf (daher noch heute die zahlreichen englischen William, Richard, Robert, Hugh und Ralph). Und weil diese Namen infolge der anfänglich weniger strengen Schichtung der Einwanderer auch schnell in tiefere Schichten diffundierten, war die Diversifikation des Namengutes so gering, dass sehr früh Beinamen nötig (und selbst negative Beinamen von den Betroffenen ohne erkennbaren Widerstand akzeptiert) wurden; die Beinamen eigneten sich dann noch besser als das System der Leitnamen zur Vererbung. In Delisles Liste gibt es unter 420 Namen 104 Guillaume, 42 Robert, 42 Raoul, 32 Hugue, 18 Richard ... Und als

in Misskredit gefallen, weil nicht zu erkennen ist, worauf die mittelalterlichen Verfasser ihre verdächtig umfangreichen Angaben gründeten.[12]

Wie dem auch sei, als der Eroberer um 1085 das *Domesday Book* aufzeichnen ließ, hielt William [I] *Malduith/Maldoit* – man gestatte mir von jetzt an die englische Namensform William – in Hampshire das königliche Anwesen Portchester («manor» nennt es die englische Forschung) sowie mehrere Landgüter im Umkreis von Winchester, darunter Hartley Mauditt, das bis heute, wiewohl reduziert auf eine Flur mit alleinstehender Kirche, seinen Namen bewahrt hat.[13] Zudem besaß er Häuser in der Stadt Winchester selbst; die Stadt wird zwar – wie London – im *Domesday Book* nicht erfasst, aber nach William Mauduits Tod bestätigte Heinrich I. zwischen 1102 und 1105 seiner Witwe den Besitz dieser Häuser, wie ihr Mann sie ‹unter den Königen Wilhelm I. [dem Eroberer, † 1087] und II. [dem Roten, † 1100] besessen hatte›.[14] Dass es schon Williams [I] Beruf war, mit dem Staatsschatz umzugehen, erfahren wir retrospektiv. Seinem jüngsten, vielleicht nachgeborenen Sohn nämlich, William [II] Mauduit, gab 1153 der schon zum König designierte Herzog Heinrich, der spätere Heinrich II., *camerariam mei thesauri* ‹mit der Burg Portchester und allen zugehörigen Ländereien in England und der Normandie, wie sein Vater William [I] und sein Bruder Robert [I] Mauduit eine solche *cameraria* besessen haben›.[15]

Heinrichs II. Sohn, der ‹junge König› Heinrich, 1172 Weihnachten feierte, sperrten zwei seiner Freunde namens Wilhelm im Scherz alle Nicht-Wilhelme aus dem Saal aus: drinnen blieben 117 Wilhelme – so berichtet zu 1172 der verlässliche und bestens positionierte Robert de Torigni. Man sieht, dass um 1200 retrospektiv auch eine bloße Liste der *cognomina* von 1066 sinnvoll erschien.

12 Cf. etwa Douglas (1966: 203 n. 3). Die moderne Forschung wagt je nach Forschertemperament nur zwischen 15 und 34 Individuen als Mitstreiter Wilhelms namhaft zu machen (Douglas 1943: passim).

13 *Domesday Book, Hantescire* f. 47c (cap.35) und eine okkasionelle Erwähnung f. 46c (cap. 27). Dazu Hollister (1978: 274), Mason (1976: 8), Johnson (1950: p. XXVs.), Round (1899: 82 s.). Hartley Mauditt hat einen kurzen Artikel in *Wikipedia* (en.wikipedia.org/Hartley_Mauditt, abgerufen 31. 07. 2012), die Kirche mit dem alten Dorfteich (an der Straße gegenüber) ist erkennbar in www.maps.google.de/Hartley Mauditt, Alton, UK.

14 RRAN II, p. 48 (no. 729); Barlow (1976: 9 n. 1). Nach Chibnall (1986: 169) war William [I] Mauduit 1101 noch am Leben. – Um 1110 ließ Heinrich I. dann auch für die Stadt Winchester eine *Domesday*-ähnliche Erhebung durchführen, heute ‹Winton Domesday› genannt; ihr zufolge besaß damals Robert [I] Mauduit, Williams älterer Sohn und Amtsnachfolger, ebenfalls in der Stadt zwei Anwesen, die ausdrücklich als von seinem Vater ererbt bezeichnet werden (Barlow 1976: 41–43, no. 45 und 53).

15 RRAN III, p. 212 s. (no. 582). ‹Eine solche *cameraria*› und nicht ‹diese *cameraria*›, weil William [I] Mauduit anscheinend noch einen Seniorkollegen hatte (Hollister 1978: 263 s., Douglas 1966: 300). – Ein komplizierterer Stammbaum der Familie als der oben vorausgesetzte war 1925 von White aufgestellt wurden (noch implizit bei Richardson/Sayles 1963 und Barlow

Selbst wenn wir diese retrospektive Mitteilung nicht hätten, brächten uns die Stichwörter Winchester und Portchester vielleicht auf die richtige Fährte. In Winchester, der alten Hauptstadt von Wessex, dem wichtigsten der englischen Teilkönigtümer, befand sich nach der Vereinigung Englands der englische Staatsschatz zumindest seit Knut dem Großen († 1035). Unter den Normannenkönigen blieb er dort bis etwa 1180, als er in den Londoner Tower verbracht wurde.[16] – Portchester liegt 35 km südlich von Winchester am innersten Punkt der Bucht von Portsmouth, 3 km nördlich von diesem. Und so, wie Portsmouth[17] erst seit 1200 als Konkurrent von Portchester auftritt und es als englischer Kriegshafen par excellence erst seit dem 15. Jhrhundert, d. h. seit dem Bau eines Docks für Schiffe mit Tiefgang, überflügeln konnte – von Portsmouth als Zentrum ging noch 1944 die Invasion der Normandie aus –, so hatte Portchester in dem davorliegenden Jahrtausend immer wieder eine entsprechende Funktion.[18] Denn um 300 legten die Römer hier ihren zentralen Flottenstützpunkt gegen die sächsischen Seeräuber an: sie bauten unmittelbar an der Küste der Bucht ein quadratisches Fort mit fast 200 m Seitenlänge, von dem heute die noch bis zu 6 m hohen Mauern sowie 16 der ursprünglich 20 Türme es zum besterhaltenen römischen Fort nördlich der Alpen machen. Als aus den Seeräubern die neuen Landesherren geworden waren, mussten diese ihrerseits 904 *Porceastra* als *burgh* gegen die neuen Seeräuber, die Normannen, herrichten. Nicht lange nachdem wiederum Letztere 1066 die Landesherrschaft erkämpft hatten, grenzten sie – nach dem Konsens der Forschung schon unter William [I] Mauduit – im Fortbereich den Nordwesten durch einen mit dem Meer kommunizierenden Wassergraben ab und legten dort eine zusätzliche Befestigung an, zunächst wohl – wie die meisten gleichzeitigen Befestigungen in England – aus Holz; an deren Stelle trat dann im ersten und zweiten Drittel des 12. Jahrhunderts der mächtige erhaltene Bergfried von etwa 25 m Höhe. Sein Bau erklärt, weshalb Kronprinz Heinrich 1153, anders als das *Domesday Book*, vom *castellum* Portchester sprach.[19] Als er zwei Jahre später König wurde, bestätigte er übrigens William [II] Mauduit zwar im Amt und im Besitz der meisten Ländereien, nahm aber vorsichtigerweise die Burg samt einzelnen Ländereien in unmittelbaren

---

1976), wurde aber im Detail widerlegt von Hollister (1978: 265 s.). Der korrekte Stammbaum schon bei Mason (1976: passim).

16 Hollister (1978: 263), Chibnall (1986: 123–125), Mason (1976: 8).
17 Zu Portsmouth, einer Gründung von Richard Löwenherz, cf. Renn (1973: 285), und das LM, Art. ‹Portsmouth›.
18 Cf. zum Folgenden passim das LM, Art. ‹Portchester› (mit Lit.), und das offizielle *English Heritage Guidebook* von Goodall [2008] passim.
19 Herausgearbeitet von Round (1899: 82). Andererseits sprechen Johnson (1950: p. XXV) und Mason (1976: 79) vom «castle» Porchester schon mit Bezug auf William [I] Mauduit.

Königsbesitz zurück. Von dieser Königsburg Portchester aus verschiffte dann z. B. 1163 Heinrich II. seine Schätze für den Kriegszug in Frankreich, unternahmen John Lackland seine beiden (1205, 1213) und Heinrich III. (1216–1272) seine zahlreichen Frankreichzüge, brachen 1346 Edward III. und 1415 Heinrich V. zu ihren gloriosen Siegen von Crécy und Azincourt auf.

Bedenkt man nun, dass der Normannenstaat schon früh nicht nur die straffste Verwaltung, sondern nördlich der Alpen auch die am weitesten entwickelte Geldwirtschaft hatte – das *Domesday Book* ist primär eine gigantische Steuerliste, der Eroberer stützte sich schon 1066 in einigem Umfang auf besoldete statt belehnte Truppen, er hinterließ seinen beiden ältesten Söhnen je ein Land, seinem jüngsten Sohn Heinrich aber ‹eine beträchtliche Geldsumme›, woraus dieser letztlich mehr machte, als seine Brüder aus ihren Ländern –,[20] und bedenkt man weiter, wie Wilhelm länger als zwei Jahrzehnte fast pausenlos abwechselnd in England und auf dem Festland mit Waffengewalt auftrat, so wird einem klar, von wie vitaler Bedeutung es für ihn dabei war, seine Schätze so sicher, so schnell und auch so unauffällig wie irgend möglich von Winchester die etwa 20 Meilen nach Portchester und weiter in die Normandie oder umgekehrt transportieren zu lassen. Portchester war in der Tat «suitable as a base for treasure-convoys», «a major transfer point in the shipping of royal treasures from Winchester to Normandy».[21]

Alles in allem bestätigen also die Stichwörter Winchester und Portchester Heinrichs II. retrospektive Feststellung so eindeutig, dass es keine Zweifel geben kann: spätestens 1085 war der erste bezeugte Mauduit – ähnlich dem *Malduit* von O – als professioneller Bewacher und Transporteur der Schätze seines Königs tätig, und in der Alltagssprache konnte man ihn statt einen *camerarius thesauri* kurz einen *tresorer* nennen. Vielleicht war er (oder sein nicht belegter Vater) das damals schon lange; denn der Eroberer muss ja das Amt, unter welchem Namen auch immer, unmittelbar nach 1066 geschaffen und sicherlich einer der treuesten unter den Normannenfamilien gegeben haben.

Von William [I] Mauduits Nachfolgern können wir knapper handeln, da keine Chronologie auf dem Spiel steht. Gleich nach seinem Tod um 1100 trat sein älterer Sohn Robert [I] Mauduit seine Nachfolge an. 1109 ist er zufällig in der Normandie belegt, wo er mit einem Kollegen Gelder für den König eintrieb.[22] Als 1120 das ‹Weiße Schiff› kenterte, wurde der Staatsschatz gerettet, nicht aber

---

20 Ordericus Vitalis III 244.
21 Mason (1976: 7 s.), Hollister (1978: 265). Den direkten Beleg, dass Portchester als Schatzhaus dienen konnte, haben wir erst, und mehr zufällig, in der Pipe Roll von 1173 (Renn 1973: 285), aber die übrigen Fakten sprechen für sich.
22 Mason (1976: 2 n. 2).

der Thronfolger Wilhelm und der Schatzmeister Robert Mauduit.²³ Heinrich I. verheiratete nunmehr seinen Vertrauten William von Pont-de-l'Arche mit Roberts Tochter und gab ihm das Amt und einen Teil der Ländereien. Roberts noch junger Bruder (wohl Halbbruder) William [II] wurde zunächst mit dem anderen Teil und einer Leibrente abgefunden.²⁴ William von Pont-de-l'Arche bewährte sich als *fidissimus thesaurorum regis Henrici custos*; seine historische Stunde kam, als er nach Heinrichs Tod die *claves thesauri Wintoniae* (‹von Winchester›) dem Thronprätendenten Stephan von Blois aushändigte,²⁵ ein Akt, der «vital to Stephen's hope of winning the throne» wurde.²⁶ Inzwischen hatte auch William [II] Mauduit um 1131 von Heinrich I. eine Kammerherrenwürde bekommen, aber nicht diejenige seines Vaters; er hatte sie noch 1141 unter der (‹Kaiserin›-) Königin Mathilde inne, war also im Thronstreit, wie zu erwarten, auf die andere Seite getreten als William von Pont-de-l'Arche.²⁷ Dass Mathildes Sohn Heinrich II. ihm 1153, endgültig 1155 die Ämter und die meisten Ländereien seines Vaters außer der Burgherrschaft über Portchester zurückgab, hat er nicht mehr lange genießen können, da er irgendwann zwischen 1155 und 1158 starb.²⁸ Zur nächsten Generation sei nur erwähnt, dass wir jetzt, weil Schriftlichkeit und Archivierung inzwischen noch zugenommen haben, die Mauduits sozusagen bei der Arbeit beobachten können: so führte 1167 William [III] Mauduit eine Schatzladung über den Kanal in einem schnellen Kriegsschiff; in diesem Jahr gab die Krone £ 27 aus zur Ausstattung sogar von drei solchen Schatztransportern, von denen einer hundert Bewaffnete aufnehmen konnte; 1173 leitete dann auch Williams [III] jüngerer Bruder Robert [II] Mauduit einen Schatztransport über den Kanal²⁹ – und so weiter. Diese stetige Verbindung der Malduits nicht nur mit der Aufbewahrung, sondern mehr noch mit dem Transport der Schätze des Königs verdient hervorgehoben zu werden, weil der Name ja auch in der Rolandslied-Handlung in einem Augenblick auftaucht, wo nicht schlechthin von Schätzen des Königs, sondern von ihrer Herrichtung zum Transport die Rede ist.

*

---

23 Chibnall (1986: 125), Hollister (1978: 266 s.) – Zu den Stammbaumfragen cf. oben n. 15.
24 Hollister (1978: 266, 268 s., 269 n. 3), Mason (1976: 2), RRAN II p. 156 s. (no. 1255).
25 William of Malmesbury, *Historia Novella*, I 14 (p. 28 ed. King 1998); *Gesta Stephani*, 5.
26 Hollister (1978: 263, no. 5 und 6), Richardson/Sayles (1963: 222), Johnson (1950: p. XXVI). Das engl. Zitat bei Mason (1976: 2).
27 Mason (1976: 3); RRAN III, p. 212 (no. 581). In der *Constitutio Domus Regis*, die um 1136, jedenfalls zwischen 1135 und 1139 entstand (Hollister 1978: 263; cf. auch den gleichnamigen Art. im LM), wird *Willelmus Maudut* anscheinend als Hofbeamter im Schatzamt, aber unterhalb des (Chef-)Thesaurars genannt (Johnson 1950: 133, cf. auch seine Einleitung, p. XXIV–XXVI).
28 Mason (1976: 3), Johnson (1950: p. XXVI).
29 Mason (1976: 4 und 6).

Da gab es im 12. Jh. also bei der Textstelle *Malduit le tresorer* zweierlei Rezipienten des Liedes. Die meisten nahmen sie arglos auf: ein netter komischer Heidenname mehr. Doch eine spezielle Gruppe muss sie mit dem ‹Lächeln zweiten Grades› der Wissenden quittiert haben: der Name unseres Schatzmeisters. Dies war eine viel kleinere Gruppe – denn unter den Epitheta, mit denen Emma Mason die Mauduits belegt, ist wohl keines wichtiger als «unobtrusive». Zum Vergleich: wie extrem wenige unter den heute 80 Millionen Einwohnern Deutschlands kennen den Namen des Sicherheitschefs der Bundesbank? Gerade diese Beschränkung macht also den Namen interessant. Doch behandeln wir die beiden sich aufdrängenden Methodenfragen nacheinander.

Wir haben bisher als selbstverständlich unterstellt, dass die Realität das Lied prägt. Könnte es nicht umgekehrt gewesen sein? Könnten nicht die Normannen auf Grund des Liedes der heimischen *tresorer*-Familie den Spitznamen *Malduit* verpasst haben? Kaum. Bei der Familie gehören die Bestimmungsstücke *Malduit* und *tresorer* seit spätestens 1085 zusammen, vielleicht schon seit kurz nach 1066. Im Lied gehört das Motiv der Schätze und damit des *tresorer* noch zu dem großen Komplex, der durch die Einführung der Blancandrin-Gestalt völlig umgeprägt worden sein muss. Ich habe kürzlich unter anderem zu zeigen versucht, wie die Blancandrin-Gestalt dem Dichter eine psychologische Vertiefung und damit dichterische Überhöhung des Ablaufs von Ganelons Verrat ermöglicht, sowohl in der Gesprächsszene Blancandrin-Ganelon als auch in der Dreierszene Blancandrin-Ganelon-Marsilië, doch dies um den Preis einer sehr empfindlichen Äquilibrierung der Dichtung; hier muss jeder Satz sorgsam durchdacht sein.[30] Dass diese Szene – oder vielmehr, dass in dieser Szene ein so nebensächliches Detail wie die Nennung des *tresorer* – auf die Zeit vor 1086 zurückgeht, dürfte heute wohl auch kein (Neo-)Traditionalist annehmen. Es war also umgekehrt: ein dichterischer Kopf erlaubte sich einen kleinen Witz auf Kosten der Familie, und um diese Familie überhaupt zu kennen, muss er nach menschlichem Ermessen ein Normanne gewesen sein und dem Hof ziemlich nahe gestanden haben.

Schwieriger die zweite Frage: war dieser Witzbold mit ‹dem› großen Dichter des erhaltenen Rolandsliedes identisch? Technischer ausgedrückt: Gehört das *Malduit* von O wirklich in den kritischen Text des Liedes? Wir könnten uns bei der heutigen Forschungslage auf die Position zurückziehen, dass die eingangs zitierte illustre Riege der Editoren von Bédier bis zur Gegenwart es dorthin gesetzt hat, und dann behaupten, dass wir soeben den Dichter des Rolandsliedes als Normannen in Hofnähe erwiesen hätten. Dieser Beweis ist ja mehrfach

---

30 Beckmann (2008: 129–135).

versucht worden;[31] doch kann man ihn nicht als gelungen bezeichnen, solange z. B. der *Turoldus* des Schlussverses nicht allgemein als der Dichter des Liedes anerkannt wird.[32]

Und auch uns gelingt der Beweis nicht; denn wider die Editoren scheint *Malduit* im Stemma sekundär zu sein. Um das zu zeigen, müssen wir freilich tief ins Detail der Überlieferung gehen.[33] Das Stemma des Rolandsliedes ist bekanntlich an der Spitze zweisträngig: α = O gegen β = alle Nicht-O.[34] Statt des *Malduit* von O finden sich in den β die folgenden Lesungen: n *Valdenisis*, V4 *Gualdas* und V7 *Vaudrins*, die übrigen Textzeugen haben keinen Namen. Hier ist *Vaud-* in V7 natürlich die reguläre Verjüngung von *Vald-*. Das *Gu-* statt *V-* in V4 ist wohl hyperkorrekt: der Venezianer wusste, dass seinem *vardar*, *visa* usw. im ‹majoritären› Französisch *guarder*, *guise* usw. entsprach, und wollte es richtig machen. Der erste Namensteil lautete also im (Sub-) Archetyp von β wie in n *Vald-* gegen das *Mald-* von α. Im zweiten Namensteil dürfen zwei Singularitäten als belanglos gelten: in V7 kann das ‹überschüssige› *-r-* darauf zurückgehen, dass der *i*-Strich (der Vorläufer des heutigen *i*-Punktes), während er noch fakultativ war, als *r suprascriptum* verkannt wurde, und in n trägt die Quasi-Dittographie *-sis* statt *-s* nichts bei, da aus metrischen Gründen kein Platz für diese Silbe ist.[35] Wichtiger ist in zweien der drei Textzeugen von β die Folge von drei Abstrichen: n *Valde-ni-sis*, V7 *Vaudr-in-s*; da sie ebenfalls in O *Mald-ui-t* erscheint, stand sie wohl auch im (Sub-) Archetyp von β. Wie war sie zu lesen? Da wir einen Vokal brauchen, scheidet *-m-* aus. Ebenso *-ni-*, da *Valdni-* nach dem Dreikonsonantengesetz sogleich zu *Valni-* vereinfacht worden wäre; übri-

---

31 Es genügt, an Tavernier (1912–1914 und 1917: passim), Jenkins (1924: p. LI–LXI) und LiGotti (1949: passim) zu erinnern.

32 Ich selbst habe mich zwar (2008: 151–156) für Turold ausgesprochen, aber wohlgemerkt nur aus stilstisch-strukturellen Gründen und deshalb mit einer entsprechenden Kautel (p. 152 oben).

33 Dass das *Malduit* von O sekundär ist, setzt schon de Mandach (1993: 289 s.) voraus, aber ohne die hier gegen die Editorenfront notwendige, stringent stemmatische Beweisführung. Überflüssigerweise hält er außerdem drei in β folgende Verse, abermals gegen die Editoren und ohne Begründung, für echt, also in O ausgefallen.

34 Bédiers bekannte Demonstration ist meines Wissens nur von Halvorsen (1959) ernsthaft in Zweifel gezogen worden, der mir aber durch Segre (1974) widerlegt scheint. – Ich benutze α und β wie Segre, sonst die üblichen Siglen, im Folgenden: n Branche VIII der Karlamagnús-Saga, K das dt. Rolandslied des Priesters Konrad, V4 und V7 die beiden venezianischen Handschriften.

35 Man hat den Eindruck, dass sich hier ein sekundäres Verständnis des Namens eindrängt, etwa ‹Tal eines Denis› o. ä., obwohl dies semantisch absurd ist. Ähnlich *blagues* weitab einer geographisch richtigen Einschätzung der Situation sind in der Karlamagnús-Saga nicht ganz selten.

gens scheint es unter der Unzahl der Heidennamen in der afrz. Epik keinen zu geben, der dem phonotaktischen System des Afrz. widerspräche. (Vermutlich hat aber eine Lesung *Valdni- den Redaktor von n zur unwillkürlichen Einfügung seines -e- verleitet.) Auch -iu- scheidet aus, da es im Afrz. nur in wenigen, hier nicht vorliegenden Fällen erscheint (und im ‹majoritären› Afrz. zudem instabil ist). Für -ui- hat Stengel (1900) optiert mit seinem Valduit, indem er einfach den ersten Namensteil aus den Nicht-O, den zweiten aus O bezog – eine hochgradig unwahrscheinliche Lösung, da Valduit im Afrz. als ‹gelehrtes Tal› klar deutbar, aber semantisch sehr unpassend wäre. So bleibt nur -in(-); dieses hypokoristische Suffix erscheint ja im Rolandslied auch in den Heidennamen Blancandr-in, Clar-in, Eudrop-in und Mal-pal-in. In unserem Fall spricht für -in insbesondere der überraschende Umstand, dass damit das Guald-as von V4 erklärbar wird: der Venezianer hat anscheinend das Verkleinerungs- und Intimitätssuffix -in(o) ersetzt durch das ihm passender erscheinende Augmentativ- und Pejorativsuffix nordital. /-ats(o)/ > /-as(o)/ (~ standard-ital. -accio), erwartungsgemäß ohne sein venezianisches -o.[36] Letzte Frage: Ging der Name in β auf -s aus? Kaum. In V4 ist das -s nach dem Gesagten stammhaft. In V7 ist die Aussage in zwei Teilaussagen gespalten, und in der zweiten, Vaudrins ot nom, steht der zu erwartende ‹benennende› Rektus.[37] Ähnlich in Fassung B von n: ‹einen Edelmann, der da hieß V.›; in A zwar kürzer: ‹einen Edelmann V.›, doch ist in der ganzen Karlamagnús-Saga, auch in A, die Namenseinführung durch einen Relativsatz oder zumindest durch die Wendung ‹mit Namen› extrem häufig, so dass sie hier in A sekundär ausgefallen sein kann.

Im (Sub-) Archetyp von β lautete der Name also wohl *Valdin. Kann man ihn im Kontext plausibel machen? Nur 25 Verse vor ihm ist Valdabrun, Marsiliës

---

[36] In V4 ist das italienische Element wohl trevisanisch mit Hinneigung zu einer venezianischen koiné (Holtus 1998; 720). Zum nordital. Lautstand des Suffixes cf. Rohlfs (1969: § 275 und 1037) und Tekavčić (1980: § 1893). Feinheiten der Entwicklung – etwa dass der Übergang von der Affrikata zur Spirans über eine langlebige ‹Starkspirans› ging, in manchen Untermundarten außerhalb von Venedig-Stadt auch auf den Seitenweg -θ- abirrte (cf. etwa Zamboni 1988: 525 s.) – dürfen hier außer Betracht bleiben; denn für den Redaktor von V4 konnte es ja nur darauf ankommen, eine möglichst französisch aussehende Form des Suffixes zu bieten. In der Tat ist -as im späteren Altfrz. (wenn auch dürftig) belegt, im Altokzit. (Typ gatás ‹große Katze› u. ä.) und Katal. aber wesentlich häufiger; seit dem 16. Jahrhundert wird dann ital. -accio auch im Frz. manchmal als -as nachgebildet (z. B. coutelas < coltellaccio, zuerst bei Ronsard) und bestätigt so die oben angenommene Entsprechung (Meyer-Lübke 1921: § 172, Nyrop 1936: § 178–180, Jens Lüdtke 1996: 245). V4 selbst hat graphisch einfache Spirans statt Affrikata zum Beispiel auch in den Namen Clapamors (< -morz), Maçaris (< Margariz), Sors b (< Sorz), Mon Senis (< Mont Cenis); typischer für das Franko-Italienische ist in solchen Fällen allerdings -ç-, häufig bleibt auch -z-.

[37] Gamillscheg (1957: 779).

Erzieher (und jetzt sein mächtiger Flottenchef) eingeführt worden. Dazwischen treten zwar noch *un paien Clim<b>orins* und – sozusagen außer Konkurrenz – die Königin *Bramimunde* auf, aber dem Erzieher und dem (tieferstehenden) Schatzmeister ist wohl ein maximal enges Vertrauensverhältnis zu dem Herrscher gemein; so kann der Schatzmeister onomastisch gleichsam als die kleinere Variante des Erziehers erscheinen.[38]

Also *Malduit* α contra *Valdin*. Geht man von *Malduit* aus, so ist angesichts seiner semantischen Durchsichtigkeit und angesichts der anderen Heidennamen mit *Mal-* ein Abirren auf *Val-* nicht leicht vorstellbar; gerade das Gegenteil liegt z. B. vor, wenn aus dem *Valdabrun* von O (ähnlich nKV4CV7) in w ein *Maldabrun*, in T ein *Mandabron* (< *Maudabron*) geworden ist. Auch dass die Mauduits Anstoß genommen und in einem Teil der Überlieferung eine Namensänderung erreicht hätten, ist unwahrscheinlich. Dazu ist erstens der Witz doch wohl zu harmlos, und zweitens hätte man bequem auf einen ganz anderen durchsichtigen Namen ausweichen können, nicht auf ein Lautgebilde, das einerseits noch vage an *Malduit*, andererseits deutlich an einen im Lied vorhergehenden Namen anklingt. Geht man hingegen von *Valdin le tresorer* aus, so leuchtet das Weitere ein: beim Hören oder Lesen dieses Namens schoss einem hofnahen Normannen der *Malduit le tresorer* der Realität durch den Kopf, und der Witz war geboren. Die *précellence* von O wird durch diesen Fall nicht gemindert, nur rührt sie hier wohl – das ist die große Ausnahme – nicht vom Dichter her.

Helfen uns die Malduits also nicht, das Rolandslied als normannisch zu erweisen, so bleibt es immerhin bemerkenswert, dass O nicht nur, wie bekannt, anglonormannisch ist, sondern dass es selbst oder doch seine enge Vorgeschichte an dieser Stelle schlaglichtartig normannische Hofnähe spüren lässt.

*

Zudem halten die Malduits noch eine zweite Überraschung für uns bereit. William von Pont-de-l'Arche, der unerwünschte Agnat, hatte nicht nur innerhalb des römischen Fortbereichs von Portchester 1128 ein Augustinerpriorat gestiftet, sondern den Mönchen gegen Ende seines Lebens um 1147–1152 auch aus dem Familienerbe der Malduits in Shalden bei Winchester die Pfarrerstelle geschenkt. Ersteres ging die Malduits nichts mehr an, seit Heinrich II. 1155 die Burg in Eigenbesitz übernahm, Letzteres nahmen sie übel und setzten dort nach Williams [II] Einrücken in das Familienvermögen mit Ortsherrengewalt

---

[38] Der Dichter liebt ja auch sonst solche im ersten Namensteil identischen Namenspaare, sowohl für Heiden: *Clarifan-Clariën, Esturganz-Esturguz* (und *Estramariz*), *Malcuiant-Malcud*, dazu das Völkerpaar *Sorbres-Sorz*, als auch für Christen: *Basilië-Basan, Gerin-Gerer, Ive-Ivorie*.

‹ihren› Priester ein. Bald kam es zum Prozess; zwischen 1155 und April 1161 verlor ihn William [III] im Prinzip, erreichte damals aber, dass sein Priester, *Ricardus Baligan clericus meus*, die Pfarrstelle noch auf Lebenszeit behalten durfte.³⁹

Hier ist der Beiname des Priesters natürlich identisch mit dem Namen *Baligant* des Liedes (und bemerkenswerterweise nicht mit dem *Beliguandus* des Pseudo-Turpin). Genauer noch: Er ist identisch mit der Variante auf *-an* statt *-ant*; in der Rolandslied-Überlieferung findet sich diese nur bei Konrad, dort aber als einzige und mehr als 30-mal.⁴⁰ Da Konrads Text eine anglonormannische Vorlage durchscheinen lässt, welche sich nach menschlichem Ermessen Heinrich der Löwe bei seinem Schwiegervater Heinrich II. von England besorgt hatte, werden wir wiederum an dessen Hof geführt. Der Name des Priesters bezeugt das Lied mit Baligant-Teil, also im Wesentlichen das Lied wie wir es kennen; denn von Zufall kann auch hier keine Rede sein: Es gibt für den Namen ja keine allgemein anerkannte Etymologie,⁴¹ und meines Wissens sind aus Westeuropa für die Zeit vor 1200 keine anderen Personen mit diesem Bei- oder Erstnamen nachgewiesen. Erst für 1292 wies Michaëlsson *Baligan* (auch hier ohne *-t*!) als Bei- bzw. Familiennamen in Paris nach. Wohl brachte aus Italien Rajna einen *Barigando* des Jahres 1153 von leicht dubiöser Beweiskraft, überzeugendere Belege (*Balegantus*, *Baliganus*, *Belegantus*, *Bellagante*) aber erst aus dem 13. Jahrhundert bei, denen später Rosellini noch einen *Belicant* von 1257 hinzufügen konnte.⁴²

Es mag sein, dass durch den englischen *Baligan* von vor April 1161 auch der italienische *Barigando* von 1153, jetzt aus seiner zeitlichen Isolation befreit, an Plausibilität gewinnt. Doch halten wir uns bis auf Weiteres an den sicheren englischen! Hier handelt es sich offensichtlich nicht wie bei den Mauduits um

---

39 Die Urkunde ist mit Kommentar abgedruckt bei Mason (1976: 17, cf. dort auch p. 3); der *terminus ante quem* ergibt sich daraus, dass der als Zeuge fungierende Erzbischof Theobald von Canterbury im April 1161 starb – wie man sieht, ein sehr stabiler *terminus*.

40 In der handschriftlichen Überlieferung von Konrads Lied erscheint sie allerdings durch den binnendt. Konsonantenzusammenfall als *Paligan* – wie dort auch *Per(i)nger* neben *Beringer* ‹Bereng(i)er› und umgekehrt *Binabel* ‹Pinabel›. Doch eine Generation später nennt Wolfram im *Willehalm* 272.15 Karls Gegner *der hôhe Baligân*, und der *Biterolf* 315 spricht von einem *Baligân* mit seinen 80.000 Kriegern aus Persien.

41 Und selbst wenn der Name *Baligant/Beliguandus* auf okzit. *belugant* ‹funkelnd› (~ ‹funkeläugig›, Sainéan, Spitzer) oder auf ʿAlī ben Ġāniyya, den almoravidischen Feldherrn, der zwischen 1129 und 1134 den Christen zusetzte (Poncet, de Mandach), zurückgehen und/oder sich an biblische Namen wie *Baal/Bel*, *Balaam*, *Balac*, *Baladan* anlehnen sollte, schlösse der Name des Priesters sichtlich nicht unmittelbar an diese, sondern erst an den Namen des Herrn der Heidenheit im Rolandslied an.

42 Michaëlsson (1927–1936: 93), Rajna (1889: 17), Rosellini (1958: 257).

einen Familiennamen, sondern um einen persönlichen Beinamen. Der Mann kann zwar dem Baligant des Liedes nicht gut ähnlich gewesen sein, aber z. B. – um auch hier auf spektakulärere Vermutungen zu verzichten – ständig begeistert von diesem geredet haben; der logische Nexus zwischen einem Beinamen und seinem Träger ist ja nicht immer geradlinig. Doch auch dann wird der Redaktor einer Urkunde doch so leicht keinen Beinamen aufnehmen, der dem Geistlichen gerade erst, möglicherweise also ganz ephemer, verpasst worden ist; denn in der Urkunde soll der Beiname ja noch nach Jahrzehnten zur Identifikation seines Trägers ausreichen. Er dürfte also bei diesem Träger zu allermindest ein paar Jahre älter als 1161 sein, und wiederum ein paar Jahre älter muss das Lied sein, selbst wenn es in England entstand.

Diese Feststellung hätte man vor einem halben Jahrhundert noch mit einem gelangweilten ‹Na und?› quittiert. Aber in unserer vom systematischen Zweifel geprägten Wissenschaftskultur driften Datierungen auf den spätestmöglichen Termin zu. Hier ist nicht der Ort, im Einzelnen die Arbeiten zu diskutieren, die das erhaltene Rolandslied am Zweiten Kreuzzug festmachen wollen. Nur sei eine Frage gestattet: Wenn das Rolandslied mit Baligant-Teil, wie etwa Hans-Erich Keller will,[43] erst 1148–1150 in Saint-Denis entstand, ist es dann wahrscheinlich, dass dieses Lied so früh nach England gelangte und dort einen Priester so begeisterte, dass man ihm einen diesbezüglichen Spitznamen anhängte und dieser schon so stabil werden konnte, dass er in die ernste, auf Dauer angelegte Diktion einer Urkunde aufgenommen wurde – alles innerhalb einer Dekade?

---

43 Keller (1989: 9–75).

Zitierte Literatur

Barlow, Frank u. a. (1976): *Winchester in the Early Middle Ages. An Edition and Discussion of the Winton Doomsday*, hg. von Martin Biddle. Oxford: Clarendon.
Beckmann, Gustav Adolf (2008): «Schwierigkeiten und Triumph einer Überhöhung: Zur Erzählkunst im Rolandslied», in: *Romanistisches Jahrbuch* 59, 128–156.
Broussillon, le Comte Bertrand de (Hg.) (1896–1903): *Cartulaire de l'abbaye de Saint-Aubin d'Angers*. Angers: Germain & Grassin.
Chibnall, Marjorie (1986): *Anglo-Norman England 1066–1166*. London: Basil Blackwell.
Delisle, Léopold (1862): « Liste des Compagnons de Guillaume le Conquérant à la Conquête de l'Angleterre en 1066 », in: *Bulletin monumental*, année 1862. [Zitiert nach einem Sonderdruck.]
Domesday Book = Morris, John (General editor), *Domesday Book*, IV, *Hampshire*, hg. von Julian Munby. Chichester: Phillimore, 1982.
Douglas, David D. (1966): *William the Conqueror. The Norman Impact upon England*. London: Eyre & Spottiswoode.
Douglas, David D. (1943): «Companions of the Conqueror», in: *History* 28, 130–147.
FEW = Wartburg, Walther von (Hg.), *Französisches Etymologisches Wörterbuch*. Bonn: Klopp, zuletzt Basel: Zbinden, 1928–.
Gamillscheg, Ernst (1957): *Historische französische Syntax*. Tübingen: Niemeyer.
Gesta Stephani = Potter, K. R. (1976) (Hg., mit engl. Übs.): *Gesta Stephani – the Deeds of Stephen*, mit neuer Einleitung und Anmerkungen von R. H. C. Davis. Oxford: Clarendon, 1976.
Goodall, John [2008]: *Portchester Castle* (*English Heritage Guidebooks*), s.l. [Fassung November 2008, mit Unterstützung namhafter Historiker; ISBN 978-1-84802-007-8].
Halvorsen, Eyvind Fjeld (Hg., mit engl. Übs. und ausführlicher Diskussion) (1959): *The Norse Version of the Chanson de Roland*. København: Munksgaard.
Hollister, C. Warren (1978): «The Origins of the English Treasury», in: *The English Historical Review* 93, 262–275.
Holtus, Günter (1998): «Le franco-italien», in: G. Holtus u. a. (Hg.), *Lexikon der romanistischen Linguistik (LRL)*, Bd. VII, Tübingen, Niemeyer, 705–756.
Jenkins, T. Atkinson (Hg.) (1924): *La Chanson de Roland, Oxford Version*. Boston: Heath.
Johnson, Charles (Hg., mit engl. Übs.) (1950) : *De Necessariis Observantiis Scaccarii Dialogus qui vulgo dicitur Dialogus de Scaccario. The Course of the Exchequer by Richard, Son of Nigel*. London: Thomas Nelson.
Keller, Hans-Erich (1989): « Introduction » und « La version sandionysienne de la Chanson de Roland », in : H.-E. Keller (Hg.), *Autour de Roland. Recherches sur les chansons de geste*, Paris: Champion, 9–75.
Kunitzsch, Paul (1996): *Reflexe des Orients im Namengut mittelalterlicher europäischer Literatur*. Hildesheim: Olms.
Kunitzsch, Paul (1980): «Noch einmal: Mauduit de Rames», in: *Germanisch-Romanische Monatsschrift* 30, 350–354.
LiGotti, Ettore (1949): *La Chanson de Roland e i Normanni*. Firenze: Sansoni.
LM = *Lexikon des Mittelalters*, Studienausgabe. 9 Bde. Stuttgart: Metzler, 1999.
Lüdtke, Jens (1996): «Gemeinromanische Tendenzen, IV. Wortbildungslehre», in: G. Holtus u. a., *Lexikon der Romanistischen Linguistik (LRL)*, Bd. II/1. Tübingen: Niemeyer, 235–272.
Mandach, André de (1993): *Naissance et développement de la chanson de geste en Europe*, Bd. VI, *Chanson de Roland, Transferts de Mythe dans le monde occidental et oriental*. Genève: Droz.

Mason, Emma (1976): «The Mauduits and their Chamberlainship of the Exchequer», in: *Bulletin of the Institute of Historical Research* 49, 1–23.
Metz, Martin (1981): *Zur Tradition und Perspektive in der Geographie der Chanson de Roland.* Frankfurt a. M.: Haag & Herchen.
Meyer-Lübke, Wilhelm (1921): *Historische Grammatik der französischen Sprache*, Bd. II, *Wortbildungslehre.* Heidelberg: Winter.
Michaëlsson, Karl ([1927–]1936): *Études sur les noms de personne français d'après les rôles de taille parisiens (rôles de 1292, 1296–1300, 1313).* Uppsala: Almquist & Wiksell.
Migne, Jacques Paul (Hg.) (1853): *Patrologiae cursus completus, Patrologia latina*, Bd. 149. Paris: Migne.
Moisan, André (1986): *Répertoire des noms propres de personnes et de lieux cités dans les Chansons de geste françaises et les œuvres étrangères dérivées.* Genève: Droz. 5 Bde. in 3 'tomes'.
Nyrop, Kristoffer (²1936): *Grammaire historique de la langue française*, Bd. III, *Formation des mots.* København: Gyldendal.
Rajna, Pio (1889): «Contributi alla Storia dell'Epopea e del Romanzo Medievale», in: *Romania* 18, 1–69.
Renn, Derek F. (²1973): *Norman Castles in Britain.* London: John Baker/The Humanities Press.
Richard fitz Nigel, cf. Johnson.
Richardson, Henry G./George O. Sayles (1963): *The Government of Mediaeval England from the Conquest to Magna Charta.* Edinburgh: The University Press.
Rohlfs, Gerhard (1969): *Grammatica storica della lingua italiana e dei suoi dialetti*, Bd. III, *Sintassi e formazione delle parole.* Torino: Einaudi.
Rol. = Segre, Cesare (Hg.) (²1989): *La Chanson de Roland*, mit frz. Übs. des Segreschen ital. Begleittextes von Madeleine Tyssens. 2 Bde. Genève: Droz.
Rosellini, Aldo (1958): «Onomastica epica Francese in Italia nel medioevo», in: *Romania* 79, 253–267.
Round, John Horace (1899): *The Commune of London.* Westminster: Constable.
Round, John Horace (1903): «Mauduit of Hartley Mauduit», in: *The Ancestor* 5, 207–210.
RRAN II und III: Johnson, Charles/Henry A. Cronne (Hg.) (1956, 1968): *Regesta Regum Anglo-Normannorum* 1066–1154, Bd. II und III, nach Vorarbeiten von H. W. C. Davis. Oxford: Clarendon.
Segre, Cesare (1974): *La tradizione della ‹Chanson de Roland›.* Milano: Ricciardi.
Tavernier, Wilhelm (1912–1914): «Beiträge zur Rolandforschung, III, Turoldus», in: *Zeitschrift für französische Sprache und Literatur* 38, 117–135, 39, 133–159, und 41, 49–101.
Tavernier, Wilhelm (1917): «Vom Rolanddichter», in: *Zeitschrift für romanische Philologie* 38, 99–107, 412–446, 703–710.
Tekavčić, Pavao (1980): *Grammatica storica dell'italiano*, Bd. III, *Lessico.* Bologna: Molino.
Tobler/Lommatzsch = *Altfranzösisches Wörterbuch*, Adolf Toblers nachgelassene Materialien bearbeitet und […] hg. von Erhard Lommatzsch, weitergeführt von Hans Helmut Christmann, vollendet von Richard Baum. 11 Bde. und (im Erscheinen begriffener) Schlussband. Berlin: Weidmann, später Wiesbaden: Steiner, 1925–.
William of Malmesbury (1998): *Historia Novella. The contemporary History*, hg. von Edmund King, engl. Übs. von K. R. Potter. Oxford: Clarendon.
Zamboni, Alberto (1988): «Aree linguistiche IV. a) Veneto», in: G. Holtus u. a. (Hg.), *Lexikon der Romanistischen Linguistik (LRL)*, Bd. IV, *Italienisch, Korsisch, Sardisch.* Tübingen: Niemeyer, 517–538.

6 Von Belin, einem Rätsel am Jakobsweg, von der Begräbnisliste des Pseudo-Turpin und von Herzog Naimes

Abstract: According to the Pseudo-Turpin (PT, around 1150), the Frankish Roncevaux victims were buried at Blaye, Arles, Bordeaux and, astonishingly enough, at Belin, a small place some 40 km south of Bordeaux. The following article is devoted to three questions: 1) What did the PT see at Belin? 2) According to what principles did he distribute the individual warriors among the different places? And 3) what predestined tiny Belin for its part in the tradition?

Ad 1) At Belin, the PT adopted a local (probably rather rudimentary) tradition that a certain tumulus was the tomb of Roncevaux victims. (This tradition, however, fell into oblivion shortly after the PT, possibly because the tumulus was destroyed during the construction of Belin castle or, at any rate, because the tradition came into unsuccessful conflict, a) for Oliver, with the rapidly consolidating and more appealing Blaye tradition claiming by then also Oliver, and b) for other heroes, with what was told in their own *chansons de geste*.)

Ad 2) The PT distributed the burials according to very simple principles recognized hitherto only in part: for Roland's tomb at Blaye, the PT could not disregard a tradition which at that moment was already firm for Roland only (not yet for Oliver, let alone Turpin); Belin received those warriors whose home, in the opinion of the PT, was still so far away that the survivors, despairing of transporting the decaying corpses till there, decided for a collective emergency burial – an idea which also accounted for the simple form of the 'tomb' he saw. The other corpses were distributed among France's two most renowned cemeteries, at Arles and Bordeaux, depending on which of the two was closer to the individual warrior's home. In keeping with this, Duke Naimes was buried at Arles, because for the author of the PT, Naimes was 'of Bavaria', not 'of Bayonne'.

3) At Belin, the tumulus-based tradition, preexistent to the PT, probably owes its existence to the fact that pilgrims and warriors returning from Spain considered Belin – on the same grounds as Blaye, but at different times – as 'the first place in France proper' and therefore as the first place where Charlemagne could have fulfilled his moral duty of burying the corpses 'in native soil'.

Belin ist ein kleiner Ort in der Luftlinie 40 km südsüdwestlich von Bordeaux, knapp 4 km östlich der Autobahn 63 (von Bordeaux zur spanischen Grenze an der Biscaya). Seit 1974 ist es mit dem 2 km weiter nördlich gelegenen Béliet – das ihm an Größe nicht viel nachsteht, obwohl sein Name ein Diminutivum von Belin ist[1] – vereinigt zur Gemeinde Belin-Béliet mit etwa 4000 Einwohnern. Die

---

1 Im Südwesten des okzitanischen („provenzalischen') Sprachgebiets ist früh das intervokalische -*n*- ausgefallen, hingegen das (durch Ausfall der lat. Endung damals schon) wortfinale -*n*

Anmerkung: Erstmals veröffentlicht in: Ad Limina [Santiago de Compostela] 2 (2012), 29–55.

Open Access. © 2019 Gustav Adolf Beckmann, publiziert von De Gruyter. Dieses Werk ist lizenziert unter der Creative Commons Attribution-NonCommercial-NoDeratives 4.0 Lizenz.
https://doi.org/10.1515/9783110615692-006

zur Autobahn parallele, beide Orte durchquerende Landstraße hieß vor dem Autobahnbau ‚Nationalstraße 10' und fällt von Bordeaux bis über Belin-Béliet hinaus zusammen mit dem ersten und wohl wichtigstem Zweig des Jakobswegs, der *Via Turonensis* (Paris-)Tours-Ostabat. Für das Territorium von Belin-Béliet darf man geradezu von Identität des Straßenverlaufs sprechen. Denn dort bestanden zwei kleine Pilgerhospize, jeweils mit Kapelle, unter je einem Prior, in der Literatur meist Priorate genannt: das eine, fast 3 km nördlich von Béliet bei der bis heute *Le Hospitalet* genannten Häusergruppe, bestand von vor 1262 bis 1766, das andere, 2 km südlich Belin unmittelbar am Übergang der Straße über den Fluss Leyre,[2] kurz *Le Passage* genannt, von vor 1268/1270 bis 1762.[3]

In die Geschichte tritt Belin Mitte des 12. Jh.[4] ein mit einer Doppelnennung in zwei engstens verschwisterten Texten: im Pseudo-Turpin, dem angeblichen Augenzeugenbericht des Erzbischofs Turpin von Reims über die Spanienkriege und die Jakobus-Verehrung Karls des Großen (im Folgenden kurz PT), und im Pilgerführer, einer Beschreibung der vier großen Frankreich durchquerenden

---

großenteils bewahrt; also *Beliet* < *Belinet, aber *Belin*, nicht *Beli. Cf. etwa Allières 1995, 452, Ravier 1991, 87.

2 Bis heute gelegentlich auch: L'Eyre.

3 Am ausführlichsten orientiert über die Geschichte der beiden Priorate Gaillard 1908, komprimiert aufgegangen in Gaillard 1909, einem 390 p. starken Werk, das auch die weltliche Geschichte beider Orte und die der Burg Belin behandelt und 1993, 1996 und 2002 Nachdrucke erlebte. Laut Gaillard (1908, 196, 200) wird jedes der beiden Priorate zuerst in einem Testament Amanieus VI. [nach der heutigen, 1975 von Marquette begründeten Zählung] von Albret erwähnt und mit einer Schenkung von 100 Solidi bedacht. Amanieu hat wirklich zwei Testamente hinterlassen (Marquette 1975, 50, 59); will man trotzdem bezweifeln, dass hier mit den Prioraten von ‚Belin' (gemeint ist Béliet) und von ‚Pont des Monts' zwei verschiedene Priorate gemeint sind (dieser verständliche Zweifel klingt implizit, aber deutlich an bei Treuille 1979, 243 s. mit n. 17 und 20), so kann man beide Nennungen schon wegen des Begriffs ‚Pont' (ebenso wegen ‚Monts', heute Mons, cf. passim weiter unten) nur auf das südliche Priorat an der Leyre-Brücke beziehen. Das nördliche wäre dann, abgesehen von einer kommentarbedürftigen Nennung von 1365, spätestens in einer Urkunde von 1466 gemeint, wo es ausdrücklich um das Priorat „de Bellin a Belliet" geht (Gaillard 1908, 193).

4 Gerade Kenner der komplizierten Erforschungsgeschichte des *Codex Calixtinus*, „cette compilation toujours énigmatique" (Herbers 2000, 205), werden die vorsichtige Vagheit dieser Datierung verstehen: der erhaltene Codex kann selbst in den von Schreiber I geschriebenen Teilen jünger als 1150 sein (Díaz y Díaz spricht 1992, 9, sogar von 1160–1180, wobei er vorauszusetzen scheint, dass z. B. Arnaut von Ripoll 1173 noch aus einem heute verlorenen Schwesterms. abgeschrieben hätte). – Gaillard 1909, 370, glaubte an eine viel frühere Erwähnung von Belin: eine Liste in einem Altfrz. etwa des 13. Jh. behauptet inmitten ähnlicher Mitteilungen, vor einem Normanneneinfall seien die ‚Schätze und Reliquien' der Kirche von Belin nahe dem Hauptaltar verborgen worden. Doch erkennt heute wohl niemand mehr eine solche Liste auch nur als Übersetzung eines Dokuments des 9. Jh. an. Ebenso schlecht bestellt ist es um die lokale Überlieferung, Aliénor sei (um 1122) in Belin geboren, cf. unten n. 66.

Pilgerstraßen samt ihrer gemeinsamen Fortsetzung nach Compostela (im Folgenden kurz PF).[5] Das älteste erhaltene Manuskript beider Texte ist der berühmte *Codex Calixtinus* (kurz CC).[6] Diese doppelte Erwähnung von Belin ist die einzige überregional interessante seiner Geschichte geblieben, doch zugleich bisher die rätselhafteste. In beiden Texten wird nämlich behauptet, dass auf Karls des Großen Heimweg von Spanien manche der prominentesten in Roncevaux Gefallenen gerade in Belin begraben wurden. Hier sei versucht, das Wie und Warum dieser Behauptung zu klären.

Zunächst der PT (Kap. 27–29, Schreiber II)![7] Er berichtet zuerst von den einfachen Gefallenen: so manchen begruben seine Freunde am Ort der Schlacht selbst, manchen trugen sie zurück nach Frankreich oder [sogar] bis in seinen Heimatort und manchen, bis die Leiche in Fäulnis überging und dann an Ort und Stelle begraben werden musste.[8] Von den gefallenen *pugnatores maiores*[9]

---

5 Ich zitiere PT und PF nach der Transkription des *Codex Calixtinus* (cf. sogleich n. 6) von Herbers/Santos Noia 1998. Verglichen habe ich für den PT: die Ed. Meredith Jones 1936 (einzige kritische Edition des PT nach etwa 8 [und partiell bis zu 49] Mss.), aus der ich auch die üblich gewordene Kapitelzählung übernehme; die Ed. Hämel/Mandach 1965 (erste akribische Ausgabe des PT im CC); die Ed. Klein 1986 (erste Edition dreier Mss. aus der wichtigen Gruppe HA); schließlich die Editionen einzelner Mss. von Castets 1880, Ward Thoron 1934, Smyser 1937, Karl 1940, Rehnitz 1940 und P. G. Schmidt 1996 sowie die Varianten-Liste von Deinlein 1940. Für den PF habe ich verglichen: Gerson et al. 1995–1998 (erste, noch dazu ausgiebig kommentierte, Ausgabe nach allen bekannten Mss.) und die schon klassische Edition von Vielliard (5. Aufl. 2004).
6 Der vorliegende CC (oder – weniger wahrscheinlich – das in n. 4 erwähnte verlorene Schwesterms.) ist der Archetyp der gesamten Überlieferung des PF – zumindest in dem uns interessierenden Passus; denn selbst nach Meinung von André de Mandach, 1990, 42, der Vorstufen des PF glaubte unterscheiden zu können, taucht dieses ganze Kapitel erst auf in dem Ms., das Aimery Picaud „1139" [vielmehr nach 1140, wahrscheinlich kurz nach 1143, G. A. B.] nach Compostela gebracht habe, und unser Passus habe keine textlichen Veränderung mehr erfahren. Beim PT liegen die Dinge zumindest insofern komplizierter, als dort, nachdem schon Abschriften aus dem CC genommen wurden, gewisse Blätter des Schreibers I durch Neuschriften der Schreiber II, III und IV ersetzt wurden – ein Prozess, der von Hämel 1942 erwähnt, 1950 beschrieben wurde; genauer Hämel/de Mandach 1965. Auch die beiden im vorliegenden Aufsatz behandelten Stellen aus PT Kap. 11 und 27–29 stammen im CC vom Schreiber II (= de Mandachs ‚B-KAROLUS'); da sie aber auch in den Manuskripten stehen, die auf Abschriften schon aus dem CC des Schreibers I beruhen (cf. die Edition Klein 1986 und die Studien von Deinlein 1940 und Karl 1940), müssen sie essentiell den Text des Schreibers I spiegeln, gehörten also von vornherein in den CC; über die einzige erhebliche Variante – Bayern oder Bayonne als Naimes' Heimat – ausführlich weiter unten im Haupttext.
7 Zur Kapitelzählung cf. n. 5, zum Schreiber II cf. n. 6.
8 *Alter alterum ibidem sepeliebat, alter usque ad Galliam vel ad proprium locum amicum suum deferebat, alter portabat illum quousque in putredine verteretur et tunc sepeliebat.*
9 Dieser Terminus erscheint zuerst in Kap. 11 zu Beginn der dort gegebenen Liste.

brachten die Bretonen ihren Grafen Hoel von Nantes,[10] die Römer ihren Präfekten Konstantin heimwärts; der PT betrachtet offensichtlich beide Gruppen relativ zum eigentlichen Karlsreich als eine Art Satellitenvölker, die selbst für das Schicksal ihrer Gefallenen zu sorgen hatten. Um die anderen *pugnatores maiores*, etwa dreißig, kümmerte sich Karl: manche – sie werden jeweils namentlich aufgezählt – wurden auf jenen beiden ‚hochheiligen' Friedhöfen in Arles und Bordeaux begraben, wo die meisten der Glaubensboten Frankreichs ruhten; Roland wiederum fand sein Grab in Blaye (gleich nördlich der Gironde) in der Basilika des heiligen Romanus. Hierzu ruft der Autor aus: „Glücklich die opulente (‚fette') Stadt Blaye, die durch einen solchen Gast beehrt wird!"[11] Und schließlich: in oder bei Belin fanden ihre letzte Ruhe Olivier Graf von Genf, Gandelbod König der Friesen, Ogier König von Dänemark, Æðelstān König von Britannien, Garin Herzog von Lothringen „und viele andere".[12] Es folgt der Aus-

---

[10] In der Bretagne lag seit 1066 der Herzogstitel in der Tat bei den Grafen von Nantes, und zwar zunächst bei einem Hoel (bis 1084); zur ungefähren Zeit des PT regierte sein Enkel Conan III. (1116–1148), dann dessen Sohn Hoel, cf. LM s.v. Bretagne. Wie des öfteren in der altfrz. Epik stammt der Name eines Lehnsmannes Karls aus der regionalen nachkarolingischen Geschichte, wirkte aber echt in den Augen eines Publikums, das aus eigener Erfahrung nur die geographische, nicht die chronologische Dimension beurteilen konnte.

[11] *Felix urbs pinguissima Blavii, qui tanto hospite decoratur* [...]

[12] *Aput Belinum sepelitur Oliverus, et Gandelbodus rex Frisie, et Otgerius rex Dacie, et Arastagnus rex Britannie, et Garinus dux Lotharingie, et alii multi.* – Als *comes gebennensis* ‚Graf von Genf' wird Olivier in Kap. 11 und 21 bezeichnet. – *Otgerius rex Dacie* ist natürlich der *Ogier de Danemarche* der volkssprachlichen Epik, gedacht als dänischer Königssohn, der als Geisel ins Frankenreich kam und dort zu hohen militärischen Ehren aufstieg; *Dacia* ist (zunächst durch halbgelehrte Fehlidentifikation) spätestens seit der Normannengeschichte des Dudo von Saint-Quentin (zwischen 1015 und 1030) ein gängiger mittellat. Name für Dänemark. – *Britannia* kann im Mittelalter sowohl die *Britannia maior*, also (Groß-)Britannien, als auch die *Britannia minor*, die (‚Petite'-) Bretagne, sein. Dem Rolandslied zufolge (v. 332, 2331s.) hat Roland für Karl auch Großbritannien unterworfen. Da nun die Bretonen schon von Hoel angeführt werden (cf. oben n. 10), liegt es nahe, bei König *Arastagnus* vielmehr an einen Briten zu denken. Und in der Tat ist – obwohl von der bisherigen PT-Forschung nicht erkannt – dieser Name zweifellos die Latinisierung eines gehörten *Ara- (oder Are-)stain bzw. -stanh, der frz. bzw. okzit. Anpassung des altengl. Namens *Æðelstān* (< *Aðalstain*), wobei *-stagnus* in Frankreich eine gängige Latinisierung der germ. Namen auf *-stain* (> altengl. *-stān*) ist (cf. bei Morlet 1971–1972 etwa s.v. *Rimistein* die Namensformen *Remistagnus, Rimistangnus* und s.v. *Roodsteinus* das häufige *Rostagnus*, okzit. *Rostanh*). Æðelstān (925–939) war der größte englische König des 10. Jh. Dass man sich in Frankreich an seinen Namen als typischen engl. Königsnamen erinnerte, ist einfach zu erklären: „Sein Ruhm zog sehr angesehene Freier für seine Schwestern an. Eadgifu war bereits mit Karl dem Einfältigen, König der Westfranken, verheiratet, Eadhild mit Hugo, Herzog der Franken [d.h. von Franzien-Paris, dem Ahnen der Kapetingerkönige, G.A.B.], Eadgyth mit dem deutschen König Otto I., eine vierte Schwester mit einem Konrad, wahrscheinlich dem König von Hochburgund." (LM s.v. *Aethelstan*.) Übrigens hatte der PT bei

ruf: „Glücklich der dürftige („magere') Ort Belin, der solche Helden beherbergt!"¹³

Nun der PF (Kap. 8, „Von den Leichnamen der Heiligen, die am Sankt-Jakobs-Weg ruhen und von den Pilgern besucht werden sollten",¹⁴ CC f. [177v.–178r. =] 206v.–207r.): Die von Tours über Poitiers, Saint-Jean d'Angély und Saintes kommenden Pilger sollen in Blaye den Beistand des Hl. Romanus anrufen, in dessen Basilika der Märtyrer Roland ruht, dann in Bordeaux den Gebeinen des Hl. Seurin [in seiner dortigen Kirche] ihre Reverenz erweisen. „Ebenso soll man [dann] in den *Landes* von Bordeaux, in einem Ort¹⁵ namens Belin, die Gebeine der heiligen Märtyrer Olivier, Gandelbod König von Friesland, Ogier König von Dänemark, Æðelstān König von Britannien, Garin Herzog von Lothringien und mancher anderen Kämpen Karls des Großen aufsuchen, die nach ihren Siegen über die Ungläubigen in Spanien den Märtyrertod für den christlichen Glauben erlitten. Ihre Genossen brachten die kostbaren Leichname bis nach Belin und begruben sie dort mit großem Fleiß. Sie liegen nämlich zusammen unter ein und demselben Grabhügel, aus dem ein süßer Geruch aufsteigt, der die von ihm berührten Kranken heilt."¹⁶

Wie man sieht, bestätigt sich die enge Verschwisterung beider Texte nicht nur in den Gestalten selbst, sondern sogar in ihrer Reihenfolge. Doch stellen sich drei Fragen:

---

der Einführung König Æðelstāns in Kap. 11 mitgeteilt, in *Britannia* habe damals auch noch ein anderer König geherrscht, „von dem hier nichts zu berichten ist". Nun wird man doch in die Bretagne neben Hoel von Nantes nicht noch gleich zwei Könige hineinzwängen wollen – womit sich auch dadurch die Lokalisierung des *Arastagnus* nach Britannien, nicht in die Bretagne, bestätigt. Zur zeitlichen Versetzung Æðelstāns in die Karlszeit cf. oben n. 10 in fine.
13 *Felix villa macilenta Belini, qui tantis heroibus hospitatur* [korrigiert aus *hospitantur*].
14 *De corporibus sanctorum que in ytinere sancti Jacobi requiescunt, que peregrinis eius sunt visitanda.*
15 Gersons (1995–1998, II, 65) Übersetzung von *villa* als ‚town' ist verfehlt; sachlich richtig Herbers, z. B. 2001, 151, ‚Dorf'. Ich bin auf das neutrale ‚Ort' ausgewichen.
16 *Item in Landis Burdegalensibus, villa que dicitur Belinus, visitanda sunt corpora sanctorum martirum: Oliveri, Gandelbodi regis Frisie, Otgerii regis Dacie, Arastagni regis* [korrigiert aus *regeis*] *Brittanie, / Garini ducis Lotharingie, et aliorum plurimorum scilicet Karoli Magni pugnatorum qui, devictis exercitibus paganorum, in Yspania trucidati pro Christi fide fuere. Quorum preciosa corpora usque ad Belinum socii illorum detulerunt, et ibi studiosissime sepelierunt. Iacent enim omnes una in uno tumulo, ex quo suavissimus odor flagrat, unde coliniti sanantur.* Eine Hypothese bezüglich des hier eher unerwarteten Verbums *co(l)linĕre* ‚bestreichen, salben' (oben mit ‚berühren' übersetzt) in der Ed. Gerson et al. 1995–1998, II, 192 n. 190. Das Motiv des physischen ‚Wohlgeruchs' beim Märtyrertod (so schon im 2. Jh. bei Polykarp und bei Lyoneser Märtyrern) wird seit dem 4./5. Jh. (Hieronymus, Eugippius u. a.) allmählich zum Topos; cf. Kötting 1982 passim (Hinweis auf ihn bei Herbers 2001, 152).

1) Was genau war damals in oder bei Belin zu sehen?
2) Nach welchen Grundsätzen verteilt der PT die illustren Opfer von Roncevaux auf die verschiedenen Begräbnisstätten? Und:
3) Wie kommt die *villa macilenta* Belin überhaupt zu der Ehre, zu diesen Stätten zu gehören?

*

Nur die erste dieser Fragen hat in der Forschung schon eine befriedigende Antwort gefunden, doch kann man auch hier die Sachlage noch wesentlich präzisieren.

Die Schilderung der Grabstätte ist im PF genauer als im PT. Doch vergleicht man sie mit den vielen anderen Sehenswürdigkeiten, die der PF beschreibt, so zeigt sich ein markanter Unterschied. Alle anderen Stätten sind gekennzeichnet durch ihre Kirchenpatrone, bedeutende Heilige mit gut bezeugtem Kult, nicht bloße im bewaffneten Kampf gegen den Islam Gefallene, die nach der offiziellen Kreuzzugsideologie sämtlich ‚Märtyrer' waren und in vagerer Terminologie ‚heilige' Märtyrer genannt werden konnten. Nun kennt doch der PF die Begräbnisstätte von Belin zweifellos aus eigener Anschauung; befände sie sich in einer Kirche oder auch nur auf dem anliegenden Kirchhof, so dürften wir erwarten, dass er uns auch in diesem Fall den Kirchenpatron mitteilen würde. Stattdessen dient zur Kennzeichnung der Stätte nur das Wort *tumulus*, das bekanntlich ‚Hügel', meist ‚Grabhügel', bedeutet. Der PF fand also in oder bei Belin wohl nur einen großen Grabhügel vor, dessen Größe eben den Fleiß der Begrabenden (‚*studiosissime*') bewies, dazu eine Tradition zumindest der Einheimischen, wonach hier Roncevaux-Opfer begraben seien und der vom ihrem Grab ausgehende Geruch heilkräftig sei. Schon Camille Jullian schloss daraus, es handele sich wohl einfach um einen jener prähistorischen Erdtumuli, wie sie in der Gegend nicht selten seien.[17] In der Tat finden sich noch heute auf dem Territorium von Belin-Béliet zumindest zwei solche Tumuli im sogenannten Graoux, etwa 1 km westlich von Béliet. Von ihnen braucht freilich keiner gemeint zu sein, da erfahrungsgemäß zu allen Zeiten Tumuli durch Kultureinflüsse verschiedener Art völlig verschwinden. Gerade in Belin gab es wenige Jahrzehnte nach dem PT einen solchen Kultureinfluss: der Bau der Burg im späten 12. Jh. muss mit beträchtlichen Erdbewegungen verbunden gewesen sein.[18]

---

[17] Jullian 1896, 171 n. 2.
[18] Zu den beiden *tumuli* im Graoux (der heute Zentrum eines Freizeitparks ist) Laroza 1988, 164. Laroza spricht dort überdies von einem *grand tumulus* in Belin selbst, meint damit aber vermutlich die von ihm andernfalls erstaunlicherweise nicht erwähnte, von den Einheimischen so genannte *butte d'Aliénor*, den 15 m hohen Hügel, auf dem seit etwa 1200 die Burg stand

Das Auffällige ist nämlich, dass es nach dem PF keine Erwähnung dieser Begräbnisstätte mehr gibt. Allerdings müssen zwei scheinbare Zeugnisse entkräftet werden.

Erstens: im *Garin le Loherenc*, geschrieben zwischen etwa 1160 und 1190,[19] nimmt Begon, der Bruder des Titelhelden, als er von König Pippin mit der Gascogne belehnt wird, seinen Sitz in Belin. Nach seiner Ermordung heißt es von seinem Begräbnis (v. 10955–10958): *A ces paroles vont le duc anfoïr, / a la chapele par dedela Belin; / encor le voient li gentil pelerin / qui ont saint Jasque en Galice requis.* ‚Mit diesen Worten gingen sie hin und begruben den Herzog an der Kapelle jenseits Belin; noch sehen das die ehrenwerten Pilger, die Santiago de Compostela aufgesucht haben.' Die Stelle fügt sich unauffällig in die Logik der Handlung ein, es geht anders als in PT und PF um Vorgänge unter Pippin, nicht unter Karl dem Großen, um ein Einzel-, nicht ein Kollektivgrab, um Begon, nicht Garin, und keiner von beiden stirbt in diesem Epos im Glaubenskampf. Der Autor will also nicht den Eindruck erwecken, er rede von derselben Grabstätte wie PT und PF, so er denn einen dieser Texte gekannt haben sollte. Die beiden letzten Verse sind zudem ein Echo von Rolandslied v. 3687 *Li pelerin le veient ki la vunt* ‚die Pilger sehen es noch, die dort hinziehen [scil. nach Compostela]', und Gräber von Adligen gab es damals ‚an' sehr vielen Kirchen,[20] oft noch ohne Grabschrift. Der Dichter ‚riskiert' hier also vor seinem ostfranzösischen Publikum so gut wie nichts. Will man trotzdem annehmen, dass ihm etwas Reales vorschwebte,[21] so drängt sich die folgende Antwort auf. Belin war bis ins späte 18. Jh. keine eigene Pfarrei, sondern gehörte seit Beginn der Überlieferung zur Pfarrei Mons, 2,5 km weiter südwestlich, jenseits der Leyre; anscheinend erst im 15. Jh. bekam Belin wenigstens eine eigene Kapelle als Dépendance von Mons.[22] Zwischen Belin und Mons lag dicht am *Passage*

---

und der im 19. Jh. unscharf als *tumulus* bezeichnet wurde (wogegen schon Drouyn 1877, p. XLVII, anging); zur Burg cf. unten n. 66.
19 Laut Ed. Iker-Gittleman 1996, I, 31. Das älteste Ms. ist nicht viel jünger als 1200.
20 Das seit der Antike bestehende kirchliche Verbot, Laien in der Kirche zu bestatten, wurde seit karolingischer Zeit (um die es dem Dichter hier ja geht) mehrfach selbst in offiziellen Dokumenten dadurch ausgehöhlt, dass auch ‚gläubige Laien' oder nichtpriesterliche ‚Gerechte' zugelassen wurden, cf. Angenendt 1994, 77, und Sapin 1996, 69. Doch soll *a la chapele* wohl überhaupt nur ‚an der Kapelle', z. B. an ihrer Außenwand, bedeuten.
21 Zwar fällt der Autor in Bezug auf seine lothringische Heimat und die Route von dort nach Paris durch seine präzise Geographie auf, cf. Herbin 1996, passim. Auch für den Südwesten bezeugt er gewisse Kenntnisse, cf. den Index der Ed. Iker-Gittleman 1990–1997, doch hat er dort z. B. seine Burgen *Gironville, Mont Esclavorin, Montnuble, le Plesseïz, Val parfonde, Val perdu* und *Vaudoine* frei erfunden.
22 Gaillard 1909, 103 s.

über die Leyre das oben erwähnte, erstmalig 1268/1270 bezeugte Pilgerhospiz mit Kapelle.[23] Selbst wenn es zur Zeit des *Garin*-Dichters wohl noch nicht existierte, befand sich schon wenige Hundert Meter entfernt die Pfarrkirche Saint-Pierre von Mons (und so weit eine einigermaßen detaillierte Dokumentation über beide zurückreicht, war der Pfarrer von Mons zugleich Prior des Hospizes).[24] Diese Kirche ist erhalten[25] und stammt nach der Apsis vielleicht schon aus dem 11. Jh., nach dem romanischen Chor aus dem 12. Jh.[26] Sie kann also mit der *chapelle par dedela Belin* gemeint sein.

Allerdings zweitens: die Kirche von Mons wird in unserem Zusammenhang auch erwähnt in einer populär gehaltenen Beschreibung des Départements Gironde von 1988. Dort liest man unter dem Stichwort Belin: „C'est là que, selon le Guide du Pèlerin de Saint-Jacques de Compostelle, aurait été déposé les corps des compagnons d'armes de Charlemagne: Olivier, ami de Roland, Gondebaud, roi de Frise, Ogier, roi de Dacie, Arastain, roi de Bretagne, Garin, roi de Bretagne [*lege*: duc de Lorraine, G. A. B.], et d'autres. C'est à l'église de Mons qu'on les honorait."[27] Strenggenommen wird hier nicht behauptet, dass sich in der Kirche das in PT und PF erwähnte Kollektivgrab befand, sondern nur, dass dort die zugehörige Verehrung stattfand. Ich habe für diese Behauptung keine wissenschaftliche Quelle finden können, insbesondere nicht in der 390-seitigen Monographie von Gaillard, der auch die Kirche von Mons beschreibt und sich bei seiner enormen Belesenheit in der Lokalgeschichte das Faktum bestimmt nicht hätte entgehen lassen;[28] auch bieten die Pilgerberichte bis zu ihrem Verklingen im 18. Jh. nichts.[29] Ebenso wenig die Kirche selbst: nichts legt den Verdacht nahe, dass sich dort ein Kollektivgrab befunden haben könnte oder dass man an dessen Vorhandensein glaubte; auch das Petrus-Patrozinium und die Ausstattung der Kirche bieten keinerlei Hinweis auf einen für uns interessanten Kult. Wahrscheinlich hat also ein lokaler Forscher der Neuzeit den PF missver-

---

23 Cf. zu seiner Lage an der Brücke speziell Lavergne 1887, 182.
24 Gaillard 1909, 91 s.
25 Cf. die Präsentation www.belin-beliet.fr./Histoire locale/Historique de la commune/, L'église de Mons'.
26 Gaillard 1909, 106 s., Laroza 1988, 164, auch www.culture.gouv.fr./public/mistral/merimee/ Aquitaine, Gironde, Belin-Beliet, Église Saint-Pierre de Mons („XIIe siècle").
27 Laroza 1988, 164. Und ebendort unter dem Stichwort Mons noch einmal: „C'est dans cette église qu'étaient honorés les preux de Charlemagne."
28 Gaillard 1909, speziell 22 und 106 s.
29 So kennen Leo von Rožmital und seine Begleiter (1465–1467) Belin nur als ‚einen einsamen Ort inmitten von Wäldern', Berichte des 16. und 17. Jh. erwähnen es nicht (zu beidem Vázquez de Parga *et al.* 1948, II, 57), Manier (1726–1727) erwähnt Mons und Belin „où nous avons passé la rivière et couché là" (Manier 2002, 39).

standen oder kannte ihn nur aus zweiter Hand und nahm an, die Verehrung setze eine Kirche voraus – die dann in so früher Zeit innerhalb der Pfarrei eben nicht in Belin, sondern nur in Mons existierte.

Doch wie erklärt sich dann, dass die Roncevaux-Tradition in Belin so schnell dahinschwand, während sie in Blaye aufblühte?[30] Wir haben schon einen möglichen materiellen Grund genannt: dass nämlich, etwa beim Bau der Burg, der Tumulus zerstört wurde. Doch mindestens ebenso wichtig sind ideelle Umstände. Das Aufblühen von Blaye erklärt nämlich großenteils das Verblassen von Belin. In Blaye zeigte man zuerst nur Rolands Grabstätte; in dieser Form wurde die dortige Tradition vor 1119 rezipiert von Hugo von Fleury,[31] und so rezipierte und anerkannte sie auch der PT samt dem PF; der PT macht sie sich plausibel, indem er (Kap. 11) Roland selbst außer zum Grafen von Le Mans zum *dominus Blaviae* ernannte. Aber das Rolandslied v. 3689–3694 lässt Karl in Saint-Romain de Blaye nicht nur seinen Neffen Roland, sondern auch Olivier und Turpin in weißen Marmorsärgen beisetzen, und in der Tat konnten sehr bald die dortigen Kleriker bis ins 16. Jh. – wen erstaunt das in einem Lande mit reichen römischen und christlichen Nekropolen? – drei Marmorsärge ohne Inschrift aufweisen; in zweien davon sollten Roland und Olivier liegen.[32] Für Olivier konkurrierte Blaye also mit Belin, und der Ausgang konnte nicht zweifelhaft sein. Für Blaye sprach die Logik des Herzens: weshalb hätte Karl die beiden im Leben unzertrennlichen Waffenbrüder im Tode trennen sollen? Und für Blaye sprach auch die Logik des Auges: was erwartete man von der Fürsorge des großen Königs für seine teuersten Toten, einen Erdhügel außerhalb jeder Kirche oder Marmorsärge im Schutz eines großen Glaubensboten? So verlor Belin mit Olivier aus seiner Krone schon den einzigen Edelstein erster Größe. Doch mehr noch. Ein Großteil der Handlung des *Garin* spielt im französischen Südwesten, und wer sich nur ein wenig in der *Garin*-Handlung auskannte,

---

30 Zu Blaye Bédier 1929, 349–354, Jullian 1896, 170–172.
31 *Ex quibus Rollandus Blavia castello deportatus est ac sepultus*, zit. von Bédier 1929, 349 n. 1.
32 Den dritten sprach man zunächst Turpin zu, dann aber (in Zeugnissen vom 13. bis ins 15. Jh.) Rolands Verlobter Alde, und zwar gleich aus zwei Gründen. Zum einen wurde die Epik zunehmend beeinflusst durch den höfischen Roman mit seiner Liebesthematik, so dass Alde, die Lieblingsgestalt der jüngeren Roland-Fassungen, ein Anrecht auf einen Platz neben Roland bekam. Zum anderen gewann in einer Zeit, wo gregorianisches Denken langsam auch die einfachere Geistlichkeit durchdrang, die Kritik an Boden, derzufolge ein wie im Rolandslied kämpfender Turpin das für die Geistlichkeit nunmehr strikt geltende Tötungsverbot verletzt hätte; man zog deshalb (wie z. B. in der Karlamagnús-Saga β gegenüber der Karlamagnús-Saga α) einen wie im PT in Karls Umgebung überlebenden Turpin vor. Im 16. Jh. schließlich sprach man den dritten Sarg dem eigenen Kirchenpatron Romanus zu; wahrscheinlich war inzwischen das Interesse an Alde wieder abgeflaut.

musste gegen PT und PF Einspruch erheben: Garin lebte unter Pippin, war somit nicht in Roncevaux gefallen, ‚also' auch nicht mit anderen Roncevaux-Opfern in Belin begraben. Und wer Ogier genauer kannte, etwa aus der *Chevalerie Ogier*, oder wer einmal durch Meaux gekommen war, wusste: Ogier ruht mit seinem treuen Benoît in Meaux. Da reichten dann weder die beiden verbleibenden *pugnatores maiores* – ein Brite, der in den *chansons geste* unbekannt war, und ein Friese, der dort nur als Komparse auftrat – geschweige denn die namenlosen *alii multi* dazu aus, in Belin die Roncevaux-Tradition aufrecht zu erhalten. *Sic trans(i)it gloria Belini.*

*

Wir kommen zu unserer zweiten Frage. Der Pseudo-Turpin ist, weil er in die Maske Turpins schlüpft, letztlich ein Fälscher, auch wenn er sein Werk als große *pia fraus* aufgefasst hat. Als Fälscher muss er um der Plausibilität seines Werkes willen aus der epischen Tradition alles assimilieren (und damit scheinbar ‚bestätigen'), was seinen Zwecken dienlich ist; daraus bildet er den Hauptstrang seiner Darstellung. Als angeblicher Augenzeuge von Karls Spanienzug muss er auch durch Reichtum an Details, vor allem Eigennamen, glänzen; in diesem Sinne hat er sich unter anderem seine über dreißig *pugnatores maiores* (Kap. 11) aus der ganzen Epik zusammengesucht. Doch um der Plausibilität willen muss er sich zugleich vor dem geringsten inneren Widerspruch hüten; das macht ihn in gewissem Maße zum Pedanten: von den einmal eingeführten *pugnatores maiores* darf das Schicksal keines einzigen unerwähnt bleiben. Ganelon und Turpin sind während der Katastrophe von Roncevaux in Karls Begleitung geblieben; der eine geht seiner Hinrichtung entgegen, der andere wird als Historiograph fungieren. Alle anderen *pugnatores maiores* lässt der PT in Roncevaux zu Tode kommen. Was wird aus ihren Leichnamen? Um den Bretonen Hoel und den Römer Konstantin kümmern sich deren Leute. Roland kommt nach Blaye; hier übernimmt der PT die schon gefestigte und deshalb nicht mehr ignorierbare, aber noch auf Roland beschränkte Tradition. Die anderen werden auf den ehrwürdigen Friedhöfen von Arles und Bordeaux oder im unscheinbaren Belin begraben. Hier deutet alles darauf hin, dass der PT die Verteilung selbst vornimmt. Nach welchen Grundgedanken?[33]

---

[33] Am nächsten kommt meiner oben folgenden Darstellung der sehr detaillierte Artikel von Moisan (1981): für Arles hat er das Einordnungsprinzip richtig dem PT entnommen, für Bordeaux kann er nur bei einem Teil der dort Begrabenen eine Beziehung zu der Region erkennen, für Belin gibt er kein Einordnungsprinzip an. Wie Moisan fragt auch López Martínez-Morás 2008, 85–102, nur nach den Beziehungen des PT zu altfrz. Epen und nicht zur Realität, belässt es aber für Belin nicht bei einem *non liquet*, sondern kommt zu immer subtileren Annahmen über die Beweggründe des PT bis hin zu den Einzelpersonen. Ich muss hier auf eine Diskussion

Den Zug, der sich mit ‚seinen Toten' nach Arles bewegt, nennt der PT (Kap. 29) ausdrücklich ‚die Burgunder', *Burgundionum exercitus*. ‚Burgund' heißt Mitte des 12. Jh. sowohl das Königreich Burgund (oder ‚Arelat', mit Nizza, Arles, Vienne) als auch die Freigrafschaft Burgund (Besançon), beide zum Imperium gehörig, als auch das Herzogtum Burgund (Dijon, Autun, Auxerre), zum Königreich Frankreich gehörig. In Arles werden begraben: Estout von Langres und sein *socius*[34] Salomon (mit ungenanntem, also wohl benachbart gedachtem Lehen), Herzog Samson von Burgund, Arnaut de Bellande (~ Nizza[35]), Aubri ‚le Bourguignon', *Guinardus* (in dem ich Girart de Vienne zu erkennen glaube[36]), Estourmi (der einzige leidlich bekannte Estourmi ist im Wilhelmslied Neffe des Thibaut von Bourges, Estourmis Lehen also wohl nahe Bourges im burgundisch-‚aquitanischen' Grenzbereich gedacht), Ato (der im Rolandslied unlokalisierte

---

im Detail verzichten und verweise nur zum Vergleich auf meinen Grundsatz *Simplex sigillum veri!* – Ich selbst habe in meinem englischsprachigen Artikel Beckmann 2009 die im Folgenden genauer ausgeführte Antwort schon kursorisch gegeben.

34 Als *socius Estulti* eingeführt in Kap. 11.

35 Außerhalb der Epik findet sich *Bellanda* als Name für Nizza (oder den Fels, worauf die Burg von Nizza stand) in einer um 1200 redigierten Liste der Städte, *villae* und Burgen der Grafschaft Provence; cf. Poindron 1934, passim, Benoît 1955, passim. Es besteht somit kein Grund, an der ursprünglichen Identität des epischen *Bellanda/Bellande* mit Nizza oder seiner Burg zu zweifeln, obwohl sie nach 1200 einigen Ependichtern nicht mehr bekannt war.

36 Die Namen *G(u)inart* (< germ. *Win-hard*) und *G(u)irart* (< germ. *Ger-hard*, im Süden oft mit /g/ statt /dž/, noch heute als Familienname *Guérard*, cf. auch altokzit. *Guiraut* < *Gēr-[w]ald*) werden gelegentlich vertauscht. So schreibt gerade in Kap. 29 des PT Meredith Jones' Ms. A1 *Girardus* statt des *Guinardus* des CC. Vor allem aber verzeichnet schon der *Art de vérifier les dates* erstaunlich präzise als Grafen von Roussillon „Guinard ou Girard I." (als Grafensohn berühmter Teilnehmer des Ersten Kreuzzuges, seit 1102 Graf, † 1113/1115) und seinen Enkel „Girard ou Guinard II." († 1172). Dazu hier einige urkundliche Belege, zunächst für G. I.: Marca 1688, col. 473, 476, 477/478, 480 [2x], 1219/1220, a. 1097 *Guinardus*, a. 1100 *Guinardus*, a. 1102 *Guirardus*, a. 1109 *Girardus*, a. 1110 *Guinardus*, LFM II, no. 702, 706, 713, 728 s., 743, 786, a. 1105 *Girardus* und *Guinardus*, a. 1109 Überschrift *Guinardus* (2x), Text *Girardus* (2x), a. 1110 *Guinardus* und *Guirardus*, a. 1102–1115 *Girardus* (2x) und *Guinardus*, a. 1121 *Guirardus*, a. 1154 *Gerardus*, Originaltestament a. 1107 (R. Louis 1946–1947, III 278) *Guirardus*, Kreuzzugshistoriker (Albert von Aachen, Wilhelm von Tyrus, Matthaeus Parisiensis) *Gerardus, Girardus*. Und für G. II.: HGL V, col. 1035, 1102 a. 1139 *Guinardus*, a. 1148 *Girardus*, d'Albon 1913, 349 (für die Templer von Mas-Deu), a. 1149 *Guinardus* und (Gen.) *Girardis*. Man bekommt übrigens den Eindruck, dass keinesfalls unter dem Einfluss dieser historischen G(u)inart/G(u)irart de Roussillon I. und II. der Graf Girart de Vienne des 9. Jh. zum epischen Girart de Roussillon wurde (die Primärberührung im ganz alltäglichen ‚Vor'-Namen wäre viel zu gering), sondern dass unter dem Einfluss eines schon epischen Girart de Vienne/Roussillon (nach Roussillon an der Rhône) die frankophonen Kreuzzugsteilnehmer aus Guinart I. von Roussillon einen Girart de Roussillon machten, was sich die Grafenfamilie, wie man sieht, gern gefallen ließ; das Leben des epischen Girart ist nie in das Roussillon verlegt worden.

Aton, einer der 12 Pairs; der Name [H]Atto ist speziell im Raum Champagne-Bourgogne-Rheingebiet gängig[37]), Thierry[38] (offenbar der im Rolandslied v. 3077–3083 als Führer der Burgunder und Lothringer figurierende Thierry d'Argonne), Yvorius (der im Rolandslied unlokalisierte *Ivorië*, dessen Name lateinisch und damit ‚südlich' klingt und im Frz. zusammenfällt mit dem in mehreren Epen genannten Namen des Markgrafensitzes Ivrea bei Vercelli an der *via Francigena*), *Berardus de Nublis* (da der PT im Kap. 34 ein Wunder, das in der altfrz. Epik sonst nach ‚Nobles' lokalisiert ist, nach Grenoble verlegt, deutet er auch hier *de Nublis* vermutlich als ‚von Grenoble'), Berengar (der im Rolandslied unlokalisierte Pair, Genosse des obengenannten Aton und damit wohl als sein Lehnsnachbar gedacht) sowie Herzog Naimes von Bayern.[39] Der Grundgedanke ist unverkennbar: die Gefallenen werden möglichst nahe ihrer Heimat begraben – auch wenn Langres schon zum Grenzbereich von Burgund und Champagne gehört (die Grafenrechte lagen damals beim Bischof) und wenn Bayern noch weit ‚jenseits' von Arles liegt.

Derselbe Grundgedanke wird auch hinter dem Begräbnis in Bordeaux sichtbar. Dort ruhen: Gaifier König von Bordeaux, Engeler Herzog von Guienne, Lambert König von Bourges (das in karolingischer Zeit zum *regnum Aquitaniae* zählte), *Raginaldus de Albo Spino* (von dem ich hoffe, kürzlich[40] wahrscheinlich gemacht zu haben, dass er eine Frühform des Renaut de Montauban ist und sich nach einer in Südwestfrankreich gedachten Burg nennt), Gautier von Termes (wohl Termes-en-Termenès, Aude),[41] *Guielmus* oder *Guielinus* (entweder der

---

[37] Cf. z. B. Ato, Bischof von Troyes, Autor mehrerer Stücke im Anhang des CC (f. 185r., 188r.–189r.).

[38] Der in Kap. 11 als einer der *pugnatores maiores* eingeführte und jetzt hier begrabene *Tedricus*, offenbar der Thierry d'Argonne des Rolandsliedes, ist natürlich zu trennen von dem bei Rolands Tod (Kap. 23) anwesenden und aus Roncevaux entkommenen *Tedricus*, der wohl schon vom PT als Rolands Schildknappe gedacht ist, jedenfalls durch seinen Duellsieg über Pinabel (Kap. 26) Roland an Ganelon rächt, also Roncevaux überlebt hat, kurzum der Thierry d'Anjou des Rolandsliedes (was umgekehrt beweist, dass die Forschermehrheit recht daran tut, die beiden Thierry gegen Hans-Erich Keller auch im Rolandslied zu trennen); m. E. verkannt bei López Martínez-Morás 2008, 85, 87.

[39] Kap. 29, letzter Absatz: [...] *Burgundionum exercitus* [...] *cum mortuis suis* [...] *Estultus comes lingonensis et Salomon, et Samson dux Burgundionum, et Arnaldus de Bellanda, et Albericus burgundionus, Guinardus, et Esturmitus, Ato et Tedricus, Yvorius, et Berardus de Nublis, et Berengarius, et Naaman dux Baioariae* [...]. Den ihm offensichtlich unbekannten Namen *Na(i)mon* (so der altfrz. Obliquus) hat der PT mit dem biblischen Namen *Naaman* (2 Reg. 5) identifiziert. Naimes ist schon für den Archetyp des PT Herzog von Bayern, nicht von Bayonne; dazu ausführlich unten.

[40] Beckmann 2009, passim.

[41] Er gehört in die in Südfrankreich und Katalonien spielende Wilhelmsepik, heißt oft auch ‚von Toulouse', selten ‚von Blaye', so dass mit Termes nahezu sicher Termes-en-Termenès etwa

historische Wilhelm von Toulouse, Zentralfigur der in Südfrankreich und Katalonien spielenden Wilhelmsepik,[42] oder Guielin, ein jüngerer Verwandter von ihm),[43] Begon (der später im erhaltenen *Garin* sichtbar werdende, in Südwestfrankreich belehnte Bruder des Titelhelden[44]) sowie die nicht lokalisierbaren Gelin und Gerier. Kurzum: in Bordeaux beigesetzt werden Helden des Südens unter Ausschluss des Südostens.

Und Belin? Ganz im Gegensatz zu Arles und Belin hat von den hier Begrabenen keiner eine Beziehung zur Umgebung. Im Gegenteil, ihre jeweilige Heimat ist auffällig weit entfernt: Genf, Friesland, Dänemark, Britannien, Lothringen – sämtlich außerhalb des *regnum Franciae* und des *regnum Burgundiae* gelegen. Das kann nicht Zufall sein, und genau deshalb ist es die Antwort: es handelt sich im Denken des PT um eine Art Notbestattung. Erinnern wir uns: die Schlacht von Roncevaux fand nach dem PT Mitte Juni statt (Kap. 25); der Rückmarsch vollzog sich also in der Sommerhitze. Von den anonymen Soldaten hatte der PT (Kap. 27) gesagt: [...] *alter portabat illum [scil. amicum suum] quousque in putredine verteretur et tunc sepeliebat*. Vor demselben Problem mussten Karl und die Überlebenden auch bei manchen der *pugnatores maiores* stehen: man musste erkennen, das die Leichname ihre Heimat nicht unverwest erreichen würden, und entschloss sich zur kollektiven Beisetzung dort, wo man sich gerade befand.[45]

---

130 km südöstlich Toulouse gemeint ist, mit mächtiger Burg aus dem 10. Jh. (die vor Simon von Montfort 1210 nur infolge Wassermangels kapitulierte), einem seit 1061 bezeugten Geschlecht und häufigen Nennungen im 12. Jh.; cf. z. B. Wikipedia s. v. ‚Termes (Aude)'.

42 Sein ältester Beiname ist *al curb nés*; für den PT braucht er (wie für die *Nota Emilianense*) noch nicht *d'Orange* gewesen zu sein.

43 Der CC liest (Kap. 11 und 29 des PT) *Guielmus*; in Kap. 29 lesen so oder gar *Guillelmus*, *Willemus* auch andere Manuskripte. Die sonstige Überlieferung hat *Guielinus*. Die paläographische Brücke -*m*- ~ -*in*- zwischen beiden Gruppen ist in beiden Richtungen begehbar. Wilhelm ist der weitaus berühmtere; doch wäre das völlige Verschwinden des intervokalischen -*ll*- zu dieser frühen Zeit auffällig.

44 Zwar wählt er im erhaltenen *Garin* (im späten 12. Jh. von einem Ostfranzosen geschrieben) als Herzog der Gascogne Belin zu seiner Residenz; da Belin aber zur Zeit des PT noch eine *macilenta villa* offensichtlich ohne Burg war, dürfte er für die damalige Vorstufe des *Garin* zwar schon Herzog der Gascogne und damit ‚Südwestler', aber noch nicht in Belin ansässig geworden sein. Damit beantwortet sich auch die Frage, warum der PT ihm nicht ein Begräbnis in Belin, sondern einen Platz auf dem altehrwürdigen Friedhof von Bordeaux gibt, und es entfällt die Schwierigkeit, die López Martínez-Morás 2008, 92, zu sehen glaubt.

45 Der PT denkt dabei – wie fast immer – durchaus realistisch. Als z. B. Kaiser Karl der Kahle 877 bei der Rückkehr aus Italien gleich nach Überquerung des Mont-Cenis starb, wollte man zunächst seine Leiche, der Eingeweide beraubt und mit Wein und Aromen notdürftig einbalsamiert, nach Saint-Denis zu bringen; als trotzdem der Geruch des Leichnams unterwegs für die

Versteht man die Belin-Passagen des PT und des PF in diesem Sinne, so ergänzen und stärken sich unsere beiden bisherigen, inhaltlich sehr einfachen Schlüsse. Erstens: der PT erfährt in Belin, dass hier ‚viele' Roncevaux-Opfer begraben seien, wofür man ihm aber als Beweis nur einen großen Tumulus vorweisen kann. Zweitens: er fragt sich, wie unter Karl diese zwar mühsame, aber doch sehr schmucklose Form der Bestattung zustande gekommen sein kann, und gibt sich die Antwort, es müsse sich um eine Notbestattung handeln, logischerweise derjenigen Krieger, deren Heimat noch weit entfernt war.

Die Prinzipien des PT für seine Gräberverteilung sind somit sehr einfache und von ihm selbst aufgestellte, mit denen er seine eigene Liste von *pugnatores maiores* abarbeitet.

*

An dieser Stelle muss allerdings noch ein bisher ausgeklammertes Problem behandelt werden. Wir haben oben Herzog Naimes kurzerhand ‚von Bayern' genannt – was gerade bei Kennern des CC ein Stirnrunzeln hervorrufen könnte. Denn in einem posthum 1955 veröffentlichten Vortrag hat Adalbert Hämel[46] die These vertreten, Naimes sei ursprünglich, insbesondere noch für den Schreiber I des CC, Herzog von Bayonne gewesen. Erst Schreiber II habe das *Baiona* des Schreibers I als *Baioria verlesen und zu *Baioaria* umgedeutet. Auf diesen Lapsus gehe die gesamte weitere Tradition von Herzog Naimes ‚dem Bayern', unter anderem im deutschen Rolandslied des Pfaffen Konrad, zurück. Beweis dafür seien die vor dem Wirken des Schreibers II aus dem CC genommenen Abschriften bzw. die aus diesen geflossenen Manuskripte, in Hämels Terminologie die Gruppen A (heute ‚HA', zur Unterscheidung von Meredith Jones' Gruppe A) und B.[47] „Die ganze Gruppe A liest: *Naaman dux Baione*. In der Gruppe B

Begleiter unerträglich wurde, begrub man ihn in dem zufällig nahen, wenn auch unbedeutenden Kloster Nantua (Schäfer 1920, 493 s. nach den *Annales Bertiniani auctore Hincmaro* u. a.)

[46] Hämel 1955, passim, speziell 9–15.

[47] Hämel hat seine Siglen leider nicht in seine große Manuskriptliste (Hämel 1953) übernommen. In dieser Liste zählen (laut Karl 1940, 45) zu seiner Gruppe A zumindest (bei Hämel 1953) die Mss. Aachen 12 (X, später A4), Aachen 173 (A5), Münster 20 (A6) und Paris lat. 4895A (A1) [= Meredith-Jones B8], ferner vermutlich die anderen als Gruppe 4 bezeichneten; zu seiner Gruppe B zählen (laut Karl loc.cit.) zumindest Paris fr. 124 (B2), Paris lat. 7531 (B4) [= Meredith-Jones B4] und Avignon 1379 (B6) [= Meredith-Jones B6] sowie vermutlich die anderen als Gruppe 5 bezeichneten mit Ausnahme von Paris 5925, das er O nannte. Hämels Bezeichnungen decken sich nur zum geringeren Teil mit denen von Meredith-Jones 1936; vielmehr wären Hämels A und B bei Meredith-Jones sämtlich B-Manuskripte, sind aber, auch soweit sie in Meredith-Jones Liste genannt sind, in seinem Apparat so schlecht vertreten, dass das Bayonne-Problem bei ihm unsichtbar bleibt – einer der Beweise dafür, dass Meredith-Jones zwar 49

begegnen zwei Lesarten: *Dux Baione* (B. N. fr. 124),[48] *Dux Baiorie* (Avignon 1479). Auch die der Gruppe B angehörige französische Übersetzung der Renaissance (1527) liest *Naamer duc de Bayonne*."

Nun ist es in der Tat so gut wie evident, dass das Nebeneinander von ‚Bayonne' und ‚Bayern' durch die paläographische Nähe von -*n*- und -*ri*- (letzteres im 12. Jh. meist noch ohne Strich oder Punkt auf dem -*i*-!) zustande gekommen ist. Doch in welcher Richtung hat sich die Umdeutung vollzogen? Ich gestehe, Hämels These von vornherein mit einem gewissen Misstrauen betrachtet zu haben.

Erstens: Naimes' Bestattung in Arles wird, von seiner Heimatbezeichnung zunächst abgesehen, mit denselben Worten wie im erhaltenen CC auch in jenen frühen Abschriften erwähnt, stand also auch schon beim Schreiber I (cf. etwa die Edition Klein 1986). Selbst wenn man sie nicht, wie wir es oben getan haben, in einen systematischen Zusammenhang mit den anderen Bestattungen stellt, muss sie bei Hämels These befremden. Bayonne ist von Roncevaux knapp 80 km entfernt, so dass Naimes unter allen gefallenen *pugnatores maiores* den bei weitem kürzesten Heimweg gehabt hätte; wollte ihn Karl aber durch ein Begräbnis auf einem der beiden altberühmten Friedhöfe ehren, so wäre Bordeaux in der Luftlinie nur 200 km, nicht wie Arles 450 km entfernt gewesen. Weshalb würde dann der Leichnam quer durch Südfrankreich transportiert? Eine Mediävistik, die gar nicht nach dem Sinn einer solchen Aussage fragt, also Narration nicht als sinnvolle Narration zu verstehen sucht, scheint mir einseitig.

Und zweitens: Naimes wird mit seiner Heimatbezeichnung im PT zweimal genannt, in Kap. 11 bei seiner Einführung und in Kap. 29 anlässlich seiner Beisetzung. Doch Hämel gibt nie eine Stelle an, scheint also ständig beide Stellen zu meinen. Gibt es wirklich kein in sich inkonsequentes Manuskript?

Diese letzte Frage fand eine überraschende Antwort, als Hans-Wilhelm Klein 1986 erstmalig den PT nach drei Mss. aus Hämels Gruppe A herausgab (heute also HA). Alle drei Mss. lesen nämlich in Kap. 11 *Baioarie* und nur in Kap. 29 *Baione*. Klein vermerkt im Kommentar zu beiden Stellen[49] diese überraschende Diskrepanz zu Hämels Behauptung, tastet aber Hämels Schlussfolgerung nicht an; in seiner Übersetzung von Kap. 11 ist Naimes „Herzog von Bayern (eigentlich von Bayonne)". Nun bilden die HA-Mss. eine Gruppe mit Eigenfehlern, gehen also auf eine gemeinsame Abschrift aus CC zurück. Das ist auch überlieferungsgeschichtlich zu erwarten; denn alle HA enthalten zugleich die

---

Mss. gesehen hatte, aber im Wesentlichen nur 8 davon heranzog. Um Verwechslungen zu vermeiden, ist es heute üblich, Hämels „A" HA zu nennen und sonst Meredith-Jones zu folgen.
48 Dieses Ms. enthält trotz der Signatur „fr." auch einen lat. PT; um den geht es hier.
49 Klein 1986, 148 und 169.

um 1165 in Aachen entstandene *Vita Sancti Karoli*, gehen somit offensichtlich auf die PT-Kopie zurück, die sich der Verfasser dieser *Vita* aus Compostela beschafft hatte.[50] Die Gruppe HA zählt also für unser Problem nur als ein, nicht als mehrere Zeugen. Könnte der Fehler erst im Archetyp von HA zustande gekommen sein? Das ist wenig wahrscheinlich schon deshalb, weil dann dessen Schreiber und später der Compostelaner Schreiber II unabhängig voneinander denselben Fehler gemacht haben müssten. Es wird äußerst unwahrscheinlich durch einen weiteren Umstand.

Hämel befindet sich nämlich bezüglich der ersten Stelle – *mirabile dictu* – auch im Widerspruch zu zwei eigenen Doktorandinnen. Ilse Deinlein (1940) untersuchte den von Hämel so genannten Renaissance-Turpin, ermittelte als dessen (indirekte) lat. Vorlage das von Hämel B2 genannte, im obigen Zitat von ihm erwähnte Ms. B. N.fr. 124 und verglich dieses mit Hämels Gruppe A (heute HA). Zu der ersten der beiden Naimes-Stellen zitiert sie zunächst nach Hämels Auskunft die Lesung der Gruppe A; sie lautet überraschenderweise *Naaman dux Baioarie!*[51] Später zitiert sie zu dieser Stelle auch B.N.fr. 124, also Hämels B2: wiederum *Naaman dux Baioarie!*[52] Schließlich aus demselben Ms. die zweite Stelle: „*dux Baione*, später am Rand: *baioarie*", dazu noch den frz. Renaissance-Turpin „*duc de Baionne*".[53] Maria Karl (ebenfalls 1940) hatte die Quelle der PT-Ausgabe von F. Ciampi (Florenz 1822) zu bestimmen, fand sie im Florentinus Biblioteca Nazionale II.VIII 48 (Hämels B1) und kopierte diesen: er hat an der ersten Stelle *Naman dux Baiariae* [sic] und bricht vor der zweiten Stelle ab.[54]

Damit sind nun für die erste Textstelle je drei von Hämels A- und B-Manuskripten gefunden, die entgegen seinem postum erschienenen Aufsatz ‚Bayern'

---

50 Die *Vita Sancti Karoli* entstand ihrer Einleitung zufolge sogleich nach der Heiligsprechung Karls des Großen 1165 in Aachen, um diese abzustützen. Ihre Bedeutung für uns liegt darin, dass die für sie in Compostela geholte Abschrift das erste sichere Zeugnis für die Existenz des PT ist. Die *Vita* hat übrigens auch einen relativ engen *terminus ante quem*. Die Heiligprechung erfolgte auf Drängen Barbarossas, der dafür in der *Vita* gelobt wird, im Zusammenspiel mit dem von ihm anerkannten Gegenpapst. Der legitime Papst Alexander III. reagierte umgehend, indem er das Recht zur Heiligsprechung grundsätzlich auf den Heiligen Stuhl beschränkte, was bekanntlich noch heute gilt. Auch als sich Barbarossa 1177 mit Alexander aussöhnen musste, erkannte dieser keineswegs die Heiligsprechung Karls an. (Erst seit dem 13. Jh. duldete die Kirche in Aachen und einigen anderen Orten wenigstens einen Kult des *beatus Karolus*; die Unterscheidung von *beatus* und *sanctus* begann um diese Zeit.) Somit dürfte die Verbreitung der *Vita* vor 1177 begonnen haben.
51 Deinlein 1940, 58.
52 Deinlein 1940, 88.
53 Deinlein 1940, 94, cf. auch 62.
54 Karl 1940, 72 und 114.

bieten, und kein einziges, das ‚Bayonne' bietet.⁵⁵ Für die zweite Textstelle freilich erweist sich seine Lesung ‚Bayonne' als korrekt. Da nun Hämels Gruppe B nichts mit seiner Gruppe A (und keines ihrer Mss. etwas mit Deutschland) zu tun hat, haben wir zwei voneinander unabhängige Zeugen dafür, dass der Compostellaner Schreiber I an der ersten Stelle ‚Bayern', an der zweiten ‚Bayonne' als Naimes' Heimat nannte; der Schreiber II beseitigte dann verständlicherweise diesen Widerspruch. Welche der beiden Stellen ist nun beim Schreiber I die ‚richtige'? Da es stemmatisch keinen Qualitätsunterschied zwischen beiden gibt, muss der Inhalt entscheiden, und der spricht nun einmal nach dem oben Gesagten für ‚Bayern' und gegen ‚Bayonne': erstens bliebe sonst der weite Transport der Leiche nach Arles unmotiviert, und zweitens werden die dort Beerdigten ausdrücklich als ‚Burgunder' bezeichnet, die Gascogne aber lässt sich im frankreichzentrierten Denken des PT beim besten Willen nicht an ‚Burgund' anhängen.

Der Verdacht, Naimes könnte in der Gräberverteilung des PT ein Störenfried sein, ist damit wohl ausgeräumt – und das allein ist im gegenwärtigen Zusammenhang wichtig. Doch wohlgemerkt: über Naimes' ‚ursprüngliche' Heimat ist damit noch nicht entschieden. Lag sie im Südwesten,⁵⁶ so muss der Irrtum spätestens bei der Vorbereitung der ältesten heute erschließbaren Textform des PT, nämlich vor der Ausformulierung der Begräbnisliste, eingetreten sein.⁵⁷

*

---

55 Da Hämel aus seinen sonstigen Veröffentlichungen für seine akribische Genauigkeit bekannt ist, darf man bezweifeln, dass er, hätte er gelebt, den Vortrag in dieser Form zum Druck gebracht hätte. Gehalten hatte er ihn wenige Monate vor seinem Tode, als er überdies durch sein Amt als Rektor der Universität Erlangen sehr in Anspruch genommen war. Der Herausgeber Hans Rheinfelder beschreibt seine eigene Tätigkeit wie folgt: „Die Lücken konnten aber leicht ausgefüllt werden. Im Text der Abhandlung waren bloß unbedeutende Ergänzungen oder Berichtigungen vorzunehmen; am Inhalt wurde nichts geändert. Dagegen lagen für die Fußnoten nur spärliche Andeutungen vor. Der Unterzeichnete glaubt sie im Sinne seines Freundes ausgeführt zu haben."
56 Dafür könnten bei näherer Prüfung immer noch zwei Umstände sprechen: das innerhalb des 12. Jh. noch immer (trotz Mandach 1993, 41s.) völlig unklare Alter der schon von Hämel (1955, 4–6) erwähnten Anekdote von *Naimo primicerius Wasconumque dux* in einer Saint-Deniser Chronik sowie die Möglichkeit, den Namen *Naimes* als *N'Aimes* zu erklären.
57 Meine Auffassung über die Inkonsequenz des Schreibers I im CC stimmt damit weitgehend zu der Auffassung letzter Hand von de Mandach. Zwar hatte er 1965 als Herausgeber von Hämels ebenfalls posthumer Ausgabe des PT im CC zur ersten Stelle noch die Fußnote angefügt (Hämel/de Mandach 1965, 54): „HA [= Schreiber I] schrieb sicher *Baione*, nach Häm[el 19]55, 10." Aber 1993 schreibt er (De Mandach 1993, 41–43): „Le scribe de la version HA de Compostelle (1158-1170) a copié exactement le nom du fief dans le ch. XI, mais il a mis *dux baione* au ch. XXIX, donc ‚duc de Bayonne', une bévue évidente à notre avis." Doch kann ich

Kommen wir zu unserer dritten und letzten Frage! Mitte des 12. Jh. galt in Belin, wie oben ausgeführt, ein Tumulus als Kollektivgrab von Roncevaux-Opfern. Aber da es in der Gegend deren nicht wenige gibt, dürfen wir weiter fragen: was konnte darüber hinaus gerade die *villa macilenta* Belin dazu prädestinieren, eine derartige Tradition an sich zu ziehen?

Die eine der beiden Koordinaten, die wir brauchen, ist selbstverständlich die Pilgerstraße. „Ce grand chemin était l'une des cinq ou six artères vitales de l'ancienne France." Sie perpetuiert im Wesentlichen die Römerstraße Bordeaux-Dax-Roncevaux-Pamplona-Astorga.[58] Damit wurde sie auch zu karolingischer Zeit häufig von Heeresabteilungen benutzt: sicher hat über sie Karl 778 seinen Hinweg von Chasseneuil (Poitou) nach Pamplona genommen, und zweifellos wurde sie auch frequentiert von Truppen Ludwigs d. Fr. als Königs von Aquitanien, wenn diese nach Dax und später nach Pamplona zogen.[59]

Aber weshalb setzte sich die Tradition nicht 30 km weiter südlich oder nördlich fest? Mit einiger Wahrscheinlichkeit lässt sich auch das begründen. Blicken wir dazu auf den Konkurrenten von Belin, auf Blaye! Weshalb setzte die Tradition Rolands Grab dorthin und nicht z. B. in das benachbarte Bordeaux, das in der Würde seiner Kirchen und seines Friedhofes mit Blaye mehr als wetteifern konnte? Eine Antwort, die meines Wissens nie wieder bezweifelt worden ist, gab schon 1896 Camille Jullian: „Pour un pèlerin qui, vers l'an 1030, remontait vers le nord en suivant la grande route d'Espagne, saint Romain de Blaye était le premier saint qu'il rencontrât sur une terre française. [...] Si célèbre que soit la nécropole de Bordeaux, Charles n'y laissera pas le corps de son neveu: il reposerait en terre gasconne."[60]

Diese Erklärung bedarf eines Kommentars. Schon Tacitus (*Germania*, Kap. 6) berichtet von den Germanen: *corpora suorum etiam in dubiis proeliis referunt* ‚auch aus unentschieden gebliebenen Schlachten bringen sie ihre Gefallenen heim'. Im Mittelalter wurde daraus wenigstens in den oberen Schichten des französischen, normannisch-englischen, spanischen und deutschen Lehnswesens eine Art moralisches Gebot für den unmittelbaren Lehnsherrn wie in umgekehrter Richtung für seine unmittelbaren Vasallen (und natürlich für Sippenangehörige), einen Gefallenen möglichst nicht in fremder Erde zu begraben.[61] Nun

---

mich mit der begleitenden Beweisführung nur zum geringeren Teil identifizieren, was an dieser Stelle nicht ausgeführt zu werden braucht.
58 Jullian 1896, 162 s.; cf. auch Lavergne 1887, 178–180.
59 Cf. z. B. Menéndez Pidal 1960, 192, 198, 201–204.
60 Jullian 1896, 168 s.
61 Zu Spanien Menéndez Pidal 1960, 213 s. Ein Reflex dieses Empfindens sind unter anderem die zahlreichen Fälle, in denen – oft nach Ausweidung und notdürftiger Einbalsamierung – hohe Angehörige der Reichsheere aus Italien in die Heimat zurückgebracht wurden. Cf. hierzu

herrschte zwischen Gascognern und Franzosen spätestens seit den gaskognischen Aufständen von 789, 813, 816 und 824 bis tief ins 11. Jh. eine so ausgeprägte Abneigung, dass nach französischem Empfinden die Gascogne trotz nomineller Zugehörigkeit zum Königreich offensichtlich nicht Teil der ‚Heimat' im Sinne des genannten Gebotes war.[62] Doch erwarb um 980 der gaskognische Herrscher Wilhelm Sancho durch Erbschaft auch die Grafschaft Bordeaux. Freilich konnte er nur deren südlich der Garonne liegenden Teil mit der Stadt behaupten; den Teil nördlich des Flusses mit Blaye eroberte 994 Wilhelm IV. Taillefer von Angoulême, Vasall des Herzogs von Aquitanien(-Poitou). Seitdem standen sich an der Gironde „deux mondes ennemis" in der von Jullian beschriebenen Situation gegenüber; damals dürfte also der Glaube aufgekommen sein, Karl habe nach der Niederlage von Roncevaux seine moralische Pflicht knapp, aber eindeutig erfüllt, indem er Roland dicht diesseits der ‚Grenze' im heimatlichen Frankreich begrub. Doch die Herzöge von Aquitanien (Guienne) erbten ihrerseits 1032 Bordeaux und die Gascogne, konnten sich in Letzterer zwar erst langsam in bis 1070 dauernden Kämpfen durchsetzen, behaupteten dann aber beide Gebiete bis nach 1200 – wodurch die beschriebene ‚Grenze', die ja nur etwa zwei Generationen lang bestanden hatte, verblassen musste.

Andererseits hatte während langer Zeiträume vor 980 die Nordgrenze der Gascogne nicht nördlich, sondern irgendwo südlich von Bordeaux gelegen, da in Bordeaux mit dem Bordelais Grafen als unmittelbare Vasallen des französischen Königs amtierten. Das war mit Sicherheit schon um 778 der Fall: der aus

---

und zu anderen Fällen die durch ihre Materialzusammenstellung noch heute imponierende Arbeit von Schäfer 1920: der Tote wird *ad propria, in terram eius* zurückgebracht (483 [2x], 487, 488), *multi amicos suos mortuos relinquere in terra hostili erubescerent* ‚viele hätten sich geschämt, wenn sie ihre toten Freunde in feindlicher Erde gelassen hätten' (a. 1167, Brief des Augenzeugen Erzdiakon Heinrich aus Italien an den Erzbischof von Salzburg, loc.cit.), *patriis inferri monumentis* ‚in die Gruft der Ahnen gebracht werden' (487), die toten *viri nobiles* oder *nobiliores* oder *excellentes viri* werden aus den *provinciis alienis* in ihre Heimat zurückgebracht (491, 493, 497); es konnten *propter solis ardorem* ‚wegen der Sonnenglut' Varianten des Verfahrens notwendig werden (487). – Moralisch wirkte bei den Heimführungen selbstverständlich auch das biblische Vorbild Josephs mit (*Gen.* 49.29–50.12); und nicht zuletzt erinnere man sich, dass die Kreuzzüge geführt wurden, damit Jesu Grab nicht in Feindesland liege.

62 Hierfür und für die beiden folgenden Absätze genügt es, auf die Art. ‚Aquitanien', ‚Armagnac', ‚Blaye', ‚Bordeaux' und ‚Gascogne' sowie ‚Wilhelm V.' bis ‚Wilhelm VIII. von Aquitanien' des LM zu verweisen. Jullian 1896, 168, sagt sogar: „Entre les Gascons et le reste des Français il y avait haine irréconciliable" und zitiert dazu das Paradebeispiel: Abt Abbo von Fleury fand 1004 bei der Visitation seines gaskognischen Priorates La Réole inmitten einer Schlägerei zwischen seinen Begleitern und den dortigen Mönchen den Tod (plastische Schilderung in Aimoins von Fleury *Vita Abbonis*, Kap. 19 s.).

Spanien zurückkehrende Karl beließ den Stammesherzog der Gascogner – vermutlich mehr *nolens* als *volens* – im Amt, setzte aber in einem großen Revirement in Aquitanien, darunter ausdrücklich auch in Bordeaux, neue Grafen ein (*Anonymi Vita Hludowici*, Kap. 3). Von da an bis um 900 werden ab und zu karolingische Grafen von Bordeaux genannt, bei denen mit einer Ausnahme (im Jahre 840) nichts darauf hindeutet, dass sie auch über das Herzogtum Gascogne geboten hätten. Nach 900 fehlen bis gegen 980 alle Nachrichten; doch weil das im Herzogtum seit etwa 836 allmählich zur Herrschaft kommende Geschlecht derer von Armagnac, wie gesagt, Bordeaux erst gegen 980 durch Erbschaft erwarb, dürfte bis dahin der alte Zustand weiterbestanden haben.

Bei dieser Sachlage darf die Grenze zwischen der ‚eigentlichen' Gascogne und dem Bordelais mindestens im selben Grade unsere Aufmerksamkeit beanspruchen wie die Girondegrenze zwischen Bordeaux und dem ‚eigentlichen' Frankreich. Wo dürfte die große Straße sie überquert haben?

Beginnen wir mit der Naturgeographie! Auf dem mehrtägigen Weg vom zentralgascognischen Dax oder Bayonne zu dem – noch in der Perspektive des PF – nicht-gascognischen Bordeaux ist die einzige natürliche Grenze, nach mehr als zwei Dritteln des Weges, die mindestens 15 m breite Leyre[63] unmittelbar südlich Belin mit der sehr alten, nicht näher datierbaren Steinbrücke (*Le Passage*). Wie sehr sich die Flussüberquerung dem Bewusstsein auch des einfachen Wanderers einprägte, zeigt uns z. B. noch im 18. Jh. der Verfasser eines der letzten Pilgerberichte, der pikardische Schuster Manier, mit seinem lakonischen „Belin, où nous avons passé la rivière [...]".[64]

Dazu passt das administrative und vorher das lehnsrechtliche Bild. Seit der französischen Revolution setzt sich das Bordelais im Département Gironde, die nördliche Gascogne im Département Landes fort. Vor 1974 war Belin, heute ist also Belin-Béliet, die südlichste Gemeinde von Gironde; die südlich anschließende Gemeinde Saugnacq-et-Muret gehört zu Landes. Was war vor der Revolution? ‚Ortsgenau' liegt uns die weltliche Gliederung erst seit Mitte des 16. Jh. vor: die Herrschaft Belin (einschließlich Béliet) gehörte wie Bordeaux zur Sénéchaussée *Bordeaux ou Guienne*, die südlich anschließende Herrschaft Belhade mit Muret und Saugnacq zur Sénéchaussée Dax und damit zur Gascogne.[65] Auch aus älterer Zeit sprechen die Indizien für eine Bindung Belins nach Norden. Die Burg von Belin, wohl in den letzten Jahrzehnten vor 1200 von den Herzögen(-Königen von England) gebaut, war noch 1220 im Besitz des Herzogs,

---

63 Nach Gaillard 1909, 13, ist die Leyre zwischen ihrem Ausgangspunkt (der Vereinigung von Großer und Kleiner Leyre einige km südlich Belin) bis zu ihrer Mündung 15–30 m breit.
64 Manier, Ndr. 2002, 39.
65 Sehr detailliert Biron 1925, 84 s.; seine Quellen nennt er 78 n. 2.

d. h. des englischen Königs Heinrich III;⁶⁶ doch schon er verpfändete sie an die Großbürgerfamilie del Soler in Bordeaux und hat sie nach einigem Hin und Her letztlich nicht wieder ausgelöst; denn von den Soler gelangte sie im frühen 14. Jh. durch Heirat an die Vicomtes von Fronsac (Burg Fronsac auf dem nördlichen Dordogneufer), kurz nach 1350 an einen *Jean de Pommiers*, der vorher als Bürgermeister von Bordeaux belegt ist, kurz nach 1400 an die Montferrand (Burg Montferrand dicht nordöstlich Bordeaux), 1472 an die Malengin (Herrschaft Malengin östlich Libourne ebenfalls nördlich der Dordogne), die sie erst 1563 – also nach Errichtung der Sénéchaussées – verkauften.⁶⁷ Auch wenn der bloße Besitz strenggenommen keinen Einblick in die lehnsrechtliche Verschachtelung gibt, bekundet er immerhin, so weit wir zurückblicken können, eine Orientierung der Herrschaft Belin nach Norden. Sonst lässt sich nur zeigen, dass Belin schon unter Heinrich III. eine gewisse zentralörtliche Bedeutung hatte: so berief der König-Herzog 1243 Lehnsversammlungen zu Palmsonntag nach Bordeaux, auf Anfang August nach Belin, auf zwei Tage später nach Bayonne ein; Belin ist offensichtlich ‚die' Zwischenstation zwischen Bordeaux und Bayonne (oder Dax).⁶⁸ Auch Gardelles betrachtet in seiner Monographie über die südwestfranzösischen Burgen des 13. und 14. Jh. Belin als südwestlichste

---

66 Nach der örtlichen Tradition wurde in Belin schon um 1122 Aliénor geboren. Aber es ist unwahrscheinlich, dass Herzog Wilhelm X., der reichste Mann Frankreichs, Herr zahlreicher Burgen und so bedeutender Städte wie Poitiers und Bordeaux, es duldete, dass seine Frau zur Geburt des ersten Kindes, also des präsumptiven Erben, in einem Ort niederkam, der noch Jahre später nur eine *villa macilenta* war. Andererseits sprach um 1180 bis 1190 der Dichter der erhaltenen *Garin*-Fassung (cf. oben bei n. 19) von Belin als Residenz Herzog Begons, mit einem fast 25mal genannten *chastel*, in dem das *palés* (v. 7205) und der *donjon* durch ein *paliz* mit mehreren *bretesches* geschützt ist (v. 7175–7177); das hätte er vermutlich nicht getan, wenn an Ort und Stelle nur die *villa macilenta* zu sehen gewesen wäre. Kurz nach 1200 führt im *Gui de Bourgogne* der Weg des Titelhelden von Frankreich nach Spanien über Belin, eine *povre freté* (v. 316); *povre* (zur Zeit Karls des Großen gedacht) spiegelt *macilenta* (der Autor kennt den PT), *freté* ‚(kleine) Burg' dürfte die zeitgenössische Realität spiegeln. Der heutige Historiker kann allerdings über sie nur feststellen (Gardelles 1972, 280): „Aucun document sûr avant 1220". Sie stand auf der heute so genannten *butte d'Aliénor* und war umrundet auf etwa 50 m Durchmesser von einer Vormauer; bis kurz nach 1800 blieb sie bewohnt und verfiel dann langsam, von den Anwohnern offenbar als Steinbruch (und die *butte* als Sandgrube) genutzt; Drouyn 1865, p. XLVII–XLVIII, hatte wenige Jahre vorher noch die 7 m hohen Reste eines Rundturms gesehen; cf. auch Gaillard 1909, 14 s.
67 *Rôles gascons* I, no. 1644, 2219, 2871, 3104, 3645, 3696, 4275, 4284, 4541, Gaillard 1909, 36–49, Gardelles 1972, 95 (wo in n. 4 no. 1644 statt 1649 zu lesen ist).
68 *Rôles gascons* I, no. 1594. (Im Nachdruck 1996 von Gaillard 1909, 29 s., scheint zunächst undeutlich „1213" zu stehen, Gaillard bezieht sich dann aber darauf mit „cette même année 1243"; richtig schon Drouyn 1865, p. XLIX.) Gaillard op. cit. 30. Weitere Erwähnungen von Belin in der Königskorrespondenz der Jahre 1220–1275 bei Gardelles 1972, 95.

Burg des Bordelais, Saugnacq als nördlichste von *Landes et Chalosse* (Gardelles 1972, Karten V und VII).

Von den Bistumsgrenzen allerdings dürfen wir hier – anders als im sonstigen Frankreich – fast nichts erwarten. In der Spätantike schob sich zwischen die Bistümer Bordeaux und Dax zunächst ein Bistum der kleinen *civitas* der *Boii* oder *Boiates*, das an der Küste vom Becken von Arcachon (nordwestlich Belin) bis ins Pays-de-Born (südwestlich Belin) reichte, dessen Erstreckung nach Osten aber so gut wie unbekannt ist; es verschwand schon in der Völkerwanderung.[69] Dann fehlen deutliche Nachrichten bis ins späte 10. Jh., wo das neu auftauchende Bild kirchenrechtlich umso bedenklicher ist: als Gombaud, Bruder und zunächst Mitregent des Herzogs Wilhelm Sancho von der Gascogne (also des Erwerbers von Bordeaux) nach dem Tode seiner Frau Geistlicher werden wollte, vereinigte der Herzog – so einfach ging das damals nur in der Gascogne – sieben gascognische Bistümer, darunter (südlich von Belin) Dax und (südöstlich von Belin) Bazas, zu einem ‚Bistum Gascogne' und gab dieses seinem Bruder.[70] Da auch in der Bischofsliste von Bordeaux für die Zeit kurz vor 1000 ein Gombaud figuriert,[71] muss man sich fragen, ob das Vereinfachungsstreben des Bruderpaares nicht auch auf Bordeaux übergriff. Bei der Entflechtung des Konglomerats im 11. Jh. kam es nachweislich zu einigen Verschiebungen der ursprünglichen Bistumsgrenzen.[72] Und gerade für die unmittelbare Umgebung von Belin nimmt einer der besten Kenner der Verhältnisse, der Bordelaiser Historiker Jean-Bernard Marquette, eine Festigung der Bistumsgrenzen sogar erst für die Mitte des 12. Jh. an,[73] also für die Epoche des PT selbst! Damit verlieren diese natürlich für uns alle Aussagekraft.

Doch machen wir uns wenigstens kursorisch selbst ein Bild! Die Grenze zwischen dem Bistum (und Erzbistum) Bordeaux und dem Bistum Dax (im Erzbistum Auch) wurde, seit sie im späteren Mittelalter immer deutlicher fassbar wird, gerade auf der Höhe von Belin unterbrochen durch eine aus acht Pfarreien bestehende Enklave des (zu Auch gehörigen) Bistums Bazas, die als solche bis gegen Ende des Ancien régime bestand.

Genauer gesagt:[74] Béliet lag noch im Bistum Bordeaux und war Pfarrei, soweit man zurückblicken kann, hier bis 1279/1280; seine Kirche hat einen

---

69 Guillemain 1974, 11, 16.
70 Biron 1924, 16–18, DHGE, Art. Bazas, col. 67, und Art. Dax, col. 130,
71 DHGE, Art. Bordeaux, col. 1190.
72 Cf. z. B. DHGE, Art. Dax, col. 130.
73 LM, Art. Bazas (von Marquette). Vom späten 12. Jh. an wären hier Verschiebungen der Bistumsgrenzen auf Grund regionaler Adelsinteressen kaum noch möglich gewesen, da die Burg Belin längere Zeit im unmittelbaren Besitz des Herzogs-Königs war.
74 Zu beiden Gemeindeteilen und ihren Prioraten cf. oben die Einleitung samt n. 3, genauer: DHGE, Art. ‚Bazas (Diocèse)', col. 65 (mit guter Karte der Enklave; hingegen sind die Karten in

romanischen Chor. Die Pfarrer von Béliet waren zugleich Priore des Pilgerhospizes nördlich davon und hatten als solche Autorität auch über einige Nachbarpfarreien nördlich der Leyre. Doch werden die Pfarrei und das Hospiz in der Dokumentation des Bistums sehr oft ‚von Belin' genannt, als seien Béliet und Belin ursprünglich ein Ort gewesen und die offizielle Terminologie nehme das Diminutivum erst allmählich zur Kenntnis. Machen wir uns hier der Vollständigkeit halber klar, dass die beiden oben[75] erwähnten Tumuli auf dem Territorium von Béliet und damit immer im Bistum Bordeaux lagen.

Belin hingegen hatte nur (seit dem 15. Jh.) eine Kapelle; samt dem Pilgerhospiz südlich davon gehörte es zur (gleich südlich der Leyre gelegenen) Pfarrei Saint-Pierre von Mons und damit zu der Enklave, die hier also etwa 3 km nach Norden über die Leyre ausgriff. Auch die Pfarrer von Mons waren zugleich Priore des Hospizes und hatten als solche Autorität über die sechs anderen Pfarreien der Enklave, alle südlich der Leyre gelegen; allerdings nannten sich diese Pfarrer nur vor 1683 ‚von Mons', dann ‚von Mons und Belin', seit 1775 einfach ‚von Belin'. Auch das Priorat hieß zunächst ‚von Mons' und wurde dann zunehmend ‚von Belin' genannt.

Da in der Gascogne die Schriftlichkeit spät beginnt und es bis ins 13. Jh. weitgehend Zufall bleibt, ob kleinere Orte in der heute erhaltenen Dokumentation erfasst sind, bleibt die Entstehung der Enklave im Dunkel. Immerhin gibt es kaum eine andere Möglichkeit, als dass sie ihre Existenz einem regionalen Adelsclan verdankt, der seinen Zielen zeitweilig – am wahrscheinlichsten also in der ersten Hälfte des 12. Jh. – das Bistum Bazas dienstbar zu machen ver-

---

den Art. ‚Bordeaux' und ‚Dax' in diesem Punkte irreführend), sowie Art. Béliet (behandelt auch Belin); Biron 1925, 72 (mit Karte); mit ausführlichen historischen Nachweisen, aber in der Darstellung diffuser, Gaillard 1908, 191–193, 196 ss., 200–202 (und passim), sowie 1909, 92, 101–105, 138. Das langsame Wachstum von Belin relativ zu Béliet und zu Mons ist offensichtlich als Bevölkerungsverschiebung an den Burgort zu verstehen; Burgen pflegen ja seit ihrer mittelalterlichen Entstehung die Besiedlung anzuziehen. Die oben erwähnte Tatsache, dass in der Dokumentation des Bistums Bordeaux das nördliche Priorat laufend ‚von Belin' statt ‚von Béliet' genannt wurde, scheint darauf hinzudeuten, dass der Name *Belin* anfangs beide Ortsteile bezeichnete, der Burgort aber allmählich als das wichtigere, ‚eigentliche' Belin galt; für den überrundeten Konkurrenten lag dann die Spezifizierung als ‚das kleine Belin' nahe. Da es für das Département Gironde kein *Dictionnaire topographique* gibt, lässt sich schwer feststellen, wann das Diminutivum *Béliet* aufkam. Leider zitiert auch Gaillard 1908 und 1909 manche älteren Urkunden nur annähernd wörtlich; wenn nicht alles täuscht, kommt in eindeutig Béliet betreffenden Urkunden dieser Name 1279/1280 und 1365 noch nicht vor, möglicherweise 1369/1370, sicher 1466 (Gaillard 1909, 31, 103, 193, 371); jedenfalls ist die Erstnennung weitaus jünger als PT und PF, für die also möglicherweise ‚Belin' noch Béliet plus Belin war.
75 Oben bei n. 18.

stand.[76] Doch damit war sie, als der ‚Pseudo-Turpin' hier seine Erkundigungen einzog, entweder noch nicht vorhanden oder so jung, dass sich jedermann an ihr Entstehen erinnerte und sie noch keine Wirkung auf das Geschichtsbewusstsein der Einwohner gehabt haben konnte. Wir dürfen sie also schlicht ignorieren.

Dann ist es also die Leyre, die hier, auf der großen alten Straße, von Karl dem Großen bis 980 die Grenzmarke zwischen der ‚eigentlichen' Gascogne und dem Bordelais und damit zwischen einem ungeliebten ‚Satellitenstaat' und ‚Frankreich' gewesen zu sein scheint. Belin[77] mitsamt Burg, Béliet und dem Graoux – und damit auch mit dem vermeintlichen Grab der Roncevaux-Gefallenen, wo genau es sich auch befunden haben mag – liegt nördlich des Flusses, war in dieser Perspektive also ‚der erste Ort in Frankreich'– ganz wie Blaye das, ebenfalls gleich nach einer Flussüberquerung, zu anderen Zeiten war. Die objektive historisch-geographische Parallele, insbesondere die Flussüberquerung als eindrückliches ‚Grenzsignal', ist so eng, dass man um die Annahme auch einer parallelen Motivation kaum herumkommt. Mit anderen Worten: wie bei Blaye allgemein anerkannt, hat wohl auch bei Belin die Grenzlage das Entstehen der Tradition entscheidend gefördert. Am Anfang stand dann an der langen Straße nicht ein beliebiger Tumulus unter anderen, sondern einer, der auf Grund seiner Lage eine akut werdende Frage auf sich zog.

Garantiert uns das nun, dass die Tradition in Belin schon vor 980 begründet wurde? Nein. Denn als 980 Bordeaux an die Gascogne fiel, wurde diese alte Metropole zweifellos auch Schwerpunkt des gascognischen Fürstentums. Das

---

[76] Es liegt nahe, mit Biron (1925, 72) an die frühen Albret zu denken. Bischof Bertrand von Bazas (1104–1125) wird Bertrand d'Albret genannt im *Chronicon Vasatense*, das zwar erst aus dem 18. Jh. stammt, dessen mittelalterliche Quellen aber nicht alle bekannt sind (Biron 1924, 20). Labrit (älter *Lebret*, im Frz. dann *à Lebret > Albret*), der Ort im Département Landes, nach dem sich das Geschlecht nachweislich seit dem 13. Jh. nannte, lag zwar nicht im Bistum Bazas, sondern rund 20 km davon entfernt im Bistum Aire. Doch wenn die Quellen zur Besitzgeschichte reicher zu fließen beginnen (etwa Mitte 13. Jh.), besitzen die Albret fünf Burgen im Bistum Bazas (Cazeneuve, Bazas, Aillas le Vieux, Meilhan und vor allem Casteljaloux, ihren bevorzugten Aufenthaltsort), aber nur je eine in den Bistümern Dax (Sore), Aire (Labrit), Bordeaux (Castelnau de Cernès) und Agen (Nérac), cf. Marquette 1975, Tafel nach p. 107; dem Schwerpunkt nach sind sie damals also ein bazadaisisches Geschlecht. In der Enklave bei Belin hatten sie Besitz – den Marquette aus geographischen Gründen zu ihrem Frühbesitz rechnet – in Lugos westlich Belin sowie in Saugnacq, Pissos und Liposthey südlich Belin; die beiden kleinen Orte Joué und Rétis dicht östlich Belin schließlich gehörten zwar zur Pfarrei Mons-Belin und damit zur Enklave, aber nicht zur weltlichen Herrschaft Belin, sondern zur Baronnie von Castelnau de Cernès (Gaillard 1909, 84 s.), und Barone von Castelnau waren, wie sich 1263 herausstellt, die Albret. Cf. Marquette 1975, Kapitel 3, p. 71, und 1978–1979, Karte am Bandende.

[77] Dass PT und PF Belin keinen Grenzcharakter zuschreiben, will nichts besagen, da sie ihn ja auch bei Blaye nicht mehr erkennen.

Bordelais war ja geprägt von der großen lateinisch-romanischen Kultur Südfrankreichs mit ihren dichten, auch äußerlich eindrucksvollen Zeugnissen des Christentums; dem hatte im Süden die alte Novempopulania schon in der Antike nichts Gleichwertiges entgegenzusetzen, geschweige denn nach der baskischen Invasion des 6. Jh., als sie für ein halbes Jahrtausend in Schriftlosigkeit versank. Und seit im 11. Jh. das Haus Poitou auch in Bordeaux und der Gascogne die Macht übernahm, wurde die Achse Poitiers-Bordeaux zum Kernstück des neuen Staates. Noch ein weiteres Jahrhundert später schildert der PF (Kap. 7) ein erschreckendes Kulturgefälle: während es für ihn, den Poiteviner, über die Menschen der Saintonge, dann des Bordelais nichts Negatives zu berichten gibt als ihren zunehmend ‚rustikalen' Dialekt, haben die Gascogner nicht nur mehr Charakterfehler als Tugenden, sondern auch einen weit niedrigeren Lebensstandard. Das kann überzeichnet, aber nicht frei erfunden sein und ist gerade in seiner Parteilichkeit als Mentalitätszeugnis wertvoll. Denn wenn die Bordelais über die Gascogner ähnlich geurteilt haben, woran zu zweifeln keine Ursache in Sicht ist, wird man sich an ihrer alten Südgrenze kulturell nach wie vor auf Bordeaux hin orientiert haben und sich bewusst geblieben sein, von altersher und damit von Rechts wegen nach dort zu gehören. Fruchtbar in unserem Sinne konnte diese Mentalität der Einheimischen aber erst werden, sobald jemand, komplementär dazu, längs der großen Straße nach dem vermutlichen Verbleib der Roncevaux-Opfer fragte, und der optimale ‚Sitz im Leben' dieser Frage war nicht bei den Einheimischen, sondern im Denken und Fühlen derer, die wie einst Karl von einem anstrengenden Spanienzug in die französische Heimat zurückstrebten: Pilger, dann auch Krieger und Pilger-Krieger. Deren Anzahl schwoll im Laufe des 11. Jh. mächtig an,[78] damit aber auch die Wahrscheinlichkeit, dass unsere Tradition erst damals entstand.

---

78 In Frankreich begann etwa 990 nach Beseitigung der Normannen-, Ungarn- und Sarazenenschäden ein mehrhundertjähriger, nicht zuletzt demographischer Aufschwung; mit der fortschreitenden Integration der Normannen in die französische Kultur, mit dem Ende des Dynastiekampfes um 990 und mit dem Aufkommen der Gottesfriedensbewegung seit etwa 980 wurden zudem beträchtliche, bisher intern gegeneinander gerichtete Kräfte allmählich nach außen frei. In Spanien wiederum beendete um 1010 der Zusammenbruch des Kalifats für immer die Furcht vor militärischer Schädigung Compostelas und seiner Pilger, und bald konnte Sancho el Mayor den Pilgerstrom aus den *devia Alavae* auf den späteren Weg umlenken; dann banden Cluniazensertum und schließlich Gregorianismus das Land auch ideologisch enger an das übrige Europa. Von Mittelfrankreich bis Compostela wurde so im Laufe des Jahrhunderts durch das Aufblühen der Kirchen und Klöster, aber auch durch die zunehmende Effizienz großräumiger weltlicher Instanzen die Sorge um das Pilgerwesen allmählich als je-öffentliche Aufgabe erkannt. – Von den französischen Kriegern zog zwar vermutlich zwischen etwa 1065 und 1135 die Mehrheit nach Aragón (und damit meist nicht über Belin), doch eine nicht geringe Zahl, vor allem nach 1086, auch nach Kastilien.

Zitierte Literatur

Aimoin von Fleury, *Vita Abbonis*, ed. et trad. [frz.] Robert-Henri Bautier, Paris, CNRS, 2004.
Albon, Guigues d' (ed.), *Cartulaire général du Temple, 1119?–1150*, Paris, Champion, 1913.
Allières, Jacques, *Okzitanische Skriptaformen V. Gaskogne, Béarn / Les scriptae occitanes V. Gascogne, Béarn*, in: Günter Holtus, Michael Metzeltin, Christian Schmitt (edd.), *Lexikon der Romanistischen Linguistik (LRL)*, II 2, Tübingen, Niemeyer, 1995, 450–466.
Angenendt, Arnold, *In portu ecclesiae sepultus. Ein Beispiel von himmlisch-irdischer Spiegelung*, in: Hagen Keller/Nikolaus Staubach (edd.), *Iconologia Sacra, Festschrift für Karl Hauck*, Berlin [u. a.], de Gruyter, 1994, 76ss.
Beckmann, Gustav Adolf, *Renaut de Montauban and the Pseudo-Turpin's Renaut d'Aubépine: two names for one person?*, Neophilologus 93 (2009), 393–409.
Bédier, Joseph, *Les légendes épiques*, III, Paris, Champion, 1912, 3. Aufl. 1929.
Benoît, Fernand, *La géographie des chansons de geste et le Canal des Fosses Mariennes*, in: *Recueil de travaux offert à M. Clovis Brunel*, I, Paris, Société de l'École des Chartes, 1955, 130–137.
Biron, Dom Réginald, *L'ancien diocèse de Bazas*, Revue historique de Bordeaux 18 (1925) 70–86, 200–216, 19 (1926), 91–100, 139–145, 186–200, 232–238.
Biron, Dom Réginald, *L'épiscopat bazadais (Ve siècle–1792)*, Revue historique de Bordeaux 17 (1924), 15–26, 90–102, 156–164, 215–223.
Castets, Ferdinand (ed.), *Turpini Historia Karoli Magni et Rotholandi* [= PT, im Wesentlichen nach Montpellier Fac. Méd. 31], Montpellier, Société pour l'Étude des Langues romanes, 1880.
CC = *Codex Compostelanus*, cf. Herbers/Santos/Noia, dazu die unter PF und PT genannten Teileditionen.
Deinlein, Ilse, *Der französische Renaissance-Turpin und seine Quellen* [enthält quasi-vollständige Variantenliste des lat. PT in Paris B. N. lat. 124], Würzburg, Triltsch, 1940.
DHGE = *Dictionnaire d'Histoire et de Géographie ecclésiastiques*, ed. Alfred Baudrillart, später A. de Meyer, Ét. Van Cauwenbergh, R. Aubert, Paris, Letouzey et Ané, 1912–.
Díaz y Díaz, Manuel C., *El Codex Calixtinus: Volviendo sobre el tema*, in: John Williams/Alison Stones (edd.), *The Codex Calixtinus and the Shrine of St. James*, Tübingen, Narr, 1992.
Drouyn, Léo, *La Guienne militaire*, I, Paris, Didron, 1865, Nachdruck Marseille, Lafitte, 1977.
Gaillard, L'abbé Albert, *Deux paroisses de l'ancien temps, Belin et Béliet*, Bordeaux, Michel et Forgeot, 1909, Nachdrucke Paris, Res Universis, 1993, Paris, Office d'édition du livre d'histoire, 1996, und Nîmes, Lacour, 2002.
Gardelles, Jacques, *Les châteaux du moyen âge dans la France du Sud-Ouest, la gascogne anglaise de 1216 à 1327*, Genf, Droz, 1972.
Garin le Loherenc, ed. Anne Iker-Gittleman, 3 vol., Paris, Champion, 1990, 1996, 1997.
Gerson, Paula Lieber/Krochalis, Jeanne/Shaver-Crandell, Annie/Stones, Alison (edd. et trad.), *The Pilgrim's Guide.* [= PF], *A Critical Edition*, I, *The Manuscripts*, und II, *Annotated English Translation, Latin Text*, London, Harvey Miller, 1995–1998.
Gui de Bourgogne, ed. François Guessard, Paris, Vieweg, 1859, Neudruck Nendeln, Kraus, 1966.
Guillemain, Bernard, *Le diocèse de Bordeaux*, Paris, Beauchesne, 1974 (Histoire des diocèses de France, N.S. 2).
Hämel, Adalbert (ed.), *Der Pseudo-Turpin von Compostela* [= der PT im CC], aus dem Nachlass hrg. v. André de Mandach, München, Verlag der Bayerischen AdW, 1965.

Hämel, Adalbert, *Von Herzog Naimes „von Bayern", dem Pfaffen Konrad von Regensburg und dem Pseudo-Turpin*, Sitzungsberichte der Bayerischen Akademie der Wissenschaften, phil.-hist. Klasse, 1955.1.

Hämel, Adalbert, *Los manuscritos latinos del falso Turpín*, in: Estudios dedicados a Menéndez Pidal, IV, Madrid, Consejo Superior de Investigaciones Científicas, 1953, 67–85.

Hämel, Adalbert, *Überlieferung und Bedeutung des Liber Sancti Jacobi und des Pseudo-Turpin*, München, Verlag der Bayerischen AdW (SB München 1950.2).

Hämel, Adalbert, Rez. Meredith-Jones 1936, Literaturblatt für germanische und romanische Philologie 1942, 35–38.

Herbers, Klaus, *Der Jakobsweg*, 7. Aufl., Tübingen, Narr, 2001.

Herbers, Klaus, Rez. zu Díaz y Díaz 1997, Cahiers de civilisation médiévale 43 (2000), 205.

Herbers, Klaus/Santos Noia, Manuel (edd.), *Liber Sancti Jacobi: Codex Calixtinus, transcripción a partir del Códice original*, Santiago, Xunta de Galicia, 1998. [Enthält auch PT und PF.]

Herbin, Jean-Charles, *Géographie des chansons de geste: itinéraires de Garin le Loherain*, in: Danielle Buschinger und Wolfgang Spiewok (edd.), *Die Geographie in der mittelalterlichen Epik, La Géographie dans les textes narratifs médiévaux*, Greifswald, Reineke, 1996, 59–79.

HGL = *Histoire générale de Languedoc*, par Dom Claude de Vic [et al.], 3. Aufl., 16 vol., Toulouse, Privat, 1872–1904, Neudruck Osnabrück, Zeller, 1973.

Jullian, Camille, *La tombe de Roland à Blaye*, Romania 25 (1896), 161–173.

Karl, Maria, *Die Quellen der Pseudo-Turpin-Ausgabe von Sebastiano Ciampi* [enthält Ed. des PT in Florenz, Bibl. Naz. II.VIII. 48], ungedruckte Diss. Würzburg 1940.

Klein, Hans-Wilhelm (ed. [lat.] et trad.), *Die Chronik von Karl dem Großen und Roland* [= PT, Fassung HA nach 3 Mss.], München, Fink, 1986.

Kötting, Bernhard, *Wohlgeruch der Heiligkeit*, Jahrbuch für Antike und Christentum, Ergänzungsbd. 9 (1982), 168–175.

Laroza, Mgr Olivier, *Guide touristique, historique et archéologique de Bordeaux et de la Gironde*, 2. Aufl., Bordeaux, Féret, 1988.

Lavergne, Adrien, *Les chemins de Saint-Jacques en Gascogne*, I, Revue de Gascogne 1887, 171–191.

LFM = *Liber feudorum maior: Cartulario que se conserva en el Archivo de la Corona de Aragón*, edd. Miquel Rosell und Francisco Javier, 2 vol., Barcelona, Consejo Superior de Investigaciones Científicas, 1945–1947.

LM = *Lexikon des Mittelalters*, 9 vol., Studienausgabe, Stuttgart, Metzler, 1999.

López Martínez-Morás, Santiago, *De bello Runcievallis, la compositon de la bataille de Roncevaux dans la Chronique de Turpin*, Romania 126 (2008), 65–102.

Louis, René, *De l'Histoire à la légende: Girart, Comte de Vienne [...]*, 3 vol., Auxerre, Imprimerie Moderne, 1946–1947.

Mandach, André de, *Naissance et développement de la Chanson de geste en Europe*, VI, *Chanson de Roland*, Genf, Droz, 1993.

Mandach, André de, *Neues zum ‚Pilgerführer der Jakobswege'*, in: Robert Plötz (ed.), *Europäische Wege der Santiago-Pilgerfahrt*, Tübingen, Narr, 1990, 41–58.

Manier, Guillaume, *Pèlerinage d'un paysan picard à St. Jacques de Compostelle au commencement du XVIIIe siècle*, ed. le Baron de Bonnault d'Houet, Montdidier, Radenez, 1890, Neudruck, präsentiert von Joëlle Désoré-Marchand, Woignarue, La Vague verte, 2002.

Marca, Petrus de, *Marca Hispanica*, Paris, Muguet, 1688, Nachdruck Barcelona, Base, 1972.
Marquette, Jean-Bernard, *Les Albret, V: Terres et hommes d'Albret [1240–1360]*, Cahiers du Bazadais, Doppelheft 45–46 (1978–1979) [einziger Beitrag des Doppelheftes].
Marquette, Jean-Bernard, *Les Albret, I: Les origines (XIe siècle–1240)*, Cahiers du Bazadais Hefte 30–31 (1975) [einziger Beitrag dieser Hefte].
Menéndez Pidal, Ramón, *La Chanson de Roland et la tradition épique des Francs*, 2. Aufl., Paris, Picard, 1960.
Meredith-Jones, Cyril (ed.), *Historia Karoli Magni et Rotholandi, ou Chronique du Pseudo-Turpin* [= PT], *textes revus et publiés d'après 49 manuscrits*, Paris, Droz, 1936.
Moisan, André, *Les sépultures des Français morts à Roncevaux*, CCM 24 (1981), 129–145.
Morlet, Marie-Thérèse, *Les noms de personne sur le territoire de l'ancienne Gaule du VIe au XIIe siècle*, 2 vol., Paris, CNRS, 1971–1972.
PF = Pilgerführer, zitiert nach Ed. Herbers/Santos Noia, cf. ferner die Edd. Gerson [*et al.*] und Vielliard.
Poindron, Paul, *Nice, cap de Provence*, Mémoires de l'Institut Historique de Provence 2 (1934), 99–103.
PT = Pseudo-Turpin, zitiert nach Ed. Herbers/Santos Noia, cf. ferner die Edd. Castets, Hämel 1965, Karl, Klein, Meredith-Jones, Rehnitz, Schmidt, Smyser und Thoron sowie die Arbeit von Deinlein.
Ravier, Xavier, *Okzitanisch, Areallinguistik / L'occitan. Les aires linguistiques*, in: Günter Holtus/Michael Metzeltin/Christian Schmitt (edd.), *Lexikon der Romanistischen Linguistik (LRL)*, V 2, Tübingen, Niemeyer, 1991, 80–105.
Rehnitz, Rudolf, *Die Grandes Chroniques de France und der Pseudo-Turpin* [PT-Ed. von Paris B. N. lat. 4925], Würzburg, Triltsch, 1940.
Rôles gascons, ed. Francisque Michel, vol. I, und Supplement dazu, ed. Charles Bémont, Paris, Imprimerie nationale, 1885. 1896.
Sapin, Christian, *Dans l'église ou hors de l'église, quel choix pour l'inhumé?*, in: Henri Galinié/Elisabeth Zadora-Rio, *Archéologie du cimetière chrétien. Actes du 2e colloque A.R.C.H.E.A, (Orléans, 29 septembre–1 octobre 1994)*, Tours, FÉRACF, 1996, 66 ss.
Schäfer, Dietrich, *Mittelalterlicher Brauch bei der Überführung von Leichen*, Sitzungsberichte der Preußischen Akademie der Wissenschaften, Berlin 1920, 478–498.
Schmidt, Paul Gerhard (ed.), *Karolelleus atque Pseudo-Turpini Historia Karoli Magni et Rotholandi* [PT nach London, Harley 6358], Stuttgart, Teubner, 1996.
Smyser, Hamilton (ed.), *The Pseudo-Turpin, edited from Bibliothèque nationale, fonds latin, ms. 17656*, Cambridge Mass., The Medieval Academy of America, 1937.
Spiegel, Gabrielle, *The Chronicle Tradition of Saint-Denis: A Survey*, Brookline Mass., Classical Folia Editions, 1978.
Thoron, Ward (ed.), *Liber quartus Sancti Jacobi* [= PT nach Vatikan, Archiv St. Peter C 128], Boston, Merrymount Press, 1934.
Treuille, Henri, *Les hôpitaux des pèlerins entre la basse Garonne et le Pays Basque*, Actes du 97e Congrès national des Sociétés Savantes Nantes 1972, section philologique et historique, Paris 1979, 241–249.
Vázquez de Parga, Luís/Lacarra, José María/Uría Ríu, Juan, *Las peregrinaciones a Santiago de Compostela*, II, Madrid, 1948, Neudruck mit bibliographischer Ergänzung von Fermín Miranda García, Pamplona, Gobierno de Navarra, 1992.
Vielliard, Jeanne (ed. [lat.] et trad.), *Le Guide du Pèlerin de Saint-Jacques de Compostelle* [= PF], *texte latin du XIIe siècle, édité et traduit d'après les manuscrits de Compostelle et de Ripoll*, 5. Aufl., Paris, Vrin, 2004.

Wilhelmsepik

7 Das Beispiel Renewart

Geschichte und Folklore als Inspirationsquellen der altfranzösischen Epik

Résumé : Le fait que *Renewart / Rainouart* 'au tinel' est une incarnation du type folklorique international de l'*unpromising hero* (*Cendrillot masculin, Ofenlieger, Askeladder* etc.) est reconnu depuis longtemps, mais mérite d'être réexaminé dans un nouveau contexte.

En effet, contre toute attente, ce Rainouart a, lui aussi, un prototype historique, non reconnu jusqu'ici bien qu'en étant extrêmement proche : dans la réalité tout comme dans l'épopée, un fils du principal ennemi du royaume franc, c'est-à-dire du grand Abderrahmān-*Der(r)amé* de Cordoue-*Cordres*, s'étant retrouvé en exil à la cour française d'Aix-la-Chapelle et y ayant fait la connaissance du jeune Louis, roi d'Aquitaine, traversa toute la France jusqu'au front sud, où de toute évidence il dut aussi entrer en relations avec le commandant en chef de ce front, le Guillaume épique. De là, avec l'assentiment des Francs, il se rendit dans l'Espagne du Nord, musulmane, mais insurgée contre Cordoue, où pendant quelque temps il mena une vie aventurière anti-cordouane, donc plus ou moins pro-franque. (Ce n'est qu'alors que réalité et fiction se séparent définitivement : sa situation devenant intenable, il marche hardiment sur la Valence espagnole, d'où il réussit à négocier une paix avec son neveu le nouvel émir ; celui-ci semble lui avoir accordé une vie désormais banale d'administrateur de cette ville à bonne distance de toute influence franque.)

Aux yeux du grand public franc, qui ne pouvait juger que par ouï-dire, un fils du redouté Abderrahmān pouvait d'emblée paraître courageux et physiquement fort, mais bien plus encore, entouré d'une troupe purement franque, il devait paraître exotique. Or, dans la lignée de l'*unpromising hero*, ce sont précisément ces trois qualités – le courage, la force physique et l'apparence exotique – qui se trouvent réunies à une quatrième, à savoir celle qui a valu son nom à ce type : une jeunesse terne et dénuée de perspectives, passée – littéralement ou symboliquement – dans les cendres du fourneau de la cuisine. Le fait de 'raconter' la réalité à l'aide du conte type explique donc ce trait non historique du personnage épique.

I

Wenn sich die romanistische Epenforschung der Gestalt des Renewart *al tinel* zuwendet, pflegt sie eine ihrer Lieblingsfragen, nämlich die nach dem Verhältnis zwischen Dichtung und realer Geschichte, hintanzustellen: zu eindeutig scheint Renewart ein Geschöpf der Phantasie, nicht das Abbild einer geschichtlichen Wirklichkeit zu sein; so brauchten weder Joseph Bédier in seinen *Légendes épiques* noch fast fünfzig Jahre später Jean Frappier im ersten Band seiner Einführung in die Wilhelmsepik einen Identifizierungsversuch zu widerlegen.

Anmerkung: Erstmals veröffentlicht in: Romanistisches Jahrbuch 22 (1971), 53–83.

Mit diesem Konsensus brach erst 1970 R. Lejeune in einem Aufsatz, auf den wir weiter unten zurückkommen werden.[1] Ich selbst glaube nun, für Renewart ein eindeutiges historisches Urbild aus der Zeit um 800 angeben zu können. Doch da die epische Gestalt das Urbild nicht einfach spiegelt, ist auch der Prozeß der Formgebung zu betrachten, der aus der realen schließlich eine literarische Gestalt gemacht hat.

In diesem Sinne sei es gestattet, zunächst an vier altbekannte[2] Motive zu erinnern, die Renewarts Erscheinung und schließlich sein Schicksal bestimmen:

1) Er gehört jenem Typ an, den die Folkloristen und Märchenforscher als „Ofenlieger", *Cendrillot* (d. h. *Cendrillon masculin*), *Kolbítr* (altnordisch „Kohlen-

---

[1] J. Bédier, *Les Légendes épiques*, 4 Bde., Paris 1908–1912, ³1926–1929, hier Bd. 1 passim; J. Frappier, *Les Chansons de geste du cycle de Guillaume d'Orange*, Bd. 1, *La Chanson de Guillaume, Aliscans, La Chevalerie Vivien*, Paris (Sedes) 1955, Neudruck 1967; R. Lejeune, *La naissance du couple littéraire «Guillaume d'Orange et Rainouard au Tinel»*, in Marche Romane 20 (1970) S. 39–60.

[2] Schon G. Paris stellte in der Gestalt des Renewart folkloristische Züge fest; vgl. das Vorlesungszitat bei J. Bédier, *Les Légendes épiques*, Bd. 1, Paris ³1926, S. 97 Fn. 1. Der klassische Aufsatz zu diesen Aspekten aber bleibt A. H. Krappe, *The Origin of the Geste Rainouart*, NM 24 (1923) S. 1–10, der sich z. T. auf Friedrich Panzers Buch *Studien zur germanischen Sagengeschichte*, Bd. 1, *Beowulf*, München 1910, stützt. Krappes umfangreicher Materialsammlung kann man immerhin zwei Vorwürfe machen. Erstens vergleicht er die Renewart-Epik fast nur mit h e u t i g e n Märchen, wodurch in den wesentlichsten Punkten mittelalterliches Vergleichsmaterial außerhalb des Blickfeldes bleibt und die von Krappe befürwortete These (Priorität des Märchens vor der Epik) chronologisch unnötig provozierend wirkt. Zweitens bedingt Krappes Untergliederung in nicht weniger als zehn Vergleichspunkte (S. 5), daß bei einigen davon der Vergleich äußerst mager ausfällt; so ist bei Punkt 3 die epische Seite nur durch die relativ späten *Enfances Vivien* vertreten, umgekehrt bei den Punkten 1, 2 und 8 die folkloristische minimal oder gar nicht. Ich ziehe es deshalb vor, die Motive zu konzentrieren und Krappes Nr. 1–6 und 7–8 unter jeweils einem Begriff („Ofenlieger", *tinel*) zu subsumieren. Wer die genaue Verbreitung der Einzelmotive untersuchen möchte, muß auf Krappe, besonders auf Panzer, passim, verwiesen werden. Daß Krappe für die neben der folkloristischen liegende historische Dimension der Renewartgestalt keinen Blick hat und deshalb letztlich zu ganz anderen Schlüssen kommt als der vorliegende Aufsatz, versteht sich von selbst.

Einen knappen, aber kompetenten Überblick über die Problematik der Gestalt gibt Frappier (s. Fn. 1), S. 219–33. Der Aufsatz von Jeanne Wathelet-Willem, *Le personnage de Rainouart dans la Chanson de Guillaume et dans Aliscans*, in Société Rencesvals. IVᵉ Congrès international, Heidelberg, 28 août–2 septembre 1967. Actes et Mémoires (Studia Romanica 14), Heidelberg 1969, S. 166–78, dient zwar dem Beweis einer These, enthält aber zugleich so viele treffende Bemerkungen zur Interpretation beider Epen, daß ich im vorliegenden Aufsatz auf eine fortlaufende *explication de texte* glaubte verzichten zu können. Für die Interpretation der Erwähnungen des *tinel* vgl. außerdem von derselben Forscherin: *Quelle est l'origine du tinel de Rainouart*, in IIIᵉ Congrès international de la Société Rencesvals, Barcelone 1964, BRABLB 31 (1965–66) S. 355–64.

beißer") oder allgemeiner als *unpromising hero*,³ bezeichnen und der dadurch definiert ist, daß er zu Beginn der Geschichte dumpf am Herdfeuer dahinlebt und noch kaum Zeichen seiner künftigen Heldentaten gibt. In der Tat tritt uns Renewart im *Wilhelmslied* zunächst (V. 2649) in Lumpen entgegen, als Küchenjunge, der auch später seinen reichlichen Anteil an den Speisen gleich in der Küche, nicht im Saal zu sich nehmen will (V. 2854 ff.),⁴ bis in den Tag hinein zu schlafen liebt (V. 2659) und dabei ausdrücklich die Schlafecke in der Küche dem frisch gemachten Bette vorzieht (V. 2860 ff.), ja der sogar während der Schlacht mit Wehmut an das Essen und den Mittagsschlaf in der Küche zurückdenkt (V. 2995–3004).

Der *Aliscans*-Dichter hat demgegenüber in geschickter Weise die Akzente etwas verlagert: Renewart beklagt sich schon früh über sein Küchendasein (V. 3319 ff.), das auf eine Willkürentscheidung Ludwigs zurückgeht (V. 3204); nicht durch eigene Schuld erscheint er kohlengeschwärzt (V. 3158 ff.), barfüßig (V. 3212 u. ö.) und „verdummt" (*assoté*, V. 3219 u. ö.). Andererseits zieht es ihn immer wieder in die Küche zurück, oft zum Schlafe (V. 3500, 3529 f., 4364 f., 4404, 4750 f., 4767 ff.) oder zu einer überdimensionalen Mahlzeit (V. 4616 ff.), aber groteskerweise auch, um, schon ritterlich bewaffnet, dennoch Küchendienst zu tun (V. 4589 ff., vgl. 4606 ff.); seine Trunkenheit (V. 3499, 3530) gehört zu diesem Bild. Auch Wilhelm schätzt ihn anfangs als Ofenlieger ein (V. 3350, 4286 ff.).

Der folkloristische Typ des Ofenliegers ist sehr alt.⁵ Schon der Dichter des *Beowulf* deutet an, daß sein Held in seiner Jugend lange als träge und tölpelhaft

---

3 Dem Typ des „Ofenliegers" benachbart ist der „Perceval"-Typ: hier wächst der Junge nicht träge in der Küche, sondern unwissend in extremer Abgeschlossenheit heran. Ich setze im Folgenden an einer Stelle die enge Verwandtschaft beider Typen voraus, wenn ich nämlich das Märchen vom „Starken Hans" in die Betrachtung einbeziehe; von diesem Fall abgesehen, ziehe ich um der größeren Begriffsschärfe willen die Trennung beider Typen vor und behandle nur den Typ des „Ofenliegers". Ebenso schließe ich entferntere antike Vorstufen aus wie einige Aspekte des Herakles, der bei Omphale ein Jahr lang Sklavendienste verrichtete, ein großer Esser und Trinker war und sich im Kampf einer Keule bediente (dazu Frappier [s. Fn. 1], S. 226 f.); will man solche Vorstufen unbedingt einbeziehen, so wird dadurch der Fundus möglicher Inspirationsquellen für die Renewartgestalt nur größer, und die hier vertretene Annahme, die Folklore sei für diese Züge in vager Weise der gebende Teil, kann an Wahrscheinlichkeit nur gewinnen.
4 Ich zitiere nach *La Chanson de Guillaume*, ed. D. McMillan, 2 Bde., Paris (SATF) 1949–50; *Aliscans*, edd. E. Wienbeck, W. Hartnacke, P. Rasch, Halle 1903.
5 Zu *Beowulf* 2184 ff.: F. Genzmer nimmt im Vorwort seiner Übersetzung des *Beowulf* (Reclams Universalbibliothek 430), Stuttgart (Neudruck, 1953), diesen Zug sogar für die im 6. Jh. anzusetzende gautische Vorstufe des späteren Epos in Anspruch; für F. Panzer (s. Fn. 2), passim, speziell S. 254, 268 f., 390, sind überhaupt Beowulfs Taten eine heldische Umbildung des Märchens vom Bärensohn! – Zu Uffo vgl. z. B. H. Schneider, *Germanische Heldensage*, 3. Buch,

gegolten habe; hier scheint allerdings das Stichwort „Küche" noch zu fehlen. Von dem dänischen Königssohn Uffo berichtet Saxo Grammaticus dasselbe; ausführlicher erzählt von ihm Sven Aggesön kurz nach 1185, er habe sich in seiner Jugend nur um Küche und Keller gekümmert. Aus der altnordischen Literatur gehören hierher ferner Starkad, Helgi Hjörvardsson und aus den Sagas Grettir, Glúmr und Thorsteinn Thorgnýrsson. In der deutschen Sage ist Dietleib, wie er uns im 13. Jh. in der *Thidrekssaga* und im *Biterolf* entgegentritt, als Kind ein Faulpelz, der sich weder wäscht noch kämmt, sondern träge am Herd in der Asche liegt. Im eigentlichen Volksmärchen Europas taucht das männliche Aschenputtel im 16., reichlicher im 17. Jh. auf, ist spätestens seit dem 18. Jh. eine typische Erscheinungsform auch des russischen Bylinenhelden Ilja Muromec und konnte schließlich von der modernen Märchenforschung im 19. und 20. Jh. in mehreren Dutzend Versionen von Skandinavien bis zu den Arabern, Fulbe und Zulus, von Irland, Frankreich und Spanien bis nach China, ja sogar bei den nordamerikanischen Indianern nachgewiesen werden, ist also heute praktisch allgegenwärtig.

2) Renewart, dem *Aliscans* (V. 3203, 4047 f., 4560) explizit, das *Wilhelmslied* wohl implizit[6] eine riesenhafte Statur zuschreibt, führt in beiden Epen als Waffe einen *tinel*, und zwar anfangs jene Stange, die er während seines Küchendienstes beim Tragen der Wassereimer auf die Schultern nahm (*Wilh.* 2742 f.; *Al.* 3248 f.). In *Aliscans* wird er sie im Zorn zerschmettern und durch einen neuen

---

Berlin 1934, S. 115 ff. – Die nordischen Beispiele sind genannt z. B. bei J. de Vries, *Heldenlied und Heldensage*, Bern 1961, S. 287, das Fulbe-Beispiel (nach Frobenius) ebda. S. 215. – Den Hinweis auf Dietleib verdanke ich V. Zhirmunsky, Vergleichende Epenforschung, übs. v. Chr. Wendt (Veröffentlichungen des Instituts für deutsche Volkskunde 24), Berlin 1961, S. 90 f., der auch über das Eindringen des Motivs in die Biographie des Ilja Muromec handelt. – Zweiundzwanzig Versionen des männlichen Aschenbrödels untersucht M. R. Cox, *Cinderella*, London 1892, Neudruck Liechtenstein 1967 (Publications of the Folk-Lore Society 31), S. 437–62. Reiches Material ferner bei E. Cosquin, *Contes populaires de Lorraine*, Bd. 2, Paris 1886, S. 107 ff., und vor allem *Les Contes indiens et l'Occident*, Paris 1922, S. 494–503, sowie bei Krappe (s. Fn. 2), S. 7 f., und Panzer (s. Fn. 2), S. 32 f., 49 f., 104, 112 f., 321 f., 336, 344 f.; weitere Literatur bei Stith Thompson, *Motif-Index of Folk-Literature*, Bd. 5, Kopenhagen 1957, L 131: *Hearth abode of unpromising hero (heroine)*. – Ob hier neben der folkloristischen Tradition auch die gelehrte Tradition des „Küchenhumors" eine Rolle gespielt hat, wie Frappier (s. Fn. 1), S. 229, im Anschluß an Curtius und Adler anzunehmen bereit ist, wage ich nicht zu entscheiden. Bejaht man die Frage, so ist an dieser Stelle der Begriff „folkloristisch" zu eng; auch dann jedoch wird im Gesamtkomplex 1)-2)-3)-4) das folkloristische Element das gelehrte noch bei weitem übertreffen.

[6] Hinweis auf das Fehlen einer ausdrücklichen Angabe bei Wathelet-Willem (s. Fn. 2), S. 168; doch dürfte die häufige Erwähnung seiner beispiellosen Körperkräfte die Phantasie des Hörers in dieselbe Richtung gedrängt haben.

tinel ersetzen, nämlich durch den Stamm einer Tanne, den er sorgfältig mit Eisen beschlagen läßt (*Al.* 3377–428). Auch im *Wilhelmslied* ist der *tinel* so schwer, daß kein anderer ihn tragen kann (*Wilh.* 2652 und 2758 ff.). Im Notfalle zerstört Renewart kurzerhand eine ganze Hütte, um den Dachfirst in der Art seines *tinel* als Waffe zu schwingen (*Wilh.* 3413; *Al.* 7682). Noch gegen Ende der Handlung (*Wilh.* 3369, *Al.* 8461 f.) rühmt er die Überlegenheit des *tinel* über das Schwert.

Recht früh taucht der *tinel* unter dem Namen *stange* auch in der deutschen Epik als typische Waffe der Riesen auf: eine *stange* führen bereits namenlose Riesen in Lamprechts *Alexander;* der Riese Asprian im *König Rother;* Widolt/Widolf „mittumstangi" ebendort, in der *Thidrekssaga* und im *Dukus Horant;* andere Riesen im *Herzog Ernst, Nibelungenlied, Iwein, Tristan, Lanzelet,* in der *Krone,* in Strickers *Daniel,* Rudolfs von Ems *Weltchronik,* vielen Werken der Dietrichsepik usw.[7] – und natürlich Renewart in Wolframs *Willehalm.* Gelegentlich, etwa im *Wigalois* oder im *Eckenlied,* dient auch ein ausgerissener Baum oder Ast als Riesenwaffe. Die Märchenforschung kennt das Motiv vor allem aus den beiden eng verwandten Märchentypen vom „Starken Hans" und vom „Jungen Riesen" (Grimm Nr. 166 bzw. 90);[8] fast immer handelt es sich um eine ungeheuer schwere Eisenstange, die sich der riesenhafte Bursche eigens schmieden läßt oder schmiedet; nicht selten ist überdies die Rede von einem ausgerissenen Baumstamm oder von einem als Dreschflegel mißbrauchten Dachbalken. Der Typ ist vertreten in ganz Europa (von dort aus auch in Brasilien), in Algerien, der Türkei, Persien und sporadisch in Indonesien. Oft erscheint dabei unser Motiv 2) mit 1) gekoppelt: so ist es z. B. in irischen, bretonischen, serbischen, russischen und türkischen Volksmärchen gerade ein früherer „Ofenlieger" oder gar „Bettlieger", der die riesige Eisenlanze als Waffe führt.

3) Renewarts Schicksal ist es, im Kampf auf nahe Verwandte zu treffen (so in *Aliscans* auf seinen Vater Derramé und seinen Vetter Baudus), ja sogar sie zu

---

[7] Bei der Sammlung und Sichtung der deutschen Belege war mir mein germanistischer Kollege Christoph Gerhardt sehr behilflich, wofür ich ihm hiermit danke. An dieser Stelle genüge der globale Hinweis auf J. Grimm, *Deutsche Mythologie*[2], S. 500, E. Wiessner, *Kommentar zu Heinrich Wittenweilers Ring*, Darmstadt ²1964, zu V. 8921 f. (jeweils mit weiterführenden Angaben), und vor allem E. H. Ahrendt, *Der Riese in der mittelhochdeutschen Epik*, Güstrow 1923, passim; vgl. schließlich Gottfried von Straßburg, *Tristan* (Ed. Ranke) V. 15922 und 15990.
[8] J. Bolte und G. Polívka, *Anmerkungen zu den Kinder- und Hausmärchen der Brüder Grimm*, Leipzig 1913–1932, Bd. 2, S. 285–318, speziell 293, 295, 301 f.; Cosquin, *Lorraine* (s. Fn. 5), Bd. 1, S. 1–9; Bd. 2, S. 111, 135 ff., 266 ff., vor allem *Contes indiens* (s. Fn. 5), S. 482 ff.; Krappe (s. Fn. 2), S. 8; Panzer (s. Fn. 2), S. 39 ff., 52 f., 217, 219 f. – Zum ausgerissenen Dachbalken vgl. bei A. Aarne und Stith Thompson, *The Types of the Folktale*, Second Revision, Helsinki 1961, außer Typ 650 A IV a) vor allem Typ 1031.

töten (so im selben Epos seinen Bruder Walegrape und seinen Vetter Margos, im *Wilhelmslied* seinen Onkel Aildré). A. H. Krappe hat nun vergleichsweise aus dem Gebiet zwischen Skandinavien, Katalonien und Rußland etwa zehn Varianten des Märchentyps vom „Starken Hans" beigebracht, in denen der Protagonist seinen Vater tötet.[9]

4) Die epische Fabel hat ein ausgesprochenes *happy end:* der ehemalige Küchenjunge heiratet eine Prinzessin, hier keine geringere als Aëlis, die Tochter Ludwigs. Diese Feststellung bedarf allerdings eines Kommentars. In der genannten Form ist der Schluß nur erhalten in *Aliscans*, nicht aber im *Wilhelmslied*, das stattdessen nur den rätselhaften Vers 3500 aufweist:

> E Ermentrud li dunent a moiller,

ohne daß wir mehr über diese Ermentrud erführen. Die nichtzyklische venezianische Hs. von *Aliscans* aus dem 14. Jh. schließlich weiß zu berichten, Ludwig habe die Ehe seiner Tochter Aëlis mit Renewart nicht zugelassen; daraufhin habe die Königsmutter Hermenjart dem Renewart ihre Nichte Ermentrud zur Frau gegeben. Ph. A. Becker[10] hielt die Fassung von *Aliscans* für die ursprüngliche, datierte die Version der venezianischen Hs. in das 13. Jh. zurück und glaubte, schon der Dichter des *Wilhelmsliedes* habe sie erzählen wollen, aber durch Lakonismus unverständlich gemacht. Frappier[11] hielt demgegenüber in diesem Punkte die Fassung des *Wilhelmsliedes* für die ursprünglichere. Zwischen beiden Auffassungen vermittelt in glücklicher Weise die These von Madeleine Tyssens:[12] für sie gehen im Renewartteil *Wilhelmslied* und *Aliscans* auf eine verlorene dritte Fassung zurück; in dieser war Ermentrud wahrscheinlich Ludwigs Tochter. Der Dichter des *Wilhelmsliedes* verkürzte diese Szene bis zur Unverständlichkeit, der von *Aliscans* erweiterte sie, indem er zugleich den Namen *Ermentrud* durch den [modischeren] Namen *Aëlis* ersetzte; das venezianische Manuskript des 14. Jhs. schließlich versucht, beide Traditionen zu harmonisieren. Ich folge der Deutung von Madeleine Tyssens, betone aber, daß unsere Feststellung auch dann gültig bleibt, wenn man der Auffassung von Ph. A. Becker zuneigt.

---

9 Krappe (s. Fn. 2), S. 9; vgl. schon Panzer (s. Fn. 2), S. 23.
10 Das *Werden der Wilhelms- und Aimerigeste*, in *Abhandlungen der philosophisch-historischen Klasse der sächsischen Akademie der Wissenschaften* 44, Leipzig 1939, hier S. 82–89.
11 *Les chansons de geste* ... (s. Fn. 1), S. 221 f.
12 *La Geste de Guillaume d'Orange dans les manuscrits cycliques*, Paris 1967, S. 263. Vgl. jetzt ferner J. Wathelet-Willem, *La femme de Rainouart*, in *Mélanges [...] J. Frappier*, Bd. 2, Genf 1970, S. 1103–18.

Wenn wir in der internationalen Folklore nach Parallelen zu diesem *happy end* suchen, so kommt dafür natürlich nicht die Heirat einer Prinzessin mit einem beliebigen Helden in Frage, sondern nur mit einem, der die Merkmale 1) oder 2) (oder beide) aufweist. Nun zeigt ein Blick in den langen Abschnitt *Unpromising hero (heroine)* des *Motif Index* von Stith Thompson (L 100–199), daß im Unterabschnitt *Success of the unpromising hero (heroine)* (L 160 ff.) die gängigste Lösung gerade lautet: *Lowly hero marries princess* (L 161). Aus der sonstigen Literatur seien einige charakteristische Beispiele herausgegriffen. So gewinnt in der bereits erwähnten Erzählung der Fulbe der einst träge Held eine Prinzessin mitsamt dem halben Königreich. Ein irisches Märchen erzählt, wie Tom aus Armut die ersten neunzehn Jahre seines Lebens Tag und Nacht in der Asche schläft, dabei ungeheuer stark wird und schließlich eine Prinzessin heiratet. Ähnlich berichtet das französische Märchen *La Canne de cinq cents livres*, wie ein ehemaliger Findeljunge bei einem Schmied eine Eisenstange von fünfhundert Pfund Gewicht bestellt und damit solche Heldentaten verrichtet, daß er schließlich mit der Hand einer Königstochter belohnt wird. Vor allem ist hier aber wieder das Märchen vom „Starken Hans" in der Fassung der Brüder Grimm zu nennen: der kleine Hans wächst in der Wildnis in der Gewalt von Räubern heran zu einem äußerst unerfahrenen, aber bärenstarken Jungen; er verfertigt sich als Neunjähriger einen Knüppel aus einem starken Tannenast, als Elfjähriger einen zentnerschweren Spazierstab; später befreit er eine Königstochter zuerst aus einem Berg, dann nochmals aus einem Schiff, in dem seine beiden betrügerischen „Freunde" sie entführen wollen – und zwar springt er dazu dem Schiff nach ins Meer und stößt die „Freunde" mit seinem schweren Stab über Bord; auch er heiratet schließlich die Königstochter.[13]

Insgesamt stellen wir also fest, daß die Gestalt des Renewart in vier wichtigen Zügen Typen der internationalen Folklore verkörpert. Damit ist über die Entlehnungsrichtung noch nichts ausgesagt. Im Falle 1) wird man vielleicht schon wegen der Beowulfstelle, jedenfalls wegen der Gestalt des Uffo und wegen der heutigen extremen Verbreitung des Motivs kaum an eine Monogenese in der Person Renewarts denken wollen. Das Verbreitungsgebiet von 2) ist demgegenüber etwas kleiner; allein die Mehrzahl der Forscher dürfte heute gegen Heinzel und mit de Vries[14] die Herleitung der ältesten germanischen Belege aus der Renewart-Epik ablehnen. Bei 3) läßt das spärliche Material kaum

---

13 Stith Thompson (s. Fn. 5); de Vries (dgl.), S. 215; Cosquin, *Lorraine* (dgl.), Bd. 1, S. 1 ff., und 2, S. 135 ff., *Contes indiens* (dgl.), S. 494 ff.; Grimm Nr. 166. Vgl. ferner Krappe (s. Fn. 2), S. 9, und Panzer (s. Fn. 2), S. 62, 192 ff. (besonders interessant 206 oben).
14 J. de Vries in der Einleitung zu seiner Ausgabe des *Rother*, Heidelberg 1922, S. XCVII f., mit Bezug auf R. Heinzel, *Ostgotische Heldensage*, S. 83 und 88.

eine Entscheidung zu. Da wir 4) definiert haben als die Koinzidenz eines weiteren Motives mit 2) oder 1), finden wir 4) auf einem wiederum etwas kleineren Gebiet als 2), das aber z. B. die afrikanischen Fulbe noch einschließt; so kann man auch hier kaum alle Belege aus der Renewart-Epik ableiten wollen. Immerhin muß man mit der Möglichkeit rechnen, daß die Gestalt Renewarts einige Züge an die Märchenfigur des „Starken Hans" abgegeben hat; auf dieses Einzelproblem kommen wir weiter unten noch zurück.

Selbst wenn jedoch in 3) oder 4) Renewart partiell der gebende Teil sein sollte, macht das Motivfeld 1) – 2) – 3) – 4) offensichtlich *grosso modo* jenen Teil der komplexen Gestalt Renewarts aus, in dem diese legitim der Folklore angehört, also zur realen Geschichte, wenn überhaupt, nur geringe Beziehungen aufweisen wird. Anders ausgedrückt: wenn die Gestalt Renewarts überhaupt einen historischen Kern hat, so bezeichnen die Motive 1) – 2) – 3) – 4) dessen Überkrustung durch folkloristisches Erzählgut. Erst wenn man sich dieses eliminiert denkt, kann man sinnvoll nach Beziehungen zwischen der verbleibenden Erzählsubstanz und der wirklichen Geschichte fragen.

*

Das soll nunmehr geschehen; nur wollen wir dabei, um die Darstellung möglichst durchsichtig zu halten, jeweils die Elemente der wirklichen Geschichte voranstellen, erst dann nach ihrer Entsprechung im Epos fragen.

1) Die Reichsannalen in ihrer älteren, bis zum Jahre 803 geführten Form, also die sog. *Annales Laurissenses*, berichten zum Jahre 797 (*SS*. 1. 182): „[Karolus] in Aquis palacio Abdellam Sarracenum filium Ibin-Maugae regis, qui a fratre regno pulsus, in Mauritania exulabat, ipso semet ipsum commendante, suscepit [...]". Entsprechend in der überarbeiteten, bis 829 fortgeführten Form (*SS*. 1. 183): „Inde regressus, cum Aquasgrani venisset, ibique Abdellam Sarracenum filium Ibin-Mauge regis, de Mauritania ad se venientem suscepisset [...]" usw. Schließlich die *Annales Fuldenses* (*SS*. 1. 351): „Aquisgrani revertitur, ubi Abdellam Sarracenum filium Ibin-Mauge regis, qui a fratre regno pulsus, in Mauritania exulabat, ipso se commendante, suscepit". Im wesentlichen unverändert, wandert diese Mitteilung in kleinere Annalenwerke und spätere Darstellungen, z. B. in die *Annales Tiliani* (*SS*. 1. 222) oder in die Frankengeschichte des Adhémar von Chabannes (Kap. 2.14, Ed. Chavanon 88).

Für uns sind hier folgende Umstände von Wichtigkeit:

a) In der islamischen Geschichte des 8. Jhs. ist nur eine Gestalt namens Muawiya leidlich bekannt geworden: der Vater Abderrahmans, des Begründers des selbständigen Emirates von Spanien.[15] Der König Ibn-Muawiya der obigen

---

15 Der Name Muawiya ist relativ selten: so heißen zwei Kalifen, nämlich Vorfahren Abderrahmans I., ferner sein Vater, einer seiner Enkel – und nur ganz vereinzelt andere Personen; vgl.

Annalennotizen ist also niemand anders als Abderrahman I. (755–788) selbst, der Mann, mit dem zwar Karl der Große während seines Spanienzuges von 778 nicht unmittelbar zusammenstieß, der aber dennoch sein Hauptgegner in der islamischen Welt war und von den Franken als solcher erkannt wurde. Gäbe es an dieser Identifizierung[16] die geringsten Zweifel, so müßten sie verstummen angesichts des *Cronicon Moissiacense*, das zum Jahre 793 im Rückblick *(SS. 1. 300)* denselben Emir zunächst *Abderrahman Ibin-Mavia*, dann einfach *Ibin-Mavia* nennt. Nach Abderrahmans Tod begann sein Sohn und Nachfolger Hischam bald, seinen Bruder Abdallah als möglichen Rivalen zu fürchten; dieser ging zunächst in die Verbannung nach Nordafrika, von da an den Hof Karls des Großen. Wir wissen nicht genau, wie weit damals seine Pläne gingen: wollte er auf lange Sicht seinen Bruder stürzen oder nur für sich selbst in Nordostspanien eine regionale Machtstellung aufbauen? Jedenfalls hoffte er, sich durch den Akt einer formalen Unterwerfung der fränkischen Hilfe für seine Pläne zu versichern. Dies ist also die erste, sehr einfache, aber auch sehr verblüffende Tatsache: die Zeitgenossen konnten den Sohn des gefürchteten Abderrahman als fränkischen Untertanen am fränkischen Königshof in Augenschein nehmen! Man kann die affektiv-visuelle Wirkung eines solchen Ereignisses auf die Mitwelt kaum überschätzen.

b) Während die Annalisten den hohen Besuch naturgemäß mit Zurückhaltung beschreiben, muß in den Augen der einfachen Beobachter der Exotismus eines Abdallah, der seiner natürlichen Umgebung und damit seiner Machtfülle entkleidet war, auch komisch gewirkt haben. Die amüsierte Neugier, die Montesquieu in den *Lettres persanes* seinen Landsleuten in bezug auf alles Exotische zuschreibt, ist zeitlos genug, um *mutatis mutandis* schon in der Situation des Jahres 797 möglich gewesen zu sein. Nur ist die unmittelbare, mimetische Darstellung solcher Komik im Gerücht, später in der Sage, ohne Kenntnis der *couleur locale* nicht leicht; so kann sich die Tendenz einstellen, sie durch eine benachbarte, aber folkloristisch-clichierte Art der Komik zu ersetzen, bei der ebenfalls ein Individuum seiner normalen sozialen Umgebung beraubt erscheint: eben durch den Typ des *unpromising hero*.[17]

---

dazu die *Enzyklopädie des Islams*, Bd. 3, Leiden 1936, s. v. *Mu'āwīya*, und das umfangreiche Register zu E. Lévi-Provençal, *España musulmana hasta la caída del califato, 711–1031*, Madrid 1950 (Bd. 4 der von R. Menéndez Pidal herausgegebenen *Historia de España*).
16 Die übrigens schon für S. Abel und B. von Simson, *Jahrbücher Karls d. Gr.*, Bd. 2, Berlin 1883, S. 135 f., selbstverständlich war und seitdem nie bezweifelt wurde.
17 J. Wathelet-Willem, *Le personnage de Rainouart* (s. Fn. 2), S. 177 Fn. 54, glaubt festzustellen, daß die folkloristischen Züge Renewarts sich vom *Wilhelmslied* zu *Aliscans* hin verstärken oder sogar erst deutlich ausprägen (zumindest letzteres halte ich für eine Überformulierung); sie schließt daraus, Renewart sei „ursprünglich" keine folkloristische Gestalt gewesen. Der

c) Die Bezeichnung Abderrahmans als Ibn-Muawiya ist in abendländischen Quellen zwar relativ selten, erklärt sich aber an den erwähnten Annalenstellen wohl daraus, daß die Information aus der unmittelbaren Umgebung Abdallahs kam. Hier ist daran zu erinnern, daß einerseits der Vorname Abderrahman im mohammedanischen Spanien des 8. und 9. Jhs. recht verbreitet ist,[18] seine Er-

---

Schluß ist richtig; nur steht am Anfang keine freie Erfindung, sondern die Geschichte, und die „Folklorisierung" der Gestalt dürfte viel früher eingesetzt haben, als man aus Frau Wathelet-Willems Interpretation schließen kann.

18 E. Lévi-Provençal (s. Fn. 15) behandelt laut Register mehr als dreißig Abderrahman, darunter A. ben Abdallah al-Gafiqi, 721 und wieder seit 730 Gouverneur von ganz Spanien, 732 bei Poitiers gefallen; A. ben Alqama, a. 742 Gouverneur von Narbonne; A. ben Habib, seinen Verbündeten; A. ben Yusuf al-Fihri, seit 753 Gouverneur von Saragossa; A. ben Uqba, den ersten von A. I. dem Omayyaden eingesetzten Gouverneur von Barcelona und Gerona; schließlich die drei Omayyaden A. I. (755–788), A. II. (seit etwa 808 den Franken als feindlicher Heerführer bekannt, 822–852), A. III. (912–961).

Die Identität der Namen arab. *Abderrahman* und altfrz. *Der(r)amé*, von der Romanistik allgemein anerkannt, aber, soviel ich sehe, nie streng bewiesen, ergibt sich wie folgt.

1) Das -a- der Finalsilbe oszilliert im Arabischen dialektal zwischen -a- und -e-; die Erscheinung heißt in der arabischen Grammatik *imela*. So finden wir *Habderahmen* u. ä. in den Urkunden der Grabeskirche von Jerusalem (E. de Rozière, ed., *Cartulaire de l'église du Saint-Sépulcre de Jerusalem*, Paris 1849, S. 88 und 95, a. 1152 und 1155), Ἀβδερραχμέν neben Ἀβδερραχμάν in den Diplomen von Cusa (Sizilien) (A. Steiger, *Contribución a la fonética del hispano-árabe y de los arabismos en el ibero-románico y el siciliano*, Madrid 1932, S. 315). Daß auch im Hispano-Arabischen -e- zu hören war, ergibt sich aus den Formen *Abderramen* bei dem Mönch von Silos und dem Erzbischof Rodrigo von Toledo, *Abderrahame, Abderrame* in der spanischen Übersetzung des Moro Rasis (P. de Gayangos, *Memoria sobre la autenticidad de la Crónica denominada del Moro Rasis*, in *Memorias de la Real Academia de la Historia* 8 [1852] S. 80, 85, 90, 91) usw. usw., so daß spanische Arabisten wie Saavedra oder Codera auch in eigenen Werken grundsätzlich *Abderra(h)men* schreiben (Beispiele bei Lévi-Provençal, S. 122 Fn. 1).

2) Andererseits läßt sich in christlichen Quellen des 8. und 9. Jhs. eine starke Tendenz feststellen, in dem Namen *Abderrahman* das finale -n wegzulassen; vgl. etwa in den *Monumenta Germaniae Historica: SS. antiquissimi* 11.360.97, 361.101 und 103 (*Continuationes Isidorianae*); *SS.* 1.114, 325, 344, 2.282 usw. (*Ann. Laur. min., Mettenses, Fuldenses, Gesta Fontanell.* u. a.). Dann geht diese Schreibung merklich zurück; interessanterweise nennt im 11. Jh. Adhémar von Chabannes den Feldherrn von 732 und den ersten Omayyaden indeklinabel *Abderrama* (Ed. Chavanon, Paris 1897, S. 52 und 102), den zweiten Omayyaden aber immer *Abderraman* (einmal -*mam*, ebda. S. 112, 113, 127, 128). Auf der Pyrenäenhalbinsel lebt die Form ohne -n fort – allerdings mit Akzentrücksprung – in den Ortsnamen Abderrama (Weiler in der Grafschaft Ampurias, a. 893 *villare de Abderama*) und Pozadurama (Besitzung des Klosters Sahagún, a. 946 *Puteo Abdurama*) (*Cartoral de Carlos Many*, ed. J. Botet i Sisó, BRABLB 3 [1905–06] S. 98, und [V. Vignau], *Índice de los Documentos del Monasterio de Sahagún*, Madrid 1874, S. 126); vgl. ferner die oben zitierten Formen auf -*me* in der Übersetzung des Moro Rasis.

3) Für die Aphärese der ersten Silbe schließlich habe ich auf der Pyrenäenhalbinsel bisher nur ein Beispiel gefunden (*Derrahmaniz*, als Vatersname a. 1067 in Pendorada, s. A. A. Cortesão, *Onomástico Medieval Português*, in *O Archeólogo Português* 8 [1903] – 17 [1912], hier 10

gänzung oder Ersetzung durch den Vatersnamen also eine Präzisierung darstellt; daß andererseits die Benennung einer Person mit dem Patronymikon allgemein dem islamischen Ahnenstolz entspricht, im vorliegenden Falle aber noch ihren besonderen Sinn dadurch erhält, daß der Flüchtling Abderrahman bei seiner Ankunft in Spanien eben kein anderes Kapital besaß als die Eigenschaft, „Sohn Muawiyas" und damit Glied der legitimen, im Orient entthronten Omayyadendynastie zu sein.

Die Perspektive des einfachen fränkischen Beobachters mußte eine andere sein: er konnte die Leuchtkraft des Namens *Muawiya* nicht nachfühlen, kannte aber sehr wohl die gefürchtete Gestalt Abderrahmans. Da ihn der exotische Gast nicht so sehr um seiner selbst willen, sondern eben als Sohn des Abderrahman interessierte, konnte für ihn andererseits auch der persönliche Name *Abdallah* zurücktreten hinter der plastischeren Bezeichnung „Sohn des Abderrahman" oder später „Sohn des Derramé". Daß die Epik den Namen *Abdallah* nicht bewahrt, ist also kein Argument gegen die Gleichsetzung Abdallahs mit Renewart.

d) Hat die Gestalt also wohl lange Zeit in der Volkserinnerung unter dem bloßen Etikett „Sohn des Abderrahman/Derramé" gelebt, so mußte sich doch in der weiteren Entwicklung das Fehlen eines persönlichen Namens spätestens in dem Augenblick unangenehm bemerkbar machen, als ein begabter Erzähler die Herkunft seines Helden erst im Laufe der Erzählung offenbaren wollte,[19] für ihn also bis zu diesem Augenblick eines anderen Namens bedurfte. Die Frage allerdings, warum ein solcher Erzähler aus der fast unbegrenzten Zahl möglicher Namen gerade *Raginward-Rainoart (Renewart)* auswählte, ist beim gegenwärtigen Stand unserer Kenntnisse schwierig zu beantworten, weil sich je nach dem Zeitpunkt, zu dem man sich die Neubenennung vollzogen denkt, zwei verschiedene Erklärungen aufdrängen. Wir wollen deshalb dieses Problem noch einen Augenblick zurückstellen.[20]

2) Zum selben Jahr 797 kommen die Annalen einige Sätze später noch ein zweites und letztes Mal auf Abdallah zu sprechen und berichten von Karl, der sich inzwischen in Herstelle bei Karlshafen an der Weser aufhält: *Annales Lau-*

[1905] S. 52). Im Französischen mußte sich wegen der Assimilation *-bd-* > *-d-* der Anlaut als Präposition *a* verkennen und die Aphärese um so leichter vollziehen lassen. Wenn hier um 1096–1104 im Gebiet von Blois-Châteaudun zwei Verwandte namens *Hugo* und *Tetbaldus* den Beinamen *Darramatus* führen (vgl. *Marmoutier, Cartulaire blésois*, ed. Ch. Métais, Blois 1889–91, S. 81), so handelt es sich dabei kaum um das Partizip „entlaubt, zerrissen" (das der Schreiber nahezu sicher mit *de-*, *des-*, *dis-* oder *deex-* geschrieben hätte), sondern um den Namen Derramé (den der Schreiber nicht etymologisieren konnte).

19 Vgl in den jetzigen Fassungen *Wilh.* 2825 f., *Al.* 3316 ff (und Schluß des Epos).
20 S. unten Abschnitt II.

rissenses (a. a. O.): „inde Abdellam Sarracenum cum filio suo Hludowico in Hispanias reverti fecit [...]"; Reichsannalen in der bis 829 gehenden Redaktion (*SS*. 1. 183 u. 185): „inde iterum Pippinum ad Italiam, Hludewicum ad Aquitaniam remisit, cum quo et Abdellam Sarracenum ire jussit, qui postea, ud ipse voluit, in Hispaniam ductus, et illorum fidei, quibus se credere non dubitavit, commissus est."

a) Der historische Sohn Abderrahmans begleitete also wie später der epische ein fränkisches Kontingent vom Hof aus durch ganz Frankreich zur spanischen Grenze! Um den Stellenwert dieser Tatsache und die Hoffnungen zu verstehen, die die Franken in diesem Augenblick daran knüpfen konnten, müssen wir kurz die damalige Lage in der Spanischen Mark betrachten.

Im Jahre 793 war diese das Ziel der schwersten und erfolgreichsten Verwüstungskampagne gewesen, die die Araber nach 750 je gegen das Frankenreich unternahmen. Sie erstürmten Gerona und legten die Vorstädte von Narbonne in Schutt und Asche. Bevor sie Carcassonne erreichen konnten, stießen sie auf den heftigen Widerstand eines kleinen Heeres unter dem Grafen Wilhelm, das sich jedoch nach schwersten Verlusten zurückziehen mußte. Immerhin brachen nun auch die Araber ihren Feldzug ab und kehrten mit einer Unzahl christlicher Gefangener und reicher Beute nach Spanien zurück. Von der Schlacht berichten auch die christlichen Quellen in ungewöhnlich düsteren Tönen:[21] *Chronicon Moissiacense*: „ingravatumque est proelium nimis, ceciditque maxima pars in illa die ex populo christiano"; Reichsannalen bis 829: „multis Francorum interfectis"; *Annales Mosellani*: „strages nostrorum fecerunt"; *Annales Alamannici* (Murbacher Fortsetzung) und *Annales Sangallenses maiores*: „et perdidit [Willihelmus] multos homines"; *Annales Laureshamenses*: „sed et de parte nostra ibi multi interfecti sunt"; *Annales Fuldenses*: „Sarraceni superiores extiterunt". Ebenso eindeutig sind auf christlicher wie auf mohammedanischer Seite die Angaben über die Gefangenen und die Beute: *Chronicon Moissiacense*: „multosque christianos ac praeda magna capta [...] Sarraceni vero, collecta spolia, reversi sunt in Spaniam"; Reichsannalen bis 829: „victores ad sua regressi sunt"; Poeta Saxo:

> Praeterea Sarraceni permaxima damna
> Intulerant, quedam regni confinia ferro
> Vastantes, ducibus Francorum denique caesis,
> Cum spoliis letoque nimis rediere trophaeo.

Unter den arabischen Historikern berichtet Ibn al-Athîr, daß der muslimische Feldherr mit seinem Heer „mehrere Monate lang das Land in allen Richtungen

---

21 Im einzelnen vgl. z. B. Abel-Simson (s. Fn. 16), S. 57–61.

durchzog, die Frauen vergewaltigte, die Krieger tötete, die Festungen zerstörte, alles ringsum verbrannte und plünderte, den in Panik fliehenden Feind vor sich hertrieb, schließlich wohlbehalten in die Heimat zurückkehrte mit einer Beute, deren Ausmaß Gott allein kennt; dieser Feldzug ist einer der berühmtesten der spanischen Mohammedaner". Ähnlich lesen sich die Berichte bei Ibn-Idharî und An-Nuwayrî.[22]

Es liegt auf der Hand, daß sich Septimanien von einer solchen Verwüstung nur sehr langsam erholen konnte. Aus den folgenden vier Jahren gibt es über die dortigen Verhältnisse nur spärliche, noch dazu schwer auswertbare Zeugnisse. In der anonymen Vita Ludwigs des Frommen lesen wir (Kap. 8): „Ordinavit autem illo in tempore in finibus Aquitanorum circumquaque firmissimam tutelam. Nam civitatem Ausonam, castrum Cardonam, Castaserram et reliqua oppida olim deserta munivit, habitari fecit et Burrello comiti cum congruis auxiliis tuenda commisit." Die vage Angabe „illo in tempore" ist auch innerhalb der Ludwigsvita schwer zu präzisieren. Während ältere Historiker wie Leibniz, Pertz und Mühlbacher, aber auch in jüngster Zeit Spezialisten der spanischen Geschichte wie Lévi-Provençal und R. del Arco y Garay sie auf 798 beziehen, haben seit Sigurd Abel viele Forscher für 795 optiert.[23] Wie dem auch sei, dem Text nach handelt es sich um eine ins Niemandsland ausgreifende Defensivhandlung, nicht eine militärische Eroberung. Das im Jahre 793 angeschlagene Militärprestige der Franken kann also durch sie allein nicht wiederhergestellt worden sein.

Zum Jahre 796 schließlich berichten die älteren Reichsannalen: „Et tercium exercitum suum Carlus rex in eadem aestate transmisit in fines Saracinorum cum missis suis, qui et ipsi ibi fecerunt similiter; vastaverunt terram illam, et redierunt cum pace ad regem Carolum ad Aquis palacium." Schon daß hier keiner der beteiligten Grafen, keine der angegriffenen spanischen Städte namentlich genannt wird, läßt höchstens an einen kleineren Zug denken, der z. B. den Zweck gehabt haben mag, im eigenen Reich die lastende Erinnerung an 793 in gewisser Weise abzuschwächen durch den Eindruck, man könne jetzt an der spanischen Grenze wieder zum Angriff übergehen. Bedenkt man, daß die zitierte Nachricht aus den Reichsannalen nur in das *Chronicon Moissiacense*

---

22 Lévi-Provençal (s. Fn. 15), S. 96; Ibn al-Athir, *Annales du Maghreb et de l'Espagne*, trad. E. Fagnan, in *Revue africaine* 40 (1896)–45 (1901), hier 41 (1897) S. 266; Ibn-Idhari und An-Nuwayri z. B. in der Übersetzung von Millás bei R. de Abadal, *Catalunya carolingia*, Bd. 3, Barcelona 1955, S. 79 Fn. 19.
23 Abel-Simson (s. Fn. 16), S. 104 f.; Lévi-Provençal (s. Fn. 15), S. 115; J. Pérez de Urbel und Ricardo del Arco y Garay, *España cristiana, Comienzo de la Reconquista, 711–1038*, Madrid 1956 (Bd. 6 der *Historia de España*, hrg. v. R. Menéndez Pidal), S. 432.

(einschließlich des Kodex von Aniane) überging, die übrigen christlichen (und die arabischen!) Quellen aber schweigen, und vergleicht man damit die Nachrichtenfülle zum Jahre 793, so wird man auch diesen Zug nicht als „die" Vergeltung ansehen können.

Beim Auftauchen Abdallahs im Jahre 797 war also wohl im fränkischen Bewußtsein die vier Jahre vorher erlittene Niederlage i.w. noch ungerächt. Dann aber mußte ein vom Hof zur spanischen Grenze ausziehendes Kontingent für den einfachen Betrachter fast automatisch einen Auftrag zur Revanche haben. Der „Sohn Abderrahmans/Derramés" zog demnach als fränkischer Untertan im fränkischen Heer von Nordfrankreich nach Spanien, um am Reiche seines Vaters und seiner Verwandten eine schwere Niederlage zu rächen, die die Franken unter Graf Wilhelm (aber noch in Abwesenheit des Renegaten) kurz vorher erlitten hatten! Spätestens hier erreicht die Übereinstimmung zwischen der realen Geschichte und den beiden Renewart-Epen einen Grad, der bei weitem nicht mehr durch Zufall erklärbar ist.

b) Als Karl der Große 790 dem Grafen Wilhelm Toulouse anvertraute, jene Stadt also, die der Unterkönig von Aquitanien, eben Karls damals zwölfjähriger Sohn Ludwig, als Hauptresidenz bewohnte, machte er dadurch Wilhelm praktisch zum Tutor des jungen Königs. Die folgenden Ereignisse, die den Grundstock der Wilhelmsepik bilden, vollziehen sich also in der effektiven Verantwortung Wilhelms, unter der anfangs nominellen, später realeren, aber unentschlossen wirkenden[24] Herrschaft König Ludwigs und unter der fernen Oberherrschaft des

---

24 Daß die später für Ludwig als Kaiser so verhängnisvolle Unentschlossenheit schon an dem jungen König von Aquitanien manifest wurde, beweisen trotz des üblichen Lakonismus der karolingischen Quellen mehrere Ereignisse. Wenn der Sechzehnjährige beim Besuch am väterlichen Hof auffallend bedürftig wirkt und daraufhin vom Vater zur Rede gestellt wird, so weiß er nur zu antworten, der Eigennutz seiner Großen habe ihn so arm gemacht (Abel-Simson [s. Fn. 16], S. 88–93). Im Jahre 799 sendet der Wali von Huesca die Schlüssel seiner Stadt bezeichnenderweise nicht an Ludwig, sondern an den fernen Karl (ebda. S. 202 f.). Beim Feldzug von 801 gegen Barcelona übernimmt Ludwig gerade die Nachhut, die nördlich der Pyrenäen (!) stehen bleibt, und wird vor dem Fall der Stadt schnell herbeigerufen, um die Ehren des Sieges zu ernten; doch bleibt die Wirksamkeit dieser Demonstration zweifelhaft, wenn gleich zwei Quellen sie berichten, jedermann sie also als solche erkannt zu haben scheint (ebda. S. 260–67). Merkwürdig wirkt es ferner, wenn Karl seinen Sohn, der 809 vor Tortosa eine blutige Niederlage erlitten hat (Lévi-Provençal [s. Fn. 15], S. 118), im folgenden Jahre an einem neuen Zug hindert und stattdessen mit Schanzarbeiten an den Flüssen Aquitaniens beauftragt, den Zug gegen Tortosa aber dem Grafen Ingobert überträgt (Abel-Simson, S. 447 f.). Ludwigs Kaiserzeit trug bekanntlich nicht dazu bei, diesen Eindruck zu korrigieren: wenn ein Frankenkaiser während seiner 26jährigen Herrschaft persönliche Feldzüge nur gegen den schwächsten seiner äußeren Gegner, die Bretonen, unternimmt (gegen diese aber gleich drei, von denen der letzte schon den Zeitgenossen militärisch sinnlos schien und in den offenen Aufstand gegen Ludwig überging) oder wenn er z.B. nach Aussage des Erzbischofs Agobard von den

Königs (dann Kaisers) Karl. Die Volkserinnerung mußte dazu neigen, diese ziemlich komplizierten Verhältnisse zu vereinfachen, zumal ja für die folgende Generation Ludwig der Fromme nicht als jugendlicher Unterkönig von Aquitanien, sondern als glückloser Kaiser des Gesamtreiches in die Geschichte einging, das Unterkönigreich Aquitanien aber bald zu bestehen aufhörte. So hat der epische Wilhelm zwar noch von Karl seinen Auftrag empfangen, Ludwig zu beschützen, im übrigen aber vollzieht sich die Handlung bereits unter Ludwig als dem Kaiser des Gesamtreiches. Und zwar hält der epische Ludwig, auf Grund einer erkennbaren Überformung durch spätere Ereignisse, seinen Hof in Laon, so wie im 10. Jh., in einer für Frankreich noch kritischeren, demütigenderen Zeit, unter anderem Ludwig IV., Lothar und Ludwig V. ihren Hof in Laon hielten. Wir dürfen von vornherein vermuten, daß diese allgemeinen Gegeben-

---

einfachen Leuten seines Reiches als Hahnrei bespöttelt wurde, so müssen wir nach traditionalistischen Maßstäben in der Volksepik von ihm genau das Bild erwarten, das wir dann vorfinden.

Die Dissertationen von Heinrich Kuhn, *Das literarische Porträt Ludwigs des Frommen*, Basel 1930, und von Helena Siemes, *Beiträge zum literarischen Bild Kaiser Ludwigs des Frommen in der Karolingerzeit*, Freiburg 1966, betrachten i. w. nur zeitgenössische Quellen, und diese von gegensätzlichem Blickwinkel. Kuhns Arbeit ist trotz des Titels letztlich historisch im engeren Sinne, nicht literarhistorisch orientiert und gelangt zu einer überwiegend negativen Wertung Ludwig. Siemes wählt statt annalistischer Zeugnisse bewußt solche mit insgesamt heilsgeschichtlich-typisierender Tendenz – und muß natürlich zu dem Schluß kommen, eine Individualität Ludwigs sei hinter dem Bild des *rex sacerdos* kaum zu erkennen. Für die Frage, wieweit eine Volksepik relevante Züge der geschichtlichen Wirklichkeit bewahrt, hilft uns nur die Kuhnsche Perspektive; die von Siemes kann lediglich als Kontrast dienen. – Mit Recht hat R. Louis, *L'épopée française est carolingienne*, in dem Sammelband *Coloquios de Roncesvalles*, Saragossa 1956, S. 327–460, hier S. 425 ff., betont, daß sich das negative Ludwigsbild der Epik nicht aus der anfangs adulatorischen, später gelehrten Tradition ableiten läßt, die uns von Ludwigs Zeitgenossen über Sedulius Scottus, Abbo und Radulfus Glaber bis zu Urban II. gerade eine sehr positive Vorstellung von Ludwig dem Frommen vermittelt.

Die These von K.-H. Bender, *König und Vasall. Untersuchungen zur Chanson de Geste des XII. Jahrhunderts* (Studia Romanica 13), Heidelberg 1967 (wo die Arbeiten von Kuhn, Siemes und R. Louis nicht zitiert werden), im frühen 12. Jh. sei das Ludwigsbild der Epik „noch" positiv und werde „erst" mit dem *Couronnement Louis* negativ, stützt sich hauptsächlich auf *Gormont et Isembart* – aber der dortige, positiv gezeichnete Ludwig entspricht nicht Ludwig dem Frommen, sondern Ludwig III., dem Sieger von Saucourt; gesetzt selbst, im Bewußtsein der Zeitgenossen seien beide zu einer Person verschmolzen (was noch keineswegs allgemein bewiesen ist, da wir im *Gormont* Ludwig z. B. von einem ganz anderen Hofstaat umgeben sehen als in der Wilhelmsepik), wäre nicht ohne weiteres der Schluß von Ludwigs ehrenhaftem Tod auf ein ganzes ebenso ehrenhaftes Leben möglich. Trennt man deshalb den Ludwig des *Gormont* ab und erkennt man die positive Wertung des späten 9. bis 11. Jhs. als gelehrtklerikal, so ist damit der Weg frei zur traditionalistischen Herleitung der Ludwigsvorstellung des 12. Jhs. aus der des frühen neunten.

heiten der Wilhelmsepik auch für unseren Handlungsausschnitt gelten werden: so wird der epische Ludwig nicht nach Aquitanien mitziehen, sondern an seinem nordfranzösischen Hof verbleiben.

c) Ob der historische Wilhelm im Jahre 797 mit seinem jungen König an den Hof des Gesamtreiches kam, wissen wir nicht; die Annalisten würden nach ihren allgemeinen Grundsätzen ein solches fast alltägliches Ereignis nicht registrieren. Die Idee hat jedoch in sich nichts Unwahrscheinliches: nach den allgemeinen Tendenzen der karlischen Verwaltung ist es undenkbar, daß sich ein mächtiger Graf vierzehn Jahre lang – von 790 bis 804 war Wilhelm Graf von Toulouse – von Karls Hof hätte fernhalten dürfen; wie sein jugendlicher König und möglicherweise gleichzeitig mit ihm ist also gewiß auch er hin und wieder zum Rapport nach Nordfrankreich bestellt worden. Doch selbst falls er 797 Ludwig nicht dorthin begleitet haben sollte, mußte eine narrative Grundtendenz des Epos dahin wirken, daß der Hauptheld, eben Wilhelm, bei so wichtigen Ereignissen wie denen am kaiserlichen Hofe nicht fehlte.

3) Der dunkle Schlußsatz der fränkischen Annalen scheint zu besagen, daß Abdallah unter den regionalen Machthabern im islamischen Nordostspanien zunächst Verbündete gewann, von ihnen aber bald im Stich gelassen wurde; ferner, daß die Franken für diese Entwicklung jede Verantwortung ablehnten. Genaueres läßt sich hier erst ermitteln durch eine vorsichtige Harmonisierung der christlichen mit den arabischen Quellen, wie sie E. Lévi-Provençal und R. del Arco y Garay[25] geleistet haben. Danach konnte sich Abdallah zunächst der Stadt Huesca bemächtigen und scheint vorübergehend den mächtigsten Wali in Nordostspanien, Bahlul ben Marzuq, für sich gewonnen zu haben. Diese Phase der Ereignisse spiegelt sich vage wohl auch in einem Satz der anonymen Ludwigsvita (Kap. 8): „[Hludovicus] necnon et Bahaluc Sarracenorum ducis, qui locis montuosis Aquitaniae proximis principabatur, missos pacem petentes et dona ferentes suscepit et remisit." Ein gemeinsamer Aufstand Abdallahs und Bahluls gegen Córdoba und ein Pakt zwischen ihnen und den Franken müssen momentan eine schwere Bedrohung des spanischen Kalifates dargestellt haben.

---

[25] Lévi-Provençal (s. Fn. 15), S. 100 und 115; J. Pérez de Urbel und R. del Arco y Garay (s. Fn. 23), S. 432. Ich verkenne nicht, daß die Frage, ob und wie lange Abdallah mit Bahlul paktierte, bevor es zum Kampfe kam, von Lévi-Provençal und Arco y Garay etwas unterschiedlich beantwortet wird. Die Betonung eines zeitweiligen Bündnisses zwischen Abdallah und Bahlul, wie wir sie bei dem spanischen Historiker finden, scheint mir zwei Vorteile zu bieten: es wird beantwortet, wer jene sind, denen gemäß den Reichsannalisten Abdallah voreilig vertraute; und die laut Ludwigsvita zeitweilig guten Beziehungen zwischen Bahlul und den Franken gewinnen ihren Stellenwert. Doch selbst wenn sich Abdallah und Bahlul i. w. nur feindlich gegenübergetreten wären, würden m. E. die Ähnlichkeiten einen Vergleich ihres Kampfes mit dem zwischen Renewart und Baudus rechtfertigen.

Folgt man Lévi-Provençal und Arco y Garay, so konnten die Franken auch erst jetzt auf Grund dieses Abkommens mit den beiden Mohammedanern die oben erwähnten, bisher umstrittenen Gebiete um Ausona, Cardona und Castaserra endgültig in Besitz nehmen. Etwa gleichzeitig unterwarf sich den Franken vorsichtshalber, wenn auch nur dem Namen nach, der Wali von Barcelona.[26] Auch wenn wir die Vorgänge nicht bis in die Einzelheiten durchschauen, dürfen wir insgesamt sagen, daß die Franken Abdallah entscheidende Erfolge verdankten.

Was hält die Epik von diesen Ereignissen fest? Der Name *Bahlûl* konnte in abendländischem Munde wegen seiner beiden *l* leicht eine Dissimilation zu **Bahdul* durchmachen; der Guttural *h* mußte sich vermutlich zu *u* entwickeln wie die verwandten, wenn auch nicht identischen Gutturale in *Baghdad > Baudas, smaragdus > esmeraude;* ebenso wie gelegentlich bei anderen Namen (z. B. dem gerade zitierten Ortsnamen Baudas oder dem Personennamen *Golias*) kann sich schließlich die sigmatische Kasusform *Baudus,* wie sie lautgesetzlich aus **Bauduls* entstand, als Einheitsform durchgesetzt haben.[27] In der Tat erzählt uns nun *Aliscans,* wie Renewart, der Sohn des Derramé, seinen eigenen Landsleuten und Verwandten schwerste Verluste beibringt; schließlich – und damit erreichen die Kampfbeschreibungen des Epos eindeutig ihren Höhepunkt – überwindet er seinen Vetter Baudus, der sich ergibt und Christ wird, aber zur Heilung seiner Wunden vorübergehend in seine Heimat entlassen wird (V. 6822–7335). Verglichen mit allen sonstigen Gegnern Renewarts ist Baudus unvergleichlich positiver und individueller gezeichnet; ja auf dem Höhepunkt des Kampfes betet Renewart, Gott möge ihm Baudus zum *compaignon* geben (V. 7119). Zwar personalisiert und visualisiert das Epos die Geschichte durch die behauptete Verwandtschaft und durch das Motiv des physischen Kampfes; im übrigen aber lassen sich auch hier die Übereinstimmungen nicht als Zufall deuten.

4) Mit der Unterwerfung des Baudus befinden wir uns in der Handlung von *Aliscans* bereits ziemlich nahe am *happy end,* der Heirat mit Aëlis. Wo trennt sich die epische Handlung von der realen?

In der Wirklichkeit[28] fällt kurz nach den geschilderten Ereignissen Bahlûl von den Franken und Abdallah ab und vertreibt im Jahre 800 letzteren aus

---

26 Abel-Simson (s. Fn. 16), S. 131 f.
27 Die Endung des Namens schwankt übrigens in gewissen Grenzen. Ab V. 5108 hat die Hs. B, ab V. 6822 ff. überdies die Hs. b durchweg *Bauduc,* was man mit dem *Bahaluc* der Ludwigsvita zusammenstellen muß; die Hs. M, sporadisch durch andere Hss. verstärkt, kultiviert demgegenüber das Diminutivum *Baudin.* – Indeklinables *Golias* findet man z. B. in *Aliscans,* V. 3738, 3964, 6772.
28 Außer den (in Fn. 25) genannten Stellen vgl. Lévi-Provençal, S. 131, Pérez de Urbel und Arco y Garay, S. 443; der Bericht über die Ereignisse von 815, in dem eindeutig von Abdallah, dem Onkel des Al-Hakam, nicht von Abdallahs Sohn Ubaydallah die Rede ist, der später ähnli-

Huesca. Die Franken sind nun offenbar nicht fähig oder nicht willens, Abdallah dort mit Waffengewalt wieder einzusetzen; so erklärt sich der reservierte Ton des Schlußsatzes der Annalen, der die Verantwortung für das Debakel dem Abdallah selbst zuweist. Unter diesen Umständen mußte sich der Sohn Abderrahmans von den Franken im Stich gelassen fühlen. Jedenfalls kennen wir aus arabischen Quellen sein weiteres Schicksal, über das die karolingischen Annalen sich wohlweislich ausschweigen. Statt sich nämlich in den fränkischen Machtbereich zurückzuziehen und dadurch in den Augen seiner Landsleute endgültig zum Renegaten zu werden, begab sich Abdallah in die Gegend von Valencia, also weit ins muslimische Hinterland. Von dort aus gelang es ihm in dreijährigen Verhandlungen, sich mit dem Kalifen, seinem Neffen Al-Hakam, zu versöhnen; er scheint sogar im Besitz der Stadt bestätigt worden zu sein, da er fast ein Vierteljahrhundert später ebendort starb und in die Geschichte mit dem Beinamen „der Valencianer" eingegangen ist. Mehr noch: Al-Hakam hat ihm, dem Kenner des fränkischen Heerwesens, die Leitung von Expeditionen gegen die Franken übertragen, so laut Ibn-Idharî die Führung des Zuges gegen Barcelona im Jahre 815. Insgesamt also kehrte der „Sohn Abderrahmans", sich von Wilhelm und den Franken verlassen fühlend, an die Seite seiner Verwandten zurück und fügte dann als Feldherr seinen ehemaligen christlichen Verbündeten Schaden zu.

Und die Epik? Das *Wilhelmslied* (V. 3351–480) und *Aliscans* (V. 7495–783) berichten beide, wie Renewart, sich von Wilhelm und den Franken verlassen fühlend, seine Rückkehr ins Lager seiner Verwandten und seine künftige Feindschaft gegen die Christen ansagt:

> Pur folie i fud Renewark oblié.
> A quel que seit l'estoverad comparer.
> Si cum il durent la preie returner,
> Si se clamad: «Chaitif! Maleuré!
> Allas, dolent, cum mar fui unques nee!
> Cum mar fu fiz al fort rei Deramé
> E Oriabel ma mere de ultre la mer!
> Jo ne fu unques baptizé ne levé,
> N'en muster n'entrai pur preer Dé.
> Jo ai vencu le fort estur champel,
> Li quons Willame me tient en tiel vilté
> Que a sun manger ne me volt apeler;
> Ore m'en irrai en Espaigne le regné,
> Si irrai Mahomet servir e aorer.

---

che Züge anführte, findet sich bei Ibn-Idhari, *Historias de Al-Andalus por Aben-Adhari de Marruecos*, Bd. 1, trad. F. Fernández González, Granada 1860, S. 152.

> Si jol voil faire, rei serrai coroné,
> Meie ert la terre tresqu'en Durester,
> De Babiloine desqu'a Duraz sur mer.
> En sum mun col avrai un grant tinel,
> Ne pris altre arme un dener moneé.
> Al pais vendrai devant ceste cité,
> Si ferai dunc de crestiens altretel
> Cum ore ai fait de paiens de ultre mer».

Ja im *Wilhelmslied* (V. 3404–52) nimmt Renewart bereits den Kampf gegen ein fränkisches Kontingent von viertausend Rittern auf und erschlägt hundert von ihnen. Der Dichter von *Aliscans* rationalisiert demgegenüber die Handlung fühlbar: von zwanzig zu ihm ausgesandten Rittern verletzt Renewart fünf (V. 7634–701), ehe schließlich auch hier – und erst damit trennt sich die Epik von der Geschichte – Wilhelm und Guiburc in Eile Frieden stiften können. Kurzum, die Epik stellt zunächst in den Drohungen Renewarts und ansatzweise in seinen Taten dar, was in der Wirklichkeit voll ausgetragen wurde; dann aber visiert sie aus erzählpsychologischen Gründen ein *happy end* an.

*

Nach dieser Analyse befinden wir uns in einer merkwürdigen Lage: unseres Erachtens ist die Renewart-Fabel, die den zweiten Teil des *Wilhelmsliedes* und den Hauptteil von *Aliscans* umfaßt und die bisher selbst von den geschichtsfreundlichsten Epenforschern als offenbar freie dichterische Erfindung angesehen wurde, fast Zug um Zug poetisierte Geschichte, wobei die Poetisierung zu einem guten Teil in einer Annäherung an folkloristische Klischees besteht. Letztlich erzählt das Renewart-Epos, wie kurz nach der schweren Niederlage von 793 am fränkischen Hof in Nordgallien der Sohn des gefürchteten Abderrahman in fränkische Dienste trat und damit zum Werkzeug der fränkischen Revanche wurde, wie er als exotisch wirkender Fremdkörper mit einem fränkischen Kontingent an die spanische Grenze zog, wie er dort den Franken zu beträchtlichen Erfolgen verhalf, unter anderem, indem er den mächtigen Bahlûl für kurze Zeit zur Unterwerfung bringen konnte, schließlich, wie er sich von den Franken verlassen fühlen mußte und plante, auf die Seite seines Verwandten, des Kalifen von Córdoba, zurückzukehren. Auf die Frage, wie derartig weitgreifende Zusammenhänge der Romanistik bisher verborgen bleiben konnten, läßt sich wohl nur antworten: sie blieben verborgen, weil die Romanisten bei der Durchsicht der historischen Primärquellen sich die Identität des Ibn-Muawiya mit Abderrahman nicht in ihren Konsequenzen klarmachten. Im Gegensatz zu einer weitverbreiteten Meinung mangelt es m. E. der romanistischen Epenforschung nicht an Interpretationsversuchen, noch weniger an Kompromißmodellen, sondern – *pro pudor* – an einer positivistisch verläßlichen Durcharbeitung des historischen Primärmaterials, einer Durcharbeitung allerdings, die ständig begleitet sein muß von der Frage nach den Kräften, die die erzählerische Grundsubstanz zu überformen tendierten.

Im vorliegenden Falle kann ich mir nicht entfernt plausibel machen, wie aus der Lektüre karolingischer Annalen (und arabischer Historiker!) die vorliegende Epenstruktur hervorgegangen sein könnte; noch weniger sehe ich das Kloster, aus dem heraus im Sinne des Bédierschen Modells der bekannte Mönch dem bekannten Jongleur seine Informationen aufzudrängen suchte. Hingegen scheint mir die Entwicklung einleuchtend, wenn wir sie uns nach traditionalistischen Grundsätzen vorstellen; sie besitzt dann durchaus „Relevanz", d. h. sie bewahrt wesentliche Teile der historischen Wirklichkeit aus psychologisch plausiblen Gründen und überformt sie ebenfalls nur aus psychologisch plausiblen Gründen. Auf eine Formel gebracht: im vorliegenden Falle ist sie getragen vom Stolz darauf, daß sogar der Sohn des großen Abderrahman den Franken diente, zugleich aber vom amüsierten Staunen darüber, welch ein merkwürdiger Kampfgefährte eine Zeitlang selbst Wilhelms Ruhm zu übertreffen drohte.

Was nun die beiden erhaltenen Gestaltungen des Stoffes angeht, so haben wir uns bisher auf die u. a. von M. Wilmotte, J. Rychner, J. Wathelet-Willem und vor allem von M. Tyssens[29] vertretene These gestützt, nach der das *Wilhelmslied II* und *Aliscans* auf eine gemeinsame Quelle zurückgehen. Rückblickend dürfen wir jedoch auch feststellen, daß umgekehrt unsere Analyse diese These wesentlich stärkt: denn wenn *Aliscans* historische Elemente wie die Baudus-Szene enthält, die im *Wilhemslied* fehlen, so kann es nicht einfach ein Derivat des *Wilhelmsliedes* sein.

II

Nachdem wir die Übereinstimmungen der Geschichte des späten 8. Jhs. mit dem Epos des 12. Jhs. ausgeschöpft haben, ist zu fragen, welche wichtigeren Elemente des Epos noch unerklärt sind. Im wesentlichen sind dies: 1) die Verlegung der Kämpfe von Katalonien in die Provence; 2) vielleicht damit zusammenhängend, die Umdeutung eines Landkrieges in einen Küstenkrieg; 3) die Neubenennung des Derramésohnes. Während die Geschichtsquellen der Zeit um 800 und die erhaltenen Epenfassungen der Forschung relativ eindeutige Ansatzpunkte bieten, ist die „Zwischengeschichte" des Stoffes, sein Schicksal

---

29 J. Rychner, *Sur la Chanson de Guillaume*, R 76 (1955) S. 28–38; J. Wathelet-Willem, *Le personnage de Rainouart* (s. Fn. 2), passim (mit älterer Literatur); M. Tyssens (s. Fn. 12), S. 260 ff. Essentiell ebenso Frappier (s. Fn. 1), S. 147 f., 205 ff.

im 9., 10. und 11. Jh., naturgemäß nur aus Indizien erschließbar, die manchmal mehrere Deutungen zulassen. Andererseits ist die „Zwischengeschichte" oft nur von sekundärer Bedeutung, da nicht der Ort der Handlung und die Namen der Hauptpersonen, sondern ihre Taten und die sie begleitenden Gefühlswerte das Rückgrat des Epos bilden.

1) Die Verlegung der Kämpfe von Katalonien in die Provence.

Die erste der drei Neuerungen überschreitet zwar unser Thema und wird von den meisten Epenforschern eher mit dem Namen Wilhelm als mit dem Namen Renewart assoziiert; allein übergingen wir sie wortlos, könnte man uns mit Recht vorhalten, es sei nicht zu erkennen, wie die hier vorgetragene Deutung des Renewart-Komplexes mit der sonstigen Forschung zu vereinbaren ist. Wir werden also kurz auf die Archamp-Frage und auf die allgemeinere geographische Problematik der frühen Wilhelmsepik eingehen, auch wenn diese Diskussion uns vorübergehend von Renewart wegzuführen scheint.

Rita Lejeune hat in einem bahnbrechenden Aufsatz[30] wahrscheinlich gemacht, daß das Archamp etymologisch einfach ein *are champ*, also ein „Trokkenfeld, Ödland", ist. Dann aber darf man das Wort, wie schon Jeanne Wathelet-Willem[31] vermutete, noch nahezu als Appellativum betrachten, und die bisher fast ergebnislos diskutierte Frage, ob das epische Archamp „ursprünglich" in Katalonien, in Septimanien oder unmittelbar östlich der Rhônemündung lokalisiert gewesen sei, verliert viel von ihrer Schärfe. Mit großer Wahrscheinlichkeit lag das Archamp für die meisten Nordfranzosen lange Zeit einfach „im Süden", und die nähere Lokalisierung ergab sich erst sekundär daraus, daß man sich Wilhelm (wie in Teilen des *Wilhelmsliedes I*) in Barcelona oder aber (wie in der gesamten Renewartepik und fast in der gesamten übrigen Wilhelmsepik) in Orange ansässig dachte.

Wenn nun das *Wilhelmslied* insgesamt, wie wir oben bestätigt gefunden haben, der Geschichte nicht näher steht als der Komplex *Chevalerie Vivien/Aliscans* und wenn man ohnehin nicht *gleichzeitig* alle geographischen Bizarrerien des *Wilhelmsliedes I* als *lectiones difficiliores* behandeln kann, wenn damit aber auch das Stichwort *Barzelune* (*Wilh.* 932, 933) in seinem Charakter als *lectio difficilior* fraglich wird, so dürfen wir unsere Aufmerksamkeit auf jene andere Lokalisierung konzentrieren, die, ob man sie nun mit Frau Lejeune für ursprüng-

---

30 *A propos du toponyme «L'archamp» ou «Larchamp» dans la Geste de Guillaume d'Orange*, BRABLB 31 (1967) S. 143–51.
31 *A propos de la géographie de la Chanson de Guillaume*, CCM 3 (1960) S. 107–15.

lich ansieht oder nicht, schon im 12. Jh. die bekannteste wird und am besten zu Wilhelms bald allgegenwärtigem Beinamen *d'Orange* paßt: die Lokalisierung südlich von Arles, die es gestattet, das Archamp mit dem Gräberfeld der Aliscans und in seinem allgemeinen Landschaftscharakter mit der sich anschließenden Crau gleichzusetzen.

Hier wird nun die allgemeinere geographische Problematik schon der älteren Wilhemsepik sichtbar. Der historische Wilhelm wurde 793 zwischen Narbonne und Carcasonne geschlagen und spielte 801 bei der Eroberung von Barcelona eine wichtige Rolle. Demgegenüber hat sich in der Epik Wilhelms Tätigkeitsfeld weit nach Nordosten verlagert; mehr noch, gegen die geschichtlichen Grundzüge der Zeit um 800 vollziehen sich seine Eroberungszüge z. T. in nordöstlicher Richtung: schon[32] als Sohn jenes Aimeri bezeichnet, der Narbonne eroberte und offensichtlich nie mehr definitiv verlor, eroberte er zunächst das viel weiter nordöstlich liegende Nimes, dann das wiederum nordöstlichere Orange, um schließlich einen Tagesritt südlich von Orange an der Rhônemündung auf dem „Archamp" sein Lebenswerk unter ungeheuren Opfern verteidigen zu müssen. Man sage nicht, alle diese Ortsvorstellungen seien unabhängig voneinander aus partikulären Gründen entstanden; das trifft möglicherweise zum Teil zu, doch damit sie schon im 12. Jh. widerspruchslos nebeneinander akzeptiert wurden, bedurfte es hinter den partikulären Ursachen einer allgemeinen Ursache, und diese vor allem interessiert in unserem Zusammenhang. Ich glaube sie – im Prinzip wie einst Léon Gautier, heute Frau Lejeune[33] – in der allgemeinen Geschichte etwa der Jahre von 860 bis 1020 zu finden. Von ungefähr 860 an sind die direkten Berührungen zwischen dem französischen Königtum und dem Kalifat von Córdoba nur noch minimal. Einerseits bedingt der Machtschwund der französischen Könige allmählich eine Schrumpfung auch des politisch-geographischen Horizontes: schon Karl der Kahle begnügt sich in seinem letzten Lebensjahrzehnt bewußt mit einer rein nominellen Oberherrschaft über Katalonien und das Roussillon;[34] aber wie peripher liegt Spanien erst im Denken z. B. Flodoards, wenn man diesen mit den Reichsannalisten des

---

[32] Während das Haager Fragment bekanntlich weder im einen noch im anderen Sinne eine Entscheidung der Frage zuläßt, ob der Wilhelmskomplex damals schon mit dem Aimeri-Komplex verbunden war, bezeugen die erhaltenen Wilhelmsepen und die *Karlsreise* das Vater-Sohn-Verhältnis; der Versuch, einschlägige Stellen als Interpolationen zu verdächtigen (wie ihn einst für die *Karlsreise* Densusianu, für andere Stellen gelegentlich Ph. A. Becker unternahm), ist philologisch durch nichts zu rechtfertigen und dürfte heute allgemein aufgegeben sein.

[33] L. Gautier, *Les épopées françaises*, Bd. 4, Paris ²1882, S. 100; R. Lejeune (s. Fn. 1), S. 49–54.

[34] Vgl. z. B. R. Lejeune, *De l'histoire à la légende*, MA 56 (1950) S. 1–28.

frühen 9. Jhs. vergleicht! Andererseits erstreckt sich der militärische Ehrgeiz auch des spanischen Kalifats nie mehr über die Pyrenäen nach Norden: selbst auf dem Höhepunkte seiner Macht greift Almansûr nur bis Barcelona aus, und auch das erst, nachdem ihm klar geworden ist, daß der Graf von Katalonien kaum auf die Hilfe seines nominellen Oberherrn, des Königs von Frankreich, rechnen kann.[35] In der Tat kehrt Katalonien nach einem kurzen, erfolglosen Hilferuf gegenüber Hugo Capet sogleich zu seiner traditionellen Politik der Selbständigkeit zurück.

Als militärische Gefahr für das heutige Frankreich präsentiert sich vielmehr der Islam während dieser gesamten Epoche unter einem anderen Aspekt: Freibeuterscharen, die sich meist der direkten Kontrolle durch die großen islamischen Staaten entziehen, legen durch Seeräuberei die christliche Mittelmeerschiffahrt lahm, plündern die Küstenstädte aus und dringen schließlich bei ihren Raubzügen weit ins Hinterland. Schon 842 waren sie kurz in die Rhônemündung eingedrungen, 869 nehmen sie in der Camargue den Erzbischof Roland von Arles gefangen, der einige Tage später stirbt. Wie auf Kreta und wie am süditalienischen Garigliano setzen sie sich dann für fast ein Jahrhundert (888–972) in La Garde-Freinet an der provenzalischen Küste fest; verglichen zum Beispiel mit Katalonien, bietet ihnen das arelatische Königreich nicht nur unzugänglichere Küstenpunkte, sondern auch den Vorteil einer besonders weitgehenden Lähmung der öffentlichen Gewalt und damit der Verteidigungsbereitschaft. Sie verschonen zwar die Küste Septimaniens nicht, operieren aber ganz überwiegend östlich der Rhône.[36] Für das Ausmaß der Verwüstungen, die sie anrichten, ist ein indirektes, aber beredtes Zeugnis, daß in den Bischoflisten der heutigen südostfranzösischen Diözesen die größten, manchmal jahrhundertelangen Lücken nicht in der Merowingerzeit, sondern im 9. bis frühen 11. Jh. klaffen, daß beispielsweise in Marseille die Kathedrale geräumt werden muß und die Kanoniker bis tief ins 11. Jh. bei den Mönchen des besser zu verteidigenden Klosters St. Victor Zuflucht finden.[37] An der Rhône erstreckt sich das Opera-

---

35 J. Pérez de Urbel und R. del Arco y Garay (s. Fn. 23), S. 485.
36 Vgl. z. B. R. Poupardin, *Le royaume de Provence sous les carolingiens (855–933?)*, Paris 1901, S. 243–73; ders., *Le royaume de Bourgogne (888–1038)*, Paris 1907, S. 82–112; G. de Manteyer, *La Provence du 1er au 12e siècle*, Paris 1908, S. 237–50; Bruno Luppi, *I Saraceni in Provenza, in Liguria e nelle Alpi Occidentali*, Bordighera 1952, passim (manchmal unkritisch); E. Baratier u. a., *Histoire de la Provence*, Toulouse 1969, Kap. 5 und 6.
37 Vgl. die verschiedenen Arbeiten von E.-H. Duprat zur Kirchengeschichte von Marseille, z. B. *Etude de la charte marseillaise de 1040*, in *Bulletin philologique et historique du Comité des travaux historiques et scientifiques* 1922–23, S. 27–33; *L'église de Marseille et l'abbaye de Saint-Victor à l'époque carolingienne (Réponse provisoire à M. L.-H. Labande)*, in *Mémoires de l'Institut historique de Provence* 4 (1927) S. 87–93; *Un évêque inconnu du Xe siècle à Marseille*, in *Revue d'histoire de l'Eglise de France* 27 (1941) S. 165–79.

tionsgebiet der Araber mindestens bis in die Gegend von Lyon; auf ihren Verwüstungszügen durch das Alpenvorland und die Alpen selbst dringen sie gelegentlich bis ins alemannische St. Gallen und weit nach Norditalien hinein vor, wo zum Beispiel auf lange Zeit das Kloster Novalese geräumt werden muß. Während bei den regulären arabischen Eroberungen auf die Kriegsgreuel bald eine Periode der Konsolidierung folgt, in der die christliche Bevölkerung nur rechtliche Nachteile und hohe Steuerlasten zu ertragen hat, durchziehen die Freibeuterscharen die heimgesuchten Gebiete in dem Bewußtsein, sie militärisch nicht halten zu können und deshalb um so gründlicher verwüsten zu sollen. Den Höhepunkt erreicht ihre Tätigkeit mit der Gefangennahme des Cluniazenser Abtes Majolus im Wallis, also auf heutigem Schweizer Staatsgebiet. Die Hilferufe eines der geachtetsten Männer der Christenheit finden in ganz Europa Widerhall und führen dazu, daß kurz darauf ein provenzalisches Heer die Araber aus La Garde-Freinet vertreibt; sie zeigen uns aber außerdem schlaglichtartig, welche Gefahren jeder französische Bischof oder Abt, der in Rom um die Bestätigung seiner Würde nachkam, ja jeder einfache französische Rom- oder Jerusalempilger bei der Alpenüberquerung durchzumachen hatte. Bedenkt man, daß zu dieser Zeit zweifellos die Romfahrten noch weit zahlreicher waren als die Santiagofahrten (der erste uns namentlich bekannte Santiagopilger unternahm seine Fahrt 950),[38] so wird man die traumatische Wirkung ermessen können, die auf das französische Bewußtsein die Gefahr ausüben mußte, von der Hauptstadt der Christenheit praktisch abgeschnitten zu werden. Man versteht dann, daß, aus der durchschnittlichen französischen Perspektive der damaligen Zeit gesehen, die Araber prinzipiell „übers Meer" nach Frankreich kamen, daß sie vor allem auf der Rhône operierten, ihr Schwergewicht also irgendwo östlich der Rhônemündung haben mußten und daß ihre Vertreibung sich als Kriegszug in *grosso modo* westöstlicher Richtung darstellen konnte.

Auch nach ihrer Vertreibung aus La Garde-Freinet wird sich die Blickrichtung dieser kollektiven französischen Erfahrung keineswegs abrupt verlagern. Die Rolle der bisher in der Provence eingenisteten Scharen wird nämlich wenige Jahre später z. T. übernommen durch reguläre Flotten, die zwar in den spanischen Häfen Denia und Almería sowie auf den Balearen stationiert sind (besonders seit diese Gebiete unter Mudschahid ein selbständiges Königreich bilden), aber viel weiter nordöstlich gegen die junge pisanische Seemacht operieren.[39] Sie greifen 1003 Antibes an, zerstören 1005 und 1016 Pisa, richten zwar kurz

---

38 L. Vázquez de Parga, J. M. Lacarra und J. Uría Riu, *Las peregrinaciones a Santiago de Compostela*, Bd. 1, Madrid 1948, S. 41 f.
39 Vgl. etwa P. Boissonnade, *Du nouveau sur la Chanson de Roland*, Paris 1923, S. 11 (mit Literatur).

vor 1020 auch einen erfolglosen Angriff gegen Narbonne, können aber andererseits noch 1047 Lérins in der Provence ausplündern. Die ersten „Franzosen", die außerhalb Frankreichs den Kampf gegen die Araber aufnehmen, zugleich die ersten, die nachweislich unter der geistlichen Obhut von Cluny stehen, sind burgundische Ritter, welche wahrscheinlich die Pisaner in ihren Kämpfen um Korsika unterstützen.[40] Als hingegen einige Jahre später „Franzosen" zum ersten Mal bei der Reconquista der Pyrenäenhalbinsel auftauchen, sind es zunächst Normannen, deren Heimat man zu dieser frühen Zeit kaum als ein Zentrum der Wilhelmsepik ansehen wird.

Vor dem Hintergrund einer so lang andauernden geschichtlichen Erfahrung wird es nun verständlich, weshalb auch in der Epik die Vertreibung der A r a ber aus Südfrankreich unter dem Bilde von Zügen in westöstlicher Richtung erscheinen kann, weshalb speziell der historische Verteidiger Septimaniens und Mitbefreier Kataloniens, in der Epik g e b ü r t i g aus Narbonne, e r s t Nimes, d a n n Orange erobern muß. Voll verständlich werden hiermit auch erst manche Einzelszenen der Epik, so wenn sich in der Vorhandlung zum *Charroi de Nimes*, wie Wilhelm sie in den V. 548–79 berichtet, zwar Nimes und die Umgebung von Saint-Gilles in arabischer Hand befinden, nicht aber Saint-Gilles selbst; so wenn im *Wilhelmslied* (V. 2584–87) von der Gefahr die Rede ist, daß die Heiden Orange zurückerobern, von dort nach Saint-Gilles übersetzen und schließlich nach Paris gelangen könnten; so vor allem in der *Prise d'Orange* (V. 184–91), wenn der Franzose Gillebert aus Deutschland durch Burgund zurückkommt, bei Lyon von den Arabern gefangen und dann nach Orange gebracht wird. In gewissem Grade nachfühlbar wird vor diesem Hintergrund sogar, weshalb das *Couronnement Louis* der Biographie Wilhelms zwei italienische Kapitel einfügen konnte. Vor allem aber erklärt sich so – und damit kehren wir zu Renewart zurück –, warum die blutige Verteidigungsschlacht, die 793 in beträchtlicher Entfernung vom Meer stattfand, schließlich in der Epik am größten Gräberfeld östlich der Rhônemündung lokalisiert erscheint.[41]

---

40 Radulfus Glaber II 9 (Ed. Prou, S. 44).
41 Mit der Lösung der geographischen Frage scheint mir der letzte Einwand zu fallen, den man vernünftigerweise gegen die traditionalistische Gleichsetzung der epischen Wilhelms- oder Archampschlacht und der historischen Schlacht von 793 erheben konnte, wie sie R. Louis, *L'épopée française est carolingienne* (s. Fn. 24), S. 419, skizziert hat. Denn was die Quellen sonst von letzterer berichten, paßt zu den epischen Darstellungen zu gut, um Zufall zu sein. Außer den weiter oben im Text angeführten Zitaten (über die Schwere der Schlacht und die Beute der Araber) vgl. vor allem: *Chronicon Moissiacense*: „obviam eis exiit Wilhelmus aliique comites Francorum cum eo [...] Wilhelmus autem pugnavit fortiter in die illa"; *Annales Alamannici* (Murbacher Fortsetzung): „et occidit unum regem ex ipsis cum multitudine Saracenorum"; *Chron. Moiss.*: „videns vero, quod sufferre eos non posset, quia socii eius dimiserunt eum fugientes, divertit ab eis" (vgl. Abel-Simson [s. Fn. 16], S. 59 Fn. 2, 3 und 6). Aus der (ehrenhaf-

In der vorstehenden Skizze habe ich mich bemüht, die nachkarlische Sarazenenerfahrung der Franzosen in ihrer ganzen Weite und Dauer zu kennzeichnen, dabei aber im Unterschied zu L. Gautier und Frau Lejeune speziellere Fragen zunächst auszuklammern – wie die, ob der historische Wilhelm von der Provence Züge zu dem Wilhelmsbild der Epik beisteuerte, ob provenzalische Orts- oder Familiensagen ihren Weg in die Epik fanden, ja ob es je eine frühe Epik in provenzalischer Sprache gab. Denn ich glaube, daß die allgemeinere und wichtigere These auch für Forscher annehmbar sein sollte, die die genannten spezielleren Fragen verneinen. Mit der Anerkennung des allgemeineren Prinzips ist die Beantwortung der spezielleren Fragen noch keineswegs präjudiziert, wie uns sogleich die beiden noch ausstehenden Probleme zeigen werden.

2) Die Umformung eines Landkrieges in einen Küstenkrieg.

Eine Szene von besonderer, barbarischer Bildkraft stellt sich im *Wilhelmslied* wie folgt dar. Die Heiden sind im Begriff, ihre christlichen Gefangenen Bertram, Walter de Termes, Guielin, Guischard und Reiner zu Schiff ins Heidenland zu entführen (V. 3006 ff.); im letzten Augenblick erscheint Renewart, erschlägt mit seinem *tinel* auf dem Schiff eine Fülle von Heiden (V. 3045 f.), befreit Bertram, verläßt vorübergehend das Schiff, erfährt erst jetzt von den übrigen Gefangenen (V. 3052 ff.), springt abermals an Bord (V. 3071) und richtet wiederum unter den dortigen Heiden ein Blutbad an; dreitausend von ihnen springen ohnehin aus Furcht vor ihm ins Meer und ertrinken (V. 3074 ff.); als er gleich darauf den befreiten Christen Pferde beschaffen soll, muß er lernen, seinen *tinel* nicht als Schlag-, sondern als Stoßwaffe zu handhaben, um nicht jeweils mit dem Feind auch dessen Pferd zu zerschmettern (V. 3100–20).

In *Aliscans* (V. 5339–552) ist die Erzählung merklich zerdehnt, zeigt aber inhaltlich nur kleinere Abweichungen; der Dichter wahrt die Proportionen insofern besser, als Renewart nur fünfzig Türken tötet, fünfzig Nubier über Bord treibt (V. 5354–57; 5404–10).

Das zentrale Bild stellt also in beiden Epen Renewart dar, wie er vom Schiff aus mit seiner Stange ganze Heidenscharen teils direkt tötet, teils in den Tod

---

ten) Niederlage Wilhelms macht das *Wilhelmslied I* einen Sieg (allerdings einen Pyrrhussieg) anscheinend dadurch, daß das ambivalente Motiv des „Weggangs" („divertit ab eis": *Wilh.* 1225 „n'en fuit mie Willame, ainz s'en vait") im Gegensatz zur Geschichte vor das Motiv „Tötung eines Araberkönigs" gestellt wird (und der *unus rex* in leicht verständlicher Steigerung mit Derramé identifiziert wird); damit ergäbe sich zwangsläufig der auffällige, schon im *Wilhelmslied I* zweiaktige Eingriff Wilhelms in die Schlacht.

durch Ertrinken treibt. Aber gerade dieses Bild geht gewiß nicht auf die Schlacht von 793 zurück; denn sie fand nicht am Meer statt, auch waren die Invasoren nicht übers Meer gekommen. Haben andere historische Erfahrungen die Szene bestimmt? Man kann zwischen zwei Hypothesen schwanken.

a) Jenes Land Septimanien, das bis zum Zusammenbruch des Westgotenreiches zu diesem gehört hatte und das später zum Hauptschauplatz der in der Wilhelmsepik dargestellten Ereignisse werden sollte, wurde von den Franken erstmalig im Jahre 737 betreten, als Karl Martell die Araber endgültig aus Burgund vertrieben hatte und sie in ihre Aufmarschgebiete zurückverfolgte: er drang bis Narbonne vor und schloß ein arabisches Heer in der Stadt ein.[42] Von Spanien aus näherte sich nun ein Ersatzheer, und zwar auf dem Seeweg.

Gleich bei der Ankunft mußten die Araber feststellen, daß der natürliche Zugangsweg nach Narbonne, die Mündung der Aude, durch fränkische Schanzen wirksam blockiert war. Sie landeten daraufhin etwa fünfzehn Kilometer südlich der Stadt am Etang de Sigean, einer der größten jener stark salzhaltigen Ausbuchtungen, die in dieser Gegend das Bild der Küste bestimmen – inmitten einer vegetationsarmen Landschaft, die insgesamt dem epischen Archamp, wo Vivien seinen Todeskampf erleidet, sehr ähnlich ist.

Karl ließ ein Kontingent zur Belagerung von Narbonne zurück und eilte dem neuangekommenen Heer entgegen. In der folgenden Schlacht erlitten die Araber eine entscheidende Niederlage (ihr Feldherr fiel), und sie versuchten nun, zu Schiff zu entfliehen. Hierzu berichtet als zeitgenössische Quelle der Fredegarfortsetzer (Kap. 109):

> Illisque mutuo confligentibus, Sarraceni devicti atque prostrati, cernentes regem eorum interfectum, in fugam lapsi terga verterunt; qui evaserant, cupientes navali evectione evadere, in stagno maris natantes, namque sibimet mutuo conatu insiliunt. Franci cum navibus et iaculis armatoriis super eos insiliunt suffocantesque in aquis interimunt.

Im Sinne etwa von Grégoires *théorie du premier choc* dürfen wir erwarten, daß diese erste Schlacht der Franken gegen die Araber auf septimanischem Boden mit der barbarischen Bildkraft ihrer Schlußszene für mehrere Generationen zu einer Art visuellem Archetyp einer sarazenischen Niederlage wurde: die Franken holen die Feinde bei der Einschiffung im seichten Wasser ein und machen sie, zum Teil von Schiffen aus, mit Spießen nieder, so daß viele nicht an ihrer Verwundung zugrunde gehen, sondern ertrinken. An einem solchen Bilde konnte sich die kollektive Phantasie mindestens ebenso berauschen, wie sich –

---

42 Zum Folgenden vgl. z. B. die alte, aber klassische Darstellung von Th. Breysig, *Jahrbücher des fränkischen Reiches, 714–741*, Berlin 1869, S. 82 f.

um willkürlich ein Beispiel aus der Neuzeit herauszugreifen – im frühen 19. Jh. nach Napoleons Rückzug aus Rußland die deutsche Volksphantasie entlud in Vorstellungen vom Typ: „Mit Mann und Roß und Wagen, so hat sie Gott geschlagen". Derartige Bilder können sich als Bilanz eines Krieges noch lange halten, nachdem die Fülle benachbarter Fakten längst in Vergessenheit geraten ist. Bedenken wir nun, daß in karolingischer Zeit nirgends die Erinnerung an die Lage eines Schlachtfeldes besonders kultiviert wird[43] (etwa durch die Gründung eines Klosters oder einer Kapelle), daß es also dem zeitgenössischen Bewußtsein offenbar nur auf das Ereignis selbst, nicht auf dessen Örtlichkeit ankam; bedenken wir weiterhin, daß die Schlacht von 793 zwischen Narbonne und Carcassonne an einem wenig markanten Ort stattfand, den überdies die Christen nicht hatten auswählen können und den schon mindestens eine zeitgenössische Quelle einfach mit *ad Narbonam*[44] umschreibt, so wird man verstehen, daß für viele Nordfranzosen im Jahre 793 global wieder einmal „bei Narbonne" gegen die Araber gekämpft wurde – wie knapp zwei Generationen vorher. Die allmähliche Übertragung eines schon altbekannten Vorstellungselementes von der früheren Schlacht auf die spätere hat dann nichts Unnatürliches mehr. Doch sollten wir keineswegs annehmen, wie es die ältere Epenforschung in einem solchen Falle vorschnell getan hätte, daß sich „Lieder" über das eine Ereignis mit solchen über das andere Ereignis „vermischt" hätten. Es genügt vielmehr völlig, daß sich ein Erzähler beim Bericht über die jüngere Schlacht (und allmählich über die „Vergeltung") bewußt oder halbbewußt an die Kulisse der älteren Schlacht und damit an das Bild einer sarazenischen Niederlage *par excellence* erinnerte; zum Träger der Rache in der neuen Fabel wurde fast automatisch Renewart, an die Stelle der vielen *jacula armatoria* trat – ebenfalls fast automatisch – die ähnliche, wenn auch nicht identische Riesenwaffe, der *tinel*.

b) Andererseits haben vermutlich auch die Sarazenen von La Garde-Freinet, obwohl unsere Quellen das kaum erkennen lassen, 972 noch versucht, das rettende Meer zu erreichen, und auch die Aliscans liegen so nahe an der Küste, daß ein dorthin transponierter christlicher Sieg fast automatisch das Motiv „Verfolgung bis zu den Schiffen" nach sich ziehen mußte. Man kann also den Vorstellungshorizont des Küstenkrieges ebenfalls – direkt oder indirekt – aus den Ereignissen des 10. Jhs. ableiten.

Für die These a) sprechen die größere visuelle Genauigkeit und der Umstand, daß auch die Traditionen, die von den Aliscans noch nichts wissen, die Archamp-Schlacht ans Meer verlegen. Für die These b) spricht die chronologische Vorsicht. (Aber ist sie die größte aller wissenschaftlichen Tugenden?)

---

43 Bédier (s. Fn. 1), ³Bd. 3, S. 307.
44 Genauer: „ad Narbona" (*Ann. Alamannici*, Murbacher Fortsetzung).

3) Die Neubenennung von Derramés Sohn.

Dem Forscher, der sich über die räumliche und zeitliche Verteilung des Namens *Raginward-Rainoart/Renewart* unterrichten möchte, kommen zwei Arbeiten der letzten Jahre zu Hilfe: das Namenwörterbuch von M.-Th. Morlet und der bereits erwähnte Aufsatz von Frau Lejeune,[45] der leider das Namenwörterbuch noch ignoriert. Wieder sind zwei Hypothesen möglich.

a) Morlet belegt den Namen je einmal in Buxbrunnum (Oberlothringen), Stavelot (Niederlothringen), Amiens und Rouen, je dreimal in Paris und Reims, viermal in den Urkunden von Cluny, je zweimal in Marseille, Moissac und Poitiers, je einmal schließlich in Nimes und Avignon. Demgegenüber bezeichnet Frau Lejeune den Namen auf Grund umfangreicher eigener Untersuchungen – i. w. für die Zeit nach 1000 – als praktisch inexistent im heutigen Frankreich, ausgenommen in einem relativ kleinen Dreieck, das durch die Städte Béziers, Avignon und Fréjus bezeichnet wird. Aus beiden Angaben zusammen muß man wohl schließen, daß der Name etwa um die Jahrtausendwende im weitaus größten Teil Frankreichs allmählich außer Gebrauch kam: für die meisten Galloromanen, die ihn etymologisch nicht durchschauten und mit keinem geschichtlichen Ereignis verbanden, kann er also wie andere veraltende Germanennamen nur einen sehr leichten Hauch des Bizarren gehabt haben. Nun erscheinen in der altfranzösischen Epik immer wieder Germanennamen, vor allem veraltende, zur Bezeichnung von Sarazenen: schon im *Rolandslied* gehören hierher zumindest *Guarlan* und *Turgis*, im *Wilhelmslied Aelran*, *Aelred*, *Aildré* und *Tedbalt l'Escler;* insgesamt verzeichnet die *Table* von Langlois zumindest fünfunddreißig solche Namen, verteilt auf rund siebzig Gestalten, darunter einige von beträchtlichem narrativem Gewicht.[46] So wie die meisten von ihnen ihren Namen einfach der Freude am leicht Bizarren verdanken, so kann aus demsel-

---

[45] M.-Th. Morlet, *Les noms de personne sur le territoire de l'ancienne Gaule du VIe au XIIe siècle*, Bd. 1, Paris 1968, s. v. *Ragnoardus* (der Konzeption des Buches entsprechend ist dieser Artikel natürlich nur als mehr oder minder repräsentative Auswahl, nicht als Versuch einer vollständigen Beleglisteliste zu werten); R. Lejeune s. Fn. 1.

[46] Vgl. bei Langlois: *Adalroth, Aenré, Aiquin* 1–9, *Amalri* 1, *Anquetin* 1, 2, *Aristant, Begon* 4, 10, *Clodué, Dagobert* 2, *Estormi* 4, *Faramont* 1, *Forré* 1–5 (< germ. *Fulrad*, wie *Forré* 6 beweist), *Forqueré* 5, *Gaifier* 1–4, *Gaubert* 1, *Gaudelin, Gaudemer, Gaudin* 1, 16, *Gondré* 2, *Gontier* 6, *Gribaut, Grimouart* 2, *Guarlan, Guinemer* 15, *Huidres* 5, *Insoré, Isambart* 1, *Yzoré* 9, 11–18, 20, 22, 23, *Isorié, Maingot* 1, *Otran* 4, *Roart* 4, *Tiebaut* 12, 25, *Torgis* 1–4, 6, 7; dazu einige etymologisch unsichere oder hybride Namen, deren Diskussion das Bild nicht wesentlich verändern könnte. Die Zahl erhöht sich merklich, wenn man die von Langlois noch nicht erfaßten Epen hinzunimmt; als Beispiele vgl. etwa den *Siège de Barbastre* (ed. Perrier) mit *Estormi, Galerant, Gaudin, Otran;* oder *Aspremont* (ed. Brandin) mit *Angart, Antelme, Estox, Galindre, Gondré, Huber*.

ben Motiv auch Renewart vor 1000 irgendwo in Frankreich seinen neuen Namen empfangen haben.

b) Andererseits ist nach 1000 Frau Lejeune zufolge der Name auf das genannte Gebiet beiderseits der unteren Rhône beschränkt, setzt dort aber sehr häufig die etymologisch verschiedenen Namen *Rainardus* und sogar *Rainaldus* fort und erscheint zudem auffällig oft mit dem Namen *Willelmus* gekoppelt. Nun betrachtet die belgische Romanistin nicht nur diese Umstände – wohl zu Recht – als Zeugnisse einer rudimentären Renewart-Epik, sondern glaubt überdies, in einem der ältesten *Rain(o)ardus* (um 970) den Namengeber der Epengestalt gefunden zu haben. Schließt man sich dieser letzteren Auffassung an und will man sie mit unseren Befunden harmonisieren, so bleibt nur die Annahme, daß ein Dichter-Jongleur bei der Neubenennung des Derramésohnes, der einst mit dem (epischen) Grafen Wilhelm zur Befreiung hoher christlicher Gefangener und zur Vernichtung eines über See gekommenen Sarazenenheeres ausgezogen war, sich von einem Zeitgenossen inspirieren ließ, der mit dem Grafen Wilhelm [von der Provence] zur Befreiung eines hohen christlichen Gefangenen und zur Vernichtung eines [einst] über See gekommenen Sarazenenheeres ausgezogen war.

Ich halte jedoch Frau Lejeunes Identifizierungsvorschlag für sehr unsicher: das einzige Spezifikum der historischen Gestalt, die Verwandtschaft zu Abt Majolus, fehlt im Epos (wie überhaupt das prächtige Thema „Befreiung des größten Abtes der Christenheit"!); umgekehrt bleiben Renewarts Charakter und die von uns herausgearbeiteten Grundelemente der Handlung unerklärt. Was erklärt diese Erklärung dann eigentlich außer dem bloßen Namen? Schließlich läßt sich m. E. der von Frau Lejeune beobachtete Namenwechsel von *Rainardus/ Rainaldus* zu *Rainoardus* am einfachsten auf den Einfluß einer p r ä e x i s t e n t e n Epengestalt zurückführen. Daß dieser Einfluß gerade an der unteren Rhône manifest wurde, erklärt sich wohl daraus, daß dort der epische Renewart, der ja als christlicher Lehnsmann und Schwager Wilhelms überlebte, als „einer der unsrigen", möglicherweise als „einer unserer Ahnen" empfunden werden konnte.

Fassen wir zusammen: so wichtig uns allgemein für die Umformung der Wilhelmsepik die kollektive Sarazenenerfahrung etwa der Jahre 860–1020 scheint, müssen wir doch wenigstens mit der M ö g l i c h k e i t rechnen, daß Einzelzüge dieser Epik wie die Verlegung der Entscheidungsschlacht ans Meer und die Neubenennung des Derramésohnes älter sind. Insgesamt ging es uns hier nicht darum, Alternativen auszuschließen, sondern sie als vereinbar zu erweisen mit dem, was wir für den K e r n der Renewart-Epik halten: mit den Ereignissen um 800.

*

Zum Abschluß unserer Untersuchung lohnt es sich, noch einmal an ihren Anfang zurückzukehren, zu den Beziehungen zwischen der Renewart-Epik und der Folklore.

Rufen wir uns zunächst die Struktur des Märchens vom „Starken Hans" in der Fassung der Brüder Grimm ins Gedächtnis zurück:[47]
1) der „Starke Hans" wächst in dumpfer Abgeschlossenheit zu bärenhafter Stärke heran;
2) er verfertigt sich als Waffe zunächst einen Stock aus einem starken Tannenast, dann einen zentnerschweren Spazierstab, und zwar in den meisten Fassungen eine Eisenstange;
3) er befreit eine Königstochter aus einem Berg;
4) seine betrügerischen Freunde suchen die Königstochter auf einem Schiff zu entführen;
5) der „Starke Hans" erreicht das Schiff noch nahe am Ufer;
6) er stößt mit seiner Stange die betrügerischen Freunde über Bord;
7) er heiratet die Königstochter.

Entsprechend läßt sich die Renewart-Handlung wie folgt gliedern:
1) Renewart ist lange Zeit ein *„Ofen*lieger";
2) er führt als Waffe einen *tinel*, d. h. einen mit Eisenblech beschlagenen Tannenstamm;
3) er schließt sich dem französischen Heere an und verrichtet Heldentaten;
4) die Heiden sind im Begriff, ihre christlichen Gefangenen zu Schiff ins Heidenland zu entführen;
5) Renewart kann noch rechtzeitig an Bord des Schiffes springen;
6) er tötet die dort befindlichen Heiden u. a. dadurch, daß er sie mit seiner Stange über Bord treibt; gleich darauf muß er lernen, die Stange nicht als Schlag-, sondern als Stoßwaffe zu benutzen;
7) er wird schließlich mit der Hand einer Prinzessin belohnt. (Wie wir gesehen haben, bietet in diesem letzten Punkt nur *Aliscans* eine kohärente Darstellung.)

Auch wenn im Märchen die Königstochter allein eine Rolle übernimmt, die im Epos auf die gefangenen Christen einerseits, die Königstochter andererseits verteilt ist, entsprechen sich die Szenen beider Fassungen in einer Weise, die nicht auf Zufall beruhen kann. Mehr noch: das Bild des „Starken Hans", der mit seiner Stange die betrügerischen Freunde über Bord stößt, und das Bild Rene-

---

47 Grimm Nr. 166.

warts, der, später von Bertram unterstützt, mit den Heiden ähnlich verfährt, gehören zu den visuell eindrücklichsten Szenen der gesamten Handlung. Im Märchen ist dabei der Vorstellungskreis „Meer" in der vorangehenden Handlung nicht vorbereitet; im Prinzip könnte die Verfolgung auch über Land gehen, obgleich sie dann wohl visuell weniger eindrucksvoll ausfiele. Die Epik hingegen hat, wie wir gesehen haben, das Motiv des Meeres zwar nicht aus der Geschichte des Jahres 793, wohl aber aus der Geschichte in weiterem Sinne übernommen. Der Versuch der Heiden, auf dem Seewege in ihre Heimat zurückzukehren, ist also in der Gesamthandlung eindeutig angelegt; wenn man nicht annehmen will, ein Dichter habe für die gesamte Epenhandlung die großartige Szenerie nur deshalb erfunden, um schließlich das Bild des auf dem Schiff kämpfenden Renewart unterbringen zu können, so wird man zu der Annahme gedrängt, das Märchen habe das Motiv „Meer" aus der Epik bezogen. Anders ausgedrückt: im Märchen vom „Starken Hans", wie es die Brüder Grimm in ihre Sammlung aufnahmen, leben Elemente der Renewartepik bis heute fort.[48]

*

Damit schließt sich der Kreis. Wir halten es also für wahrscheinlich, daß zunächst vage folkloristische Elemente in die Gestalt des epischen Renewart eingingen und die Poetisierung einer historischen Gestalt ermöglichten, daß

---

48 Die Frage einer Einwirkung der Renewart-Epik auf das Märchen vom „Starken Hans" mündet in das umfassendere Problem der Priorität „folkloristischer" oder „literarischer" Quellen, wie es sich in unserem Jahrhundert nicht nur in der Folkloristik selbst (z. B. in der Auseinandersetzung Wesselski/Anderson), sondern vor allem im Grenzgebiet zwischen Folkloristik und Germanistik gestellt hat (z. B. in der lebenslangen Diskussion F. Panzers mit seinen Opponenten). Dieses allgemeinere Problem scheint mir von einer Klärung so weit entfernt, die Zahl der beweiskräftigen Argumente auf beiden Seiten so gering, daß jedes weitere Indiz willkommen sein sollte. Die obige Darstellung möge andeuten, daß ich nicht an eine unilaterale, sondern an eine dialektische Lösung glaube. Ich bin mir dabei durchaus bewußt, daß das Motiv „Meer" in dem oben präzisierten Sinne nur in recht wenigen Versionen des Märchens vom „Starken Hans" (bzw. vom „Bärensohn") anzutreffen ist (vgl. bei Panzer [s. Fn. 2], S. 211, ferner 185, 193, 194, außer der deutschen noch eine bretonische und eine italienische Fassung, doch beide schon mit starken Abweichungen). – Andererseits ist auf einen wichtigen, von Panzer nicht gesehenen Umstand hinzuweisen. Wenn der Märchenheld heute im keltisch-romanisch-germanisch-slavischen Bereich fast immer Hans (*Jain, Jean, Iwan-Iwaschko* usw.) heißt (Panzer, S. 65 f., 215 f., 217 f.; vgl. auch S. 16, 70, 71, 77, 101, 112, 171), so ist dieser Name zwar ein bewußt unauffälliger Name, kann aber dennoch kaum durch Polygenese entstanden sein; vor allem aber kann er sich im Märchen erst nach etwa 1200 allmählich durchgesetzt haben, da er in den genannten Gebieten vorher als normaler Personenname sehr selten ist, dann allerdings schnell zu einem der beliebtesten Namen überhaupt wird. Zu einer Zeit also, wo Renewart den Gipfel seiner Beliebtheit bereits erreicht, womöglich längst überschritten hatte, war in fast ganz Europa das Märchen noch in einer wichtigen Einzelheit einem zentralen (wenn auch

aber später die visuell gut durchgeformte Dichtung wiederum auf die Folklore ausstrahlte. Wenn wir so an eine wechselseitige Beeinflussung von Folklore und Epos glauben, verstoßen wir keineswegs gegen das Gebot der Denkökonomie; denn da sich die Folklore im allgemeinen mit einer Vielzahl von Zeugnissen befaßt, ist es *a priori* keineswegs wahrscheinlich, daß ein bestimmtes Zeugnis gerade den Anfang oder das Ende der gesamten Entwicklung darstellt. Dann aber kann es nicht erstaunen, wenn dasselbe Werk gegenüber einem Teil der Tradition als das nehmende, gegenüber einem anderen als das gebende Element erscheint.

Weit wichtiger als die folkloristische Komponente erscheint jedoch in unserem Zusammenhange die historische. In dieser Hinsicht wiederholt sich an Renewart, was wir bei anderer Gelegenheit an zwei Gestalten der altfranzösischen Epik mit stark „folkloristischen" oder „märchenhaften" Zügen, nämlich an dem Maugis der *Haimonskinder* und dem König Hugo der *Karlsreise* feststellen konnten[49]). Diese Gestalten gehen eindeutig auf ein historisches Urbild aus der Zeit Karls des Großen zurück und bewahren in durchaus relevanter Weise die Grundzüge ihrer Haltung gegenüber Karl. Doch empfand das durchschnittliche altfranzösische Bewußtsein den flüchtigen langobardischen Prinzen, den byzantinischen Kaiser und erst recht den Sohn des Emirs von Córdoba als so erregend fremde Gestalten, daß es sie schon in einem relativ frühen Stadium zur Erhöhung der dämonischen oder exotischen Wirkung fast automatisch mit Motiven der internationalen Folklore umkleidete – oder sogar verkleidete; denn die Umkleidung war so farbenreich und so undurchsichtig, daß selbst die moderne Forschung den historischen Kern darunter nicht erkannte.

Außer den drei betrachteten Fällen gibt es in der altfranzösischen Epik einen vierten, in dem ungewöhnliche historische Ereignisse mit Märchenmotiven zu einem komplexen Ganzen amalgiert erscheinen: im Epos von *Berthe aux grands Pieds*, das zu dem Märchen von der „Gänsemagd" in einem mindestens eben so engen, aber auch eben so schwer beschreibbaren Verhältnis steht wie die Renewart-Handlung zum Märchen vom „Starken Hans".[50] In einem fünften

---

heute nicht mehr lokalisierbaren) Einfluß zugänglich! Warum sollte es – in geringerem Maß – nicht auch Einflüssen der Renewart-Epik zugänglich gewesen sein?

49 Verf., *Maugis d'Aigremont – Zur Genesis einer literarischen Gestalt* (erscheint demnächst in der ZRPh.) und *Hugue li Forz – Zur Genesis einer literarischen Gestalt*, ZFSL 81 (1971) S. 289–307.

50 Von der Komplexität der Probleme verschafft man sich eine Vorstellung durch den Vergleich der folgenden Darstellungen: P. Arfert, *Das Motiv von der unterschobenen Braut*, Rostock 1897 (folkloristisch orientiert); J. Reinhold, *Über die verschiedenen Fassungen der Bertasage*, ZRPh. 35 (1911) S. 1 ff. (für Priorität einer literarischen Quelle); A. Memmer, *Die altfranzösische Bertasage und das Volksmärchen*, Halle 1935 (für Priorität des Märchens); Herman J. Green, *The Pépin-Bertha-Saga and Philip I of France*, PMLA 58 (1943) S. 911–19 (Versuch einer

Fall schließlich, bei der Gestalt des Basin-Elegast, läßt sich wegen der mangelhaften Quellenlage die historische Komponente nur noch umrißhaft erkennen.[51]

Thesenförmig könnten wir unser Ergebnis wie folgt formulieren: Folkloristische und märchenhafte Elemente sind für die altfranzösische Epik der älteren Zeit nicht nur nicht konstitutiv, sondern müssen in den wenigen Fällen, in denen sie überhaupt auftreten, darauf geprüft werden, ob es nicht gerade ihre Funktion ist, äußerst atypische geschichtliche Vorgänge erst poetisch darstellbar zu machen – so daß auch hier, allerdings auf einem Umweg, der Satz gilt: *En el principio era la historia*.

Postskriptum 2018

1) Der *tinel* und die ‚Neue Mythologie'. Während Renewarts Historizität die eigentliche Neuigkeit des obigen Artikels ausmacht, habe ich mich bemüht, seiner nicht-historischen Seite an Hand des Bezugsfeldes Folklore, speziell des Märchens, gerecht zu werden. Ich halte diesen Ansatz *summa summarum* auch heute noch für den geeignetsten, erstens, weil er weder chronologisch noch räumlich problematisch ist, zweitens, weil er dazu anregt, Handlung mit Handlung zu vergleichen.

Doch inzwischen betont die (letztlich von Dumézil inspirierte) ‚Neue Mythologie', dass „le folklore médiéval vient de quelque part", nämlich „de la Mémoire, une mémoire multiséculaire qui renvoie pour le moins aux mythes indo-européens et probablement même au chamanisme, bien antérieur à l'établissement des Celtes en Occident […]", so dass es darum gehen müsse, zu „circonscrire la permanence archétypale d'un faisceau de motifs jusqu'ici étudiés et interprêtés isolément"; dabei sei „le mythe" allerdings „inaccessible à l'état pur" und „ne constitue pas, à proprement parler, un texte, mais une sorte de méta-texte gouvernant toute une galaxie de textes assez différents les uns des autres mais néanmoins convergents au plan des mythèmes" – so z. B. Philippe

---

Erklärung aus Ereignissen des 11. Jhs.); H. Schneider – R. Wisniewski, *Deutsche Heldensagen* (Göschen-Bd. 32), Berlin 1964, S. 137 (Behauptung, Karls Jugendsage sei nach dem Muster des Wolfdietrichstoffes umgearbeitet); R. Colliot, *Adenet le Roi. «Berte aus grans pies». Etude littéraire générale*, Bd. 1, Paris 1970 (letztlich für mythischen Ursprung, der aber Adenet i. w. nicht mehr bewußt war). Verglichen mit der Renewart-Frage, kompliziert sich das Problem noch durch die große Zahl der erhaltenen Fassungen des Berta-Stoffes.

51 Die folkloristische Komponente der Basin-Handlung ist ausgiebig berücksichtigt bei E. L. Wilke, *Der mitteldeutsche Karl und Elegast*, Marburg 1969; eine neue Darstellung der historischen Komponente und die Harmonisierung beider bleiben ein Desiderat der Forschung.

Walter, *Rainouart et le marteau-tonneau: essai de mythologie épique et pantagruélique*, in: L'Information littéraire 46 (1994), 3–14, hier 3 b und 6 b.

Speziell zum Thema Renewart zeigte zum einen Guillaume Issartel, *La Geste de l'ours. L'épopée romane dans son contexte mythologique. XII°–XIV° siècle*, Paris, Champion, 2010, passim, dass viele Motive eines essentiell nord-eurasischen mythologischen Komplexes rund um den Bären bis auf Renewart und verwandte epische Gestalten durchschlagen – im Falle Renewart allerdings mehr indirekt, nicht im zentralen Begriff *ours* selbst.

Zum anderen war schon sechzehn Jahre vor Issartels Studie Philippe Walter in seinem oben zitierten Essay von Renewarts *tinel* und der Keule (*massue*) mancher 'wilden Männer' des mittelalterlichen Elementar-Aberglaubens zunächst über die Keule des gallischen Ogmios (~ Herakles) und des Herakles selbst, ferner den Hammer (*maillet*) eines hier noch namenlos bleibenden gallischen (und speziell im bretonischen Volksglauben nachwirkenden) Totengottes und den schweren Hammer (*gros maillet*) des etruskischen Charon-Äquivalents zur wunderfähigen (tod- und lebenbringenden) Keule des irischen Dagda und zum von ihr ableitbaren Knüppel (*lorg*) mehrerer irischer Epengestalten gelangt. Eine (etymologisch nicht zu stützende) Assoziation zwischen einerseits afrz. *tine* (< genuin-lat. [seit Varro] *tīna* 'Bottich, großes, offenes Gefäß z. B. für die Weinernte') samt *tinel* (nach Ausweis der Assonanzen mit afrz. *ē* < lat. *á[* sowie nach Ausweis des okz. *tinal* aus vlat. **tīnāle* 'Stange zum Tragen von *tīnae*'), andererseits *tonne* (< spätvlat. [8. Jh.] *tunna* 'verschließbares Gefäß für Öl oder Getreide', wohl keltisch, über ***'Weinschlauch' mit air. *tonn* 'Haut' zu verbinden) samt *tonneau* 'Tonne' (< *tunn-* + *-ellum*) half Walter dann entscheidend, Renewarts *tinel* gleichzusetzen mit dem *marteau-tonneau* oder *tonneau emmanché* – den beiden Abbildungen zufolge einer von mehreren kleinen Tonnen umgebenen größeren Tonne –, die jener gallische Gott mit sich führt, der wahrscheinlich Sucellus hieß und wahrscheinlich identisch war mit dem gallischen Hauptgott, chthonischem Herrn über Leben und Tod (~ Cäsars *Dispater*). So schloss sich für Walter der Kreis: der letzte Abschnitt des Aufsatzes trägt die Überschrift *Rainouart aux Alyscamps ou le souverain du royaume des morts*, wobei *ou* im Wesentlichen identifikatorisch gemeint ist.

Ich halte es für fazil, die mythologische Erklärung altfranzösischer Epik entweder wegen der ungewohnten chronologischen Distanz zwischen Ursachen und Wirkungen, verstärkt durch das Dazwischentreten der Christianisierung, oder auch wegen der offenkundigen philologischen Brüchigkeit dieser oder jener Behauptung insgesamt mit einem globalen *non liquet* beiseitezuschieben. Ihre Grundidee – dass viele Motive und Motivkomplexe des Mythos nicht abgestorben, sondern zu entsprechenden Elementen der Epik mutiert sind – hat die Wahrscheinlichkeit für sich, obwohl sich der Weg vom Mythos zum Epos im Einzelnen kaum je präzisieren lässt.

Umso energischer aber darf man zwei Korollare der ‚Neuen Mythologie' bestreiten.

Erstens die Überzeugung, ein Motiv oder Motivkomplex müsse bei seiner Reise durch die Zeit auch Elemente seines ursprünglichen religiösen oder moralischen Kontextes, seiner Aura, bewahren. Im vorliegenden Fall wäre Walters abschließende Behauptung, dass Renewart ‚eigentlich' ein vorchristlicher Totengott sei, nicht nur von den Schöpfern des Wilhelms- und des Aliscans-Liedes mit Horror abgelehnt worden; sie droht auch heute ein Verständnis für die Komik zu verbauen, die der gesamten Rolle des Ofenliegers, dann Helden *sui generis*, wesenhaft eigen ist.

Zweitens muss die von den Neo-Mythologen immer wieder geäußerte Ansicht bestritten werden, die historischen Elemente der Epik seien nahezu zufälliger Natur. Eine Probe aus Walters Aufsatz (p. 4a) gefällig? „Le même phénomène a dû se produire pour Roland: un être mythique fort ancien (on pourrait songer au *Rollwo* [wo kommt denn diese Namensform für den Göngu-Hrólf vor??] dont parlent certaines chroniques scandinaves ou à son équivalent celtique [völlig unbelegt!]) semble avoir ‚déteint' sur un personnage historiquement attesté à la cour de Charlemagne." Hier schlägt die Mythologie – inbesondere das Sich-weiter-Tasten an zufälligen Namenähnlichkeiten – in ihre eigene Karikatur um.

Vielmehr haben die historischen Elemente der Epik zuallermindest die Funktion, verblassende Motive oder Motivkomplexe mythischer Provenienz erneut mit dem Interesse und den Identifikationsmöglichkeiten zu erfüllen, ohne die sie auf die Dauer nicht leben können. Doch in aller Regel dürfte die Historie genetisch sogar am Anfang gestanden haben: jemanden drängte es, unalltägliches Geschehen in einer Dichtung festzuhalten – da boten sich dann Motive und Motivkomplexe, ja ganze *contes*, an. So zweifellos auch im vorliegenden Fall.

2) Guibourc. Ganz wie Renewart hat in der Epik auch Wilhelms Frau Guibourc, hervorgegangen aus der historischen *Witburg/Guitburg(is)* (so ihr Name in den beiden, im 11. Jh. leicht verfälschten Fassungen von Wilhelms Testament), den Deramé zum Vater, also den ranghöchsten Heiden der Wilhelmsepik. Gibt es dafür ebenfalls irgendeine historische Grundlage? Es gibt wenigstens eine gut begründbare Vermutung: Guibourc kann aus dem sächsischen Hochadel stammen.

Karl der Große forcierte bekanntlich Heiraten zwischen dem fränkischen und dem sächsischen Adel, was zunächst die Einheit und damit die Kampfkraft der Sachsen untergrub, letztlich aber Karls großem Ziel diente, aus beiden Völkern, wie Einhart es ausdrückt, eine einziges zu machen. Die Anfänge dieser Politik scheinen sogar eine Generation älter zu sein: Karls Vetter Wala war Sohn von Karls Onkel (und Mit-Feldherrn im Italienkrieg) Bernhard und einer Sächsin. *A fortiori* wäre es also nicht erstaunlich, wenn auch Wilhelm, nahezu sicher ebenfalls Karls Vetter, mit einer adligen Sächsin verheiratet gewesen sein sollte.

Weibliche Namen auf *-burg* sind bei den Franken um 800/850 nach Ausweis z. B. der Polyptychen noch ziemlich selten, jedenfalls um ein Mehrfaches seltener als die auf *-berga*. Doch bei den Sachsen sind sie seit Beginn der Überlieferung auffallend häufig: so schickte um 880 ein großes sächsisches Frauenkloster – nahezu sicher Herford – zum Zwecke der Gebetsgemeinschaft eine Namenliste nach Sankt Gallen, von deren etwa 270 Frauennamen 65 (also fast jeder vierte!) auf *-burg*, nur 3 auf *-berg* (~ *-berga*) ausgehen; cf. Paul Piper (ed.), *Libri confraternitatum Sancti Galli, Augiensis, Fabariensis*, Berlin, Weidmann (MGH), 1884, p. 97 s., col. 319–326 (zum Datum ibd. p. 4 unten).

Schon dieser Häufigkeitsunterschied zwischen Franken und Sachsen verschiebt die Wahrscheinlichkeit von Guibourcs Herkunft beträchtlich in Richtung Sachsen.

Vielleicht (!) kann man noch weitergehen. Die Namen *Wītburg* (<*Wīd-burg*) und *Wīgburg* sind zwar genetisch nicht identisch (so dass die Namenwörterbücher von Förstemann und Morlet sie getrennt halten); doch mussten sie bei einer Romanisierung um 800 zu *Guitbǫrc* bzw. *Guibǫrc* werden. Hier darf man sich fragen, ob sie dann romanischen Sprechern weiterhin als ‚verschieden' galten oder ob nicht die Form mit *-t-* als die vollere, korrektere Form ‚desselben' Namens empfunden wurde (im Norden immerhin, bis dort das *-t-* ohnehin der lautgesetzlichen Assimilation anheimfiel). Auch der Name *Wīgburg* ist also von Interesse für uns.

Nun ist unter den obengenannten 65 *-burg* kein Name häufiger als *Wigburg* mit sechs Nennungen, darunter einer Äbtissin, so dass im 9. Jh. von den sächsischen Adelsgeschlechtern nahe Herford (zumindest) eines diesen Namen tradiert haben dürfte. Im Kloster Herford wurde dann kurz nach 900 von der nunmehrigen Äbtissin und Widukind-Nachkommin Mathilde deren gleichnamige Enkelin erzogen, die spätestens 912 Frau König Heinrichs I. und Mutter Ottos des Großen wurde. Als Witwe gründete sie 947 im nur 9 km von Herford entfernten Enger aus ihrem Erbe ein Kanonikerstift, in dessen Kirche sich noch heute die 1100 hergestellte Grabplastik – eine der ältesten in Deutschland – befindet, die als diejenige Widukinds gilt; wie die Grabungen unter Uwe Lobbedey gezeigt haben, steht Mathildes Kirche auf einer älteren, einfacheren von ungefähr 800 mit den Gräbern dreier Stifter, also offenbar der ältesten Eigenkirche des dortigen Adelsgeschlechts, mit einiger Wahrscheinlichkeit des Widukindschen.

Onomastisch interessant ist nun, dass Widukinds einziger uns bekannter Sohn Wigbert hieß († 834 oder kurz vorher, urkundlich im 9. Jh. *Wibreht*, kopial im 11. Jh. *Wibert*, *Wihbreht*; *-breht* < *-berht* ist als Alternative zu *-bert* < *-berht* allgemein häufig); durch Bevollmächtigte seines Sohnes Waltbert (späteren Grafen und Gründers des Klosters Wildeshausen) konnte er dem Dom zu Utrecht zwei Besitzungen nahe Arnheim hinterlassen, hatte also offenbar in den fränkischen Adel eingeheiratet; Wigbert hieß dann wiederum Graf Waltberts Sohn, also Widukinds Urenkel, Hofkapellan Ludwigs des Deutschen und (874–908) Bischof von Verden (eben jener Stadt, in der einhundert Jahre vorher Karl sein Blutgericht an Widukinds Anhängern vollzogen hatte!); zum Ganzen cf. Karl Schmid, *Die Nachfahren Widukinds*, in: Deutsches Archiv für die Erforschung des Mittelalters 20 (1964), 1–47. Das Element *Wīg-* (+ *-b-*), Leitelement in direkter männlicher Linie, nimmt also den prominentesten Platz in der Namenspraxis der Widukind-Familie ein. Somit muss man sich fragen, ob unter den Herforder Äbtissinnen nicht schon die vor Mathilde amtierende *Wigburg abb[atissa]* (Piper, op. cit., col. 322) dem Widukind-Geschlecht angehörte, womit auch *Wigburg* in die Namenspraxis der Familie gehören würde.

Andererseits kann man lautlich natürlich auch altsächs. *Wīdu(-kind)* > ahd. *Wite(-kind)* > afrz. *Guite(-quin, -clin)* mit *Guit(-bourc)* vergleichen, obwohl hier kein etymologischer Zusammenhang vorliegt (und *Wīdukind* ‚Waldkind ~ Wolf' wahrscheinlich nur ein Übername war).

Diese Indizien ‚beweisen' nichts; sie zeigen nur, was möglich – und keineswegs unwahrscheinlich – ist.

8 Luiserne und der überraschende ‚historische' Hintergrund der *Enfances Vivien*

Résumé français : Dans les *Enfances Vivien*, la ville de Luiserne, theâtre de presque toute l'action, représente bel et bien une *Lucena* andalouse de la géographie réelle comme cela a jadis été reconnu, entre autres, par Wahlund et von Feilitzen, éditeurs de la magistrale édition synoptique de la chanson. Pourtant, il ne s'agit pas de l'insignifiante Lucena del Puerto qu'ils proposent, mais de la forteresse juive de Lucena à mi-chemin entre Cordoue et Malaga qui formait, au moins du IXe au XII siècle, un ‹ État dans l'État › au milieu de l'Espagne musulmane et qui hébergeait, selon Idrisi, la communauté juive la plus riche de tout le monde islamique. La ville était bien connue aussi au Nord parce que nombre de fois pendant les IXe et XIIe siècles, des forces chrétiennes dans leurs razzias passèrent par ses alentours immédiats sans jamais la conquérir. La fascinante transformation de la riche ville réelle défendue par de simples marchands [juifs] en une riche ville épique défendue par de simples marchands [compagnons de Vivien], mais encore située très loin derrière le front ‹normal› entre Chrétienté et Islam est le principal processus créateur sous-jacent à la chanson.

Seitdem Alfred Noyer-Weidner vor mehr als dreißig Jahren für viele Heidenvölker im Baliganteil des Rolandsliedes deren Identifikation mit realen Völkern als philologisch mangelhaft erwies und durch spirituelle Deutungen aus dem Appellativwortschatz (z. B. Farbbezeichnungen) ersetzte,[1] rechnet man allgemein in der romanistischen Epenforschung kaum noch mit nennenswerten Entdeckungen zum realen Anteil der ‚Heidengeographie', seien es Völker-, seien es Ortsnamen.

Nun gibt es aber doch viele epische Namen, bei denen eine spirituelle Deutung nicht in Sicht ist, und zumindest für sie dürfte es angemessen sein, einmal die Bedingungen explizit zu machen, unter denen realgeographische Identifizierungsvorschläge auch heute akzeptabel sein sollten. Solche Vorschläge sollten (1), was die Inhaltsseite betrifft, genau aufzeigen, wie spezifisch sich die vorgeschlagene realgeographische Deutung in den Erzählkontext einpaßt. Sie sollten (2), was die Bezeichnungsseite betrifft, die Lautgestalt ohne Rest erklären, also nicht eine bloße Lautähnlichkeit im Raum stehen lassen, wie das bis zu Noyer-Weidners Eingreifen gang und gäbe war. Und sie sollten (3) nicht nur

---

1 Seine Aufsätze zum Rolandslied sind am leichtesten zugänglich in den beiden Sammelbänden Alfred Noyer-Weidner, *Umgang mit Texten*, Stuttgart 1986, hier Bd. I, hrg. von Klaus W. Hempfer.

Anmerkung: Erstmals veröffentlicht in: Romanistische Zeitschrift für Literaturgeschichte 28 (2004), 251–272.

ə Open Access. © 2019 Gustav Adolf Beckmann, publiziert von De Gruyter. [(cc) BY-NC-ND] Dieses Werk ist lizenziert unter der Creative Commons Attribution-NonCommercial-NoDerivatives 4.0 Lizenz.
https://doi.org/10.1515/9783110615692-008

sicherstellen, daß der Autor den Namen und seine Bedeutung überhaupt kennen konnte, sondern nach Möglichkeit auch das beantworten, was ich die ‚Relevanzfrage' nennen möchte: inwiefern ist dieser Name eigentlich für den Autor relevant, warum liegt ihm daran, ihn in seine Erzählung aufzunehmen?

Der epische Ortsname *Luiserne* (gelegentlich auch *Luserne*, lat. *Lucerna*), dem im folgenden unsere Aufmerksamkeit gelten soll, ist zwar insofern atypisch, als er sich auf zwei durchaus verschiedene Städte bezieht. Doch hoffe ich, die Lage der einen davon in überraschender Weise präzisieren und zugleich ihre Relevanzdimension aufzeigen zu können.

Das nordwestspanische Luiserne

Bédier[2] hat definitiv gezeigt, daß die erstmalig um 1140–1150 im Pseudo-Turpin genannte Stadt in Nordwestspanien am Sankt-Jakobsweg lag, wo dieser den Fluß Sil überschreitet. Und zwar erzählt der Pseudo-Turpin (Kapitel III), Karl der Große habe *Lucerna* bis zum letzten Jahr seines Spanienfeldzuges nicht erobern können. Dann betete er zu Gott durch Vermittlung des Hl. Jakob, und die Mauern der Stadt fielen in sich zusammen; mitten in der nun unbewohnten Stadt bildete sich ein schwarzer See, in dem man ‚noch heute' große schwarze Fische sehen kann. Gemeint ist der Lago de Carucedo, der noch im 19. Jahrhundert durch schwarze Fische auffiel.

Zwei Chansons de geste aus der Zeit zwischen etwa 1200 und 1240 bauen unabhängig voneinander diese Angaben aus. Im *Anseïs de Cartage* erobert Karl Luiserne nach siebenjähriger Belagerung. Als er nach Frankreich zurückkehrt, vertraut er die Stadt Anseïs an, der sie aber gegen die Sarazenen nicht halten kann und deshalb einäschert. Die Sarazenen bauen sie wieder auf, Karl muß sie erneut belagern. Durch sein Gebet fallen die Mauern ein, und der Ort bleibt wüst, wie ihn ‚noch heute' die Jakobspilger sehen.

Im *Gui de Bourgogne* liegt Karl seit zehn Jahren erfolglos vor Luiserne und macht schließlich mit einigen Getreuen eine Bittfahrt nach Compostela. Währenddessen erobert ein aus Frankreich eingetroffenes Heer von jungen Kriegern unter Gui de Bourgogne mit Rolands Hilfe die Stadt. Doch Gui und Roland streiten sich, wer die Stadt Karl übergeben dürfe. Der zurückgekehrte Karl läßt daraufhin die Stadt räumen und betet, Gott möge sie so zerstören, daß niemand sie je wieder begehre. Sie stürzt in sich zusammen unter Bildung eines schwarzen Sees, den die Vorüberziehenden ‚noch heute' sehen.[3]

---

[2] Joseph Bédier, *Les légendes épiques*, 3. Aufl., 4 Bde., Paris 1926–1929, hier III 152–166.
[3] Wie eine Pflanze wilden Samen um sich sät, hat sich auch die Luiserne-Legende des Pseudo-Turpin sekundär an anderen Orten der Nordwesthälfte der iberischen Halbinsel festgesetzt, so

Nun heißt aber die untergegangene Stadt am Sankt-Jakobsweg nur im Pseudo-Turpin *Lucerna* und *Lucerna Ventosa*, in der Epik *Luiserne*. In nicht episch beeinflußten Zeugnissen ist nur von *Ventosa* die Rede: dieses ist schon in der Suebenzeit eine der elf Pfarreien der Diözese Astorga,[4] in der Westgotenzeit eine Münzstätte,[5] wird auch in der Chronistik des 10.–12. Jhs. mehrfach genannt[6] und ist als *Castro de la Ventosa* noch heute eine Stätte mit beträchtlichen Ruinen.[7] Bédier ist sich demgemäß bewußt, daß er das epische Luiserne zwar lokalisiert, aber nicht dessen Namen erklärt hat.[8] Man kann also nicht die Möglichkeit ausschließen, daß der Name der Stadt von anderswo übertragen ist. Man muß dabei nicht nur allgemein mit der attrahierenden Wirkung des Sankt-Jakobsweges rechnen, sondern auch speziell mit einer Versetzung durch den Pseudo-Turpin selbst, der ja unter anderem am Sankt-Jakobsweg den Agolant auftreten läßt, welcher sonst aus Süditalien bekannt ist, und der in Roncevaux eine Reihe von Helden sterben läßt, die sonst mit der Roncevaux-Handlung nichts zu tun haben.

Das südostspanische Luiserne

Innerhalb der altfrz. Epik tritt uns das zweite Luiserne in den *Enfances Vivien* [im folgenden: *EV*] entgegen, deren auf uns gekommene Fassung aus dem ers-

---

knapp 50 km weiter südlich am Lago de Sanabria, aber auch bei El Ferrol und El Padrón in Galizien und vielleicht noch andernorts. Zu ersterem vgl. Luís Cortés Vázquez, ‚La leyenda del lago de Sanabria', in: *Revista de dialectología y de tradiciones populares* 4 (1948) 94–114 und ‚De nuevo en torno a la ciudad sumergida de Lucerna', in: *Homenaje a Álvaro Galmés de Fuentes*, III, Oviedo/Madrid 1987, 377–387. Zu Galizien: H. M. Smyser, ‚The engulfed Lucerna of the *Pseudo-Turpin*', in: *Harvard Studies and Notes in Philology and Literature* 15 (1933) 49–73, hier 69–72. Die *Primera Crónica General*, ed. Ramón Menéndez Pidal, Madrid 1955, 299, sagt kurz nacheinander erstens, das antike *Egitania* sei jetzt *Edanna* [= Idanha-a-Velha etwa 100 km östlich Coimbra], *esta es Lucenna* (was kaum davon zu trennen ist, daß der Pseudo-Turpin am Ende von Kap. III *Lucerna Ventosa*, *Capparra*, *Adania* als zerstörte Städte nennt), und zweitens, das in Asturien gelegene einstige Bistum *Lucerna* sei nach Oviedo verlegt (wo aber die Quelle, Bischof Pelayo, statt *Lucerna* ein Lugo-in-Asturien, das *Lucus Asturum* der Antike, nennt). Dazu vgl. Pierre David, ‚Études sur le Livre de Saint-Jacques', in: *Bulletin des études portugaises* 12 (1948) 88–223, hier 99 f.

4 *Itineraria et alia geographica*, Turnhout 1965 (*Corpus Christianorum*, Bd. 175), 418: ‚Parochiale Suevum', älterer Handschriftenblock ABCD.
5 David (wie Anm. 3) 97 f.
6 Fray Justo Pérez de Urbel, *Sampiro, su crónica y la monarquía leonesa en el siglo X*, Madrid 1952, 359; Francisco Santos Coco, ed., *Historia Silense*, Madrid 1921, 43.
7 Pérez de Urbel (wie vorige Anm.) loc. cit.; Bédier (wie Anm. 2) III 158 (Karte), 163 f.
8 Bédier (wie Anm. 2) III 166.

ten Viertel des 13. Jhs. stammt; dort ist es der Hauptort der Handlung.⁹ Es liegt ebenfalls in Spanien, was nicht nur aus R 1580 ~ WF 2093 *a Luiserne en Espaigne* (in der Assonanz [im folgenden: A]), sondern aus der ganzen Handlung hervorgeht. Man kann diese wie folgt zusammenfassen.

Garin d'Anseüne, Vater des noch im Kindesalter stehenden Vivien, ist in der Schlacht von Roncevaux (R 12 ~ WF 12) von einem Heiden gefangengenommen und nach Spanien (R 22 ~ WF 22) verschleppt worden, nämlich nach *Luisernesor-mer* (R 190 ~ WF 239; dieser Ausdruck erscheint im Epos 7mal, immer A).

Der Heide will Garin gegen Vivien austauschen, aber mit dem Ziel, Vivien aus Rache zu töten, weil dessen Großvater mütterlicherseits einst im Krieg den Vater und den Onkel des Heiden getötet hat. Garin wird gefoltert, schickt dann die erzwungene Botschaft nach Frankreich. Die Entscheidung fällt in Paris (R 201 ~ WF 254) auf einer großen Versammlung: Wilhelm verfügt Viviens Auslieferung. Er zieht mit Vivien, dessen Mutter und standesgemäßem Geleit (aber ohne Schwerter und Lanzen!) über Bordeaux (R 348 ~ WF 435, A) nach Luiserne (ebenfalls A),¹⁰ wo der Austausch stattfindet; dann ziehen die Franzosen mit Garin heim.

Hier müssen wir uns vor einem Fehlschluß hüten. Der Weg über Bordeaux impliziert keineswegs, daß Luiserne in Nordwestspanien liegen müsse. Über Bordeaux, Roncevaux und Pamplona zog so gut wie sicher schon der historische, eindeutig der epische Karl der Große nach Saragossa, und noch heute

---

9 Die große Ausgabe von Carl Wahlund/Hugo von Feilitzen, edd., *Les Enfances Vivien*, Uppsala/Paris 1895 [Neudruck Genf 1970, im folgenden: WF], die die vier wichtigsten Hss. im Paralleldruck, dazu die Varianten von vier anderen Hss. (sowie nach zwei Hss. des 15. Jhs. den Text der Prosaauflösung) bietet und in der Einleitung von Alfred Nordfelt unter anderem eine luzide, im wesentlichen noch heute gültige Darstellung des Stemmas enthält, ist durch die weit lesbarere neue Ausgabe *Les Enfances Vivien*, édition critique par Magali Rouquier, Genf 1997 [im folgenden: R], nicht völlig ersetzt, da diese die Überlieferungszweige [in heutiger Terminologie] A und B, aber nicht C und D (sowie W) berücksichtigt. Beispielsweise muß man nach AB (R 348 ~ WF 435) glauben, Viviens Austausch gegen seinen Vater finde schon in Bordeaux statt, obwohl auch in AB vorher zweimal (R 190, 236) Luiserne als Garins Haftort genannt ist. Doch liegt ein gemeinsamer Sprungfehler von AB vor (so mit Entschiedenheit Madeleine Tyssens, *La Geste de Guillaume d'Orange dans les manuscrits cycliques*, Paris 1967, 185 unten, ferner Rouquier selbst S. XV f.: die gemeinsame *lacune* deutet auf gemeinsame Vorlage); er ist aus D zu beheben: danach geht die Fahrt von Bordeaux nach Luiserne weiter und, wie zu erwarten, findet dort der Austausch statt. – Zu dem Fragment W (R 1795–2625 ~ WF 2394–3562) vgl. Joseph J. Duggan, *A fragment of Les Enfances Vivien*, National Library of Wales Ms. 5043 E, Berkeley 1985. – Bei der Datierung des Archetyps der erhaltenen Fassung der *EV* folge ich Nordfelt (WF S. XXXIII). Ph. Aug. Becker, *Vom Werden der Wilhelm- und der Aymerigeste*, Leipzig 1939, 100, möchte auf 1205–10 eingrenzen; doch scheinen mir seine Wahrscheinlichkeitsargumente nur als *termini post quos* brauchbar.

10 S. vorige Anmerkung!

geht über Bordeaux (und sogar westlich an Roncevaux vorbei) die Eisenbahnroute von Paris nach Córdoba, Granada oder Almería.

Kaum wollen in Luiserne nun die Heiden Vivien foltern und töten, da wird die Stadt in einem Überraschungsangriff eingenommen von dem ebenfalls heidnischen, aber mit ihnen verfeindeten Gormon von *Nubie*[11] (R 535 ~ WF 661, A), der hunderttausend Türken (R 1767 ~ WF 2345) und den König *Pharaon* (R 1894 ~ WF 2519) mit sich führt. Die nächstliegende Vermutung ist schon hier, daß Luiserne an der Mittelmeerküste liegt. Vivien geht in den Besitz der Angreifer über und wird mit deren sonstiger Beute auf einer *ille* (R 536 ~ WF 662, A) am Strand von *Luiserne-sor-mer* (R 1760 ~ WF 2335, A) feilgeboten.

Er wird gekauft von einer christlichen (R 564 ff., 582 f. ~ WF 737 ff., 757 f.) Kaufmannsfrau Mabile, die aus Portugal (*Portegaut*, var. *Portegal*, *Portingal*, R 540 ~ WF 666) kommt. Die Rückfahrt dorthin geht übers Meer (R 551 f. ~ WF 689 f.); sie werden empfangen von zwei angeheirateten Neffen Mabiles, die ihr in ihrem Domizil seit Jahren helfen (R 594 ff., 611 ff., 636 ~ WF 771 ff., 790 ff., 822).

Mabile ist verheiratet mit einem Godefroi von *Salindre(s)* (R 542 ~ WF 668; der Ortsname an allen drei Vorkommensstellen A), dessen Heimat nichts anders sein kann als Salindres (Gard), 40 km nordnordwestlich Nîmes. Godefroi unternimmt mehrjährige Handelsreisen ohne seine Frau (R 585 ~ WF 760 u. ö.) und hat in Salindres noch ein Standquartier, wohin Vivien später einmal aus Dankbarkeit Beute schicken wird (R 1332 ~ WF 1699). Es wird jedoch nirgends angedeutet, daß Mabile oder Vivien je nach Salindres gelangt wären, und man versteht, warum: da Salindres sogar weiter nordöstlich gelegen ist als Viviens Heimat Anseüne bei Béziers, würde eine Fahrt Viviens nach Salindres ihn bei seinem Vater vorbeiführen und damit der Handlung ein vorzeitiges Ende bereiten. Wir müssen uns also Viviens Domizil vielmehr während seiner gesamten Pflegesohnschaft in Portugal vorstellen.[12]

Nach mehreren gründlich mißlingenden Versuchen seiner Pflegeeltern, aus Vivien einen Kaufmann zu machen, wird er schließlich in einem letzten Versuch

---

11 Statt *Nubie* hat D *Surie*, wohl weil sein Redaktor weiß, daß Nubien nicht bis ans Mittelmeer reicht; das Bild ändert sich dadurch nicht wesentlich. Erst der Prosaroman macht aus dem Heiden einen Herrn von Navarra, Pamplona und Saragossa. Es ist schwer zu verstehen, daß R im Index s. v. *Gormon* kommentarlos diese späte Lokalisierung aus WF übernimmt, obwohl sie zweihundert Jahre jünger ist als das sonst von R erfaßte Stadium der Überlieferung. Derselbe Einwand erhebt sich gegen S. 169 der sonst sehr schönen (ästhetischen, mentalitäts- und sozialgeschichtlichen) Interpretation unseres Epos von Bernard Guidot, ‚Les „enfances" de Vivien ont-elles un caractère romanesque?', in: *Pris-ma* 12 (1996) 167–186.

12 Erst im Prosaroman des 15. Jhs. wohnt die Pflegemutter stattdessen in Pamplona – nicht, wie Bédier (wie Anm. 2) I 443 glaubt, schon in den Versfassungen.

nach *Luiserne-sor-mer* geschickt (R 1159 ~ WF 1495): in einer Fernhandelskarawane zieht er mit vierhundert anderen waffentragenden Kaufleuten (R 1192 ~ WF 1531) dorthin zur größten Messe der Welt (R 1160 ~ WF 1496). Zu dieser Qualifikation paßt, daß Luiserne in der Folge je einmal *la large* und *la mirable cité*, viermal *la riche* (alles dies A) sowie einmal *riche port* (R 1761 ~ WF 2336) genannt wird.

Während einst die Fahrt von Luiserne nach Portugal anscheinend eine reine Schiffsreise war (s. oben), ist sie das jetzt in umgekehrter Richtung nur bis *Montoire* (R 1198 ~ WF 1543, A).[13] Hier kann es sich um kaum etwas anderes handeln als Montoro,[14] etwa 35 km oberhalb von Córdoba am Guadalquivir gelegen. Offenbar ist nach der eigentlichen Meerfahrt (R 1197 ~ WF 1541) der Übergang zur Fahrt flußaufwärts nicht eigens erwähnt. Montoro hatte als letztes muslimisches Bollwerk vor Córdoba im Mittelalter eine sehr bedeutende Festung, wurde 1157 und 1190 von den Christen erobert, aber jeweils wieder verloren, 1236 nach schwerer Belagerung endgültig erobert. Die Stadt dürfte also zur Zeit der Entstehung unseres Epos in aller Munde gewesen sein.

In Montoro wählen Viviens Genossen ihn zum Führer, er schenkt ihnen seine Waren und verpflichtet sie dafür zum Kampf gegen Luiserne (R 1211–1267 ~ WF 1561–1626). Alle reiten (!) nun nach Luiserne (R 1268 ~ WF 1627). Dieses muß also so gelegen sein, daß eine Reise von Portugal zunächst auf dem Meer, dann den Guadalquivir hinauf bis Montoro, schließlich über Land nach Luiserne-am-Meer eine vernünftige Route ergibt. Das ist nur dann der Fall, wenn Luiserne an der südspanischen Mittelmeerküste liegt.

In Luiserne kommt gerade in dreißig Schiffen die stattliche Eskorte (*guionnache*, R 1278 ~ WF 1637) des *amirant* von Barbastro (R 1271 ~ WF 1630, A) an, was wiederum auf eine Lage von Luiserne am Mittelmeer deutet. Vivien ruft seine *frans marchëanz* (R 1300 ~ WF 1661) zu den Waffen. Sie schlagen die Neuankömmlinge, bringen die Schiffe in ihre Gewalt, besetzen auch die Stadt und plündern deren Reichtümer, was zweimal geschildert wird (R 1468 ff., 1508 ff. ~ WF 1938 ff., 1988 ff.), werden dann aber in der Stadt von einem sich allmählich sammelnden Heidenheer belagert und ausgehungert.

Inzwischen eilen Viviens Pflegeeltern aus eigenem Antrieb ins ferne Frankreich und benachrichtigen König Ludwig in Laon (ABW) bzw. Paris (CD) von Viviens Notlage. Nach längerem Hin und Her bricht Ludwig mit einem großen Entsatzheer auf. Noch in Frankreich trifft man auf Robert von Sizilien (R 2449 ~

---

[13] D hat allerdings ein unidentifizierbares *m'gloise*.
[14] Das -*i*- der frz. Form erklärt sich wohl durch Einfluß von frz. Ortsnamen wie Montoir-de-Bretagne (Loire-Atlantique), Montoire (Loir-et-Cher), Villemontoire (Aisne), was immer deren Etymologie sein mag.

WF 3373, A). Robert war aus seiner Heimat nach Galizien gepilgert und auf dem Rückweg in Luiserne von der Belagerung überrascht worden. Man muß sich fragen, weshalb der Autor Robert aus Sizilien und nicht aus irgendeinem Ort Frankreichs stammen läßt. Sucht man Luiserne in Nordspanien, so bleibt die Frage unbeantwortet. Ist Luiserne hingegen ein ziemlich weit südlich gelegener Mittelmeerhafen, so ist klar, daß Robert mit den wenigen ihm verbliebenen Begleitern (R 2461 ~ WF 3386) auf dem Seeweg in die Heimat zurückkehren wollte.[15] Aus dem belagerten Luiserne wird er dann von Vivien zu König Ludwig geschickt, um Hilfe zu holen, offenbar weil er als Pilger und damit anerkannter Nichtkombattant die relativ besten Chancen hat, durch die feindlichen Linien zu kommen. Die Pyrenäen will er zunächst am *port d'Aspre* überqueren (R 2469 ~ WF 3394), also am Somport nördlich Saragossa; doch der ist von muslimischen Truppen so gut gesichert, daß er einen Umweg machen muß. Da Robert darauf rechnen muß, Ludwig in Paris oder Laon vorzufinden, muß von Luiserne nach dort außer dem Weg über Roncevaux (s. oben und sogleich) auch der über den Somport eine normale Route sein, was wiederum für ein südostspanisches, nicht aber für ein nordwestspanisches Luiserne zutrifft.

Ludwigs Heer zieht durch Südostfrankreich[16] über Roncevaux nach Pamplona (R 2884 f. ~ WF 3852 f.). Dort ruht sich das Heer drei Tage lang aus

---

15 D hat unwahrscheinliches *Renier de Surie* statt *Robert de Sezile*, was die Problemstellung nicht ändern würde. Tyssens (wie Anm. 9) 198–201 fragt sich allerdings, ob die gesamte Episode nicht eine Interpolation ist.

16 Der Weg des Heeres innerhalb Frankreichs von Laon nach Roncevaux ist so auffällig, daß er eines Kommentars bedarf. Orléans als Etappe (R 2429, 2437 ~ WF 3345, 3356) entspricht noch der Erwartung. Aber dann wird überraschenderweise die Überquerung eines kleinen Flusses berichtet (ABD: R 2445 f. ~ WF 3364–69), der in die Loire mündet (AB). Der Durchmarsch der über zweihunderttausend Krieger staut (B) bzw. das Tränken der vielen Rosse und Maulesel staut oder mindert (D) den Fluß so, daß man mit Leichtigkeit Fische am Ufer fangen kann (ABD). Der Fluß heißt in A *(de) Quarre*, in B *(de) Quasse*, in D *(d')Arquance, (d')Arcance*. Wie schon WF vermuten, gibt nur letzteres Sinn: es ist die heutige Arconce, die durch das Charolais, dann bei Digoin (Saône-et-Loire) in die Loire fließt. Ein so gut passender Name kann kaum zufällig für eine sekundäre Besserung bereitgestanden haben; *Arquance* ist also wohl ursprünglich, die Verderbnis in A und B bei einem so kleinen Fluß verständlich. Das heißt aber: der Autor dürfte enge Beziehungen zur Gegend um Digoin gehabt haben. Da nun die beiden Pilgerstraßen von Vézelay bzw. Le Puy nach Santiago weit nördlich bzw. südlich Digoin verlaufen, gab es um Digoin kaum Nordost-Südwest-Verkehr in Richtung Roncevaux, zweifellos aber, etwa loireparallel, beträchtlichen Nordwest-Südost-Verkehr auf der Achse Orléans- (oder Bourges-) Lyon und weiter sowohl in Richtung Genf (-Mailand) wie in Richtung Provence. Der Autor hat sich nun von dieser seiner persönlichen Erfahrung irreleiten lassen: schon indem er die Arconce ins Spiel bringt, verlegt er den Weg des Heeres zu weit nach Osten; er setzt diese Tendenz dann folgerichtig fort, indem er das Heer ,das Genevois und Saint-Gilles streifend' (BCW) bzw. ,Genf streifend durch Saint-Gilles' (A; R 2568 ~ WF 3503 bzw.

(R 2886, 2889 ~ WF 3854, 3857), obwohl man eigentlich in Eile ist; offenbar muß man Kraft schöpfen für einen noch weiten Weg bis Luiserne. Schließlich erreicht das Heer Luiserne und entsetzt Vivien und seine *marchëanz* (R 2995 ~ WF 3987). Jetzt zeigt sich, daß die Stadt doch ein ganzes Stück vom Meer entfernt liegt. Denn es heißt von den fliehenden Sarazenen: *trusqu'a la mer ne pristrent onques fin* (R 3049 ~ WF 4053), dann von den sie verfolgenden Franzosen, nachdem sie am Meeresstrand große Beute gemacht haben und in die Stadt zurückkehren: *trusqu'a Luiserne n'i ont resne guenchi* (R 3057 ~ WF 4061).

Nach einigen Tagen kehren die Franzosen nach Frankreich zurück, insbesondere Vivien mit seinem Vater Garin ins heimatliche Anseüne (R 3074–3092 ~ WF 4604–4622). Das ist inhaltlich notwendig, weil sich ja Viviens Leben bald auf dem Archamp vollenden soll. Aber was soll mit Luiserne geschehen?

Hier teilen sich die Fassungen. Nach CD (WF 4085, in C auch 4585 ff.) schenkt Vivien die Stadt seinem Pflegevater Godefroi. Nach dem von Nordfelt erarbeiteten, im wesentlichen noch heute gültigen Stemma[17] gehört diese Version, obwohl sie in der Ausgabe Rouquier nicht erscheint, in den Archetyp. Hier wird also – wie vorher in allen Fassungen bei der Belagerungserzählung – die Befestigungssituation von Luiserne für so günstig gehalten, daß selbst Kaufleute die Stadt verteidigen können.

Dem Redaktor des Subarchetyps von AB hat dies mißfallen – sei es, daß er ungern einen Nichtadeligen, der sich noch nie als Kämpfer bewährt hatte, zum Stadtherrn aufsteigen sah, sei es, daß ihm auffiel, daß kein anderes Epos je Godefrois Leben weitererzählte, so daß Luisernes Schicksal sozusagen ins Nichts hineinhing. Jedenfalls macht er mit der Stadt ‚kurzen Prozeß', indem er sie von den Franzosen bei ihrem Abzug einäschern läßt (R 3071–3073 ~ WF 4601–4603). Noch für ihn und seine Zuhörer des 13. Jhs. liegt die Stadt also nahe der spanischen Mittelmeerküste so weit südlich, daß an ein Halten nicht zu denken ist.

Nach dieser Inhaltsangabe wird man Bédier[18] nicht mehr beipflichten können, der das Luiserne der EV ohne nähere Erklärung mit dem inländisch-nordwestspanischen des Pseudo-Turpin identifizieren will, ebenso wenig Duncan McMillan,[19] der es für eine an die nordspanische Küste verlegte Variante des

---

3425) nach Roncevaux ziehen läßt – falsche Extrapolation einer punktuellen eigenen Erfahrung.
17 Vgl. Rouquier (wie Anm. 9), S. XIV: „Je reprends le stemma de A. Nordfelt." Die anzuerkennende nach-Nordfeltsche Modifikation liegt darin, daß gemäß der Demonstration von Tyssens (wie Anm. 9) 201–206, 245 f. die Einzelhs. D aus A kontaminiert ist. Im übrigen vgl. Anm. 9.
18 wie Anm. 2, III 153.
19 ‚Mais l'am que qui'm des Luserna – Arnaut Daniel', in: Linda M. Paterson und S. B. Gaunt, edd., *The Troubadours and the epic. Essays in memory of W. Mary Hackett*, University of Warwick 1987, 218–237, speziell 221 f.

pseudo-turpinischen Lucerna hält, ohne dort eine geeignete Örtlichkeit ähnlichen Namens aufzeigen zu können. Was mich an diesen Gleichsetzungen stört, ist, daß sie dem Autor der EV implizit unterstellen, er habe sich seine Aufgabe in absurder Weise erschwert. Hätte dieser Autor nämlich im frühen 13. Jh. Viviens Triumph zur Zeit Ludwigs des Frommen über eine meeresnahe spanische Messestadt wirklich in freier Phantasie erzählen wollen, so hätte er nicht den Namen einer Stadt gewählt, von der seit mehr als einem halben Jahrhundert der wirkungsmächtige Pseudo-Turpin berichtete, sie sei schon zur Zeit Karls des Großen durch göttlichen Eingriff auf immer in einen See verwandelt worden. Daß er dennoch diesen Namen wählte, deutet darauf hin, daß das Grundgerüst der *Enfances-Vivien*-Handlung nicht auf freier Phantasie beruht oder nicht erst im frühen 13. Jh. entstand – möglicherweise sogar beides nicht.

Sporadische Interferenz zwischen beiden

Freilich ist hier gegenüber Bédier eine kleine Konzession nötig. Wo der Pseudo-Turpin seit einem halben Jahrhundert wirkt, ist eine gewisse Interferenz von seiner Seite vorhersehbar. Sie liegt vor, wenn Bertran dem König Ludwig vor Beginn des Feldzugs vorschlägt (R 2182 f. ~ WF 3028 f.): *prendrons Estorge, se vos plest, et Monjoie/ et puis Luiserne et le Groing et l'Estoile* – also Astorga, ‚Monjoie' (wohl Monxoi vor Santiago), Luiserne, Logroño und Estella, kurzum den Sankt-Jakobsweg.[20] Doch ist dies nur eine wörtliche Rede, noch dazu in jenem langen Mittelabschnitt (etwa R 1867–2886 ~ WF 2489–3854), der im Gegensatz zu der vorher und nachher zügig voranschreitenden Handlung mit retardierenden Momenten speziell um Bertran geradezu überfrachtet ist.

Charakteristischerweise bewahren diesen Text nur A und (essentiell) W. Hingegen liest B: *prendrons ostages, se il ne vos anoie / et puis aprez et le Groig et l'Estoile*, eliminiert also gerade Luiserne aus der Aufzählung. Umgekehrt bewahrt D überhaupt nur Luiserne: *s(')aurons Luiserne se Deu plaist et l'otroie*, erreicht damit aber ebenfalls, daß Luiserne nicht mehr auf dem Sankt-Jakobsweg liegt. Am radikalsten verfährt C: es hat ‚mit irritierender Regelmäßigkeit'[21] in der gesamten Erzählung *Luiserne* durch (geographisch unidentifizierbares) *Maldrane* ersetzt, selbst (R 1352 ~ WF 1720) in einer ę-Assonanz, was schon ausreicht, *Maldrane* als sekundär zu erweisen. Der Redaktor von C hat es also für hoffnungslos gehalten, gegen den Pseudo-Turpin anzuschreiben, und hat die

---

20 Die Stelle ist auch McMillan (wie vorige Anm.) 221 f. aufgefallen, der aber C und D nicht analysiert (s. oben im folgenden).
21 Nordfelt bei WF (wie Anm. 9) S. XI.

Erzählung, um sie gegen Kritik zu schützen, verlegt.[22] Die Überzeugung, daß das Luiserne des EV nicht mit dem nordwestspanischen Luiserne identisch sein kann, ist also so fest, daß drei der fünf Überlieferungszweige unabhängig voneinander (!) eine okkasionell entstandene Interferenz beseitigen.

Eine Frühform der Erzählung vom südostspanischen Luiserne

Zuungunsten der südostspanischen Stadt könnte man immer noch anführen wollen, daß sie uns später als die nordwestspanische sichtbar wird. Doch selbst das ist zumindest teilweise eine Illusion. Schon vor der erhaltenen Fassung der *Enfances Vivien* wird die Stadt nämlich von Arnaut Daniel zweimal erwähnt.

Arnaut beteuert, er liebe seine Geliebte mehr, als er jemanden lieben würde, der ihm *Luserna* schenkte, und wiederum, er würde *Lucerna* nicht haben wollen, wenn dies einen Verzicht auf seine Geliebte bedeute.[23] Beidemal ist *Luserna/Lucerna* eindeutig der Inbegriff einer unübertrefflich reichen Stadt. Das paßt schlecht auf die nordwestspanische Stadt, die sich nicht durch Reichtum auszeichnet, zudem erst bei ihrer Vernichtung durch den Himmel in christliche Hände fällt, wohl aber auf die südostspanische, die mit all ihrem Reichtum unzerstört in Viviens Hände fällt (und in der älteren Fassung CD auch danach unzerstört bleibt).[24]

---

22 Er hat übrigens noch in einem zweiten Erzählpunkt auf den Pseudo-Turpin (und das Rolandslied) Rücksicht genommen: zu Anfang der Erzählung läßt er Garin d'Anseüne gegen ABD nicht in der Schlacht von Roncevaux, sondern auf der Jagd nahe Anseüne von einer heidnischen Razzia gefangen werden. Denn in Roncevaux gefangen zu werden, mußte nicht nur den Geruch des Unheldischen haben, sondern war nach dem Text jener beiden Klassiker schlechthin unmöglich. (Zu einer anderen Erklärung dieses Sachverhaltes durch Gaston Paris vgl. Tyssens [wie Anm. 9] 190 f.) Zum stark sekundären Charakter der Version C paßt auch, daß in dessen Eigengut *Vivien* gelegentlich zweisilbig, *Anseune* oft dreisilbig ist und daß wenigstens in Einzelpartien Alexandriner erscheinen; Vgl. Tyssens *op. cit.* 176–181, 212 f. – Interessant und keineswegs von vornherein zu verwerfen, aber aus dem handschriftlichen Befund nicht zu erweisen ist die Annahme von Ph. Aug. Becker (wie Anm. 9) 95, ursprünglich spiele die erste Hälfte der Handlung in Maldrane, die zweite in Luiserne. Dadurch würde allerdings der Gedanke verloren gehen, daß Vivien, die Rolle seines Vaters aufnehmend, genau dort triumphieren muß, wo dieser beschämt worden war; vgl. Friedrich Wolfzettel, ‚Zur Stellung und Bedeutung der *Enfances* in der altfranzösischen Epik, I', in: *ZfSL* 83 (1973) 317–348, hier 326 und speziell 332.
23 Arnaut Daniel, *Canzoni*, ed. Gianluigi Toja, Florenz 1960, X 21 und XVI 44.
24 Freilich will Wilhelmina M. Wiacek, *Lexique de noms géographiques et ethniques dans les poésies des troubadours des XIIe et XIIIe siècles*, Paris (Nizet) 1968, s. v. *Luserna*, diesen Namen global bei den Troubadours als Luserna San Giovanni in Piemont deuten. Das stimmt zwar, wie der Kontext lehrt, für die Nennungen bei Aimeric de Pegulhan, Uc de Saint Circ und Peire

Als Arnauts Wirkungszeit gelten die beiden Jahrzehnte von 1180 bis 1200. Voll gesichert ist aber nur das Datum 1180, und selbst die sonstigen Wahrscheinlichkeitsargumente würden sich alle an das Jahrzehnt 1180 bis 1190 einordnen lassen.[25] Jedenfalls ist es recht unwahrscheinlich, daß Arnaut noch so lange wirkte, bis die uns erhaltene Fassung der *EV* eine vorher unbekannte südostspanische Stadt so berühmt hätte machen können, daß Arnaut sie noch in zwei Liebesgedichten ohne weitere Erklärung als Topos einer reichen Stadt hätte zitieren können.

Also ist – wie bei so vielen anderen Epenstoffen – die uns erhaltene Fassung schon im Archetyp aller Handschriften eine verjüngte. Ringt man sich zu der Erkenntnis durch, daß der Stoff gegen 1180 schon eine beträchtliche Bekanntheit erreicht hatte, so verschwindet auch ein anderer Gegensatz: nämlich daß die *EV* von Nordfelt und Ph.-Aug. Becker aufgrund guter Einzelbeobachtungen ins erste Viertel des 13. Jhs.,[26] hingegen von Bédier – der doch wahrlich nicht zu Frühdatierungen neigte – in einer 27seitigen Analyse vor allem der Verwandtschaftsverhältnisse[27] vor *Aliscans* und die *Chevalerie Vivien* gesetzt wird, die man auf 1180–1200 zu datieren pflegt.

Die lautliche Entwicklung Lucena > Luiserne

Aufgrund der Einsicht, daß das Luiserne der *EV* nahe der ost- oder südspanischen Küste gesucht werden muß, wollte es 1883 Canello[28] mit Lucena del Cid (25 km nordwestlich Castellón de la Plana) identifizieren, 1895 Wahlund/von Feilitzen[29] mit Lucena del Puerto (am Río Tinto, dicht östlich Huelva).

Lautlich sind diese Identifizierungen voll akzeptabel. Denn die lautgesetzliche Entwicklung *lūc-* (+Palatal) > altfrz. *Luis-*, wie sie ja auch in lat. *lūcerna*, *lūcēre* > altfrz. *luiserne* ,Licht', *luisir* ,leuchten' vorliegt, wurde wohl bei Übernahmen aus der Südromania noch mehr oder minder intuitiv nachvollzogen. Und *-erne* ist in der altfrz. Epik eine wuchernde Endung.[30] Als kurz nach der

---

Guilhem de Luzerna, aber eindeutig nicht für Arnaut Daniel, der übrigens auch sonst keine Beziehungen zu Norditalien oder Savoyen erkennen läßt. Für Arnaut wurde Wiaceks Identifizierungsversuch bereits entschieden abgelehnt von McMillan (wie Anm. 19) 226 Anm. 2.

25 Toja (wie Anm. 23) 7–20, speziell 7.
26 Vgl. oben Anm. 9.
27 Wie Anm. 2, I 438–464.
28 U. A. Canello, *La vita e le opere del trovatore Arnaldo Daniello*, Halle 1883, 225 f.
29 Wie Anm. 9, im Namenindex.
30 Die Analogiereihe *Salerne – Palerne – Biterne – Valterne* und damit den ,harten Kern' der Entwicklung hat schon Lazar Sainéan, *Les sources indigènes de l'étymologie française*, 3 Bde.,

Jahrtausendwende schon französierte Normannen nach Süditalien kamen, wurde Salerno, dessen Namen sie sich als

- *Salerne* mundgerecht machten, zum Ziel ihrer Begierde. Doch bald wurde Salerno noch überstrahlt von Palermo, dessen Name vom Griech. bis in die heutige Mundart immer -*m*- hat, nur in der altfrz. Literatur nach dem Muster von *Salerne* zu
- *Palerne* wurde. Da damals die Meerenge von Gibraltar noch von Muslimen beherrscht wurde, vollzog sich der Verkehr zwischen der heimatlichen Normandie und dem neuen süditalienischen Normannenreich in der Regel auf dem Landweg; dabei war die letzte Etappe nördlich Rom Viterbo, in mundartlicher Variante *Bitervo*[31] und nun in normannischem, bald allgemein in nichtitalienischem Mund
- *Biterne*. Als dann Robert Guiscard Kephallenia zum Angelpunkt seines Versuches machte, das byzantinische Reich zu erobern – ein Versuch, der 1085 bei seinem plötzlichen Tod, wohl auf Kephallenia, abgebrochen werden mußte –, wurde wahrscheinlich aus diesem Namen mit einer zusätzlichen Metathese
- *Califerne*.[32] Als 1098 die Kreuzfahrer unter militärischer Führung des Normannen Bohemund erst vor, dann in Antiochia aus der Richtung des gegenüberliegenden Aleppo den Anmarsch eines riesigen muslimischen Ersatzheeres erwarteten – es kam dann auch, allerdings an Aleppo dicht

---

Paris 1925–30, II 437 ff., klar erkannt. Einige der weiteren Vorkommensfälle von -*erne* gelten in ihrer Bedeutung als strittig und können hier aus Raumgründen unter Vernachlässigung der Forschungsgeschichte nur rudimentär dokumentiert werden. Doch auch wer deren realgeographische Identifizierung nicht anerkennt, wird zugeben, daß analogische Ausdehnung von -*erne* im Spiel ist.

31 So z. B. schon a. 787/88 in den *Monumenta Germaniae Historica, Epistulae aevi Merovingici et Karolini* III 613. – Zu mittelitalienischen Ausläufern des süditalienischen Zusammenfalls von *v*- und *b*- selbst im Anlaut (,betacismo') vgl. Gerhard Rohlfs, *Historische Grammatik der italienischen Sprache und ihrer Mundarten*, I, ²Bern 1972, § 150 und speziell 167. Vgl. insbesondere noch nördlich von Viterbo die Entwicklung *Volsinii* > *Bolsena*.

32 Namensformen ohne -*i*-, nämlich *Cephalena, Cephallaena* finden sich seit der Spätantike (Avienus, Priscians *Periegesis*). *Ca*- statt *Ce*- hat z. B. die Servius-Hs. H (11. Jh.) ad *Aen.* 3.271. Die Metathese erscheint auch in einem von Bouquet benutzten Manuskript der *Annales regni Francorum* zu a. 810 als *Celafanie* (vgl. die Ausgabe in den *Monumenta Germaniae Historica, Scriptores* I 197.19) sowie in der Idrisi-Überlieferung, wo die Insel *galfūnia* heißt (Konrad Miller, *Mappae Arabicae*, I, Stuttgart 1926, Idrisi Blatt IV). Im 9. bis. 11. Jh. war Kephallenia byzantinisches Thema und Militärzentrum für die byzantinischen Interessen in Italien, vgl. D. A. Zakythinos, ,Le thème de Céphalonie et la défense de l'Occident', in *L'Héllénisme Comtemporain* [Athen] 8 (1954) 303–312. Genau wie Karl im Rolandslied (2921/2924: *revelerunt [...] cil de Califerne*) fürchtete auch Robert Guiscard eine ,Rebellion' der Insel laut Guilelmus Apulus, *De rebus gestis Normannorum in Sicilia*, Buch V (Migne, *Patrologia Latina* 149.1079: *rebellis*).

vorbeiziehend – und als in den folgenden Jahrzehnten die Normannen von ihrem nunmehrigen Fürstentum Antiochia aus die Eroberung von Aleppo nur knapp verfehlten, wurde dessen Name *Aleph* (so mehrere Kreuzzugshistoriker) unter gleichsam eponymer Nachhilfe des biblischen ‚Assyrer'-Feldherrn *Olofernes* (so die meisten Vulgatahss.) zu

- *Oluferne*. Als 1110 Alfons I. von Aragón – in dessen Heer sich auch ein französisches Kontingent unter Graf Henri von Châlons befand[33] – bei Valtierra den letzten König von Saragossa entscheidend schlug, wurde daraus im Munde der Franzosen nicht, wie zu erwarten, **Valterre*, sondern
- *Valterne*. Die Beni Ifren, die vom späteren 8. bis ins spätere 11. Jh. das heutige Westalgerien und zeitweise Teile von Marokko beherrschten,[34] sind dann wohl als
- *Belferne* ins Rolandslied eingegangen.[35] Vermutlich, weil man in den Stadtnamen Messina ‚Messias' hineinlesen konnte, kam die Legende auf, während der muslimischen Herrschaft habe Messina *e contrario*
- *Loquiferne* geheißen.[36] Der italienische Fluß Volturno wird im *Eneas*-Roman zu
- *Volterne*, das dann der *Girart de Roussillon* als *Vouterne* für eine italienische Landschaft hält. Ja selbst der Ausdruck *(in) finibus terrae* wird schon im Zehnsilber-*Alexanderlied* zu
- *Fine Posterne*.[37] Angesichts einer solchen Attraktionskraft der epischen Endung -*erne* darf auch der Ansatz *Lucena* >
- *Luiserne* als lautlich völlig unbedenklich gelten.[38]

---

33 Marcelin Defourneaux, *Les Français en Espagne au XIe et XIIe siècles*, Paris (PUF) 1949, 154.
34 Vgl. etwa Ernest Mercier, *Histoire de l'Afrique septentionale*, 3 Bde., Paris 1888–1891, I und II passim ; Émile-Félix Gautier, *Le passé de l'Afrique du Nord*, Paris 1937, Kap. 8 und 9 ; *Encyclopédie de l'Islam*, nouvelle édition, edd. H. A. R. Gibb [u. a.], Leiden 1960 ff. [im folgenden: EI^2], s. v. *Banū Ifran*. Nach dem um 1068 schreibenden arabischen Geographen al-Bakri, *Description de l'Afrique*, übs. von William McGuckin de Slane, Paris 1857, 179 gab es damals in Tlemcen noch immer Christen und eine Kirche – das dürfte zur Kenntnis der dortigen Verhältnisse u. a. bei den süditalienischen Normannen beigetragen haben.
35 Zur ersten Hälfte des Namens vergleiche man, daß später der Stammesname der Beni Merin zu *Belle Marine/Belmarin* wurde (Louis-Ferdinand Flutre, *Table des noms propres [...] dans les romans du moyen âge [...]*, Poitiers 1962, s. vv.).
36 Mit gräzisierendem [k]. Zur Sache vgl. Carla Cremonesi, ‚Le *Enfances Renier* e la Sicilia', in: *Bollettino del Centro di Studi filologici e linguistici siciliani* 9 (1965) 249–261.
37 Flutre (wie Anm. 35) s. v.v. *Volterne*, *Fineposterne*.
38 In merkwürdiger Verkennung der Sachlage untersucht McMillan (wie Anm. 19) 236 Anm. 29 die Möglichkeit, daß aus der epischen Form *Luiserne* die realgeographische Form *Lucena* geworden sei, und verneint sie. Zu Recht – nur hatte doch niemand ernsthaft diese Möglichkeit postuliert!

Die Relevanzfrage

Gegen die Identifizierung mit Lucena del Cid oder Lucena del Puerto spricht aber, daß die ‚Relevanzfrage' nicht zu bejahen ist: warum hätte damals ein Erzähler von diesem Ort fasziniert sein sollen? Warum sollte er dort die größte Messe der Welt ansiedeln wollen?

Daß sich 1090 der Cid wie in einigen Nachbarorten so auch im heutigen Lucena del Cid festsetzte;[39] macht den Ort von heute etwa 3000 Einwohnern[40] nicht in unserem Sinne relevant.

Und in Lucena del Puerto mit heute etwa 2000 Einwohnern scheint sich im Altertum und Mittelalter überhaupt nichts Bemerkenswertes abgespielt zu haben; das *Diccionario geográfico*[41] spricht erst von *documentos del siglo XVI*. Zudem liegt der Ort schon etwa 190 km nordwestlich der Südspitze Spaniens am Atlantik. Es mag noch angehen, daß die Flotten aus Nubien und aus Barbastro dort ankommen sollten, ohne daß vom Durchfahren der Meerenge die Rede ist; doch auch zur Rolle von Montoro in der Erzählung (s. oben!) paßt die Lage des Ortes gar nicht.

Kurzum: unser Luiserne darf ein südspanisches Lucena sein, aber es muß ‚Relevanz' besitzen. Im Gegenzug dürfen wir ein anderes Kriterium lockern: die Bezeichnung ‚am Meer'. Einerseits findet es ja schon unser Erzähler bemerkenswert, wenn Vivien und seine Mitkämpfer vom Meeresstrand bis zur Stadt zügig durchreiten (s. oben). Zum anderen geht die altfranzösische Erzählliteratur mit dem Namenszusatz ‚am Meer' auch sonst recht großzügig um. In den Chansons de geste liegen Städte wie Gerona (*Girone*) und Coimbra (*Connimbre*) ‚am Meer', obwohl sie in Wirklichkeit eine Tagereise davon entfernt sind. Wenn im *Wilhelmslied* (12 u. ö.) der Herr von Córdoba ‚auszieht und mit seiner Flotte auf dem Meer erscheint' oder wenn in unseren *EV* (R 1271 ~ WF 1630) der Herr von Barbastro gleich dreißig Schiffe schickt, ohne daß ein Einschiffungshafen genannt würde, kann auch das den Eindruck erwecken, Córdoba und Barbastro lägen am Meer. Ebenso ist, wenn Vivien Beutegüter auf zehn Schiffen an seinen Ziehvater nach Salindres (Gard) schickt (R 1332 ~ WF 1699), dabei als selbstverständlich unterdrückt, daß diese Güter die letzten 70 km (von Aigues-Mortes an) zu Lande transportiert werden müssen. Der Abenteuerroman *Florence de Rome* aus dem frühen 13. Jh. fabelt sogar von einem *Babiloigne-sur-mer*.

---

39 Ramon Menéndez Pidal, *La España del Cid*, 7. Aufl., 2 Bde., Madrid 1969, I 390.
40 *Diccionario geográfico de España*, ed. Rafael Sanchez Mazas, XI, Madrid 1959 s. v.
41 Wie vorige Anm. – Nach der Karte 1:100.000 zu urteilen, bietet der Ort, etwa 1,5 km von Río Tinto und knapp 25 km (nicht mit WF ‚deux lieues') von der heutigen Hauptküstenlinie in fast flachem Land gelegen, auch geographisch nichts Auffälliges.

Wir dürfen also mit einem südspanischen Lucena auch dann zufrieden sein, wenn es damals als Handelsstadt ersten Ranges an den Mittelmeerhandel angebunden war, ohne selbst am Meer zu liegen. Wider Erwarten gibt es diese Stadt. Ihre Geschichte gehört zu dem Merkwürdigsten, was die an Merkwürdigkeiten reiche Pyrenäenhalbinsel zu bieten hat. Daß sie nicht bekannter ist, liegt daran, daß das allgemeine – und hier das romanistische – Interesse für jüdische Geschichte noch immer ziemlich begrenzt ist.

Das jüdische Lucena

Die letzten etwa 120 Jahre der westgotischen Herrschaft in Spanien waren gekennzeichnet durch Judenverfolgungen.[42] Die Juden betrachteten daraufhin die Araber als Befreier. Da Tāriq seine relativ schwachen Truppen eigentlich in Spanien nur zu einer ersten Razzia verwenden sollte, sie aber nach dem unerwartet großen Sieg dringend zur Verfolgung des Gegners durch weite Teile des Landes benötigte, vertraute er nach arabischen Quellen mehrere eroberte Städte provisorisch den Juden zur Bewachung an.[43] Dabei dürfte der Ort Lucena, etwa 60 km südsüdöstlich Córdoba, 90 km nördlich Málaga, wohl schon in jüdischen Besitz übergegangen sein; denn man sieht nicht, wie eine Schenkung dieser Art später zustande gekommen sein sollte.

Um das Jahr 853 wird Lucena für uns aktenkundig durch die Korrespondenz seiner Juden mit dem Gaon im fernen Babylonien, der damals noch in der gesamten jüdischen Diaspora als geistliches Oberhaupt anerkannt wurde.[44] Darin bezeichnet der Gaon Lucena als eine rein jüdische Stadt ‚ohne einen einzigen Nichtjuden zwischen euch' – ein Unikum in der jüdischen Geschichte des Mittelalters.

Ende des 9. Jhs. machte Lucena eine Krise durch. 'Umar ibn Hafsun, Führer eines südspanischen Aufstandes mit sozialen und prochristlichen Nebentönen gegen den Emir von Córdoba, belagerte auch Lucena. Nach der älteren Forschung soll er die Stadt für kurze Zeit eingenommen haben, nach der neueren gelang es den Juden, den Sturmangriff abzuwehren.[45]

---

42 Vgl. z. B. die *Encyclopaedia Judaica*, 16 Bde., Jerusalem 1971/72 [im folgenden: EJ], art. *Spain*, Sp. 220–222, hier von Simon Schwarzfuchs.
43 EJ, art. *Spain*, Sp. 222, hier von Eliyahu Ashtor.
44 EJ, art. *Lucena*, von Haim Beinart; Eliyahu Ashtor, *The Jews of Moslem Spain*, engl. Übs. von A. und S. M. Klein, 3 Bde, Philadelphia 1973–84, I 128, 133 f., II 308.
45 Vgl. einerseits Évariste Lévi-Provençal, *España musulmana hasta la caída del califato, 711–1031 de J.C.*, span. Übs. von Emilio García Gómez, Madrid 1950 (*Historia de España*, ed. Ramón Menéndez Pidal, Bd. IV), 200 u. ö., speziell 236; andererseits Ashtor (wie vorige Anm.) I 109 f.

In den folgenden Jahrhunderten war Lucena weiterhin eine ‚Stadt allein der Juden'. Gerade im 11. Jh., als Córdoba nach dem Fall des Kalifates und einem langen Bürgerkrieg in der Provinzialität versank, erreichte Lucena im Königreich Granada seine Blütezeit.[46] Als in der Stadt Granada 1066 ein Pogrom ausbrach, flohen Witwe und Sohn des ermordeten Vorstehers Josef b. Šemu'el ha-Nagid in das sichere Lucena.[47]

Im Jahre 1090 wurde aus innerjüdischen Spannungen in der Stadt beinahe ein Aufstand gegen König 'Abd Allah von Granada, den dieser noch knapp vor einer militärischen Kraftprobe durch eine kluge Schaukelpolitik verhindern konnte, wie er es ausführlich in seinen Memoiren beschreibt.[48]

Um 1100 drohte der Judengemeinde zum erstenmal das Ende. Die aus Afrika kommenden Almoraviden, gemäßigte Fundamentalisten unter Yūsuf ibn Tāsh(u)fīn, hatten in ganz Südspanien die Herrschaft übernommen. Prompt wollte nun ein islamischer Rechtsgelehrter in Córdoba eine alte Abmachung gefunden haben, worin die Juden versprachen, am Ende des 5. Jhs. der Hedschra [also kurz nach 1100] Muslime zu werden, wenn bis dahin der Messias noch nicht gekommen sein sollte. Yusuf erschien bedrohlich vor Lucena, der *ville exclusivement juive, car aucun musulman ne pouvait y habiter*, ließ sich aber mit einer großen Geldsumme abspeisen.[49]

Einige Jahrzehnte jünger ist der expliziteste Bericht über Lucena. Der arabische Geograph Idrisi, der große Teile Spaniens aus eigener Anschauung kannte, schreibt: ‚Südwestlich von Cabra liegt Lucena, die Stadt der Juden. Die Vorstadt wird von Muslimen und einigen Juden bewohnt und enthält die Zentralmoschee, ist aber nicht ummauert. Die Stadt hingegen ist von starken Mauern sowie von einem tiefen Graben samt in ihn mündenden Kanälen umgeben. Die Juden wohnen innerhalb der Stadt und lassen die Muslime nicht dort hinein. Sie sind reicher als in irgend einem anderen muslimischen Land und schützen sich auf diese Weise vor den Aktivitäten ihrer Konkurrenten.'[50] So bildete Lucena nach Lévi-Provençal[51] ‚in gewisser Weise einen Staat im Staate'.

Der politischen Rolle der Stadt kam ihre kulturelle zumindest gleich. Vom späteren 10. Jh. an waren die Schulhäupter von Lucena und seine Grammatiker

---

46 Ashtor (wie Anm. 44) II 143.
47 EJ, art. Lucena; Ashtor (wie Anm. 44) II 192 f.
48 Évariste Lévi-Provençal, ‚Les Mémoires de 'Abd Allah, dernier roi Zīride de Grenade', in: *Al-Andalus* 3 (1935) 233–317, hier 263, und 4 (1936–39), 29–141, hier 113–116.
49 Reinhart P. A. Dozy, *Histoire des Musulmans d'Espagne (711–1110)*, Neuausgabe durch Évariste Lévi-Provençal, III, Leiden 1932, 158 f., nach *al-Hulal al-mawshiyya*.
50 Muhammad ibn Muhammad [...] al-Idrīsī, *Description de l'Afrique et de l'Espagne*, Ed. und frz. Übs. von Reinhart P. A. Dozy und M. J. de Goeje, Leiden 1866, 252 f.
51 Wie Anm. 45. 329.

berühmt.⁵² Die vier Dichterklassiker Josef ibn Sahl, Jehudah ha-Levi, Moses und Abraham ibn 'Ezra haben dort einen Teil ihres Lebens verbracht. Die Stadt erwarb dadurch geradezu Beinamen wie ‚Stadt des Gesanges' und ‚das Jerusalem Andalusiens'.⁵³

Wie immer, wenn Juden eine kompakte Bevölkerung bilden, verbreiterte und ‚normalisierte' sich auch hier das Berufsspektrum. Die Juden von Lucena bauten unter anderem Oliven und Wein an und vertrieben ihre landwirtschaftlichen Produkte weit innerhalb Spaniens.⁵⁴ Doch dürfte sich Idrisis Hinweis auf ihren Reichtum und ihr Sich-Bedeckt-Halten gegenüber Konkurrenten vor allem auf Fernhandel beziehen, der freilich wie im Mittelalter oft so auch hier schwerer zu dokumentieren ist. Immerhin gibt es aus dem 11. Jh. Zeugnisse für direkte Beziehungen zwischen Lucena und den Juden Ägyptens.⁵⁵

Um 1146–48 fand Lucenas Blütezeit ein abruptes Ende. Die Almohaden als neue, verglichen mit den Almoraviden weit intransigentere Fundamentalistenwelle aus Afrika verfolgten die Juden und brachten viele zur Zwangskonversion – ein Schlag, von dem sich Lucena nie wieder erholt hat.⁵⁶ Abraham ibn 'Ezra schrieb eine Elegie auf den Fall von Lucena.⁵⁷ Es begann jene Mittelperiode des spanischen Mittelalters, während deren Juden aus dem muslimischen in den christlichen Teil Spaniens strömten, nicht umgekehrt.

Lucenas Schicksal in den folgenden 350 Jahren ist schwer nachzuzeichnen, war jedenfalls nicht glanzvoll. Als im 13. Jh. die Almohadenherrschaft zu Ende ging, lag die Stadt schon nahe der christlich-muslimischen Frontlinie. Nach der *Encyclopaedia Judaica* s. v. *Lucena* (1971/72) wurde sie 1240 von den Christen eingenommen. Nach der *Encyclopédie de l'Islam* s. v. *Nasrids* (1993) war sie Ende des 13. Jhs. noch in muslimischem Besitz, dürfte nach Analogie der Nachbarstädte im frühen 14. Jh. in christliche Hände gefallen sein, wurde aber sogar 1483 im Verlauf eines Handstreichs noch einmal kurz muslimisch.⁵⁸ Nachdem 1492 alle Juden aus Spanien vertrieben wurden, lebte durch die Jahrhunderte noch die Herkunftsbezeichnung *(de) Lucena* als Familienname weiter.⁵⁹

---

52 Ashtor (wie Anm. 44) I 393–395, II 144–149, III 12–14. Viele interessante Einzelheiten auch bei Fernando Díaz Esteban, ‚Relaciones entre los judíos de Córdoba y los de Lucena', in: *Los judíos y Lucena, Historia, pensamiento y poesía*, ed. Jesús Peláez del Rosal, Córdoba (El Almendro) 1988, 29–45.
53 EJ, art. *Lucena*; Ashtor (wie Anm. 44) I 310, II 144, 149, III 15.
54 Ashtor (wie Anm. 44) I 308f, II 143.
55 Ashtor (wie Anm. 44) II 143.
56 EJ, art. *Lucena*.
57 Francisco Cantera y Burgos, ‚Elegía de Abraham ben 'Ezra a la toma de Lucena por los almohades', in: *Sefarad* 13 (1953) 112–114.
58 Art. cit. einschließlich Karte.
59 EJ, Registerband s. v., Belege bis ins Nordamerika des 18. Jhs.

Vom 16. Jh. an waren die christlichen Historiker Spaniens damit beschäftigt, eine jüdische Sage zu widerlegen, wonach Juden schon zu Nebukadnezars Zeiten nach Lucena eingewandert wären.[60] Lucena wurde zu einer andalusischen Landstadt von im 16. Jh. 15.000, um 1959 25.000 Einwohnern,[61] die auf der Karte 1 : 100.000 nur durch ihre noch fast kreisrunde Gestalt bei einem Durchmesser von reichlich einem Kilometer auffällt.

War das jüdische Lucena im Norden bekannt?

Wenn wir uns nun fragen, was von den Ereignissen um Lucena die Handlung der *EV* angeregt hat, so werden andere Forscher sogleich ein methodisches Bedenken anmelden. Ganz abgesehen von den Sankt-Jakobspilgern sind in Nordspanien französische Mitkämpfer der Reconquista seit 1018, in größerer Zahl von 1064 bis ins frühe 13. Jh. zu finden. Aber Lucena lag tief im Süden und hatte kein Interesse daran, seine Existenz in die nichtjüdische Welt hinauszutönen. Wieviel erfuhr man davon überhaupt im Norden? Die Frage ist alles andere als eine rhetorische, wenn man bedenkt, daß es Romanisten gibt, die selbst im *Cordres* des Rolandsliedes (71, 96) nicht Córdoba erkennen wollen. Eine Antwort läßt sich wie folgt skizzieren.

Schon als es seit 1009 in Córdoba zum Bürgerkrieg kam, zog der Prätendent Sulaymān ben al-Hakam, der dann als al-Mustaʻin für kurze Zeit Kalif wurde, in Córdoba mit kastilischer Unterstützung ein. Dann erhob sich als weiterer Prätendent al-Mahdi und eroberte Córdoba mit militärischer Hilfe der Grafen Raimund von Barcelona und Ermengol von Urgel; diese Hilfe war so bedeutend, daß der ‚Beherrscher der Gläubigen' seinen ungläubigen Helfern die Plünderung seiner Hauptstadt gestatten mußte.[62]

Im Jahre 1075 erzwang dann Alfons VI. von Kastilien – der eine Französin heiratete, seine drei Töchter mit Franzosen verheiratete, eine Unzahl französischer Kluniazenser und nach 1086 auch französische Ritter in sein Land rief – einen ständigen Tribut auch von dem Königreich Granada, indem er mit einem Heer vor der Stadt erschien. Im Jahre 1080 kam es zwischen Lucena und dem

---

60 Zur Sage selbst EJ, art. *Lucena*, und Ashtor (wie Anm. 44) I 309. Zu den Widerlegern ausführlich Francisco Cantera y Burgos, ‚La Judería de Lucena', in: *Sefarad* 13 (1953) 343–355, hier 349–354.
61 *Diccionario geográfico* (wie Anm. 40) s. v.
62 Sehr lesbare Darstellung: *Enzyklopädie des Islam*, 1. Aufl., ed. M. Th. Houtsma [u. a.], Leiden 1913–34, art. Umaiyaden, von É. Lévi-Provençal, Sp. 1094 f.

20 km entfernten Aguilar zu einer Schlacht zwischen Mu'tamid von Sevilla und 'Abd Allah von Granada; auf Mu'tamids Seite kämpfte der Cid mit seinen Scharen, auf 'Abd Allahs Seite ein kastilisches Kontingent unter García Ordóñez, dem Adlatus Alfons' VI. Durch seinen Sieg bedrohte Mu'tamid und damit der Cid für einen Augenblick Lucena. Anno 1082/83 führte Alfons VI. selber einen demonstrativen Zug gegen das Königreich Sevilla durch; er zog bis ins Umland der Stadt Sevilla und weiter bis zur Südspitze Spaniens bei Tarifa, wo er symbolisch ein Stück ins Meer ritt. Im Jahre 1085 wurde eine kastilische Abteilung eine Meile vor Granada in ein Gefecht verwickelt. Im Jahre 1091 schließlich vereinigten Alfons VI. und der Cid, für einen Augenblick versöhnt, ihre Streitkräfte unmittelbar vor Granada, verzichteten dann aber auf einen Angriff.[63]

Noch wesentlich näher gehen uns die Ereignisse von 1125/26 an. Damals unternahm Alfons I. von Aragón, ‚el Batallador‘, Sohn einer Französin, seinen großen Andalusienfeldzug. Ihn begleiteten zumindest seine südfranzösischen Freunde Gaston von Béarn und Centull von Bigorre mit ihren Kontingenten. Nach Prosper Boissonnade[64] hätte ihn auch sein normannischer Vetter und Großvasall Graf Rotrou von Perche und Mortagne, Herr von Tudela und einem Teil von Saragossa, begleitet. Doch steht dem das Zeugnis des Ordericus Vitalis[65] entgegen, wonach die Normannen gerade damals auf Grund einer momentanen Verstimmung gegenüber Alfons für kurze Zeit in ihre Heimat zurückgekehrt wären.[66] Da Rotrou und seine Leute aber ihre Lehen in Aragón weit über das Datum des Andalusienzuges hinaus innehatten,[67] müssen sie über den Verlauf des Zuges sehr bald genau unterrichtet gewesen sein, wie das auch Ordericus' Bericht erkennen lässt. Auf dem Zug nun ruhte sich der König in Cabra, 9 km von Lucena entfernt, mit seinem Heer einige Tage aus. Dann marschierte er unmittelbar an Lucena vorbei und schlug 12 km weiter bei ‚Arnisol‘, dem heutigen Despoblado Anzul, in einer den ganzen Tag dauernden Schlacht den Almoraviden-Emir. Gleich am Tag danach setzte er sich in Marsch auf dem kürzesten Wege zur Mittelmeerküste bei Vélez Málaga, um dort zu Demonstrationszwecken einen Fisch zu fangen,[68] nahm aber von diesem Zug auch Tausende von Mozarabern aus dem Königreich Granada mit zurück nach Aragón zur Wie-

---

63 Vgl. etwa Menéndez Pidal (wie Anm. 39) I 257, 260 f., 299 f., 319, 401–403.
64 *Du nouveau sur la Chanson de Roland*, Paris 1923, 61–65, speziell 62.
65 *Historia Ecclesiastica* III 13.2, PL 188.527 f.
66 Vgl. Defourneaux (wie Anm. 33) 161 f.
67 Boissonnade (wie Anm. 64) 62, 64, 484 f.
68 Vgl. etwa Reinhart Dozy, *Recherches sur l'histoire politique et littéraire de l'Espagne pendant le moyen âge*, 3. Aufl, 2 Bde, Leiden 1881, 1. 357 nach arabischen Quellen; Defourneaux (wie Anm. 33) 161 f.

deraufsiedlung seiner kürzlich mit südfranzösischer Hilfe eroberten Region südlich des mittleren Ebro.[69]

Alfons VII. von Kastilien, Sohn eines Franzosen, unternahm 1144 einen Feldzug in *terra Cordube et Granate*; a. 1146 eroberte er Córdoba (für Ibn Ghaniya), a. 1147 mit südfranzösischer Hilfe Almería, a. 1151 und 1153 belagerte er Jaén, a. 1152 Guadix. Auch in seiner Biographie ist von einer Schlacht im *campus Luceniae* die Rede.[70]

Alfons VIII. schließlich führte gegen 1194 ähnliche Andalusienzüge durch, die ihn bis Algeciras führten, aber 1195 mit einer fulminanten Niederlage bei Alarcos durch den Almohadenherrscher endeten. Immerhin konnte er 1209 wieder einen Andalusienzug nach Jaén unternehmen. Als 1212 die Franzosen zum letzten Mal auf einen ‚Kreuzzug' nach Spanien kamen, machten die meisten in Calatrava (etwa 200 km nördlich Lucena) kehrt, nur wenige begleiteten Alfons VIII. bis zum Sieg von Las Navas (etwa 100 km nördlich Lucena).[71]

Von Lucena erfahren konnte man im Norden also erstens von der Unzahl der kriegerischen Andalusienfahrer, zweitens – und zwar sicher noch mehrere Generationen lang – von den Tausenden umgesiedelter Mozaraber im Ebrobecken, drittens von den ins christliche Spanien ausgewanderten Juden. Jede einzelne dieser drei Komponenten würde ausreichen, den oben angesprochenen methodischen Zweifel an einem nördlichen Wissen um Lucena gegenstandslos zu machen.

Zurück zu den Enfances Vivien – und Bilanz

Wie jede längere erzählende Dichtung setzen auch die *EV* einige Grundoptionen voraus, die wir als dem detaillierten Erzählvorgang vorgelagert ansehen dürfen.

Als *Enfances*-Dichtung setzen sie ein Wissen ihres Publikums um das Erwachsenenschicksal des Protagonisten voraus, hier um seinen frühen heldenhaften Tod auf dem Archamp. Erst dieses Wissen erweckt Interesse an seiner

---

69 Defourneaux (wie Anm. 33) 161 f. vgl. 159 f. Vgl. auch Ch. J. Bischke, ‚The Spanish and Portuguese Reconquest, 1095–1492', in: *A History of the Crusades*, ed. K. M. Setton, III, Madison 1975, 396–456, hier 404. Dort gibt es heute, 35 km westlich von Saragossa, ein Lucena del Jalón mit (1959) etwa 500 Einwohnern, zu dessen Geschichte auch das *Diccionario geográfico* (wie Anm. 39) s. v. nichts zu vermelden weiß. Man darf vermuten, daß es sich um eine Nachbenennung in Erinnerung an Andalusien handelt.
70 Antonio Ballesteros y Beretta, *Historia de España y sa influencia en la historia universal*, 10 Bde., Barcelona 1918–1941, II 356 ff.; *Chronica Adefonsi imperatoris*, ed. Luís Sánchez Belda, Madrid 1950, speziell §§ 116–117.
71 Defourneaux (wie Anm. 33) 179 f., 182, 183–192.

Jugend: wie wuchs er zu seiner späteren Größe heran? Da nun Jugendschicksale auch berühmter Gestalten meist nicht von der Geschichte tradiert werden, sind die meisten *Enfances* selbst in den Grundzügen unhistorisch – zumindest im normalen Sinne des Wortes, in der Frage nämlich, ob der Protagonist in der Historie Ähnliches erlebt hat wie im Epos. Hier pflegt ein *Enfances*-Dichter also freie Hand zu haben.

Unser Autor wählt als narrative Grundstruktur „das Thema von Jugendexil und Rückkehr, das eines der Hauptcharakteristika aller Legende, Volkssage und Mythologie ist."[72]

Man darf dieses Erzählmuster ‚archetypisch' nennen,[73] wenn man mit diesem Adjektiv nur jenen breiten Bereich literarischer Grundformen bezeichnen will, bei denen es weithin unentscheidbar bleibt, wie weit sie durch vage Tradierung von Werk zu Werk über Räume und Zeiten hinweg und wie weit sie vielmehr durch ständige Erneuerung aus extrem langfristigen, scheinbar ‚zeitlosen' psychosozialen Gegebenheiten weiterleben. Wie bei manchen anderen Verkörperungen dieses Erzählmusters ist auch in den *EV* ein problematisches Moment der Vater-Sohn-Beziehung Auslöser der Handlung, und die Katharsis schließt die Wiederidentifizierung mit dem Vater, jetzt auf essentiell gleichem Niveau, ein.[74]

Dazu kommt bei unserem Autor noch ein konkreteres gesellschaftliches Anliegen: er will vor allem vorführen, daß das Aufwachsen eines ritterbürtigen Kindes in nicht-ritterlicher Umwelt seine Berufung zum Ritter nicht unterdrücken kann. Mit einer kaufmännischen Umwelt als Inbegriff der Nichtritterlichkeit hat dies vor den *EV* schon der *Guillaume d'Angleterre* erzählt.[75] Doch war das Thema dort stark von Motiven eines unvorhersehbaren Getrennt-Werdens und Einander-Wiederfindens als Ausdruck unmittelbarer göttlicher Fügung überschattet. In den *EV* hingegen bestimmt es geradlinig die Handlung.

Dabei verfährt der Autor aber nicht nur mit burleskem Humor,[76] sondern auch mit auffälliger Konzilianz gegenüber dem Kaufmannsstand:[77] Vivien darf

---

[72] Joseph Campbell, *Der Heros in tausend Gestalten*, Frankfurt 1953, 296 (amerikanisches Original *The Hero with a Thousand Faces*, New York 1949), hier zitiert nach Wolfzettel (wie Anm. 22) 326.
[73] So Wolfzettel loc. cit.
[74] Vgl. Wolfzettel (wie Anm. 22) 321, 326 f., 332.
[75] Vgl. Wolfzettel (wie Anm. 22) 334 f.
[76] Zu diesem Thema vgl. Micheline de Combarieu du Grès, ‚Le héros épique peut-il être un héros burlesque et dérisoire?', in: *Burlesque et dérision dans les épopées de l'Occident médiéval*, Actes du Colloque international des Rencontres Européennes de Strasbourg et de la Société Rencesvals (Section française), organisé à Strasbourg (16–18 septembre 1993), ed. Bernard Guidot, Besançon 1995, 25–48, speziell 26 f.
[77] Guidot (wie Anm. 11) 173 f.

sich in kaufmännischen Dingen als wahrer Trottel entpuppen, der 60 für mehr hält als 100 (R 762, 765 ~ WF 978, 983), die kinderlose Kaufmannsfrau Mabile schließt ihn dennoch mit unerschütterlicher Mutterliebe in ihr Herz (R 827 ff., 977 ff., 1072 ff., 1144 ff. ~ WF 1049 ff., 1218 ff., 1391 ff., 1478 ff.) und weiß schließlich auch ihren Mann dazu zu bringen, zusammen mit ihr im fernen Laon bzw. Paris den König zur Rettung Viviens zu drängen (R 1728 ff. ~ WF 2299 ff.). Vor allem aber werden Viviens vierhundert kaufmännische Begleiter durch sein Vorbild in erfolgreiche Kämpfer verwandelt (R 1211 ff. ~ WF 1565 ff., dann passim). Spätestens mit diesem Motiv sind wir aus dem Bereich des gattungsmäßig Erwartbaren in den Bereich des für die *EV* Spezifischen übergetreten.

Nach allem oben Gesagten kann man kaum glauben, die *EV* hätten mit dem jüdischen Lucena gar nichts zu tun. Besteht aber überhaupt eine Beziehung, so muß das Bestreben dahin gehen, sie optimal zur Erklärung der *EV* heranzuziehen.

Da ist zunächst der Name: bei der zerstörten Stadt in Nordwestspanien weiß niemand, wie sie zu ihrem epischen Namen gekommen ist, bei der südostspanischen ist der epische Name ohne Schwierigkeiten aus dem realen Namen herzuleiten.

Da ist mehr noch die Erzählung selbst. Während hier bisher die Phantasie willkürlich zu operieren schien, sehen wir sie jetzt, nicht: ein Stück Geschichte nacherzählen, wohl aber in kreativer Weise Elemente der Wirklichkeit zu einer Erzählung zusammenbauen. Schon daß der Autor nicht müde wird, in Luiserne eine weltberühmte, reiche Handelstadt zu sehen, paßt schlecht zu der zerstörten Stadt im relativ kargen Nordwestspanien; noch weniger, daß Luisernes maritime Beziehungen an das Mittelmeer gebunden sind, so daß man unversehens aus Ägypten oder Barbastro ankommen, umgekehrt auch Schiffsladungen in Richtung Salindres schicken kann; ebenso wenig, daß Luiserne von einer Kaufmannsschar gegen ein Belagerungsheer gehalten werden kann – aber alle diese für die Erzählung zentralen Faktoren ergeben sich zwanglos aus dem jüdischen Lucena.

Am konkretesten und einfachsten kann man sich die Entwicklung vorstellen, wenn man sie an den Ereignissen von 1125/26 festmacht. Der Feldzug ist von vornherein angelegt als eine Razzia, die so weit südlich wie nur irgend möglich in Feindesland führen soll; das Grundgefühl während des gesamten Zuges ist also, daß man jetzt weit hinter der ‚normalen' Frontlinie operiert. Auf die Razzia ziehen zumindest auch südfranzösische Kontingente mit; nordfranzösische werden von ihr schnellstens genau erfahren (s. oben).

Man muß, schon tief in Feindesland, an einer mächtigen Festung und sichtlich reichen Stadt unmittelbar vorbeiziehen, ohne sie angreifen zu können, und man erfährt bei dieser Gelegenheit: die Stadt wird gar nicht von Muslimen gehalten – die dürfen dort noch nicht einmal hinein –, sondern von Juden, die man sonst doch nur als Kaufleute kennt. Ergibt das nicht für die Phantasie eine in ihrer Unvorhergesehenheit überzeugende ‚Initialzündung'? Diese singuläre Stadt könnte also von Kaufleuten sogar gegen eine längere Belagerung verteidigt werden, sozusagen als ein Pflock im Fleische des Islam – vorausgesetzt natürlich, die Kaufleute würden von einem Helden epischen Kalibers angeführt.

Von einem Schlachtort dicht neben der Stadt zieht das Heer dann auf kürzestem Wege zum Mittelmeer bei Vélez Málaga. In der Realität mag das zwei, drei Tage gedauert haben; aber in der Erinnerung – sagen wir aus dreißig Jahren Abstand – schmilzt dieser Zeitraum und diese Wegstrecke zu zwei Nachbarpunkten zusammen: gleich nach Lucena kam der Hafen, zumal zweifellos auch im damaligen christlichen Denken der Handel des jüdischen Lucena – um voll den Vorstellungen von Lukrativität zu entsprechen – Fernhandel über das Mittelmeer gewesen sein mußte. Da stand man nun selbst an jenem Strand, der das Ziel des ganzen Feldzuges gewesen war, und irgendwo jenseits des Meeres lag der Orient, lagen aber auch Katalonien und Südfrankreich.

Auf dem Rückweg vom Meer über Land nach Aragón sammelte man im Königreich Granada die noch vorhandenen Christen auf, soweit sie umsiedlungswillig waren. Und das hieß, auch für jeden Expeditionsteilnehmer erkennbar: man überließ das Land sich selbst; die Krieger zogen heimwärts, weit nach Norden. So würden dann in den EV auch die Epenhelden heimwärts ziehen, wobei es fast gleichgültig ist, ob sie Luiserne erneut Kaufleuten anvertrauen oder einäschern sollten. Liest man bei Ordericus Vitalis nach,[78] wie sehr der ganze Feldzug von 1125/26 als Terrorzug durchgeführt wurde, so darf man schließen, daß auch von allem, was man in Andalusien zurücklassen mußte, möglichst viel zerstört, am einfachsten: eingeäschert wurde, um es nicht dem Feind zu schenken. Insofern mag auch in der Einäscherungsversion (AB) noch reale Erinnerung nachwirken.

Spätere Ereignisse wie die Kämpfe um Montoro haben gewiß noch zur Ausstaffierung der Erzählung beigetragen, und die Andalusienzüge Alfons' VII. und Alfons' VIII. werden das Interesse an dem Stoff wachgehalten haben. Möglicherweise entstand die heute erhaltene Fassung des frühen 13. Jhs., als sich im Frühjahr 1212 noch einmal ein erstaunlich großes Kreuzfahrerheer von Frankreich nach Spanien aufmachte: die zeitgenössischen Angaben reichen von 40.000 bis über 100.000 Mann.[79] Doch dieses Heer gelangte nicht bis Lucena, und so blieb die südostspanische Stadt auch in der Realität, was sie in der Erzählung von vornherein war: eine Stadt hinter den feindlichen Linien. Ja, da

---

78 Wie Anm. 65, loc. cit.
79 Defourneaux (wie Anm. 33) 185 f.

diese Realität keinen Glanz mehr ausstrahlte, wurde sie allmählich schlechthin vergessen.

Inzwischen machten der *Pseudo-Turpin*, der *Anseïs de Cartage*, der *Gui de Bourgogne* die nordwestspanische Ruinenstadt populär, und jeder Sankt-Jakobspilger konnte den schwarzen See in Augenschein nehmen. Ein ungleicher Wettbewerb – bis in die Romanistik unserer Tage hinein.

Postskriptum 2018

1) Das nordwestspanische Lucerna. Das seit Bédier gängige Verständnis des pseudoturpinischen *Lucerna Ventosa* als Doppelname ein und derselben untergegangenen Stadt (die im *Anseïs de Cartage* und im *Gui de Bourgogne* nur *Luiserne* heißt) bedarf strenggenommen noch eines kurzen Kommentars; denn das frühmittelalterliche *Ventosa*, das antike *Bergidum flavium* 500 m südlich des Sankt-Jakobs-Wegs, war als Höhensiedlung jederzeit erkennbar, während der *Lago de Carucedo*, der einzige See, der das untergegangene *Lucerna* repräsentieren kann, in der Luftlinie immerhin 12 km weiter südlich liegt. Der Pseudo-Turpin hat entweder zwei räumlich benachbarte und wegen inhaltlicher Ähnlichkeit kombinierbare Untergangssagen addiert, oder er versteht *Lucerna*, *Ventosa* (beide *in Valle Viridi* gelegen) als Asyndeton. In unserem Zusammenhang ist die Diskrepanz unerheblich.

2) Die epischen Luiserne. Santiago López Martínez-Morás, *Lucerna, ciudad épica*, in: *Pola melhor dona de qantas fez nostro senhor, Homenaxe à profesora Giulia Lanciani*, Santiago, Xunta de Galicia, 2009, 313–326, und *Les jeunes guerriers et la prise de Luiserne*, in: *Medioevo Romanzo* 34 (2010), 264–290, hat den obigen Artikel wohl übersehen; denn er erwähnt ihn weder zustimmend noch kritisch, sondern ist weiterhin überzeugt, dass (2009, 315) „[l]a ubicación geográfica de Lucerna, ciudad totalmente imaginaria o, como mínimo, imprecisa, es, con todo, un problema completamente distinto de su función literaria y de importancia menor que esta última cuestión [...]".

Karlsreise

9 Hugue li Forz – zur Genesis einer literarischen Gestalt

Résumé : Dans le *Voyage de Charlemagne à Jérusalem et à Constantinople*, le nom du monarque byzantin, *Hugue li Forz*, en principe donc un nom d'origine germanique (*Hūgo*), semble curieusement déplacé. Même un auteur, si dénué de compétences linguistiques soit-il, s'il pouvait connaître des porteurs de ce nom assez fréquent en Europe occidentale, ne pouvait pas en connaître dans le monde grec. Dès lors, à défaut d'un nom de *Basileus* authentique, pourquoi n'a-t-il pas choisi par exemple l'un des innombrables noms de saints grecs ou, au pis-aller, un nom latin tardif comme *Constantin* ou *Julien* ?

La réponse est surprenante : *Hugue li Forz* est le nom le plus authentique qui soit, mais déformé – presque certainement dans un but comique, tout le *Voyage* étant délibérément comique.

Nicéphore Ier le Logothète fut Basileus de 802 à 811 et donc le principal homologue de Charlemagne, empereur de 800 à 814. Son nom, Νικηφόρος, conservait son accent sur la pénultième, même dans les formes plus ou moins déformées des sources latines contemporaines comme *Nuciphorus*, *Nicoforus* etc. Le *-forus*, prononcé *-fors* dans les vernaculaires gallo-romans, fit songer à une épithète anc. occ. *fors* ~ anc. fr. *forz* 'fort, combatif'. En outre, la coutume occitane d'antéposer un *En* ou plutôt (devant voyelle) un simple *N'* (< *dominus*) aux noms des nobles – coutume omniprésente dans la poésie occitane dès ses débuts – permit de réinterpréter l'initiale du nom comme cette particule. Ce qui restait ne pouvait guère manquer de rappeler le nom anc. occ. *Uc* ~ anc. fr. *Hugue/Hue* (avec /h/ déjà amuï dans beaucoup de dialectes français, < germ. *Hūgo*). Donc en somme : Νικηφόρος > *Nuci-/Nicoforus* etc. > **N'Uc lo fors* > *Hugue li Forz*.

In der *Karlsreise* führt der byzantinische Gegenspieler Karls des Großen bekanntlich den Namen *Hugue li Forz*: siebzehnmal nennt der Dichter ihn so, etwa dreißigmal kurz *Hugue*. Auch im Munde eines um 1100 oder 1150 lebenden Dichters ist der germanische Name Hugo zur Bezeichnung eines oströmischen Herrschers so grotesk, daß man sich fragt, weshalb der Dichter, wenn er den Namen frei erfinden konnte, nicht einen der gängigsten oströmischen Kaisernamen wie Konstantin, Michael, Alexios oder Manuel wählte; zumindest den Namen des zeitgenössischen Basileus dürfte er ja gekannt haben. Schon Gaston Paris sprach in diesem Zusammenhang von *une des bizarreries les plus frappantes des Liedes*.[1] Eine damit zusammenhängende zweite Tatsache ist allerdings bis-

---

[1] Gaston Paris, La Chanson du «Pèlerinage de Charlemagne», in *Rom.* 9 (1880), 1–50, hier 15 Fußn. 2.

Anmerkung: Erstmals veröffentlicht in: Zeitschrift für französische Sprache und Literatur 81 (1971), 290–307.

Open Access. © 2019 Gustav Adolf Beckmann, publiziert von De Gruyter. Dieses Werk ist lizenziert unter der Creative Commons Attribution-NonCommercial-NoDerivatives 4.0 Lizenz.
https://doi.org/10.1515/9783110615692-009

her kaum aufgefallen: daß nämlich der Beiname *li Forz*, der doch dem mittelalterlichen Hörer in erster Linie physische Kraft suggerieren mußte, in der Handlung keine rechte Bestätigung findet. Immerhin hat die Gestalt insgesamt die Forschung intensiv beschäftigt und zu mindestens sechs Identifizierungsversuchen geführt:

1. Der Byzantinist Henri Grégoire sah in *Hugue li Forz* eine Verstümmelung des byzantinischen Kaisernamens Nikephoros. Er stellte seine These zuerst 1946 in der Festschrift für den vatikanischen Orientalisten Giovanni Mercati auf knapp zwei Seiten inmitten eines Aufsatzes mit dem Titel *De Marsile à Andernas* vor[2] und kam einige Jahre später innerhalb der Festschrift Hoepffner in einer Anmerkung[3] noch einmal mit wenigen Worten auf eine Einzelheit des Problems zurück. Da die erste und wichtigere dieser beiden Veröffentlichungen einem Nichtromanisten gewidmet war und in den ersten Nachkriegsjahren schwer zugänglich blieb, vor allem aber, da Grégoire hier wie so oft seine These nicht gerade mit logischer Stringenz vorzustellen wußte, sondern sie mitten zwischen Vermutungen von zweifelhafterem Wert unterbrachte, blieb die Reaktion von romanistischer Seite aus. So hat noch vor wenigen Jahren Guido Favati in seiner sonst ausgezeichnet dokumentierten Studie über die *Karlsreise* Grégoires These übersehen und bezeichnet die Frage der Namengebung ausdrücklich als ungelöst.[4]

2. Mehr Anklang fand die These, der König unseres Epos sei mit dem König Hu Gadarn von Konstantinopel, wie ihn die walisische Sage kennt, nicht nur identisch, sondern aus ihm abgeleitet. Nach gewissen Vorarbeiten von K. G. T. Webster[5] finden wir diese Auffassung mit unterschiedlicher Intensität vertreten von Laura Hibbard Loomis, Tom Pete Cross,[6] A. Haggerty Krappe[7] und in unserer Zeit von einem so vorsichtigen Forscher wie Ronald Walpole.[8]

---

2 Henri Grégoire, De Marsile á Andernas, in: *Miscellanea Giovanni Mercati*, III, Cittá del Vaticano 1946, 431–463, hier 440–441.
3 Henri Grégoire, Imphe, la ville d'Amphion en Terre d'Epire, in: *Mélanges Hoepffner*, Paris 1949, 183–190, hier 183 Fußn. 2.
4 Guido Favati, Il «Voyage de Charlemagne en Orient», in: *Stud. Med.* 11 (1963) 75–159, hier 131 mit Fußn. 112.
5 K. G. T. Webster, Arthur and Charlemagne, Notes on the ballad of King Arthur and King Cornwall, and on the Pilgrimage of Charlemagne, in *Engl. Stud.* 36 (1906) 337–369.
6 Laura Hibbard Loomis, Observations on the *Pèlerinage Charlemagne*, in: *MPh* 25 (1927/28) 331–349 (hier nur auf die Gestalt, nicht den Namen bezogen; wiederabgedruckt in: L.H.L., *Adventures in the Middle Ages, a memorial collection of essays and studies*, I, New York 1962, 65–85); Tom Pete Cross, The Gabs, ibd. 349–354.
7 Alexander Haggerty Krappe, Hugo von Byzanz, der Pflügerkönig, in *ZfSL* 59 (1934) 361–366.
8 Ronald Walpole, The «Pèlerinage de Charlemagne», Poem, Legend, and Problem, in: *RPh* 8 (1954/55) 173–186. Bruno Panvini, Ancora sul «Pèlerinage Charlemagne», in: *Siculorum Gymnasium* 1960, 17–80, hier 56, referiert die These zumindest wohlwollend.

3. Die Romanisten Gaston Paris[9] und Karl Voretzsch[10] sowie der Germanist Hermann Schneider[11] verwiesen demgegenüber auf den König Hugdietrich der germanischen Heldensage, der wie sein bekannterer Sohn Wolfdietrich als König von Konstantinopel erscheint.

Zu drei weiteren Identifizierungen scheinen sich bisher nur ihre Autoren bekannt zu haben:

4. Theodor Heinermann[12] erblickte in dem Namen Hugo eine vage Assoziation an den Kalifennamen Harûn (ar-Raschîd);

5. Karl Heisig[13] sah darin eine Erinnerung an den König Hugo von Italien des zehnten Jahrhunderts;

6. Jules Coulet schließlich[14] vermutete, der Dichter habe sich inspirieren lassen von dem Namen *Huon le Maine*, den ein französischer Teilnehmer des Ersten Kreuzzugs trug.

Ich hoffe, im folgenden zeigen zu können, daß von diesen Erklärungen – wider Erwarten – die Grégoires eindeutig die richtige ist; daß der walisische Hu Gadarn aus dem altfranzösischen Hugue li Forz abgeleitet ist und nicht umgekehrt; und schließlich, daß man guten Gewissens die vier restlichen Hypothesen als unbegründet ausscheiden kann.

Sieht man zunächst von den *gabs* und ihren Folgen ab, die als Vordergrundhaltung den Aufenthalt der Franken in Byzanz bestimmen, so kann man die historischen Grundauffassungen des Dichters wie folgt beschreiben:

1. Der Zeitgenosse Karls des Großen auf dem byzantinischen Kaiserthron heißt Hugue li Forz.

2. Zwischen beiden Herrschern besteht eine Rivalität, die in eine Auseinandersetzung auf Leben und Tod umzuschlagen droht.

3. Schließlich bringen Karl und seine Franken es mit friedlichen Mitteln dahin, daß der Byzantiner die Oberhoheit Karls anerkennt. Diese bleibt aller-

---

9 S. Fußn. 1.
10 Karl Voretzsch, *Epische Studien*, I, Halle 1900, 315 („vielleicht" bestehe ein Zusammenhang).
11 Hermann Schneider, *Die Geschichte und die Sage von Wolfdietrich*, 1913, ders., *Germanische Heldensage*, I, Berlin 1928, ²1962, mit Synopse, ders., *Deutsche Heldensage*, Berlin 1930, 130, und Roswitha Wisniewski, *Deutsche Heldensage*, Berlin 1964 (Sammlung Göschen 32) 134–145, speziell 135–137.
12 Theodor Heinermann, Zeit und Sinn der Karlsreise, in: *ZrPh* 56 (1936) 497–562, hier 536.
13 Karl Heisig, Zur Karlsreise, in: *ASNS* 87 (1932) 122 f.
14 Jules Coulet, *Etudes sur l'ancien poème français du Voyage de Charlemagne en Orient*, Montpellier 1907, 315 Fußn. 2. Dem Thema des vorliegenden Aufsatzes entsprechend zitiere ich Literatur über die *Karlsreise* nur, soweit sie leidlich markante Äußerungen über die Herkunft des Namens *Hugue li Forz* enthält.

dings insofern nominell, als Karl und sein Heer in ihre Heimat zurückkehren, ohne eine Besatzung in Konstantinopel zu hinterlassen.

Erste und wichtigste Aufgabe des Epenforschers sollte der sorgfältige Vergleich der epischen Handlung mit der realen Geschichte sein – auch bei Werken, die nach allgemeiner Meinung nur ein geringes oder kein historisches Element enthalten. Diese Aufgabe darf sich nicht erschöpfen im Vergleich von Einzelheiten, sondern schließt auch die Frage ein, ob im Epos die allgemeine historische Konstellation einschließlich der sie bestimmenden Kräfte wiederzuerkennen ist, möglicherweise allerdings in poetischer und ideologisch bedingter Transposition. Denn ein Mosaik aus unhistorischen Einzelheiten kann sehr wohl grundlegende Züge der historischen Konstellation sinnvoll wiedergeben. Diese Frage, ob und in welchem Sinne ein Epos „etwas Wesentliches" aus der geschichtlichen Situation bewahrt, wollen wir die Relevanzfrage nennen. Bewahrt nun unser Epos „relevante" Züge der historischen Situation?

Als Karl der Große am Weihnachtstage des Jahres 800 von Papst Hadrian zum Kaiser gekrönt wurde, war er nach Aussage seines Biographen Einhart mit dieser Handlung nur bedingt einverstanden, weil er fürchten mußte, sie werde ihm auf lange Zeit die Feindschaft des byzantinischen Kaisers eintragen. Im Augenblick allerdings schien diese Gefahr dadurch gemildert, daß den byzantinischen Thron eine Frau, die Kaiserin Irene, innehatte. Möglicherweise hat dieser Umstand, der in den Augen der Zeitgenossen das byzantinische Reich momentan geschwächt erscheinen lassen mußte, den Entschluß des Papstes und Karls selbst mitbestimmt. In der Tat schickte die Kaiserin schon 801/02 eine Gesandtschaft an Karl; allein als 802 die Gegengesandtschaft Karls in Konstantinopel eintraf, wurde sie Zeuge des Umsturzes, durch den Nikephoros an Irenes Stelle trat. Auch Nikephoros wollte im Prinzip Frieden: seine Gesandten erreichten Karl im Jahre 803 in Salz an der Saale. Karl gab ihnen den Entwurf eines Friedensvertragen mit, bestand aber ausdrücklich auf der Anerkennung seines Kaisertitels. Wie zu erwarten, empfand Nikephoros diese Bedingung zunächst als unannehmbar und beantwortete auf Jahre hinaus Karls Gesandtschaft nicht. In den Jahren 806–10 sehen wir die beiden Großmächte sogar um Venedig in eine begrenzte Konfrontation verwickelt: auf fränkischer Seite agiert hier Karls Sohn Pippin von Italien, auf oströmischer Seite eine starke byzanzfreundliche Fraktion in Venedig selbst und die kaiserliche Flotte in der Adria. Nachdem aber die komplizierten Ereignisse in der Stadt um 810 ein Stadium erreicht haben, das insgesamt für die Byzantiner eher vorteilhaft ist, schickt Nikephoros eine versöhnliche Gesandtschaft an Pippin; da dieser unerwartet stirbt, geht sie weiter an Karl. Nikephoros muß damals im wesentlichen eine Anerkennung des fränkischen Kaisertitels gegen die Rückgabe der Oberherrschaft über Venezien und Teile Dalmatiens an Byzanz vorgeschlagen haben. Im folgenden Jahr nimmt Karl das Angebot an und nennt im Antwortbrief Nikephoros ausdrücklich *frater*. Bevor seine Gesandten jedoch Konstantinopel erreichen, ist am 26. 7. 811 Nikephoros im Kampf gefallen. Sein Nachfolger Michael I. nimmt die diplomatischen Fäden so auf, wie er sie vorfindet: er erkennt Karls Kaisertum an; seine Gegengesandten, die 812 in Aachen eintreffen, bringen *honorifica vel imperialia munera* und nennen Karl ausdrücklich Basileus und Imperator. Damit ist zwischen beiden Großmächten Frieden geschlossen; bevor es allerdings 815 auch formal zum Friedensschluß kommt, ist in Byzanz an Michaels Stelle sein Nachfolger Leo, in Aachen entsprechend Ludwig der Fromme an die Stelle seines verstorbenen Vaters getreten.[15]

Wir können nun vergleichend feststellen:

1. Von den reichlich dreizehn Jahren, während derer Karl den Kaisertitel trägt, hat er mehr als 8½ Jahre mit Nikephoros gemeinsam. Hingegen überschneiden sich die Regierungszeiten Karls einerseits, Irenes, Michaels oder Leos andererseits jeweils um höchstens zwei Jahre. Zudem ist von den vier byzantinischen Kaisern Nikephoros der einzige, der nicht schlechthin auf die Ereignisse reagiert, sondern einen deutlichen politischen Willen erkennen läßt. Falls also die Sage, später das Epos, überhaupt in historisch sinnvoller Weise die Erinnerung an einen Gegenspieler Karls bewahrt, kommt für diese Rolle nur Nikephoros in Frage.

2. Die Bedenken, die Einhart dem Karl des Jahres 800 zuschreibt, sind zumindest insofern charakteristisch, als die Zeitgenossen die Kaiserkrönung nicht als einen Zug in der historischen Dialektik zwischen einer höchsten geistlichen und einer höchsten weltlichen Gewalt, also zwischen Papsttum und Kaisertum, sondern als Begründung einer dauernden Rivalität zwischen einem west- und einem oströmischen Kaisertum werten mußten. Mehr als dreihundert Jahre lang hatten nur die Herrscher von Byzanz, diese aber in ununterbrochener

---

15 Aus der umfangreichen Literatur sei hingewiesen einerseits auf die klassischen *Jahrbücher des fränkischen Reiches unter Karl dem Großen* von Sigurd Abel und Bernhard Simson, 2 Bde., Berlin 1866–83, speziell II 288 f., 441 ff., 459 ff., 480 ff., andererseits auf die moderne Zusammenfassung von P. Classen, Karl der Große, das Papsttum und Byzanz, in: *Karl der Große, Lebenswerk und Nachleben*, [...] hrg. v. Wolfgang Braunfels, I, Düsseldorf 1965, 537–608. – Ein interessantes Schlaglicht auf die relative Bekanntheit Nikephoros' I. im Westen wirft übrigens die Tatsache, daß zwei in Frankreich (allerdings recht spät) zusammengestellte Annalen aus der gesamten byzantinischen Kaisergeschichte jener Jahrhunderte nur ein Faktum erwähnen: a. 813 *Mors Nichefori imperatoris. Cui Michael, gener eius, successit* – so die Annalen von Vendôme und die von Saint-Florent (*Recueil d'Annales angevines et vendômoises*, ed. Louis Halphen, Paris 1902, 51 und 113), Nikephoros verdankt diese Erwähnung offenbar nicht seinen eigenen Taten, sondern dem Umstand, daß gerade er Zeitgenosse Karls war – ganz wie in unserem Lied.

Folge, den Kaisertitel getragen; so mußte auch der einfache Zuschauer der Ereignisse des Jahres 800 dumpf spüren, welche Provokation Karls neuer Titel in den Augen der Byzantiner notwendigerweise darstellte und welche Genugtuung es schließlich für Karl sein mußte, sein Kaisertum durch Byzanz anerkannt zu sehen.

Diese Perspektive wird in den nächsten zweieinhalb Jahrhunderten, bis unmittelbar vor die Zeit Gregors VII., durchaus die herrschende bleiben. Unter Ludwig dem Frommen werden die Annalen mit peinlicher Genauigkeit registrieren, daß griechische Gesandtschaften mit reichen Geschenken den Kaiser 814 in Aachen, 824 in Rouen, 833 in Compiègne und 839 in Ingelheim aufsuchen.[16] Nachdem Karl der Kahle in seinen letzten Lebensjahren den Kaisertitel errungen hat, beginnt er wesentliche Teile des byzantinischen Hofzeremoniells in einem Maße zu kopieren, das sogar bei seinen Untertanen auf Kritik stößt; insbesondere erscheint er an Sonn- und Festtagen grundsätzlich in byzantinischer Kaisertracht.[17] Welche eifersüchtige Wahrung seiner Rechtsgleichheit nunmehr rückblickend auch Karl dem Großen zugesprochen wird, zeigt die einige Jahre später niedergeschriebene Erzählung des Mönches von St. Gallen:

> Quod cum ille non potuisset abnuere, quia divinitus sic procuratum crederet, non tamen gratanter suscepit pro eo, quod putaret Grecos maiore succensos invidia aliquid incommodi regno Francorum machinaturos immo potiori cautela provisuros, ne, sicut tunc fama ferebat, Karolus insperato veniens regnum illorum suo subiugaret imperio [!]. Et maxime, quia pridem magnanimus Karolus, cum legati regis Bizantini venirent ad se et de domino suo illi suggererent, quia fidelis ipsi amicus esse voluisset et, si viciniores essent, eum filii loco nutrire et paupertatem illius relevare decrevisset, ferventissimo igne se intra pectus retinere non valens in hec verba prorupit: ‚O utinam non esset ille gurgitulus inter nos! Forsitan divitias orientales aut partiremur aut pariter participando communiter haberemus'.[18]

Das ottonische Kaisertum lehnt sich zwar ideell an das karlische an, kopiert aber im Zeremoniell zunehmend das byzantinische und fühlt sich entscheidend bestätigt durch die Blutsverbindung mit dem byzantinischen Kaiserhaus in der Person der Theophanu – auch wenn anfangs Nikephoros II. Phokas (963–969) dem erneuerten westlichen Kaisertum noch schroffer gegenübergetreten war als einst Nikephoros I. in seinen ersten Regierungsjahren dem karlischen. Daß über der neuen ottonisch-byzantinischen Rivalität die Erinnerung an die alte kar-

---

16 *Ann. regni Francorum* ad. a. 814, 824; *Ann. Bertiniani* ad a. 833; *Prudentii Ann.* ad a. 839.
17 *Hincmari Ann.* ad a. 876; *Ann. Fuldenses* ad a. 876. Vgl. z. B. Jean Ebersolt, *Orient et Occident, Recherches sur les influences byzantines et orientales en France avant les croisades*, Paris–Brüssel 1928, 59 f.
18 Monachus Sangallensis, *Gesta Karoli* I 26 (ed. Haefele 36 f.).

lisch-byzantinische nicht verloren ging, zeigt das *Chronicon Salernitanum* mit seinem fiktiven Briefwechsel zwischen dem byzantinischen Kaiser und Karl: der Basileus ernennt Karl zu seinem „ersten Konsul", der für ihn die Normannen aus Europa vertreiben und Asien erobern soll; doch Karl antwortet, da er Rom besitze, komme ihm selbst die Kaiserwürde zu.[19] Und als kurz vor 1000 der Mönch Benedikt vom Mons Soracte erstmalig die Legende von der Orientfahrt Karls des Großen niederschreibt, berichtet er schon bei der Schilderung von Karls Hinweg, der griechisches Gebiet noch gar nicht berührt: *molieruntque cunctae nationes terrae Graecorum, ut robor eorum pro nihilo computatus.* Die Rückreise führt Karl dann über Konstantinopel:

> (...) est reversus. Rex piissimus atque fortis, ad Constantinopolitano hurbem, Naciforus, Michahel, it Leo, formidantes quasi imperium ei eripere vellet, valde subsceptu, quo cognito rex formidine eorum, pactum et fedus firmissimum posuit inter sê, ut nulla inter partes cuilibet scandali remaneret occasio. (...) Qui mox imperator cum quanta donis et munera et aliquantulum de corpore sancti Andreae apostoli, ad imperatoribus Constantinopolim accepto, in Italia est reversus.[20]

In der historischen Wirklichkeit des späteren elften und des frühen zwölften Jahrhunderts, während des großen Kampfes zwischen Kaisertum und Papsttum, tritt das Motiv der Rivalität zwischen westlichem und östlichem Kaisertum naturgemäß zurück, um so mehr, als am Ersten Kreuzzug ja kein westeuropäischer Herrscher teilnahm, die protokollarischen Fragen eines unmittelbaren Treffens sich vielmehr erst im Zweiten Kreuzzug stellten, und zwar, wie es scheint, vor allem in der Begegnung zwischen Manuel und Ludwig VII. von Frankreich.[21] Inzwischen ist jedoch die Überzeugung, Karl der Große habe – im allgemeinen bei seiner Jerusalemfahrt – Konstantinopel aufgesucht, so weit verbreitet, daß wir sie bei dem anonymen Autor der *Gesta Francorum* des Ersten Kreuzzuges, bei mehreren seiner Bearbeiter oder Nachahmer wie Tudebod und Robert von Reims,[22] ferner in der *Descriptio* und in der nordischen Fassung der *Karlsreise,* implizit schließlich im *Rolandslied* (v. 2329) vorfinden. Mehr noch: das Motiv der Konstantinopelfahrt, allerdings ohne weitere Orientfahrt, er-

---

19 *Chronicon Salernitanum*, ed. U. Westerbergh, Stockholm 1956, Kap. 34.
20 *Chronicon* cap. 23 (*SS.* 3.708–711) oder Giuseppe Zucchetti, ed., Il *Chronicon* di Benedetto monaco di S. Andrea del Soratte e il *Libellus de imperatoria potestate in urbe Roma*, Rom 1920 [Fonti per la Storia d'Italia 55] 114.).
21 Vgl. Alfred Adler, The Pèlerinage de Charlemagne in new light of St. Denis, in: *Speculum* 22 (1947), 550–561; Walpole, *art. cit.* (Fußn. 8) 186.
22 *Gesta Francorum* 2.1 (ed. Hagenmeyer 109, ed. Bréhier 4, ed. *RHC., Occ.* III 121); Tudebod 2 (*RHC., Occ.* III 10 f.); Robert von Reims 5 (*RHC., Occ.* III 732); vgl. noch *RHC., Occ.* III 174, V 144 sowie V 176 („Castellum Karoli" vor Konstantinopel als Toponym).

scheint um und nach 1100 sporadisch sogar übertragen auf Ludwig den Frommen (so bei Hariulf von Saint Riquier) und auf Karl den Kahlen (so bei William of Malmesbury und Späteren).[23]

3. War also die Rivalität zwischen beiden Kaisertraditionen von Karl dem Großen an über Jahrhunderte nahezu eine geschichtliche Konstante, so waren sich andererseits die jeweiligen Herrscher ebenso konstant der Tatsache bewußt, daß ein offener Krieg zwischen beiden Mächten für die christliche Welt eine Katastrophe darstellen mußte. Speziell der Basileus konnte trotz aller zur Schau gestellten Selbstsicherheit das mobilisierbare Militärpotential seines westlichen Nebenbuhlers nicht verläßlich einschätzen und mußte es eben deshalb dumpf fürchten – zumal wenn er gleichzeitig an anderen Fronten militärische Niederlagen erlitt, wie Nikephoros I. gegen die Araber und die Bulgaren. Dessen relativ schnelles Einlenken gegenüber Karl ist hier nicht minder charakteristisch als das ähnliche Einlenken seiner Nachfahren gegenüber den Ottonen oder als die zwar intrigante, letztlich aber vorsichtige Politik der Komnenen gegenüber den Kreuzfahrern. In den Augen des robusteren Westens nahm sich diese Haltung gelegentlich wie Schwäche aus, und westliche Legendenbildung mußte demnach dazu neigen, entweder wie der Mönch von St. Gallen, Benedikt vom Mons Soracte, die *Descriptio* und die *Karlamagnússaga* I die militärische Überlegenheit des westlichen Kaisers durchblicken zu lassen oder überhaupt wie das *Rolandslied* und die *Karlsreise* den Byzantiner zum Lehnsmann Karls des Großen zu machen.

Inhaltlich darf man also die Gleichung Hugue li Forz = Nikephoros I. als voll befriedigend ansehen.

Bevor wir die lautliche Seite dieser Gleichung diskutieren, ist es zweckmäßig, unsere inhaltlichen Argumente noch mit denen Grégoires zu vergleichen.[24] Hier muß nun sofort verblüffen, daß Grégoire für das eigentliche Urbild der Gestalt nicht etwa Nikephoros I., den Zeitgenossen Karls des Großen, hält, sondern Nikephoros II. Phokas, den Gegner Ottos des Großen. Sein einziges Argument dafür ist die Tatsache, daß Nikephoros Phokas den Abendländern besonders verhaßt war, wie speziell die Diatribe des Liutprand von Cremona zeige. Diese Begründung ist schon deshalb unzureichend, weil die *Karlsreise* den Hugue gerade nicht als eine irreparabel negative Gestalt zeichnet. Auf einen wichtigen Unterschied muß sogar Grégoire selbst hinweisen: während Hugue zwar an äußerem Adel der Gestalt Karls unterlegen, aber ein durchaus stattlicher König

---

23 Hariulf, *Chronique de l'Abbaye de Saint-Riquier*, ed. F. Lot, Paris 1894, 100 mit Fußn. 4; J. Ebersolt, *op. cit.* (Fußn. 17) 69 f.
24 *Loc. cit.* (Fußn. 2).

ist – denn die Franken empfinden die Behauptungen der Königin nicht sogleich beim Anblick Hugues als absurd, sondern müssen sich erst durch die Kronenprobe von ihrer Unrichtigkeit überzeugen –, beschreibt Liutprand den byzantinischen Kaiser als

> hominem satis monstruosum, pygmaeum, capite pinguem atque oculorum parvitate talpinum, barba curta, lata, spissa et semicana foedatum, cervice digitali turpatum, prolixitate et densitate comarum satis hyopam, colore Aethiopem „cui per mediam nolis occurrere noctem", ventre extensum, natibus siccum, coxis ad mensuram ipsam brevem longissimum, cruribus parvum, calcaneis pedibusque aequalem, villino sed nimis veternose vel diuturnitate ipsa foetido et pallido ornamento indutum, Sicioniis calceamentis calceatum, lingua procacem, ingenio vulpem, periurio seu mendacio Ulyxem.

Es ist mir unverständlich, wie Grégoire in diesem Text eine Stütze seiner These sehen kann. Weiterhin erwähnt nun Grégoire, daß auch Nikephoros III. Botaneiates während seiner nur dreijährigen Regierung (1078–1081) sich den Haß der Normannen zuzog, «sans parler des quasi-empereurs Nicéphore Bryennios et Nicéphore Melissenos», die in den Wirren um 1081 für kurze Zeit das Bild beherrschten. Schließlich wird mit einem Satze auch der Zeitgenosse Karls des Großen erwähnt: *Enfin, tout en étant infiniment actuel, ce nom de Nicéphore avait l'avantage de ne pas être anachronique puisque l'empereur Charlemagne fut vraiment le contemporain de Nicéphore Ier, successeur de l'impératrice Irène, avec lequel il eut des rapports diplomatiques assez cordiaux.* Hier scheint mir der Grundgedanke unlogisch zu sein: entweder weiß der Dichter, daß der historische Zeitgenosse Karls des Großen Nikephoros hieß; dann ist dies ein hinreichender Grund dafür, daß er ihn auch in seiner Dichtung so nennt. Oder aber er weiß es nicht; dann ist es mißlich anzunehmen, er habe durch puren Zufall den richtigen Namen getroffen, indem er sich an einer anderen historischen Gestalt orientierte, die für ihn noch dazu eine weit negativere Wertung tragen mußte als die dichterische Gestalt, die er schaffen wollte.

Das Beispiel zeigt einen charakteristischen Unterschied zwischen den Epentheorien Grégoires und etwa Menéndez Pidals. Auch Grégoire wird in seinen Aufsätzen nicht müde, die Geschichtlichkeit der Chansons de geste zu betonen; im konkreten Einzelfall ist er dann aber – meines Erachtens zu schnell – bereit, an die Stelle des zu erwartenden historischen Vorbildes ein anderes zu setzen, das sich nur um den Preis der Annahme einer Unwahrscheinlichkeit, eines Irrtums oder einer wahrhaft skurrilen Dichterphantasie so auffassen ließe.

Wenden wir uns nunmehr der lautlichen Seite des Problems zu! Hier lassen sich die folgenden Feststellungen treffen:

a) Der Name *Nikephoros* wird, soweit ich sehe, in der mittelalterlichen Romania und Germania nirgends von einem Einheimischen getragen, kann dort also frühestens mit Bezug auf den ersten bedeutenden Byzantiner dieses Namens, eben den Kaiser Nikephoros I., bekannt geworden sein. Während nun in der Antike bei der Übernahme griechischen Namens- und Wortgutes ins Lateinische durchweg die Quantität bewahrt, damit aber die Betonung verschoben wurde (Εὐριπίδης > *Euripides*), zeigt sich seit der Spätantike, also nach dem Verlust des Quantitätsgefühls in beiden Sprachen, die Tendenz, unter Mißachtung der klassischen Quantitäten die Betonung bei der Entlehnung beizubehalten; so z. B. griech. ἔγκαυστον > afrz. *encre*; griech. ἀντίφωνα > afrz. *antiefne*; griech. εἴδωλον > afrz. *idle*.

Entsprechend dürfen wir erwarten, daß Νικηφόρος seine Betonung auf dem *o* bewahrt; hierfür spricht ferner entschieden die Tatsache, daß in lat. Mss. des 9. bis 12. Jhs. recht häufig die Vokale der ersten beiden Silben schwanken, kaum je der Vokal der dritten: Einhart, *Vita Karoli* 16 (Edition Holder-Egger 19.27), Mss. A 1 und A 1* *Nuciphoros*; *Ann. Heremi* ad a. 802 (*MGH, SS.* 3.139), Mss. 10. und 11. Jh. *Nicofori*; Benedikt vom Mons Soracte (*SS.* 3.709 f.), Ms. Ende 10. Jh. *Naciforus*; *Continuator Reginonis* ad a. 967 (*SS.* 1.629) Text und 7 von 8 Mss. *Nichofori*; *Chronicum Ducum Beneventi* aus Monte Cassino ad a. 803 (*SS.* 3.212), zwei Mss. 11. Jh. *Nuciforus*; *Ann. Sancti Vincentii Mettensis* ad a. 808 (*SS.* 3.156), Ms. 12. Jh. *Nichophorus*[25] usw.

b) Etwa im 7. Jh. waren im heutigen Frankreich, später in Norditalien volkssprachlich die Finalvokale mit Ausnahme von -*a* geschwunden. Hier läßt sich also das unbetonte *o* der griechischen Finalsilbe nicht nachbilden; vielmehr muß der Name in der Volkssprache dieser Gegenden auf betontes -*fors* ausgegangen sein.

c) Der überwältigenden Mehrheit der romanischen Sprecher muß der Name etymologisch undurchschaubar geblieben sein; wegen seiner relativen Länge konnte er damit einer Tendenz zu volksetymologischer Umdeutung ausgesetzt sein. Dabei erinnert die betonte Schlußsilbe -*fors* zwangsläufig an das Adjektivum *forz* „stark", das in weiten Gebieten des Provenzalischen gegen 1100 sogar schon *fors* lautet, so daß ein Name vom Typ „X [der] Starke" vorzuliegen scheint.

d) Hat die volksetymologische Umdeutung erst einmal die zweite Namenshälfte ergriffen, so muß der Sprecher versucht sein, auch die erste sinnvoll zu deuten; allein ein leidlich bekannter, lautlich ähnlicher Name existiert jedenfalls mit anlautendem *N*- nicht. Hier bietet sich nun eine weitere Dekomposition an: in Südfrankreich ist ja *N'* (aus lat. *domine, dominum*) die bekannte indeklinable Ehrenpartikel vor dem Namen hochgestellter Persönlichkeiten. Bedenkt

---

25 Wilhelm von Apulien hat einerseits 4.77 *Nichoferus*, andererseits 4.217 *Nichiforum*.

man die Ausstrahlungskraft der provenzalischen Kultur spätestens um 1100, wie sie sich aus der Geschichte der europäischen Lyrik und aus dem Siegeszug der provenzalischen Ideale höfischen Lebens ablesen läßt – man danke an *Rol.* 3796

> *Icels d'Alverne i sunt li plus curteis –,*

so wird man damit rechnen müssen, daß die Partikel weit über den provenzalischen Sprachraum hinaus zwar nicht üblich, doch bekannt war, die Dekomposition des ersten Namensteils in *N'* und einen Namen von der ungefähren Lautstruktur *ike* sich also nicht nur einem Provenzalen anbot.[26]

e) Die bereits zitierten lat. Fehlformen des Namens beweisen, daß in romanischem Mund die erste Silbe gelegentlich ein *u*, die zweite relativ läufig ein *o* enthielt. Und schließlich kann man bei der Übernahme griechischer Wörter ins Romanische vielfach konstatieren, daß stimmlose durch stimmhafte Verschlußlaute ersetzt werden: καμπή > *gamba, jambe;* ἀποθήκη > *bottega, bodega, boutique;* παρακωνή > anglonorm. *paragone* (um 1230), afrz. *parragon* (um 1270), ital. *paragone* (14. Jh.). Bleibt die Tendenz zur Sonorisierung in intervokalischer Stellung, wie zumindest das letztgenannte Beispiel nahelegt, noch bis in den hier zu betrachtenden Zeitraum lebendig, so kann der auf die *N'*-Partikel folgende, volksetymologisch zu deutende Lautkomplex nicht nur *ike,* sondern auch *uke, uko, ug(u)e* oder *ugo* gelautet haben, und darin kann ein Nordfranzose, Provenzale oder Norditaliener dieser Jahrhunderte kaum etwas anderes gesucht haben als den in seiner Heimat ganz alltäglichen Namen *(H)Ugue* bzw. *Uc* bzw. *Ugo.*[27]

f) Stellt sich aber der Name des byzantinischen Kaisers erst einmal als *N'+Uc+fors* o. ä., also als „Herr Hugo [der] Starke", dar, so wird außerhalb Südfrankreichs die Form ohne *N'* als die ursprüngliche und damit allmählich als die natürliche gelten. Fast zwanglos wird dann das Sprachbewußtsein noch eine

---

26 In diesem Zusammenhang sei summarisch daran erinnert, daß in Denkmälern oder sekundären Zeugnissen zur afrz. Epik Formen wie *Naimeri, Naïmer* u. ä. statt *Aimeri, Aïmer* überliefert sind; daß der Name *Antelme* im *Rol.* wohl eine Kreuzung aus *Nanthelm* und *Anshelm* ist; schließlich daß einige Forscher *Naimes* aus *N' Aimes* herleiten wollen.

27 Wahrscheinlich findet so eine lautliche Eigenheit der *Karlsreise* ihre Erklärung, die Tatsache nämlich, daß sie statt der im Afrz. weitaus vorherrschenden Namensform *Hue/Huon* die seltenere Form *Hugue/Hugon* verwendet (vgl. beide Formen bei Langlois!); Voretzsch-Rohlfs (zu v. 46) glauben an eine Einwirkung der lat. Chroniksprache mit ihrem Typ *Hugo/Hugonem* – aber gerade für unseren Text ließ sich ja zu *Hugue* kein brauchbarer *Hugo* als historisches Vorbild aufzeigen. Einfacher ist die Annahme, das *-g-* rühre noch von der Umdeutung *N'ike > N'Uc,* Akk. *N'Ugo(n)* o. ä. her.

vermeintliche syntaktische Unebenheit beseitigen: es wird, wie üblich, vor dem Epitheton den bestimmten Artikel *li* einschieben.[28]

Insgesamt leitet sich also der Name Hugue li Forz aus Nikephoros ab durch ganz wenige Prozesse von logisch und psychologisch einfacher, fast zwingender Struktur; davon sind die wesentlichen überdies direkt oder durch analoge Beispiele dokumentierbar. Schließt man sich unserer These an, so ist gleichsam nebenbei auch die Frage beantwortet, warum als Epitheton das semantisch nur mäßig zutreffende *forz* und nicht z. B. *riches* oder *puissanz* auftritt.

Wenden wir uns der zweiten Hypothese zu, der Herleitung aus der legendären Gestalt des Königs Hu Gadarn von Konstantinopel, wie sie uns in der walisischen Literatur entgegentritt! Da *Cadarn* (leniert *Gadarn*) „der Starke" heißt, läßt sich die Identität der beiden Gestalten nicht leugnen; zu bestimmen ist lediglich die Entlehnungsrichtung. Hierbei geht es um die folgenden literarischen Zeugnisse:

1. Im 13. Jh. wird die *Karlsreise* ins Walisische übersetzt.[29] Da der Übersetzungscharakter des walisischen Werkes schlechthin nicht zu bezweifeln ist, auch nie bezweifelt wurde, kann man die These von der Priorität der keltischen Tradition nicht auf diesen Text stützen.

2. Eine Ode des Iolo Goch aus dem 14. oder 15. Jh. ist Hu Gadarn gewidmet, läßt sich jedoch zwanglos aus der genannten walisischen Übersetzung erklären.

3. Hu Gadarn wird mehrfach in den walisischen *Triaden* erwähnt, doch wie schon Keltisten wie Stephens und zu Beginn unseres Jahrhunderts J. Loth[30] klar sahen, nur in jenem Teil der *Triaden*, den man frühestens ins 15. Jh. datieren konnte, und schon Bédier[31] zog daraus den zutreffenden Schluß für die Richtung der Entlehnung.

Zudem läßt sich der Name *Hu* aus dem Keltischen nicht erklären, ist vielmehr einfach übernommen aus dem anglonorm. *Hu(e)*, wo ja das finale nachvokalische *-e* früh verstummt war.[32] Heute sind zwar *Hugh, Hughes* [hju:(z)] in Wales

---

[28] Grégoire, *art. cit.* (Fußn. 2) 441, setzt stattdessen eine m. E. unnötige, jedenfalls unbelegte und schwer erklärbare Zwischenform **Nicliphorus an.

[29] Enthalten in E. Koschwitz, *Sechs Bearbeitungen des altfranzösischen Gedichts von Karls des Großen Reise*, Heilbronn 1879.

[30] Vgl. Joseph Loth, *Les Mabinogion du Livre Rouge de Hergest*, 2 Bde., Paris 1913, II 295 Fußn. 1.

[31] *Les légendes épiques*, IV, Paris ³1929, 151 f.

[32] Loth, *loc. cit.* (oben Fußn. 30), schreibt: *Le nom de Hu paraît bien être le nom vieux français Hue, au nominatif, confondu avec un nom gallois; ce qui suffirait à montrer le peu d'ancienneté de cette légende.* Aber offensichtlich kann selbst Loth die autochthone Komponente nicht angeben; und damit wird die Hypothese einer Kreuzung völlig willkürlich; Loths Folgerung

sehr gängige Namen, aber sie wurden erst von Anglonormannen dorthin gebracht, wie u. a. aus der Diskrepanz von Aussprache und Schreibung hervorgeht, in denen sich die altfranzösische Dopplung der Typen *Hue* und *Hugue* fortsetzt. Mehr noch: als Individualname scheint Hugo sogar bei den Angelsachsen so gut wie ungebräuchlich gewesen zu sein; jedenfalls bezeichnet einer der besten Kenner der Materie, Olof von Feilitzen, den Namen ausdrücklich als kontinentalen Namen, da sich von den acht Stellen, an denen das *Domesday Book* Personen dieses Namens als 1066 in England ansässig bezeichnet, fünf auf den nachweislich französischen Kämmerer Eduards des Bekenners beziehen.[33]

Um aus der neueren keltistischen Forschung nichts zu übersehen, wandte ich mich an das *Department of Welsh* (*Yr Adran Gymraeg*) des *University College of Wales* in Aberystwyth (*Coleg Prifysgol Cymry*). Die Antwort von Dr. Brynley F. Roberts, für die ich hiermit herzlich danken möchte, fiel unerwartet eindeutig aus:

> (...) this name, Hu Gadarn, occurs in the Welsh triads. The triads were first printed in The Myvyrian Archaiology of Wales in 1804. The first two series are authentic mediaeval collections of Welsh story material which have been edited recently by Rachel Bromwich, *Trioedd Ynys Prydein*, in England. Hu Gadarn is *not* mentioned here. The *Myvyrian Archaiology* also contains a third series of triads, where Hu Gadarn is mentioned several times. But this third series is now known to be quite definitely an eighteenth century forgery, the imaginative work of a poet called Iola Morganwg. He did not create the name, Hu Gadarn, but found it in a fourteenth century poem where it obviously refers to the character Hugue li Forz of the Charlemagne romances. Far from being the source of the French name, Hu Gadarn is a translation of it.

Bei diesem Stand der Dinge dürfte sich die keltische These endgültig erledigen. Fragt man sich, wie sie denn nach den richtigen Erkenntnissen von Stephens, Loth und Bédier wieder an Boden gewinnen konnte, so zeigt sich: daß bei Webster[34] von Hu(e) noch gar nicht die Rede ist; daß Loomis[35] den französischen Ursprung des Namens Hu Gadarn noch zugibt, aber für die narrativen Elemente die umgekehrte Entlehnungsrichtung postuliert, weil sie im Byzanz der *Karlsreise* ein keltisches Sommerlandes zu erkennen glaubt; daß daraufhin Krappe

---

vom geringen Alter der Legende gilt dann *a fortiori*. Loth fährt fort: *Stephens a déjà fait la remarque que les triades qui font mention de Hu ne remontent pas plus haut que le XVe siècle* (*Literature of the Cymri*, 428 Note).

33 Olof von Feilitzen, *The Pre-Conquest Personal Names of Domesday Book*, Uppsala 1937, 294 (wo OG. „Old German" heißt und das Angelsächsische ausschließt).
34 *Art. cit.* (Fußn. 5).
35 *Art. cit.* (Fußn. 6) 334 Fußn. 3.

von seiner ursprünglichen, durchaus richtigen Auffassung zurücktrat und in philologisch unhaltbarer Weise die Namen *Hu(e)* und *Hughe(s)* trennte;[36] daß schließlich Ronald Walpole die Möglichkeit einer Anleihe der keltischen bei der französischen Literatur gar nicht mehr ernsthaft in Betracht zieht.[37]

Damit zur These von der Identität des Hugue li Forz mit dem Hugdietrich ‚von Konstantinopel' der germanischen Heldensage! Die germanische Epik um Hugdietrich und seinen Sohn Wolfdietrich reicht im Grundstock zurück auf Chlodwig und seinen ältesten Sohn Theuderich I., von unbekannter Mutter (laut Gregor von Tours Konkubine), weniger wahrscheinlich auf Letzteren und seinen einzigen Sohn Theudebert I., der nach des Vaters Tod Gefahr lief, von der Thronfolge ausgeschlossen zu werden. Außer im letztlich verwandten afrz. *Floovent* sind eine oder beide Hauptgestalten dieser Epik mehr oder weniger direkt bezeugt durch den altenglischen *Widsith* (spätestens 9. Jh.), den Poeta Saxo (spätes 9. Jh.), Widukind von Korvey (um 968) und die Quedlinburger Annalen (um 1025) – aber immer nur als Franken, also ohne erkennbare geographische Ausweitung. Erst die deutschen Wolfdietrich-Großepen, entstanden zwischen etwa 1215 und dem späten 15. Jh., machen Vater und Sohn zu Herrschern von Konstantinopel (wobei der Sohn durch seine Mutter auch *Salneck* ‚Saloniki' erbt). Hermann Schneiders Hinweis darauf,[38] daß nach dem Kollaps Westroms auf dessen Gebiet Chlodwig der älteste der großen Germanenherrscher gewesen sei und daß in der *Floovent*-Überlieferung Floovents Vater Constantin heiße, ist eindeutig unzureichend, das ‚von Konstantinopel' zu erklären. Besteht zwischen *Hugue li Forz* von Konstantinopel und Hugdietrich von Konstantinopel ein Zusammenhang, so muß vielmehr Ersterer als der Gebende gelten. Doch ist darauf hinzuweisen, daß 1204 ein lateinisches Kaiserreich Konstantinopel unter einem ‚Franken' und, lehnsabhängig von ihm, ein lateinisches Königreich Saloniki entstanden waren; auch das könnte die Transplantation veranlaßt haben.

Auf die drei letzten Erklärungsversuche zu unserem Namen brauchen wir nur wenige Sätze zu verwenden.

Der Gedanke, der Name Hugo klinge auch lautlich an Harûn ar-Raschîd an, und die Gestalt sei vom Dichter der *Karlsreise* gleichsam versehentlich von Bagdad nach Konstantinopel transferiert worden, wurde von Heinermann[39] immerhin zu einer Zeit formuliert, als die Versuche der Herleitung aus Hu Gadarn und

---

[36] *Art. cit.* (Fußn. 7) 365.
[37] *Art. cit.* (Fußn. 8) 185.
[38] S. Fußn. 11.
[39] S. Fußn. 12.

aus Hugdietrich schon bekannt waren. Man fragt sich, nach welchen leidlich intersubjektiven Kriterien Heinermann seine These als die beste der drei angesehen haben kann. Sie mag als Beispiel gelten für eine Epentheorie, die den Rückgriff auf eine mündliche Vorgeschichte als romantisch ablehnt – und zum Preis dafür dem Dichter das schlechthin Läppische unterstellen muß.

Karl Heisigs Hinweis[40] auf König Hugo von Italien (1. Hälfte 10. Jh.) hat immerhin für sich, daß eine Tochter dieses Königs einen Sohn des Basileus heiratete; ferner daß der Diplomat Liutprand von Cremona, dessen Vater in Hugos Diensten eine Gesandtschaft nach Konstantinopel mitgemacht hatte und der nach Hugos Zeit ähnliche Missionen leitete, von den Wundern des kaiserlichen Palastes in Byzanz eine Beschreibung gibt, die in manchem an die der *Karlsreise* erinnert. Aber die Ähnlichkeit der Beschreibungen läßt sich aus der Identität der Objekte bzw. aus der Ähnlichkeit von Gerüchten und Berichten darüber erklären; die durch Heirat begründete Verwandtschaft ist keine Personengleichheit, und der Beiname „der Starke" bleibt unerklärt. Ich glaube also auch hier an einen Zufall, gestehe aber gern zu, daß Heisigs Grundansatz, nach einer realen Gestalt dieses Namens in möglichster Nähe von Byzanz zu suchen, methodisch richtig war.

Coulets Hypothese schließlich[41] ist demgegenüber schlechthin willkürlich: man sieht nicht, weshalb der Name *Huon le Maine* eines durch Konstantinopel ziehenden französischen Kreuzfahrers (selbst wenn dieser Graf von Vermandois und Bruder des französischen Königs ist, worauf Coulet hinzuweisen vergißt!), vom Dichter ohne erkennbaren Grund zu *Hugon le Fort* umgeändert, sich als Name eines byzantinischen Herrschers anböte.

Versuchen wir zum Abschluß, aus unsrem Ergebnis die methodologischen Schlußfolgerungen zu ziehen!

1. Wir fanden sechs Identifizierungsversuche vor, die sich logisch im wesentlichen ausschließen und von denen deshalb zumindest fünf falsch sein müssen. Während man sich heute zum Nebeneinander unvereinbarer Stimmen in der Epenforschung manchmal geradezu beglückwünscht, kann ich diesen Zustand nur beklemmend finden. Was hier nottut, sind in erster Linie nicht neue Hypothesen, nicht einmal theoretische Kompromisse; sondern not tut der Wille, Hypothesen auszuschalten.

2. Unsere Lösung zeichnet sich gegenüber den anderen durch einen Umstand aus: sie genügt dem Grundsatz *En el principio era la historia*. Ein Dichter des zwölften Jahrhunderts versichert uns, die von ihm gezeichnete Gestalt

---
40 S. Fußn. 13.
41 S. Fußn. 14.

sei Karls des Großen Zeitgenosse auf dem byzantinischen Thron. Aber nein! Entgegnen ihm die Epenforscher des neunzehnten und zwanzigsten Jahrhunderts, es ist vielmehr ein mythischer König der Waliser, vielmehr letztlich König Chlodwig, vielmehr Harûn ar-Raschîd, vielmehr König Hugo von Italien, vielmehr Graf Hugo von Vermandois; vielmehr schließlich, es ist zwar ein byzantinischer Kaiser, aber im wesentlichen einer des zehnten oder des elften Jahrhunderts. Unsere Antwort lautet hingegen: es handelt sich, ganz wie der Dichter erklärt, um den historischen Zeitgenossen Karls auf dem byzantinischen Thron; die Modifikationen, denen sein Name ausgesetzt war, sind ziemlich einfach beschreibbar. Und zwar gehört das Problem keineswegs nur der Stoffgeschichte an; hier, wie so oft in der Epenforschung, ziehen falsche Ursprungshypothesen auch falsche – meist bizarre – Vorstellungen vom dichterischen Schöpfungsprozeß nach sich.

Postkriptum 2018

Hu Gadarn. Hier macht die gegenwärtige Forschungslage ein längeres Postskriptum nötig.

Zunächst sei die Hauptthese des obigen Aufsatzes lautlich etwas expliziter formuliert. In der Entwicklung vom historisch zutreffenden (!) Namen Νικηφόρος (mit lateinschriftlichen Varianten wie *Nuciphorus, Nicoforus, Nicheforus* u. ä.) > **ŃUc (lo) fors* > *Hugue li Forz* ist *Hugue* selbstverständlich die auch anderweitig gut belegte (dem germanischen, dann mittellateinischen *Hugo* noch etwas näherstehende) Nebenform des lautgesetzlichen altfrz. *Hue* ‚Hugo'. Deshalb behandeln ja z. B. die Namenwörterbücher der afrz. Epik von Moisan und Langlois beide Formen, wie zu erwarten, im selben Artikel. Für das mittelalterliche Bewusstsein handelte es sich also zweifellos und zu Recht um Varianten ‚desselben' Namens. Als nun dieser alltägliche Männername aus dem Anglonorm. ins Walisische überging (wo er auf kein einheimisches Kognat traf), wurde die majoritäre Form *Hue* (deren -*e* schon weitgehend verstummt war)[42] zugrunde gelegt und ergab den bald gängigen walisischen Namen *Hu* (auch *Huw* geschrieben), der dann verständlicherweise auch für die Variante *Hugue* eintreten konnte, so eben in *Hu Gadarn* ‚Hu der Starke' (mit leniertem *cadarn* ‚strong, powerful, steadfast') als Übersetzung von *Hugue li Forz.*

---

[42] Mildred K. Pope, *From Latin to Modern French with Especial Consideration of Anglo-Norman*, Manchester ²1956, § 1133: Anglonormannisches -*e* „in hiatus with a preceding tonic vowel was ordinarily effaced in the late twelfth and early thirteenth centuries [...]".

Damit zur Forschungsgeschichte. Nachdem für die Handlung und viele Einzelmomente der *Karlsreise* die Theorie vom essentiell keltischen Urprung 1906 durch K. G. T. Webster nicht nur motivisch, sondern erstmals auch strukturell ausgeführt und seitdem von namhaften Forschern mit diversen Argumenten kontinuierlich – wenn auch gegen vielfachen und scharfen Widerspruch – vertreten worden war (s. oben Anm. 5–8), schien sie 1968/1969 den Todesstoß zu erhalten, als Rachel Bromwich nachwies, dass die dritte Serie der Waliser Triaden eine Fälschung der Zeit um 1800 ist.[43] Konsequenterweise und essentiell gleichzeitig erklärte sie auch *Hu Gadarn* als Übersetzung von *Hugue li Forz*,[44] ohne zu bestreiten, dass der walisische Übersetzer der *Karlsreise* seine Vorlage gelegentlich in glücklicher Weise kommentiert, etwa den Pflügerkönig Hugue daran denken lässt, dass Gott Adam Ackerarbeit im Schweiße seines Angesichts auferlegte – ein Motiv, das dann Iolo Goch (um 1320–um 1396) zu seiner berühmte Ode (*cywydd*) auf Hu Gadarn inspirierte. Als ich 1969/1970 den obigen Aufsatz ausarbeitete, waren mir als Nicht-Keltisten Bromwichs beide Publikationen noch unbekannt; doch teilte mir auf meine Anfrage Dr. Brynley F. Roberts (Aberystwyth) ihr Hauptresultat mit (s. oben).

Inzwischen ist Annalee Rejhon in umfangreicher Argumentation erneut für keltischen Ursprung des gesamten *Pèlerinage*-Stoffes eingetreten.[45] Es handelt sich großenteils um sehr komplexe strukturelle und inhaltliche Fragen, auf die einzugehen hier nicht der Ort ist – mit einer markanten Ausnahme: die amerikanische Forscherin vertritt selbst für den Namen des Herrschers von Konstantinopel eine Präzedenz des walisischen *Hu Gadarn* vor dem französischen *Hugue li Forz*, so dass Letzteres die Übersetzung von Ersterem wäre[46] – genau entgegen meiner Hauptthese. Und zwar schlägt sie „tentatively" vor, *hu* sei hier vielmehr das gelegentliche altwalisische Präfix *hu-* (entsprechend gallisch *su-*, altirisch *su-*, *so-*) als „intensifier", so dass also *Hugadarn* etwa ‚der sehr Starke' hieße. Das halte ich für unzutreffend – zum einen, weil m. E. die obige Herleitung von *Hugue li Forz* aus *Nikephóros* so naheliegend ist, sich fast ‚automatisch' ergibt, dass es schwerfällt, sie für eine Illusion zu halten, wohingegen ein Name der Bedeutung ‚der sehr Starke' – oder auch ‚Hu der Starke' – für einen Griechen-

---

43 Rachel Bromwich, *Trioedd Ynys Prydein: The Myvyrian 'Third Series'*, in: The Transactions of the Honourable Society of Cymmrodorion 1 (1968), 299–338, und 2 (1969), 127–156.
44 Rachel Bromwich, *Trioedd Ynys Prydein in Welsh Literature and Scholarship*, Cardiff 1969, 22 s.
45 Annalee C. Rejhon, *Hu Gadarn: Folklore and Fabrication*, in: Patrick K. Ford (edd.), *Celtic folklore and Christianity, Studies in Memory of William W. Heist*, Santa Barbara 1983, 201–212; dieselbe, *The French Reception of a Celtic Motif: The Pèlerinage de Charlemagne à Jérusalem et à Constantinople*, in: Zeitschrift für celtische Philologie 42 (1987), 344–361.
46 Rejhon (wie soeben Anm. 4), 1983, 209 s.

kaiser *als primärer Einfall* unspezifisch-flach wirkt. Zum andern scheint mir auch die walisische Überlieferung selbst gegen Rejhons Hypothese zu sprechen. Denn wie Rachel Bromwich bis heute unwiderlegt ausführte,[47] findet sich der Name *Hu Gadarn* zuerst in der walisischen Übersetzung der *Karlsreise*, also seit etwa 1300; ich habe deren sämtliche Manuskripte durchgeprüft:[48] in allen wird der Herrscher von Konstantinopel nicht nur *Hu Gadarn* ‚Hugo der Starke', sondern passim auch einfach *Hu* ‚Hugo', mindestens gelegentlich auch *Hu vrenhin* ‚der König Hugo' oder *Hu Gorstinabyl* ‚Hugo von Konstantinopel' genannt.[49] Hier überall kann offensichtlich *Hu* nicht verstärkende Vorsilbe, sondern nur der Name selbst sein; *Gadarn* ‚der Starke' ist also adjektivische Apposition – ganz wie etwa bei *Derfel Gadarn* ‚Derfel dem Starken', einem (nach der Tradition) tapferen Überlebenden von Artus' Untergang, späterem Klostergründer. Die Annahme, im Walisischen sei der Name *Hu(-)Gadarn* schon vor seinem Erstbeleg tiefgreifend umgedeutet worden, hängt beim Fehlen aller Spuren eines älteren Textes im Leeren; etwa anzunehmen, diese Umdeutung sei unter dem (Retro-) Einfluss des romanischen *Hugue li Forz* eingetreten, würde m. E. die Argumentation noch weniger glaubhaft machen.[50]

---

47 Rachel Bromwich (wie soeben n. 2).

48 Nämlich (geordnet nach mutmaßlichem Alter): Aberystwyth, National Library of Wales, Peniarth Nr. 8-I, 8-II, 7, 9 (datiert 1336), 10 und 5 (= The White Book of Rhydderch, I), sowie Oxford, Jesus College 111 (= The Red Book of Hergest). Liste und sorgfältige Transkriptionen zugänglich unter: www.rhyddiaithganoloesol.caerdydd.ac.uk/en/texts.php?genre=romance (Welsh prose 1300–1425/Texts/Romance/Pererindod Siarlymaen).

49 Z. B. finde ich im Weißen Buch von Rhydderch und im Roten Buch von Hergest über 20-mal *Hu gadarn*, zwischen 35- und 40-mal einfaches *Hu*, je 1-mal *Hu vrenhin* und *Hu Gorstinabyl*; in Peniarth 8-I ist *Hu vrenhin* wesentlich häufiger.

50 Ein knappes Jahrhundert nach seinem Auftauchen im Walisischen selbst ist der Name ein einziges Mal im frz. Sprachgebiet belegt: kurz vor 1400 erwähnt der Lütticher Jean d'Outremeuse in seinem *Myreur des Histors* (ed. Goosse Zeile 3812 s.) skizzenhaft eine Jerusalemfahrt Karls; er datiert sie auf April 818 (!) und gibt als Quelle neben einer *chanson de geste* eine sonst unbekannte und, falls existent, offensichtlich pseudonyme ‚Chronik des Papstes Sergius II.' († 847] an; Karls Antagonisten (den er aber nicht in Konstantinopel, sondern in Zypern oder Ungarn ansiedelt!) nennt er *le roy Gadars*, und zwar nur in dem Satz: *Et la* (nämlich in Zypern oder Ungarn) *fut engenreiz de [Olivier] de Viane en la fille le roy Gadars Galiens le Restaureit*, wo *Gadars* – obwohl hier syntaktisch nicht passend – ein formaler altfrz. Rectus zu *Gadarn* ist (wie z. B. zeitweilig *li jors* zu *le jorn*). Wie so oft posiert Jean d'Outremeuse auch hier als der Historiker, der alles weiß (während er in Wirklichkeit nicht einmal das allgemein bekannte Todesdatum Karls respektiert), und wie so oft steht er im Verdacht, sein Mosaik selbst gebaut zu haben. Zwar sieht hier Rejhon (1983, 210–212) in *le roy Gadars* ein Indiz für die Präzedenz einer walisischen vor der romanischen Erscheinungsform der Gestalt, nimmt also an, die Gestalt sei lange, bevor sie im Walisischen selbst fassbar wird, auf den Kontinent gelangt und habe dort (neben ihrer Romanisierung zu *Hugue li Forz*) mehr als zweihundert Jahre lang latent weitergelebt, bis sie bei d'Outrmeuse sichtbar wurde. Aber statt das späte

Wie es also auch um die ‚Keltizität' anderer Motive der *Karlsreise* bestellt sein mag – der Name des Griechenherrschers *Hugue li forz* gehört vielmehr zum historisch-geographisch realen Grundstock der Erzählung – ebenso wie Karl, wie Konstantinopel selbst, wie Paris und Jerusalem.

Zeugnis so extrem zu belasten, sind doch einfachere Annahmen möglich: z. B. kann Jean d'Outremeuse einen zweisprachigen (walisisch-anglonorm.) Gewährsmann kennengelernt haben, der – warum nicht? – wie schon der walisische Übersetzer der Karlsreise (und vielleicht damals auch schon Iolo Goch) von der Gestalt des Pflügerkönigs angetan war.

Sachsenepik

10 Epik um einen Fluss: Geographie, Geschichte und Mittellatinistik als Schlüssel zur Sachsenepik

Résumé : Le contenu géographique et historique des chansons de geste ayant pour sujet les guerres saxonnes de Charlemagne (essentiellement les *Saisnes* et, comme représentants de textes français perdus, les branches I et V de la *Karlamagnús-Saga* norroise) est de nos jours encore largement sous-estimé. À l'aide des deux *Vitae* de la reine Mathilde, l'article fait remonter jusqu'au Xe siècle le thème légendaire du duel victorieux de Charlemagne contre Guitechin, scène cruciale des *Saisnes* ; il fait ressortir la base géographique du rôle primordial des fleuves dans toutes ces œuvres et l'origine historique du motif non moins important de la construction d'un pont par Charlemagne ; il explique tant les différences importantes des trois versions principales (pont sur le Rhin à Wesel dans la KMS I, sur le Rhin à Worms dans la KMS V, sur la Ruhr près de Dortmund dans les *Saisnes*) que la place marquante de Dortmund dans chacune des trois. Enfin, il identifie comme noyau historique des *Saisnes* la prise d'assaut en 775 de la Hohensyburg, qui domine, au sud de Dortmund, la vallée de la Ruhr du sommet d'une berge escarpée de plus de 100 m de hauteur. Pourtant, dans la francophonie ce noyau narratif fut au moins ravivé et précisé par les marchands wallons qui, fréquentant régulièrement Dortmund au moins depuis le XIe siècle, devaient chaque fois gagner la hauteur de la Hohensyburg. Au passage, l'article élucide un passage controversé du *Liber Historiae Francorum*, l'homonymie des deux fleuves ‹épiques› du nom de *Rune* (la Ruhr, l'Arga de Pampelune) et la genèse du lat. méd. *Tremonia* ‹Dortmund›.

1 Die Texte

a Überblick

Vergleichend untersuchen lassen sich die epischen Darstellungen von Karls Sachsenkrieg nur, wenn man zunächst den Textbestand betrachtet.

Die wichtigste Darstellung liegt in afrz. Sprache selbst vor, Bodels *Chanson des Saisnes* (um 1200, im Folgenden kurz *Saisnes*).[1]

---

[1] Im Folgenden zitiert nach Jehan Bodel, La Chanson des Saisnes, ed. Annette Brasseur, 2 Bde., Genève 1989. – Zwei weitere afrz. Epen, *Doon de Mayence* (Mitte 13. Jh., vielleicht Remaniement eines älteren Liedes) und *Gaufrey* (noch 13. Jh.), könnte man nur in einem ganz äußerlichen Sinn des Wortes zur ‹Sachsenepik› rechnen. Da in ihnen außer dem Grundfaktum, dass Karl gegen Sachsen kämpft, nichts der historischen und fast nichts der geographischen Realität entspricht, behandle ich sie nicht (bis auf ein unten in Anm. 51 erwähntes Detail). Auch die Aufnahme des Sachsenkriegs-Stoffes in Sammelwerke wie die von Girart d'Amiens (um

Anmerkung: Erstmals veröffentlicht in: Mittellateinisches Jahrbuch 51 (2016), 221–258.

Nur in altnord. Übertragung fassbar sind zwei Darstellungen in der *Karlamagnús saga* (13. Jh., kurz: KMS), zum einen in Kap. 46–47 der Ed. Unger (1860, entsprechend Kap. A43–A44 der Ed. Loth, 1980) der ersten Branche der KMS (kurz: KMS I 46 f.),[2] zum andern in deren gesamter fünfter Branche (KMS V), die nur in der Ed. Unger vorliegt. Beide Texte wollen wie die *Saisnes* Erzählungen des ganzen Sachsenkrieges sein; das macht sie strukturell beurteilbar und mit den *Saisnes* vergleichbar.

Der lat. Pseudo-Turpin (um 1140–1150, kurz PT) berührt Karls Sachsenkrieg nur in seinem Kap. 33, das inhaltlich ein Nachtrag, aber schon im *Codex Calixtinus* enthalten ist. Während der Belagerung von Nobles (hier allerdings in Grenoble umgedeutet) wird Roland von Karl, den die Sachsen in einer Burg bei *Warmacia* ‹Worms›[3] eingeschlossen haben, zur schnellen Hilfe herbeizitiert. Gott lässt wie bei Jericho die Mauern von Grenoble von selbst fallen, und Roland trifft früh genug zur Befreiung seines Onkels ein. Zu fragen ist aus unserer jetzigen Perspektive nur, wie Worms in den Sachsenkrieg kommt. Doch findet sich die Worms-Szene in einen breiteren Erzählkontext eingebettet auch in der KMS V; somit lässt sich die Frage von dort aus besser beantworten.

Im Span. gehört zu den Materialien frz.-epischer Herkunft, die im ältesten Ms. (Madrid B. N. 1187, spätes 13. Jh.) der *Gran Conquista de Ultramar* noch fehlen,[4] aber im 14. Jh. in die Kompilation aufgenommen wurden, das nur wenige Zeilen umfassende Résumé eines Sachsenkrieges, der, soweit man das bei dieser Kürze sagen kann, inhaltlich zwischen der KMS V und Bodel steht.[5] Zudem existieren Romanzen, die zwar inhaltlich mit den *Saisnes* zusammenhängen, deren Genese aber so starke Eigenprobleme aufwirft,[6] dass sie für das Studium der *Saisnes* unergiebig sind.

1300), Jean d'Outremeuse (spätes 14. Jh.) und David Aubert (1458) kann hier nicht untersucht werden.

2 Karlamagnús saga. Branches I, III, VII et IX, Édition bilingue projetée par Knud Togeby et Pierre Halleux. Texte norrois édité par Agnete Loth. Traduction française par Annette [Patron-] Godefroit. Avec une étude par Povl Skårup, København 1980. – Karlamagnus saga ok kappa hans, ed. Carl Richard Unger, Kristiania [Oslo] 1860. Wie schon Daniel W. Lacroix in seiner frz. Übersetzung La Saga de Charlemagne, Paris 2000, benutze ich den Lothschen Text, halte mich aber aus praktischen Gründen an die Ungersche Kapitelzählung.

3 Mlat. *Warmatia*, häufiger *Wormatia*.

4 Und damit auch in: La Gran Conquista de Ultramar, Biblioteca Nacional MS 1187, ed. Louis Cooper, Madison 1989.

5 Vgl. die Edition Pascual de Gayangos, Madrid 1858, p. 185 b, nach dem Erstdruck Salamanca 1503. – Francisco Bautista, Sobre la materia carolingia en la Gran conquista de Ultramar y en la Crónica fragmentaria, in: *Hispanic Research Journal* 9 (2002) 209–226, schlägt für die Aufnahme die Zeit um 1390 vor.

6 Vgl. Gustav Adolf Beckmann, Gualter del Hum – Gaiferos – Waltharius, Berlin 2010, 85 mit n. 109, mit Hinweis auf die Positionen von Menéndez Pidal, Millet und Heintze (dort nachzutra-

Von dem mittelndl. *Gwidekijn van Sassen* schließlich ist nur ein Fragment von knapp 200 Versen erhalten.[7] Es beschreibt einen Ausfall der schon in ihrer Hauptstadt Sassine belagerten Sachsen unter Gwidekijns Bruder, dem Riesen Fledric, der dabei umkommt; es endet mit einer Diskussion der Sachsen darüber, wer die Hiobsbotschaft Gwidekijn überbringen soll, der sich in einer anderen Stadt namens Bacham aufhält. Besamusca betrachtet den *Gwidekijn* wohl zu Recht als einen genuin niederld. Text ohne frz. Vorlage.[8]

Somit beschränke ich mich im Folgenden auf die *Saisnes* und die beiden Texte in der KMS.

b Die Überlieferung der *Saisnes*

Um einen wichtigen Schluss nicht zu entwerten, müssen wir auch die Überlieferung der *Saisnes* skizzieren. Zu Beginn (v. 32 Mss. AR ~ 29 Mss. LT) nennt sich Bodel als Autor; doch Ende 1202 kam er in die Leproserie, und zumindest der Schlussteil des Werkes von reichlich 2000 Versen, der als typischer Fortsetzungsteil von Guitechins Söhnen handelt, fällt literarisch stark ab und kann hier außer Betracht bleiben. Der verbleibende Hauptteil (in AR knapp 4300, in LT etwa 5600 Verse) hat einen in sich befriedigenden Schluss: nach langem, wechselvollem Krieg tötet Karl Guitechin im Zweikampf, zieht in seine Hauptstadt *Tremoigne* ‹Dortmund›[9] ein, nimmt seine Witwe Sebile ins Christentum auf und verheiratet sie mit seinem Neffen Balduin, der zum Herrn von Sachsen wird; der Deuteragonist Berart erhält Sebiles Vertraute Helissent; Karl zieht mit seinem Heer ab.

Aber auch dieser Hauptteil bietet ein Überlieferungsproblem. Bis v. 3307 AR ~ 3001 LT gehen die beiden Ms.-Familien eng zusammen. Von da bis zum Ausscheiden von A (v. 4337 AR ~ 5713 LT) zeigen sie miteinander keine Wortanklänge mehr und können nicht mehr einem gemeinsamen Autor zugeschrieben werden, da ein solcher doch selbst bei einer Umarbeitung oder Rekonstruktion aus dem Gedächtnis ab und zu ‹einen Stein auf dem anderen› gelassen hätte. Wohl aber zeigen sie inhaltlich noch so viel Parallelismus, dass die Editorin sie weiterhin *en regard* abdrucken kann. Sie verhalten sich also, als hätten zwei

---

gen: Ramón Menéndez Pidal, La Chanson des Saisnes, in: Mélanges de linguistique et de littérature romanes offerts à Mario Roques, 4 Bde., Paris 1950, Bd. 1, 229–244).

[7] Ediert von Gerrit Kalff, Middelnederlandsche epische fragmenten, Arnheim, 1886, 159–167.
[8] Bart Besamusca, Medieval Dutch Charlemagne Romances: An Overview, in: Olifant 26 (2011) 167–193, hier 184.
[9] Zum afrz. Namen von Dortmund vgl. unten Abschnitt 7b!

Autoren nach derselben inhaltlichen Skizze zwei epische Texte verfertigt. Die Editorin sprach 1989 und 1990 Bodel beide Versionen ab;[10] man darf dann wohl schließen, dass der Dichter beim Gang in die Leproserie eine Skizze hinterließ, die zwei Nachfolger ‹um die Wette› ausführten. Doch schon 1991 demontierte Povl Skårup[11] die meisten chorizontischen Argumente der Editorin und tendierte mit aller Vorsicht dazu, die eine Fassung weiterhin Bodel zuzuschreiben; man kann dann etwa annehmen, dass Bodel die Skizze einem Nachfolger hinterließ, aber wider Erwarten in der Leproserie noch den gesamten Hauptteil fertigstellen konnte. Wie dem auch sei, folgt daraus für uns, dass der große Zweikampf zwischen Karl und Guitechin von Bodel zumindest in seiner Skizze geplant war; mit einiger Wahrscheinlichkeit können wir ihn aber auch in seinen Worten lesen.

2 Der Höhepunkt der Handlung: der kriegsentscheidende Zweikampf Karls und Widukinds

Dieser Zweikampf sollte uns interessieren. Als Romanist mag man es zunächst für selbstverständlich halten, dass er das Rolandslied nachahmt, hier also das Duell zwischen Karl und Baligant. Doch hat schon Gaston Paris[12] auf einen viel älteren Zweikampf zwischen Karl und Widukind hingewiesen, freilich ohne ihn in Verbindung mit Bodel zu bringen. Gerade das aber halte ich für lohnend.

Dieser legendäre Zweikampf als Abschluss des Sachsenkrieges findet sich schon in zwei gut datierbaren Texten aus den Jahren 973–980 und 1002–1014: der *Vita Machtildis antiquior* und ihrer Umarbeitung, der *Vita Mathildis posterior*, Lebensbeschreibungen der deutschen Königin Mathilde († 968), der Frau Heinrichs I.[13]

Mathildes Heiligkeit beruht hauptsächlich darauf, dass sie das Kanonissenstift Quedlinburg und das Nonnenkloster Nordhausen gründete.[14] Aus einem

---

10 Sowohl in ihrer Edition (wie Anm. 1) als auch im Begleitband: Annette Brasseur, Étude linguistique et littéraire sur la Chanson des Saisnes de Jehan Bodel, Genève 1990, beide passim. Ähnlich schon dies., La part de Jehan Bodel dans la Chanson des Saisnes, ou quatre rédactions en quête d'auteur, in: Olifant 13 (1988), 83–95.
11 Povl Skårup, Jehan Bodel et les autres auteurs de la Chanson des Saxons, in: Revue Romane 26 (1991) 206–218; vgl. auch dens., L'unité contestée de la Chanson des Saisnes, in: Olifant 20 (1995–1996 [1999]) 7–12.
12 Paris, Gaston, Histoire poétique de Charlemagne, Paris 1865, 292.
13 Editio citanda: Die Lebensbeschreibungen der Königin Mathilde, hg. von Bernd Schütte, Hannover 1994 (MGH SS.schol. 66).
14 Lexikon des Mittelalters (im Folgenden: LM), Studienausgabe, 9 Bde., München 2003, s. v. Mathilde 1.

von beiden stammt die *Vita antiquior*, also entweder von einem Priester, der den Kanonissen bzw. Nonnen die Sakramente spendete, oder wahrscheinlicher von einer der geistlichen Damen selbst.

Die Autorin – wenn ich kurzerhand so sagen darf – kennt Terenz' *Andria* (wie ihre ältere Landsmännin Hrotsvith von Gandersheim), Vergil und geistliche Literatur, von Historikern aber nur die Sachsengeschichte ihres Zeitgenossen Widukind von Corvey.[15] Insbesondere weiß sie nichts von der Gattung der Annalen, ahnt jedenfalls nicht, wie leicht ihre offensichtlich *bona fide* formulierten Worte über das Ende von Karls Sachsenkrieg von dort aus hätten widerlegt werden können.

Königin Mathilde war eine Nachkommin des großen Widukind,[16] für den Karl der Große ja persönlich Taufpate geworden war. Ihre Biographin betrachtete diese Herkunft als hohen Adelstitel; doch um hier jede Zweideutigkeit in Glaubensdingen auszuschließen, musste sie Widukinds Bekehrung [a. 785] erwähnen, die sie bereits mit dem Ende des Sachsenkriegs [a. 804] gleichsetzt. Sie schreibt also gleich in Kap. 1 (p. 113 ed. Schütte):

> [Widikindus dux Saxonie], quondam demonum captus errore, praedicatorum pro inopia idola adorans, christianos constanter persequebatur. Illo autem tempore Karolus Magnus arcem tenens imperii, vir christianissimus, armis strenuus, lege eruditus totusque in fide catholicus et erga dei cultores benivolus ac devotus, contra eundem Widikindum bella cum exercitu iniit defendendę causa fidei, ut semper contra paganos solebat.[!] Cumque simul convenissent, utrisque placuit principibus, ut ipsi singuli dimicaturi consurgerent et, cui sors victoriam contulisset, ipsi totus exercitus sine dubio pareret. Quibus congressis ac diu multumque concertantibus [!] tandem dominus, lacrimis pulsatus christianorum, fideli suo bellatori de hoste concessit triumphum, ut fides meruit. Tunc tanta mentis mutatio Widikindi invasit pertinentiam, ut se voluntarius cum familia sua omnique paganorum exercitu tam potestati regis quam fidei submitteret catholicę; quem imperator benigne suscipiens, baptizari fecit a sancto Bonifacio episcopo, ipse eum levans de sacro fonte.[17]

> («[Herzog Widukind von Sachsen], einst im dämonischen Irrglauben befangen und infolge des Fehlens christlicher Prediger ein Götzenanbeter, verfolgte die Christen ständig. Damals hatte die Kaiserwürde Karl inne, ein zutiefst christlicher Mann, ein starker und aus-

---

15 Vgl. dazu im Einzelnen Schütte (wie Anm. 13) 12, 17 f. Die Ed. von Winterfeld (MGH SS.schol. 34, 109–111 und 122) verzeichnet zu Hrotsviths *Gallicanus* sechs sprachliche Anklänge an die *Andria*.
16 Diese Aussage der *Vita* gilt in der modernen Geschichtswissenschaft durchweg als vertrauenswürdig, obwohl die genaue Filiation nicht mehr zu rekonstruieren ist. Selbst wenn sie irrig wäre, würde das die folgende Darlegung nicht tangieren.
17 Schütte (wie Anm. 13) 113. – Die [!] von mir. Zudem habe ich gegen den Editor zur Erleichterung des Verständnisses die Satzzeichen etwas vermehrt sowie *e* in *ę* verdeutlicht, wo es für *ae* steht. Die folgende Übersetzung von mir.

dauernder Kämpfer, in den Gesetzen bewandert, streng rechtgläubig und gegen die Glaubenskünder von frommem Wohlwollen erfüllt. Zur Verteidigung des Glaubens zog er mit seinem Heer gegen Widukind zu Feld, wie er es gegen Heiden immer zu tun pflegte. [!] Als man aufeinandertraf, einigten sich die beiden Fürsten auf einen Zweikampf dergestalt, dass demjenigen, dem das Schicksal den Sieg verleihen werde, alles [scil. das beiderseitige] Heer unbedingt gehorchen solle. Nachdem beide gegeneinander angetreten waren und lange und erbittert gegeneinander gekämpft hatten [!], gewährte endlich der Herr, von den Tränen der Christen gerührt, seinem treuen Kämpen, wie es dessen Glaube verdiente, den Sieg über den Feind. Da ergriff den bisher so starrsinnigen Widukind ein solcher Geisteswandel, dass er sich aus eigenem Antrieb mit seiner ganzen Sippe und dem ganzen Heer der Heiden der Herrschaft des Königs und dem katholischen Glauben unterwarf. Der Kaiser nahm ihn gnadenvoll auf, ließ ihn vom heiligen Bischof Bonifatius taufen und war dabei selbst sein Pate.›)

Die Autorin ist sich also schon sicher, dass Karl auch abgesehen vom Sachsenkrieg ‹immer› Kriege für das Christentum zu führen ‹pflegte›. Das hört sich nach mehr an als einer Anspielung auf den einen Avarenkrieg, kann darüber hinaus eigentlich nur den Spanienkrieg meinen; jedenfalls erhält Karls Bild schon epische Züge. Der besiegte Widukind unterwirft sich im letzten Augenblick ‹freiwillig›, und Karl selbst wird sein Pate bei der Taufe [a. 785], die aber vollzogen sein soll von Bonifacius [Märtyrer a. 754!]. Dass diese bis auf die Patenschaft irrigen Behauptungen, die doch nur aus der Mündlichkeit stammen können, ohne jedes vorsichtige ‹wie berichtet wird› oder ähnlich erscheinen, deutet darauf hin, dass sie schon allgemein geglaubt wurden. In der Folge schildert die Autorin, wie Widukind zum exemplarischen Förderer der Kirche geworden sei; möglicherweise wird dabei vorausgesetzt, dass er unter Karl die Herzogswürde behalten konnte.

Die *Vita posterior*, erhalten in einem Ms. schon des frühen 11. Jh., ist auf Anregung von Mathildes Urenkel Heinrich II. (1002–1024) entstanden und ihm gewidmet. Dieser, aus der bayrischen Nebenlinie der Ottonen kommend, war nur ein Halbvetter seines Vorgängers Otto III.; die engste gemeinsame Ahnin beider und einzige Heilige in der Familie war Mathilde, so dass das Werk implizit auch der Legitimierung Heinrichs diente. Der Autor hat den vorgefundenen Text in gepflegt-zwanglosseres Latein umgegossen und in unserem Passus nur einige Steigerungen angebracht.[18] Erstens sollte stärker betont werden, dass der Krieg epische Dimensionen hatte; also zog Karl nicht ‹mit einem Heere›, sondern ‹mit seiner ganzen Heeresmacht› gegen Widukind, *congregans omnem suum exercitum*. Und ihren Zweikampf verabredeten die beiden Herrscher erst, als nach langem Krieg beide Seiten erschöpft waren: *Cumque convenissent et*

---

18 Vgl. dazu Schütte (wie Anm. 13) 148 f.

diu inter se certarent amborum milites et ex utraque parte iam deficerent vires, placuit principibus, ut etc. Zweitens wird eindeutiger gesagt, dass Widukind in Sachsen weiterherrschen durfte. Da der Autor aber die «aus der *Vita antiquior* bekannte emphatische Verherrlichung der *patria Saxonum*» merklich zurückdrängt,[19] stattdessen den bayrischen Zweig der Ottonen herausstellt, saß er dem Editor zufolge nicht in Sachsen, sondern gehörte zu Heinrichs Umgebung; dazu passt übrigens die hochdt. Lautform *Witi-* statt des niederdt. *Widu-* der Volage. Wenn die *Vita posterior* somit von einem Herrscher bestellt war, dessen Hausmacht in Bayern lag und der zudem geistliche Bildung genossen hatte wie Heinrich, und wenn sie trotzdem die ältere Erzählung nicht nur beibehalten, sondern noch steigern konnte, zeigt sie noch klarer als diese, wie sehr im breiten Publikum, offenbar weit über Sachsen hinaus, an ein für Karl siegreiches Duell mit Widukind als Ende des langen, kräfteverschleißenden Krieges geglaubt wurde.

Solch ein für Karl siegreiches Duell als Kriegsende war auch für französisches Empfinden akzeptabel – siehe Bodel. Wenn wir uns angesichts dessen von der apriorischen Meinung lösen, dass epische Motive nicht über Sprachgrenzen wandern, ist nicht einmal auszuschließen, dass der Duell-Gedanke in der Frankophonie entstanden ist und in Sachsen nur den Schlenker von Widukinds Weiterherrschen bekommen hat. Jedenfalls darf man bezweifeln, dass die Annahme, das Duell-Motiv sei zweimal entstanden – was die heutige Forschung voraussetzt, ohne sich dessen bewusst zu sein – mit dem Prinzip der Denkökonomie vereinbar ist. Was die Zeitspanne angeht, die zwischen den Viten und Bodel liegt, darf man nicht vergessen, dass Bodel ein älteres Epos erneuerte. Denn er sagt einleitend in v. 27–32 AR ~ 24–29 L(T), dass nicht nur *cil bastart jougleour* von Guitechin schon *si com par asseniaus* singen, also ‹au hasard, à l'aveuglette›,[20] sondern auch, dass selbst, wer es genauer weiß, besser schweigt, weil er nicht die neuen ‹reichen› Verse zu machen versteht wie eben Jehan Bodel; der Stoff lag also zumindest in den Grundlinien und in weniger ‹reichen› Versen Bodel schon vor.

Worin sich allerdings Frankreich und Deutschland unterschieden, ist Widukinds Schicksal: in allen drei Fassungen der frz. Sachsenepik kommt er zu Tode. Ich halte auch das für einen indirekten Reflex der Geschichte, hier der Mentalitätsgeschichte. Das 10. und das 11. Jh. waren für Frankreich eine Zeit der schweren Demütigung durch Deutschland: ein Heinrich I. aus jenem Sachsenstamm, den niedergezwungen zu haben einen Großteil von Karls des Großen Ruhm ausmachte, entriss den Franzosen die ganze Lotharingia von der Nordsee bis in die

---

19 So Schütte (wie Anm. 13) 44.
20 So die Editorin im Glossar, dazu ihre Erklärung in der *note* zu v. 29/26.

Vogesen mit ihren beträchtlichen frankophonen Teilen; beginnend mit seinem Sohn Otto, der zudem Karls Kaiserkrone usurpierte, waren sogar leibliche Nachkommen Widukinds gleichzeitig *arbiter* und Nutznießer der französischen Selbstzerfleischung zwischen Karolingern und Kapetingern, wobei im Bedarfsfall wie 978 ein sächsisch dominiertes, aus romanischer Sicht also halbbarbarisches Heer vor Paris erscheinen konnte; ihre salischen Nachfolger schließlich annektierten 1033 auch das rein gallorom. Burgund von Besançon bis Arles. Da die Kaiserkrone bei Deutschland verblieb, ebbte der französische Albtraum selbst im 12. Jh. nur langsam ab, um erst nach Bodels Zeit mit Bouvines (1214) und Tagliacozzo (1268) ganz zu verschwinden. Für die Jahrhunderte der Demütigung rächte sich die Kollektivphantasie: einen Widukind, der die Wurzel all dieses Übels war, durfte Karl nicht am Leben lassen.

Man könnte einwenden wollen, die beiden Erzählungen in der KMS enthielten das Duell nicht; das minderte die Chancen der Kontinuität zu Bodel. Doch betrachten wir in beiden den jeweiligen Schluss genauer!

Die KMS I gibt, wie bei den meisten in ihr behandelten Epenstoffen, auch in Kap. 46–47 nur den gedrängten inhaltlichen Abriss (etwa zwei heutige Druckseiten!) eines afrz. Epos. Hier der Schluss: nur *Tremoigne* ‹Dortmund› ist noch zu erobern. Als Roland das Horn zum Sturmangriff bläst, erneuert Gott sein Jericho-Wunder. *En KarlaMagnus for j borgina ok allt lid hans, ok drapu Vitakind kong [...]* ‹Und Karl der Große drang in die Stadt ein und all sein Volk, und sie töteten König Vitakind.› Das Jericho-Wunder ist zwangsläufig eine sekundäre – fromme, aber auch fazile – Zutat zu einer präexistenten Erzählung, ganz so, wie es das oft schon bei Historikern der Völkerwanderungs- und Merowingerzeit, dann in der afrz. Epik z. B. beim Fall sowohl von Lucerna Ventosa als auch von Nobles/Grenoble im PT oder bei der Einnahme von Narbonne im Roland-V4 ist.[21] Es bringt aus der Bibel die Vorstellung mit, dass Gott die Verteidiger der Stadt zur Niedermetzelung freigibt: ein ganzes Heer dringt gleichzeitig ein, «ein Schlachten war's, nicht eine Schlacht, zu nennen.» Eben dadurch wird ein faires, leidlich ausgedehntes Duell zwischen zwei großen Kämpfern ohne Intervention Dritter, so es denn vorher der Erzählung angehörte, narrativ unmöglich. Es ist zwar immer noch wahrscheinlich, dass der Erzähler des vollen Epos wenigstens den Todeshieb auf Widukind nicht gegen alle epische Technik einem anonymen Kollektiv überließ, sondern für Karl reservierte, doch in der Zusammenfassung kann daraus das oben zitierte Textstück geworden sein. Als in Kap. 55 ein kurzer Rückbezug auf Kap. 46 f. nötig wird, heißt es denn auch einfach im Singular: ‹als König Karl die Stadt Dortmund eingenommen und den König Vitakind getötet hatte› – ohne Erwähnung eines Heeres.

---

21 Vgl. im Einzelnen Rajna, Pio, Le origini dell'epopea francese, Firenze 1884, 247–249.

Anders als die KMS I will die KMS V zwar einen afrz. Text prinzipiell im Verhältnis 1:1 wiedergeben. Doch erlaubt sie sich zumindest einen schweren Erzählbruch, welcher exemplarisch zeigt, wie ungeniert und zugleich desaströs deren Redaktor mit seiner Materie umsprang. Obwohl in Kap. 40 Guiteclins Frau Sebile bereits Gebete an den Christengott richtet und obwohl in Kap. 44 sie und Balduin einander mehr oder minder ihre Liebe gestehen, empfindet sie im Schlusskapitel 55 über die Gefangennahme Guiteclins tiefsten Schmerz und entflieht mit ihren beiden Söhnen, und zwar, ohne dass man von allen dreien je Weiteres erfährt.[22] Bei einem solchen Redaktor muss man auch mit anderen Eingriffen rechnen, so auch bei dem uns interessierenden Kapitel 54. Die Entscheidung des Krieges bringt auch hier ein Zweikampf Guiteclins, aber mit Balduin. Schon haben die beiden einander aus den Sätteln geworfen, da ermahnt Balduin Guiteclin, sich zu ergeben, und – Guiteclin ergibt sich; doch ohne Gnade zu finden: er wird (Kap. 55) nach Paris gebracht und dort zu lebenslänglichem Kerker verurteilt. Ein Duell mit Widukind als essenzieller Abschluss des Krieges ist also da wie in den Mathildenviten und in den *Saisnes*. Da muss man damit rechnen, dass in der KMS V Balduin als der im Aufstieg begriffene Protagonist der Sachsenepik an die Stelle Karls getreten ist.[23]

---

[22] Angesichts eines solchen Befundes versteht man den Grundtenor der Arbeiten von Hélène Tétrel, Le brouillage des sources dans les adaptations norroises des chansons de geste, in: Le Vrai et le Faux au Moyen Âge. Textes réunis par Élisabeth Gaucher, Villeneuve d'Ascq, 2005, 195–207, und La Chanson des Saxons et sa réception norroise. Avatars de la matière épique, Paris 2006: sie glaubt bei der KMS V und tendenziell überhaupt bei der KMS nicht an einheitliche afrz. Vorlagen und damit deren altnord. (Quasi-) ‹Übersetzungen›, sondern an einen «brouillage des sources» und möchte die Epik prinzipiell, auch stofflich, als eine «mouvance», eine in ständiger Durchknetung befindliche Erzählmaterie, ansehen. Ich kann hier diese These nicht im Einzelnen untersuchen; immerhin sei festgestellt, dass Tétrel für die KMS V (und wohl auch für X) gute Argumente hat, Recht auch darin, dass es nicht einfach zwei Sachsenepen – das von Bodel und ein zweites – gegeben hat und dass nicht die außer-Bodelsche Sachsenepik genetisch von vornherein älter als Bodel ist; doch bedürfte ihre These für die anderen Branchen der KMS genauer Nachprüfung, wobei die Beweispflicht grundsätzlich bei den Chorizonten und nicht bei den Unitariern läge. Für die KMS I ist vielmehr an einer einheitlichen frz. Vorlage festzuhalten (die allerdings ihrerseits Epeninhalte aufreihte, dazu Gustav Adolf Beckmann, Die Karlamagnús-Saga I und ihre altfranzösische Vorlage, Tübingen 2008, passim), ebenso für die KMS VIII bis zum Beginn der (dort fehlenden) Baligant-Schlacht (dazu Paul Aebischer, Rolandiana Borealia, Lausanne 1954, und Eyvind Fjeld, Halvorsen, The Norse Version of the Chanson de Roland, København 1959, beide passim).

[23] Balduin, Protagonist in KMS V und *Saisnes*, ist in dieser Funktion fast mit Sicherheit schon dem Rolandslied (v. 313) bekannt; denn dort ist Ganelon überzeugt, dass er ein *prozdom* wird, was die frz. Epik nur im Sachsenkrieg thematisiert. Auch der PT (Kap. 11) nennt ihn in der Liste von Karls *pugnatores maiores* zwischen Salomon, dem Freund des Estout von Langres, und dem Friesen Gandelbod, assoziiert ihn also wohl mit dem Nordosten des Karlsreiches, was zum Protagonisten eines Sachsenkrieges passt. Weshalb er in der KMS I fehlt, ist unklar.

Die beiden nordischen Fassungen sprechen also nicht dagegen, dass zwischen den Mathildenviten und Bodel eine Kontinuität des Duells zwischen Karl und Widukind als des kriegsentscheidenden Schlusses besteht; vielmehr erweist sich damit der zu Bodel führende Überlieferungsstrang als der konservativere und in gewissem Sinn – da Bodels Dichtung erhalten geblieben ist, die Vorlagen von KMS I und V aber nicht – als der Hauptstrang. Doch dieses Duell ist nur der Schlussakkord einer komplexen Handlung, deren Konstante ein Fluss ist. Ihr wenden wir uns jetzt zu.

3 Der Fluss als Strukturachse der Handlung: Grundlagen und Anfänge

Die Bedeutung der Flüsse für die Sachsenepik hat im Prinzip schon Rajna erkannt.[24] Doch da man diese Bedeutung heute präziser herausarbeiten kann, sei das hier versucht.

Durch Stammes-Sachsen, also *grosso modo* Nordwestdeutschland, ziehen sich relativ viele, meist aus den regenreichen Mittelgebirgen kommende Flüsse, und zwar außer Ruhr und Lippe jeweils zur Nordsee hin. Ein aus dem Westen oder Südwesten kommender Invasor musste sie einen nach dem anderen überwinden, was im Mittelalter keine kleine Aufgabe war. Selbst in der Galloromania gab es zwischen der Spätantike und dem Jahr 800 so gut wie keinen Brückenbau;[25] man behalf sich mit der römischen Substanz und wohl einem Minimum an Reparaturen. In Sachsen gab es keine römische Substanz, somit – außer gewiss Holzstegen über kleinere Gewässer – keine Brücken. Durch manche Flüsse gab es Furten; weil sie aber von einem Heer nur in schmaler Linie durchquert werden konnten, bildeten selbst sie eine Gefahr: wegen mangelnder Ausweich- und Deckungsmöglichkeiten war das Heer ein leichtes Ziel für einen Pfeilregen; brachte dieser einige Pferde oder Menschen zu Fall, so war die Furt verstopft und alles Weitere Zufall. Wo über größere Flüsse Fähren den Verkehr, insbesondere den Handel, aufrecht erhielten, ließen sich diese beim Herannahen eines Angreifers in kürzester Zeit verbergen oder zerstören. Pferde schließlich können zwar schwimmen, verweigern es aber oft, dabei eine Last oder einen Menschen, erst recht einen gepanzerten Reiter, zu tragen. So konnten die Flüsse in Sachsen fremde Heere zumindest merklich aufhalten und wurden

---
24 Rajna (wie Anm. 21) 266–268.
25 Erst nach 800 setzte Brückenbau in allmählich zunehmendem Maße ein. Ich habe an anderer Stelle einen detaillierten Überblick über Brückenbauten in Deutschland und Frankreich bis 1230 gegeben; vgl. Beckmann (wie Anm. 22) 166 Anm. 226.

damit zum strategischen Problem für jeden Invasor und zur natürlichen Verteidigungslinie für jeden Verteidiger.

In den Sachsenkriegen des historischen Karl spiegelt sich das so, dass die Franken es teils dabei bewenden ließen, einen Fluss erreicht zu haben, teils an Flussübergängen in heftige Kämpfe gerieten: 772 gelangte Karl bis zur Weser, 775 erzwang er kämpfend erst den Ruhr-, dann den Weserübergang (*multi Saxones ibi occisi sunt*, sagen die *Reichsannalen*) und gelangte bis an die Oker; im gleichen Jahr gelang den Sachsen kurzzeitig bei Lübbecke ein Weserübergang westwärts, und Karl selbst musste herbeieilen, um sie an die Weser zurückzutreiben (vgl. zu dieser Episode auch die aufrichtigere bis 829 reichende Fassung der Reichsannalen!); 776 gelangten die aus der Hohensyburg ausbrechenden fränkischen Truppen bis zur Lippe; 782 zog Karl bis zur Aller nach Verden und hielt dort sein Blutgericht; 795 gelangte er erstmalig bis zur Elbe; 797 zog er nur bis zur Weser bei Herstelle, aber um dort demonstrativ zu überwintern, im folgenden Frühjahr weiter bis zur Elbe. Schließlich zog er, nunmehr bei drohenden Dänenkriegen, 804 bis zur Elbe und 810 nochmals bis zur Weser an der Allermündung (vgl. jeweils die Reichsannalen).

Solche Vorgaben der Realität machten nun jeweils einen Fluss auch zum klassischen, fast obsessionshaften Schauplatz der Sachsenepik, zum roten Faden, wie er sich durch alle drei zu betrachtenden Texte zieht – und in dieser literarischen Funktion schon viel älter als die drei Texte ist.

Denn hierher gehört schon die Story, die der um 727 geschriebene *Liber Historiae Francorum* von einem (mit einiger Wahrscheinlichkeit legendären) Krieg des Frankenkönigs Chlothar II. und seines Sohnes Dagobert I., damals erst Unterkönigs in Austrasien, irgendwann zwischen 623 und 629 gegen die Sachsen erzählt:[26] Dagobert gelangt bis an die Weser, wird aber am Kopf verwundet und ruft durch Übersendung einer blutigen Locke seinen Vater mit Verstärkungen herbei; aber auch jetzt setzt Chlothar erst über den Fluss, nachdem ihn der Sachsenführer durch den Schimpfruf *bale* (var. *blare*) *iumente* aufs Äußerste beleidigt hatte.[27] Das Kapitel des *Liber* mit dieser Erzählung wurde

---

26 Liber Historiae Francorum, cap. 41 (MGH SS.mer. 2.404 f.). Die Vermutung der Legendarität stützt sich nur darauf, dass der ältere, nämlich schon um 660 schreibende (Pseudo-) Fredegar von dem Krieg nichts weiß; sie ist trotzdem in der Romanistik seit Bédier allgemein rezipiert. Die Historiker sind sich nicht ganz so einig: beispielsweise hält Bernard S. Bachrach, *Merovingian Military Organization 481–751*, Minneapolis, Univ. of Minnesota Press, 1972, 85 f., sie kommentarlos für wahr.

27 Diese zweigliedrige Beleidigung ist meines Wissens nirgends voll befriedigend erklärt (z. B. entgeht jeweils ein wichtiger Teil der Pointe sowohl Gerhard Eis, Kleine Schriften zur altdeutschen weltlichen Dichtung, Amsterdam 1979, 10–13, als auch Wolfgang Haubrichs, Geschichte der deutschen Literatur , I/1: Die Anfänge, Tübingen 1995, 100). Hier in gedrängter Form meine Interpretation: Da im Merowingerreich nur die Angehörigen der herrschenden Dynastie, als

von Gaston Paris nur nebenbei aus einem anderen Grunde erwähnt; doch Rajna behandelt es sehr eingehend und hält es für ein sicheres Zeugnis merowingerzeitlicher epischer Schöpfung, lässt aber gerade wegen der Ähnlichkeit der *realen* Situationen die sich anschließende Frage, ob eine Kontinuität zur afrz., (stofflich) karolingischen Sachsenepik besteht, nahezu offen (einer positiven Antwort kommt er p. 268 n. 5 nahe).[28] Bédier leugnet bekanntlich nicht nur eine

---

sog. *reges criniti*, langes Haar tragen durften, ist die blutige Locke für Chlothar kein dunkles Symbol, sondern ein nüchtern-eindeutiges Beweisstück: sie kann *nur* von einer Kopfverwundung seines Sohnes stammen. Bei den damaligen Rezipienten der Story ist damit für das Folgende die optische Vorstellung des *rex crinitus* präsent gemacht. In der Beleidigung nun ist *iumente* grammatisch falscher, aber psychologisch einleuchtender Vokativ zu lat. *iumentum* (< *iug-mentum*) ‹Lasttier (Pferd, Esel oder Maulesel)›; weil gegenüber dem Streitross weitaus geringer geschätzt, wäre schon dies, auf einen Menschen angewandt, *eo ipso* beleidigend. Nach dem FEW (s. v.) hat jedoch «im Gallorom. [...] diese Bedeutung nur in Randgebieten weitergelebt», während das Wort bereits in der *Lex Salica* [hier allerdings noch umstritten], den *Leges Alamannorum* [frühes 8. Jh., hier eindeutig; so auch das MLLM s. v.] und in einem Kapitular Karls d. Gr. ‹Stute› bedeutet; vgl. ferner TLL 7.2 col. 647.44–52, wo diese Bedeutung auch in den *Leges Visigothorum* [in diesem Teil 7./8. Jh.] nachgewiesen wird. Sie liegt offenbar auch an unserer Stelle vor; denn erst dadurch wird die Beschimpfung treffend: als langhaariger *rex crinitus* unter lauter Männern mit gekapptem Haar wirkt der Merowinger auf den Sachsenführer erstens weibisch; doch zweitens erinnert ihn sein sorgfältig in der Mitte gescheiteltes Haar (wie dies bei den Merowingern laut Agathias *hist.* 1.3.4 üblich war) an eine Pferdemähne; ergo ‹weiblich› + ‹Pferd› = ‹Stute›. – Von *bale* behauptet DuCange s. v. *balejumentum* ohne Quellenangabe, es sei *vetus Gallicum* und bedeute ‹falsch›; aber ein solches Wort ist im Afrz. nicht zu finden, und Holder, *Alt-celtischer Sprachschatz*, bietet nichts für das Gallische (oder eine andere kelt. Sprache). Das Mlat.Wb. s. v. *balus* (2) kennt nur unseren Beleg, schlägt als Bedeutung ‹?*falsus*› vor und verweist auf ahd. *balo*. Doch nach dem Ahd. Wörterbuch von Frings/Karg-Gasterstädt ist *balo* immer Subst.: ‹das Übel, das man erleidet oder tut›. Zudem: wäre die Bedeutung des Wortes *bale* hier einfach ‹übel, bösartig›, so sollte man Übersetzung ins Lat. erwarten; denn auch *iumente* ist ja im Munde des Sachsen schwer vorstellbar, ist also Übersetzung ins Lat.(-Rom.). Es muss somit ein stärker situationsspezifisches, weniger leicht ins Lat. übersetzbares Wort vorliegen, und da Chlothar durch Abnehmen des Helms soeben seine *crines cum canicie variatas*, seine langes, aber grau- bis weißmeliertes Kopfhaar, gezeigt hat, ist eine entsprechende Farbbezeichnung zu erwarten, insbesondere eine auf Pferde angewandte. In der Tat weist das FEW, Bd. 1, s. v. *balla* (germ.) ‹weißgefleckt›, hin auf eine Wortsippe got. *bala*, engl. *ball* ‹Pferd mit einer Blässe› [= Blesse, weißem Stirn- oder Nasenfleck], kymr. *bal* ‹having a white face or forehead (as a horse)›, ähnlich bret. *bal*; ob sie letztlich germ. (so von Wartburg) oder kelt. ist (so andere), kann uns gleichgültig sein. Auch dass sie in afrz. *baille* «cheval marqué d'une tache blanche au dos» (> mbret. *baill*) nur noch mit einer *j*-Erweiterung vorliegt, ist kein Gegenargument. Liegt ein solches Wort vor, so wird auch verständlich, dass die Mss. A3a¹ (9. Jh.) und B2c¹ (10. Jh.) es unabhängig voneinander durch *blare* ersetzen; denn dies gehört klar zu afrz. *bler* ‹(Pferd) nicht genau bestimmbarer Farbe, (Tier) mit weißer Stelle am Kopf›; vgl. FEW, Bd. 1, s. v. **blaros*.

28 Paris (wie Anm. 12) 443; Rajna (wie Anm. 21) 111–130, 261–268.

merowingisch-karolingische epische Kontinuität, sondern auch die Existenz einer romanophonen merowingerzeitlichen Epik selbst, kommt dabei aber auf die Erzählung nur sozusagen als Hintergrund zum Farolied in seiner diesem gewidmeten langen Diskussion.²⁹ Ich selbst halte hier wie Rajna Kontinuität für unbeweisbar, aber auch bei weitem nicht für ausgeschlossen, da jeder neue fränkische Flussübergang in Sachsen das Interesse an der Story auffrischen musste. Für Kontinuität könnte insbesondere die Tatsache sprechen, dass auch später zur Sachsenepik das Rufen über den Fluss gehört (KMS V 44, *Saisnes* v. 1566–1601 und 2217–2291 AR ~ 1496–1524 und 1973–2044 LT), ebenso, wie schon Rajna sah, das episodenhaft-tollkühne Überqueren des Flusses durch Einzelne oder kleine Gruppen. Liegt keine Kontinuität vor, so ist umso mehr zu bestehen auf der Rolle der Naturgeographie und der mit ihr verbundenen, sozusagen summativen negativen Erfahrung der Franken mit den Flüssen zwischen ihnen und den Sachsen. Auch dann schöpft die Epik von Karls Sachsenkrieg also aus der Realität, sie ist ‹welthaltig›; ihre Fluss-Faszination ist nicht Produkt einer realitätsfern arbeitenden je individuellen Phantasie.

4 Der Beginn der Handlung in KMS I, KMS V und den *Saisnes*

In allen drei Sachsenkriegs-Darstellungen beginnt die Handlung mit einem Überfall Widukinds – in der KMS I auf die (anachronistisch) schon christliche Stadt Münster, in der KMS V und den *Saisnes* auf Köln; Karls Vergeltung bis zur Vernichtung Widukinds ist dann das eigentliche Thema der Erzählung.

In der KMS I hat Karl Roland und Olivier gerade zur Belagerung von Nobles nach Spanien geschickt; da erreicht ihn noch in Aachen die Nachricht von dem sächsischen Überfall. Von dort bricht er mit seinem Heer, zunächst ohne Roland und Olivier, zum Sachsenkrieg auf. In der KMS V ereignet sich der sächsische Überfall in der Frühphase von Karls Spanienkrieg; Karl kehrt von den Pyrenäen aus eilig um, nur Roland bleibt eigensinnig bei der Belagerung von Nobles zurück. In den *Saisnes* schließlich kehrt Karl mit dem erschöpften Heer soeben aus Spanien zurück; erst die Nachricht von Rolands und Oliviers Tod gibt Guitechin den Mut zum Überfall. Sowohl in der KMS V wie in den *Saisnes* haben die Sachsen vor Karls Ankunft Köln wieder geräumt.

In der realen Geschichte drangen zu Karls Zeit nur damals, also 778, die aufständischen Sachsen je bis zum Rhein vor, und zwar unter Führung Widukinds bis (Köln-) Deutz, konnten allerdings den Fluss nicht überqueren;³⁰ nach

---

29 Joseph Bédier, Les légendes épiques, 4 Bde., ²Paris, 1926–1929, 4.289–335.
30 Nach den Reichsannalen war Widukind a. 777 mit wenigen anderen zu den ‹Nordmannen› (hier: Dänen) geflohen, veranlasste aber im folgenden Jahr den Aufstand (*per suasionem supra-*

dem *Chronicon Moissiacense* (bis 818) erreichte die Nachricht vom Sachsenaufstand Karl *adhuc in Hispania degentem*, dürfte also Karls schwachen Kompromiss mit Saragossa und seinen folgenden Rückmarsch nach Frankreich mit ausgelöst haben.[31]

Alle drei epischen Darstellungen lehnen sich hier also an die Historie an, am relativ engsten die KMS V, am lockersten Bodel. Indem dieser die gesamte Handlung erst nach Roncevaux beginnen lässt, können bei ihm die neuen Helden Balduin und Berart – anders als in KMS I und V – ohne Konkurrenz durch Roland und Olivier die Sympathie des Publikums ganz auf sich konzentrieren, was der Einheit des Werkes zugute kommt. Bemerkenswerterweise wird die essenzielle Gleichzeitigkeit von Karls Sachsenkrieg und seinem Spanien-Abenteuer auch im Rolandslied erinnert: Roland hat für Karl auch Sachsen unterworfen (v. 2330), aber die Sachsen werden sich als erste gegen Karl empören (v. 2921), und zwar – wie bei Bodel – als Folge von Rolands Tod; erst in dem dann folgenden Krieg kann sich auch Balduin als der *prozdoem* erweisen, als den Ganelon ihn im Geiste schon sieht (v. 314).

Insgesamt hält damit die afrz. Epik etwas historisch durchaus Relevantes fest: es war tatsächlich die Gleichzeitigkeit seiner beiden großen Ambitionen, der Christianisierung Sachsens und der Re-Christianisierung Spaniens, die Karl vorübergehend in Schwierigkeiten brachte.

5 Der Fluss als Strukturachse der Handlung, insbesondere der Bau einer Brücke

In den beiden Darstellungen der KMS wird nun schon der Rhein zur Strukturachse; denn gleich jenseits davon beginnt das Feindesland. Und Karl hat die

---

dicti Widochindi) und blieb dessen Seele bis zu seiner Kapitulation a. 784. – Ähnlich wie 778 hatten die Sachsen 556 zu Chlothars I. Zeit kurz den Rhein bei Deutz erreicht, aber nicht überqueren können (Gregor von Tours 4.16, Fredegar 3.52).

31 So speziell Ramón Menéndez Pidal, La Chanson de Roland et la tradition épique des Francs, ²Paris 1960, 201 mit Anm. 1. Dass das *Chronicon Moissiacense* höchstwahrscheinlich im Recht ist, sieht man an einem Umstand, der sogar Menéndez Pidal entgangen ist. Laut der *Vita Hludovici* des Anonymus (Kap. 2) hatte Karl auf dem Hinweg nach Spanien essenziell die spätere Pilgerstraße Nr. 1 Tours-Ostabat benutzt und seine hochschwangere Frau Hildegard bis in die Pfalz Chasseneuil (dicht südlich Poitiers) mitgenommen (von Herstal 700 km!); das hat Sinn nur, wenn er plante, sie auf dem Heimweg, nunmehr als stolzer Vater, wieder dort abzuholen. Dazu hätte er bei seiner Rückkehr auch alle Ursache gehabt; denn Hildegard hatte inzwischen männliche Zwillinge zur Welt gebracht. Aber der erste Ort in Frankreich, wo wir Karl finden, ist Auxerre (Reichsannalen zu a. 778), nur etwa 50 km von Vézelay entfernt, dem End- bzw. Ausgangspunkt der späteren Pilgerstraße Nr. 2 Vézelay-Ostabat; Karl hat somit im

größte Mühe, ihn mit seinen Truppen zu überqueren: er muss eine Brücke bauen.

a In der KMS I

In der KMS I 46 holt er sich dazu Helfer aus seinem ganzen Reich: die Lombarden und die *Pizaramenn* (am ehesten ‹Pisaner›, also Toskaner)[32] behauen Steine und bringen sie an ihre Stelle, die Burgunder fabrizieren Werkzeuge,[33] die Bayern liefern Eichenholz,[34] die Ardenner ‹bauen› die Brücke (also wohl ihre Holzteile), alle anderen ‹helfen›.

Auch das ist der Geschichte abgeschaut. Da es seit der Spätantike keine Rheinbrücke mehr gab, baute Karl eine bei Mainz, und für Einhart (*Vita Karoli* 17) war sie nach der Kirche in Aachen seine zweite bewundernswerte Bauleistung, *per decem annos ingenti labore et mirabili opere* errichtet. Doch da zumindest die normalerweise oberhalb der Wasserlinie liegenden Teile der Brücke aus Holz gefertigt waren, brannte sie ein Jahr vor seinem Tode ab; Einhart zufolge plante er sofort, sie als rein steinerne Brücke wiederzuerrichten, kam aber nicht mehr dazu. Dieser Brückenbau prägte sich den Zeitgenossen zutiefst ein; denn zwei Generationen nach Einhart erfahren wir von Notker Balbulus, der ja aus mündlicher Überlieferung schöpft, dass den Bau *tota Europa communi quidem, sed ordinatissimae participationis opere perfecit* ‹ganz Europa in gemeinsamer, aber wohlgeordneter Arbeit vollendete› (*Gesta Karoli* 1.30, Übs. Reinhold Rau). Das kann nur heißen: Karl zog mehrere, auch weit auseinanderliegende Reichsteile zur Arbeit heran; und so, wie er für seine Kirche in Aachen nicht nur die architektonischen Ideen, sondern sogar den Marmor aus Italien, dem Land der erhaltenen antiken und der weiterentwickelten christlichen Steinbauten, bezog, so muss er sich auch für die steinerne Substruktion der Brücke als Steinbau-

---

Wesentlichen diese benutzt, konnte sich also den Umweg über Chasseneuil nicht leisten. Dies muss er spätestens in Ostabat gewusst haben, und damit höchstwahrscheinlich auch schon, als er zwei Tagesmärsche früher Spanien verließ. Verlängert man die gerade Linie Ostabat–Auxerre, so zeigt sie nicht auf Karls Ausgangspunkt Herstal, sondern auf den Rhein bei Köln; kurzum: Karl eilte von Ostabat den Sachsen entgegen.

32 Vgl. Beckmann (wie Anm. 22), 167.
33 Die Produktion von Eisen und Eisenwaren war zwar weit stärker dezentralisiert als heute; doch gibt es Anzeichen für frühe Aktivitäten dieser Art sowohl in Nordburgund als auch in Südburgund um Vienne (vgl. z.B. Gustav Adolf Beckmann und Erika Timm, Wieland der Schmied in neuer Perspektive, Frankfurt am Main 2004, 24 mit Anm. 30).
34 In den Alpen findet sich natürlicher Eichenbestand bis in eine Höhe von 1000 m, in den Südalpen bis 1100 m.

Spezialisten (Nord-) Italiener geholt haben. Sagt die KMS I etwas Anderes? Weil nun Notkers *Gesta Karoli* immer nur in derselben Verstümmlung (wahrscheinlich ohne den Anfang, sicher ohne den Schluss) erhalten sind, weil ferner ihre handschriftliche Überlieferung – im krassen Gegensatz etwa zu Einharts *Vita Karoli* – erst im frühen 12. Jh. einsetzt und, soweit sich der Ursprung der Handschriften feststellen lässt, mit Ausnahme eines Ms. aus Clairvaux den alem.-bair. Raum nicht überschreitet, ist es relativ unwahrscheinlich, dass das Motiv in die KMS aus den *Gesta* gelangt ist; eher scheint ununterbrochene mündliche Überlieferung vorzuliegen. Damit stellt sich die Frage, wann es in den Sachsenkrieg-Kontext eingebracht wurde, dem es ja ursprünglich nicht angehörte. Man darf vermuten, dass das sehr früh geschah; denn erstens pflegt sich *ceteris paribus* ein isoliertes Motiv weniger gut zu halten als ein narrativ verankertes, zweitens wird uns das Motiv auch in KMS V und *Saisnes* begegnen, nicht nur strukturtragend als ‹Karls Brückenbau›, sondern auch mit Erwähnung der vielen Völkerschaften.

In der KMS I bauen diese Völker drei Jahre an der Brücke, dann kommen Roland und Olivier dazu und bringen als gute Organisatoren den Brückenbau in weiteren sechs Monaten zum Abschluss; der eigentliche Feldzug kann beginnen.

b In der KMS V

In der KMS V mit ihren 55 Kapiteln zieht sich der Bau der Brücke hin von Kap. 16 bis Kap. 36. In Kap. 21 sehen wir auch hier die verschiedenen Völkerschaften bei der Arbeit. Die Römer (in Fassung B,b verflacht zu ‹seine Armee›) erhalten wieder eine Aufgabe für Spezialisten: sie sollen die genaue Breite des Flusses und seine jeweilige Tiefe ausmessen; aber die Sachsen bringen ihnen solche Verluste bei, dass die Überlebenden die Flucht ergreifen. Nun sollen, neben ‹anderen›, die *Alimans* (‹Alemannen› oder schon ‹Süd- und Mitteldeutsche›?) weiterbauen, doch nach abermaligen Verlusten beschließen sie zu desertieren; ein nachgeschickter Ritter holt sie unter Drohungen zurück. Als auch die Flamen scheitern, will Karl den Bau schon aufgeben. Da kommen (Kap. 22) zwei Christen aus Spanien und veranlassen ihn, ein Schiff mit Türmen für Armbrustschützen zu bauen und eine hohle eherne Statue daraufzustellen, die, mit Karls Kleidern angetan, ihm täuschend ähnlich sieht und in der ein Mann sitzt, der den Arm der Statue samt Karls Szepter bewegen kann; der drohende eherne Karl erweist sich als immun gegen den sächsischen Pfeilregen, und die Sachsen, entsetzt über das vermeintliche Wunder, ergreifen die Flucht. Man sieht, hier huldigt der Autor jener literarischen Vorliebe für fiktive hochtechnische Kunstwerke, die in der afrz. Literatur mit den Antikenromanen (*Eneas*, *Troie*) einsetzt; und da man nach mittelalterlicher Überzeugung dergleichen (Quasi-)Zauberwerk in Toledo lernt, kommen dessen Adepten auch in der KMS V aus Spanien. Nun könnte der Brückenbau weitergehen; doch (Kap. 27) Guitelin selbst, aus anderem Holz geschnitzt als die Flüchtigen, setzt durch, dass an der Stelle, wo sich das Ende der Brücke abzuzeichnen beginnt, schnell ein sächsisches Fort entsteht! Seine Besatzung vernichtet nicht nur das große Schiff, sondern bringt den Brückenbauern erneut so starke Verluste bei, dass Karl wiederum auf den Weiterbau verzichtet. Jetzt (Kap. 29) durchreiten Roland und sein gerade eingetroffener Bruder Balduin mit achthundert Rittern den Rhein und greifen die Besatzung des Forts von hinten an; diese flieht. In Kap. 36 ist die Brücke endlich fertig; doch es nimmt eine ganze Woche in Anspruch, auf ihr Karls Heer, nach Völkerschaften geordnet, über den großen Fluss zu bringen.

Dieser ist Strukturachse der Handlung aber nicht nur durch das, wie man sieht, ergiebige Motiv der Brücke, sondern komplementär dazu auch durch die narrativ nicht weniger ergiebigen Wagnisse derer, die ihn inzwischen zu Abenteuern auf der feindlichen Seite hin und zurück überqueren.

Hierher gehört eine lange Unternehmung Balduins und Berarts (Kap. 29–35), bei der sich auch die Liebesgeschichte zwischen Balduin und Guiteclins Frau Sebile anzuspinnen beginnt. Schon vorher (Kap. 17–19) hat Roland eine Überquerung gewagt: ein Eremit offenbarte nämlich dem Erzbischof Turpin eine Furt durch den Rhein, die er erst am selben Morgen entdeckt hatte, als Hirsche dort den Fluss durchquerten; Roland setzt sofort mit einer kleinen Truppe über, wird aber verwundet und hat angesichts einer feindlichen Übermacht alle Mühe zurückzugelangen.[35] Damit diese Furt die Notwendigkeit des Brückenbaus nicht allzu offensichtlich unterminiert, ist sie in der KMS V wenigstens sieben (vermutlich frz.) Meilen (also knapp 30 km) entfernt angesiedelt. Die *Saisnes* – um dies vergleichend vorwegzunehmen – ziehen sich anders aus der Affäre (v. 3410–44 AR ~ 4218–39 LT): unter den Augen der Sachsen und Franken durchquert ein wunderbar stattlicher Hirsch, ohne schwimmen zu müssen, die *Rune* zu den Franken hin, doch als diese ihn fassen wollen, verschwindet er spurlos; Sachsen wie Franken erkennen darin ein Wunder, und Karl verkündet: soeben hat

---

35 Hier lässt sich also die KMS V auch das uralte Motiv des ‹Kampfes an der Furt› nicht entgehen, wie es in breitester komparatistischer Perspektive – vom anthropologischen und folkloristischen Untergrund über lat., kelt., ags. und andere germ. zu den afrz. Texten einschließlich der Sachsenepik – kürzlich Barbieri behandelt hat; vgl. Alvaro Barbieri, Combattere al guado: realtà storica e radici antropologiche di un motivo letterario, in: L'immagine riflessa 18 (2009) 23–55. Zu betonen bleibt aber, dass dieses Motiv sowohl in der KMS V als auch (in transformierter Form) in den *Saisnes* nur eine Episode unter vielen bildet; was die ganze Handlung trägt, ist der Fluss in der Fülle seiner Aspekte, von denen die Furt nur einer ist.

uns Jesus den Platz gezeigt, wo der Fluss am wenigsten tief und damit für den Brückenbau am besten geeignet ist! Hier werden also die beiden vorgefundenen, nahezu widersprüchlichen Einzelmotive Furt und Brücke durch Kombination erneuert. Das tat durchaus not; denn zumindest das Motiv der Hirsche oder Hirschkühe, die Kämpfern eine unsichtbare Furt offenbaren, war längst zum Cliché geworden.[36]

In der KMS V ist auch damit die strukturtragende Rolle des Rheins nicht erschöpft: er wird nicht nur von Franken, sondern auch im umgekehrten Sinne durchquert. Sozusagen als sein eigener Gesandter erscheint in Kap. 25–26 plötzlich Guiteclin vor Karl und beleidigt ihn: Karl sei ein Bastard, nicht Sohn Pippins, sondern eines gewissen Arnulf! Karl verteidigt sich verbal mit gebührender Heftigkeit, lässt aber, offenbar nach Gesandtenrecht, Guiteclin unbehelligt zurückkehren. Auch hier liegt Historie zugrunde. Der Spitzenahn der Karolinger/Arnulfinger ist bekanntlich Arnulf von Metz; doch Karls des Großen Urgroßvater Pippin der Mittlere hatte zu Lebzeiten seiner Frau Plektrud eine gewisse Alpheid geheiratet, was nach germanischer, nicht aber katholischer Auffassung als Friedelehe durchgehen konnte, hatte mit ihr Karl Martell gezeugt, war aber reumütig zu Plektrud zurückgekehrt und hatte nun Karl Martell so energisch von seiner Nachfolge ferngehalten, dass er, nach dem Tod seiner ehelichen Söhne, auf dem Totenbett statt Karl sogar einen Enkel im Kindesalter unter Plektruds Vorherrschaft als Hausmeier einsetzte. In der Realpolitik scheiterte Plektrud, Karl setzte sich durch. Aber nach katholischer Auffassung war er ein außereheliches und damit nicht erbberechtigtes Kind, so dass man letztlich auch den weiteren Erbgang und so die gesamte karolingische Dynastie als illegitim betrachten konnte. Die afrz. Epik spiegelt dies mehrfach, wiewohl gebrochen. Außer der Stelle in der KMS V gehört hierher in den *Saisnes* (v. 81 AR ~ 78 LT) Bodels Behauptung, ein *Anseïs* ‹Ansegis(el)›, Pippins [des Jüngeren] Vater, also Karls des Großen Großvater väterlicherseits, sei außerehelicher Sohn des Königs von Frankreich und der Tochter eines Kuhhirten gewesen; hier ist lediglich die doppelte Generationenfolge Pippin-Karl der Geschichte als solche nicht erkannt, so dass als Großvater nicht Karl Martell, sondern, zwei Generationen zurück, Ansegis(el), der historische Vater Pippins des Mittleren, genannt wird.[37] Vor allem aber will die Sage von Karls des Großen Mutter *Berthe au*

---

[36] Die lat. Stellen haben Gaston Paris (wie Anm. 12) 261, 262, 286, 360 und systematischer Pio Rajna (wie Anm. 21) 249–254 gesammelt. Durch die afrz. Epik verfolgt das Motiv Jeanne Baroin, À propos du cerf épique, in: Marche Romane 30/3–4 (1980) 5–15.

[37] Später (v. 2271-91 AR ~ 2027-44 LT) ruft ein Sachse denselben Sachverhalt (als einen Makel, der die gesamte fränkische Seite treffen soll) über den Fluss dem unerkannten Karl zu, der ihn nicht etwa leugnet, sondern nur erstaunt fragt, woher der Sachse das wisse.

grand pied in ihrer Genesis nicht eine romantische Fabel von einer ungerecht entthronten Frau, sondern der Nachweis sein, dass Karl [Martell > der Große] entgegen allem Schein kein Bastard ist; das erkannte schon Pio Rajna, dessen dann zu Unrecht in Misskredit gefallene These ich vor Jahren mit einigen neuen Argumenten rehabilitiert zu haben hoffe.[38]

c In den *Saisnes*

Wie es sich für einen Karl den Großen gehört, hat Karl in den *Saisnes* nicht die geringste Mühe, mit seinem Heer in Köln über den Rhein zu setzen nach *Saint Herbert dou Rin*, dem heutigen Köln-Deutz.[39] Nach nur kurzem Marsch in das Feindesland, wo das Heer sogleich mit Plünderungen beginnt (v. 1271 AR ~ 1207 LT), wird nach einem Ritt *a esperon brochant* der Fluss *Rune* sichtbar (v. 1273 AR ~ 1209 LT). Dieser wird nun strukturell dieselbe Rolle spielen wie der Rhein in den beiden Darstellungen der KMS. Die Erzählung ist der KMS V in den jetzt ausgedehnten Liebesszenen extrem überlegen, doch sonst in der Struktur sehr ähnlich.

Denn nachdem die Heere, durch den Fluss getrennt, zwei Jahre einander gegenübergelegen haben, entschließt sich Karl auch hier zum Bau einer Brücke (v. 2847–59 AR ~ 2575–87 LT); vollendet wird diese aber erst nach etwa tausend Versen von AR (mit v. 3732), mehr als zweitausend Versen von LT (mit v. 4704). Auch hier werden zum Bau die *Alemant* und Bayern herangezogen (v. 3449 AR, in LT v. 4243 s. auch die Lombarden und Bourguignons); auch hier desertieren speziell die *Alemant* und müssen zurückgeholt werden (v. 3467–3536 AR ~ 4294–4353 LT). Auch hier bauen die Sachsen noch schnell ein Fort nahe dem Ausgang der Brücke und überschütten die Bauenden mit einem solchen Pfeilregen, dass Karl umplanen muss (v. 3630–65 AR ~ 4538–78 LT). Die Szene mit dem ehernen Karl fehlt, wohl, weil Bodel die Apparate-Mode schon für abgebraucht hielt; stattdessen lässt Karl Schiffe gleich im Plural bauen zu einer Schiffsbrücke, die an der *Rune* wohl leichter möglich war als am Rhein (v. 3667–97 AR ~ 4580 s. LT). Eine Elite von gut Gepanzerten – natürlich mit Balduin und Berart – setzt über und vernichtet das Fort (v. 3698–3704 AR ~ 4588–4686 LT). Fast gleichzeitig

---

38 Rajna (wie Anm. 21) 199–205; Gustav Adolf Beckmann, Berthe au(x) Grand(s) Pied(s) ou plutôt les Enfances d'un ‹faux bâtard›, in: Cahiers de Civilisation Médiévale 51 (2008) 313–327, passim.

39 Zum Namen: Erzbischof Heribert von Köln (*sedit* 999–1021) gründete 1002/03 in Deutz eine Abtei, die seine Grabstätte und bald auch Zentrum eines ihm gewidmeten Heiligenkultes wurde.

wird endlich die Brücke fertiggestellt, und das Gesamtheer kann, wieder nach Stämmen geordnet, den Fluss überqueren, was auch hier eine Woche dauert (v. 3735–55 AR ~ 4706–17 LT).

Bevor der Brückenbau ernsthaft begann, durchschwamm in umgekehrter Richtung auch hier *Guitechin* (so passim A)/*Guiteclin* (so passim RTL) die *Rune*, aber mit einer Truppe zu einem Überraschungsangriff, der dann jämmerlich scheiterte, weil Sebile die Franzosen gewarnt hatte (v. 2139–2386 AR ~ 1899–2136 LT). Von den Franzosen überqueren den Fluss in ihren Herzensangelegenheiten Balduin dreimal (v. 1609 ff., 2418 ff., 3101 ff. AR ~ 1533 ff., 2165 ff., 2817 ff. TL, ein viertes Mal in TL v. 3444 ff.) und Berart einmal (v. 2881 ff. AR ~ 2608 ff. LT), wobei sie auf dem Rückweg in große Gefahr geraten, ferner einmal die ganze Truppe der Hurepois[40] aus gereiztem Ehrgefühl (v. 2601–2772 AR ~ 2343–2508 LT). In LT, v. 3174 ff., erlaubt sich sogar Karl ein solches Abenteuer, weil Berart ihn der Untätigkeit geziehen hatte.

Kurzum, die *Rune* ist in den *Saisnes* als Strukturachse der Erzählung mindestens ebenso unentbehrlich und ebenso ergiebig wie der Rhein in der KMS.

6 Wo befindet sich eigentlich diese Brücke, und warum gerade dort?

a In der KMS I: als Rheinbrücke bei Wesel

In der KMS I erfährt Karl von Vitakinds Überfall auf den Bischof von Münster in Aachen, sammelt sein Heer, bricht zur Vergeltung auf und stockt am Rhein wegen des Fehlens einer Brücke, die er dann, wie oben beschrieben, unter großen Schwierigkeiten erst nach dreieinhalb Jahren fertigstellt. Wo am Rhein befindet sie sich? Schon das Stichwort Münster sollte unsere Blicke relativ weit nach Norden lenken. Laut KMS I ‹überquert nun Karl mit seinem Heere die Brücke nach *Vesklara(borg)* hin›.[41] Obwohl diese Stadt, wie sich zeigen wird,

---

[40] Die große Nebenhandlung der *Hurepois*, in den ersten zwei Dritteln szenenweise isolierbar (insgesamt mehr als 1250 Verse), nach v. 3000 AR ~ 2600 LT in der Haupthandlung aufgehend, würde eine eigene Darstellung lohnen, die hier nicht gegeben werden kann.

[41] *þa for Karlamagnus yfer bruna med her sin til Vesklaraborgar*. Das *til* ‹nach, bis nach› kann Übersetzung eines einfachen *a* oder *vers* sein. Vorwegnehmend sei schon hier festgestellt, dass ich es für eine Überinterpretation halte, wenn Paul Aebischer, La mesnie Doon de Mayence et son plus illustre représentant, Ogier le Danois, in: Mélanges de langue et de littérature médiévales offerts à Pierre Le Gentil, Paris 1973, 13–32, hier 22, aus ihm schließen will, *Vesklaraborg* könne nicht Wesel sein, dessen Kern nur 2,5 km vom Rheinufer entfernt ist, sondern müsse weiter östlich liegen.

befestigt ist, harrt der dort befindliche Vitakind nicht gegen Karl aus, sondern überlässt ihre Verteidigung einem Unterführer und zieht sich zurück nach *Trimonie(borg)* ~ afrz. *Tremoigne* ‹Dortmund›, wo er sich, wie vorwegnehmend gesagt wird, noch drei Jahre wird halten können.[42] Zwei Umstände zeigen hier, dass *Vesklara(borg)* eine Stadt am oder in unmittelbarer Nähe zum Rhein ist: erstens schließt der Erzähler sein ‹nach *Vesklara(borg)* hin› an das Verb ‹überqueren› an, kommt also ohne ein weiteres *verbum eundi* (‹und marschierte›) aus, wie man es andernfalls bei seinem betulich-schrittweisen Erzählstil erwarten sollte; zweitens liegt selbst Vitakinds Rückzugsposition Dortmund nur 50–60 km vom Rhein entfernt. Roland und Olivier können mit einiger Mühe *Vesklara* erobern, als die Belagerten einen Ausfall wagen. Die beiden ziehen dann weiter nach Dortmund, wo vor der Stadt Karl schon wartet; er ist offenbar Vitakind nachgeeilt, hat aber inzwischen nichts erreicht und befiehlt nunmehr den beiden den Angriff. Gott wiederholt das Jericho-Wunder, Vitakind wird getötet und damit Sachsen ‹befreit›, wie es ausdrücklich heißt; Dortmund war also Vitakinds Hauptstadt, und der Krieg ist zu Ende. Karl kann sich auf den Rückweg nach Aachen machen; dazu kann er jetzt natürlich die einfachste Route nehmen. Wie verläuft sie? Wie der Hinweg: Karl und sein Heer begeben sich zurück nach *Vesklara*, ‹wo sie die Nacht verbrachten›. Diese Formulierung legt nahe, dass *Vesklara* nur einen Tagesmarsch von Dortmund entfernt ist, und zeigt überdies, dass die Route Dortmund-*Vesklara*-Aachen in der Realität, auch wenn sie nicht einmal annähernd eine Gerade zu sein braucht, so doch kein so großer Umweg sein kann, dass sie auch in einem Zeitalter ohne brauchbare Karten Widerspruch hervorgerufen hätte. (Im Rückblick bestätigt sich damit, was man ohnehin hätte erwarten dürfen: dass nämlich Karl schon bei seinem Aufbruch aus Aachen Vitakinds Hauptstadt Dortmund zum Ziel hatte, und es wird zudem plausibel, dass sich Vitakind von *Vesklara* gleich nach Dortmund, nicht nach einem kleineren, dazwischen liegenden Ort zurückzog.) Von *Vesklara* schickt Karl nun Gerard von Nijmegen rheinabwärts in dessen Heimatstadt, dort für Karl das Pfingstfest vorzubereiten;[43] er selbst begibt sich aber

---

[42] Der Text (der hier nur in Ms. A erhalten ist) hat an dieser ersten Stelle unsinnigerweise *Triverisborg* ‹Trier›, nimmt das aber kurz danach zweimal richtig auf als *Trimonieborg* ‹Tremoigne, Dortmund›. Dem geistlichen Übersetzer im Norden oder einem Abschreiber war die Erzbischofsstadt lat. *Triveris* ‹Trier› ein Begriff, während er Dortmund in der französierten Namensform zunächst nicht erkannte. Lacroix in seiner sonst sorgfältigen Übersetzung (wie Anm. 2) 136 Anm. 2 hat den Fehler bemerkt, erklärt ihn aber versehentlich falsch herum: «Tremonieborg – erreur pour Triverisborg», was die ganze Erzählung geographisch und historisch schlechthin absurd machen würde.

[43] In Nijmegen ließ der historische Karl laut Einharts *Vita Karoli*, cap. 17, eine Pfalz *egregii operis* anlegen, die er seit 777 oft aufsuchte und die bis 1247 Königsgut blieb; vgl. LM (wie Anm. 14) s. v. *Nijmegen*. In der KMS I muss sich Karl nach Nijmegen in seine Pfalz begeben,

zunächst zurück nach Aachen, offenbar, um dort inzwischen aufgelaufene Staatsgeschäfte zu erledigen. Daraus folgt, dass es von *Vesklara* einerseits rheinabwärts nach Nijmegen, andererseits nach Aachen keine gemeinsame Wegstrecke mehr gibt; in der Tat müssen ja schon nach dem vorher Gesagten die beiden Wege nahezu senkrecht aufeinanderstehen.

Von den ganz wenigen Orten, die hiernach geographisch in Frage kommen, trägt nur Wesel einen Namen, der an *Vesklara* anklingt, worauf schon der Niederrheiner Theodor Frings knapp hinwies. Da Frings' geographische Erkenntnis später von Aebischer m. E. zu Unrecht bestritten wurde,[44] sei sie hier auch auf eine realhistorische Basis gestellt. Wesel liegt fast am Rhein (genauer gesagt: der Ortskern liegt 2,5 km vom Rheinufer entfernt) und zugleich am Nordufer der dort mündenden Lippe; es kann deshalb einen sehr interessanten Anspruch anmelden. Denn jeweils auf dem Weg in den Sachsenkrieg überquerte den Rhein schon Karl Martell 738 an der Lippemündung (Fredegar-Fortsetzer cap. 19, SS.mer. 2.177), dann Karl der Große nach den *Reichsannalen* zumindest 779, 784 und 799 genauer bei einem *Lippeham* an der Lippemündung.[45] Dieser Name ist später – außer bei Ausschreibern der Annalenstellen – nicht mehr belegt. Doch da Karl der Große damals jeweils ins nördliche Sachsen wollte, lag offensichtlich Lippeham wie Wesel auf der Nordseite der Lippe; denn es ging ja darum, sich eine weitere Flussüberquerung zu ersparen.[46] Hier ist -*ham* nie-

---

weil anschließend erzählt werden soll, wie dort zu seiner Überraschung auf dem Rhein in einem von einem Schwan gezogenen Nachen ein fremder Ritter erscheint, eben der ‹Schwanenritter›, der dann in Karls Dienste tritt; die Nijmeger Tradition der Schwanenritter-Sage wird ausführlicher erzählt von Philippe Mouskés (v. 16025 ff.). (Genau genommen liegt Nijmegen dicht westlich der Gabelung des Rheins an der breiteren Waal, nicht am schmaleren Nederrijn; doch niemand wird von einem mittelalterlichen Autor eine solche pedantische Genauigkeit verlangen.) Dem nordischen Übersetzer passiert hier wiederum ein kleines Missgeschick: er vergisst mitzuteilen, dass sich Karl inzwischen, wie geplant, von Aachen nach Nijmegen begeben hat, so dass es so aussehen könnte, als blicke Karl in Aachen auf den Rhein.

44 Frings, Theodor, Rez. zu Aebischer, Paul, Textes norrois et littérature française du Moyen Âge, I, Recherches sur les traditions épiques antérieures à la Chanson de Roland d'après les données de la première branche de la Karlamagnús saga (Genève 1954), in: ZrP 73 (1957) 175–182, hier 177; Aebischer (wie Anm. 41), 22 f.

45 Und noch einmal a. 810 auf dem Weg in den drohenden Dänenkrieg.

46 Zu a. 799 darf man den Text der Reichsannalen vermutlich nicht so weit pressen, als wollten sie Lippeham auf dem linken Rheinufer *gegenüber* der Lippemündung situieren. Doch selbst wenn es wider Erwarten dort gelegen haben sollte, tangiert das die obigen Darlegungen nicht, da ja Karl auch in diesem Fall das östliche Rheinufer bei Wesel betreten hätte. Die Lage der Lippemündung wiederum kann sich seit damals, wenn überhaupt, nur noch so geringfügig verändert haben, dass dies hier keine Rolle spielt. – Dass der Weg von Aachen über Wesel nach Dortmund immer noch in Lippeham/Wesel einen für heutige Verhältnisse beträchtlichen Knick hat, konnte ein mittelalterlicher, noch dazu romanophoner Autor (ohne Deutschland-

derdt. *ham* ‹Winkel (insbesondere des Landes an einem Wasser), Bucht, Anlegeplatz der Schiffe›;[47] *Lippeham* ‹Lippe-[Mündungs-]Bucht› ist also eine naturgeographische Bezeichnung, nicht notwendigerweise der Name einer Siedlung. Die nächstgelegene Siedlung ist vielmehr Wesel, dessen frühe Geschichte sich wie folgt liest:[48] «Der zum Reichsgut [! G. A. B.] gehörende Salhof *Wisele* wird im 8. Jh. als zum Kloster Echternach gehörig erwähnt, um 1100 ist eine Kaufmannssiedlung nachweisbar. Schon vor der Stadterhebung 1241 [...] besaß Wesel eine eigene Verwaltung mit dem Bürgermeister an der Spitze des Schöffenkollegiums. [...] Dank zahlreicher Privilegien wurde Wesel ein bevorzugter Standort für Kaufleute. Dafür sprechen auch die frühe Anwesenheit von Juden (ab 1266) und Lombarden (ab 1301) sowie die Weseler Münze.» Wenn die Karolinger dort im 8. Jh. zunächst selbst einen Wirtschaftshof unterhielten, so war dieser offensichtlich für den benachbarten Landeplatz der humangeographische Support, wo z. B. auch die Könige auf Fahrten nach und von Sachsen übernachten konnten; in ähnlicher Perspektive wurde er dann dem fernen Kloster Echternach übergeben, das rechtlich ja ein karolingisches Eigenkloster war und für das er als Zwischenstation zu seinen beträchtlichen Besitzungen in den Niederlanden wertvoll sein musste.[49] Wesel war zwar knapp noch stammesfränkisch, doch weniger als 20 km weiter östlich und nordöstlich begann das damalige Sachsen. Da kann sich sehr leicht eine regionale Erinnerung gehalten haben, in der lediglich Wesel an die Stelle des unüblich gewordenen *Lippeham* getreten war, als die Stelle, wo der große Karl zum Sachsenkrieg überzusetzen pflegte.

Nun ist die verlorene afrz. Grundlage der KMS I, in der Forschung als *Vie de Charlemagne* bekannt, zwischen 1216 und 1238 von einem Bischof von Lüttich in Auftrag gegeben worden, und ihr Kompilator war ein fleißiger Sammler, der in sein Werk gleich hinter den Sachsenkrieg die Schwanenritter-Sage in ihrer niederrheinischen Lokalisierung (um Nijmegen) aufnahm (ed. Unger cap. 48, ed. Loth cap. A 45).[50] Wesel, von Lüttich in einem verkehrsgeographisch gut erschlossenen Gebiet in der Luftlinie nur 140 km entfernt, stand damals als markanter Handelsplatz am Rhein zweifellos auch mit der Wallonie durch wallonische und eigene Kaufleute in ständiger Beziehung. Diese dürften, wie die

---

karte!) kaum erkennen; der historische Karl nahm fast den gleichen Knick auf sich, als er laut den Reichsannalen 799 von Aachen über Lippeham nach Paderborn zog.
47 Vgl. z. B. Ernst Wilhelm Förstemann, Altdeutsches Namenbuch, II, Orts- und sonstige geographische Namen, ³Bonn 1913, s. v. Hamm, und Hermann Jellinghaus, Die westfälischen Ortsnamen nach ihren Grundwörtern, Kiel 1896, 40.
48 LM (wie Anm. 14) s. v. Wesel.
49 Vgl. LM (wie Anm. 14) s. v. Echternach.
50 Vgl. Beckmann (wie Anm. 22), speziell 7–38 und 195–223.

niederrheinische Schwanenritter-Fassung, so auch die niederrheinische Sachsenkriegs-Fassung samt der Weseler Reminiszenz, dass Karl ‹immer hier bei uns› zum Sachsenkrieg durchzog, dem Kompilator vermittelt haben.[51]

b In der KMS V: als Rheinbrücke bei Worms

Eine zentrale Rolle spielt der Rhein in KMS V lange, bevor dort der Plan eines Brückenbaus aufkommt. Kaum in Eile aus Spanien nach Köln zurückgekehrt, das die Sachsen wieder geräumt haben, hat Karl den leichtsinnigen Einfall, als Beginn des Feldzuges mit einem Gefolge von nur eintausend Mann über den Rhein zu setzen, um Guiteclin durch eine Jagdpartie in dessen Reich zu demütigen – wie denn ja auch der historische Karl ein leidenschaftlicher Jäger war, selbst noch kurz vor seinem Tode (vgl. Einharts *Vita Karoli* 22 und 30). Die Franken werden durch dreißigtausend Sachsen unter Guiteclin vom Rhein abgeschnitten, können sich aber in eine verlassene Burg zurückziehen. Karl schickt einen mutigen Boten durch die feindlichen Linien mit einem Hilferuf an Roland. Der erobert noch schnell im Sturmangriff Nobles, hier ohne Jericho-Wunder, und eilt zunächst nach Köln, dann (offenbar in der Nähe) zu einem Treffen mit Turpin. Der Erzbischof bringt ihn dazu, nicht sogleich den Rhein zu überschreiten, sondern als Entlastung für Karl zunächst eine der wichtigsten Städte in Guiteclins Reich zu erobern, nämlich *Garmasie* (A)/*Garmaise* (B,b) ‹Worms›[52]

---

[51] Die lautliche Entwicklung bedarf des Kommentars. Germ. *w-* ist im Wall. erhalten (nicht > *gu-*), im Altnord. vor hellem Vokal von vornherein *v-* (wohl schon labiodental). Der Name *Wīsele/Wesele* wurde offenbar im benachbarten wall. Sprachgebiet schon bekannt, als sein *-s-* noch stimmlos war; nach Frings (wie Anm. 44) 177 entstand dann das /k/ als rom. Gleitlaut (vgl. *slav-* > afrz. *esclaf, esclave, Esclers/Esclavons*, germ. *slag* > afrz. *esclou*, ahd. *slahta/slatha* > afrz. *esclate* ‹Geschlecht›, germ. *slit(j)an* > afrz. *escli(c)ier*). *Vesklara* kann zudem Kreuzung mit einem *Vauclere* (< *Valclere*) aufweisen, das im *Doon de Mayence* (bzw. seiner verlorenen Vorform) die (von Mainz aus) zuerst erreichte Stadt in Sachsen, aber ein offensichtlicher Phantasieort ist (inmitten großer Wälder gelegen, wird es gerade von den Dänen belagert; zudem durchsichtige Etymologie).– Aebischer, der 1954 für *Vesklara* Wetzlar und Fritzlar, beide im (frankisierten) Hessen, ins Gespräch gebracht hatte, nahm dies 1973 wieder zurück; vgl. Aebischer (wie Anm. 41) 23. In der Tat passen beide schon geographisch ausnehmend schlecht in die Erzählung. Zudem ist Wetzlar zu jung (Existenz im 10. und 11. Jh. nur zu erschließen, Erstbeleg 1145). Fritzlar macht eine phonetische Zusatzannahme nötig (anderweitig unbelegte Schwunddissimilation des ersten *-r-*); dadurch, dass es 774 von den Sachsen während ihres Überfalls eingeäschert wurde (LM [wie Anm. 14] s. v. *Fritzlar*), wird es für unsere Zwecke nicht geeigneter.

[52] *Garmaise/Guarmaise/Gormaise* (< früh-mlat. *Warmatia/Wormatia*) heißt Worms auch im *Garin le Loherenc, Doon de Nanteuil, Doon de la Roche, Roland*-V4, *Chevalier au Cygne, Roman de la Violette* und *Gui de Warewic*; vgl. André Moisan, Répertoire des noms propres de person-

(das ja in der Tat auf dem linken Rheinufer liegt); gelinge das, könne man damit Karl durchgreifend helfen. Roland und Olivier erobern Worms, und Guiteclin zieht sich mit allem, was er besitzt, zurück auf das rechte Rheinufer. Karls Bote findet zu seinem Herrn in die belagerte Burg zurück und kann ihm die Sachlage melden; Karl bricht mit seiner Truppe erfolgreich aus und erreicht – anscheinend ohne längeren Marsch – Roland und das Haupttheer (Kap. 2–16). Die Burg liegt also zwar rechts des Rheins, doch nahe bei Worms. Dass Karl zur Vereinigung mit Roland den Rhein überquert haben muss, wird nicht gesagt, ergibt sich aber sogleich. Denn jetzt ist ja erst Karls Eskapade zu Ende, und erstmalig steht jetzt das Haupttheer vor der Aufgabe, zur Verfolgung Guiteclins den Rhein zu überschreiten; dazu bedarf es eben einer Brücke. Noch in Kap. 16 entschließt sich Karl zu ihrem Bau, welcher dann, wie oben beschrieben, die an Wechselfällen reichen Kapitel 16–36 strukturiert.

Wie eingangs erwähnt, erzählt schon der PT in seinem Anhangskapitel 33 essenziell dasselbe: Karl der Große sitzt während des Sachsenkriegs fest in einer Burg bei Worms und ruft seinen Neffen von (Gre-)Noble[s] zu Hilfe.

Nun spielen sich diese Vorgänge ja nicht in fernen Landen, sondern sozusagen vor Frankreichs Tür ab. Dass da das linksrheinische, stammesmäßig altfränkische Worms überhaupt in den Sachsenkrieg gerät, dass ganz in der Nähe Karl von dem Sachsenführer in die Enge getrieben wird, ja dass Worms – jedenfalls in der KMS V – sogar dem Sachsenführer gehört, das wirkt zunächst bizarr, überschreitet das Maß an geographisch-historischer Toleranz, das wir einem Zeitalter ohne brauchbare Europa-Karten und mit beschränkten Bibliotheken zuzugestehen bereit sind. Und immer wenn dergleichen vorliegt, tut die Epenforschung gut daran, nach einer speziellen Ursache zu suchen.

Das hat hier vor mir, aber wie ich glaube, mit inakzeptablem Ergebnis schon de Mandach versucht.[53] Ihm zufolge steht hinter *Warmatia/Garmaise/ Gormaise* das span. Gormaz am Nordufer des oberen Duero. Dieses war von den

---

nes et de lieux cités dans les Chansons de geste françaises et les œuvres étrangères dérivées, 5 Bde. in 3 ‹tomes›, Genève 1986, und Léopold Flutre, Table des noms propres avec toutes leurs variantes figurant dans les romans du Moyen Âge écrits en français ou en provençal et actuellement publiés ou analysés, Poitiers 1962, beide s. v. Früh-mlat. *Warmatia/Wormatia* seinerseits ist Latinisierung der (anscheinend unbelegten) ahd. Vorstufe von mhd. *Wormeʒ*, die durch zweifache Dissimilation (und zweite Lautverschiebung) aus (kelt.-) lat. *Borbeto(magus)* entstanden war.

53 Mandach, André de, La Prise de Nobles et de Garmaise par Roland, in: Essor et fortune de la chanson de geste dans l'Europe et l'Orient latin, Actes du IXe Congrès International de la Société Rencesvals, Padoue-Venise, 29 août–4 septembre 1982, 2 Bde., Modena 1984, 717–728, hier 721–725. Ders., L'Entrée d'Espagne: six auteurs en quête d'un personnage, in: Studi Medievali 30 (1989), 163–208, hier Abschnitt 7.

Muslimen um 960 zur größten und stärksten Festung von al-Andalus ausgebaut worden, fiel aber trotzdem um 1060 an Ferdinand I. von León (Chronica Najerensis 3.1.19, 3.8.9) in einem Feldzug, bei dem die Geschichte von französischen Helfern ebenso wenig weiß wie bei irgend einer anderen Unternehmung Ferdinands. Bei de Mandach ist diese Idee verknüpft mit der ebenso unhaltbaren, hinter dem *Noples/Nobles* des Rolandsliedes stehe der 7 km von der Festung Gormaz entfernte Ort *Navas de Palos* (so noch im *Cantar de mio Cid* v. 401!), später *Navapalos*. Doch die bloße Ähnlichkeit der Namen *Gormaz* und *Ga/ormaise* scheint mir bei weitem nicht auszureichen, einen räumlichen Transfer über 1600 km und einen personellen (den bisher einzigen!) von Ferdinand auf Karl anzunehmen, zumal erstens nichts darauf hindeutet, dass Ferdinand bei Gormaz in Gefahr geriet, somit eine narrative Ähnlichkeit nicht auszumachen ist, und zweitens *Ga/ormaise* und *Noples/Nobles* in aller Epik nicht benachbart sind, sondern notorisch weit auseinanderliegen.

Ich möchte der Erklärung de Mandachs eine eigene entgegenstellen, bei der von vornherein der Frankenkönig Karl [der Große] ein Frankenkönig Karl, *Warmatia/Garmaise* eben Worms-am-Rhein und der Sachsenführer ein Sachse ist, der Worms als Teil seines Reiches ansieht und Karl ebendeshalb in eine missliche Situation bringt – kurzum eine Erklärung, bei der diese Determinanten der Erzählung von vornherein das sind, was sie auch in der Erzählung sind.

Dafür müssen wir uns ein wenig die Vorgeschichte der relevanten Situation ins Gedächtnis zurückrufen. Bei der ersten Teilung von Karls des Großen Reich 840 erhielt das Ostreich unter Ludwig, später ‹der Deutsche› genannt, linksrheinisch nur das kleine Gebiet um Mainz-Worms-Speyer, und auch das nur als minimales altfränkisches Gegengewicht gegen die Überzahl der stammesfremdem Alemannen, Bayern, Thüringer und Sachsen und der erst oberflächlich frankisierten Hessen. Hingegen gehörten Köln, Koblenz, Trier und Straßburg zum Mittelreich, d. h. zu der in ihrem nordalpinen Teil bald sogenannten *Lotharingia*, die 880 an das Ostreich fiel. Doch 911 starb der letzte ostfränkische Karolinger, und schon 913 konnte der Westfrankenkönig Karl III., von Späteren sehr zu Unrecht ‹der Einfältige› genannt, die Lotharingia in das Westreich eingliedern, z. T. dank der karolingischen Sympathien des lotharingischen Adels. In dieser Situation musste in Frankreich die antike Lehre, Galliens Ostgrenze sei der Rhein (wie sie z. B. Cäsars *Bellum Gallicum* 1.1 s. und Plinius' *Naturalis Historia* 4.105 zugrunde liegt), nach langer Latenz neu aufleben, doch jetzt mit *Francia* als modernem Synonym von *Gallia*; denn zur vollen Rheingrenze fehlte nur noch der Besitz von Mainz-Worms-Speyer. A. 919 wurde der Sachsenherzog Heinrich I. zum König des ostfränkischen Reichs gewählt. Heinrich musste damals zunächst sein Königtum und Königreich sichern, konnte also noch nicht an eine Reannexion Lotharingiens denken. Aber umgekehrt konnte auch Karl noch keinen Sachsenkrieg in der Art seines großen Ahnen wagen, erkannte vielmehr Heinrich als *princeps*, vielleicht sogar *rex, transrhenensis* an. Die beiden Positionen unterschieden sich somit nur in Bezug auf Mainz-Worms-Speyer.

In einer solchen Lage ist ein *fait accompli* viel wert. Damit sind wir bei der uns interessierenden Situation: 920 erschien Karl unvermutet mit einem Heer bei Worms. Der auf westfränkischer Seite maßgebende zeitgenössische Historiker Flodoard spricht von *[rex Karolus] qui tunc morabatur in pago Warmacensi contra Heinricum principem Transrhenensem.*[54] Doch Karl musste weichen, wie die Folgeereignisse zeigen. Auf ostfränkischer Seite konnte man sogar von Karls Feigheit sprechen; die um 967 geschriebene Continuatio Treverensis von Reginos *Chronicon* sagt von Karl, dass er vom Elsass aus *partes illas Franciae iuxta Rhenum usque Mogontiam sibi usurpaturus usque Paternisheim villam* (Pfeddersheim, 6 km westl. Worms) *iuxta Wormaciae [urbem] hostiliter pervenit. Unde fidelibus Heinrici Wormaciae coadunatis aliter quam decuerat regem, aufugit.*[55] Ähnliches schwingt mit auch bei Widukind von Corvey: *Ob quod* [scil. der Ansprüche Karls] *Heinricus rex movit castra sua contra Karolum eiusque saepius fudit exercitum, iuvitque virum fortem fortuna.*[56] Gleichzeitig mit Karls Niederlage(n?) formierte sich in Paris gegen ihn der Aufstand, der drei Jahre später mit seiner lebenslangen Einkerkerung endete – und Heinrich die Reannexion der Lotharingia ermöglichte.[57]

In der Nähe des von ‹dem› Sachsen-*par-excellence* gehaltenen Worms am Rhein gerät also ‹der Frankenkönig Karl› eben durch diesen Sachsen in Not.[58] Das ist zu viel Übereinstimmung mit der KMS V, um Zufall zu sein, zumal Ähnliches zu keiner anderen Zeit geschehen ist. Doch – man braucht es kaum hinzuzufügen – anders als die Realität hatte die Epik einen *deus ex machina*, der aus Karls Niederlage einen Sieg machen konnte: er hieß Roland.

Aber, so könnte man einwenden, musste das Ereignis von 920 nicht bald im Meer der folgenden Ereignisse untergehen? Keineswegs; denn als erster Sieg

---

54 Flodoard von Reims, Annales, zu 920, ed. Philippe Lauer, Paris 1905, p. 4; ähnlich seine Historia Remensis ecclesiae 4.16, ed. Martina Stratmann, Hannover 1998 (MGH SS. 36), 408.
55 Reginonis abbatis Prumiensis Chronicon cum continuatione Trevirensi, ed. Fridericus Kurze, Hannover 1890 (MGH SS.schol. 50), 157. Die *Continuatio* setzt dies unter a. 923 statt a. 920, was sachlich ausgeschlossen ist; in der Tat unterlaufen dem Autor für die Jahre 919–936 eine Reihe von Fehldatierungen bis zu vier Jahren, vgl. die Edition.
56 Widukindi monachi Corbeiensis Rerum gestarum Saxonicarum libri tres, ed. Paul Hirsch, Hannover 1935 (MGH SS.schol. 60), 1.30, p. 42, geschrieben a. 967–968.
57 Vgl. im LM (wie Anm. 14) K. F. Werners Artikel *Bonn, Vertrag von*.
58 Zwar begann auch Karl der Große nach dem Bericht der Reichsannalen seinen ersten Sachsenkrieg 772 von Worms aus mit einem Zug durch Hessen zur Eresburg (vgl. weiter unten im Haupttext), doch natürlich ohne dass die Sachsen je Worms oder dessen Umgebung erreicht hätten.

eines Sachsen über einen Frankenkönig seit mehr als drei Jahrhunderten war es, mit einem Terminus Grégoires gesagt, ein *premier choc*, der Paukenschlag, der eben das ottonische, dann das salische Jahrhundert und damit das Zeitalter der permanenten Demütigung Frankreichs durch Deutschland einleitete.

Doch nichts ist endgültig verloren, wo nicht die Hoffnung verloren ist. In diesen Jahrhunderten hatte sie in Fankreich einen Namen, dem Karl soeben neues Leben eingehaucht hatte: die Rheingrenze. A. 939, 973, 978, 985, 1024–26, 1037, 1044, 1046–50 – in der realen Politik gab es in jeder Generation Ereignisse, bei denen sie kurze Zeit zum Greifen nah erschien;[59] noch 1056 warf Heinrich I. von Frankreich Kaiser Heinrich III. bei einem persönlichen Treffen mit bitteren Worten vor, dessen Vorgänger hätten *partem magnam regni Francorum* – also Lotharingien – durch List okkupiert.[60] Ebenso bestimmte die Rheingrenze das Bewusstsein der Historiographen: Mitte des 10. Jh. nennt Flodoard von Reims (*Hist. Rem. Eccl.* 4.5) rückblickend sogar Kaiser Arnulf († 899) *rex Transrhenensis*, Ende des 10. Jh. Richer von Reims den Deutschen Heinrich I. († 936) nur *Heinricus Transrhenensis* und *Saxoniae dux* (erste Redaktion 1.20, 35 s.) bzw. *Saxonię rex* (zweite Redaktion 2.18), schließlich noch um 1040 der im *Herzogtum* Burgund, also im *regnum Franciae*, schreibende Raoul Glaber (1.4, 3.1) das Reich Heinrichs I. und Heinrichs II. († 1024) und das Land, in dem Bamberg [!] liegt, ‹Sachsen›. Nun waren aber die Nachfolger dieser Sachsen, die Salierkaiser, ausgerechnet Wormser *par excellence*, ein ganzes Jahrhundert lang (1024–1125) bis nur etwa zwei Jahrzehnte vor dem Augenblick, wo Worms im PT auftaucht. Das half, den Namen *Garmaise*, das Wissen um die linksrheinische Lage der Stadt und eine vage Erinnerung an 920 lebendig zu erhalten; doch führte es auch dazu, dass in der KMS V die Stadt, obwohl linksrheinisch, zu Guiteclins ‹Sachsen› (in der Realität: zum Ostreich) gehörte.

Das Wichtigere, Allgemeinere, war selbstverständlich das Postulat der Rheingrenze. Aber eine Grenze hat zwei Seiten: die Rheingrenze zu postulieren, hieß eben, anzuerkennen, dass jenseits davon das Land des Anderen, *de l'Autre* mit Majuskel, begann. In der Sachsenepik konnten das nur die Sachsen sein. Indem nun, von der hybriden Stellung von Worms abgesehen, die beiden KMS-Erzählungen – und zweifellos, wie der PT zeigt, schon ihre französischen Vorstufen – das populäre Rheingrenze-Postulat des 10.–12. Jahrhunderts in die Zeit Karls des Großen zurückprojizierten, ergab sich jenes durchaus unhistorische Grundfaktum beider Erzählungen, das wir bisher unhinterfragt akzeptiert

---

59 Die Ereignisse sind z. B. in den jeweiligen Jahrbüchern und Herrscherbiographien leicht aufzufinden, so dass ich auf Einzelnachweise verzichten kann.
60 So Lamperti monachi Hersfeldensis opera, ed. Oswald Holder-Egger, Hannover 1894 (MGH SS.schol. 38) 68 zu a. 1056.

haben: dass nämlich für Karl und sein Heer die Überschreitung schon des Rheins zum Problem epischer Größe werden konnte. Dass der *Rin* hier sekundär, als *lectio facilior*, für einen anderen Fluss, die *Rune*, eingetreten ist, zeigen die *Saisnes*, die die ältere Erzählung bewahrt haben. Wenden wir uns ihnen zu!

c In den *Saisnes*: als Ruhrbrücke nahe Dortmund; das Problem der beiden *Rune*

In den *Saisnes* beginnt unmittelbar, nachdem die Franzosen endlich die *Rune* überschreiten konnten, die Entscheidungsschlacht; sie ist sehr blutig, weil Guitechin unerwartet Verstärkungen erhält (AR v. 3733–4097 ~ LT 4705–5277), geht dann aber über in das oben behandelte Duell zwischen Karl und Guitechin mit Guitechins Tod. Die Sachsen fliehen; die Franzosen verfolgen und dezimieren sie zwar, kehren dann aber zu Karl zurück (AR v. 4129 ~ LT v. 5372). In AR folgt nun das Verspaar (4130 s.): *Charles vint a Tremoigne o son riche barné, / La nuit jut l'empereres el gran palais pavé*; Dortmund ist also ohne weiteren Schwertstreich gefallen, und Karl kann mit dem Zusammengeben der beiden neuen Paare das erwartete *dénouement* der Handlung vollenden. In LT finden die Franzosen Sebile und Helissent im von den Männern verlassenen Feldlager Guiteclins vor, und schon hier kann Karl die Paare vereinen; Sebile fordert dann von außen *Tremoigne* zur Kapitulation auf, die auch erfolgt (v. 5388–5583). In beiden Fassungen ist der Weg von der *Rune* nach *Tremoigne* offenbar kurz, kürzer noch, als es der Marsch von *Saint Herbert dou Rin*, also (Köln-)Deutz, über die fränkisch-sächsische Grenze zur *Rune* war.

Nun beträgt die Entfernung von Köln-Deutz zur Ruhr bei der Hohensyburg 78, von dort zum Stadtkern von Dortmund weitere 14 Straßenkilometer, das Ganze ist eine fast gerade Linie. (Seit 1928 ist die Hohensyburg sogar in Dortmund eingemeindet, und das Stadtgebiet beginnt an der Ruhr.) Dass unter diesen Umständen die *Rune* die Ruhr ist, hat schon 1893 Oscar Schultz[-Gora] erkannt.[61] Es liegt eine simple Dissimilation des zweiten -*r*- > -*n*- gegen das erste -*r*- vor (wobei afrz. -*r*- damals mit Sicherheit noch vorderes -*r*- war, also dem -*n*- artikulatorisch nahestand).

Schultz beeinträchtigt allerdings diese seine Erkenntnis, indem er ihr eine verfehlte Behauptung logisch vorschaltet: der Name habe ursprünglich wohl irgend ein anderes Gewässer bezeichnet, sei dann zu einem typisch epischen Gewässernamen geworden, so dass er in den *Saisnes* «auch» die namensähnliche Ruhr bezeichnen konnte. Zu einer so verkrampften Idee kommt er nur,

---

61 Oscar Schultz[-Gora], Zum Guiteclin, in: ASNS 91 (1893) 247–250.

weil es in der afrz. Epik noch einen zweiten Fluss *Rune* gibt: im Roland-Ms. V4 (v. 288 ed. Beretta) sagt der aus Karls Lager nach Saragossa aufbrechende Ganelon zu seinem Pferd: *Vu passarì la grant aigua de Runa*; und im PT (cap. 11) gelangt Karls großes Heer nach *Pampilonia* und bedeckt dort die Erde *a flumine Runae* bis zu einem drei frz. Meilen entfernten Berg. Schon kurz nach Schultz' Aufsatz konnte Antoine Thomas[62] diese zweite *Runa* an Hand mehrerer in Spanien geschriebener Texte identifizieren als einen zweiten Namen des Arga, des Flusses, der durch Pamplona fließt; übrigens gibt es heute – ich weiß nicht, seit wann – in Pamplona zwischen dem Arga-Ufer und der Calle del Río Arga, gegenüber dem alten ‹Franken›viertel San Cernín, einen *Parque del Runa*. Es liegt also innerhalb des Afrz. einfach eine Homonymie zweier Flussnamen vor. Thomas möchte allerdings zwischen ihnen den Rest einer Verbindung retten, indem er annimmt, *Rura > Rune* sei unter dem Einfluss des span. Flussnamens erfolgt; aber auch das scheint mir bei einer simplen Dissimilation unnötig.

Thomas hat nun zwar die zweite *Runa* als den Arga identifiziert, doch nicht erklärt, weshalb der Arga einige wenige Male unter diesem ganz anderen Namen erscheint; solange das nicht geschieht, könnten wieder Zweifel an der Identifizierung aufkommen. Ich schlage deshalb, von Thomas' Belegen ausgehend, die folgende Erklärung vor. *Runa* erscheint erstens im PT, also im Munde eines Galloromanen (vermutlich Poiteviners); zweitens kurz nach 1276 bei einem weiteren Galloromanen, dem Tolosaner Guilhem Anelier, in seiner *Histoire de la Guerre de Navarre* (v. 3676 ed. F. Michel); drittens im frühen 14. Jh. bei dem franko-it. Redaktor des *Roland*-V4, der es am ehesten aus dem schon europaweit verbreiteten PT hatte; viertens 1406 beim Verkauf einer Liegenschaft der *cofradía de San Cerní* in jenem kurz nach 1100 entstandenen ‹Franken›viertel der Stadt, das lange Zeit für die Ansiedlung von Navarresen gesperrt war,[63] im 13. Jh. sogar den von Anelier beschriebenen Bürgerkrieg gegen die einheimischen Stadtviertel führte und dessen dominierende südfrz. Familien erst danach allmählich in der lokalen Aristokratie aufgingen. Und schließlich erscheint *Runa* fünftens in einer Aufzählung wasserreicher Flüsse in den sogenannten *Fueros de Sobrarbe*; Letztere sind laut Lalinde Abadía[64] eine Gruppe «fiktiver Verfügungen […], die die Macht des Königs einschränken […] sollten», letztlich

---

[62] Antoine Thomas, La rivière de Rune dans l'épopée française, in: Romania 23 (1894) 146–148.
[63] Nämlich durch Urkunde des Alfonso el Batallador von September 1129, ediert bei José Ángel Lema Pueyo, Colección diplomatica de Alfonso de Aragón y Pamplona (1104–1124), San Sebastián/Donostia 1990, Nr. 211.
[64] LM (wie Anm. 14) s. v. *Fueros, III*; genauer Jesús Lalinde Abadía, Los fueros de Aragón, Zaragoza 1976, 95–99.

also von Fälschungen, und bilden somit ein Sonderproblem.⁶⁵ Aber selbst ein Belegverhältnis von 4 : 1 könnte kaum Zufall sein: *Runa* statt *Arga* ist ein essenziell gallorom. Name. Nun klingt *Runa* an *Iruña* an, den bask. Name von Pamplona.⁶⁶ Und während der Nexus ‹Fluss› (also z. B. frz. *rivière*, okz. *aigua*, span. *río*) + *de* + Eigenname in der Iberoromania in der Regel possessiv ist (z. B. *el río de Pamplona*), ist er in der Galloromania entweder possessiv (*la rivière de Pampelune*) oder (schon afrz. und aokz.)⁶⁷ identifizierend (so *l'aigua de Runa* im Roland-V4 oder *la rivière de Rune* im Titel von Thomas' Aufsatz, contra span. appositionelles *el río Arga*). Wo also ein Iberoromane von dem *río de Iruña* sprach, konnte ein Galloromane das missverstehen als ‹der Fluss *Iruña*› oder, wenn wir ihm die nicht seltene Metanalyse von *d(e)* + hellem Folgevokal und eine weitere kleine lautliche Ungenauigkeit zubilligen, als ‹der Fluss *Runa*›. Stand ein solcher Irrtum am Anfang, so dürften die Galloromanen von San Cernín schon aus anti-navarresischem Geist lange an diesem Namen für ‹ihren› Fluss festgehalten haben.

Wenn so die zweite *Rune* als Unsicherheitsfaktor ausfällt, steht damit die Bedeutung ‹Ruhr› für die erste *Rune* umso eindeutiger fest.

---

65 Da nach heute überwiegender Forschungsmeinung weniger ein ‹Text› als ein *mito*, ein ideologisches Konstrukt, vorliegt (‹en Aragón, Leyes antes [de] Reyes›), das sich im 13. Jh. auszukristallisieren begann und im 16. Jh. den Höhepunkt seiner Brisanz erreichte, ist die Frage nach einer authentischen Textform wohl schon in sich elusiv. Doch ist immerhin auffällig, weil aus dem Fälschungszweck nicht bündig ableitbar, dass schon in den frühen Erscheinungsformen dieses ‹Mythos› behauptet wird, die *Fueros de Sobrarbe* seien zwar von anti-islamischen Kämpfern der ersten Stunde in Sobrarbe verfasst worden, aber mit redaktioneller Hilfe von ‹Lombarden und Franzosen›. Hat das einen realen Kern, so kann *Runa* statt *Arga* auch hier auf einen Galloromanen zurückgehen; ist es pure Fiktion, so können deren Urheber mit *Runa* bewusst ein gallorom. klingendes Sprachelement haben einfließen lassen.

66 Auf heutigen Karten liest man zwar manchmal die Variante *Iruñea* (= *Iruña* + postpositiver Artikel *-a*, vgl. Luis Michelena, Fonética Histórica Vasca, Donostia/San Sebastián 1980, 114 s.); die historisch überkommene Form ist aber *Iruña*. Nur sie erscheint im *Diccionario de Antigüedades del Reino de Navarra* von Yanguas y Miranda s.v. *Pamplona* (als *Iruina* mit ‹in› ~ /ñ/ schon in der in Anm. 63 erwähnten Urkunde des Alfonso el Batallador von 1129), im LM (wie Anm. 14) s. v. *Pamplona* sowie in einem Brief (vom 15. 7. 1969) von Luís Michelena, dem unvergessenen Mitbegründer der modernen baskischen Sprachgeschichtsforschung, worin er mir den Namen ausführlich erklärte.

67 Nämlich als Erbe eines spätlat. Genetivs, vgl. Ernst Gamillscheg, Historische französische Syntax, Tübingen 1957, 109.

7 Tremoigne ‹Dortmund›

a Inhaltlich

Trimonia-/Tremonieborg bzw. *Tremoigne* ‹Dortmund› ist die einzige sächsische Stadt, die in allen drei Texten – der KMS I, der KMS V und den *Saisnes* – vorkommt. In der KMS V 51 ist sie immerhin die Heimat von Guiteclins Fahnenträger, in den beiden anderen Texten Vitakinds/Guitechins Hauptstadt, deren Fall den Krieg beendet;[68] Letzteres entspricht mehr der sonstigen Erzähllogik der afrz. Epen.

Denn während die deutschen Könige und Kaiser bis über Barbarossa hinaus ‹itinerante› Herrscher blieben, stärkte in Frankreich gerade die anfängliche Beschränkung der Kapetinger auf eine relativ kleine Domäne die Hauptstadtfunktion von Paris. Aus der Bedrohung, die Paris 886 und 978 auszuhalten hatte, gingen die Stadt und ihre Verteidiger in ihrem Ansehen gestärkt hervor. Wo die Behauptung der eigenen Hauptstadt als Unterpfand der Zukunft galt, konnte komplementär erst die Eroberung der feindlichen Hauptstadt Erweis eines gelungenen Feldzugs sein: schon im *Roland* muss Saragossa Hauptstadt von ganz Spanien sein und schließlich von Karl eingenommen werden, beides gegen die Geschichte. Im Stammessachsen des realen Widukind gab es keine Städte, doch der Widukind der französischen Epik brauchte eine Hauptstadt, deren Fall seinem Fall das gebührende Echo verlieh.

Was prädestinierte gerade Dortmund zu dieser Rolle?[69] Dortmund profitierte vor allem vom Verkehr. Die beiden wichtigsten Wege schon durch das heidnische Sachsen waren der Hellweg vom Rhein bei Duisburg zur Weser bei Höxter und der Weg vom Rhein bei Köln nach Norddeutschland und zur Ostsee; sie kreuzten sich an der Stelle des späteren Dortmund. Den Weg von Köln benutzte Karl 775 bei seinem zweiten – dem ersten großen – Sachsenfeldzug; den Hellweg sicherte er durch Königshöfe, darunter Dortmund.[70] Schon 939 war Dortmund laut Widukind von Corvey (2.16) eine befestigte *urbs* (kein bloßes

---

[68] Für die *Saisnes* genauer: deren Einnahme durch Karl den genuinen, uns allein interessierenden Teil des Werkes und deren Behauptung durch Karl gegen Guitechins Söhne dessen schwache Fortsetzung beendet.

[69] Der folgende Abriss der Geschichte Dortmunds im Hochmittelalter, sofern nicht anders angegeben, nach LM (wie Anm. 14) s. v. *Dortmund,* sowie Norbert Reimann, Das Werden der Stadt, und Thomas Schilp, Die Reichsstadt, beide in: Gustav Luntowski [et al.], Geschichte der Stadt Dortmund, Dortmund 1994, 13–66 bzw. 67–211.

[70] LM (wie Anm. 14) s. v. Hellweg.

oppidum!); 960 besaß es eine Königspfalz; spätestens ab 983 war es ein wichtiger Münzprägungsort; 990 erhielten die Gandersheimer Kaufleute ‹dieselben Rechte wie die Dortmunder› (so dass letztere offenbar als beneidenswert galten); 1074 ist Dortmund neben Goslar und Engern eine der drei großen kaiserlichen Zollstätten in Norddeutschland; den Dortmunder Kaufleuten gewährte wahrscheinlich 1145 Konrad III., sonst sein Nachfolger Barbarossa Zollfreiheit an allen königlichen Zollstellen im Reich, dazu das Recht, nur in Dortmund angeklagt werden zu können;[71] 1232 schließlich war Dortmund freie Reichsstadt, die einzige, die es je in Westfalen geben sollte. Zudem griff seit Heinrichs des Löwen berühmtem Vertrag von 1161 mit den Gotländern der Dortmunder Handel immer weiter nach Nordosten aus, so dass z. B. 1229 im großen Handelsvertrag mit dem Fürsten von Smolensk auf gotländischer Seite die Fernhändler Ermbrecht und Albrecht ausdrücklich als Dortmunder genannt werden.[72]

Dass andererseits frankophone Kaufleute ständig sowohl bis nach als auch durch Dortmund kamen, zeigt schon eine Kölner erzbischöfliche Urkunde von 1103:[73] die Kaufleute von Lüttich und Huy, unterstützt vom Lütticher Bischof Otbert, beschweren sich beim Erzbischof mit Erfolg darüber, dass die Stadt Köln die von altersher [!] üblichen Zölle heraufgesetzt hat, speziell die Durchgangszölle für ihre Fahrten ‹nach Sachsen und Dortmund›, wo Dortmund also als einzige Stadt namentlich genannt wird; sie verkaufen, von Westen kommend, unter anderem Zinn, Tuche und Salben und holen aus Sachsen Kupfer, anscheinend auch Silber und Vieh, aus Dortmund vermutlich auch schon Waren aus dem Ostseegebiet. Wenn also in französischen Augen Guitechin einer Hauptstadt bedurfte, so hatte Dortmund seit spätestens 1100 schon aus den genannten Gründen die besten Chancen, in diese Rolle einzutreten.

b Formal

Ein bisher unerkanntes Indiz der Beziehungen zwischen dem frankophonen Raum und Dortmund steckt in der seit 1152/1153 festen Latinisierung *Tremonia*. Der alte Name *T(h)ro/utmanni(a)* wird bis gegen 1100 im Wesentlichen weiter

---

[71] Vgl. MGH DD Otto III. Nr. 66 a. 990 und Nr. 357 a.1000; DD Heinrich IV. Nr. 267 a. 1074; DD Konrad III. Nr. *134 a. 1145.
[72] Hansisches Urkundenbuch, bearb. v. Konstantin Höhlbaum, 11 Bde., Halle 1876–1916, 1.72–79 Nr. 232.
[73] Hansisches Urkundenbuch (wie Anm. 72), 3.385–388 Nr. 601, danach Regest bei Richard Knipping, Die Regesten der Erzbischöfe von Köln im Mittelalter, II, 1100–1205, Bonn 1901, Nr. 28.

tradiert.⁷⁴ Doch tritt, wie zu erwarten, neben *T(h)-* seit 966 zunehmend *D-* auf;⁷⁵ neben *-nn-* erscheint seit 997 auch *-nd-*; ferner ist das *-a-* des mindertonigen zweiten Namensteils seit 997 häufiger zu *-o-/-u-* verdumpft, Letzteres z. B. in Originalurkunden Heinrichs IV.: Nr. 203 a.1068 noch *Drotmanni* (korrigiert aus *Trotmanni*), aber schon Nr. 178 a.1066 *Trutmunde*, Nr. 267 a. 1074 *Drutmunne*. Und schließlich wird (auf der Basis des gesprochenen /-mǫni/) ein Verschriftungstyp *-monia* sichtbar, zunächst fragmentarisch auf Münzen der Jahre 1002–1024 als *Trvt[m]onia, Throt[m]o[ni]a*,⁷⁶ dann in einer Urkunde des Erzbischofs von Köln von a. 1075 als *Trutmonia*,⁷⁷ und in einer (nur in Abschrift des 17. Jh. erhaltenen) Urkunde Konrads III. Nr. 117 a. 1144 als *Trudinonia*, verschrieben aus *Trudmonia*. So weit die (bis wohl auf das lat. *-a*) unbestritten innerdt. Entwicklung des Namens.⁷⁸

Schon in der nur abschriftlich (aus dem 18. Jh.) erhaltenen Urkunde Barbarossas Nr. 7 von Ende April 1152 heißt dann ein Zeuge *Philippus de Tremonia*, und von dem doppelten Originaldiplom Barbarossas Nr. 59/60 a. 1153 für Erzbischof Arnold von Köln an herrscht völlig fest die lat. Form *Tremonia*.⁷⁹ Sprunghaft neu ist daran also nur das *Tre-*. Die regionale Forschung erkannte vor etwa zwei Jahrzehnten diese Neuerung zu Recht als erklärungsbedürftig – und wurde verständlicherweise zu Vermutungen angeregt: in den Namen könnte *tres moenia* hineingelesen, die ganze Form von Friedrich sozusagen aufoktroyiert sein, weil er vielleicht Dortmund zu seinem Hauptstützpunkt in Westfalen machen wollte und dazu beim Namen Einheitlichkeit um der Rechtssicherheit willen

---

74 Ich stütze mich auf die Belegsammlung von Derks, die in gedrängter Form Udolph bietet; vgl. Jürgen Udolph, Dortmund. Neues zu einem alten Namen, in: Beiträge zur Geschichte Dortmunds und der Grafschaft Mark 100/101 (2009/2010) 9–40, hier 10 f. Doch die kaiserlichen und erzbischöflichen Urkunden – die z. T. dort fehlen – entnehme ich den Primärveröffentlichungen.
75 Der Wandel <th> /θ/ > /ð/ > <d> /d/ ist gesamtdt., im Niederdt. fällt er hauptsächlich erst ins 11. Jh.
76 Solche mehr oder minder willkürliche Fragmentarisierung von Namen ist auf Münzen durchaus gängig, wie ein einfacher Blick in irgendein Werk zur Numismatik lehrt.
77 Knipping (wie Anm. 73), Nr. 1054.
78 Was die schwierige Frage der Etymologie des Namens angeht, scheint Udolphs (wie Anm. 74) germ. *throt* ‹Kehle› (hier ~ ‹Einschnitt›) + *-mund ‹Anhöhe, Hügel› der bisher einzige akzeptable Vorschlag. Ob *-nd-* oder *-nn-* als primär zu gelten hat, ist für die Frage des frz. Einflusses auf die spätere Form *Tremonia* irrelevant, da /ndĭ/ im Frz. mit altem /nĭ/ in /ñ/ zusammenfällt, vgl. *Burgundia > Bourgogne, verecundia > vergogne* ganz wie *Bononia > Boulogne*, vlat. *caronea > *caronia> *charogne*.
79 Man darf sagen: bis heute; denn die lat. Form ist in der Stadt allgemein bekannt geblieben (bis 1945 Name einer dortigen Tageszeitung; noch heute Tremonia-Park an der Stelle der einstigen Zeche Tremonia sowie Clubs und Firmen dieses Namens).

brauchte ...⁸⁰ Aber dass Dortmund schon um 1150 eine Drei-Mauern-Stadt war oder dass es zu irgend einer Zeit in irgend einer distinktiven Weise als solche empfunden wurde, ist durch kein Dokument belegt; bei Hineinlesen eines lat. Sinnes wäre nicht -*monia*, sondern eben -*moenia* bzw. -*menia* zu erwarten; dass Friedrich Dortmund eine solche Rolle zugedacht hätte, ist nur aus der Urkunde selbst herausgelesen und wird durch die Folgeereignisse nicht bestätigt, so dass hier ein Zirkelschluss droht; dass schließlich um diese frühe Zeit die kaiserliche Kanzlei für irgend einen der Hunderte Ortsnamen von Mittelitalien bis Holstein, die jährlich in ihre Urkunden eingingen, außer bei der Übernahme antiker Namen Schreibungskonstanz angestrebt hätte, ist leicht zu widerlegen.[81]

Dem Romanisten drängt sich eine andere Lösung auf. Die doppelte Originalurkunde von 1153 ist laut MGH-Edition in beiden Ausfertigungen Empfänger-Urkunde, außerhalb der kaiserlichen Kanzlei von Kölner erzbischöflichen Schreibern formuliert und geschrieben. Es ist auffällig, dass in Köln fast gleichzeitig auch außerhalb der erzbischöflichen Kanzlei für ‹Dortmund› schon *Tremonia* in Gebrauch war: zwischen 1164 und 1167 benutzte der Klostercustos Theodericus von Sankt-Heribert zu Deutz in seiner erhaltenen Originalhandschrift eben diese Form: *in Tremonia*; unmittelbar vorher hat er von *talenta Tremonensis monetae* gesprochen.[82] Den Ton scheint also nicht die kaiserliche Kanzlei, sondern die des Erzbischofs (und zugleich Bischofs) angegeben zu haben, die für die lat. Formen der Ortsnamen ihres Sprengels eher als autoritativ gelten musste und der die kaiserliche in diesem Fall folgte. Wie die kaiserliche, so blieb auch die Kölner Kanzlei in der Folge bei *Tremonia*.[83]

Nun waren in Köln Einflüsse seines frankophonen Suffraganbistums Lüttich früh zu spüren; zudem hatte es immer individuelle Kontakte mit dem frz. Sprachgebiet gegeben wie etwa, dass Erzbischof (Sankt) Heribert (999–1021), der Gründer des Klosters Deutz, in Metz und Gorze gebildet war. Doch seit dem Ersten Kreuzzug hatte sich Köln frz. Einflüssen genereller geöffnet: Erzbischof Friedrich I. (1100–1135) hatte in Frankreich studiert und blieb so frankophil,

---

80 So Reimann (wie Anm. 69) 46.
81 Noch in Barbarossas Originalurkunden aus den Jahren 1158–1190 (MGH DD Friedrich I., Bd. 2–4) findet man nebeneinander *Magantia/Magontia/Maguntia/Mogontia* samt *Magontinus/Maguntinus/Mogontinus/Moguntinus*, *Ratisbona/-pona* samt *Radis-/Rathisponensis*, *Salce-/Saltz-/Salz-/Salze-/Salzi-burch/-burg/-purg* samt *-ensis* etc. Das gilt auch für Orte, deren Aufstieg Barbarossa persönlich am Herzen lag, so in dem geplanten zweiten, aber nicht zustande gekommenen ostfränkisch-egerländisch-vogtländischen Herzogtum der Staufer die junge Stadt *Nŏremberg/Nuerenberc/Nuremberg/Nurenberc/Nurenberg/Nurinbergo* samt *Norumbergensis*.
82 MGH SS. 14.564 bzw. 563.
83 Z. B. a. 1179 und 1189, Knipping (wie Anm. 73) Nr. 1136 und 1336.

dass er seine Nichten mit den Grafen von Champagne und von Nevers verheiratete und bei der Königswahl von 1125 weder für den Staufer noch für den Sachsen, sondern für Karl von Flandern, Lehnsmann des französischen Königs, eintrat.[84] Ihm folgte auf dem Erzbischofsstuhl sein Agnat Bruno II. (1131–1137), später sein Großneffe Friedrich II. (1156–1158). Auch Sankt-Heribert stand da nicht abseits: Erzbischof Friedrich I. war befreundet mit dem bedeutenden Theologen, der als Rupert von Deutz in die Geschichte eingegangen ist, aber gebürtiger Lütticher, also Frankophone, war, erst im Alter von über 35 Jahren nach Deutschland kam und von 1120–1129/30 als Abt von Sankt-Heribert wirkte. Das alles macht einen frz. Einfluss auch auf die erzbischöfliche Kanzlei und bis nach Sankt-Heribert plausibel.

Akzeptiert man diese Voraussetzung, so ist die Schlussfolgerung einfach. Im Afrz. wird germ. /Θ/ > /t/, nicht /d/;[85] -tm- wird früh zu -m-[86] (und war im genuinen Lat. unbekannt, musste also auch im Mlat. eher gemieden werden); vortoniges -o- > -e- ist schon im 12. Jh. ausgesprochen häufig, vielleicht sogar lautgesetzlich, sowohl vor Nasal als auch dissimilatorisch vor -ó- und natürlich beim Zusammenfall beider Bedingungen.[87] Folglich war afrz. *Tremo(i)gne* / tremǫñə/ < *Throtmonnia* die zu erwartende Entwicklung, die dann auf mlat. *Tremonia* führte.

Lässt sich auch das Kommen dieser Form aus der Frankophonie nach Köln dokumentieren? Wenigstens exemplarisch kann dazu, ein halbes Jahrhundert vor der Barbarossa-Urkunde, die oben erwähnte Kölner Urkunde von 1103 für die wallonischen Kaufleute dienen; denn auch sie gibt sich als Empfänger-Urkunde zu erkennen,[88] und ‹nach Dortmund› heißt darin *versus Tremonge*,

---

[84] LM (wie Anm. 14) s. v. *Friedrich* 44.
[85] Ich zitiere hier und in den beiden folgenden Anm. ausschließlich afrz. Formen des 12. Jh.: *Theud-rîk* > afrz. *Tierri*, heute rein graphisch *Thierry*, und andere *Theud-*Namen; *theodisk* > afrz. *tiedeis* > *t(h)iois*; *throp* > afrz. *trop*.
[86] *Rimer* (wenn es ganz oder hauptsächlich zu *rhythmus* gehört) Ph. de Thaon *Comp.*; *rime* Chrét.; *seme* (< *septimum*) Chrét.; *oime* (< **octimum* statt *octavum*) Beneeit *CDN*, *uime Eneas, Alexandre.*
[87] *Demenie/demeine/demaine* (< *domini[c?]um*) Rol., Ch. de Guill., Chrét.; *trench(i)er* (< *truncare*) Rol., Cour. Louis; *Rencesvals* (< *Roncesvals* < *Rozaballes* x *ronces* < *rumices*) Rol.; *nen* (< *non*) Alexius, Rol., Cambr.Ps., Chrét.; *nenil* (< *non illud*) Cour. Louis, Ch. de Guill., Chrét.; *reont, reoignier* (< *rotundum, *rotundiare*) Chrét.; *seror* (< *soror*), *serorge* (< *sororius*) Chrét.; *secorre* (< *succurrere*) Wace, Eneas, Ch. de Guill., Chrét.; *secors* (< *succursum*) Chrét.; *sejorner* (< **subdiurnare*) Cour. Louis, Ch. de Guill., Chrét.; *sejor(n)* Beneeit *CDN*, Chrét.; *enor* (< *honor*) Charroi, Rou, Chrét.; *semondre* (< *submonere*) Chrét.
[88] S. oben Anm. 73. Die Urkunde ist zwar nur in einer Kopie des 17. Jh. erhalten, aber einer notariellen (Lüttich UB, Ms. 251, f. 149).

schon mit dem charakteristischen *Tre-*;⁸⁹ <ng> ist in dieser Frühzeit noch eine akzeptable Graphie auch für /ñ/.⁹⁰

In der Tat erscheint denn auch *Tremoigne* (jetzt mit dem im Afrz. üblichen <ign> ~ /ñ/) schon vor Bodel als ‹die› Stadt der *Saisnes* im *Girart de Roussillon* v. 2774, und zumindest etwa gleichaltrig mit Bodel ist der *Renaut de Montauban* mitsamt seiner historisch noch immer nicht sicher erklärten Rolle von *Tremoigne* speziell im Schlussteil (v. 6992 und 12215–14279 ed. Thomas).

Der Fall kann ein gewisses allgemeineres Interesse beanspruchen: er zeigt nicht nur, wie zu erwarten, dass die Geistlichkeit, weil Hauptträger und Haupttraditor der mlat. Schriftlichkeit, auch als Autorität für diese galt; sondern er lässt zudem vermuten, dass selbst eine rom. Volkssprache, weil erkennbar dem Lat. nahe, unterschwellig an diesem Prestige teilhaben konnte.

8 Der narrative Kern

Doch gab es für den Aufstieg Dortmunds zur Hauptstadt Guitechins einen noch wichtigeren Grund als seine wirtschaftliche Bedeutung und seine engen Beziehungen nach Westen: es lag bei der Hohensyburg ‹hinter› der Ruhr. Damit sind wir beim narrativen Kern der Sachsenepik: er ist historisch, stammt aus Karls zweitem Sachsenkrieg, dem Feldzug von 775.

Auf seinen historischen Gehalt befragt, beeindruckt das Rolandslied dadurch, dass nicht nur die Vernichtung von Karls gesamter Nachhut durch einen Überraschungsangriff eben eine solche geblieben ist,⁹¹ sondern dass auch der Ort der Handlung essenziell derselbe geblieben ist. Welcher Franzose des Mittelalters, der den Weg über den Pass von Roncevaux nahm, wird nicht für einen Augenblick stehen geblieben sein im Gedenken: ‹hier also war es› – ? Besitzt die Sachsenepik auch ein solches Kernszenario? Selbst vor Bédier hätte die Forschermehrheit die Frage verneint; die dreiseitige Miszelle, in der 1893 Schultz [-Gora]⁹² sie bejahte, machte schon deshalb wenig Eindruck, weil der Autor darin hauptsächlich von der Bedeutung des Namens *Rune* sprach und

---

89 Das Ms. hat wohlgemerkt *Tremonge*; vgl. den Apparat im Hansischen Urkundenbuch. Leider hat Höhlbaum als dessen Editor geglaubt, *Tremonge* zu *Tremunge* ‹emendieren› zu sollen. Knipping hat dann in sein Regest kommentarlos nur *Tremunge* übernommen.
90 Pope, Mildred, From Latin to Modern French with Especial Consideration of Anglo-Norman, ²Manchester 1952, § 695 f.
91 Wenn ich hier meiner eigenen Überzeugung Ausdruck verliehe, würde ich auch Roland als militärischen Anführer dieser Nachhut und einiges andere als Konstanten von 778 bis nach 1100 nennen, doch verlangt die obige Aussage einen Minimalkonsens.
92 Oscar Schultz[-Gora] (wie Anm. 61), passim.

selbst dabei, wie wir oben festgestellt haben, einen richtigen Kern glaubte nebulös abzusichern zu sollen. Heute sind Schultz' Zeilen so vergessen, dass z. B. Paul Aebischer sie nicht kannte, als er in einem 16-seitigen Aufsatz zu dem Fazit kam,[93] dass in der Sachsenepik außer den beiden Namen des Siegers Charlemagne und des Besiegten Widukind sowie dem vagen Wissen, dass dieser Krieg irgendwo im Nordosten stattfand, nichts historisch sei; ebensowenig weiß Annette Brasseur[94] etwas von Schultz.

Aber Schultz hatte Recht! Allerdings: um diesen Kern der Sachsenepik würdigen zu können, müssen wir etwas weiter ausholen, als Schultz das tat. Karl begann (nach den Reichsannalen) seinen ersten Sachsenfeldzug 772 von Worms aus; er zog nordwärts durch das frankisierte Hessen und nahm (*cepit*) die sächsische Eresburg im heutigen Ober-Marsberg (Hochsauerlandkreis), zerstörte dann die nahe Irminsul. Die Eresburg ist heute von der westfälisch-hessischen (damals also sächsisch-fränkischen) Landesgrenze nur 3 km entfernt, und es gibt keinen Grund zu der Annahme, dass es damals wesentlich mehr gewesen sein könnten. Dann zog Karl zu einem ungenannten Ort an der Weser, erhielt zwölf Geiseln und kehrte *in Franciam* zurück. Von der Eresburg beträgt die Entfernung zu den Weserübergängen von Höxter-Braunsberg und Herstelle, die Karl später nachweislich benutzte, 69 bzw. 61 Straßenkilometer; das sind zwei bis drei Tagesmärsche. Von Höxter zurück zur hessischen Grenze bei Karlshafen sind es 24, von Herstelle sogar nur 4 km. Verglichen mit Karls späteren Feldzügen, kann man also den von 772 fast einen Spaziergang nennen; es ist nicht erstaunlich, dass er in der Epik keine Spuren hinterlassen hat.

Während Karl 773/774 das Langobardenreich vernichtete, unternahmen die Sachsen einen Rachezug ins Hessische, wo sie Fritzlar brandschatzten, aber spontan wieder abzogen. Bei der Rückkehr aus Italien 774 schickte ihnen Karl in Eile noch vier Scharen nach, von denen laut den Reichsannalen drei in für sie siegreiche Gefechte verwickelt wurden, ohne dass wir Näheres erfahren. Das und die Tatsache, dass der König nicht mitzog, deuten auf eine improvisierte Minimalmaßnahme.

In gewissem Sinne waren somit erst die Ereignisse von 775 der wirkliche *premier choc*. Nach den Reichsannalen sammelte Karl sein Heer diesmal bei Düren und zog – *cum totis regni viribus*, wie die *Annales qui dicuntur Einhardi* präzisieren[95]– zur Hohensyburg, *Sigiburgum castrum*. Ein Blick auf die Karte

---

[93] Paul Aebischer, L'élément historique dans les chansons de geste ayant la guerre de Saxe pour thème , in: P. Ae., Des annales carolingiennes à Doon de Mayence, Genève 1975, 223–239, hier 236 f.

[94] Wie Anm. 1 und 10.

[95] Annales Regni Francorum inde ab a. 741 usque ad a. 829, qui dicuntur Annales Laurissenses Maiores et Einhardi, ed. Fridericus Kunze, Hannover 1895 (MGH SS.schol. 6), p. 41.

zeigt eindeutig, dass er dazu den Rhein von Köln, dem *Couloigne* der *Saisnes*, nach Köln-Deutz, dem *Saint Herbert dou Rin* der *Saisnes*, überquerte. Etwa 55 km weiter verlief die westfälische (damals also sächsische) Westgrenze östlich des heutigen Wuppertal.[96] Doch ergab sich eine natürliche, aber sogleich imposante Verteidigungslinie erst abermals 15 km weiter, wo die Straße jenseits von Hagen (heute als L 704), nunmehr mit südnördlichem Verlauf, die Ruhr dicht unterhalb der Lenne-Mündung überquerte und unmittelbar danach zur Hohensyburg hochstieg. Es passt also durchaus, wenn bei Bodel die Franken nicht lange nach dem Aufbruch von Köln-Deutz schon in Feindesland plündern können (v. 1271 AR ~ 1207 LT) und erst nach einem weiteren kurzen Ritt *a esperon brochant* die *Rune* zu Gesicht bekommen (v. 1273 AR ~ 1209 LT).

Die sich 775 ergebende Situation kann man gut im Internet-Atlas *www.maps.google.de* überblicken. Dicht an das nördliche Ruhrufer schließt dort die Bezeichnung «Ruhrsteilhänge Hohensyburg» an; auf dem nur von Nordosten zugänglichen Plateau oberhalb dieser Steilhänge – durchschnittlich mehr als 100, maximal mehr als 130 m über dem Fluss – befinden sich die Ruinen der großen sächsischen Wallburg, die mit bis zu 700 × 310 m den Großteil des Plateaus in Anspruch nahm und sich bis unmittelbar an die Steilwand erstreckte.[97] Die Straße muss also an der Westflanke des Plateaus um fast 100 m steigen; heute überquert sie dazu, um ihren Steigungswinkel auf moderne Verhältnisse zu drücken, kurz nach dem Ruhrufer in einer vollen Schleife ansteigend auf einer Talbrücke sich selbst, hat aber auch danach bei ständiger Steigung noch zwei Kurven von je 180° vor sich, bevor von ihr, spitzwinklig-zurück, die heutige Seitenstraße zum Burg-Plateau abzweigen und sie selbst ungehindert weiter die verbleibenden 13 km nach Dortmund-Mitte verlaufen kann; der alte Straßenverlauf kann nicht wesentlich anders, nur steiler gewesen sein.[98] Von der Wallburg blickt man weit in die offene Tallandschaft hinaus, konnte also einen Feind früh ausmachen; vom Flussufer aus – oder besser noch von einer etwas erhöhten Position auf der Straße – konnte man ihm den Flussübergang durch einen Pfeilregen erschweren, am Flussufer ihm die von da aufsteigende Straße versperren, und selbst falls er dort durchdrang, musste für ihn der gesamte

---

96 Die naturgeographische Grenze verläuft etwa 6 km östlich der Wuppertaler Stadtgrenze auf dem Nord-Süd-Höhenzug vor dem Ennepetal; aber dieser senkt sich nach Westen flach, nach Osten steiler, so dass er als Verteidigungslinie der Sachsen unbrauchbar war.
97 Ausführlich dazu Philipp Hömberg, Die Hohensyburg, Münster 2000, passim, und ders., Burgen des frühen Mittelalters in Westfalen, in: Hinter Schloss und Riegel. Burgen und Befestigungen in Westfalen, hg. vom Landschaftsverband Westfalen-Lippe, Dortmund 1997, 120–159.
98 Laut Hömberg (2000, wie Anm. 97), 3, gab es vom Fluss zum Plateau seit 1903 bis zum Abbau 1923 sogar eine Zahnradbahn für den Tourismus!

Aufstieg verlustreich werden, wenn er ständig aus erhöhten Positionen von vorn oder in der Flanke angegriffen wurde.[99]

Karl hat damals dennoch das *Sigiburgum castrum* eingenommen, nach den *Annales qui dicuntur Einhardi* sogar *primo impetu [...] pugnando* – vermutlich, indem er das Hindernis wie bei seinem berühmten Alpenübergang knapp zwei Jahre vorher auf einem weiten Umweg umging[100] und von Nordosten eindrang.

Auf dem Feldzug von 775 erzwang Karl nach der Eroberung der Hohensyburg noch den Weser-Übergang und erreichte die Oker; dort, nur schätzungs-

---

[99] Einen kompletten Meinungswandel bezüglich des Geländes um die Hohensyburg hat innerhalb eines Jahres Annette Brasseur durchgemacht. Im Index ihrer Ausgabe (1989, wie Anm. 1) hieß es noch untertreibend, *Tremoigne* sei *probablement* Dortmund, und die *Rune* sei gar eine *rivière d'identification difficile qui sépare le territoire de Charlemagne de celui des Saxons*, was im ersten Teil des Satzes ein bequemer Agnostizismus, im zweiten Teil sogar, wie oben gezeigt, falsch ist. In der begleitenden Monographie (1990, wie Anm. 10, 273 s.) ist Brasseur dann nach dem Studium einer nicht sehr detaillierten Karte zu dem anderen Extrem gelangt, der Meinung nämlich, Bodel müsse das Ruhrtal bei Hohensyburg persönlich gekannt haben. Kaum! Denn in diesem Fall hätte er die *Roche au Jaiant* nicht auf Karls Seite des Flusses gesetzt, wo in der Realität kilometerweit nur nahezu ebenes Land zu sehen ist, und hätte den dort mündenden kleinen Fluss nicht willkürlich *Tarsie* (v. 2173 A), *Carsie* (v. 2173 R, 1929 L) oder *Garsie* (v. 1929 T) genannt, sondern an die realen Namen Lenne oder Volme angepasst; so gut wie sicher fiktiv ist an der *Rune* auch die etwa ein Dutzendmal genannte Furt von *Mor(r)estier/Mor(t)itier/Montestier* (zu afrz. *estier* ‹canal› < lat. *aestuarium*?), ebenso in Bodels Deutschlandbild ein Gewässer *Maisence/Maissance* o. ä. dicht westlich von Aachen (oder soll das ein Diminutiv von *Maas/Muese* suggerieren?) sowie der oder die Orte *Hauteme* (kaum Haltern, das erst 1289 Stadt- und damit Befestigungsrechte erhielt) und/oder *au Glore/Rogles* in Rheinnähe. Von deutschen Ortschaften kennt er außer Aachen, Köln, Deutz und Dortmund anscheinend nur Goslar (*Colaire* v. 165, 181 ART ~ *Golane* v. 162, 179 L, beide leicht verderbt aus *Go(s)laire < Goslaria*, der normalen Latinisierung), das im 11. und 12. Jh. etwa 20-mal eine Reichsversammlung beherbergt hatte, aber vor allem seit etwa 900 Zentrum jenes Silber- und Kupferabbaus war, der bald die größte Einnahmequelle der Kaiser wurde, dann zur Verfeindung Barbarossas mit Heinrich dem Löwen führte und schon deshalb auch in Frankreich bekannt sein musste; eine andere Frage ist allerdings, ob sich Bodel die Lage von Goslar innerhalb Sachsens einigermaßen richtig vorstellt. Insgesamt hat er eine erstaunlich geringe Eigenkenntnis von Deutschland. Umso zuversichtlicher darf man die richtige Grundkonstellation um den Komplex *Rune-Tremoigne* einer Vorstufe Bodels zurechnen. – Die gerade erwähnte Identifizierung von *Colaire* mit Goslar ist das einzige Detail, in dem ich mich in Übereinstimmung befinde mit Franz Settegast, Die Sachsenkriege der französischen Volksepos auf ihre geschichtlichen Quellen untersucht, Leipzig 1908, hier 50 mit Anm. 1. Settegast stellt die afrz. Sachsenepik dar als ein schwindelerregendes Kaleidoskop von Einflüssen: von den Feldzügen des Germanicus, Vitellius und Julian über Kriege der Thüringer des 6. Jh. und der Ostgoten bis zur Person des Großfürsten Jaroslav von Kiev († 1054); insgesamt wirkt die Schrift wie eine karikaturhafte Übertreibung alles dessen, wogegen Bédier zu Felde zog.

[100] So wie heute die Autobahn (A1 = E 37 nordostwärts bis Westhofener Kreuz, dann A 45 = E 41 nordwestwärts).

weise 70 km vor der damaligen Slavengrenze, stellten ihm die Ostsachsen Geiseln und schwuren den Untertaneneid. Auf Karls Rückweg taten dies bei Bückeburg ebenso die mittleren Sachsen (Engern), kurz darauf die Westfalen. Am Ende des Feldzugs von 775 konnte man also in einem ganz anderen Maß als 772 glauben, Karl habe damit den Sachsenkrieg siegreich beendet.

Die Wallburg Hohensyburg scheint in der Folge noch einige Zeit von einer Truppe belegt gewesen zu sein; doch lag sie seit langem in Ruinen, als zwischen 1090 und 1100 ein Mönch aus der Osnabrücker Gegend die *Sigeburg [...] super Ruram* aufzählte unter den drei ihm imponierenden heidnisch-sächsischen *castella, quae huc usque destructa videmus*[101] Seine Worte zeigen nicht nur, wie eindrucksvoll die Ruinen der Wallburg waren, sondern auch, dass man als eine Selbstverständlichkeit ihren heidnischen Ursprung kannte – was automatisch einschloss, dass Karl der Große, da er ja das ganze Sachsenland erobert hatte, auch diese Burg erobert hatte.

Gerade hierin liegt aus der Sicht unseres Themas ein entscheidender Vorzug der Hohensyburg z. B. gegenüber der hochsauerländischen Eresburg, aber auch gegenüber allen Schlachtorten weiter im Norden: während nur verschwindend wenige frankophone Kaufleute je ins Hochsauerland – und relativ wenige nach Norddeutschland – gekommen sein werden, war die Route Köln-Hohensyburg-Dortmund 1103 schon ‹seit altersher› zumindest für die Wallonen, wie oben gezeigt, ein vielbegangener Handelsweg.[102] Wenn sie bei jedem ihrer Züge mitsamt ihren Ladungen das Plateau mit den Ruinen der Volksburg ersteigen mussten, konnten die Einheimischen es ihnen jederzeit bestätigen: ‹hier hat einst Karl der Große die Sachsen geschlagen.› Damit kommen wir zu unserem wichtigsten Schluss: wenn somit die Eresburg einerseits, Norddeutschland andererseits für die afrz. Erinnerung ausfielen, wurde die Schlacht von 775 an der Ruhr eben zum Inbegriff des Sachsenkrieges überhaupt, und da Karls Sachsenkriege, wie jedermann wusste, ‹lange› gedauert hatten, dauerte nun die Schlacht an der Ruhr ‹lange›, und Dortmund rückte – unhistorisch, aber nicht historisch unbegründet – zur narrativ unentbehrlichen Hauptstadt Widukinds oder vielmehr Guitechins gleich hinter der Ruhr auf.

9 Schlussfolgerungen

Wir können unsere Ergebnisse nun auch zeitlich schichten. Der historische Karl hatte nie Probleme mit dem Überschreiten des Rheins, wohl aber in einem für

---

101 *Vita Bennonis II* (MGH SS.schol. 56.15); zum Datum dort p. V.
102 Wie ein Blick auf die Karte lehrt, kann sie das ebenso – wenn auch wohl in geringerem Umfang als für Wallonen – für Kaufleute aus dem weitaus größeren Teil der Nordhälfte der

seine Sachsenkriege exemplarischen Fall mit dem Überschreiten der Ruhr; zudem passt Dortmund, das in allen drei Fassungen vorkommt, besser zur *Rune* als zum *Rin*. Dadurch kommt dem *Saisnes*-Erzähltyp ein entscheidender Vorsprung an Historizität und in diesem Fall auch die zeitliche Priorität zu. Denn der Rhein (in KMS I und V) ist demgegenüber (graphisch-phonisch, aber mehr noch narrativ) *lectio facilior*, einleuchtend erst infolge der politischen Umwälzungen des 10./11. Jh. durch die Rheingrenze als Frankreichs nunmehrige Irredenta. Für die Verselbständigung des Rhein-Erzählstrangs ist von vornherein 1100 *terminus ante quem*, schon weil er vor dem PT (Kap. 33) voll entwickelt gewesen sein muss. Aber der Rhein ist lang; so tritt er uns in zwei Lokalisierungsformen entgegen. Zum einen hatte man die Erfahrungen, die Karl der Einfältige 920 bei Worms gemacht hatte, im Laufe des 11. Jh. (eher wohl früh) auf Karl den Großen um-erinnert und damit in das Sachsenkriegs-Thema integriert (was sich in der KMS V spiegelt). Zum anderen wusste niederrheinischer Regionalstolz noch, dass Karl zum Sachsenkrieg den Rhein ‹in der Regel› bei Wesel überschritten hatte, und konnte dieses Wissen (zusammen mit der niederrheinischen Form der Schwanenritter-Sage) dem Lütticher Kompilator der *Vie de Charlemagne* vermitteln (die sich in der KMS I spiegelt). Älter als diese geographischen Spaltungen ist das Motiv des Schlussduells, älter muss auch die Integration des Themas ‹Karl baut (mit Hilfe aller seiner Völkerschaften) eine Brücke› in den Sachsen-Kontext sein. Doch ist selbst damit noch keine volle mündliche Kontinuität des Sachsenkrieg-Erzählstoffes im Sinne Menéndez Pidals, also von den Ereignissen an, garantiert; denn man kann nicht ausschließen, dass sich das Wissen um den Kampf an der Hohensyburg erst im Anblick der Ruinen (wieder)entzündet hat. Überhaupt bleibt im starken Anteil der Geographie an den Erklärungen Bédiersches Erbe präsent. Für die volle Kontinuität à la Menéndez Pidal kann man als Argument von einiger Wahrscheinlichkeit nur die Ähnlichkeit des merowingischen Erzählmoduls (Konfrontation der Franken mit den Sachsen über den Fluss mit Rufen und tollkühnen Einzelüberquerungen) geltend machen, wobei allerdings die Kraft des Argumentes beträchtlich gestärkt wird durch die Unveränderlichkeit der Geographie und damit der Probleme, die sie den Franken bei jedem neuen Sachsenzug verursachte. Eben: Epik um einen Fluss.

Galloromania, nämlich aus einem Großteil der Pikardie ebenso wie aus Paris und der Champagne, gewesen sein.

Postskriptum 2018

***Erun(n)ia* neben *Irun(n)ia*.** Nachträglich sehe ich, dass für Iruña um 1100 auch *Erun(n)ia* gängig ist – so in den Urkunden der Könige Sancho Ramírez von 1085, Pedro I. von 1097 und 1101 sowie Alfonso el Batallador von 1116, zitiert z. B. bei Manuel Álvar, *Estudios sobre el dialecto aragonés*, Bd. I, Zaragoza 1973, 23, 25, 55. Diese Namensform vereinfacht (und stärkt damit) die obige Ableitung *el río de⌣Iruña* bzw. jetzt *de⌣Eruña* > der Fluss *Rune*.

Alpais und Berthe

11 Les deux Alpais et les toponymes épiques (Avroy-)Auridon-Oridon-Dordon(e)

Résumé : Dans le *Girart de Roussillon* du XIIe siècle, l'admirable séquence de scènes dominées par le personnage d'Alpais n'a aucune origine mythologique, contrairement à ce qu'on a voulu y voir ; *Odin*, nom de l'adversaire d'Alpais, est un nom français normal (*Odo* + *-inus*), attesté aux Xe et XIe siècles et qui n'a absolument rien à voir avec le dieu germanique *Wodan*/*Wodin* (> *Odin* seulement en scandinave).

En fait, cette partie du *Girart* se trouve à la croisée de deux autres traditions. D'une part, l'onomastique autour d'Alpais rappelle des événements cruciaux, mais restés dans une sorte de pénombre, de l'histoire franque de la fin du VIIe siècle. En effet, on ne peut pas séparer la 'grande amante' *Alpais* du *Girart*, châtelaine d'un *Auridon* dans l'*Ardane* (les Ardennes), nièce d'un *Charles Martel* et fille d'un *Thierry* d'Ascane (région d'Esch-en-Ardenne, lat. *Asca*), seigneur des comtés d'*Ardane*, d'une autre 'grande amante', nommée *Alpais* elle aussi, *alia uxor nobilis et elegans* (le clergé disait 'concubine') de Pépin d'Herstal et mère de *Charles Martel*, native d'un clan centré sur *Avroy*, petite localité près de (et aujourd'hui : dans) Liège, située donc à cette époque en bordure des (sinon 'dans les') Ardennes, appelée en latin *Auridum* (le <u> ayant valeur de /v/, <-um> probablement prononcé /-ǫm/, peut-être même /-õm, -õn/ ; < lat. **aborētum* < *arborētum*) ; le frère d'Alpais et chef du clan, un certain Dodon, fut identifié plus tard, à tort ou à raison, au *Thierry d'Ardenne* de plusieurs chansons de gestes, son nom étant souvent un hypocoristique franc du type 'balbutiant' ('Lallname') pour *Theodrik*-Thierry.

Enfin, le poète du *Girart* ignorait – ou plus probablement choisit d'ignorer – le /v/ dans le toponyme, préférant y trouver l'élément *Aur-* 'or'.

Somme toute, ce jeu de réminiscences onomastiques conféra d'emblée à Alpais un air sympathique d'amante faisant fi des bienséances, sans rien ajouter de notable à l'action proprement dite de la chanson.

Celle-ci, au contraire, s'inspire à l'évidence du thème folklorique de la belle geôlière éprise de son prisonnier, thème à la mode en milieu francophone depuis le milieu du XIIe siècle au moins.

Soit dit en passant, cet *Auridum*/*Auridon* a fait fortune : légèrement francisé en *Oridon*, c'est le repère ardennais du terrible Lambert d'Oridon dans la chanson d'*Auberi le Bourguignon*. Et comme l'a jadis proposé P. Tarbé, il a même toutes chances, par une méta-analyse d'*Oridon*, d'être devenu *Dordon*/*Dordon(n)e*, le mystérieux château d'origine des Quatre Fils Aymon, situé lui aussi non loin des Ardennes.

Dans le *Girart de Roussillon*, chanson de geste du XIIe siècle admirable tant pour son grand souffle épique que pour sa richesse en détails concrets, la partie la plus apte à toucher directement le lecteur moderne est sans doute l'épisode

---

Note: Publié pour la première fois dans : Le Moyen Age 114 (2008), 55–65.

Open Access. © 2019 Gustav Adolf Beckmann, publiziert von De Gruyter. Dieses Werk ist lizenziert unter der Creative Commons Attribution-NonCommercial-NoDerivatives 4.0 Lizenz.
https://doi.org/10.1515/9783110615692-011

d'Alpais,[1] « une des plus jolies variations qui soit, sur le thème [...] du prisonnier aimé de sa geôlière. »[2]

Rappelons le plus concisément possible la partie de l'action qui précède cet épisode. Le royaume du « roi Charles Martel » est déchiré par la lutte entre le clan du Bourguignon Girart de Roussillon et celui de Thierry d'*Ascane*, le Thierry d'Ardenne d'une vingtaine d'autres chansons.[3] Pour des motifs très personnels, le roi sympathise avec le clan de Thierry au point de faire à Girart, plusieurs fois et avec des fortunes diverses, une guerre ouverte. Pendant une paix temporaire, Boson et Seguin, cousins de Girart, assassinent à l'insu de celui-ci le vieux Thierry et deux de ses fils, et la guerre reprend de plus belle. Après bien des vicissitudes, Fouque, frère des deux assassins, mais lui-même chevalier sans reproche,[4] est fait prisonnier. Charles veut le faire pendre, mais se ravise sans qu'on nous dise jusqu'au début de l'épisode d'Alpais quel sort il lui réserve.

Voici l'épisode. Un proche parent de feu Thierry, Odin (appelé parfois aussi *Oudin/Hudin*, l'éditrice respectant les variations de son manuscrit de base), se

---

[1] *Girart de Roussillon*, Chanson de geste publiée par W.M. HACKETT, t. 2, Paris, 1953, p. 360–391, v. 8017–8708.
[2] M. DE COMBARIEU, *Sapientia et fortitudo*. Étude sur le personnage de Fouque dans *Girart de Roussillon*, PRIS-MA, t. 9, 1993, p. 177–188 et t. 10, 1994, p. 7–26, citation p. 23.
[3] Selon les v. 8973 s., *Ascane* est le duché dont dépendent les comtés d'*Ardane*. Ne cherchons pas cette localité, comme on l'a fait, dans les Pyrénées, en Bourgogne ou même en Scandinavie ! Un des châteaux les plus anciennement attestés et les plus majestueux de toute la région ardennaise est Esch-sur-Sûre : en l'an 927 château d'*Asko, in pago et comitatu Arduennense*, en 1123 *Asch*, en 1124 *Asca*, en 1131 *Aska*, en 1184 *de Ascha castro in Ardenna* etc. *Henricus* et *Godefridus de Asca*, héros de la Première Croisade, sont les vassaux les plus connus de Godefroy de Bouillon et ont certainement fait connaître le nom de leur patrie dans tout l'Occident ; à partir de 1123 les seigneurs d'Esch portent même temporairement le titre de comte. Voir *Recueil des Historiens des Croisades, Historiens Occidentaux*, t. 1 et 4, index (Albert d'Aix, Guillaume de Tyr) ; J. VANNÉRUS, Les anciens dynastes d'Esch-sur-la-Sûre, *Ons Hémecht*, t. 11, 1906, spécialement p. 398 s., 538 s. ; M. GYSSELING, *Toponymisch woordenboek van België, Nederland, Luxemburg, Noord-Frankrijk en West-Duitsland (vóór 1226)*, t. 1, s. l., 1960, p. 332, *s. v. Esch*. Le poète pouvait considérer d'autant plus facilement Esch comme le centre d'une vaste région que de son temps Bouillon était devenu un simple fief des évêques de Liège et que, outre la maison de Luxembourg, plusieurs maisons ardennaises (Vianden, Arlon, Salm, Laroche, Durbuy, Clermont-Duras, Chiny...) avaient acquis le titre comtal. C'est sans doute le poète lui-même qui, pour former un nom de région à partir d'un nom de ville, a affublé celui-ci du suffixe *-an(e)* de même qu'il parle d'une *Lohereine la Tieriane* « la Lorraine de Thierry » (v. 1581) qu'on ne trouve nulle part ailleurs.
[4] Voir DE COMBARIEU, op. cit., passim ; R. COLLIOT, Guillaume V d'Aquitaine et le comte Fouque dans Girart de Roussillon, Actes du 3e colloque de littérature régionale. Pau, 27–28 mai 1983, Cahiers de l'Université de Pau et des Pays de l'Adour, t. 6, 1985, p. 7–27.

plaint auprès du roi. On a livré Fouque à Alpais, fille de Thierry[5] et, du côté maternel, nièce de Charles, dans l'espoir qu'elle se vengerait sur lui du meurtre de son père jadis perpétré par les frères de Fouque. Mais, continue Odin, Alpais s'est éprise de son prisonnier et s'est retirée avec lui dans son château fort d'Auridon dans la forêt des Ardennes. Elle lui a fait « des chaînes d'argent » de sorte qu'il s'y trouve mieux « qu'un poisson dans l'eau », et elle « préférerait avoir de lui un fils bâtard » que d'épouser le riche comte d'Alsace ou celui de Bretagne. Que Charles lui enjoigne de remettre Fouque au clan de Thierry ! Si elle refuse, le clan va l'assiéger dans son château. Car si « ces deux félons » se mariaient, ce serait un scandale public. Le roi déclare : « Je vous les abandonne » et mande à Alpais de lui extrader Fouque à Aix-la-Chapelle ou à Laon – sinon, il ferait assiéger et détruire Auridon. Alpais répond par un fier refus. À peine a-t-elle éconduit le messager du roi qu'elle voit arriver un autre messager, envoyé à l'insu du roi par la reine. Celle-ci, qui a jadis été fiancée à Girart et lui garde une profonde sympathie sa vie durant, somme les deux amants de se rendre en toute hâte à Roussillon, où leur mariage sera conclu en présence de la reine et de Girart. Odin qui tente une intervention armée est fait prisonnier et amené à Roussillon. Au lieu de consentir maintenant au mariage des amants, il les accuse en face d'entretenir déjà des rapports sexuels. Mais Fouque jure sur des reliques qu'il n'a pas encore touché Alpais, et l'épisode se termine par la conclusion du mariage.

Les hostilités entre le roi et Girart reprennent, mais bientôt, encore une fois grâce à la reine, une trêve de sept ans est jurée. À la fin de sa vie, Girart, ayant perdu ses deux fils, lègue certains de ses biens à l'Église et tout le reste à Fouque, à qui Alpais a entre-temps donné quatre fils.

* * *

Récemment, J. Duggan a examiné de près notre épisode.[6] Il croit lui avoir trouvé une provenance féerique, voire mythique : à l'origine, Odin est le dieu germanique du même nom qui cherche à empêcher Alpais, fée ou plus exactement elfe féminin, d'épouser un mortel qu'elle aime.

Que faut-il penser de l'hypothèse de J. Duggan ?

---

[5] Le v. 8032 est formel. Pas de raison donc de mettre un point d'interrogation après le mot « Tochter », comme le fait A. ADLER, *Epische Spekulanten*, Munich, 1975, p. 79.
[6] J. DUGGAN, L'épisode d'Aupais dans *Girart de Roussillon*, *Reading Around the Epic: A Festschrift in Honour of Professor Wolfgang van Emden*, éd. M. AILES, P.E. BENNETT et K. PRATT, Londres, 1998, p. 11–23.

Commençons par Odin. J. Duggan n'a pas trouvé ce nom dans le répertoire de M. T. Morlet[7] et conclut : « Bien que ce répertoire ne prétende pas à l'exclusivité [exhaustivité ?], l'absence totale du nom est impressionnante. »[8] Il est difficile pour plusieurs raisons de souscrire à cette constatation.

Premièrement, un coup d'œil et une minute de réflexion suffisent pour se convaincre que l'ordre alphabétique du répertoire de M. T. Morlet ne se rapporte – et ne pourrait se rapporter – ni aux attestations individuelles de chaque nom ni aux noms eux-mêmes, mais aux thèmes étymologiques sous- jacents ; sinon, l'information du répertoire s'éparpillerait jusqu'à le rendre inutilisable. Cependant, pour faciliter l'emploi du répertoire, M. T. Morlet a ajouté à la fin du tome 2 un index très complet rigoureusement alphabétique, où, pour *Odinus* figure un renvoi au thème étymologique *aud-* dans le tome premier. C'est là qu'on trouve un *Odinus* de l'an 956 cité dans une charte de Cluny et un autre apparaissant en 1050 dans une charte du Marmoutier pour le Vendômois. *Odin* est donc bel et bien un nom français. Ce qui résulte en outre du classement opéré par M. T. Morlet, c'est que ce nom est – au même titre que par exemple *Robin* de *Robert* – un hypocoristique de formation tout à fait régulière, parmi d'autres, du nom d'*Odo* « Eudes, Odon » si fréquent dans la France du Nord au moins depuis le roi Eudes.

Deuxièmement, quand bien même le répertoire de M. T. Morlet n'existerait pas, on trouverait dans le corpus des chansons de geste – et donc dans les répertoires de E. Langlois et de A. Moisan[9] – quatre comparses du nom d'*Odin/ Oudin* dont un dans le *Girart* même (v. 2246, 2816). Par leur nombre et leur seule insignifiance, ils interdisent d'emblée toute association avec le dieu germanique.

Troisièmement, le dieu s'appelle en germanique commun **Wōdan(az)/ *Wōdin(az)*, et la chute du /w-/ devant voyelle vélaire est un développement phonétique limité à la Scandinavie du VIIIe siècle : tel *worm* > *orm* « ver », tel aussi **Wōdin* > *Ōdin*. Partout ailleurs, le /w-/ se conserve, du langobard *Wodan* (romanisé en *Gwodan*) en passant par l'alémanique primitif *Wodan*, le haut-allemand *Wuotan*, le vieux-saxon *Wodan* (d'où le bas-allemand *Woden, Wode*) jusqu'à l'anglais *Woden* ; dans le néerlandais *Woensdag* et le frison *Woansdei* (et ses variantes), le nom du dieu survit au moins, comme dans l'anglais *Wed-*

---

[7] M. T. Morlet, *Les noms de personne sur le territoire de l'ancienne Gaule du VIIe au XIIe siècle*, 2 vol., Paris, 1968–1972.
[8] *Op. cit.*, p. 21 et n. 35.
[9] E. Langlois, *Table des noms propres de toute nature compris dans les chansons de geste imprimées*, Paris, 1904 ; A. Moisan, *Répertoire des noms propres de personnes et de lieux cités dans les chansons de geste françaises et les œuvres étrangères dérivées*, 5 vol., Genève, 1986.

nesday, dans le nom du mercredi. Comme le *Girart* a été écrit très loin de la Normandie, on devrait s'attendre à une forme avec /w-/, mais ce n'est pas le cas ici. J. Duggan cherche à éluder la difficulté en faisant remarquer que « nous n'avons que des informations indirectes sur les croyances religieuses des Francs et des Visigoths ».[10] Pourtant, pour ce qui est du nom, l'argument ne tient pas : selon tout ce que nous savons des dialectes considérés (et du burgonde), la chute d'un /w-/ initial y est inconnue.

L'Odin du *Girart* n'est donc – et n'a jamais été – qu'un homme.

Passons à Alpais. Au XIIe siècle, le fait que son nom contienne le thème germanique *alb- « elfe », ce dont J. Duggan fait assez grand cas,[11] ne prouve plus rien. Car déjà les populations germanophones des époques mérovingienne et carolingienne, composant à l'origine les noms des enfants d'éléments déjà attestés dans les noms de leurs ascendants (de sorte qu'une Theudelinde était par exemple la descendante d'un Theudebert et d'une Sigelinde) et remployant plus tard le nom d'un(e) ascendant(e) tel quel (de sorte que Theudelinde avait par exemple une grand-mère homonyme),[12] ne pouvaient plus guère tenir compte en même temps du sens lexical de ces éléments. On peut donc être sûr que les quarante-cinq noms français contenant *alb- (parmi eux *Alpais* avec ses variantes latinisées *Alpaidis*, *Alpheidis*) et représentés dans le répertoire de M. T. Morlet par environ cent quatre-vingts individus étaient pour les contemporains sémantiquement opaques et dénués de toute association surnaturelle. Certes, il y a le personnage littéraire d'Auberon (plus tard Obéron), seigneur pygméen d'un royaume féerique : son nom est un hypocoristique de *Auberi* qui correspond son pour son à l'allemand médiéval *Alberîch*, nom d'un roi nain du folklore allemand. Mais dans ce cas, l'intérêt de l'argument onomastique réside dans la coexistence des deux personnages – tandis qu'il n'y a pas en Allemagne de fée Alpheid.

Pour ce qui est de la structure de la narration, les contes typiques de l'amour entre une fée et un mortel se terminent sur un ton mélancolique ou même tragique, car leur thème fondamental est précisément l'impossibilité d'un bonheur durable entre deux mondes irrévocablement différents. Au contraire, le mariage d'Alpais et de Fouque dans le *Girart* est le gage d'un avenir plus heureux pour tout un pays.

---

10 *Op. cit.*, p. 21.
11 *Op. cit.*, p. 16 s.
12 Pour la transmission des noms par variation thématique, puis par répétition du nom entier, voir le traitement classique dans A. BACH, *Deutsche Namenskunde*, 3e éd., t. 1, 2e part., Heidelberg, 1978, p. 61 s., § 327 s. (et cf. p. 65 s., 217 s. et 251, § 331, 468 et 500), et en dernier lieu, R. LE JAN, *Femmes, pouvoir et société dans le haut Moyen Âge*, Paris, 2001, p. 224 s.

D'autre part, on ne saurait nier que lorsque notre poète introduit Alpais comme « la rousse au *ranc* talon », c'est-à-dire, au pied bot, il réussit à lui créer tout d'abord une aura lourde de connotations ambivalentes, mais qui se transforme progressivement en une sorte d'apothéose des bonnes forces de la nature, incarnées ici dans l'amour et la fécondité d'une femme. Pourtant, faut-il pour expliquer ce caractère d'Alpais l'hypothèse d'un stade antérieur ? N'est-ce pas précisément l'art du grand narrateur que de savoir d'abord capter, puis orienter discrètement les attentes subconscientes de ses contemporains?[13]

* * *

Et pourtant, une dimension génétique de notre épisode existe. L'épisode se trouve même au carrefour de deux traditions.

D'une part, elle participe évidemment, comme nous l'avons déjà mentionné brièvement, du thème quasi folklorique de la belle geôlière éprise d'un prisonnier ennemi de sa race ou de sa famille, thème attesté avant 1160 en milieu francophone au moins deux fois : dans le récit fabuleux d'Ordéric Vital, relatif à Bohémond et la fille de Kumushteguin,[14] et dans la *Prise d'Orange*, où il se trouve transféré à Guillaume et Orable.

La pertinence de la deuxième tradition en question ici a été découverte, en principe au moins, dès 1905 par L. Jordan.[15] Malheureusement, l'argumentation de cet érudit n'est pas entièrement décisive et est, de surcroît, difficile à suivre. Renonçons donc à une paraphrase de l'article et allons tout de suite *in medias res*. L'argumentation de L. Jordan est centrée sur une comparaison entre l'Alpais du *Girart* et Alpais (*Alpheida*, *Alpheidis*), mère de Charles Martel.

Or, entre le VIIIe et le XIIIe siècle, les dires des historiographes sur Alpais, mère de Charles Martel, s'accroissent singulièrement. Du vivant de sa femme Plectrude, Pépin de Herstal[16] avait contracté avec Alpais une alliance que l'historiographie de la génération suivante, écrivant sous l'égide de Charles Martel, qualifie avec une ingénuité apparente de « deuxième mariage » et que, à leur suite, certains historiens modernes reconnaissent comme une « Friedelehe » germanique. Pourtant, dans la dernière période de sa vie, Pépin de Herstal re-

---

[13] Que l'on compare à cet égard l'interprétation psychanalytique et structuraliste d'A. ADLER, *op. cit.*, p. 82–84 (et 129), qui, à la différence de J. Duggan, s'abstient consciemment de toute conclusion génétique.

[14] Cf. R.B. YEWDALE, *Bohemond I, Prince of Antioch*, Princeton, 1924 (réimpr. Amsterdam, 1970), p. 97 s.

[15] Studien zur fränkischen Sagengeschichte, 1., Die Folko-Aupais-Episode im *Girart von Roussillon* und Alphaid, Mutter Karl Martells, *Archiv für das Studium der neueren Sprachen und Literaturen*, t. 114, 1905, p. 92–114.

[16] Le qualificatif traditionnel « de Herstal » est un peu arbitraire, mais univoque et commode.

vint à Plectrude, désignant comme ses successeurs les descendants de celle-ci et excluant ainsi Charles Martel. L'ampleur de ses réserves envers Charles ressort du fait qu'après la mort des deux fils de Plectrude, Pépin alla jusqu'à élever au rang de maire du palais un petit-fils de celle-ci encore enfant. Même pour la période de troubles prévisible après sa mort, il désirait donc voir au centre du pouvoir un enfant sous la tutelle de sa grand-mère Plectrude plutôt que le fils d'Alpais. Autant dire qu'il désavouait maintenant son alliance avec Alpais comme une passion extra-conjugale.

Ainsi, on comprend que, après des allusions encore voilées vers 860–900 chez Adon de Vienne et Réginon de Prüm, beaucoup de textes du Xe au XIIIe siècle – tels le *Carmen de Sancto Landberto*, les *Annales Lobienses*, Anselme de Liège, Sigebert de Gembloux et Philippe Mousket[17] – traitent cette alliance de concubinage, sapant ainsi la croyance à la légitimité de Charles Martel et indirectement de toute la dynastie carolingienne.

En même temps, et généralement dans les mêmes textes, se fait jour ce que les historiens d'aujourd'hui sont unanimes, semble-t-il,[18] à considérer comme une légende, destinée surtout à mettre à l'abri de tout soupçon la sainteté de saint Lambert de Liège. Vers 700, l'évêque (Landebert >) Lambert de (Tongres-)Maastricht(-Liège) fut assassiné par un des grands de Pépin de Herstal du nom de Dodon au cours d'une « guerre des clans » entre les familles de Lambert et de Dodon, conflit que décrira avec force détails la (première) *Vita Landeberti* du VIIIe siècle, sans que l'affaire d'Alpais ou son nom y soit même mentionné.[19] Pourtant, dans les textes du IXe au XIIIe siècle surgit graduellement une autre version selon laquelle Dodon est le frère d'Alpais et se venge des reproches que Lambert a adressés à Pépin et Alpais au sujet de leur passion adultère – de sorte que Lambert, dans cette nouvelle perspective, subit le martyre en défendant la doctrine matrimoniale de l'Église.

---

17 ADON, *Martyrologe*, 17 sept., dans J.P. MIGNE, *P.L.*, t. 123, Paris, 1852, col. 360 ; RÉGINON DE PRÜM, *Chronicon*, éd. F. KURZE, *M.G.H., SS. in usum scholarum separatim editi*, Hanovre 1890, p. 34 ; *Carmen de Sancto Landberto*, éd. P. VON WINTERFELD, *M.G.H., Poetae Latini aevi Carolini*, t. 4, Hanovre, 1899, p. 151, v. 333 ; *Annales Lobienses*, éd. G. WAITZ, *M.G.H., SS.*, t. 13, Hanovre, 1881, p. 227 ; ANSELME, *Gesta episcoporum Tungrensium, Traiectensium et Leodiensium*, éd. R. KOEPKE, *M.G.H., SS.*, t. 7, p. 195 ; SIGEBERT DE GEMBLOUX, *Vita Landiberti episcopi Traiectensis*, éd. B. KRUSCH, *M.G.H., SS. rer. Mer.*, t. 6, Hanovre, 1913, p. 397 s. ; PHILIPPE MOUSKET, *Chronique rimée*, éd. F. DE REIFFENBERG, t. 1, Bruxelles, 1836, p. 69, v. 1666 s.

18 La littérature érudite sur la question est riche ; pour une bonne mise au point, renvoyons une fois pour toutes à J.L. KUPPER, Saint Lambert : de l'histoire à la légende, *Revue d'Histoire ecclésiastique*, t. 79, 1984, p. 5–49.

19 *Vita Landiberti episcopi Traiectensis vetustissima*, *M.G.H., SS. rer. Mer.*, t. 6, Hanovre, 1913, p. 353 s.

Ce qui nous intéresse dans ce développement, ce sont essentiellement deux détails, dont seul le premier fut connu de L. Jordan. Le voici. Jusqu'au XIIe siècle les textes nomment le frère d'Alpais *Dodon*. Comme les spécialistes de l'onomastique germanique nous l'expliquent, *Dodon* est en général l'hypocoristique « balbutié » (« Lallname ») d'un nom commençant par *Theod-*[20]; on sait que chez les peuples germaniques les hypocoristiques du langage enfantin restaient souvent en usage même pour l'individu devenu adulte, parfois en concurrence avec le nom complet. Or, parmi les noms commen- çant par *Theod-*, le plus fréquent est *Theod(e)ric(us)*, en allemand *Dietrich*, en français *Thierry*. Et voici, dans la première moitié du XIIIe siècle, Philippe Mousket qui appelle le frère d'Alpais Thierry, et précisément Thierry d'Ardenne ! Il rapporte de source inconnue que le maire du palais

> *Carles Martiaus fu apielés*
> *Por çou que de sougnant fut nés,*
> *D'une seror Tierri d'Ardane*
> *Qu'ot en l'abeïe d'Andane.*[21]

Or, l'abbaye d'Andenne avait été fondée par la veuve Begga, mère de Pépin d'Herstal ; selon les mœurs de l'époque, Pépin y avait donc ses entrées en « jeune seigneur ». On pourrait ajouter que la grande famille des Thierry – probablement une branche latérale des Mérovingiens, ayant des possessions aussi dans la région ardennaise – sera attestée dans l'orbite carolingienne dès 723 avec un *Theodericus comes*, nommé en premier lieu parmi les juges dans un des premiers plaids connus de Charles Martel, de sorte que cette famille a tout l'air d'avoir soutenu Charles dès ses débuts pénibles. En outre, il est absolument exclu qu'un auteur francophone d'environ 1200 ait encore senti un rapport entre *Dodon* et *Thierry*. En d'autres termes, Mousket n'invente pas, il doit refléter une tradition assez ancienne quoique peut-être orale.

Notre comparaison porte donc sur deux (a) Alpais, (b) proches parentes (mère et nièce respectivement) de Charles Martel, (c) proches parentes aussi (sœur et fille respectivement) de Thierry d'Ardenne et toutes deux, pour ainsi dire, (d) de « grandes amantes ». Ces similarités suffisent-elles pour exclure une coïncidence fortuite ? Ou bien se peut-il que l'une de ces légendes n'ait absolument rien à faire avec l'autre ? Certains critiques, tel A. Adler,[22] croient en effet

---

[20] Cf. notamment H. Kaufmann, volume supplémentaire à l'*Altdeutsches Namenbuch* de E. Förstemann, Munich, 1968, p. 96, 353 s.
[21] Philippe Mousket, *Chronique*, p. 69, v. 1666 s.
[22] Adler, *Spekulanten*, p. 84 n. 143.

que L. Jordan, en affirmant un rapport génétique, a simplement fait fausse route.

Toutefois, il existe en faveur de ce rapport un argument non reconnu jusqu'ici, mais péremptoire. Déjà au milieu du IXe siècle, le *Libellus miraculorum Sancti Dionysii*, en parlant d'un ancien « consort » de Dodon qui, ayant fait pénitence, devint moine à Saint-Denis, mentionne incidemment qu'il était originaire de la *villa qui dicitur Arbrido*.[23] Et vers 1100, Sigebert de Gembloux décrit comment l'assassin principal, frère d'Alpais, s'arma et rassembla sa bande *ad vicum Avridum*.[24] Donc *Arbridum*, plus tard *Avridum*,[25] est évidemment le centre du patrimoine de la famille de l'assassin et par conséquent, dans la légende au moins, aussi celui d'Alpais. Autrement dit : Alpais « est d'*Avridum* ».

Quant à l'identification de cette localité, aucun Liégeois n'a jamais pu se tromper : il s'agit d'Avroy, localité attestée aussi en dehors de la tradition relative à saint Lambert en 1034, 1044, 1176 (toujours *in Aurido*), 1155 (*Auroit*) etc. et plus tard incorporée dans Liège.[26] Le Moyen Âge ne distinguant pas *u* de *v*, le graphème représente donc ici un /v/.

Mais le groupe /vr/ n'existe pas en latin, tandis que la racine *aur-* est connue de tous, et depuis le XIe siècle, la tendance à réinterpréter *-um* latin comme *-on* français est bien attestée (*Chanson d'Alexis*, v. 218 : *grabatum : om, maison*).[27] Par conséquent, une personne connaissant la forme écrite du toponyme et ayant la veine poétique (ou ignorant simplement la forme orale) pouvait ou presque devait le prononcer *Auridon*, et c'est évidemment ce qu'a fait le poète

---

23 Le chapitre en question a été édité par B. KRUSCH, Reise nach Frankreich im Frühjahr und Sommer 1892, *Neues Archiv der Gesellschaft für ältere deutsche Geschichtskunde*, t. 18, p. 601.
24 SIGEBERT DE GEMBLOUX, *Vita Landiberti*, p. 397 s., 401 s.
25 Dans *Arbridum*, *i* est tonique, mais identifié dans la pensée des scribes à un *i* bref latin. Cf. *dulcido, extrimus* etc. chez P. STOTZ, *Handbuch zur lateinischen Sprache des Mittelalters*, t. 3, Munich, 1996, livre VII, § 13.4 et 7, p. 17. La forme dérive régulièrement de *arboretum* « groupe (et probablement déjà : plantation) d'arbres », *Avridum* d'une forme parallèle **aboretum* avec effacement du premier *-r-* par dissimilation. Pour l'étymologie, voir par exemple GYSSELING, *Toponymisch woordenboek*, t. 1, p. 87, s. v. *Avreu* [sic, forme wallonne].
26 Au sud du centre actuel de Liège, la rue Pont d'Avroy et le boulevard d'Avroy rappellent une ancienne route de Liège à Avroy, et le parc d'Avroy se trouve près de l'emplacement même de la localité absorbée.
27 Cette prononciation du latin *-um* avec *-o-* nasalisé (!) persiste en France jusqu'aux XVe et XVIe siècles : Greban rime *justum : hault ton*, Tabourot cite le calembour *habitaculum – habit à cul long* ; M.K. POPE, *From Latin to Modern French with Especial Consideration of Anglo-Norman*, Manchester 1934 [réimpr. 1956], p. 232, § 648. Ensuite, les humanistes éliminent de la prononciation française du latin toutes les voyelles nasales, manifestement contraires au caractère méditerranéen du latin, mais ne sont pas assez puristes pour remplacer, dans cette terminaison trop banale, /o/ par /y/ (ou même /u/).

du *Girart*. Qu'il ait vraiment perçu l'élément *aur(um)* dans *Auridon*, cela ressort du fait qu'il a situé ce château sur une rivière nommée *Argense/Arganson*. L'hydronyme est attesté plusieurs fois dans le Midi et en territoire alsacien et mosellan,[28] mais le poète l'a utilisé à ses fins : son château « couleur d'or » s'élève au bord d'une rivière « couleur d'argent » – l'image n'est-elle pas belle ?[29]

Comme on ne peut séparer de façon sensée la « grande amante » Alpais d'*Auridon*, proche parente de Charles Martel et de Thierry d'Ardenne, d'avec la « grande amante » Alpais d'*Avrido*, proche parente de Charles Martel et de Thierry d'Ardenne, l'argument toponymique dont nous venons d'enrichir le dossier prouve que L. Jordan a découvert un rapport bien réel – qu'il s'agira pourtant de préciser. En érudit de sa génération, L. Jordan formule incontinent une vaste hypothèse : ne distinguant pas les deux Alpais, il croit entrevoir une métamorphose de l'une en l'autre dans une « légende qui montre tous les indices d'une longue vie parmi le peuple » et qui, à un certain stade, « débutait probablement par un renvoi des prétendants » d'Alpais pour « culminer dans un siège d'Auridon de la part de ces prétendants ». Si de ces scènes il ne reste rien, c'est selon L. Jordan que l'auteur du *Girart* les a retranchées pour pouvoir « interpoler » le récit dans sa chanson.[30]

Ici, notre nouvel argument milite décidément en sens inverse. Bien entendu, nous ne nions nullement que notre auteur n'ait pu connaître aussi une version orale de la légende d'Alpais mère de Charles Martel : il atteste avant Mousket l'association d'Alpais avec « Thierry d'Ardenne » (pas seulement « Dodon »), et probablement, il s'est fait d'Alpais une image plus positive, plus chérissable que les auteurs cléricaux. Mais pour la transformation d'Avroy en *Auridon* il y a eu information écrite, et dès lors une explication « minimaliste » s'impose. Comme le présume R. Louis, l'épisode d'Alpais est simplement dû à l'auteur du *Girart* conservé.[31] Celui-ci, ajouterons-nous, voulant couronner son récit de la réconciliation finale des deux clans ennemis par l'épisode d'un grand amour, gage d'un avenir plus heureux, choisit le thème de la belle geôlière. Se

---

28 E. Nègre, *Toponymie générale de la France*, t. 1, Genève, 1990, p. 294, n° 5027 ; Gysseling, *Toponymisch woordenboek*, t. 1, p. 67, s. v. *Argenza*.

29 D'ailleurs, pour qu'Auridon soit « en Ardenne », il a fallu tout au plus un infime glissement de sens. Dans l'acception médiévale du terme, les Ardennes s'étendent au moins jusqu'à la rive droite de la Meuse. Avroy est sur la rive gauche, mais dans un paysage au Moyen Âge encore densément boisé, et sa paroisse comprenait à l'origine une partie considérable de la rive droite (y compris même Angleur) ; cf. M. Werner, *Der Lütticher Raum in frühkarolingischer Zeit*, Göttingen, 1980, p. 135 s.

30 Jordan, *Studien*, p. 95 s.

31 R. Louis, *De l'histoire à la légende : Girart, comte de Vienne dans les chansons de geste : Girart de Vienne, Girart de Fraite, Girart de Roussillon*, t. 1, Auxerre 1947, p. 254 s.

rappelant à propos de Charles Martel et de Thierry d'Ardenne – déjà personnages de premier rang dans sa chanson – le nom d'Alpais, l'aura de grande amante qui l'entourait et le toponyme qu'il avait lu quelque part en connexion avec elle, il mit ces éléments à contribution.[32] Que les liens de parenté soient autres chez lui que dans son modèle ne l'a pas embarrassé : après tout, les mêmes noms ne se répétaient-ils pas très généralement dans les mêmes familles ?

* * *

La déformation créatrice de *Avridum* en *Auridon* eut des conséquences. Si L. Jordan n'a pas identifié Auridon, il a reconnu que ce nom sonore commença à hanter l'imagination d'un ou probablement de deux poètes qui eux aussi avaient à dénommer un château épique ardennais.

L'auteur d'*Auberi le Bourguignon*, ayant francisé le toponyme en *Oridon*[33] et trouvant sans doute le nom de Lambert assez typique de la région ardennaise, inféoda le château à une créature de son crû, le terrible Lambert d'Oridon.[34]

Déjà avant l'auteur d'*Auberi*, le nom a presque certainement intrigué aussi le grand poète qui, lui, était à la recherche d'un patrimoine ardennais pour ses

---

[32] Cela ne veut pas dire que *tous* les autres éléments du « système » de L. Jordan s'en trouvent réfutés. En particulier, se basant sur la thèse bien connue de Rajna selon laquelle derrière la Berte épique se cache Alpais mère de Charles Martel, il attribue le détail du pied bot déjà à celle-ci et en dérive tant le « *ranc* talon » de l'Alpais du *Girart* que « le grand pied » de Berte (où le singulier semble être plus primitif que le pluriel). Bien que l'argument soit ingénieux, J. Bédier ne l'a même pas mentionné dans sa polémique contre la thèse de Rajna (J. BÉDIER, *Les légendes épiques*, 3ᵉ éd., t. 3, Paris, 1929, p. 20 s.). Ce n'est pas le lieu ici de discuter les origines de *Berthe au(x) grand(s) Pied(s)*, mais au cas où l'argument se trouverait valable, il résulterait dans le présent contexte seulement que l'auteur du *Girart* ait emprunté un détail de plus à l'autre Alpais.

[33] Cette francisation est tellement naturelle que par exemple J. Bédier et R. Louis parlent couramment d'*Oridon* même en se référant au *Girart* ; BÉDIER, *Légendes*, t. 4, p. 283 ; LOUIS, *Girart*, t. 2, index.

[34] Le poète place Oridon – arbitrairement sans doute – au confluent de la Meuse et de la Semoy ; cf. BÉDIER, *Légendes*, t. 4, p. 285. L'identification d'Oridon avec le Waridon au nord de Charleville-Mézières, proposée notamment par P. TARBÉ (éd.), *Le roman des Quatre Fils Aymon*, Reims 1861, p. XX s., et par M. PIRON, La légende des Quatre Fils Aymon. Localisations de la légende en pays mosan, 2ᵉ part., France orientale, *Enquêtes du Musée de la Vie wallonne*, t. 7, 1955, p. 146 s., me semble difficile à accepter pour des raisons tant historiques que philologiques. Comme, vers 1970, M. H. COLLIN, Directeur des Services d'Archives des Ardennes, a eu l'amabilité de me le faire savoir, rien n'indique que le Waridon ait été fortifié avant le XVIᵉ siècle ; son nom, attesté, semble-t-il, seulement en 1625 (*Voiridon*) et généralement accompagné de l'article, est probablement un augmentatif du nom du *Woiru*, ruisseau longeant le Waridon. Enfin, on ne voit pas comment *voi-* aurait pu devenir *o-* (ou l'inverse).

Quatre Fils Aymon : comme l'a déjà supposé P. Tarbé,[35] il aura fait d'*Auridon/ Oridon* son énigmatique *Dordon/Dordone* – soit qu'il se soit laissé influencer par *Dordon/Dordone*, nom du fleuve qui dominait une autre partie de son poème (c'est l'hypothèse de L. Jordan), soit qu'il se soit souvenu de l'hémistiche *ad Auridon* du *Girart* (v. 8188, 8305), hémistiche qu'un Français de la fin du XIIe siècle pouvait ou presque devait interpréter comme **a Dauridon* ou plutôt **a Doridon*.[36]

En somme, la série (*Avroy-*)*Auridon-Oridon-*(probablement) *Dordon(e)* illustre de façon exemplaire que même une géographie « imaginaire » ne naît pas forcément *ex nihilo*.

---

[35] *Le Roman d'Auberi le Bourguignon*, éd. P. TARBÉ, Reims, 1849, glossaire, p. 183, *s. v. Oridon*. Cf. aussi ADLER, *Spekulanten*, p. 83. Cependant, le texte produit par Tarbé où Aimon s'appelle en effet *duc d'Ordon* est trop marginal et tardif pour prouver grand-chose.

[36] À mon avis, il n'existe pas, pour le toponyme de *Dordon(e)*, d'autre explication acceptable. Pour les ruines d'un fort près de Villy (France, dép. Ardennes, arr. Sedan, cant. Carignan), le nom de Dordone ne semble être attesté qu'au XXe siècle (voir M. PIRON, La légende des Quatre Fils Aymon. Localisations de la légende en pays mosan, 2e part., France orientale, *Enquêtes du Musée de la Vie wallonne*, t. 7, 1955, p. 148 n. 1). Vu la popularité multiséculaire des *Quatre Fils Aymon*, il peut très simplement s'agir d'une localisation secondaire folklorique du lieu épique. L'interprétation de *Dordon(e)* comme simple déformation de *(d')Ardenne/Ardane* (voir M. TAMINE, Quelques remarques onomastiques sur l'épisode ardennais de Renaut de Montauban, *Entre épopée et légende : Les Quatre Fils Aymon ou Renaut de Montauban*, éd. D. QUÉRUEL, t. 2, Langres, 2000, p. 84 s.) ne convainc pas non plus : où y aurait-il, dans l'abondance des attestations médiévales du nom universellement connu des Ardennes, un seul parallèle à cette déformation ?

12 Berthe au(x) Grand(s) Pied(s) – ou plutôt : les Enfances d'un « faux bâtard »

Résumé : La légende de Berthe au(x) Grand(s) Pied(s), d'origine française, est indépendante tant de la Perht / Bertha mythique de l'Allemagne du Sud que des rites saisonniers qu'on a voulu postuler. Au contraire, l'action en est issue essentiellement du thème de conte international (clairement préexistant) de « la fiancée substituée ». Cependant, ce qui sous-tend la légende dans toutes ses formes, c'est la conviction que *Charles, futur fils de Berthe, ne saurait être un bâtard qu'en apparence.* Un faux attribué à Charlemagne et commenté (sinon fabriqué) par Eberhard de Fulda (vers 1170), reflète sans doute, quoique assez indirectement, une variante précoce et latérale de la légende. En France, la légende se présente d'emblée sous une forme plus développée, « ecclésiophile » : avant l'exil de Berthe, elle et Pépin ont déjà reçu la bénédiction nuptiale, acte qui ne joue aucun rôle ni dans le conte ni dans les formes allemandes de la légende, mais qui fait du futur fils de Berthe, dès le début de l'action, le seul héritier légitime du trône. Y a-t-il, sous cette strate « ecclésiophile » et celle du conte, une troisième couche, historique cette fois ? Une reconsidération détaillée de la question fait apparaître que l'ancienne thèse de Rajna, selon laquelle derrière « Berthe » se cacherait Alpais, ne mérite probablement pas le discrédit dans lequel elle est tombée. À l'origine, la légende semble avoir constitué une réaction en forme narrative contre les tendances anticarolingiennes de toute une série d'historiographes, tendances de plus en plus manifestes dès le dernier siècle de l'époque carolingienne.

Zusammenfassung: Die altfranzösische Erzählung von *Berthe au(x) Grand(s) Pied(s)* (die Namensform mit dem Singular ist wohl die ältere) hat weder mit der Percht/Ber(h)ta des süddeutschen Volksglaubens noch mit (nur postulierten) jahreszeitlichen Riten etwas zu tun. Vielmehr ist die Handlung essentiell eine Variante des (eindeutig älteren) internationalen Erzählthemas von der vertauschten Braut. Dieses dient hier zur Einkleidung der zentralen Aussage, dass Karl, Bertas künftiger Sohn, kein ‚Bastard', sondern der gottgewollte Thronerbe ist. Eine auf den Namen Karls des Großen gefälschte Urkunde samt einem Kommentar ihres vermutlichen Urhebers Eberhard von Fulda (um 1170) spiegelt anscheinend eine frühe laterale Form der Erzählung. In Frankreich wird die Erzählung sogleich in einer weiter entwickelten, ‚kirchenkonformen' Gestalt sichtbar: vor Bertas Exil haben sie und Pippin schon das Sakrament der Ehe empfangen, so dass es an Karls Anrecht auf den Thron keinen Zweifel geben kann. Liegt unter der kirchenkonformen Schicht und der Schicht der internationalen Erzählung noch eine dritte, nunmehr historische Schicht? Eine detaillierte Prüfung der Frage zeigt, dass Rajnas alte These, hinter „Berta" verberge sich Karl Martells Mutter Alpheid, wahrscheinlich zu Unrecht in Misskredit gefallen ist. Entstanden ist die Erzählung wohl als Reaktion auf die zutiefst antikarolingische Tendenz einer seit dem späten 9. Jahrhundert fassbar werdenden historiographischen Tradition.

Note: Publié pour la première fois dans : Cahiers de civilisation médiévale 51 (2008), 313–327.

Open Access. © 2019 Gustav Adolf Beckmann, publiziert von De Gruyter. Dieses Werk ist lizenziert unter der Creative Commons Attribution-NonCommercial-NoDerivatives 4.0 Lizenz.
https://doi.org/10.1515/9783110615692-012

La légende de Berthe au(x) Grand(s) Pied(s), bien qu'elle ait joué un rôle dans les discussions sur les origines du genre de la chanson de geste, se situe nettement en marge de ce genre : l'esprit guerrier, les scènes de combat qui le caractérisent manquent complètement. Autant dire qu'on ne peut étendre sans risque une conclusion concernant cette légende au genre de la chanson de geste ni inversement. Pour étudier l'origine et le « sens » de la légende, il faut l'analyser en elle-même et pour elle-même. Pourtant, quiconque dresse le bilan des recherches faites en ce sens depuis presque deux cents ans voit se dresser devant lui pléthore de textes et d'hypothèses qui par leur seule quantité peuvent décourager le chercheur.

I Hypothèses en présence

La légende est représentée par une vingtaine de versions appartenant à cinq horizons littéraires et s'échelonnant entre la fin du XIIe et le début du XVIIe s.[1] Sur cette base de textes, les philologues ont élaboré, pour élucider les origines de la légende, six systèmes d'explication dont deux s'inspirent de données folkloriques et quatre d'événements historiques. On peut les caractériser par les thèses suivantes :

A)   1 : Certains éléments (et peut-être même l'idée fondamentale) de l'action sont en rapport avec Berthe, personnage de la mythologie populaire de l'Allemagne du Sud, ou au moins avec des rites saisonniers célébrés à l'origine en l'honneur de cette Berthe.

    2 : La légende de Berthe est essentiellement un spécimen du thème de conte international de la Fiancée Substituée.

B)   Le prototype historique de la Berthe littéraire est :

    1 : Alpais, épouse ou concubine de Pépin « de Herstal »[2] et mère de Charles Martel ;

    2 : Berthe, épouse de Pépin le Bref et mère de Charlemagne ;

---

[1] Pour un bref rappel des versions de la légende de Berthe, cf. *Les Œuvres d'Adenet le Roi*, éd. A. HENRY, t. IV, *Berthe aus grans piés*, Bruxelles/Paris, PU de Bruxelles/PUF, 1963, p. 28–30 ; – R. COLLIOT, *Adenet le Roi, « Berthe aus grans piés ». Étude littéraire générale*, 2 vol., Paris, Picard, 1970, t. I, p. 11–13 ; – K. WAIS, « Märchen und Chanson de geste : Themengeschichtliches zu *Robert le Diable, Berthe aus grans pies, Loher und Maller* », dans *Festgabe für Julius Wilhelm zum 80. Geburtstag*, éd. Hugo LAITENBERGER, Wiesbaden, Steiner, 1977 (Zeitschrift für französische Sprache und Literatur, 87), t. I, p. 120–138 et t. II, p. 314–334, en part. t. I, p. 131 et ss. ; – A. MEMMER, *Die altfranzösische Bertasage und das Volksmärchen*, Halle, Niemeyer, 1935, p. 119 et ss.

[2] Je garde ce surnom d'authenticité douteuse, mais généralement connu.

3 : Berthe de Blois, épouse de Robert le Pieux ;
4 : Berthe de Hollande, épouse de Philippe Ier et mère de Louis le Gros.

Évidemment, ces systèmes peuvent s'exclure, mais aussi se compléter. Après l'application du rasoir d'Occam, il faut procéder à une synthèse des éléments qui lui ont résisté. Pourtant, ce qui doit nous intéresser en dernière analyse, ce ne sont pas ces éléments, mais les attitudes mentales qu'ils laissent transparaître, ainsi que les modifications structurelles qui en découlent.

II La Berthe mythique

La thèse selon laquelle la Berthe littéraire devrait plusieurs de ses traits à la Berthe (*Perht*) mythique fut proposée par Jacob Grimm, Simrock, Weinhold, Feist et Liungman, combattue entre autres par Golther, Reinhold, Waschnitius et Bolte/Polívka ; en 1970, Colliot montra de la sympathie pour certains de ses aspects et, en 1977, Wais la reprit comme ayant un fond de vérité.[3]

Il s'agit pourtant selon nous, d'une thèse sans fondement. Elle suppose que la Berthe mythique a en commun avec l'héroïne de la légende 1) le nom, 2) parfois le titre de reine, 3) le pied difforme, 4) le rôle que jouent les thèmes de la forêt et du rythme saisonnier, 5) le thème de la fileuse. Mais :

1) L'identité phonique du nom de la *Ber(h)ta* historique ou de la *Bert(h)e* littéraire avec celui de la *Per(h)t(a)*/*Ber(h)t(a)* mythique (où *P-* est simplement la forme bavaroise) est clairement due au hasard. La bisaïeule de Charlemagne s'appelait *Berhtrada*, par exception déjà *Berhta* ; la mère de Charlemagne s'appelait *Berhta*, par exception encore *Berhtrada*. Dans la famille carolingienne, *Berht-a* est donc à l'origine simplement l'hypocoristique régulier de

---

[3] J. GRIMM, *Altdeutsche Wälder*, 3, 1816, p. 43 et ss. ; – ID., *Deutsche Mythologie*, éd. E. H. MEYER, t. I, [4e éd.] Berlin, Dümmler, 1875, p. 232 [258] et ss. ; – K. SIMROCK, *Handbuch der deutschen Mythologie*, Bonn, Marcus, 1855, p. 419 et ss. ; – K. WEINHOLD, *Die deutschen Frauen im Mittelalter*, Vienne, Gerold, 1882, t. I, p. 49 et s. ; – A. FEIST, *Zur Kritik der Bertasage*, Marbourg, Elwert, 1886, p. 21 et ss. ; – W. LIUNGMAN, *Traditionswanderungen Euphrat-Rhein*, t. II, Helsinki, Suomalainen Tiedeakatemia, 1938, p. 704 ; – W. GOLTHER, *Handbuch der germanischen Mythologie*, Leipzig, Hirzel, 1875, chap. 7.2 ; – J. REINHOLD, *Berthe aus grans piés*, Cracovie, 1909 [en polonais] ; – V. WASCHNITIUS, *Perht, Holda und verwandte Gestalten*, Vienne, 1913, p. 151 ; – J. BOLTE et G. POLÍVKA, *Anmerkungen zu den Kinder- und Hausmärchen der Brüder Grimm*, 5 vol., Leipzig, Dieterich, 1913–31, t. II, p. 285 ; – R. COLLIOT (*op. cit.* n. 1), t. I, p. 66–76 ; – K. WAIS (*op. cit.* n. 1), t. II, p. 320–322.

Berht-rad- a, nom aussi très courant et dépourvu d'associations mythiques.[4] Le nom du personnage mythique, quelle qu'en soit l'origine,[5] n'a donc pas influé sur le nom de la reine.

De surcroît, les données géographiques cadrent mal. La famille de la reine a des possessions dans l'Eifel où elle fonde le monastère de Prüm ; le père de la reine est comte de Laon. C'est visiblement une de ces grandes familles franques domiciliées « à cheval » entre la Neustrie et l'Austrasie.[6] En revanche, la Berthe mythique n'est connue qu'en Allemagne du Sud, à laquelle il faut ajouter, il est vrai, une partie infime de la Thuringe et une tranche sud-est de la Franconie qui, vers le nord-ouest, ne s'étend même pas jusqu'à Wurzbourg.[7]

2) Selon l'article « *Perhta* » du *Handwörterbuch des deutschen Aberglaubens*,[8] la Berthe mythique se parerait quelquefois du titre de reine. Vérification faite, on trouve qu'en territoire alémanique, dans les récits, la reine Berthe de Bourgogne, personnage du Xe s. parfois qualifié de « sainte », a pris à sa suite la place de la Berthe mythique.[9] La Berthe littéraire n'y est donc pour rien.

3) Dans sa *Deutsche Mythologie*, Grimm, ayant identifié la Berthe mythique à l'héroïne littéraire, compare, en ce qui concerne son pied difforme, cette Berthe composite à la reine Pédauque et même, avec plus de réserve, à une Valkyrie.[10] Comme le prouve le contexte, Grimm sait bien que le pied difforme n'est attesté que pour la Berthe littéraire. Mais Simrock reprend Grimm d'une façon plus vague et, enfin, Feist, qui n'indique pas de nouvelle source, parle avec une belle assurance du pied difforme de la Berthe mythique, créant ainsi une erreur qui se retrouvera jusque dans le *Handwörterbuch*. Au contraire, le

---

4 Cf. par exemple E. HLAWITSCHKA, « Die Vorfahren Karls des Großen », dans *Karl der Große, Lebenswerk und Nachleben*, éd. W. BRAUNFELS *et al.*, t. I, Düsseldorf, Schwann, 1965, p. 51–82, surtout p. 55 et s. et notes 22, 34, 49 du tableau.
5 Cf. la discussion la plus récente : E. TIMM, *Frau Holle, Frau Percht und verwandte Gestalten*, Stuttgart, Hirzel, 2003, p. 47–54.
6 E. HLAWITSCHKA (*op. cit.* n. 4). La mémoire de cette origine géographique de la famille est restée vive : vers 1230–1240, le rédacteur belgo-roman de l'original français de la première branche de la *Karlamagnús Saga* fait encore résider Berthe dans la ville de Bitburg (entre Trèves et Prüm) qui était comme le centre de gravité des possessions jadis données par sa grand-mère homonyme et par elle-même à leur fondation, le monastère de Prüm ; – Cf. G. A. BECKMANN, *Die Karlamagnús-Saga I und ihre altfranzösische Vorlage*, Tübingen, Niemeyer, 2008, p. 7–20.
7 E. TIMM (*op. cit.* n. 5), p. 106–123.
8 *Handwörterbuch des deutschen Aberglaubens*, éd. H. BÄCHTOLD-STÄUBLI, E. HOFFMANN-KRAYER, Berlin/Leipzig, Walter de Gruyter, 1927–42, t. VI, col. 1478, n. 4.
9 E. TIMM (*op. cit.* n. 5), p. 83–91.
10 J. GRIMM, *Deutsche Mythologie* (*op. cit.* n. 3), t. I, p. 232 et s.

répertoire établi par Waschnitius des témoignages directs sur Perht ne connaît pas ce motif, et pour cause.[11]

4) Feist[12] a établi d'autres « parallèles » : avec une armée de démons subordonnés, Perht sort, entre Noël et la Fête des Rois, de la forêt où elle habite – et la Berthe littéraire s'est aussi réfugiée dans la forêt, et ce, selon la *Gran Conquista de Ultramar*, en janvier ! Faut-il insister sur le caractère futile de tels rapprochements ?

À propos du rapport du conte au rythme des saisons : Colliot s'est inspirée de la thèse (très contestée) de Saintyves qui fait dériver certains contes de fées d'anciens rites saisonniers hypothétiques.[13] Elle fait observer que dans la version d'Adenet, Berthe se réfugie dans la forêt en automne et que Pépin la retrouve au printemps. Or, sans nier l'influence d'un conte sur la légende, on peut se refuser à voir derrière les deux la marque d'un rite saisonnier. Pour expliquer ces détails, il suffit de rappeler la technique poétique, universellement connue au Moyen Âge, qui consiste à établir un rapport entre le monde moral et le monde atmosphérique.

5) Quant au motif de la fileuse ? La Berthe littéraire, dans les versions conservées, ne file pas, mais fait des broderies. Quand bien même l'expression proverbiale du « temps où Berthe filait », déjà dûment enregistrée par Grimm, se serait rapportée à l'origine à la Berthe littéraire, ce qui est loin d'être sûr,[14] cela ne corrobore en rien l'hypothèse d'une identité des deux Berthe puisque la Berthe mythique ne file pas elle-même, mais surveille les fileuses.[15]

Ajoutons que les caractères des deux personnages sont on ne peut plus différents. La Berthe mythique est parfois bienveillante, parfois vengeresse, mais toujours *tremenda* comme une déesse antique ; la Berthe de la légende est un être humain par excellence, souffrant et chérissable.

En un mot, il est impossible de faire à la thèse mythologique quelque concession que ce soit.

---

11 K. Simrock (*op. cit.* n. 3), p. 419 et s. ; – A. Feist (*op. cit.* n. 3), p. 22 ; – *Handwörterbuch* ... (*op cit.* n. 8), col. 1482, n. 72–74 ; – V. Waschnitius (*op. cit.* n. 3), *passim*, en part. p. 183 et ss.
12 A. Feist (*op. cit.* n. 3), p. 22.
13 R. Colliot (*op. cit.* n. 1), t. I, p. 66–76 ; – P. Saintyves, *Les contes de Perrault et les récits parallèles*, Paris, Nourry, 1923, *passim*.
14 R. Colliot (*op. cit.* n. 1), t. I, p. 61 et s.
15 V. Waschnitius (*op. cit.* n. 3), p. 183 et ss. ; – W. Liungman (*op. cit.* n. 3), p. 630 et ss. ; – E. Timm (*op. cit.* n. 5), p. 250–257.

III Le thème de la « Fiancée substituée »

Les rapports très étroits entre la légende et le thème de conte-type de la Fiancée (ou épouse) substituée (Uther n°s 403, 450 et surtout 533), mis en évidence par Voretzsch et, à l'aide d'un examen consciencieux des variantes internationales du thème, par Arfert et Memmer,[16] n'ont jamais été sérieusement contestés par la suite.[17]

Il n'en est pas exactement de même du problème de l'antériorité. La thèse d'Arfert en faveur du conte, déclarée arbitraire par Reinhold, a été adoptée entre

---

[16] C. VORETZSCH, « Das Merowingerepos und die fränkische Heldensage » dans *Philologische Studien, Festgabe für Eduard Sievers*, Halle, Saale, 1896, p. 75 ; – P. ARFERT, *Das Motiv von der unterschobenen Braut in der internationalen Erzählungsliteratur*, Schwerin, Bärensprung, 1897, passim ; – A. MEMMER (*op. cit.* n. 1), *passim*. Cf. en outre BOLTE/POLÍVKA (*op. cit.* n. 3), t. II, p. 273–85 (cf. aussi t. I, p. 79–96, 99–109 ; t. III, p. 85–95) ; – W. LIUNGMAN, *Två folkminnesundersökningar*, Göteborg, Elanders, 1925, p. 41–73 ; – Cf. surtout H.-J. UTHER, *The Types of international folktales, a classification and bibliography, based on the system of Antti Aarne and Stith Thompson*, t. I, Helsinki, Suomalainen Tiedeakatemia, 2004, n°s 403, 450 et surtout 533. Le thème de la Fiancée/Épouse substituée fait partie de toute une série de contes-types internationaux. Pour nous, certains d'entre eux (par exemple Uther 403C, 404, 408, 870, 894) n'entrent pas en ligne de compte, leurs intrigues étant par trop différentes. Restent 403, 450, 533 – mais même ces trois-là ont chacun des caractéristiques absentes de la légende de Berthe (403 et 450 : le personnage du frère et sa métamorphose en animal, ou celle de l'héroïne ; 533 : l'animal parlant ; tous les trois : les dénouements plus compliqués). À strictement parler, la légende de Berthe coïncide donc non pas avec un type de conte entier (du folklore moderne), mais avec la partie principale commune de ces trois types. Heureusement, on peut serrer de plus près. Dans 403 et 450, l'héroïne est remplacée le plus souvent par une demi-sœur (dans 450 rarement par la fille de sa servante, à mon avis par suite d'une contamination avec 533), tandis que dans 533 elle est régulièrement remplacée par sa servante, et ce déjà pendant le voyage. Évidemment, le type « allemand » de la légende de Berthe se rattache directement à 533 (cf. *infra*). Si dans les versions romanes la substitution se fait un peu plus tard, à savoir, pendant la nuit de noces (sans consommation du mariage légitime), c'est un changement secondaire de perspective que nous allons expliquer, mais l'intrigue reste celle de 533 : une fiancée remplacée par sa servante. Uther mentionne dûment, comme *literary precursor* des attestations modernes de 533, la légende de Berthe, mais oublie, inexplicablement, le conte de Somadéva. Par suite d'une définition partiellement différente des types, P. DELARUE et M.-L. TENÈZE, *Le conte populaire français*, t. II, Paris, Maisonneuve et Larose, 1965, parlent de la légende de Berthe à propos du type 403 (p. 57), mais enregistrent trois versions françaises récentes d'un conte avec la servante comme rivale sous 450 (p. 126–128).

[17] Il est vrai que M. RUMPF, « Braut : Die schwarze und die weiße Braut », *Enzyklopädie des Märchens*, éd. K. RANKE (puis R. W. BREDNICH) *et al.*, Berlin, Walter de Gruyter, 1977–... , était d'avis que la dépendance de la légende de Berthe du thème de conte de la Fiancée substituée n'était pas encore clairement démontrée, pour la seule raison qu'elle trouvait aussi dans la légende comme motif principal « Geneviève » . Mais quelques années plus tard, l'article

autres par Bédier, Liungman, Memmer et Colliot.[18] Mais comme Memmer cherche l'origine du conte dans un environnement mérovingien, tandis que Liungman suppose que thème de la Fiancée substituée est apparu en Asie Mineure à l'époque mycénienne, ces deux hypothèses, échafaudées de surcroît l'une et l'autre à partir d'arguments extrêmement ténus, tendent à se neutraliser.

En s'en tenant à la question de savoir où est attestée directement la version la plus ancienne du conte, on obtient une réponse satisfaisante pour notre propos. En dépit de son vernis poétique, le récit sanskrit de Somadéva, écrit entre 1063 et 1081,[19] mais qui comme ses autres œuvres semble n'être qu'une refonte en vers d'un récit plus ancien, est certainement un spécimen du conte-type : une princesse qui n'a pas encore vu son fiancé envoie sa servante l'examiner ; la servante s'éprend du prince, le dépeint à sa maîtresse comme un démon et la persuade de changer secrètement de place avec elle avant que le prince n'ait vu les deux ; ayant épousé le prince, elle se sert de lui pour attenter à la vie de la princesse ; celle-ci doit se réfugier dans une forêt, où elle passe d'abord une nuit affreuse, puis se résigne à y attendre, avec une parfaite confiance en Vichnou, l'arrivée de son fiancé.[20]

Comme il s'agit ici de toute une séquence de motifs en somme très spécifique, exclure cette version de la liste des variantes du conte ou bien nier son affinité structurelle avec la légende de Berthe, ce serait se fermer à l'évidence.

« Genovefa » de la même *Enzyklopädie* démontra que la légende de Geneviève date du XIVe s. et puise (directement ou à travers *Florence de Rome*) dans la légende de Berthe.
18 P. ARFERT (*op. cit.* n. 16), p. 62 et ss. ; – J. REINHOLD (*op. cit.* n. 3), p. 4 ; – J. BÉDIER, *Les légendes épiques*, t. III, [3e éd.] Paris, Champion, 1929, p. 15 et 36 ; – W. LIUNGMAN (*op. cit.* n. 16), p. 42 ; – A. MEMMER (*op. cit.* n. 1), p. 219 et ss. ; – W. LIUNGMAN, *Die schwedischen Volksmärchen, Herkunft und Geschichte*, Berlin, Akademie-Verlag, 1961, p. 150 ; – R. COLLIOT (*op. cit.* n. 1), t. I, p. 53–65 (en part. p. 61, 65) et 71.
19 Pour la date voir par exemple l'article « Kathá-Literatur » de l'*Enzyklopädie des Märchens* (*op. cit.* n. 17), t. VII, 1993, col. 1085.
20 *The Kathá Sarit Ságara or Ocean of the Streams of Stories*, trad. [angl.] C. H. TAWNEY, 2 vol., Calcutta, Thomas, 1880–84, t. II, p. 157–167 ; – *The Ocean of Stories*: being C. H. TAWNEY's translation of Somadeva's *Kathá Sarit Ságara*, par N. M. PENZER, 10 vol., Londres, Sawyer, 1924–1928, t. VI, p. 40–55. Comme l'a souligné R. Colliot, le thème apparenté de l'épouse (au lieu de la fiancée) substituée, transposé dans un milieu polygame, apparaît dans l'« Histoire du Premier Cheik » qui, de l'avis des arabisants, appartient dans les *Mille et Une Nuits* à la plus ancienne couche, pré-baghdadienne ; cf. R. COLLIOT (*op. cit.* n. 1), t. I, p. 62 et ss. ; – N. ÉLISSÉEFF, *Thèmes et motifs des Mille et Une Nuits*, Beyrouth, Institut français de Damas, 1949, p. 45 ; – E. LITTMANN, trad., *Die Erzählungen aus den tausendundein Nächten*, 6 vol., [réimpr.] Wiesbaden, Insel, 1953, t. I, p. 35 et ss. et commentaire t. VI, p. 683. R. COLLIOT (*op. cit.* n. 1) parle aussi de trois autres contes des *Mille et Une Nuits* dont je renonce à faire état ici.

Le conte est donc attesté clairement avant la légende et, comme les chaînons intermédiaires entre l'Inde et la France sont apparus au fur et à mesure qu'on a pu suivre les traditions des cultures respectives, il n'y a pas lieu de supposer une polygénèse. La légende de Berthe n'est donc en principe qu'une forme « historisée » du conte : sa structure préexistante, « appliquée » à un ou plusieurs personnages historiques, confère d'emblée à leur destin historique (ou réputé tel) la tonalité et les qualités narratives du conte.

Cet ajustement du conte au cas particulier de la Berthe historique a pris des formes assez différentes dans les versions françaises d'une part et les versions allemandes de l'autre. Commençons pas ces dernières.

IV Le moulin et le prophète, motifs distinctifs du type « allemand » de la légende

Tous ceux qui se sont occupés de la filiation des textes ont reconnu que les trois textes allemands du XVe s., c'est-à-dire Wolter, la *Chronique de Weihenstephan* et Füetrer, constituent un groupe à part.[21] Ces textes se distinguent surtout de la tradition française par les traits suivants :
1) Le remplacement de Berthe par la fausse fiancée s'opère par la seule violence au cours du voyage, et non pendant la nuit de noces par une combinaison calculée de ruse et de violence.
2) Le motif du grand pied ou des grands pieds de Berthe est inconnu des versions allemandes.
3) Les motifs du char et de la forêt du Maine le sont également.
4) En revanche les versions allemandes sont seules à raconter, d'ailleurs avec une insistance visible, que c'est dans un moulin que Berthe a trouvé asile. Pour les deux auteurs bavarois, ce moulin se trouve quelque part en Bavière ; pour Wolter, il était situé dans la forêt « où aujourd'hui s'élève la ville de Karlstadt », c'est-à-dire en Franconie.

Enfin il faut relever un thème qui ne se trouve que dans les deux sources bavaroises, mais que Wolter a pu supprimer précisément à cause de son caractère

---

21 Par exemple A. Feist (*op. cit.* n. 3), p. 4 ; J. Reinhold, « Über die verschiedenen Fassungen der Bertasage », *Zeitschrift für romanische Philologie*, 35, 1911, p. 1–30, 129–52 (surtout 8–21) ; – A. Memmer (*op. cit.* n. 1), p. 236–241. Selon lui (p. 159 et ss. et p. 241), le *Volksbuch* de 1475 n'est, comme l'a bien montré J. Reinhold, art. cit. *supra*, p. 19 et ss., qu'un texte contaminé qui n'offre rien de nouveau, et Henri de Munich ne fait que copier une brève allusion du Stricker (J. Reinhold, art. cit., p. 5 et ss. ; – A. Memmer, *op. cit.*, p. 154 et s.).

« voyeuriste » : pendant la partie de chasse où le hasard l'amène au moulin, Pépin est accompagné d'un astrologue ; celui-ci, à l'heure même où Charlemagne est conçu, prophétise que de cette union charnelle de Pépin et de Berthe naîtra un des plus grands rois de la chrétienté.

Or, Eberhard de Fulda, qui rédigea entre 1157 et 1162 le grand cartulaire de son monastère, y a inséré, avec quelques autres faux de son cru, un faux placé sous le nom de Charlemagne et qu'il a lui-même commenté. Il est vrai que texte et commentaire se trouvent sur une feuille ajoutée après coup et sont écrits avec une encre plus claire que le corps de l'ouvrage ; mais dans sa réédition du cartulaire, le paléographe renommé qu'est E. E. Stengel[22] constate explicitement (ce que d'ailleurs personne, à ma connaissance, n'a jamais contesté) que la feuille ajoutée est, elle aussi, de la main d'Eberhard. Voici le texte du faux :

> Carolus dei gratia Francorum et Longobardorum rex et patricius Romanorum. Noverint omnes nostri Christique fideles, qualiter ob eternam nostri memoriam et parentum nostrorum piam recordationem donamus et contradimus domino nostro salvatori Iesu Christo sanctoque Bonifacio martiri, qui in Fuldensi requiescit monasterio, terram conceptionis nostre, hoc est totam conprovinciam circa flumen Unstrut ipsamque curtem nostram in Vargalaha, cum omnibus conpertinentiis suis et cum omnibus villis longe vel prope positis, que ad eam respiciunt, cum omni proprietate, sicut nos eam a parentibus nostris in proprietatem accepimus. Precipimus etiam super hoc, ne aliquis hominum eadem bona a Fuldensi monasterio auferat, sed sint in eterna subsidia fratribus inibi deo militantibus ad memoriam nostre recordationis.

Suit le commentaire d'Eberhard :

> Relatio priscorum hominum de eadem traditione : Ferunt prisce etatis homines, quod Pippinus rex, Caroli istius pater, dum esset in eadem curte una cum sancto Bonifacio, divina revelatione previdit sanctissimus pontifex, quod ex prefato rege Pippino ea nocte concipi debuisset puer, qui totius regni monarchiam possessurus et omnes erroneos ab ecclesia esset depulsurus. Unde natus rex eandem terram conceptionis sue dedit sancto Bonifacio. Monstratur adhuc locus molendini, ubi Carolus conceptus est.

Voilà donc, au centre de l'Allemagne et en plein XIIe s., le récit de la conception de Charlemagne dans un moulin, en présence sinon d'un astrologue, au moins de son homologue clérical ! Analysons-en les différents thèmes un par un.

a) Le fait que Charlemagne est censé rappeler ici au public est bel et bien sa conception. Le prude XIXe s. s'en est étonné à juste titre : « Es ist kein Zwei-

---

[22] *Urkundenbuch des Klosters Fulda*, éd. E. E. STENGEL, t. I, Marbourg, (1913-)1958, p. 390 sq. ; – de même *Die Urkunden Pippins, Karlmanns und Karls des Großen*, éd. E. MÜHLBACHER, *Monumenta Germaniae Historica* (désormais : *MGH*), *Diplomata Karolinorum*, t. I, Hanovre, 1906, n° 291.

fel, daß das Wort *conceptio* hier Empfängnis bedeutet und keine anderen Erklärungen zuläßt ».[23] La conclusion à en tirer me semble simple : le faussaire n'oserait insister sur un fait qui, même chez les rois, se soustrait en général à l'attention du public, si pour lui ce fait n'était pas déjà intégré dans un contexte narratif qui l'amenait plus ou moins naturellement. Or, si dans ce récit la vie conjugale de Pépin et de Berthe s'était déroulée sans crise ou interruption quelconque, on voit mal ce qui aurait pu attirer l'attention précisément sur la conception. On connaît la biographie typique d'un héros : si elle commence dès sa conception – ce qui est loin d'être obligatoire –, c'est que celle-ci se déroule dans des circonstances insolites : par exemple le père est un dieu, un démon ou un sorcier, ou bien qu'il s'agit d'un adultère ou d'un inceste, ou encore que l'événement se produit après une annonce divine (Isaac, Samson, saint Jean-Baptiste).[24] On retrouve bien dans notre cas ce contexte de circonstances insolites.

b) Le grand monastère de Fulda, fondé en réalité par Carloman, mais selon la tradition fuldienne également par son frère Pépin, fut consacré en mars 744 par saint Boniface et dès le VIIIe s. semble avoir eu des possessions à Vargula-sur-l'Unstrut (au nord de Gotha).[25] Or, à cette époque, l'Unstrut, du moins dans son cours moyen et inférieur, constituait la frontière entre une Thuringe déjà chrétienne et faisant clairement partie du royaume franc et une Saxe massivement païenne et – de fait, sinon de droit – indépendante. Vargula était, il est vrai, situé plus en amont d'environ 50 km, mais déjà dans la perspective fuldienne d'Eberhard et, à plus forte raison, dans celle pan-franque de Boniface et de Pépin, toute la région de l'Unstrut devait être une région frontalière par excellence. On pourrait en dire presque autant des localisations ultérieures de la légende en Bavière et en Franconie : par rapport au centre de gravité du royaume franc, elles sont périphériques – motif qui semble donc être essentiel à la structure de la narration. Bien entendu, que le roi visite ses régions frontalières et y aille à la chasse, rien de plus naturel ; mais le problème est de savoir pourquoi Berthe se trouve elle aussi là-bas.

---

23 H. HAHN, *Jahrbücher des fränkischen Reiches 741-752*, Berlin, Duncker & Humblot, 1863, p. 238.
24 Cf. par exemple O. RANK, *Der Mythus von der Geburt des Helden*, [2e éd.] Leipzig/Vienne, Deuticke, 1922, p. 21-32, 52, 56 et ss., 60, 66 n° 2, 72 ; – S. THOMPSON, *Motif-Index of Folk Literature*, [2e éd.] Bloomington, Indiana University Press, 1966, A 511.1.1.3.3., T 500, 510, 518, 539.3 ; – *Handwörterbuch* (*op. cit.* n. 8), t. II, col. 806-808.
25 Voir J. F. BÖHMER, *Regesta Imperii*, t. I, *Die Regesten des Kaiserreiches unter den Karolingern 751-918*, nouv. éd. E. MÜHLBACHER et J. LECHNER, Innsbruck, 1908, n° 47 ; – E. E. STENGEL (*op. cit.* n. 22).

c) Heureusement, Eberhard ajoute que le grand événement a eu lieu dans un moulin. En général, même aux époques mérovingienne et carolingienne, le roi et la reine ne passent pas la nuit dans un moulin ; seraient-ils obligés de le faire en raison de circonstances tout à fait exceptionnelles, qu'ils seraient tout de même accompagnés de quelques personnes de leur suite et s'abstiendraient certainement de tous rapports conjugaux cette nuit-là. Dans le cas présent, le moulin fait même partie d'un domaine royal (*curtis*) ; par conséquent, au moins le manoir de l'intendant aurait été disponible. Le thème du moulin évoque donc fatalement des rapports illégitimes du roi, par exemple avec une servante du meunier. D'autre part, comme le prouve clairement le ton général des deux documents, le faussaire ne veut nullement faire de Charlemagne un bâtard ; il sait sans doute comme tout le monde que l'empereur est le fils de la reine Berthe. À ses yeux, la relation peut donc être *illégitime en apparence seulement* et s'avère par-là identique à celle, très spécifique, que nous retrouvons dans toutes les versions de la légende (sauf celle d'Adenet), mais que seules les versions allemandes ont concrétisée dans le motif du moulin.

d) Le motif du « prophète », qu'il soit saint ou astrologue, peut constituer, déjà au XIIe s., un ajout semi-docte à une légende d'origine populaire. Il faut tout de même s'interroger sur sa fonction. Dans les versions du XVe s., elle est claire : puisque la substitution de la fausse fiancée a eu lieu dès le voyage, Pépin et Berthe n'ont pas encore reçu la bénédiction nuptiale quand ils se rencontrent beaucoup plus tard dans le moulin. Afin que leur nuit d'amour n'apparaisse pas simplement libidineuse, il faut que le ciel la scelle d'une bénédiction extraordinaire en signalant que le fruit de cette union sera un élu de Dieu. N'est-il pas probable qu'il en a été de même déjà à Vargula, à cette différence près que pour les moines de Fulda le rôle du prophète incombait tout naturellement à leur saint fondateur ?

e) Enfin, ce qu'on se montre « encore » du temps d'Eberhard, ce n'est pas « le moulin », c'est « l'emplacement du moulin », détail qui suggère que la légende a déjà un âge considérable et que son rayonnement n'est pas uniquement local. Car ce n'est pas à propos du moulin qu'on en vient à parler de la conception de Charles ; c'est l'inverse : en parlant de la conception de Charles, on a le plaisir de pouvoir préciser que ce fut dans un moulin à Vargula.

Il semble donc assez probable qu'en Allemagne la légende de Berthe différait assez peu dans la deuxième moitié du XIIe s. de ce qu'elle sera encore au XVe s. Et cette branche allemande de la légende, loin de dériver, comme le croyait jadis Reinhold,[26] des mentions allusives du Stricker ou même d'Henri

---

26 Cf. note 3.

de Munich, semble être aussi ancienne que la branche française, attestée vers la fin du XIIe s. par Serlon de Wilton et la version dite « aristocratique » de *Floire et Blanchefleur*.[27]

Dans son intrigue, la branche allemande de la légende reste proche du conte Uther 533 : la princesse est remplacée par sa servante avant que le prince n'ait vu les deux, et nous ne voyons aucune raison de considérer cette simplicité de la trame comme secondaire.[28]

Mais gardons-nous d'en conclure que ce type « allemand » soit né en Allemagne. Vu le peu d'intérêt qu'y suscite Charlemagne entre le IXe s. et 1150 dans un imaginaire collectif encore largement ancré dans l'époque des grandes migrations comme seul âge héroïque, la forme « allemande » de la légende a toutes les chances d'être une forme française archaïque, survivant en zone périphérique où elle donne lieu à diverses localisations secondaires.

V Le char, le Maine et le grand pied, motifs distinctifs du type « français » de la légende

1) Le motif du char sert à concrétiser en français une étymologie du nom de Charles. Ce n'est certainement pas un effet du hasard s'il se trouve, dès avant 1040, appliqué à Charles Martel dans une liste des Carolingiens.[29] Car quiconque distinguait encore le maire du palais de son petit-fils l'empereur com-

---

[27] Les conclusions à tirer du texte d'Eberhard paraissent simples, mais personne ne semble les avoir prises en considération. Ni Gaston Paris dans son *Histoire poétique de Charlemagne* (Paris, Franck, 1865), ni Pio Rajna dans ses *Origini dell'epopea francese* (Florence, Sansoni 1884) ne connaissent le texte, ni dans le camp adverse J. Bédier (*op. cit.* n. 18) ou J. Reinhold (*op. cit.* n. 3). En 1935, A. Memmer (*op. cit.* n. 1, p. 204, 210) et, en 1977, K. Wais (*op. cit.* n. 1, t. I, p. 135, n. 51) le citent, mais sans se demander à quel contexte narratif les éléments mentionnés par Eberhard, et notamment le motif du moulin, étaient nécessairement liés. R. Colliot (*op. cit.* n. 1) ne le mentionne pas dans son chapitre sur les origines ; plus tard, dans une note (*ibid.*, t. II, p. 85, n. 1) elle cite une partie du commentaire d'Eberhard et quelques paroles de Memmer, relatives toutes deux à l'astrologue, mais pas un mot sur le moulin.

[28] Comme le fait R. Colliot, « Structure de la trahison dans les diverses versions de la légende de *Berthe aux grans piés* », dans *Essor et fortune de la Chanson de geste dans l'Europe et l'Orient latin. Actes du IXe Congrès de la Société Rencesvals [Padoue/Venise 1982]*, 2 vol., Modène, Mucchi, 1984, t. II, p. 663–678, en l'occurrence 669.

[29] *MGH, Scriptores*, t. III, Hanovre, 1839, p. 214. Ici, à la différence des versions de la légende de Berthe, le char semble caractériser la naissance plutôt que la conception de Charles : *iste in carro fuit natus* ; mais pour le futur maire du palais la situation reste irrégulière et demande une explication. Visiblement nous avons affaire à une autre variante de ce qui est en dernière analyse la même légende. Cf. Rajna (*op. cit.* n. 27), p. 205.

prenait d'emblée que l'empereur tenait son nom de son grand-père de sorte que son nom n'avait pas besoin d'une étymologie propre ; en revanche le maire du palais fut le premier à porter ce nom même selon les connaissances actuelles. Ensuite, le motif s'applique au « Charles » de l'archétype des versions françaises de la légende (quoique supprimé secondairement par Adenet). Gaston Paris déjà en a reconnu la fonction profonde :[30] « fils de char » suggère la même chose que l'ancien français *bastart* ou *fils de bast* « fils de bât, engendré sur un bât »[31] et l'allemand *bankert* « fils de banc », tous trois opposés à « fils de lit (conjugal) ». Le motif français « engendré dans un char » est donc l'équivalent du motif allemand « engendré dans un moulin »,[32] et le message du récit est foncièrement le même en France qu'en Allemagne : *Charles n'est un bâtard qu'en apparence.*

2) Les versions françaises conservées, où Charles est identifié non plus à Charles Martel mais à Charlemagne, peuvent aller plus loin dans l'interprétation étymologique grâce à l'ambivalence phonique de la graphie *(-)maine* en ancien français : *Charlemaine* est conçu non seulement « dans un char », mais aussi « dans le Maine ». Voilà donc une explication du fait que c'est dans la forêt du Maine que Berthe trouve refuge ...

3) La marque la plus distinctive des versions romanes est le grand pied (ou plus tardivement : les grands pieds) de Berthe.[33] C'est par cette seule particula-

---

30 Paris (*op. cit.* n. 27), p. 441.
31 Cette étymologie de « bâtard », presque universellement admise à l'époque de Gaston Paris, mais concurrencée plus tard par plusieurs autres, a été défendue en détail – et avec succès, nous semble-t-il – par J. Coromines, *Diccionari etimològic i complementari de la llengua catalana*, Barcelone, 1980, *s.v. bastard*.
32 Non que le mot « char » fût inconnu en ancien allemand (*karro, karra*), mais la tentation de le retrouver dans le nom propre y était nulle parce qu'on l'identifiait automatiquement au nom appellatif *karl* « individu mâle, physiquement fort », applicable à un jeune héros, un amant ou un rustre. Cette identification (qui équivaut plus ou moins à une identification avec l'allemand moderne *Kerl*) n'est nullement un jeu de mots tardif et « bizarre » comme le croit R. Colliot (*op. cit.* n. 1), p. 669. Selon toute probabilité, elle est l'étymologie correcte du nom puisqu'elle semble se cacher déjà dans la première mention du nom de Charles, à savoir la constatation des *Fredegarii continuatores* 103 (= 6) (*MGH, Scriptores rerum merovingicarum*, II, Hanovre, 1888, p. 172) que Pépin, à la naissance de son fils, *vocavit [...] nomen eius lingue proprietate Carlo* (« le nomma Charles selon la propriété de la langue [franque] »), c'est-à-dire en se servant d'un substantif de cette langue. La seule hypothèse alternative (*Karl < Chari[bertus] + (i)ol + us*, cf. H. Kaufmann, *Untersuchungen zu den altdeutschen Rufnamen*, Munich, Fink, 1965, p. 215–17) n'est pas sans soulever de difficultés. Mais quand bien même *Karl ~ karl* ne serait qu'une étymologie « populaire », elle serait justement par-là en territoire germanophone l'étymologie « effective ».
33 Le singulier se trouve : au XIIe s. tardif chez ce Robert dont se moque Serlon de Wilton (cf. E. Faral, « Pour l'histoire de Berthe au grand pied », *Romania*, 40, 1911, p. 93–96) et que

rité qu'on pourra, fût-ce un peu tard, distinguer Berthe de sa rivale qui dans les versions romanes lui ressemble étrangement. Pourquoi cette ressemblance ?

La grande différence qui sépare les versions françaises non seulement des versions allemandes, mais aussi du conte-type de la Fiancée substituée, concerne le moment de la substitution. Dans les versions allemandes, dans Uther 533 et dans certaines versions de Uther 403, elle a lieu avant que le prince n'ait vu les deux femmes ; dans les autres variantes de 403 et dans 450, elle se réalise plusieurs mois après, le plus souvent quand la jeune reine est en couches et son mari absent. C'est uniquement dans les versions romanes de la légende qu'elle a lieu quelques jours après que le prince a fait la connaissance des deux femmes. Il convient de se représenter très concrètement les difficultés qui en découlent pour quiconque veut raconter le récit à la française :

> Primo, comme le roi a déjà vu sa fiancée avant la substitution, il faut que la rivale de celle-ci lui ressemble quasi parfaitement – thème improbable en soi et de surcroît gênant : Pépin, qui a dû remarquer plusieurs fois la ressemblance, mais ne conçoit pas le moindre soupçon lorsque l'une des deux femmes disparaît ou est accusée d'un attentat contre l'autre, n'est pas des plus perspicaces. Et secundo, après l'arrivée à la cour de Pépin, la substitution ne peut plus se faire par la seule force ; il faut faire usage de la ruse. Mais cela diminue forcément l'envergure tant intellectuelle que morale de Berthe : se laisser remplacer la nuit de ses noces par une servante. Et même si Berthe espère que sa servante tiendra le roi à distance, pourquoi ne le tient-elle pas à distance elle-même ?

Évidemment, aucun narrateur ne pouvait accumuler ces difficultés dans son récit sans les remarquer, ni probablement sans noter qu'elles disparaissaient dès que la substitution avait lieu pendant le voyage. On peut se demander pour quelles raisons cette version compliquée aurait été choisie sciemment par un narrateur ? La réponse est simple dès qu'on se demande ce qui s'est passé entre

---

traduit Konrad Fleck (*Flore und Blanscheflur*, éd. E. SOMMER, Quedlinburg, Basse, 1846, v. 309), et également chez Godefroi de Viterbe (que copiera Galvano Fiamma) ; plus tard dans les *Reali* (que copieront Raphael Marmora et Antonio de Eslava), dans le roman en prose de Berlin et (avec la variante « plat pié », qu'il faut probablement mettre dans le texte) chez Villon. Le pluriel est attesté dans la version aristocratique du *Floire* conservée, Venise XIII, Mousket, Adenet (dont dépend la *Beerte metten breeden voeten* néerlandaise), le *Miracle* et (pour deux pieds légèrement déformés, mais non pas « grands ») dans la *Gran Conquista*. (Le nombre grammatical reste indéterminé dans l'expression *fótmikla* de la *Karlamagnús Saga*.) Un pied anomal était toujours l'objet de superstitions populaires tandis que deux pieds également grands ne défiguraient guère la mère d'un roi qui était de haute taille et, à en croire le Pseudo-Turpin (chap. XX), avait lui aussi les pieds très grands. La transition du singulier au pluriel s'explique donc facilement, tandis que le développement inverse, risquant gratuitement de démoniser Berthe, ne se conçoit guère ; il « jurerait » avec tout le développement du reste de la légende.

l'arrivée de la fiancée et la nuit des noces. En effet, dans les seules versions romanes, c'est à Berthe qu'est donnée la bénédiction nuptiale de l'Église, absente du conte et des versions allemandes, et non à sa rivale. Grâce à l'indissolubilité du mariage chrétien, le fils de Berthe, en quelque endroit et quelque moment qu'il soit conçu, sera automatiquement le seul héritier, légitimement engendré par son père.

Le type roman de la légende, en christianisant le récit, semble donc être le fruit d'un remaniement conscient. Un deuxième remanieur, dont l'activité se reflète dans les versions proprement françaises – et non dans celle de Venise XIII –, est allé plus loin dans la même voie : il a placé la découverte du crime longtemps avant la rencontre de Pépin et de Berthe dans la forêt ; Pépin se prêtera donc non plus à ce qu'il doit considérer comme un adultère, mais seulement à une simple aventure, peccadille pour un homme qui se croit veuf. Enfin, Adenet abolit le char de douteux augure et ajoute entre le moment de la reconnaissance mutuelle dans la forêt et celui de la consommation du mariage un espace de quelques semaines pendant lesquelles on fait venir de Hongrie les parents de Berthe. La consommation du mariage se fait donc même du côté de Pépin dans un esprit impeccablement matrimonial.

Après avoir été jetée dans le moule du conte-type – ce qui se reflète dans toutes les versions, tant « allemandes » que « françaises » –, la légende de Berthe a donc connu en France une adaptation progressive à la conception ecclésiastique du mariage.[34] Le message central de la légende – à savoir que Charles n'est pas un bâtard – n'en sort que renforcé : c'est le sacrement de l'Église qui garantit à Charles sa légitimité.[35]

---

[34] Rappelons D. KULLMANN, « Le rôle de l'Église dans les mariages épiques », dans *Charlemagne in the North. Proceedings of the Twelfth International Conference of the Société Rencesvals*, éd. Ph. E. BENNETT et al., Edimbourg/Londres, Société Rencesvals/Grant and Cutler, 1993, p. 177-187, qui démontre qu'à partir de la deuxième moitié du XIIe s., nombre de chansons de geste tiennent compte même de certains aspects spécifiques de la doctrine ecclésiastique du mariage (consentement des deux partis, interdiction du mariage entre parents). Dans notre cas, il s'agit du caractère obligatoire du sacrement en tant que tel, donc d'une question plus fondamentale, où l'influence de l'Église s'est peut-être fait sentir plus tôt.

[35] Bien entendu, le fait que la forme romane de la narration, plus complexe, soit tardif par rapport à la forme plus simple internationale et allemande, a été reconnu par les spécialistes du conte-type, P. Arfert, A. Memmer et K. Wais (cf. pour ce dernier *op. cit.* n. 1, t. II, p. 316, 329). Et le fait que le motif du pied difforme soit « lié à la ressemblance entre la vraie et la fausse Reine, et aussi au moment de la substitution », a été constaté par R. COLLIOT (*op. cit.* n. 1), p. 675. Mais ce que je ne trouve nulle part, c'est un examen des raisons de la complexification de la forme romane, examen propre à ancrer le développement structural dans les forces socioculturelles sous-jacentes.

4) Enregistrons enfin un effet pour ainsi dire négatif du conte et le redressement de celui-ci sous les mains d'Adenet. La rivale de Berthe ne porte de nom que dans la version d'Adenet, les versions qui en dérivent et dans une rubrique de Venise XIII, dont le copiste du XIVe s. peut avoir connu Adenet même si son modèle ne l'a pas connu. Or, Adenet n'aime pas les personnages anonymes, même secondaires ; on peut donc le soupçonner d'avoir fabriqué les noms d'*Aliste* et, pour la mère de la servante, *Margiste* en dotant les noms courants d'Alice et de Marguerite/Margot d'un suffixe d'apparence hongroise.[36] Les *Reali* ont italianisé *Aliste* en *Elisetta* ou *Falisetta* ; Marmora, en rendant moins criminel tout le caractère de la rivale, l'a rebaptisée *Gaiete*. Si jusqu'à Adenet elle est restée anonyme, c'est, comme l'a bien vu Rajna, que les conteurs l'ont simplement appelée *la serve*. Si l'on veut lui chercher un modèle historique, il faudra donc tenir compte de sa fonction de rivale et non pas d'un nom.

VI Les explications historiques

Y a-t-il sous la strate « ecclésiophile » et sous celle du conte-type – qui, nous l'avons vu, transportent essentiellement le même message – une troisième couche, historique cette fois ? Si oui, on peut présumer que ce message était présent dès les débuts de la tradition et qu'il s'y révèle plus clairement encore comme l'objectif de tout le récit. Or, s'il est nécessaire de proclamer emphatiquement la légitimité de « Charles », c'est à coup sûr que l'opinion contraire a aussi quelque fondement. Il faut donc chercher dans l'histoire un Charles qui puisse être taxé de bâtardise, et voilà déjà une présomption en faveur de Charles Martel.

Mais comparons en détail les quatre systèmes d'explication historique qui identifient respectivement le Pépin de la légende avec Pépin de Herstal (soit PH),[37]

---

[36] J'avais déjà écrit « suffixe pseudo-hongrois », quand M. Eberhard Winkler, directeur de l'Institut d'études finno-hongroises de l'Université de Göttingen, m'enseigna que (par exemple selon K. D. Bartha, *Magyar történeti szóalaktan*, t. II, Budapest, 1958, p. 117) le suffixe *-te* de l'ancien hongrois servait en effet, après une syllabe à voyelle palatale, à former des hypocoristiques masculins ou féminins. (À côté de *-te*, il y avait aussi *-t*, Bartha, *op.cit. supra*, p. 106 et s. ; cf. *Margit* « Marguerite » en hongrois moderne.) Je remercie M. Winkler de ce renseignement, qui fait ressortir d'une façon inattendue le degré de vraisemblance auquel aspirait Adenet.

[37] Rajna (*op. cit.* n. 27), p. 199 et ss.

Pépin le Bref (PB),[38] Robert le Pieux (RP)[39] ou Philippe Ier (Ph).[40] Faut-il les comparer trait par trait, ou vaut-il mieux mesurer d'abord la cohérence interne de chaque système pour les comparer ensuite globalement? Le tableau à la page 322 permet l'une et l'autre de ces perspectives. On représentera par + une correspondance, par ± une correspondance partielle ou douteuse, par – un manque de correspondance.[41]

---

38 Cf. par exemple A. MEMMER (*op. cit.* n. 1), surtout p. 221 et ss., 241 ; – R. COLLIOT (*op. cit.* n. 1), t. I, p. 33–39. Cette explication est la plus répandue.

39 Cf. R. TRIGER, « La légende de Berthe et la fondation des églises de Moitron, Segrié, Saint-Christophe du Jambert et Fresnay », *Revue historique et archéologique du Maine*, 13, 1883, p. 175–201 ; – cf. aussi l'exposé de R. COLLIOT (*op. cit.* n. 1), t. I, p. 47–50 qui finit à bon droit par rejeter la thèse.

40 H. J. GREEN, « The Pépin-Bertha Saga and Philip I of France », *PMLA*, t. 58, 1943, p. 911–19.

41 Je ne me dissimule pas combien il peut être problématique de donner ainsi le même poids à toutes les entrées étudiées, mais je ne vois pas d'alternative plus satisfaisante.

Tab.: Correspondances entre la légende de Berthe et les témoignages historiographiques.

Dans l'historiographie relative à	PH	PB	RP	Ph
1. Le protagoniste masculin s'appelle Pépin	+	+	–	–
2. Il est roi	±	+	+	+
3. Il est de petite stature	+	+	–	–
4. L'héroïne s'appelle Berthe	–	+	+	+
5. Son père s'appelle Floire (ou semblable)	–	–	–	+
6. Le motif du grand pied s'explique	+	–	–	–
7. L'union de Pépin avec Berthe est bientôt discontinuée au profit d'une rivale	+	–	+	+
8. L'union de Pépin avec la rivale est, aux yeux des contemporains, formellement irréprochable, ce dont la rivale sait se prévaloir longtemps	+	–	+	–
9. Pépin et Berthe ont un fils	+	+	–	+
10. Il s'appelle Charles	+	+	–	–
11. Le motif du char lui est applicable	+	±	–	–
12. Le motif du Maine lui est applicable	–	+	–	–
13. Pépin et la rivale de Berthe ont un fils	+	–	–	+
14. La rivale et/ou ses fils cherchent à évincer le jeune Charles	+	–	–	+
15. Les deux grands adversaires du jeune Charles – que ce soient ou non les fils de la rivale de Berthe – s'appellent Rainfoi et Heldri (ou semblable)	+	–	–	–
16. En fin de compte, c'est le parti de Berhte/Charles qui triomphe	+	+	–	+
Total (+ : un point, ± : un demi-point)	12,5	8,5	4,5	8

D'emblée, l'hypothèse autour de Robert le Pieux s'avère superfétatoire. Il lui manque le point le plus essentiel puisque Berthe, femme de Robert, n'a pas eu d'enfant de lui. Et la légende locale du Maine selon laquelle une reine répudiée du nom de Berthe y aurait fondé certaines églises villageoises peut bien dériver de la légende littéraire.

Les événements autour de Philippe Ier ont probablement fourni quelques éléments marginaux à une légende déjà constituée. Philippe semble avoir été de grande taille et n'être devenu très corpulent qu'à un âge avancé.[42] Mais le père de sa femme Berthe de Hollande, Florent Ier, et les quatre successeurs homonymes de celui-ci s'appellent bien *Florentius* en latin, *Florens* ou *Floris* dans la tradition néerlandaise (apparaissant plus tard) ; le père de la Berthe littéraire s'appelle en général *Floire*, et même *Florens* dans le roman français en prose de Berlin. D'autre part, ce personnage ne se trouve prince de Hollande ou de Frise dans aucune version de *Berthe* ou de *Floire et Blanchefleur*. La deuxième femme de Philippe Ier, Bertrée d'Anjou, concubine aux yeux de l'Église, devenue marâtre du jeune Louis le Gros, aurait tenté – mais seulement selon les dires d'Ordéric Vital – de faire incarcérer et même empoisonner ce prince. Selon le témoignage de Suger, l'un des deux fils de Bertrée, Philippe, s'est insurgé en 1109, voulant supplanter Louis comme roi ; encore l'autre fils ne semble-t-il avoir participé à aucune activité contre Louis. La possibilité de coïncidences partielles fortuites n'est donc pas exclue. Concédons pourtant que notre légende de Berthe doive aux événements autour de Philippe Ier sa connexion superficielle avec l'action de *Floire et Blanchefleur*. Cependant, il n'y a certainement pas lieu de considérer toute la légende de Berthe comme un roman à clé autour de Philippe Ier. Pour cela, les données de nos deux premières colonnes, considérées ensemble, sont par trop circonstanciées.

Au vu de la première colonne, il serait téméraire de persister à soutenir que notre légende n'ait rien à voir avec Pépin de Herstal et Charles Martel – téméraire même si pour un moment on ne tient pas compte des noms de Rainfroi et Heldri.[43] Mais le problème central est de comprendre la relation entre nos deux premières colonnes. En principe, j'accepte la solution avancée jadis par Rajna : dans la mémoire collective, l'époque de Pépin de Herstal et de son fils le premier Charles, brillante déjà, quoique assez turbulente au point de vue moral, se

---

42 A. Fliche, *Le règne de Philippe Ier, roi de France (1060-1108)*, Paris, 1912, p. 32.
43 En sens contraire, mais sur la base d'une juxtaposition trop rudimentaire de l'histoire et de la légende, J. Bédier (*op. cit.* n. 18), p. 12-15. Bédier croyait (*ibid.*, p. 36) que les noms de Rainfroi et de Heldri n'avaient pénétré dans la légende de Berthe que plus tardivement à partir du *Basin*.

fondait petit à petit dans celle de Pépin roi et de son fils le deuxième Charles, beaucoup plus glorieuse encore.

Voici donc un commentaire des deux premières colonnes du tableau :

2. – Le maire du palais Pépin de Herstal avait tous les pouvoirs d'un roi sans en avoir le titre. Mais plus tard, après 751, l'office de maire du palais n'existait plus, de sorte que la tradition populaire, et parfois même des auteurs érudits, devaient rétrospectivement le confondre avec la royauté : précisément dans le contexte qui nous intéresse, déjà Adon de Vienne (avant 860) dans son *Martyrologe* et Réginon (avant 908) dans son *Chronicon*, en se référant à la famille de Pépin le maire du palais, parlent de *regia domus*, et l'auteur anonyme du *Carmen de Sancto Landberto*, l'évêque Étienne de Liège dans sa (deuxième) *Vita Sancti Lamberti* (tous deux avant 920) et Anselme de Liège (avant 1056) traitent sans ambages le même Pépin de *rex*.[44]

3. – Pépin de Herstal est appelé « le Bref » par Adhémar, par une liste des rois de France rédigée vers 1200, par les *Grandes Chroniques de France* et, semble-t-il, par Jaques d'Acqui. Son petit-fils est qualifié de « Bref » par le moine de Saint-Gall, plusieurs historiens postérieurs et l'usage moderne, de « Nain » par Godefroi de Viterbe et Alexandre de Roes.[45]

4. – La mère de Charles Martel s'appelait Alpais (*Alpheida*) et non Berthe. Mais à en juger d'après leur onomastique, les Carolingiens ne se rappelaient que rarement le point le plus faible de leur généalogie (voir plus bas) : le nom d'Alpais est porté seulement par deux filles illégitimes (!), l'une de Louis le Débonnaire, l'autre de Charles le Simple. Au contraire, Charlemagne selon Éginhard tenait particulièrement à honorer sa mère Berthe, et lui-même, Lothaire Ier, Louis l'Allemand, Bérenger Ier, Hugues d'Italie et Conrad de Bourgogne ont tous nommé Berthe une fille légitime, enfin Lothaire II une fille qu'il considérait lui-même comme légitime.[46] « La reine Berthe mère de Charles » est donc deve-

---

44 ADON, *Martyrologe*, 17 septembre, *PL*, 123, col. 360 ; – RÉGINON de PRÜM, *Chronicon*, éd. F. KURZE, *MGH SS [in usum scholarum separatim editi]*, Hanovre, 1890, p. 34 ; – *Carmen de sancto Landberto*, éd. P. VON WINTERFELD, *MGH, Poetae Latini aevi Carolini*, IV, p. 141-157, v. 333 ; – *Vita Landiberti auctore Stephano*, éd. B. KRUSCH et W. LEVISON, *MGH Scriptores rer. mer.*, VI, p. 385-392, en part. p. 388 ; – ANSELME de LIÈGE, *Gesta pontificum Leodicensis aeclesiae*, éd. R. KOEPKE, *MGH SS*, VII, p. 109-254, en part. p. 195.

45 RAJNA (*op. cit.* n. 27), p. 201 n. 2 et 3, p. 202 n. 1 ; – ALEXANDRE de ROES, *De translatione imperii*, éd. H. GRUNDMANN, Leipzig/Berlin, Teubner, 1930, p. 23 et s. ; – *MGH SS*, IV, p. 114 et ss. ; – PARIS, « La légende de Pépin le Bref », dans *Mélanges Julien Havet*, Paris, Leroux, 1895, p. 603-632, en part. p. 607 (à ajouter maintenant : *Chanson de Guillaume* v. 1267).

46 Voir par exemple K. F. WERNER, « Die Nachkommen Karls des Großen bis um das Jahr 1000 », dans *Karl der Große* (*op. cit.* n. 4), t. IV, p. 403-484, surtout le tableau à la fin du volume ; *Vita Karoli*, chap. 18.

nue pour ainsi dire l'aïeule officielle de toute la race royale. Que parallèlement à la fusion des deux Pépin et des deux Charles le nom d'Alpaïs se soit à la longue effacé devant celui de Berthe, n'a donc rien d'inexplicable.

6. – Ce point crucial et particulièrement complexe sera discuté plus bas.

7. – Pépin de Herstal avait contracté avec Alpaïs une alliance que l'historiographie de la génération suivante, écrivant sous l'égide de Charles Martel fils d'Alpaïs, appelle « un autre mariage ». Plus tard pourtant, Pépin était revenu à Plectrude. Au contraire, rien n'est connu d'une crise conjugale entre les parents de Charlemagne.

8. – Revenu à Plectrude, Pépin désigna comme ses successeurs les deux fils de celle-là. Après leur mort, il alla jusqu'à élever au rang de maire du palais un petit-fils de Plectrude encore enfant. Pour la période consécutive à sa mort, qui s'annonçait déjà difficile, il désirait donc voir au centre du pouvoir un enfant sous la tutelle de sa grand-mère Plectrude plutôt que le fils d'Alpaïs. Pourtant, c'est seulement bien après le « siècle des deux Charles » (715–814) que les historiographes cléricaux, eux aussi, osent montrer leurs sympathies pour Plectrude : après des allusions encore voilées vers 860–900 (Adon, Réginon), beaucoup de textes du Xe s. au XIIIe s. (*Carmen de sancto Landberto*, *Annales Lobienses*, Anselme de Liège, Sigebert de Gembloux, Philippe Mousket)[47] considèrent sans ambages l'alliance de Pépin avec Alpaïs comme un concubinage avec une femme passionnée jusqu'au crime ; ils sapent ainsi la croyance à la légitimité de Charles Martel et, indirectement, de toute la dynastie carolingienne. Et voilà où l'on touche du doigt la motivation profonde de notre légende procarolingienne : loin d'être un jeu gratuit de l'imagination comme la jugeaient Becker, Reinhold et Bédier,[48] elle constitue une protestation contre toute cette historiographie ; de là, son obsession à prouver que « Charles » n'est un bâtard qu'en apparence.

11. – Pour que l'étymologie du char soit applicable à un Charles, celui-ci doit non seulement être taxé de bâtardise, mais aussi être dans la conscience du public le premier à porter ce nom ; voir plus haut. (Longtemps on a cru que Charlemagne fut un fils prénuptial ; mais, comme l'a montré K. F. Werner,[49] c'est plutôt improbable.)

---

[47] Cf. n. 44 ; – Cf. en outre SIGEBERT DE GEMBLOUX, *Vita Landiberti episcopi Traiectensisi*, éd. B. KRUSCH, MGH *Scriptores rer. mer.*, VI, Hanovre, 1913, p. 393–406, en part p. 397 et ss. ; – P. MOUSKET, *Chronique rimée*, éd. F. de REIFFENBERG, t. I, Bruxelles, Hayez, 1836, v. 1666 et ss. La littérature érudite sur la question est ample ; pour une mise au point renvoyons une fois pour toutes à J.-L. KUPPER, « Saint Lambert : de l'histoire à la légende », *Revue d'histoire ecclésiastique*, 79, 1984, p. 5–49.
[48] J. BÉDIER (*op. cit.* n. 18), t. III, p. 26.
[49] K. F. WERNER, « Das Geburtsdatum Karls des Großen », *Francia*, 1, 1973, p. 115–157.

12. – Pour l'origine du motif du Maine voir *supra* (p. 321).

14. – Plectrude sut se prévaloir de sa légitimité matrimoniale – et de la position clé qui en résultait après la mort de Pépin – jusqu'au point d'emprisonner Charles. Les deux fils de Pépin et de Plectrude, Drogon et Grimoald, eux aussi, avaient été les adversaires naturels de Charles. Mais tous deux étant morts peu de temps avant Pépin, la légende a transféré leur rôle aux deux hommes qui devaient bientôt devenir les principaux adversaires de Charles sur une échelle autrement large.

15. – En comparant les événements historiques de notre première colonne avec le thème de conte international, on peut constater des deux côtés une structure ternaire. Dans l'histoire, la mère de Charles est d'abord reconnue comme *uxor*, ensuite répudiée au profit d'une rivale qui sait très efficacement mettre le droit de son côté, enfin réhabilitée, au moins[50] rétrospectivement, à la suite de la carrière inattendue de son fils. C'est cette structure ternaire qui suggérait de jeter l'histoire dans le moule d'un conte mettant lui aussi en scène un état initial de fiançailles régulières, une répudiation au profit d'une rivale et une réhabilitation.

Qui plus est, par le moyen du conte, on achevait en même temps de faire paraître légitime le parti de « Berthe » et de son fils, et criminel le parti adverse.[51] Et comme le conte se doit de récompenser les bons le plus clairement possible, c'est déjà l'héroïne elle-même, et pas seulement son fils, qui doit vivre son triomphe. De cette façon, le message central – que Charles n'est pas un bâtard – reste intact, mais le centre de gravité du récit se déplace du fils vers la mère. D'une légende relative aux « Enfances » de Charles est née la légende de « Berthe au(x) Grand(s) Pied(s) ».

VII Le pied difforme

Reste à discuter le point n° 6 : le pied difforme, qui permet de distinguer Berthe de sa rivale. Il semble aussi posséder une préhistoire. Dès 1905, Jordan montra que le personnage d'Alpaïs *au ranc talon* (« au pied tordu ») du *Girart de Rous-*

---

[50] La date de la mort d'Alpaïs étant inconnue, il est fort possible qu'elle ait vu le triomphe de son fils – et donc son propre triomphe.

[51] J. Bédier (*op. cit.* n. 18), p. 19 et s., a nié la possibilité même d'un tel renversement de légitimité et d'illégitimité ; mais il s'agit tout simplement d'une manifestation de la tendance universelle de la mémoire collective à justifier après coup les vainqueurs, comme l'avait bien expliqué Rajna (*op. cit.* n. 27), p. 203 et s.

sillon est modelé sur Alpais, mère de Charles Martel.[52] Mais l'argumentation de Jordan, recevable seulement en partie et difficilement lisible à force de détails oiseux, n'a guère provoqué de réaction ; Bédier, Memmer et Colliot par exemple l'ignorent. Tout récemment, j'ai repris l'idée maîtresse de Jordan en y apportant quelques modifications et compléments,[53] et je crois qu'un rapport entre les deux Alpais est indéniable : toutes deux sont des amantes passionnées ; l'une est mère de Charles Martel, originaire d'*Avridum* et sœur d'un Dodon alias (du moins dans une phase déjà légendarisée) Thierry d'Ardenne ; l'autre, dans le *Girart*, est nièce de Charles Martel, propriétaire d'*Auridon* et fille de Thierry d'Ardenne.

Or, dans la littérature narrative en ancien français, Alpais *au ranc talon* et Berthe *au grant pié*[54] semblent être les seuls personnages féminins à avoir un pied difforme. Le trait est donc assez spécifique, et même si l'Alpais de l'histoire n'existait pas, on devrait se demander s'il n'y a pas de rapport génétique entre les deux surnoms littéraires. Attendu qu'Alpais mère de Charles Martel existe, l'hypothèse la plus simple au point de vue logique consiste à attribuer le pied difforme déjà à cette dernière – sinon à l'Alpais historique proprement dite, *elegans* selon les continuateurs de Frédégaire, au moins à l'Alpais déjà légèrement légendarisée des générations suivantes.

Je ne me dissimule pas que cette hypothèse, pour logique et simple qu'elle soit, a un prix élevé : celui de revenir à l'ancienne théorie de Rajna selon laquelle derrière la Berthe de notre légende se cache Alpais.[55] Mais il faut souli-

---

52 L. JORDAN, « Studien zur fränkischen Sagengeschichte : I : Die Folco-Alpais-Episode im Girart von Roussillon », *Archiv für das Studium der neueren Sprachen und Literaturen*, 114, 1905, p. 92–114.
53 G. A. BECKMANN, « Les deux Alpais et les toponymes épiques (Avroy-)Auridon-Oridon-Dordon(e) », *Le Moyen Âge*, 114, 2008, p. 55–65.
54 Quant à l'antériorité du singulier, cf. n. 33.
55 L. Jordan pense à un développement *ranc talon* > **grant talon* > *grant pié* avec remplacement de *ranc*, moribond en français septentrional à l'époque préhistorique, par *grant*, phoniquement similaire. Il est vrai que l'adjectif pangermanique **wrang* « tordu » (d'une racine **wreng-/wrenk-*), survivant en scandinave et assuré pour le gothique et le burgonde par l'italien, le catalan et le gallo-roman au sud d'une ligne Loire-Vosges (cf. le *FEW*, t. 17, s. v. *wranks*), a subi en néerlandais et dans quelques dialectes du bas-allemand, à une époque mal déterminable, une déviation sémantique (> « acerbe »), mais l'ancienne signification a essentiellement survécu dans le rhénan (sporadique) *frang* « à l'envers, de travers, oblique ». Voir le *Deutsches Wörterbuch* des frères Grimm, s. v. *Wrang* (article datant de 1958). Tout de même, n'excluons pas tout à fait la possibilité que le pied d'Alpais ait d'abord été « grand » et que le poète méridional du *Girart* l'ait rendu *ranc* et par-là plus pittoresque. Ce qui importe ici, c'est l'existence d'un lien sémantique entre les deux adjectifs, pas de déteminer l'antériorité de l'un par rapport à l'autre.

gner dans ce contexte un fait généralement méconnu : en adoptant l'hypothèse et avec elle la théorie de Rajna, on n'est nullement tenu à expliquer la survie du thème narratif à travers le « silence des siècles » par l'activité hypothétique de jongleurs qui l'auraient « chanté ». Car, comme nous l'avons dit, notre légende n'a jamais donné lieu à une véritable chanson de geste, mais est restée essentiellement un conte, spécimen du conte-type de la Fiancée substituée. Et les contes en ce sens spécifique – les *international folktales*, les *Märchen* – sont un phénomène universel qui n'a pas besoin de jongleurs pour traverser les siècles. Rien n'interdit donc, semble-t-il, de penser que le conte de Berthe a survécu dans la simple prose des *folktales* jusqu'à ce qu'un poète francophone du XIIe s. – peut-être ce Robert dont se moque Serlon de Wilton[56] – fût le premier à le mettre en vers.

---

56 Cf. n. 33.

Renaut de Montauban

13 Maugis d'Aigremont

Zur Genesis einer literarischen Gestalt

Résumé : Dès la conquête de l'Italie par Charlemagne en 774, et au moins quatorze années durant, Adalgis, fils du dernier roi lombard, tenait les Francs et leurs partisans en haleine par des rumeurs de son imminent retour armé de son exil constantinopolitain ; à ce sujet, le pape lui-même envoya des lettres d'avertissement à Charlemagne en 775, 780 et par deux fois en 787. À plusieurs reprises, Adalgis dut différer ses projets ; enfin, en 788, ayant débarqué en Italie du Sud, il fut battu par une armée franco-bénéventaine et regagna définitivement Constantinople.

La légende, telle qu'elle est attestée au XIe siècle par la *Chronique de la Novalaise*, qui l'appelle déjà *Algis*, a fait de lui un éternel hors-la-loi, ennemi juré de Charlemagne, *téméraire jusqu'à participer incognito à un repas de Charlemagne et de son entourage*, le monarque ne découvrant l'identité de l'inconnu qu'un peu trop tard.

La Novalaise est située sur le versant sud du Mont-Cenis, mais déjà en territoire linguistique franco-provençal, près de la *strada francesca*, et tout étudiant des chansons de geste françaises sait que, grâce aux innombrables pèlerins, gens d'Église, marchands, sans oublier les jongleurs qui fréquentaient cette route, plusieurs motifs légendaires qu'on trouve au XIe siècle à la Novalaise réapparaîtront un ou deux siècles plus tard dans les chansons sur Ogier ou dans le *Moniage Guillaume*. Rien d'étonnant donc si la légende d'*Algis* a connu une migration parallèle.

En effet, vers la fin du XIIe siècle apparaît dans la littérature française un *Malgis* ou plutôt déjà *Maugis*, ennemi juré de Charlemagne et éternel hors-la-loi, qui, déguisé en pèlerin épuisé, pousse *la témérité jusqu'à se faire donner à manger à la cour de Charlemagne tout un repas, bouchée par bouchée, par l'empereur en personne*. L'idée centrale est clairement la même et le nom similaire.

Cependant, un grand poète, resté à jamais anonyme, est à l'origine de deux innovations décisives.

S'inspirant sans doute de l'idée maîtresse d'un certain conte type de larron-sorcier, il a décomposé la scène-noyau en toute une série d'aventures, ayant toujours Charlemagne pour cible, mais où une témérité toujours croissante l'amène au contact physique avec lui : Maugis a) vole à Orléans un trésor (non spécifié) de l'empereur, b) déguisé, il aide Renaut à gagner une couronne offerte par l'empereur à l'occasion d'une course de chevaux, c) il endort un groupe armé, déjouant ainsi une embuscade préparée par Charlemagne, d) il se fait donner le repas susmentionné par l'empereur en personne, e) ayant été fait prisonnier et étant menacé de mort, il endort Charlemagne et plusieurs courtisans, dérobant leurs épées et la couronne – personnelle cette fois – de l'empereur, f) ayant, à une autre occasion, fermement endormi l'empereur dans son lit de bivouac, il le kidnappe pour le présenter à Montauban à ses ennemis, les Quatre Fils Aymon.

Car – et c'est là la deuxième innovation – Maugis n'est plus le fils d'un roi détrôné, il est le cousin des Quatre Fils Aymon, et toute sa 'Maugissiade' ne constitue, dans le nouvel

---

Anmerkung: Erstmals veröffentlicht in: Zeitschrift für romanische Philologie 89 (1973), 148–166.

ensemble, qu'un magnifique contrepoint soigneusement incrusté, scène par scène, dans une trame de plus grande importance, parce qu'humainement plus émouvante : l'histoire des Quatre Fils Aymon.

Wie heftig auch immer, besonders beim Erscheinen des letzten Bandes von Bédiers *Légendes épiques,* das Verhältnis des Epos von den *Haimonskindern* zur Geschichte des achten Jahrhunderts erörtert wurde – fast überall blieb von solchen Diskussionen eine Hauptgestalt der Erzählung ausgenommen: Maugis, der Vetter der vier Protagonisten. Die zwischen Dämonie und Groteske oszillierenden Zauberkünste, die fast jeden seiner Auftritte bestimmen, scheinen ihn von vornherein weit abzurücken von jeder Art Geschichtlichkeit, die uns in den Quellen der Karolingerzeit entgegentreten könnte.

Meines Wissens ist Maugis nur zweimal mit einer historischen Gestalt in Zusammenhang gebracht worden, und beidemal haben die Autoren ihre Hypothese nur en passant und nur als Möglichkeit vorgestellt.

Im Jahre 1892 fragte sich F. Castets,[1] ob man Maugis als Mal-Ys deuten und in ihm eine Doublette des Königs Ys oder Yon, letztlich also des Eudo von Aquitanien, sehen sollte. Aber diese Gleichung ist lautlich unmöglich und inhaltlich von äußerster Willkür; denn nichts in der Handlung der *Haimonskinder* läßt Maugis als Doppelgänger des Yon erscheinen.

Genauer befassen müssen wir uns mit der aus sagengeschichtlichen, historischen und folkloristischen Argumenten zusammengesetzten Erklärung, die W. Benary 1912 in seiner Dissertation *Die germanische Ermanarichsage und die französische Heldendichtung*[2] versucht hat. Als den Hauptstrang seiner Argumentation bezeichnet er ausdrücklich den sagengeschichtlichen: einige Äußerungen J. Grimms und P. Rajnas ausbauend, möchte er die Gestalt des Maugis zurückführen auf einen Zwerg Madalgêr der deutschen Sage. Diese Hypothese ist, wie man leicht zeigen kann, durchaus verfehlt. Daraus, daß im deutschen *Rolandslied* beiläufig ein Schmied, im deutschen *Morolt* ebenso beiläufig ein Zwerg, schließlich in der Dietrichepik einigemal Heimes Vater den Namen Madalgêr führt, schließt Benary zunächst mit ungenügender Begründung auf die Identität dieser Gestalten. Indem er dann noch kühner den französischen Haimon mit dem Heime der Dietrichepik gleichsetzt, gelangt er zu der zentralen Behauptung, in beiden Epen sei der Zwerg bzw. Dieb Madalgêr-Maugis ein naher Verwandter des Heime-Haimon. Er selbst stellt erstaunt fest, daß dem französischen Maugis seine Zwergennatur wie seine Schmiedekünste völlig abhanden gekommen sind. Eine lautliche Unebenheit in seinem System glaubt er zunächst übergehen zu können: „Die Vertauschung der Endsilbe *gêr* mit *gis* ist

---

[1] RLR 36, 12.
[2] Beiheft 40 zur ZrPh, 44–63, das folgende Zitat 46 unten.

derart leicht möglich, daß sie an sich keinerlei Berücksichtigung verdient". Dann jedoch widmet er zögernd eine knappe Druckseite einem Erklärungsversuch: die Vertauschung der beiden Silben könnte auf den Einfluß einer anderen Sagengestalt zurückgehen, nämlich des Adalgis, Sohnes des letzten Langobardenkönigs Desiderius; beide Sagengestalten berühren sich nämlich auch darin, daß sie unerkannt Karl dem Großen eine Mahlzeit ablisten. Schließlich wendet sich Benary der Frage zu, welche Beziehungen zwischen Maugis und dem Märchentyp des „Meisterdiebs" bestehen könnten.

Benarys Buch mit seiner abenteuerlichen Hauptthese, die *Haimonskinder* seien ein Ableger der Harlungensage, ist heute praktisch vergessen – überwiegend zu Recht. Ich selbst lernte es erst kennen, als der vorliegende Artikel in einer ersten Fassung fertiggestellt war und ich gleichsam sicherheitshalber vor der Veröffentlichung noch ältere Literatur im weiteren Umkreis des Themas durchsah. So wenig ich seiner Ableitung des Maugis aus einem germanischen Madalgêr beipflichten kann, so überrascht war ich andererseits, dort, wenn auch gleichsam nebenbei und mit schiefer Beantwortung, die beiden Fragen angeschnitten zu sehen, die nach meiner Meinung den Weg zu einem angemessenen Verständnis der Maugis-Gestalt eröffnen: die Fragen nach einem historischen Vorbild und nach dessen Überformung durch ein Märchenthema, konkreter gesagt, die Fragenkomplexe „Adalgis" und „Meisterdieb".

Ich erlaube mir im Folgenden, beide Komplexe unabhängig von Benary vorzuführen, nicht nur, weil sein Ansatz, von einer falschen Hauptthese überschattet, forschungsgeschichtlich wirkungslos blieb, sondern auch, weil es hier nur um die spezielle Erscheinungsform eines weit allgemeineren Problems geht, das mir zumindest in der romanistischen Epenforschung nirgends adäquat behandelt scheint: das Verhältnis von Geschichte und Folklore als *komplementären* Inspirationsquellen der Epik. Bei der – für die meisten Leser unerwarteten – Untersuchung der historischen Komponente muß ich ins Detail gehen.

* * *

Als der dreiunddreißigjährige Frankenkönig Karl im Jahre 774 das langobardische Italien eroberte, mußten sich auch die Zeitgenossen über die Größenordnung dieses Ereignisses im klaren sein: es stand in der fränkischen Geschichte ohne Parallele da. Gewiß hatte in ferner Vergangenheit einmal Chlodwig den Westgotenkönig Alarich II. besiegt und getötet, aber das Westgotenreich bestand, territorial verlagert, noch Jahrhunderte machtvoll weiter. Gewiß hatten Merowinger und Karolinger die benachbarten Germanenreiche der Burgunder, Alemannen und Bayern unterworfen, aber jedermann wußte, daß es sich hier um Stämme von geringerer Volkskraft handelte, deren Schicksal bei einem frontalen Zusammenstoß mit der fränkischen Heeresmacht nicht zweifelhaft bleiben konnte. Gewiß schien Karl gerade auch die Sachsen endgültig unterworfen zu haben, aber ihr Herzogtum lag an der Peripherie des abendländischen Kulturkreises und ließ sich auch territorial nicht vergleichen mit jenem mächtigen christlichen Königreich, dessen Krone sich nunmehr Karl in der faszinierenden Form der Personalunion als *Rex Francorum et Langobardorum* aufs Haupt setzte.

Die spätere Geschichte hat die Ereignisse von 774 nie desavouiert. Nach der Kaiserkrönung des Jahres 800 mußten sie vielmehr im Rückblick noch an Bedeutsamkeit gewinnen. Und als im späten neunten und frühen zehnten Jahrhundert das karolingische Großreich in mittlere und kleinere Machtbereiche zerfiel, machten sich dabei regionale oder quasinationale Bestrebungen in Italien kaum stärker bemerkbar als in den übrigen Reichsteilen; nirgends nahmen sie etwa die Form einer offenen retrospektiven Parteinahme für die nationale langobardische Sache des Jahres 774 gegen die Franken an. Im Gegenteil, für die „italienischen" Könige des neunten und zehnten Jahrhunderts und sogar für den fremden Eroberer Otto den Großen hieß „Legitimität" letztlich soviel wie legitime Nachfolge Karls. Eine schlichte Leugnung der karolingischen Rechte auf Italien dürfen wir deshalb selbst in der legendären Tradition nirgends erwarten: auch dort ist Karl machtpolitisch der Sieger.

Dennoch kann eine solche Tradition Mittel und Wege finden, zunächst ihre Hoffnungen, später ihre resignierende Sympathie für den Unterlegenen sichtbar zu machen. In Italien knüpfen sich solche Erwartungen, später solche nostalgischen Erinnerungen im wesentlichen an eine Person: an den Sohn und Mitregenten des Desiderius, jenen Adelgis, der 774 aus dem schon eingeschlossenen Verona nach Konstantinopel entkommen konnte. Hierin sind sich schon die zeitgenössischen fränkischen wie langobardischen Schriftsteller einig: Einhart spricht von *Adalgisum, in quem spes omnium inclinatae videbantur;*[3] ähnlich die Reichsannalen zum Jahre 774: *Adalgis (...) in quo Langobardi multum spei habere videbantur;* Paulus Diaconus schließlich glaubt in seiner Grabschrift auf die Königin Ansa die Verstorbene dem Leser nicht besser nahebringen zu können als durch die Verse:

> Protulit haec nobis, regni qui sceptra teneret,
> Adelgis magnum, formaque animoque potentem,
> In quo per Christum Bardis spes maxima mansit.[4]

Bedenkt man die geringe Zahl und den üblichen Lakonismus der karolingischen Quellen, bedenkt man ferner, daß Paulus Diaconus hier „im Namen Christi" seine Sympathie für einen „großen" Unterlegenen ausdrückt, von dem keinerlei Mäze-

---

3 Vita Karoli 6, Ed. Halphen, S. 20.
4 Carmina, Ed. K. Neff. Nr. 9 Vv. 9–11, S. 47.

natentum mehr zu erwarten war, so wird man die Intensität und die Einmütigkeit des allgemeinen zeitgenössischen Eindrucks nicht in Abrede stellen können.

In der Tat hat nun Adelgis seit 774 mindestens noch vierzehn Jahre lang das Frankenreich erfüllt mit Gerüchten von seiner unmittelbar bevorstehenden gewaltsamen Rückkehr. Beredtes Zeugnis davon gibt der *Codex Carolinus*, also die vom Papst ausgehende, allein erhaltene Hälfte der Korrespondenz zwischen dem Stuhl Petri und den Frankenkönigen. Gleich im Jahre nach der Eroberung Italiens, also 775, warnt Hadrian den Frankenkönig, Adelgis wolle im März 776 Rom überfallen und das Langobardenreich wiedererrichten. Als jedoch im September 775 Kaiser Konstantin V. stirbt, muß das Unternehmen abgesagt werden. Im Jahre 780 warnt der Papst abermals vor einer angeblich bevorstehenden Landung des Adelgis. Ebenso schließlich 787: diesmal ist zunächst davon die Rede, Adelgis werde mit einem Heer in Ravenna oder Treviso einfallen; dann aber muß Hadrian in aller Eile melden, Adelgis sei nun doch in Kalabrien gelandet und dehne seine Umtriebe bereits bis in die Pentapolis vor Rom aus. Hadrians Brief scheint sich zu kreuzen mit einer Gesandtschaft der fränkischen Boten Roro und Betto, die beim Papst anfragen sollen, ob es wahr sei, daß Adelgis sich in Italien aufhalte. Gleichzeitig berichtet der Byzantiner Theophanes in seiner *Chronographia*, Kaiserin Irene schicke Adelgis (der als byzantinischer Patrizier den Namen Theodotos angenommen hat) nach Italien, „um gegen Karl anzukämpfen und ihm einige Untertanen abspenstig zu machen". Hadrian treibt jetzt Karl offen zum Krieg gegen Benevent an, da er den dortigen Herzog Arigis, einen Schwager des Adelgis, für dessen Hauptstütze hält; doch kommt es nicht zum Krieg, weil Arigis sich in Eile dem Frankenkönig unterwirft. Nunmehr dringen 788 die Griechen mit Adelgis gewaltsam in Benevent ein, doch können die Herzöge von Benevent und Spoleto mit fränkischer Hilfe das byzantinische Heer vernichtend schlagen: nach zeitgenössischen Berichten verlieren die Byzantiner unter Adelgis tausend Gefangene und viertausend Tote. Um die Gefährlichkeit der Unternehmung des Adelgis für Karl zu ermessen, braucht man sich nur zu vergegenwärtigen, daß Adelgis auch der Schwager jenes Bayernherzogs Tassilo ist, der im selben Jahre 788 auf dem Reichstag zu Regensburg als Verräter abgesetzt werden muß, nachdem er die Avaren ins Frankenreich gerufen hatte. Karl siegt also in diesem Jahr de facto über eine Koalition aus Langobarden, Byzantinern, Bayern und Avaren! Gleich darauf kommt es in Byzanz zwischen der Kaiserin Irene und ihrem Sohn zum endgültigen Zerwürfnis und damit zu einer politischen Wende, die wahrscheinlich die Hoffnungen des Adelgis zunichte macht: er wird bis in sein Alter in Byzanz als Patrizius leben.[5]

---

[5] Codex Carolinus Nr. 57, 64, 80, 83, 84; Theophanes, Chronographia, Ed. De Boor 463f.; dazu Sigurd Abel und Bernhard von Simson, Jahrbücher Karls des Großen, 2 Bde., Berlin 1866-83, speziell I 244, 249, 366, 566, 569, 605, 606, 611, 617, 632 und 635.

Vergegenwärtigt man sich zum Vergleich, daß der Sachse Widukind in den fränkischen Quellen erstmals zum Jahre 777, letztmals anläßlich seiner Taufe zum Jahre 785 erwähnt wird, daß aber diese acht Jahre der Wirklichkeit in der Sage zu einem fast lebenslangen Zustand der Rebellion gegen Karl werden, so wird man bereit sein, auch die vierzehnjährige Beunruhigung des karolingischen Italien durch den „rechtmäßigen" Anwärter auf die Königskrone als genügendes Substrat einer Sagenentwicklung anzusehen: Adelgis ist sicher nicht zu unbedeutend, um zur Zentralgestalt einer Sage zu werden.

Was dabei das Denken der Zeitgenossen zu ständig erneuter Furcht und Hoffnung angeregt haben muß, ist eben der unheimliche Charakter einer zeitlich und räumlich kaum fixierbaren Bedrohung: Adelgis ist ständig im Begriff, sein Reich wiederzuerobern, ja er ist möglicherweise bereits in Italien; im fernen Frankreich ist der Sieger von 774 darüber so beunruhigt, daß er zwei Gesandte im Grafen- bzw. Prälatenrang an den päpstlichen Hof schickt. Und bis zum letzten Augenblick bleibt unklar, ob Adelgis in Ravenna und Treviso oder, viele Hunderte von Kilometern entfernt, in Benevent und Rom zuschlagen wird.

Allmählich kann nun die zwar überhitzte, aber auf reale Möglichkeiten gerichtete Phantasie der Zeitgenossen übergehen in eine distanziertere, doch noch von Ergriffenheit geprägte Haltung der nächsten Generationen, eine Haltung, die aus der Fülle der Ereignisse nur noch gewisse Grundelemente zu bewahren vermag, aber gerade dadurch die Handlung auf ganz wenige poetisch wirksame Situationen oder Gebärden konzentriert. Da Adelgis in unheimlicher Weise fast allgegenwärtig erscheint, aber letztlich immer gegenüber Karl unterliegt, kann die Legende ihn als unerkannten Outlaw stilisieren, der durch das fränkisch besetzte Italien irrt. Damit aber wird auch der Weg frei, ihm wenigstens zu einem symbolischen Sieg über seinen großen Gegner zu verhelfen.

Dieses Stadium der Legendenbildung wird für uns im frühen elften Jahrhundert sichtbar in der berühmten Chronik der Novalese, jenes Klosters also, das unterhalb des Mont Cenis auf der italienischen Alpenseite, aber gerade noch im frankoprovenzalischen Sprachgebiet liegt und sich damals seiner fränkisch, nicht italienisch bestimmten Geschichte noch voll bewußt war. Schon um die ambivalente Erzählhaltung des Mönchs von der Novalese gegenüber Karl und Adelgis nicht zu verfälschen, müssen wir den einschlägigen Abschnitt der Klostergeschichte hier in extenso wiedergeben.

> 21. Quodam igitur tempore, cum cunctum Italiae regnum sub ditione Caroli pacifice subsisteret, ipseque in Ticinensi civitate, quae alio nomine Papia appellatur, resideret, Algisus Desiderii regis filius per semetipsum ausus est quasi explorando accedere, cupiens scire quae agebantur vel dicebantur, ut mos est invidorum. Erat enim ipse a iuventute, ut supra retulimus, fortis viribus animoque audax et bellicosissimus. Qui cum in predictam introisset civitatem, agnitus est omnino a nemine. Venerat itaque ibi navigio, non ut regis filius,

sed ceu foret de mediocri vulgus modicaque militum turba constipatus. Cumque a nemine militum otius agnosceretur, tandem postremo agnitus est ab uno suo notissimo et patri suo quondam fidelissimo. Eratque tamdiu, quo patrem et regnum amiserat. Qui cum vidisset se omnino ab illo agnosci, et celari non posse, verba deprecatoria coepit illum rogare, ut per sacramentum fidelitatis, quod nuper patri suo et sibi fecerat, regi Carolo suam essentiam non insinuaret. Adquievit ille statim et ait: Per fidem meam, non te prodam alicui, dum celare te potuero. Ad quem Algisus: Rogo ergo te o amice, ut hodie ad mensam regis, quando pransurus est, in sumitate unius tabularum colloces me ad sedendum, et omnia ossa quae levatura sunt a mensa, tam carne detecta quamque cum carne de conspectu seniorum vexentium sublata, ante me quaeso ponere studeo. Qui ait illi: Faciam ut cupis. Erat enim ipse, qui cibos regios solito inlaturus erat. Cumque ad expectatum iam venissent prandium, fecit ille omnia, ut dicta fuerant. Algisus vero ita confringebat omnia ossa comedens medullas, quasi leo esuriens vorans predam. Fragmenta ergo ossium iaciens subtus tabulam, fecitque non modicam pyram. Surgens namque inde Algisus, ante alios abiit. At rex cum surrecisset a mensa, perspexit et vidit pyram predictam subtus tabulam, et ait: Quis, inquid, o Deus, hic tanta confregit ossa? Cumque omnes respondissent se nescire, unus adiecit et ait: Vidi ego hic militem residere perfortem, qui cuncta cervina ursinaque ac bubina confregebat ossa, quasi quis confringeret cannabina stipula. Vocatusque est mox ille inlator ciborum ante regem. Cui ait rex: Quis vel unde fuit ille miles, qui hic sedit et tanta ossa edens confregit? Respondit et ait: Nescio mi domine. Et rex: Per coronam, inquid, capitis mei, tu nosti. Videns autem se deprehensum, timuit ilicoque conticuit. Cum autem rex animo percepisset, quod Algisus fuisset ille, valde doluit, quod ita inpunis omisisset illum abire, aitque suis: Qua, inquid, parte abiit?

Im Folgenden berichtet nun der Mönch, wie Karl ohne Erfolg Algis durch einen gedungenen Mörder verfolgen läßt.[6]

An der Weiterentwicklung der Sage fällt zunächst ein linguistischer Zug auf: aus *Adalgis(us)* ist *Algisus*, in der romanischen Volkssprache des Mönchs also offenbar *Algis*, geworden. Diese Entwicklung kann man als die normale bezeichnen: in den weiten Teilen der Galloromania, in denen das intervokalische -*d*- schwindet, werden die germanischen Namenselemente *Adal-*, *Madal-*, *Odal-* zunächst zu *Aäl-* (*Aël-*), *Maäl-* (*Maël-*), *Oäl-* (*Oël-*), doch vollzieht sich dann in diesen Namen überraschend früh – jedenfalls früher als im Typ *mëur* > *mûr* – eine fakultative Synkope. Insgesamt ist das Bild sehr uneinheitlich: in manchen Namen wie *Aälis* überwiegt noch die nicht synkopierte Form, in anderen wie *Albert* die synkopierte, in anderen schließlich wie *Ouri* (< *Odalricus*) scheint sich nur diese zu finden. Was speziell den Namen *Adalgisus* angeht, finden wir z. B. unter den siebzehn Belegen bei Morlet im Jahre 952 in Cluny einen *Aalgisus*, 980 in Cluny einen *Algisus*, 1023 in Saint-Trond einen *Algis*.[7]

---

[6] Carlo Cipolla (Ed.), Monumenta Novaliciensia vetustiora, II, Rom 1901, 188 ff.; ältere Ausgabe: MGH., SS. 7. 103 f.

[7] Marie-Thérèse Morlet, Les noms de personne sur le territoire de l'ancienne Gaule du VIe au XIIe siècle, I, Les noms issus du germanique continental et les créations gallo-germaniques, Paris (Editions du CNRS) 1968, s. v. *Adalgisus*.

Inhaltlich fällt sofort auf, daß das Zentralthema des glücklos Italien durchziehenden Algis beibehalten, aber durch visuell einprägsame Einzelmotive von fast genialer Einfachheit gesteigert ist. Der historische Adelgis wagte sich zurück in den Machtbereich Karls – der legendäre Algis wagt sich unerkannt in seine physische Gegenwart. Der historische Adelgis konnte im Denken seiner Zeitgenossen Karl demütigen, indem er ein Stück seiner Autorität in Frage stellte – der legendäre demütigt Karl, indem er ihm unerkannt eine Mahlzeit ablistet. Der historische wurde samt seinem Heer in offener Feldschlacht geschlagen – der legendäre kann sich als beherzter Einzelgänger den Mordplänen des Kaisers entziehen. Der historische starb fern von Italien in Byzanz eines unauffälligen Todes – über den Tod des legendären wird nichts gesagt; die offene Erzählform suggeriert vielmehr dem Leser ein langes Outlawleben und damit möglicherweise weitere Attentate auf die Würde des Kaisers, weitere haßerfüllte, aber mißlingende Rachepläne Karls. So betrachtet, steht die Legende der historischen Wirklichkeit noch weit näher, als es bei flüchtiger Lektüre zunächst den Anschein haben mag; Legende ist hier nicht Willkür, sondern Steigerung der als wesentlich erachteten Züge der Wirklichkeit durch räumliche Zusammendrängung und durch Übersetzung einiger abstrakter, aber psychologisch wirksamer Komponenten der geschichtlichen Situation in Motive von unmittelbarer visueller Kraft. Wichtiger noch als jede Einzelheit dieser Verdichtungs- und Veranschaulichungsarbeit ist die eigenartige Verteilung von Sympathie und Antipathie auf die beiden Hauptgestalten: Karl ist der Sieger, dessen Recht auf Italien die Legende letztlich nicht zu bestreiten wagt; dennoch ist er unter dem Eindruck der Demütigung von tödlichem Haß erfüllt. Algis besitzt nicht die Legitimation der Geschichte durch den Erfolg, wohl aber als Unterlegener unsere Sympathie.

Daß Algis ein langobardischer Königssohn ist, bleibt dem Mönch der Novalese voll bewußt. Man muß sich jedoch darüber im klaren sein, daß die Legende nach ihrer poetischen Konkretisierung eigentlich dieser ursprünglich zentralen Tatsache ästhetisch nicht mehr bedarf: sie ist jetzt so substanzreich und farbig, daß sie um ihrer selbst willen, d. h. von einem beliebigen Gegner Karls, erzählt werden könnte. Da sie an keine bestimmte Lokalität geknüpft ist, kann sie ihr langobardisches Kolorit in eben jenem Augenblick abwerfen, wo sie längs der berühmten Pilgerstraße nach Frankreich eindringt.

Denn alles spricht dafür, daß eine solche Wanderung leicht möglich war. Zwar würden heute nur noch wenige Epenforscher ohne Einschränkung Bédiers Satz *Au commencement était la route* unterschreiben; andererseits würden aber auch nur wenige leugnen, daß zumindest im zweiten (aber z. T. noch „vorhistorischen") Stadium der epischen Legenden, bei ihrer Wanderung durch die Romania, die Pilgerstraßen und die an ihnen liegenden Klöster eine entscheidende Rolle spielten. Das gilt in besonderem Maße von der Novalese: Erzählgut, welches wir dort in der ersten Hälfte des elften Jahrhunderts vorfinden, treffen wir eineinhalb bis zwei Jahrhunderte später auf französischem Boden in der Ogier-Legende ebenso wie im *Moniage Guillaume*. Auch wenn man gegen Pierre David mit F. Lecoy und anderen nicht glaubt, daß hier die Novalese primäres Ausstrahlungszentrum war,[8] bleibt doch die Fülle jener Kenntnisse von Italien, die die Jongleurs über die *strada francesca* an der Novalese vorbei nach Frankreich eingebracht haben müssen, ein mächtiges Zeugnis für die Wanderung epischen Erzählgutes. Und so wie die Moniagemotive in Frankreich anderen, größeren Sagenkreisen eingegliedert werden – eben der Ogier- und der Wilhelmslegende – so wird auch die Gestalt des Algis, sobald seine langobardische Herkunft vergessen ist, verfügbar für die Eingliederung in einen größeren Erzählzusammenhang.

Stellen wir uns vor, ein Dichter des zwölften Jahrhunderts habe die von dieser Gestalt ausgehende Wirkung noch steigern wollen, ohne ihr eigentlich neue Züge hinzuzufügen – wie träte uns dann die Gestalt des Algis etwa entgegen? Der Algis der Novalese bestahl den Kaiser um eine Mahlzeit, indem er sich bis auf wenige Schritte an Karl heranwagte – ein grotesker „Algis" der Epik könnte sich unter geschickten Vorwänden gar vom Kaiser füttern lassen. Der Algis der Novalese bestahl Karl nur einmal – der des Epos könnte dank der offenen Struktur dieses Themas den Kaiser in ständiger Steigerung bestehlen z. B. um eine Mahlzeit, sein Schwert, seine Krone, ja um sich selbst, d. h. er könnte ihn entführen. Freilich müßte in der amplifizierenden Wiederholung dieses Themas „Algis" seine Verstellungskünste bis ins Dämonische steigern, um immer wieder unerkannt zu entkommen – kurzum, er müßte zu einem wahren Meisterdieb werden; entsprechend müßte auch Karls Haß dämonische Züge annehmen. Die relative Verteilung von Sympathie und Antipathie brauchte sich dabei nicht zu ändern. Ein solcher „Algis" stünde bereit, um mit anderen Feinden des Kaisers gemeinsame Sache zu machen oder – wenn wir den Begriff des *ami* in mittelalterlicher Weise zum *ami charnel* steigern – er wäre ihr Blutsverwandter. Wir brauchen diese Gestalt nicht lange zu suchen: der dämonisierte *Al-gis* heißt *Mal-gis*.[9]

---

[8] P. David, La légende épique de Gautier, Biblos (Coimbra) 18, 1942, 373–423; F. Lecoy, Le Chronicon Novaliciense et les "Légendes épiques", Rom 67, 1942/43, 1–52.
[9] Die Gestalt des Algis ist zwar einigemal in den Gesichtskreis der romanistischen Epenforschung getreten, wurde aber, von der Bemerkung bei Benary abgesehen, nie mit Maugis verglichen. F. Gabotto schloß in der RLR 40, 1897, 241–264, bes. 259 ff., aus der Gestalt des Algis gleich auf die Existenz eines lombardischen Epos und hielt anschließend in unglücklicher Weise Algis sogar für eine Konstituente des epischen ... Ogier! In umgekehrtem Sinne bemühten sich Bédier, Légendes épiques II, 175–178, und Lecoy, art. cit., 34, Fußn. 1, die Algis-

Betrachten wir zunächst seinen neuen Namen! Gleichzeitig mit der Entwicklung *Adalgisus* > *Algis* ist auch der germanische Name *Madalgisus* > *Malgis* geworden; Morlet belegt ihn fünfmal, darunter erstmalig 1050/51 in der synkopierten Form *Malgis* auf einer im Original erhaltenen Totenrolle. Durch diese Synkope aber ließen sich die neuentstandenen *Mal*-Namen volksetymologisch deuten als zugehörig zu jener reichen Familie redender oder halbredender Namen mit *Mal-*, die das altfranzösische Epos seit seinen Anfängen in reichlichstem Maße verwendet: schon das Rolandslied kennt ja *Malbien, Malcud, Malduit, Malpalin, Malpramis/Malprimes, Malquiant, Mal[sar]un* und *Maltraien*. Während es sich hier noch durchweg um Sarazenen handelt, weist die mehr als achtseitige Liste von *Mal-* und *Mau*-Namen bei Langlois[10] auch eine Reihe von einfach negativen Gestalten wie Dieben, Kobolden und Schurken auf, z. B. *Malabron, Malassis, Malcion, Malefort, Malfeisant, Malingres, Malbert, Maudebert* u. ä. Von dem Namen *Maugis* darf man also sagen, daß er einerseits als realer Name bekannt genug war, um für einen Lehensmann Karls des Großen nicht schlechthin exotisch zu wirken, daß er aber andererseits durch das Element *Mal-* zur Bezeichnung eines Zauberers und Diebes besonders geeignet schien. Unter diesen Umständen darf man den Übergang von *Algis* zu *Malgis* als eine jener bewußten Verdrehungen ansehen, wie sie zu allen Zeiten Spitznamen zugrunde liegen.[11]

Welche Herkunft schreiben nun der oder die Dichter der *Haimonskinder* ihrem Maugis zu? Man kann zwischen zwei Antworten schwanken.

Legende zu minimalisieren. Gewiß besteht heute keinerlei Anlaß, Gabottos abenteuerliche Hypothesen wiederaufzunehmen; doch umgekehrt beweist die oben hergestellte Beziehung zwischen Algis und Maugis, daß die Algis-Legende jedenfalls nicht eine individuelle Komposition des Mönchs von der Novalese aus verstreuten folkloristischen Zügen ist, wie Lecoy argwöhnte. Denn sicherlich ist die Formulierung des Mönchs nicht die direkte Quelle für die Epengestalt, sondern nur ein Zeugnis für diese Quelle, eben für eine schon existierende Algis-Legende.

10 Wohlgemerkt enthalten auch einige andere dort erscheinende Namen *Mal-* nicht als etymologisches, sondern nur als volksetymologisches Element, so der Judenname *Malaquin* < biblisch *Mal'achi (Malachias)*.

11 Neben dem Namen *Madalgis* > *Maugis* gibt es einen etymologisch davon zu trennenden Namen *Amal(a)gisus* > *Amaugis*. Im Epos von den *Haimonskindern* wird Maugis zwar gelegentlich Amaugis genannt; doch ist diese okkasionelle Verwechslung zweier lautlich eng benachbarter Namen nur zu natürlich und berechtigt nicht mit Jordan, a. a. O. zu der Annahme, *Amaugis* sei *lectio difficilior*. Man vergleiche dazu bei Langlois die sporadischen und zweifellos sekundären Bildungen *Amalbrin* und *Amaudros* mit den gängigeren Typen *Malprin/Maubrun, Maudras* u. ä.

Die auf den *Haimonskindern* aufbauenden Spätepen wie *Maugis d'Aigremont* und *Vivien de Monbrant* betrachten ihn eindeutig als Sohn des Beuve d'Aigremont, und die *Haimonskinder* selbst scheinen dieselbe Deutung in Vv. 8277 und 11145 (Ed. Castets, entsprechend S. 218 und 293 der Ed. Michelant) vorauszusetzen[12]. Hält man diese Verknüpfung für ursprünglich, so ist Maugis zwar durch seinen Vater Glied der großen epischen Sippe, die in den Literaturgeschichten meist unter dem Namen des Doon de Mayence geht; doch er selbst ist in Italien geboren und aufgewachsen. Denn das Aigremont der *Haimonskinder* liegt, auch wenn es in der realen Geographie nicht zu finden ist, eindeutig in Italien, und zwar wahrscheinlich in Süditalien: nur so läßt es sich verstehen, daß Karl, nachdem er sogar Apulien erfolglos durchzogen hat, den Beuve in Aigremont selbst belagern will[13] oder daß man, um von Aigremont nach Troyes in der Champagne zu gelangen, *tres parmi Lombardie* ziehen muß.[14] Maugis hätte dann mit seinem historischen Vorbild nicht nur die geographische Herkunft gemein, sondern auch die Tatsache, daß er durch eine Feindschaft zwischen Karl und seinem Vater um sein Erbe betrogen wurde. Der Name Aigremont selbst ließe sich als einfacher redender Name deuten und damit als eine oberflächliche Scheinpräzisierung, wie sie sich bei der epischen Ausweitung der Erzählung fast automatisch einstellen mußte in einem Zeitalter, das seine Helden bereits nach ihren (realen oder fiktiven) Stammburgen benannte.

Möglicherweise ist aber die Auffassung, schon in den *Haimonskindern* sei Maugis Sohn des Beuve, nur in oberflächlichem Sinne oder gar nicht zutreffend. Es muß in der Tat befremden, daß in dem langen einleitenden Teil um Beuve d'Aigremont nirgends auch nur andeutungsweise von dessen Sohn Maugis die Rede ist; ferner, daß Maugis bei seinem ersten Auftreten, gerade zu Beginn des „südwestlichen" Teiles der *Haimonskinder,* zwar als Vetter der vier Brüder, aber ohne nähere Begründung dieses Verwandtschaftsverhältnisses eingeführt wird; schließlich, daß zumindest in zwei wörtlichen Reden das Vater-Sohn-Verhältnis in auffälliger Weise übergangen wird.[15] Betrachtet man diese Indizien als ausreichend dafür, daß die Gestalt des Maugis erst spät mit Beuve und Aigremont

---

[12] Da die Ausgabe des Renaus de Montauban von H. Michelant, Stuttgart 1862, durch La Chanson des Quatre Fils Aymon von F. Castets, Montpellier 1909, nicht voll ersetzt ist, gebe ich die Stellenangaben nach beiden. Die kritische Teilausgabe von J. Thomas umfaßt nur die Ardennenepisode, endet also gerade, wo Maugis in die Handlung eintritt; sie bleibt deshalb hier außer Betracht.
[13] Ed. Castets Vv. 42 ff., Ed. Michelant, S. 2.
[14] Ed. Castets V. 1094, Ed. Michelant, S. 29 unten.
[15] Ed. Castets V. 7773, Ed. Michelant, S. 205, V. 14, wo Maugis dem Ogier vorhält, dieser sei Vetter des Beuve d'Aigremont, und Ed. Castets Vv. 8168 ff., Ed. Michelant, S. 215, wo Ogier seinerseits erklärt, Beuve d'Aigremont sei sein Onkel, „also" Vivian d'Aigremont sein Vetter.

zusammengebracht wurde, so muß man in Maugis eine wesentlich unlokalisierte Gestalt, einen Heimatlosen, sehen.

In Italien aufgewachsen oder schlechthin heimatlos – beiden Deutungen gemeinsam ist der Mangel einer lokalen Bindung innerhalb Frankreichs, und beide Deutungen lassen sich in plausibler Weise an den legendären Charakter des Algis anschließen, wie ihn die Chronik der Novalese sieht.

Wir kommen zu seiner Funktion in der Fabel des Epos; sie ist trotz des Szenen- und Figurenreichtums der *Haimonskinder* vergleichsweise einfach und läßt sich durch die folgende geraffte Inhaltsangabe veranschaulichen:

Einführung: Maugis hat soeben in Orléans – wie ganz nebenbei erzählt wird – K a r l e i n e n S c h a t z g e s t o h l e n, erfährt von der Anwesenheit seiner Vettern in Dordone und begleitet sie in die Gaskogne; dort ist er z. B. bei dem Ausfall aus Bordeaux gegen den Sarazenen Bègue anwesend und wird auch auf Montauban Genosse der vier Brüder sein (Ed. Castets Vv. 3643–3870, Ed. Michelant S. 96–102).

I) Maugis macht nunmehr Baiart, Renaut und sich selbst mit Z a u b e r m i t t e l n u n k e n n t l i c h und besteht mit ihnen in Paris das Abenteuer, welches den König eine als Preis ausgesetzte Krone kosten wird (Ed. Castets Vv. 4690 ff., Ed. Michelant S. 123 ff.).

II) Maugis schläfert in Montauban Yons Leute ein und rettet in Vaucouleurs seine Vettern aus dem v o n K a r l g e l e g t e n H i n t e r h a l t. Von nun an wird ihn Karl mit wahren Haßorgien verfolgen (Ed. Castets Vv. 7536 ff., Ed. Michelant S. 199 ff.).

III) Um Zeit und Ort der geplanten Hinrichtung Richards zu erkunden, begibt sich Maugis als Pilger v e r k l e i d e t an Karls Hof; er erschwindelt dabei vom König eine Mahlzeit und weiß es sogar durch eine rührselige Erzählung dahin zu bringen, daß der Herrscher niederkniet und ihn e i g e n h ä n d i g füttert; beinahe hätte Maugis Karl sogar in die Hand gebissen. Dann entfernt er sich unerkannt und wird sein Wissen dazu verwenden, zusammen mit Renaut den gefangenen Richard zu befreien (Ed. Castets Vv. 9649 ff., Ed. Michelant S. 254 ff.).

IV) In Gefangenschaft geraten, vermag er durch einen Zauberspruch Karl und seine Höflinge einzuschläfern; er stiehlt darauf ihre S c h w e r t e r und Karls K r o n e. Im Gegensatz zu I) handelt es sich diesmal nicht um eine beliebige, sondern um „die" Krone Karls (Ed. Castets Vv. 11618 ff., Ed. Michelant S. 306 ff.).

V) Noch einmal sucht Maugis Karls Lager auf und schläfert den Kaiser ein; diesmal entführt er i h n s e l b s t aus seinem Bett nach Montauban (Ed. Castets Vv. 12546 ff., Ed. Michelant S. 329 ff.).

Schluß: Dann – gerade bevor die Erzählung endgültig den südwestlichen Schauplatz verläßt – wird Maugis Einsiedler. Zwar kommt er noch einmal zu

Renaut in das belagerte Tremoigne, doch nur um seine Pilgerfahrt zum Heiligen Grabe anzukündigen. Als kurz darauf auch Renaut eine solche unternimmt, treffen sich die Vettern zu Konstantinopel in einer Herberge wieder und helfen dann mit spektakulärem Erfolg den bedrängten Christen im Heiligen Lande. Bei der Rückkehr in die Gaskogne trennen sie sich endgültig: Maugis geht in seine Einsiedelei zurück und verläßt damit die Geschichte fast ebenso unvermittelt, wie er in sie eingetreten war (Ed. Castets Vv. 12579 ff., 14236 ff., 15355 ff., Ed. Michelant S. 330 f., 374 ff., 403 ff.).

Von diesen Szenen haben eindeutig die („plusquamperfektisch" erzählte) Einleitung und der Schluß keinen narrativen Eigenwert, sondern nur die Funktion, Maugis charakteristisch in das Epos ein- und würdig aus ihm hinauszuführen. Die Maugis-Handlung entfaltet sich nur in I)–V), und für II) gilt auch das nur bedingt. Denn die Vaucouleurs-Szene ist zumindest ästhetisch, nach der Auffassung von Longnon, Jordan und Menéndez Pidal auch historisch der Höhepunkt der eigentlichen Haimonskinder-Handlung. Hieraus folgt zweierlei. Einerseits konnte offensichtlich der Dichter, der erstmalig die Maugis-Komponente mit der Haimonskinder-Handlung verklammerte, Maugis in dieser Kernszene nicht gut fehlen lassen; so schädigt Maugis nunmehr hier wie sonst auch durch sein unerwartetes Auftreten Karl und entkommt ungeschädigt. Andererseits ist die Szene sicherlich i. w. nicht um seinetwillen, sondern um der Haimonskinder willen konzipiert, läßt sich also von Maugis aus nicht erklären.

Die Szene III) ist uns aus der Algis-Sage wohlbekannt, erscheint hier nur in intensivierter Form. Um sie ranken sich aber jetzt die neuen Szenen I), IV) und V). In der Folge I)–III)–IV)–V) ist ein Parallelismus der Handlungsführung bei gleichzeitiger Steigerung unverkennbar; Maugis nähert sich dem Kaiser im physischen Sinne immer mehr: zunächst listet er ihm den beim Pferderennen ausgesetzten Preis ab; dann kommt er ihm in der „Fütterungsszene" auf Zentimeter nahe; später nimmt er dem Schlafenden das Schwert vom Leibe (und die Krone aus der Schatzkammer), um schließlich den Kaiser selbst in die Gefangenschaft zu tragen. Insgesamt läßt sich also die Maugis-Handlung sehr wohl als eine Intensivierung und Auffächerung des Grundmotivs der Algis-Sage auffassen.

Die moralische Atmosphäre schließlich, in der sich die Maugis-Handlung abspielt, ist in ganz derselben Weise zwielichtig wie die der Algis-Handlung in der Chronik. Ein so feinsinniger, wenn auch im Prinzip dem Individualismus zuneigender Forscher wie Alfred Adler hat mit Recht betont, daß die Herkunft des Maugis aus der Familie des Beuve nicht ausreiche, den obstinaten Haß des Kaisers gegen Maugis zu erklären. Folgt man der von uns vorgeschlagenen Interpretation, so erklärt sich die Intensität dieses Hasses gleichsam von selbst.

Zusammenfassend dürfen wir also sagen, daß der Maugis der *Haimonskinder* in seinem Namen, wahrscheinlich in seiner geographischen Herkunft, jedenfalls in der Struktur seiner Taten und der moralischen Aura, worin er selbst und Karl sich bewegen, zwanglos aus Algis-Adelgis ableitbar ist[16]. Wir dürfen uns selbstverständlich nicht der Illusion hingeben, damit die alte Streitfrage nach „dem" historischen Kern des Epos beantwortet zu haben, wie sie in der einst von Longnon und Bédier gestellten Antithese auch heute noch durchaus offen ist. Eher im Gegenteil: wir glauben gezeigt zu haben, daß Maugis zwar die dämonisierte Metamorphose einer geschichtlichen Gestalt ist, aber eben, durch seine Dämonisierung entlokalisiert und zum Typ geworden, für andere Erzählzusammenhänge „verfügbar" wurde.

* * *

Hier nun bedarf eine unserer oben gemachten Annahmen eines Kommentars. Wir haben uns bisher so ausgedrückt, als sei die Umprägung des Algis zu einem Malgis, i. w. also die Auffächerung des einen Motivs von der erlisteten Mahlzeit in eine kunstvoll sich steigernde Motivfolge, von vornherein als originale Leistung eines französischen Dichters des 11. oder 12. Jhs. anzusehen. In Wirklichkeit muß jedoch die Motivfolge im Zusammenhang mit den Märchen vom „Meisterdieb" betrachtet werden. Anders ausgedrückt: nach den Beziehungen der Maugis-Gestalt zur Geschichte bleiben ihre Beziehungen zur Folklore zu untersuchen.

---

[16] Um das Hauptargument nicht unnötig zu komplizieren, habe ich oben ein historisches Ereignis beiseite gelassen, das, wenn es überhaupt Beziehung zu unserem Thema hat, unsere These nur sehr stärken kann; hier sei es der Vollständigkeit halber genannt. In der zweiten Hälfte des 9. Jhs., als die Legendenbildung um den Adelgis des 8. Jhs. wohl schon in vollem Gange war, hieß der Herzog von Benevent wiederum Adelgis; er ist ein Nachkomme des Arigis und der Schwester des älteren Adelgis. Der jüngere Adelgis nun setzt 871 für mehr als einen Monat den damaligen Kaiser (Ludwig II., also den Urenkel Karls des Großen) in Benevent gefangen und behält auch nach Ludwigs Freilassung alle Schätze, die der Kaiser aus Bari mitgebracht hatte; Ludwig läßt ihn zum *tyrannus atque hostis rei publicae* erklären, kann sich aber seiner nicht bemächtigen (bis 873 der Papst beide versöhnt). Bei Regino von Prüm schließt sich an diese Ereignisse die legendäre Nachricht, Adelgis habe sich einige Zeit vor dem Kaiser auf Korsika verbergen müssen. Vgl. dazu z. B. Ernst Dümmler, Geschichte des ostfränkischen Reiches, 3 Bde., Berlin 1862–88, II, 272–274, und den Herausgeber des Regino, Fr. Kurze (MGH., Ed. in usum scholarum, Berlin 1890, ad a. 872). Es ist möglich, daß die Taten des jüngeren Adelgis zur Algis-Malgis-Sage nichts beigetragen haben; ebenso ist aber möglich, daß Motive wie die Gefangennahme des Kaisers und der Diebstahl der kaiserlichen Schätze an der Chronik der Novalese vorbei in die Sage gelangt sind. Im Prinzip wäre dies nicht erstaunlicher als die Übertragung von Zügen Karl Martells und Karls des Kahlen auf „den" Karl der französischen Epik, als die Vermischung von Friedrich I. und Friedrich II. in der deutschen Sage, von Vladimir dem Heiligen und Vladimir Monomachos im Erzählgut der russischen Bylinen usw.

Man kann die wichtigeren Meisterdiebmärchen der internationalen Folklore in drei Typen[17] einteilen, von denen wir den ersten und den dritten nach der jeweils ältesten erhaltenen Fassung als Rhampsinit- bzw. Basin-Typ bezeichnen wollen, während wir den zweiten Typ noch einen Augenblick unbenannt lassen müssen.

Der Rhampsinit-Typ läßt sich wie folgt charakterisieren. Ein Meisterdieb bricht mit seinem Bruder in das Schatzhaus des Königs ein; der Bruder verfängt sich in einer dort aufgestellten Falle und wird auf eigenes Verlangen von dem Meisterdieb getötet; der König scheut nun kein Mittel, den Meisterdieb zu fangen, er liefert ihm in dieser Absicht sogar seine Tochter aus; als aber alle derartigen Versuche fehlschlagen, akzeptiert er den Meisterdieb als Schwiegersohn. Die Geschichte lebt offensichtlich aus einem zynischen Grundgefühl: wer sich als Dieb betätigt, kann in der Not zum Brudermörder werden; doch den allergrößten Dieben bleibt die Aussicht auf einen Thron. Herodot erzählt uns die Geschichte als ägyptisch; andere Quellen verlegen sie schon in der Antike nach Griechenland selbst. Über Indien erreicht sie spätestens im 3. Jh. n. Chr. China. Im 12. Jh. taucht sie in der lateinischen Literatur Frankreichs wieder auf, und zwar nach Meinung von G. Paris[18] durch byzantinische Vermittlung; im Spätmittelalter und in der Renaissance greift sie auf das italienische, niederländische und englische Sprachgebiet über. Im 19. und 20. Jh. schließlich konnten die Folkloristen sie nachweisen in ganz Europa (und von dort kommend in Amerika), in Nordafrika, im Vorderen Orient, in Zentralasien und in großen Teilen Indiens.

Weithin, besonders in Europa, wird sie allerdings an Beliebtheit heute weit übertroffen durch den zweiten, deutlich jüngeren Typ der Meisterdiebmärchen. Dessen entscheidende Neuerung besteht darin, daß er die Motive des Mordes und der Prostitution vermeidet, sich vielmehr streng innerhalb der Dimension des Diebstahls hält. Was so an spektakulären Elementen verlorengeht, läßt sich durch eine kunstvolle Steigerung der Diebstahlsmotive wettmachen. Hierfür

---

[17] Der erste der drei Typen ist dargestellt bei J. Bolte und G. Polivka, Anmerkungen zu den Kinder- und Hausmärchen der Brüder Grimm, Bd. III, Leipzig 1918, 395 ff., kürzer bei A. Aarne und Stith Thompson, The Types of the Folktale, Second revision, Helsinki 1961, Nr. 950; der zweite bei Bolte-Polivka 379 ff. und Aarne-Thompson Nr. 1525 A; der dritte bei Bolte-Polívka 393 f., Aarne-Thompson Nr. 951 A, B, C und 952, sowie ausführlich bei E. L. Wilke, Der mitteldeutsche Karl und Elegast, Marburg 1969, speziell 58 ff. und 75 ff. – Außer Betracht bleiben hier die kleineren Typen von Diebesschwänken, vgl. Bolte-Polivka 389 ff. und 394 f., Aarne-Thompson Nr. 953, 1525B-R*.
[18] Le conte du trésor du Roi Rhampsinite, posthum, Revue de l'histoire des religions 55, 1907, 151 ff., und 267 ff.

konnte nun schon Reinhold Köhler[19] ein festes Handlungsschema nachweisen. Der zukünftige Bestohlene (nämlich der Herrscher, in jüngeren Versionen oft stattdessen ein Graf oder eine andere Respektsperson) weiß, daß der Meisterdieb ihn mehrfach bestehlen will; dieser entwendet ihm nun in der Tat nacheinander:

a) ein wertvolles Pferd, also ein Objekt, das der Bestohlene als eine Art Statussymbol zwar sorgsam bewachen läßt, im Augenblick des Diebstahls aber nicht notwendigerweise unter manueller Kontrolle hat;

b) ein oder zwei Gegenstände, die eigentlich durch ihre bloße Anwesenheit am Leibe des Bestohlenen vor Diebstahl geschützt sein sollten, z. B. den Ring am Finger, das Bett unter dem Schlafenden oder die Börse unter seinem Kopfkissen, in jüngeren Fassungen koketterweise oft den Trauring und das Bettuch der Gräfin;

c) eine Person, und zwar anscheinend ursprünglich das hochgestellte Opfer der bisherigen Diebstähle selbst, sehr bald aber stattdessen – wohl aus sozialen Rücksichten – eine oder zwei niedrigerstehende Ersatzpersonen in dessen Umkreis, also etwa seinen Pfarrer mitsamt dem Küster.

Daraufhin verzeiht das Opfer dem Meisterdieb in lachender Resignation. Bolte-Polivka[20] bringen in ihren Kommentaren zu den Grimmschen Märchen Nr. 192 „Der Meisterdieb" und Nr. 126 „Ferenand getrü" über dreihundert Versionen bei, von denen etwa ein Drittel dem Handlungsschema a)–b)–c) voll entspricht. Bei den übrigen sind die Abweichungen psychologisch fast immer leicht zu erklären: häufig sind etwa a) und b) vertauscht, weil offenbar das Pferd als der objektiv wertvollere Gegenstand galt, oder c) fehlt, weil der Erzähler wohl den Diebstahl einer Person als unrealistisch empfand. Dabei ist der volle Typ in Europa und kleinen angrenzenden Gebieten Zentralasiens vertreten; die unvollständigen Varianten finden sich überdies vom Vorderen Orient über Indien bis in die Mongolei, vereinzelt sogar auf Hawaii und bei nordamerikanischen Indianern.

Der dritte Typ unterscheidet sich von den beiden anderen radikal dadurch, daß der König nicht mehr der Bestohlene, sondern, durch besondere politische Umstände gezwungen, Komplize des Meisterdiebs geworden ist und mit ihm auf Diebesfahrt geht. Dieser Typ, zuerst in der Basin-Erzählung der altfranzösi-

---

[19] R. Köhler, Kleinere Schriften, hrg. von J. Bolte, Berlin 1900, I, 255 f.
[20] Anmerkungen, III (s. Fußn. 17), a. a. O. und 33 ff. Aus Aarne-Thompson Nr. 1525 A läßt sich das Bild noch leicht erweitern durch einzelne aberrante Versionen aus Japan, Indonesien und den Philippinen sowie durch die aus Europa nach Amerika gedrungenen.

schen Epik belegt, reicht heute von Europa bis in die Mongolei, braucht uns hier aber nicht zu interessieren.

Aus dem bei Bolte-Polivka vorgeführten Material könnte man schließen, der zweite der drei Typen sei erst im 16. oder 17. Jh. belegt. Demgegenüber hat, wie wir oben andeuteten, W. Benary[21] lange vor Erscheinen des Kommentars der beiden Märchenforscher – i. w. zu Recht – die Ansicht vertreten, schon Maugis gehöre diesem Typ an. (Benary unterscheidet zwar leider die drei genannten Typen nicht, doch hat er ausschließlich den zweiten Typ im Auge, wie die Bezugnahme auf die von Reinhold Köhler erarbeiteten Strukturmerkmale zeigt.) Man kann diese Ansicht wie folgt begründen. Zwar listet Maugis Karl kein Pferd, wohl aber eine Krone ab, die in einem Pferderennen als Preis ausgesetzt war – hier ist zu bedenken, daß die Haimonskinder Baiart bereits besaßen und daß neben ihm für ein zweites Pferd in der Erzählung kaum Platz war. Später entwendet Maugis Karls *persönliche* Krone sowie sein und seiner Pairs Schwerter – Gegenstände, die im Denken des Dichters der persönlichen Sphäre mindestens ebenso eng angehörten wie in den späteren, sozial heruntertransformierten Märchenfassungen Ring und Bettuch. Wenn ferner Maugis Karl in hypnotischen Schlaf versetzt und auf den Schultern hinwegträgt, so ist damit die elementare körperliche Würde des Herrschers ebenso kompromittiert wie später in den Märchenfassungen die der Ersatzpersonen – ganz anders als etwa bei der durchaus ritterlichen Gefangennahme Karls im *Girart de Vienne*. Zwar erhält Maugis nie Karls lachende Verzeihung; doch sie hätte wohl nachträglich die Dimension der Haupthandlung verkleinert. Insgesamt erklären sich somit die scheinbaren Abweichungen vom zweiten Typ der Meisterdiebmärchen zwanglos aus Grunderfordernissen der Epenhandlung. Maugis gehört durchaus diesem Typ an; ja da er dessen ältester Vertreter ist, dürfen wir den Typ nach ihm benennen.

Benary freilich geht, ohne daß ihm eine andere Möglichkeit überhaupt zum Bewußtsein kommt, noch weiter; denn für ihn ist die Maugis-Handlung bereits die literarische Nachahmung einer *präexistenten* folkloristischen Struktur, für die uns nur die Belege fehlen. Es liegt auf der Hand, daß wir diese Auffassung nicht unbefragt übernehmen können. Damit aber eröffnet sich vor uns in neuer Form das gefürchtete Dilemma im Grenzgebiet zwischen Literaturwissenschaft und Folkloristik, die Frage der Priorität. Verdankt der gesamte zweite Typ seine Entstehung der *minute sacrée* eines anonymen, doch in seinem Werk durchaus faßbaren Dichters des 11. oder 12. Jhs.? Oder hat dieser Dichter nur in glücklicher Weise in sein Epos eine Märchenstruktur eingepaßt, deren Autor, mit Gaston Paris zu sprechen, légion heißt? Im vorliegenden Falle scheinen mir für die Prioritätsfrage die folgenden Indizien von Bedeutung.

---

[21] Ermanarichsage (s. Fußn. 2), 59–62.

1. Auch in anderen chansons de geste läßt sich die Tendenz beobachten, einen Meisterdieb in Szene zu setzen. Hierzu gehört schon eine oder eine halbe Generation vor der erhaltenen Fassung der Haimonskinder der Marschall Folcher aus dem Girart de Roussillon und wohl auch Folcher lo Laire aus Aigar et Maurin.

Der Lehnsmann Girarts bringt auf seinem ersten Diebeszug eine Lagerausrüstung Karls, darunter auch Maulesel und Pferde, an sich. Beim zweiten Zug, der mit zwölf Helfern ausgeführt wird, raubt er dem König außer vielen kostbaren Schalen, die „aus Salomos Werkstatt" stammen, Brünne und Helm Alexanders des Großen. Wie man sieht, bringt sich der Dichter um einen Teil der künstlerischen Wirkung gerade durch den Versuch, sie durch die Nennung von Helfern und zusätzlicher Beute zu steigern. Auf Grund ähnlicher Beobachtungen hat schon F. Lot den Verdacht geäußert, der Dichter assimiliere hier mangelhaft Elemente aus einem *poème ou conte antérieur*.[22]

Beim Aigar et Maurin[23] ist wegen der fragmentarischen Überlieferung kein Urteil über Zahl und Struktur der Diebeszüge des Folcher lo Laire möglich.

Während Benary diese beiden alten Belege für einen Meisterdieb übersehen zu haben scheint, hat er die übrige Epik, insbesondere die Spätepen, sorgsam auf vergleichbare Gestalten durchgemustert. Dabei zeigt sich, daß der Pferdediebstahl häufiger vorkommt, und wenn im Elie de Saint-Gilles Galopin dem König Lubien erst das Pferd, später das Schwert stiehlt, erscheinen von den drei typischen Märchenmotiven zumindest zwei.[24]

In einer Epik, die sich immerhin kontinuierlich aus der französischen entwickelt hat, nämlich in Bojardos Orlando Innamorato, stiehlt dann der Meisterdieb Brunello dem Sakripant den Gaul unter dem Leib weg, der Marfisa das Schwert, der Angelika den Ring vom Finger.[25]

Insgesamt hat die Epik also nicht nur die bloße Figur eines Meisterdiebes aus der Folklore entlehnt (wo sie ja schon im alten Ägypten bekannt war), sondern es gravitieren auch die Taten der verschiedenen epischen Meisterdiebe,

---

22 Girart de Roussillon, ed. Hackett 922 ff., 3521 ff.; F. Lot, Encore la légende de Girart de Roussillon, Rom. 70 (1949) 192 ff., Wiederabdruck in F. L., Etudes sur les légendes épiques françaises, Paris 1958, 105 ff., hier 117.
23 Auf die Ähnlichkeit der beiden Folcher wies schon P. Meyer hin in seiner Übersetzung des Girart de Roussillon, Paris 1884, 27.
24 Die Basin-Handlung kann hier außer Betracht bleiben, da Basin einem anderen, dem dritten Märchentyp angehört. Ferner ist hier die Reihenfolge der gestohlenen Gegenstände nicht von Basins Willen, sondern von Peripetien der Handlung abhängig. Da Basin diese Gegenstände unbemerkt auf demselben Diebeszug entwendet, fehlt schließlich ein weiteres Element: die jeweilige Reaktion des Bestohlenen auf jeden einzelnen Diebstahl.
25 Hinweis darauf schon bei Bolte-Polivka (s. Fußn. 17) 387 f.

selbst abgesehen von Maugis, in gewissem Grad auf das Märchen zu. Daß die Epiker, abgesehen wieder vom Dichter der Haimonskinder, nicht die gesamte Märchenstruktur ihrem Werk integrieren, läßt sich zwanglos daraus erklären, daß ihr Hauptthema ein anderes ist, der Meisterdieb also im Epos nur episodisch auftreten kann; zudem ist daran zu erinnern, daß ja auch in der Neuzeit nur jeder dritte Erzähler den vollen Typ zu bewahren versteht.

2. Während Bolte-Polivka den vollen Typ a)–b)–c) erst für das 16. oder 17. Jh. belegen, brachte später Wesselski eine Novelle derselben Struktur aus dem Werke des Marabottino Manetti bei, die dieser vor 1480 gehört zu haben erklärt und vor 1492 niederschrieb.[26]

3. Wesselski verdanken wir noch eine zweite Entdeckung:[27] den Höhepunkt und Schlußakt der Märchenstruktur, nämlich den Diebstahl der Person selbst, erzählt bereits im 10. Jh. der arabische Historiker al-Mas'udi, bezogen auf einen christlichen Arzt des 9. Jh.s, in einer Form, die sich bis in Einzelheiten hinein in den Märchen vom 16. Jh. an wiederfindet. Und da al-Mas'udi erklärt, die Geschichte hier nur andeutungsweise erzählen zu können, doch eines der von ihm genannten Motive – Betäubung der im Hause des Opfers aufgestellten Wachen – im Märchen meist nicht dem Schlußakt, sondern schon dem Pferdediebstahl beigeordnet ist, hatte möglicherweise die al-Mas'udi bekannte vollständige Geschichte noch mehr Ähnlichkeit mit dem Märchen als der erhaltene Auszug.

4. Dafür, daß sich der Dichter der Haimonskinder von einer präexistenten Erzählstruktur anregen ließ, scheint mir schließlich folgende Überlegung zu sprechen. Im Epos sind die Maugis-Episoden notwendigerweise durch andere narrative Elemente voneinander getrennt; ihre Struktur ist zwar dem Dichter bewußt, der Leser müßte sie aber erst aus dem gesamten Epos herausdestillieren. Schon das ist nicht leicht. Zudem aber stünde dabei für den Leser die als III) bezeichnete „Fütterungsszene" auf einer Stufe mit Maugis' sonstigen Streichen; man sähe nicht, warum auf dem Wege zum Märchen gerade sie trotz ihrer großartigen visuellen Kraft aus der Episodenfolge ausscheiden sollte. Bei umgekehrter Blickrichtung liegt die Erklärung auf der Hand. Die „Fütterungsszene" entnahm der Dichter aus der Algis-Sage (hinter der letztlich die Geschichte stand); er bereicherte sie durch die drei Episoden der Märchenstruktur und bewahrte ihr in deren Mitte den Platz, der ihr nach dem Grade der körperlichen Nähe des Maugis zu Karl zukam. Wie man sieht, geht die Rechnung glatt auf:

---

26 A. Wesselski, Versuch einer Theorie des Märchens, Reichenberg 1931, 18.
27 Op. cit. 17. Wesselski selbst zieht daraus allerdings nicht den Schluß, das ganze Märchen habe zu al-Mas'udis Zeit existiert.

die frühe, in der Novalese dokumentierte Sage und das Märchen ergeben zusammen die Maugis-Handlung.

Wir können nun unsere Ergebnisse zum Verhältnis von Märchen und Epos thesenförmig zusammenfassen. Wie ich glaube, kürzlich an anderer Stelle[28] gezeigt zu haben, daß die Renewart-Handlung in ihrem historischen Kern auf das Exil des Sohnes Abderrahmans I. im Jahre 797 am fränkischen Hofe zurückgeht, und wie ich demnächst zu zeigen hoffe, daß die Berta-Handlung in ihrem historischen Kern durchaus auf die Verstoßung der Mutter eines Karl zurückgeht, so hat Maugis m. E. letztlich seinen Ursprung im Schicksal des Adelgis. Doch das Exil des Mohammedaners, das Schicksal der Mutter Karls und dessen vorübergehende Enterbung, schließlich das Fluchtleben des Langobarden appellierten in ihrer Ungewöhnlichkeit so mächtig an die Phantasie, daß sich bei ihrer Literarisierung Erzähltypen der Folklore als Einkleidungsformen anboten: für den machtlos am fremden Hofe lebenden exotischen Prinzen war dies der Typ des „Ofenliegers", für die Rivalität der beiden Frauen Pippins das Märchenschema der „vertauschten Braut", für den Outlaw die sich steigernde Tatenfolge des „Meisterdiebes". In einem Satz gesagt: die folkloristische Erzählform erlaubte, das extrem Ungewöhnliche der Historie erzählbar zu machen.

Postskriptum 2018

1) Maugis oder Amaugis? Optiert man für *Amaugis* statt *Maugis* als primäre Namensform, so wäre nicht *Malgis* nach *Algis* < *Adalgis*, sondern *Amalgis* nach *Adalgis* gebildet.

2) Maugis – heimatlos oder nicht? Sechzehn Jahre nach meinem obigen Aufsatz erschien 1989 Jacques Thomas' *édition critique* der gesamten *Quatre fils Aymon* nach dem Manuskript Douce (D); da in D die erste Lage verloren ist, beruht sie bis v. 704 (so Thomas p. 23 und der fortlaufende Text) auf der Hs. P.

Der Ausgabe zufolge ist Maugis eindeutig Sohn des Beuve d'Aigremont. Im langen Vorspannteil des Epos (bis Laisse 64 ~ v. 2283, von Thomas *Prologue* genannt, im Umfang etwas hinausgehend über den in der Forschung herkömmlich so genannten *Beuve d'Aigremont*) wird Maugis nicht weniger als 17-mal genannt, gleich in den beiden ersten Nennungen (v. 85, 154) als Beuves Sohn. Zwar könnte man einige Nennungen als Einschübe verdächtigen: so würden

---

[28] Verf., Das Beispiel Renewart: Geschichte und Folklore als Inspirationsquellen der altfranzösischen Epik, RJb 22 (1971) 53–83.

gleich die beiden genannten oder die letzte (v. 2138) bei Streichung eines Verses keine sprachlich oder inhaltlich fühlbare Lücke hinterlassen; ferner wird gleich zweimal (v. 540–551, 1598–1609) vorwegnehmend über mehr als 9000 Verse hinweg (nämlich mit Bezug auf v. 10813 ss.) erklärt, eben dieser Maugis werde dereinst Karl den Großen entführen und dem Renaut ausliefern; der erste dieser beiden Vorverweise stellt zudem Maugis als zwanzigjährig und schon im *art de Tolete* bewandert, aber noch bei dem Vater lebend dar und passt damit nur notdürftig zu dem späteren *Maugis son petit filz [...] li enfes* (v. 1562 s.), der den soeben ermordeten Vater betrauert und noch weit über den Beuve-Teil hinaus zu keinem Racheakt, auch keinem Zauber, gegen Karl fähig sein wird. Doch zwischen v. 1562 und 1641 (beide Verse eingerechnet) wird Maugis neunmal – im Gespräch mit seiner Mutter, dann seinen Verwandten – genannt, wo für eine Athetierung kein Grund besteht.

Aigremont darf man sich auch hier tief in Süditalien vorstellen; denn Beuve wird auf dem Weg von Aigremont zu Karl hinterhältig ermordet in *Bonivent* (v. 1387 s., 1441, 1457, 1547, 1570, 1579, 1645, 1656, 1801, alle mit Bezug auf den Mord). Thomas bezeichnet diesen Ort im Index als unidentifiziert/unidentifizierbar, was mir voreingenommen erscheint, findet sich *Bonivent* doch in mehr als 20 (!) altfrz. Dichtungen und ist dort, sofern der Kontext eine Identifizierung ermöglicht, (laut Moisan, Langlois und Flutre) eindeutig ‚Benevent'. Bei der Erstnennung (v. 1387 s.) wird erklärend hinzugefügt, die Stadt liege schon auf Karls (also nicht mehr auf Beuves) Gebiet, und in der Tat gehörte ja der Dukat Benevent (als Vasallenstaat), nicht aber die weiter südlich gelegenen Gebiete, zum historischen Karlsreich; in Benevent vereinigen sich übrigens, beide aus Apulien kommend, die eigentliche Via Appia und die Via Appia Traiana in Richtung Rom. Maugis stammt also in der von Thomas edierten ganz wie in den von Michelant und Castets edierten Fassungen aus Italien[29] – wie A(da)lgis.

Andererseits fehlt dann in den ersten 1500 Versen des Hauptteils von Maugis wieder jede Spur, also im ganzen Montessor-Teil, der allein laut v. 3046 sieben Jahre erfüllt, und im folgenden Ardennenwildnis-Teil, der zumindest einen

---

[29] Man kann denken an Acri (in der Luftlinie 25 km nordnordöstlich Cosenza) mit antiken und noch mittelalterlichen Befestigungsruinen oder (eher noch) an Palazzolo Acreide (in der Luftlinie 35 km westlich Syrakus) mit, auf dem *Acremonte*, den Ruinen der im 9. Jh. n. Chr. untergegangenen Stadt lat. Acre, griech. Akrai, der ältesten Pflanzstadt von Syrakus. – Lohiers bizarre, weil mit dem sonstigen Inhalt nicht verbundene Bemerkung (v. 372–373), ein gefährlicher Aigremont schützender Fluss (namens *Aigremore* PA) fließe in die *Gironde* (so PZA), von Thomas „sous réserve" beibehalten, bleibt demgegenüber völlig vereinzelt. Nichts deutet hier auf einen Archaismus; ebenso wenig kann man die Bemerkung dem Haupterzähler zutrauen; so handelt es sich wohl um den Einfall eines Interpolators, der eine Gesandtschaft für umso gefährlicher hielt, je stärker ihr Zielort befestigt war.

Winter umfasst. Erst v. 3827 taucht Maugis wieder auf, nachdem er soeben in Orléans Karl einen Schatz gestohlen hat, und begleitet seine Vettern in die Gascogne. Von nun an wird er zwar ihr Gast sein, aber bis an sein Lebensende nie ein Lehen besitzen oder auch nur zu besitzen suchen.

Ein ‚Heimatloser', wie ich ihn oben genannt habe, ist er in dieser Fassung also nicht von Geburt an, wird es aber schon im Beuve-Teil, Thomas' *Prologue*.[30] Und ist es von da an in einem tieferen Sinn als etwa die Haimonskinder, deren Geschlecht nach Dordone und Montessor immerhin Montauban und Trémoigne besitzen und in Renauts beiden Söhnen fortleben wird – während von Aigremont als Ort nicht mehr die Rede ist, seit der junge Maugis es hat aufgeben müssen. Diese seine Art der ‚Heimatlosigkeit' kommt der Dichtung sogar sehr zustatten; denn sie ist eine Voraussetzung dafür, dass man von dem Augenblick an, wo er zu seinen Vettern stößt, alle seine Zauber- und Diebeskünste primär nicht mehr als seine persönliche Rache an Karl, sondern als Hilfe für seine Vettern empfindet.

3) Die *Quatre fils Aymon* und die Dumézilschen Funktionen. Joël H. Grisward, *Aymonides et Pandava: l'idéologie des trois fonctions dans les Quatre fils Aymon et le Mahabharata*, in: *Essor et fortune de la chanson de geste dans l'Europe et l'Orient latin. Actes du IXe Congrès international de la Société Rencesvals pour l'étude des épopées romanes, Padoue-Venise, 29 août–4 septembre 1982*, Modena, Mucchi, 1984, t. 1, p. 77–85, ordnet die Aymoniden und ihren Vetter in das Dumézilsche Schema ein: die Funktion *Souveraineté* werde repräsentiert durch Aalard in ihrer ordnungstiftenden ('Mitra'-) und durch Maugis in ihrer gewaltträchtigen ('Varuna'-) Seite, die Funktion *Force physique* durch Renaut, die Funktion *Abondance tranquille et féconde* durch Guichard in ihrer sexuellen und durch Richard in ihrer besitzfreudigen Seite.

Aber im Lied ist nicht Guichard, sondern Renaut für die Fortpflanzung des Clans zuständig, und vor allem: Maugis agiert nicht, antagonistisch oder komplementär zu Aalard, ‚souverän' über die verbleibenden drei Brüder, sondern

---

[30] Im obigen Aufsatz wurden die Etappen von Maugis' Aktivität zwangsläufig noch nach Michelant und Castets zitiert. Hier die Entsprechungen in der Ausgabe Thomas; um schnelles Auffinden zu ermöglichen, wird nach Möglichkeit der zentrale Punkt jeder Etappe angegeben: Einführung (stiehlt Schatz in Orléans) v. 3829; I) (hilft Pferderennen und Preiskrone zu gewinnen) v. 4925–5219; II) (schläfert Yons Leute ein) v. 7615; III) (lässt sich von Karl füttern) v. 9060; IV) (stiehlt Schwerter und persönliche Krone) v. 10502 s.; V) (kidnappt Karl) v. 10820 ss.; Schluss (wird Einsiedler, kommt aber nach Trémoigne, kündigt Pilgerfahrt an und beginnt sie) v. 10841–69, 12505, 12557 s., 12661–12664, (trifft auf Renaut, hier in Akkon statt Konstantinopel) v. 13066, (kämpft an Renauts Seite im Heiligen Land) v. 13076–13455, (geht in Einsiedelei zurück) v. 13515–13533.

handelt – wie es das Vettern-, nicht Bruderverhältnis nahelegt – komplementär zu allen vier Brüdern, wenn auch mit anderen Mitteln als diese. Man darf bezweifeln, dass das Dumézilsche Schema hier über die formale Einordnung hinaus irgendeine explikative Kraft hat.

Überzeugender hatte Jacques Thomas, *Les quatre fils Aymon. Structure du groupe et origine du thème*, in: Jacques Thomas, Philippe Verelst et Maurice Piron, *Études sur 'Renaut de Montauban'* (Romanica Gandensia 18), Gand 1981, 47–72, die vier Brüder als zwei parallel gebaute Paare beschrieben, davon aber (p. 54) die *présence complémentaire occasionnelle de Maugis* getrennt.

Maugis ist eben nicht der fünfte Bruder: indem er seine Zauber- und Diebeskunst ausübt, gehorcht er einem anderen Handelnskodex als die Brüder. Nicht zuletzt dadurch wird glaubhaft, dass der Dichter ihn nicht zusammen mit den Brüdern ersonnen hat, sondern sich durch eine präexistente Figur anregen lassen konnte.

14 Pierrepont at a crossroads of literatures

An instructive parallel between the first branch of the *Karlamagnús Saga*, the Dutch *Renout* and the Dutch *Flovent*

Abstract: In the French original of the first branch of the *Karlamagnús Saga* [= fKMSI], in the Dutch *Renout* and in the Dutch *Flovent* – three early 13th century texts from present-day Belgium – a toponym Pierrepont plays a conspicous part (absent, however, from the French models of *Renout* and *Flovent*); fKMSI and *Renout* even have in common a triangle 'Aimon, vassal of Charlemagne – Aie, his wife – Pierrepont, their residence'. The toponym is shown to mean Pierrepont (Aisne) near Laon in all three texts. In fKMSI, it is due almost certainly to the intervention of one of two Bishops of Liège (1200–1238) from the Pierrepont family, and in the other two texts to a similar cause. Consequently, for fKMSI a date 'before 1240' is proposed.

According to van den Berg,[1] the Middle Dutch *Flovent*, of which only two fragments are preserved,[2] was probably written by a Fleming (through copied by a Brabantian) and can very roughly be dated 'around 1200' on the basis of its verse technique and syntax. In this text, Pierrepont plays a conspicuous part without appearing in the French original.[3] In the first fragment, we learn that King Clovis is being besieged in Laon by a huge pagan army (vv. 190 ss.). To protect their rear, the pagans build a castle at a distance of four [presumably French] miles [~18 km] from Laon. Its name will be *Pierlepont* (vv. 208 ss.). At the beginning of the second fragment, Christian relief forces coming from the east under the command of Clovis's son Flovent have already conquered the castle and temporarily entrenched themselves in it. But soon, leaving only two squires in it (vv. 444 s.), they hurry on to the relief of Laon. 'Those from *Pierlepont*' now refers to these forces (vv. 432 s.; cf. vv. 338, 354, 370). Thanks to them, the pagans suffer a decisive defeat.

Towards the end of his story, the author must have narrated how King Clovis (or Flovent as his successor) invested one of his warriors with the new castle. In sum, then, the *Flovent* informs us how *Pierlepont* originated in Merovingian times. A look at the map suffices to make it clear beyond any doubt that the

---

1 Van den Berg, 1987, pp. 13 s., 32. – For full bibliographical data, see the References below.
2 Edited by Kalff 1886 [1967], pp. 180–203.
3 This fact was briefly mentioned but not analyzed by Loke, 1906, p. 113, n. 3. For the French original see Andolf's edition, 1941; the part we are interested in comprises at most vv. 2271–2534.

Note: First published in: Neophilologus 89 (2005), 587–603.

Open Access. © 2019 Gustav Adolf Beckmann, publiziert von De Gruyter. Dieses Werk ist lizenziert unter der Creative Commons Attribution-NonCommercial-NoDerivatives 4.0 Lizenz.
https://doi.org/10.1515/9783110615692-014

author means Pierrepont (Aisne), 15 km north-east of Laon, so the form *Pierlepont* with its *-l-* is simply a playful literary variant. Situated in the middle of the marsh of Saint-Boëtien, Pierrepont commanded the passage through that marsh and was therefore fortified by the tenth century.[4] Still today, some villages up to 8 km away add '-lès-Pierrepont' to their names. But all this means comparatively little, since other roads from Laon to the north-east by-pass the marsh on its north and south. So we may conclude precisely from its at best mediocre importance that Pierrepont must have been introduced into the story by (or on the initiative of) someone with an intense personal interest in that place, in other words, a native speaker of French; this interest, however, becomes visible to us only when the story reaches present-day Belgium.

* * *

The same curious constellation – Pierrepontian enthusiasm in a literary text from Belgium – recurs in two more texts from the same time. At the outset, let us examine the first branch (henceforth: KMSI) of the *Karlamagnús Saga* (henceforth: KMS).

The importance of the 13th century KMS for the study of the French genre of *chansons de geste* is undisputed.[5] Strictly speaking, what students of Old French literature are interested in, is not the branches of a KMS themselves, but the French-language originals underlying them, and a KMS branch may be particularly interesting if the French text is no longer extant. This holds true for the first branch which we may define as an epic biography of Charlemagne,[6] breaking off at the moment of the Spanish campaign when the *Chanson de Roland* itself takes over.[7] As a plethora of details suggests, the French original (henceforth: fKMSI) of KMSI hails from French-speaking Belgium,[8] but nothing in detail is so far known about its milieu of origin nor its more exact date within the first 60 years of the 13th century.[9]

---

4 Gysseling, 1960, s. v.; Matton, 1871, s. v.: *castrum Petrae Pontis* a. 938.

5 *Editio citanda* for the branches covered in it: Loth, 1980. I have not seen the facsimile edition of ms. a by Halvorsen, 1989. Translations include: branches I, III, VII and IX into French by Annette Patron-Godefroit in Loth, 1980; branch I into French by Aebischer, 1972, pp. 93–139; the whole KMS into English by Constance B. Hieatt, 1975–80 (the translations so far mentioned have called forth some criticism of details); the whole KMS into French: Lacroix, 2000.

6 Aebischer (1972, p. 13 s.) called it a *Vie romancée de Charlemagne*, more precisely a *Vie et chronique guerrière, mondaine et scandaleuse de Charlemagne et de sa cour*.

7 We are not concerned here with the fact that certain later parts of KMS, such as the end of the *Roland* and the *Moniage Guillaume*, seem to come again from that biography; see Skårup, 1990, passim.

8 See e.g. Aebischer, 1972, pp. 6 ss., 18, 33, 39.

9 See e.g. Skårup, 1990, passim, in whose opinion this *Vie de Charlemagne* [= fKMSI] *n'a guère pu être antérieure au second tiers du XIIIe siècle*. For practical purposes, a *terminus ante quem*

The events of the first 25 chapters of KMSI take place in a rather narrow strip of land between Bitburg in the Eifel and Tongres to the north of Liège.[10] On the order of an angel, Charlemagne had to try his hand at burglary in the company of the master-thief Basin and thereby overheard a conversation between Count Rainfroi of Tongres and his wife about a conspiracy against Charlemagne's life. Rainfroi named no less than a dozen conspirators: they fall into four groups having their fiefs respectively at Tongres (Belgian Limburg), Waes-Aardenburg (westernmost Flemish-Dutch borderland), Orléanais-Breteuil-Pierrepont-Hirson (central and northern France) and finally Trier-Salm (or Saarburg or Saarbrücken) plus an ambiguous Homb(o)urg (all on the border of or inside the German language area).[11] The possessions of the traitors thus surround what implicitly stands out as the land of the faithful, to wit, Wallonia plus the county of Flanders.

In full knowledge of the conspirators' plans, Charlemagne then convoked his vassals from throughout the empire to a diet at Aix-la-Chapelle. About 90 vassals are named, the geographical density of the list being least in Italy and southern France, greatest in the fiefs immediately west of the Rhine and also in the Meuse and Ardenne regions, where even smaller fiefs like Rethel, Chiny, Durbuy, La Roche and Esch-sur-Sûre are duly registered.[12] Two vassals are portrayed with marked deference: the archbishop of Cologne (in the Middle Ages the spiritual overlord of the bishop of Liège) and the count of Flanders[13] (at the time of the compilation of fKMSI mostly on excellent terms with Liège against their common adversary Brabant). The author also seizes the opportunity to describe Aix-

---

is 1263, the year of the death of King Hakon IV Hakonarson of Norway who was almost certainly the promoter of the whole untertaking.

10 Twenty-six chapters in Unger's old edition of 1860. For a full discussion of the geographical aspects see Beckmann, 1973, passim.

11 For the Waes, Old French *Waise*, the correct *Veisa* appears in Chs. 4 and 25. Aardenburg is the modern name of medieval *Rodenburg*. In Hirson, medieval *Iriçon* and similar spellings, the Norse translator mistook ç for k, writing *Irikun*. In *Salim*-, *Salen(am)borg* (and the clearly mistaken hapax *Salernisborg*) the last syllable may, but need not be a clarifying addition of the Norse translator; a dissimilation r > l is attested for Saarburg and/or Saarbrücken (and a vacillation between 'bridge' and 'castle' for Saarbrücken) in (mostly French) sources from the 11th to the 13th century. *Hoenborg* or similar is one of the Homb(o)urgs near Verviers, Metz, Forbach and Saarbrücken, respectively. Generally speaking, geographical names in KMSI are in a bad state, but by comparing the different Norse manuscripts and using the tools of historical geography, we can identify most of them – a task whose scope, however, would clearly exceed the space of the present article.

12 *Kretest* is a mistake for *Retest*, the old name of Rethel; *Chims/Chimz* in b (misread as *Thuns* in B) is Chiny, *Dyrbo* Durbuy, *Eysu* Esch, *Fjalli* translates La Roche.

13 He still resides at Arras (which, in reality, Flanders lost to Philip Augustus in 1184).

la-Chapelle (which till 1802 belonged to the diocese of Liège) in conspicuous detail. The conspiration theme – and with it the first half of KMSI – is brought to a close by the seizure, trial and execution of the traitors. So far, the subject matter of fKMSI definitely gives the impression of having been collected in Romance territory to be sure, but close to the German language boundary, especially close to Aix-la-Chapelle. An ideal collecting point would be Liège itself, the eastern bulwark of Wallonia.[14]

Integrated into the first half on KMSI towards its end is a narrative of five or six chapters[15] only loosely connected with the conspiracy and relating mainly how a certain Aimon of Galicia (*af Galizu, Galiza, Galiz*) finally becomes an Aimon of Pierrepont[16] through his marriage. The narrative runs as follows.

When they hear of Charlemagne's accession to the throne, both Aimon of Galicia and Raimbalt of Friesland[17] in their respective homelands decide to go to Aix-la-Chapelle to join Charlemagne's retinue. Since, at the accession of the historical Charles in 768, Galicia was the south-western and Friesland the north-eastern borderland of Christianity, the basic idea of the story seems to be that a few well-inspired warriors even from the ends of Christianity already placed their hopes in Charles.[18]

---

14 One might object that precisely a bishop of Liège is absent from the subject matter of KMSI. Is he? In ch. 6 a bishop – evidently a suffragan of the archbishop of Cologne – is called *herra Valtir*, with the honorary title *herra* 'lord, sire, His Eminence' given only to him among the roughly 200 persons appearing in KMSI! He is called bishop of *Intreitt* and almost on the same manuscript page bishop of *Nasten*. *Intreitt* alone might rather be Utrecht than Maastricht, but both misreadings taken together point to Maastricht, and indeed in the later diocese of Liège, Maastricht was the seat of the bishop until the transfer to Liège in the early 8th century. The author of KMSI may have ignored the exact date of the transfer, or the older title may have struck him as more official.

15 In Loth's edition, it comprises: version A Chs. 18, 25 (beginning and end), 26–30; version B, Chs. 16, 25, 28–30. It was studied by Aebischer, 1957, pp. 23–54 [= 1967, pp. 35–55].

16 In the B version of KMSI this place-name is consistently spelt *Pirapunt/Pirapont*. In A it is first spelt *Pirafunt* in Chs. 26 and 28, due to a momentary confusion with the better known Pierrefonds (Oise), but then three times *Pirapunt* in Ch. 30. From a comparison of these readings (and from the geographical proximity of Hirson in both versions, A Ch. 26, B Ch. 28, AB Ch. 30), it becomes evident that Pierrepont (Aisne) was originally meant in A, too.

17 In A, Raimbalt consistently appears as *Reinbal(l)dr friski*, in B Ch. 16 as *Reimballdur friske*, but from Ch. 24 on as *Reinalldr friski*. It is evident even for B that we have to do with the *Raimbalt de Frise* of so many *chansons de geste*, *Rabeu lo Fris* of the *Girart de Roussillon*, who continues the name (albeit in a somewhat irregularly Frenchified form) and the nationality, if nothing else, of Friesland's foremost hero, Duke Radbod (in Frisian *Redbad*), contemporary of Charles Martel.

18 Galicia as a geographical concept was quite familiar to Frenchmen by 800, among other things because Alfonso II called himself a vassal of Charlemagne, see Einhart's *Vita Karoli* Ch. 16; it became still more familiar with the pilgrimages to Compostela. For the basic geo-

On their way, the two happen to meet,[19] and, both being somewhat overbearing in a question of precedence, they engage in a duel. Fortunately, they soon recognize that their strength is equal, swear each other brotherhood-in-arms and continue together to Aix-la-Chapelle. When together with the other traitors, Folkvard of Pierrepont is executed, his relative Varner starts an open rebellion at Pierrepont. Aimon duly informs Charlemagne of this, and Raimbalt, who has become Charlemagne's brother-in-law, proves worthy of his new dignity by killing Varner in duel. Charlemagne then gives Varner's widow in marriage to Aimon and enfiefs him with Hirson, Pierrepont, "and his own land, Galiza".[20] We hear nothing about the offspring of the couple, but since marriages in epics usually do not remain barren, KMSI leaves the reader with the vague idea that Aimon will have ended his days as the founder of a new local dynasty at Pierrepont.

To be sure, the question of the genesis of this story merits a few remarks. As early as (the Baligant part of) the *Chanson de Roland* (v. 3073) *Rembalt e Hamon de Galice* appear together as commanders of Charlemagne's eighth corps, the Flemings and Frisians. Without any more specific arguments, Aebi-

---

graphical idea underlying our story, compare Charlemagne's dream at the beginning of the *Pseudo-Turpin*: he sees the galaxy extending *a mari Frisiae [...] ad Gallaeciam*. – However, a different identification of our 'Galicia' cannot altogether be ruled out. In her article "Le grand duc Autcarius [...]", 1991, p. 297, Suzanne Martinet speaks about "Laon avec tout son quartier de la Galise, la Valise actuelle", unfortunately without giving the slightest reference. In view of the interest of this remark for the present discussion, I contacted the *Archives départementales* of the Aisne department. Their director, Mme Frédérique Pilleboue, kindly informed me (on October 3, 2002) that no forms with *G-* can be found for *la Valise* and that this toponym is rather a derivative of Lat. *vallis* 'valley': surviving today only in the names of several alleys, it denoted in the Napoleonic land register a zone between Laon proper and its present-day suburb of Vaux, the latter continuing the medieval *Vallis subtus Laudunum*. Though improbable, Martinet's proposal will be taken into account in the notes (see n. 19, 20, 22) 'for safety's sake'.

19 In reality, two persons following the shortest routes from Galicia (or from Laon, see n. 18) and from Friesland respectively to Aix-la-Chapelle would only meet at their point of destination where, under the eyes of Charlemagne, they could no longer afford to start a private duel. The narrator foresaw this and pretended that Aimon had to go far northward out of his way for lack of a bridge across the Meuse. This would indeed produce the desired effect of meeting Raimbalt since the shortest route from the county of Holland (which still was a part of Friesland) to Aix-la-Chapelle crossed the Meuse twice.

20 *Galiza* is mentioned here only by A who probably considers Charlemagne even as overlord of Galicia since in Ch. 22 he is called 'the legitimate emperor of the whole world'; but we cannot quite exclude the possibility that A takes *Galiza* for a region in France (see n. 18, Martinet's claim). B replaces 'and his own land, *Galiza*' by 'and many other possessions', most probably because he identifies *Galiza* with the Spanish Galicia (as we do), but feels sure that it lay outside Charlemagne's empire.

scher[21] concluded from this that the author of the *Roland* already knew the whole story as we read it in KMSI. In partial support of his view, one might point to the fact that many of the commanders of Charlemagne's ten corps do have some geographical affinity to their corps; so possibly in the opinion of the author of the *Roland*, Aimon de Galice, too, had some specific qualification for leading 'northerners'. But even for that purpose only his brotherhood-in-arms with Raimbalt of Friesland, not his marriage and his settling down precisely at Pierrepont would be necessary.[22] We therefore have no evidence whatsoever that the motifs 'marriage' and 'Pierrepont' were connected with Aimon de Galice before fKMSI. On the other hand, in this latter text, Pierrepont is unambiguously again the small Pierrepont (Aisne): it is clearly in the vicinity of Hirson,[23] and the fact that the wife of Varner of Pierrepont is the daughter of the Count of Laon suggests that Pierrepont is also in the vicinity of Laon.

Now, whatever the genesis of the story, the very space allotted to Pierrepont in fKMSI is out of all proportion with its slight importance in a normal all-French (or, for that matter, in a regional Belgian) perspective. And the allotment of space is clearly a factor in the responsability of the compiler of fKMSI, not of any predecessor. The situation thus dovetails well with that in the Dutch *Flovent*: there we had unexpectedly learnt about Pierrepont in Merovingian times, here we unexpectedly learn about Pierrepont in Carolingian times – but both texts come from present-day Belgium, not from the vicinity of Pierrepont.

Why then did the compiler give Pierrepont such undue prominence? This time, an answer is possible and, though never given till now, even simple. We have already stated that the first half of fKMSI is likely to have been collected near or at Liège. Who then was Prince-bishop of Liège at the time in question? From 1200 to 1229 it was Hugues de Pierrepont, from 1229 to 1238 it was his nephew Jean d'Eppes, Pierrepont being again the place in the Aisne department and Eppes lying 12 km to the south-south-west of it. A coincidence is practially out of the question; one of the two must have been involved in the formation of fKMSI and evidently could not resist giving the compiler some hints about a tradition in his family.

In this context, it is important to note that Hugues's mother was the daughter of Witer Count of Rethel and the granddaughter of Godefroid Count of Namur. Hugues's uncle Albert de Rethel rose to the position of archdeacon of St. Lambert in Liège, and it is certainly through Albert's influence that Hugues

---

[21] 1957/1967, passim.
[22] Or, alternatively, for the author of the *Roland*, the *Galice* would be a region in northern France; cf. n. 18.
[23] See n. 16.

made his career in Liège, i.e. in the *imperium*, and not in his native diocese of Laon in the *regnum Franciae*.²⁴ In other words, the Pierrepont element in the history of Liège is due to an individual combination of circumstances, it remains an intermezzo of less than 40 years.

Let us mention at least two facts that may shed some light on Hugues' personality: his resounding military victory over Brabant at Steppes in 1213, and the fact that Gislebert of Mons called him a *clericus satis litteratus et discretus*.²⁵ Such a man may well have also taken a vivid interest in the battles of old and in the legendary history of his own family.²⁶

As to the date of fKMSI, we may now place the text – allowing a few years for the compiler to complete his work – between the first years of the 13th century and approximately 1240. I confess that, until there is proof to the contrary, I even tend to exclude the last part of that span of time because I cannot find any influence of the *Pseudo-Turpin* in fKMSI, though French translations of that work had been available in the North, roughly speaking, from the turn of the century onward and though Hélinand de Froidmont (writing before 1216) and Aubri de Trois-Fontaines (writing till 1241) in their Latin chronicles as well as Philippe Mousket (writing till 1242) in his French chronicle drew on the *Pseudo-Turpin* most heavily.²⁷

To avoid a misunderstanding, let us have a look at the second half of KMSI, too. It can in most scenes be interpreted as a careful, but unobtrusive preparation of the *Chanson de Roland*, so that it is almost impossible to say where the information comes from. One exception, again unnoticed till now, is of some interest to us. The compiler has much to say about Charlemagne's sister Gisla, in KMSI *Gilem, Gelem* (from the Old French oblique case *Gilain*). After her brother forced her to commit incest with him, she is married first to Milon d'Angliers, who thus becomes Roland's ostensible father (Ch. 33), then, after Milon's death, to Ganelon (Ch. 51). So far, the events are also known from other legendary or epic sources. But KMSI goes on: 'learned men' soon found out that Ganelon and Gisla were relatives to a prohibited degree, so they were separated, and Gisla was married to Duke *Efrad* and gave birth to an *Adalrad* and an

---

24 See de Moreau, 1945, 130–139, the article 'Hugues de Pierrepont' in the *Biographie nationale [...] de Belgique* (7½ columns long) and e.g. the genealogical table at the end of Gade, 1951. See also Poncelet, 1946, introduction. The key-word Namur may also explain the interest shown in KMSI Ch. 24 for the legendary foundation of Namur by the epic Duke Naimes, confidant of Charlemagne.
25 Poncelet, 1946, p. VII.
26 Due to the shortness of his pontificate, I do not dispose of similar information on Jean d'Eppes.
27 See e.g. Moisan, 1987, passim, Walpole, 1947, passim.

Efrad.²⁸ These elements are not known from any *chanson de geste* nor do they have any narrative function within KMSI, so that one may suspect them of being based on learned local reminiscences. And in fact, for anyone somewhat familiar with 9th century genealogies, no doubt is possible. Gisla, sister of 'King Charles' [the Bald!], was married to a Duke Eberhard, and among their children are both an Eberhard who died young and an Adalhard who became advocate – for that epoch, one is tempted rather to say: holder – of the abbey of Cysoing in French Flanders a few kilometers south-east of Lille. Eberhard and Gisla had founded that abbey as their 'home abbey', the spiritual centre and prospective burial place of the entire family. However, as the main branch of the family soon became rooted in distant north-eastern Italy,²⁹ the abbey went through two difficult centuries, but by the 12th century it flourished again, then partly due to donations by the Counts of Flanders. As most of what is known today about Eberhard, Gisla and their children comes from the early charters of Cysoing³⁰ (and as by 1200 tombs of members of the family will still have been visible), we may be confident that the information in KMSI also comes from Cysoing. We need not decide whether the monks sincerely believed their Gisla to have been the sister of Charlemagne instead of Charles the Bald or whether they knowingly transferred her to a more glorious age.

In sum, then, Liège was probably the most fertile, but certainly not the only collecting-point for fKMSI. Rather, if the materials came from both Liège near the eastern border of present-day French-speaking Belgium and Cysoing slightly beyond its western border, in other words, if the catchment area of the collection was pan-Franco-Belgian instead of just *liégeois*, then the same is likely for its area of circulation. This means that the Pierreponts' epical pretensions may have become known early in the French-speaking regions and circles of Flanders as well.

* * *

In KMSI, the name of Aimon's wife, the widow of Varner of Pierrepont, appears twice: it is *Aein*, in the accusative. Here *-ein* clearly reflects the Old French ending *-ain/-ien* of the oblique case of monothematic feminine names. The question

---

28 Part of the Norse manuscript tradition still has the etymologically correct *Efrard* (without the dissimilatory loss of the second *-r-*); see ed. Loth Ch. 51 l. 9, ed. Unger Ch. 54 l. 11.
29 The literature on that family (whose history culminated in the person of the Italian emperor Berengar) is ample. See the articles 'Cysoing' and 'Eberhard 3' in vol. 3, 'Unruochinger' in vol. 8 of the *Lexikon des Mittelalters*. For a stemma including all persons mentioned above, see Werner, 1967, pp. 447, 452 and the Table at the end of the volume.
30 See de Coussemaker, 1886, nrs. 1–6, pp. 1–11.

then is: which Old French name can hide behind a nominative *A-e or similar? Aebischer[31] opted for *Aie*, in the oblique case *Aiien* or, in a more usual spelling, *Aien*. As the reference works on Old French epic names[32] show, this is indeed the only possible identification.

We may therefore say that the Aimon story in KMSI culminates in a triangle 'Aimon, vassal of Charlemagne – Aie, his wife – Pierrepont, their residence'. And here, a most curious parallelism seems to have gone unobserved to this day: the same triangle is found in the Dutch verse epic *Renout van Montalbaen* (which, together with its Dutch and German derivatives, we shall call the Dutch *Renout* tradition, 'dR' for short).

Here again, we must go into some detail. According once more to van den Berg,[33] the Dutch *Renout*, preserved only in fragments, was written by a Fleming, just like the *Flovent*, and can be dated by its verse-technique and syntax very roughly 'before 1225' or even 'around 1200', again much like the *Flovent*. It ultimately derives from the 12th century French *Renaut de Montauban* (the rhymed tradition of which we shall refer to as 'fR'), but differs from it in a great many traits.[34] One of them concerns the home of the protagonist and his brothers: in fR, their parents Aimon and Aie live at *Dordon(e)*, an imaginary castle not too far from the Ardennes; in dR, Aimon and Aie mainly live at *Pierlepont*[35] – again the *Spielform* we already know from the *Flovent*! –, though *Dor-*

---

31 Aebischer, 1972, p. 59.
32 Moisan, 1986; still useful due to its handiness: Langlois, 1904.
33 The oldest extant fragments of the *Renout* seem to have been written in the last quarter of the 13th century. For the text itself, van den Berg first advocated a date 'before 1225', later (with the same arguments, it seems) 'around 1200'; see van den Berg, 1983, p. 222; 1985, pp. 13 and 23; 1987, pp. 13 s. and 34. In fact, I think that in working with his method, deviations of two or three decades will on principle be unavoidable.
34 The standard work on the subject is Spijker, 1990. For a concise presentation of basic problems in French and English respectively see also Spijker 1993 and 1994, for reflections of dR in Dutch folklore Spijker, 2000.
35 It is true that the roughly 15% still extant of the Dutch *Renout* do not include a passage in which we might expect this toponym to occur. (*Editio citanda* for all fragments known before 1939 is Diermanse, 1939 [on which the popular edition by van Maelsaeke, 1966, is based], to be completed by Duinhoven, 1973. For a convenient list of all finds and their contents, see Hogenhout-Mulder, 1984, p. 35, or Spijker, 1990, pp. 271 ss.) But *Pierlepont* (with minimal variants) does appear in the three traditions deriving from the Dutch verse epic:

(a) in the Ripuarian *Histôrie van Seint Reinolt*, ed. Reifferscheid, 1874, pp. 275 ss., 279 s., 283;

(b) in the German verse epic *Reinolt van Montelban*, ed. Pfaff, 1885, vv. 218, 312, 476, 753, 2149, 3263, 3460 (this text is little more than a faithful, often slavishly close translation of the Dutch verse epic); c) in the Dutch prosification *De Historie van den vier Heemskinderen*, ed. Overdiep, 1931, pp. 15, 17 s., 23, 29, 33, 53 (2x), 69 (2x), 70 (2x); likewise in the German prosifica-

doene, too, still plays a considerable part. *Pierlepont* is not restricted to formulas, but is well intergrated into the narrative: Charlemagne's messengers go there twice, Aimon returns there from the court, Aimon bequeaths the castle to Renout, Aimon's four sons return there after Louis' death. In contrast to this, no mention of Pierrepont or similar has ever been found in any manuscript of fR. Consequently, the situation is comparable to the one in *Flovent* and KMSI: though not situated in Belgium, Pierrepont 'surfaces' only in Belgium.

It goes without saying that the identity of the two triangles Aimon – Aie – Pierrepont in fKMSI and dR cannot be attributed to chance. Let us first consider its consequences for fKMSI. Remembering that in fKMSI the presence not only of Pierrepont, but also of Aie must be explained, we propose the following scenario. In the late 12th century, when the story of the *Quatre fils Aimon* rapidly became more and more popular throughout northern France, the Pierreponts somehow persuaded themselves – or were persuaded by a flatterer – that they were descended from the protagonists of that story. The particular reason for this is unknown, but also immaterial: in those days, similar pretensions in the nobility were not rare and, once invented, tended to be perpetuated at least by the families concerned. When a Pierrepont became Bishop of Liège, he automatically had much better means of disseminating the tradition of his family. A particular opportunity presented itself with the compilation of fKMSI. The compiler received the bishop's story with due respect, but reproduced it only up to Aimon's and Aie's marriage, excluding the following conflict of their sons with Charlemagne: after all, he had to compile a biography in honour and not in dishonour of Charlemagne. Moreover, it may already have been a Pierrepont, or at the latest, it was now the compiler who remembered that an Aimon already appeared in the *Roland* and who had the idea ("which Aimon if not ours?") of hooking the Pierrepont story onto that Aimon.[36]

---

tion (mainly based on the Dutch one) *Das deutsche Volksbuch von den Heymonskindern*, ed. Pfaff, 1887, pp. 9, 11, 15 s., 21, 44, 61. And, finally, the Cologne printing of 1493, preserved in one copy only and not yet reedited, corresponds almost word to word to the Dutch prosification and, as Dr. Irene Spijker most kindly informed me (on January 6, 2004), also contains the toponym, e.g. in the heading of chapter 9. (For some general information on that printing see Weifenbach, 1999, particularly p. 180 s.) In view of these attestations, no specialist ever doubted – and I think none will ever doubt – that *Pierlepont* already appeared in the Dutch verse epic quite a few times; see e.g. Loke, 1906, pp. 25, 112 s., Diermanse, 1939, p. 88, Hogenhout-Mulder, 1984, p. 157 n. 1, Spijker, 1990, pp. 45 s. In terms of the stemma: *Pierlepont* already appeared in the common archetype of all known texts (including fragments), called 'v' in Hogenhout-Mulder's stemma (1984, p. 89).

36 Inevitably, in such matters, one's judgement will depend to a certain degree on one's opinions on the genesis of fR in particular and of the genre of the *chansons de geste* in general. The above statement is in accordance with the belief, almost universal in our days, that fR

And what does the identity of the two triangles mean for dR? Of course, students of dR have duly registered *Pierlepont*.[37] As early as around 1870, Matthes identified it with Pierrepont (Aisne).[38] In 1906, Marie Loke knew that there is also a Pierrepont (Meurthe-et-Moselle) east of the Meuse, 10 km south-east of Longuyon, but she opted for Pierrepont (Aisne).[39]

Conversely, in her 1984 Groningen dissertation, Maaike Hogenhout-Mulder[40] did not need to come to a decision between the two Pierreponts for her main line of argument, but expressed her view in a footnote that Pierrepont was probably the place in Meurthe-et-Moselle. She points out that in the Dutch *Renout* (as attested by the Ripuarian *Histôrie*, the German *Reinolt* and the Dutch prose *Heemskinderen*) Aimon bequeaths to Renaut all his possessions, namely "*Pierlepont, Montagut* and *Falkenstein*".[41] According to her, *Montagut* is the medieval county of Montaigu extending around Marcourt in the Belgian Ardennes, and *Falkenstein* would probably have to be identified with the castle of that name 5 km north of the Luxemburgish town of Vianden, just across the German border, both Montaigu and Falkenstein being closer to Pierrepont (Meurthe-et-Moselle) than to Pierrepont (Aisne).

First, however, around 1100, Bishop Hugues's great-grandfather Roger, lord of Pierrepont (Aisne), had acquired through marriage Montaigu (Aisne), 13 km farther south, with a 10th century castle 'perched like an eagle's nest on the top of a steep hill'. He gave it to his younger son Robert so that it was passed on in a collateral line of the family until it reverted before 1200 to the main line in

---

came into being at some time in the 12th century. However, a traditionalist hardliner, still believing, like Longnon, in an oral continuity of fR from the 8th century onward, would possibly consider Aimon de Galice as the father of the *Quatre Fils Aimon* all along. Even if the latter is nowhere called 'from Galicia', hadn't he at least fought in his youth, according to dR, seven years for a heathen king of Spain? (See Duinhoven, 1973, verses corresponding to Pfaff, 1885, vv. 2208 s., 2216 ss., Overdiep, 1931, p. 54, Pfaff, 1885, vv. cit., Pfaff, 1887, p. 45.)

37 See end of n. 35.
38 Quoted by Loke, 1906, p. 113.
39 Ibidem – but with a rather weak argument, it must be admitted: in the Dutch prose *Heemskinderen*, the name of the Oise does appear (ed. Overdiep, 1931, p. 184), but at such a distance from any mention of Pierrepont (see above n. 35c) that it proves nothing.
40 Hogenhout-Mulder, 1984, p. 157 n. 1. – I am indebted to Dr. Irene Spijker for pointing out this note to me.
41 Ed. Reifferscheid, 1874, p. 277 (*-stein*); ed. Pfaff, 1885, vv. 753 s. (*allein: -stein*); ed. Overdiep, 1931, p. 29 (*allene, -stene*). – Several times, Renaud is also called 'Count of *Merewoud*', with *Merewoud* appearing only in that title and only in rhyme. Hogenhout-Mulder, 1984, pp. 157–164, interprets it as Mirwart in the Belgian Ardennes, but shows that it is probably just due to a misreading plus a generalization.

the person of Bishop Hughes' elder brother Robert.[42] Under these circumstances, we may assume that *Falkenstein*, a typical name of castles ('the falcon's stronghold'), is used just for the rhyme with the preceding *allein* because it occurs only once in the story.

And, second, let us look at the events of the story. In all of dR, Charlemagne has a permanent residence, Paris; it is superfluous to give references. He leaves it only for clearcut purposes: for a pilgrimage to Santiago, for expeditions against Aimon's sons – and, in one more case, rather early in the story. When he is willing to conclude peace with Aimon and to make public amends for his involvement in the murder of Aimon's nephew Hugues, he invites Aimon to come from Pierrepont to Senlis. There Charlemagne does penance before him, barefoot and clad in wool. After the meeting, he at once returns to Paris and Aimon to Pierrepont. So Charlemagne's intention was clearly to meet Aimon, if not exactly halfways, then at least at some intermediate place, as is befitting a council of peace.[43] And when Charlemagne later invites Aimon to his son's coronation, the messengers, with Aimon and his sons, return from Pierrepont via Senlis to Paris.[44] Now, as the map shows, Senlis is a reasonable intermediate stop between Paris and Pierrepont (Aisne), but not between Paris and Pierrepont (Meurthe-et-Moselle). We may therefore be confident that in dR, just as in the Dutch *Flovent* and fKMSI, Pierrepont (Aisne) is meant, at least originally.

But since even Pierrepont (Aisne) is not a fascinating place in itself and is distant from the Dutch language area even more than from the Franco-Belgian area, its appearance in dR once again cannot be ascribed to an author's disinterested imagination. The only alternative in sight is again the ambition of the bishops' family: it must be 'somehow' at work here, too.

However, to go beyond this 'somehow' is very difficult. That Bishop Hugues or his nephew should have interfered with the formation of the Dutch text itself is improbable for three reasons.

First, on general cultural grounds: a Francophone prelate of the early 13th century is unlikely to have been interested in Dutch literature. To be sure, this argument is weakened in our case by the fact (a) that a large part of the

---

42 Melleville, 1857, pp. 303–306, 310, 317. For pointing out Melleville's still valuable study to me, I am again indebted to Mme Frédérique Pilleboue, head of the *Archives départementales de l'Aisne* (letter of March 1, 2004).

43 Ed. Reifferscheid, 1874, p. 275; ed. Pfaff, 1885, vv. 261, 266, 312s.; ed. Overdiep, 1931, p. 16–18.

44 This time, the Ripuarian *Histôrie*, which drastically shortens the whole secular part of the story, suppresses the mention, but we find it in ed. Pfaff, 1885, vv. 908s., and ed. Overdiep, 1931, p. 32.

bishop's flock – from Maastricht and Tongres down to the coast – consisted of native speakers of Dutch, (b) that the *Renout* may be read as the *Vita* of a martyr, and (c) that by virtue of the Pierrepont motif, the bishop would present himself to his flock as the descendant of a martyr. Second, however, the dialectal traits in the Dutch *Renout* point to Flanders,[45] not to Brabant or Limburg. This alone would not be decisive either, because it was not rare in those centuries for poet and patron to be from different regions.[46] Relations between Liège and Flanders as a rule were friendly at the time in question; Flanders had been playing a prominent cultural, economic and political part on a truly European scale at the latest since the time of Philip of Alsace; and though the family of the counts preferred French, Flanders was productive precisely in Dutch *karelepiek* from around 1200 onwards.[47] So the bishop might conceivably have commissioned a Fleming. But, third, for the most part, the *Renout* gives the impression of being based on oral transmission of a French model.[48] In contrast to this, if a Francophone patron – and a bishop at that – should really have commissioned a Dutch author to translate a French text into Dutch, he would certainly have provided him with a manuscript.

Taken together, these three arguments suffice to make a direct interference of a Pierrepont bishop in the formation of the Dutch text improbable. We are left with two possibilities:

1) That dR should have the toponym from fKMSI is logically the simplest solution. But, though Pierrepont occupies a conspicuous position in fKMSI, this solution appears psychologically less probable because the four sons of our couple are not even mentioned in that text.

2) So finally: since in fKMSI a Pierrepont interfered, naturally enough, with a French-language text – why should things not be the same in the present case? The whole of fR is represented by 13 manuscripts. If we abide by the dates assigned to them by Thomas,[49] only four of them are from the 13th and the turn of the 14th century. In other words, we are far from reliably knowing what the

---

45 See above n. 33.
46 Names come to mind even from the 12th century such as Chrétien de Troyes (writing also for the count of Flanders), Gautier d'Arras (with Arras belonging till 1184 to the counts of Flanders), the later Veldeke. There can hardly be a doubt that the phenomenon was more widespread and that often we simply do not have the twofold information necessary to trace it.
47 Van den Berg, 1987, p. 13.
48 Spijker, 1990, pp. 203–227, 261 s. and other passages listed in the index under 'orale overlevering', 'orale verhalen'.
49 Thomas, 1962, vol. I, pp. 19–136, particularly 136: ms. DZPN. Other scholars assign ms. L, too, to the 13th century.

Renout tradition near the Dutch language boundary was like around or shortly after 1200. Consequently, a Pierrepont may well have succeeded, if only in geographically and chronologically narrow limits, in imprinting his mark on the French tradition. In contrast to fKMSI, we have no clue pointing to the bishops in person, but given their means and their closeness to the language boundary, they should remain at least in consideration.[50]

One difference between the two texts still deserves a discussion. In KMSI, Aie, widow of Varner of Pierrepont, is the daughter of a count of neighboring Laon – a detail which simply seems to reflect the compiler's constant preoccupation with geographical preciseness. In dR, however, Aie is Charlemagne's sister, that is, King Pepin's daughter. In France, this relationship is mentioned briefly by Aubri de Trois-Fontaines[51] and, within fR, quite incidentally by the manuscripts D and P:

> Et mult en fu loez del boen reis Karlemaine,
> Mult par aime Renaut filz sa seror germaine.[52]

According to Thomas's stemma for the *épisode ardennais*,[53] the mention must belong in the archetype and was lost early. As it stands, brief and functionless, there is no evidence to connect it with the Pierreponts. In dR, however, we see it excellently integrated into the initial part of the plot: after their first feud, Charlemagne gives Aimon his sister Aie in marriage as a pledge of their reconciliation. In other words, not the motif itself but its meaningful employment seems to be coextensive with the mention of Pierrepont and so was probably intended to flatter the Pierrepont family: they came to have Carolingian blood in their veins.[54]

---

50 None of the possibilities discussed above raises serious chronological problems; see n. 33.
51 *Monumenta Germaniae Historica*, SS. 23, p. 723.
52 Ed. Thomas, 1962, vol. I, ms. D v. 95; vol. 2, ms. P v. 94; ed. Thomas, 1989, v. 935. On the other hand, in vv. 9423 s. of the latter edition (see Thomas's note *ad loc.*), DPNL have it that Charlemagne is related to Aimon's sons through Aimon himself. The contradiction illustrates how little importance is still attached to this relationship even in those French manuscripts that mention it at all.
53 Thomas, 1962, vol. I, p. 190.
54 Why did fKMSI not know of Aie's royal descent? One is tempted to answer: because at that time the Pierreponts themselves did not yet know of it. That would make dR slightly younger than fKMSI.

Postskriptum 2018

Der 'doppelte' (H)Aimon. Einerseits ist also der *Hamon de Galice* des Rolandsliedes identisch mit dem *Eim* (< afrz. *[H]Aime*, Obl. *[H]Aimon* 'Haimon') von *Galiza* der Ersten Branche der *Karlamagnús Saga* (und ihrer afrz. Grundlage, einer verlorenen *Vie de Charlemagne*), welcher ebendort auch zum Herrn von Pierrepont wird, nämlich durch Heirat mit der *Aein* (< afrz. Obl. *Aien*, zum Rektus *Aie* 'Aja') von Pierrepont (Aisne, knapp 20 km nordöstlich Laon). Am Ende der KMS I haben wir also ein noch kinderloses Paar (H)Aimon und Aja 'von Pierrepont'.

Andererseits heißen im afrz. *Renaut de Montauban* auch die Eltern der Haimonskinder *Ayme/Aymes* (Obl. *Aymon*) und *Aie*, also (H)Aimon und Aja, hier 'von *Dordone/Dordon*', einem in der Realität unauffindbaren Ort.

Im niederländischen *Renout van Montalbaen* schließlich sind beide Paare identisch: (H)Aimon und Aja von *Pierlepont* (eine auch anderweitig belegte Variante von *Pierrepont*), aber ebenso noch von *Dordoene*, sind die Eltern der Haimonskinder.

Ist die Verschmelzung erst im *Renout* eingetreten, so gab es also vorher zwei *zufällig* gleichbenannte Paare namens (H)Aimon und Aja. Nun lernen wir aber das eine Paar nur als noch kinderlos kennen, das andere nur als Eltern von vier majorennen Brüdern. Man kann sich somit fragen, ob nicht – trotz unterschiedlicher Lehensangabe – die beiden Paare schon vorher letztlich identisch waren. Und da die eine dieser beiden Erzählhandlungen gute Chancen hat, älter zu sein als das erhaltene Rolandslied, hieße das: der *Hamon de Galice* des Rolandsliedes wäre ... der Vater der Haimonskinder, der ja gegen seine Söhne immer treu zu Karl hielt.

References

Aebischer, Paul, 'Raimbaud et Hamon. Une source perdue de la Chanson de Roland', *Le Moyen Âge* 63, 1957, pp. 23–54, reprinted in P.Ae. *Rolandiana et Oliveriana*, Geneva: Droz, 1967, pp. 35–55.

Aebischer, Paul, *Textes norrois et littérature française du Moyen Âge*, vol. II: *La première branche de la Karlamagnús Saga*, Geneva: Droz 1972.

Andolf, Sven, Ed., *Floovant, chanson de geste du XIIe siècle*. Uppsala: Almquist and Wiksell, 1941.

Beckmann, Gustav Adolf, 'Zwischen Trier und Aachen – Der geographische Rahmen der altfranzösischen Basinerzählung (Karlamagnús Saga I 1–26)', in *Verführung zur Geschichte, Festschrift zum 500. Jahrestag der Eröffnung einer Universität in Trier, 1473–1973.* Eds. Georg Drœge et al., Trier: NCO-Verlag 1973, pp. 60–70.

Berg, Evert van den, *Middelnederlandse versbouw en syntaxis*, Utrecht: HES 1983 (Dissertation Utrecht).

Berg, Evert van den, 'De Karelepiek. Van voorgedragen naar individueel gelezen literatuur', in *Tussentijds: bundel studies aangeboden aan W. P. Gerritsen ter gelegenheid van zijn vijftigste verjaardag*. Eds. A. M. J. van Buren et al., Utrecht: HES, 1985, pp. 9–24.

Berg, Evert van den, 'Genre en gewest, De geografische spreiding van de ridderepiek', *Tijdschrift voor Nederlandse taal- en letterkunde* 103, 1987, pp. 1–36.

Biographie nationale [...] de Belgique, vol. 9, Brussels: Jamar 1886–87.

Coussemaker, Ignace de, *Cartulaire de l'abbaye de Cysoing et de ses dépendances*. Lille: Desclée et de Brouwer 1886.

Diermanse, P. J. J. (Ed.), *Renout van Montalbaen*. Leiden: Brill 1939.

Duinhoven, A. M., 'De Haagse fragmenten van de *Renout van Montalbaen*', *De Nieuwe Taalgids* 66, 1973, pp. 177–201.

Gade, John A., *Luxemburg in the Middle Ages*. Leiden: Brill 1951.

Gysseling, Maurits, *Toponymisch woordenboek van België, Nederland, Luxemburg, Noord-Frankrijk en West-Duitsland (vóór 1226)*, 2 vols. Brussels: Belgisch Interuniversitair Centrum voor Nederlandistiek, 1960.

Halvorsen, Eyvind Fjeld, Ed., *Karlamagnús Saga and Some Religious Texts*. [Facsimile edition of ms. A.] Copenhagen: Rosenkilde and Bagger, 1989.

Hieatt, Constance, Transl., *Karlamagnús Saga*. 3 vols. Toronto: The Pontifical Institute of Medieval Studies, 1975–1980.

Hogenhout-Mulder, Maaike, *Proeven van tekstkritiek*. Groningen 1984. (Dissertation Groningen.)

Kalff, Gerrit, *Middelnederlandsche epische fragmenten*, Arnhem: Gysbers en van Loon, 1886, reprint Arnhem, 1967.

Lacroix, Daniel W., Transl., *La Saga de Charlemagne*. Paris: Le Livre de Poche, 2000.

Langlois, Ernest, *Table des noms propres de toute nature compris dans les chansons de geste imprimées*. Paris: Bouillon, 1904.

Lexikon des Mittelalters, Munich: Artemis/Lexma, vol. 8, 1986, and 9, 1997.

Loke, Marie, *Les versions néerlandaises de Renaud de Montauban*. Toulouse: Privat, 1906.

Loth, Agnete, Ed., *Karlamagnús Saga, Branches I, III, VII et IX. Édition bilingue projetée par Knud Togeby et Pierre Halleux, texte norrois édité par Agnete Loth, traduction française par Annette Patron-Godefroit, avec une étude par Povl Skårup*. Copenhagen: Reitzel, 1980.

Maelsaeke, D. van, Ed., *Renout van Montalbaen*. Antwerpen: De Nederlandsche Boekhandel, 1966.

Martinet, Suzanne, 'Le grand duc Autcarius préfigure d'Ogier le Danois', in *Histoire et Littérature au Moyen Âge, Actes du Colloque d'Études Médiévales de l'Université de Picardie (Amiens 20–24 mars 1985)*. Ed. Danielle Buschinger, Göppingen: Kümmerle 1991, pp. 291–300.

Matton, Auguste, *Dictionnaire topographique du Département de l'Aisne*. Paris: Imprimerie nationale, 1871.

Melleville, Maximilien, 'Notice sur Pierrepont', *Bulletin de la Société académique de Laon* 6, 1857, pp. 295–322.

Moisan, André, *Répertoire des noms propres de personnes et de lieux cités dans les chansons de geste française et les æuvres étrangères dérivées*, 2 parts in 5 vols., Geneva: Droz 1986.

Moisan, André, 'Clercs et légendes épiques: Hélinand de Froidmont, Aubri de Trois-Fontaines, Vincent de Beauvais et la Chronique du Pseudo-Turpin', *Au carrefour des*

routes d'Europe: la chanson de geste. Xe Congrès International de la Société Rencesvals (Strasbourg 1985). Aix: Cuer Ma, 1987, vol. II, pp. 913–925.
Moreau, Édouard de, *Histoire de l'Église en Belgique*, vol. III, Brussels: Édition Universelle, 1945.
Overdiep, Gerrit S., Ed., *De Historie van den vier Heemskinderen*. Groningen: Wolters, 1931.
Pfaff, Fridrich, Ed., *Reinolt von Montelban*. Tübingen: Litterarischer Verein 1885, reprint: Amsterdam: Rodopi, 1969.
Pfaff, Fridrich, Ed., *Das deutsche Volksbuch von den Heymonskindern*. Freiburg i. Br.: Herder, 1887.
Poncelet, Édouard, *Actes des princes-évêques de Liège – Hugues de Pierrepont 1200–1229*, Brussels: Palais des Académies, 1946.
Reifferscheid, Al., Ed., 'Histôrie van Sent Reinolt', *Zeitschrift für deutsche Philologie* 5, 1874, pp. 271–293.
Skårup, Povl, 'La fin de la traduction norroise de la chanson de Roland', *Revue des Langues Romanes* 94, 1990, pp. 27–37.
Spijker, Irene, *Aymijns kinderen hoog te paard*, Hilversum: Verloren 1990 (Dissertation Utrecht).
Spijker, Irene, 'Source écrite ou source orale? Le cas du 'Renout van Montalbaen'' in *Charlemagne in the North, Proceedings of the Twelfth International Conference of the Societé Rencesvals (Edinburgh 4th–11th August 1991)*. Eds. Philip E. Bennett et al., Edinburgh, 1993, pp. 95–102.
Spijker, Irene, '*Renout van Montalbaen*' [in English], *Olifant* 19, 1994, pp. 155–166.
Spijker, Irene, 'Les Quatre Fils Aymon aux Pays-Bas', in *Entre épopée et légende: 'Les Quatre Fils Aymon' ou 'Renaut de Montauban'*. Ed. Danielle Quéruel, 2 vols., Langres: Gúeniot, 2000, vol. II, pp. 149–159.
Thomas, Jacques, Ed., *L'épisode ardennais de 'Renaut de Montauban'*, édition synoptique des version rimées, 3 vols. Bruges: De Tempel, 1962.
Thomas, Jacques, Ed., *Renaut de Montauban, édition critique du manuscrit Douce*. Geneva: Droz, 1989.
Unger, Carl Richard, Ed., *Karlamagnús Saga ok kappa hans*. Christiania 1860.
Walpole, Ronald N., *Philippe Mousket and the 'Pseudo-Turpin Chronicle'*, Berkeley (California), 1947 (University of California Publications in Modern Philology 4).
Weifenbach, Beate, 'Johann Koelhoff der Jüngere: 'Die vier Heymschen Kinderen'. Zur Bedeutung der Kölner Inkunabel aus dem Jahre 1493 für die Drucktradition von Haimonskinder-Texten in Deutschland', *Amsterdamer Beiträge zur älteren Germanistik* 51, 1999, pp. 169–193.
Werner, Karl Ferdinand, 'Die Nachkommen Karls des Großen. 1.–8. Generation', in *Karl der Grosse, Lebenswerk und Nachleben*. Ed. Wolfgang Braunfels, vol. IV, *Das Nachleben*. Düsseldorf: Schwann, 1967, p. 403–482 and Table at end of volume.

15 Renaut de Montauban and the Pseudo-Turpin's Renaut d'Aubépine – two names for one person?

Abstract: Is the Pseudo-Turpin's enigmatic *Rainaldus de Albo Spino* just an early name of the later Renaut de Montauban of high renown? The arguments commonly offered against this identification are disproved, and three new arguments based on a closer analysis of the Pseudo-Turpin text itself make a positive answer almost unavoidable. The emergence of the toponym 'Montauban' in twelfth-century reality and literature is examined in detail, and a certain metamorphosis of the ideas underlying the toponym is traced through the versions of the *Renaut de Montauban* from the twelfth to the fourteenth century. To round off the picture, the two other constituent elements of the *Renaut* beside the part of the protagonist, i.e. the character of Maugis and the four brothers' theme, are also briefly studied in a genetic perspective.

The Problem and Its History

Around 1150, in his Chapter XI, the Pseudo-Turpin named some thirty *pugnatores maiores* as having accompanied Charlemagne on his final expedition to Spain. One of them was *Ra(g)inaldus de Albo Spino*.[1] For the Pseudo-Turpin, he must have been one of the strongest even among those 'major' warriors, as we

---

[1] The *Codex Compostellanus* (by scribe 1b in Chap. XVII, scribe 2 in Chaps. XI und XXIX, in the terminology of Díaz y Díaz, 1988) reads *de Albo Spino*, a reading which is shared by most (probably all) mss. of the HA family (in the terminology of de Mandach/Hämel, 1965, see the edition by Klein, 1986) and of the B family (in the terminology of Meredith-Jones, 1936, see the editions of individual mss. by Thoron, 1934, and Karl, 1941) and which is therefore almost certainly the original reading. According to Meredith-Jones, families A, C and D have *de Alba Spina*, a reading confirmed for individual manuscripts of these families by Castets (1881), Smyser (1937), Rehnitz (1940) and Schmidt (1996). For the white hawthorn, the masculine form was dominant in Old Provençal, it competed in the Central French dialects with the feminine, which remained dominant in the North and won out again in post-medieval French. Cf. below n. 18 and the article *alba spina* in the FEW, vol. 24 (*refonte* of vol. 1). Some mss. of family A (such as A6, A10) read *Bella Spina* in Chapter XVII, but *Alba Spina* in Chapters XI and XXIX. *Bella Spina*, though evidently due to one copyist's momentary inadvertence, is not without interest since it may suggest that the subsequent copyists who did not automatically correct it no longer knew the epithet *Alba Spina* (see the discussion below). – As for the proper name of the hero, the *Compostellanus* reads *Rainaldus* at the first occurrence, later *Raginaldus*. Very broadly speaking, the HA and B families tend to mirror this distribution, whereas families A, C and D seem to offer almost exclusively forms without *-g-*. Moreover, some mss. in different families read *Re-* instead of *Ra-*. It is important to note that all three mentions of Renaut are

Note: First published in: Neophilologus 93 (2009), 393–409.

may infer from his Chapter XVII. There, he tells us how the pagan giant Ferracutus challenged the French to send individual fighters to duel with him. Charlemagne first sent Ogier, of whom the Pseudo-Turpin had said in Chapter XI that "up to this day his praises have been sung since he performed innumerable heroic feats". But Ferracutus seized Ogier with one arm, carried him back to the pagan lines and threw him into prison. Then Charlemagne sent *Ra(g)inaldus de Albo Spino* who, however, shared Ogier's fate. From then on, Charlemagne sent two warriors at a time to fight against the one Ferracutus, only to see them disappear into prison as well. Finally, Roland defeated the giant, after the latter had imprudently revealed the spot on his body where he was vulnerable. The ranking underlying the story is evident: Renaut is considered superior to Ogier and by implication to each one of the others as well, with the sole exception of Roland – but even Roland surpasses Renaut less in strength than in skill.

Understandably, from Ferdinand Wolf onward,[2] nineteenth-century scholars debated whether *Ra(g)inaldus de Albo Spino* was not just an early name for the later Renaut de Montauban of high renown, their Christian names and the element *-alb-* (> *-aub-*) in the names of their fiefs being identical. But the arguments against such an identicalness, summed up e. g. by Leo Jordan in 1905,[3] won out. In the twentieth century, Menéndez Pidal (1917) avoided committing himself on the question,[4] but Horrent (1951) and Monteverdi (1955) both opposed the identification,[5] albeit without new arguments.

Arguments brought forward against the identification

However, the question – which is of importance for the genetic study of the whole genre of the Old French *chansons de geste* – deserves to be taken up anew. In doing so, one should avoid two fallacies right from the start.

---

found in all mss. of the Pseudo-Turpin so far inspected by any editor. Consequently, the fact that in the final form of the *Codex Compostellanus* two of them are due to scribe 2, not to scribe 1b (the original copyist of the entire Pseudo-Turpin), is immaterial.

2 Wolf (1859, p. 168, n. 4). For some of the contributions to the discussion see Horrent (1951), p. 171, n. 4.
3 Leo (1905, pp. 19 s.).
4 See pp. 141 s.
5 Horrent (1951, p. 170); Monteverdi (1956, p. 268). Moralejo et al. (1951, pp. 434, 447, 475) render *Rainaldus de Albo Spino* as *Reinaldos de Montalbán*, but with clearly insufficient justification (p. 434, n. 5). Scholars who denied the identicalness were sometimes willing to acknowledge a secondary confusion of the two Renauts in certain medieval texts from Italy and Spain. After careful examination of these texts, in my opinion this concession is 1) clearly wrong in the case of Jacopo d'Acqui (see below), 2) of doubtful value for *Roncesvalles* (vv. 84 s.)

First of all, it would be rash to conclude from the Pseudo-Turpin's having *Ra(g)inaldus de Albo Spino* die at Roncevaux (in his Chap. XXIX) that there was any genuine tradition to that effect. For, as Gaston Paris[6] so aptly put it:

> Le rédacteur de T [today, one would rather say : the author of the Pseudo-Turpin] s'est amusé, dans une sorte de 'crépuscule des dieux', à faire mourir en un même jour tous les guerriers fameux des chansons de geste qu'il connaissait, même ceux qui vivaient avant ou après Charlemagne, ou qui moururent notoirement ailleurs. C'est ainsi qu'il entasse dans ses deux cimetières de Bordeaux et d'Arles,[7] à côté des vrais morts de Roncevaux, les héros les plus étonnés de se trouver ensemble, comme Oger de Danemark, Garin le Lorrain, Begon, Gaifier de Bordeaux, Gautier de Termes, Arnaud de Beaulande, Auberi le Bourguignon, Naime de Bavière, etc.

The second, roughly parallel fallacy would be to conclude from the Pseudo-Turpin's mere naming of *Ra(g)inaldus de Albo Spino* among Charlemagne's heroes that, in his own *geste*, Renaut must have been a faithful friend of the emperor and therefore cannot be identical with Renaut de Montauban.[8] On this question, Angelo Monteverdi[9] has reminded us that both Girart de Roussillon and Ogier de Danemarche, who in their own *gestes* are for the greater part of their lives stubborn enemies of Charlemagne, appear among his faithful warriors as early as the *Chanson de Roland* – so strong was the attraction exerted by the *matière de Roncevaux*.[10]

Let us now turn to the arguments considered decisive around 1900 against the sameness of the two Renauts. According to Jordan, the two cannot be identical, since in the thirteenth century – that is, after 1230 –
A) Aubri de Troisfontaines and Philippe Mousket (to whom we have to add Jacopo d'Acqui) mention both without mistaking them, and
B) (1) *Renaut d'Aubespin* in the French *Gaydon* and (2) *Reinaut van den Witten Dorne* in the Dutch *Lorreinen* have epic roles of their own that show no similarity to what we know about Renaut de Montauban.

---

and the mss. in question (L, O) of the *Primera Crónica General* (Chap. 619, vol. II, p. 353, l. 25), but 3) probably appropriate for the *Poema de Fernán González* (v. 352c). In the present context, a detailed discussion seems unnecessary.
6 Paris (1882, p. 503, n. 1).
7 Add: *et à Belin*, inadvertently missing. In fact, the first two heroes Paris is going to name were buried at Belin.
8 This argument was indeed adduced by Matthes (1875, p. XLIV), but rejected even by Jordan (1905, pp. 10 s.) and Horrent (1951, p. 171, n. 4: 'raison peu valable').
9 Monteverdi (1956, p. 263 s.).
10 From the *Roland*, one might furthermore adduce Gaifier ~ Waifarius of Aquitaine and Rembalt ~ Radbod of Friesland who, historically, were bitter enemies of Charlemagne's father and grandfather respectively and who in the epic became followers of Charlemagne.

However, these arguments do not prove what they are supposed to prove.

A) Aubri, Philippe and Jacopo all mention Renaut de Montauban in their own words,[11] indicating that by then, the *chanson de geste* as we know it had won great fame. They also mention *Rainaldus de Albo Spino*, but all three of them – and this is the crucial difference – mention him merely in lengthy verbatim quotations from the Pseudo-Turpin.[12] Evidently, if an author mentions a character only by reciting somebody else's text, that does not corroborate that he had any independent knowledge of that character. It proves even less that he carefully compared him with a person of different name he knew from elsewhere.

B) (1) In *Gaydon*, *Renaut d'Aubespin* is a character of moderate importance, appearing only in more or less stereotyped situations. He is sent by Charlemagne to Gaydon at Angers with a resolute message and on his way meets Ferraut, who is carrying an equally resolute message in the opposite direction. They engage in a duel, but quickly learn to appreciate each other's strength and fairness. A knight passing by succeeds in separating them, and they continue on their respective missions. When Ferraut is later falsely accused by the party of the traitors, Renaut, remembering his fairness, volunteers to stand as guarantor for him, and is joined by Naimes. In this capacity, the two escort Ferraut to the obligatory mass before the duel and then to the duel itself. The traitors hope to destroy even his guarantors along with Ferraut, but their scheme is thwarted at the last moment without any active intervention on the part of Renaut or Naimes.[13] The toponym *Aubespin* occurs in *Gaydon* seven times in all, but always in *d'Aubespin* merely qualifying Renaut's name, without any clue to where the author would place Renaut's fief geographically. Manifestly, he simply knows that a *Renaut d'Aubespin* or *Rainaldus de Albo Spino* was one of Charlemagne's vassals.

---

11 Aubri de Troisfontaines (1874, p. 723), Philippe Mousket (1836–1845, vv. 8444–8451). Mousket quotes the Pseudo-Turpin in the French translation called 'Turpin II' by its first editor, Wulff (1879–1881), and reedited by Walpole (1979); the fact was first recognized by Walpole (1947) who at that time called it 'Turpin I'. Jacopo d'Acqui (1848, col. 1508 s.), inserts *Raynaldus de Monte Albano* and his father *dux Aymo* in the *pugnatores* list of the Pseudo-Turpin, but retaining at the same time *Aynaldus* [sic] *de Alba Spina* (and counting all three among the Twelve Peers); likewise, in col. 1520, he inserts *dux Aymo* and *Raynaldus* into the list of the dead at Roncevaux, retaining again *Aynaldus*.
12 Aubri de Troisfontaines (1874, pp. 724 s.), Mousket (1836–1845, vv. 5218, 5783 s., 7359). For Jacopo, see note 11, above.
13 Ed. Subrenat (2007, vv. 3142–3357: Renaut's duel with Ferraut; 4105–49: Renaut delivers his message at Angers, 5741–67: Renaut and Naimes agree to stand surety), 6042–58, 6142 s., 6387 s., 6402 s., 6429–32: they escort Ferraut, 7622–7639: the scheme of the traitors, 7549–7606, 7644–49, 8473–89: Charlemagne menaces the guarantors during Ferraut's absence, 8490–

How is Renaut's presence in this *chanson* to be accounted for? Subrenat, in his 1974 monograph on *Gaydon*,[14] points out the indebtedness of the whole *chanson* to the Pseudo-Turpin tradition. In both texts, but in contrast to the *Chanson de Roland*, Ganelon is simply a *vulgaire traître sans scrupule*; Marsile is killed at Roncevaux; Thierry escapes from the Roncevaux battlefield; his duel with Pinabel takes place before the army's return to France. And Renaut d'Aubespin is one of eight characters, all unknown to the *Chanson de Roland*, whom the author of *Gaydon* took over from the Pseudo-Turpin tradition to use for his own purposes. Whereas the Pseudo-Turpin had had them all die at Roncevaux, the author of the *Gaydon* simply lets them live on, although the action of the *Gaydon* is supposed to take place after that of the Pseudo-Turpin. What mattered for the later author were simply the 'authentic' names. So far Subrenat's analysis in 1974, with which I fully agree.[15]

(2) The Dutch *Lorreinen* epic, from the second half of the thirteenth century, offers quite a similar picture. It is preserved only in approximately twenty fragments. Preparatory to the edition he is planning, J. B. van der Have devoted his Leiden doctoral thesis to it.[16] In the eleven-and-a-half-page summary of the plot, *Reinaut van den Witten Dorne* is not even mentioned. At my request, Dr. van der Have most amiably and thoroughly informed me[17] that Renaut is, "to be sure, a character of the second rank," though his name occurs twelve times

---

8507: the dénouement). In the ed. Guessard and Luce (1852 [1966], vv. 3128 s., 4095 s., 5732 s., 6033 s., 6378 s., 7624 s., 8465 s.)

14 Subrenat (1974, pp. 72 s.).

15 It is true that in the introduction to his 2007 edition of the *Gaydon* (pp. 20–23), Subrenat somewhat tones down these conclusions. More than in 1974 he is now impressed by the fact that several of the elements first surfacing in the Pseudo-Turpin found their way into what by 1230 had become a kind of universally known Roncevaux tradition, embodied especially in the *remaniements* of the *Chanson de Roland*. Therefore, he now views the *Gaydon* as primarily drawing on that 'tradition'. And yet, as he himself still insists, one of the most forceful narrative elements of the whole *Gaydon* is not found in that tradition, but only in the Pseudo-Turpin: the presence of (Thierry-)Gaydon at Roncevaux by the side of the dying Roland, as the only witness of Roland's last words – for Gaydon an indelible experience which, after his escape, impelled him to become Roland's avenger, whatever enmities he might incur (cf. vv. 460–79 of Subrenat's edition). In 2007, Subrenat does not mention again *Renaut d'Aubespin*, but is not his case exactly analogous to the motif of Gaydon's presence in Roncevaux? In the eighty years between the Pseudo-Turpin and the *Gaydon*, *Renaut d'Aubespin* is not mentioned anywhere let alone in the Roncevaux tradition, and by 1230 manuscripts of the Pseudo-Turpin seem to have already been several times more numerous than those of the *Chanson de Roland* and its *remaniements* – what else should we conclude but that the author of the *Gaydon* was drawing directly or indirectly on the Pseudo-Turpin?

16 Van der Have (1990, *passim*).

17 By e-mail, February 9, 2004.

in all – as follows: (1) Charlemagne and Agolant have twelve Franks fight twelve pagans. The Franks are victorious, Renaut is one of them (3 occurrences of the name). (2) When a full battle between the two armies ensues, Renaut rescues a Frankish duke from a precarious situation (1 occurrence). (3) In Paris, when two judicial duels are imminent, Renaut and Arnaut de Bellande advise the Emperor to demand, first of all, qualified guarantors; the two are then ordered to maintain law and order during the duels on the Île de la Cité (2 occurrences). (4) In a particularly complicated phase of the court case between the Lorrains and the Bordelais, Charlemagne sends Renaut and two others to Bordeaux to investigate whether a certain Count Gubelin is still alive. Gubelin is, but one of the Bordelais clan outwits the investigators and locks them up in a tower (5 occurrences). (5) Renaut is enraged at Charlemagne's credulity vis-à-vis Ganelon (1 occurrence). To sum up in my own words, I should say that here again, our Renaut is a faithful, but otherwise nondescript figure 'put to good use' by Charlemagne, or rather by the author.

How did he get into the Dutch *chanson*? That this part of the *Lorreinen* is heavily dependent on the Pseudo-Turpin was observed as early as 1844 by Jonckbloet and in 1892 by Huet, finally proven in detail in 1990 by van der Have.[18] In addition, Dr. van der Have pointed out to me that the *Lorreinen* epic coincides with the Pseudo-Turpin in no fewer than eleven characters, seven of whom, including our Renaut, bring with them hardly more than their names – as was the case in *Gaydon*.

C) Curiously enough, in his discussion of *Ra(g)inaldus de Albo Spino*, Jordan (1905) overlooked the only text for which one might doubt whether it depended on the Pseudo-Turpin or on a common source. That text is the *Gesta Karoli Magni ad Carcassonam et Narbonam* or Pseudo-Philomena, written in the monastery of La Grasse near Carcassonne, rather between 1237 and 1255 than shortly after 1200.[19] In its introductory list of Charlemagne's fifteen most prominent fighters, *Raynerius de Albo Spino*[20] comes third right after Roland and Olivier so that here again he seems to rank high, but he does not reappear in the text. The form *Raynerius* may be due to an intermediate stage abbreviating the name as *Rayn.*; at any rate, it is not a serious argument against that character's being identical with the Pseudo-Turpin's *Rainaldus*.

---

18 Van der Have (1990, pp. 123–126). As Dr. van der Have points out, the *Speculum Historiale* by Vincent of Beauvais, which has integrated verbatim most of the Pseudo-Turpin, seems to have served as an intermediary.
19 For the date, see Heitzmann (1999, pp. XXXIVs.) versus Schneegans (1898), p. 39.
20 See ed. Heitzmann (1999, p. 4, l. 22): all mss. of the Latin text read *Albo Spino*. Cf. above note 1.

Now the Pseudo-Philomena shares several very specific traits with the Pseudo-Turpin: he consistently Latinizes Roland's name as *Rotolandus*, he calls Baligandus/Beliguandus a 'King of Saragossa', he knows Fernegandus/Ferracutus of Nazara/Nájera (whom the Pseudo-Turpin is likely to have adopted from a local legend), and he mentions a *Torestagnus*, brother of Solomon of *Britannia*, corresponding to the Pseudo-Turpin's *Arastagnus*, King of *Britannia*,[21] with neither *Torestagnus* nor *Arastagnus* appearing in any other epic text from France. Even if we do not simply consider these elements as invented (or at least introduced into the 'Matter of France') by the Pseudo-Turpin himself, they presumably have such different ultimate origins that it is quite improbable for them to have co-occurred twice independently, in the Pseudo-Turpin and in the Pseudo-Philomena. Therefore, the Pseudo-Philomena is also likely to be dependent on the Pseudo-Turpin, though possibly via a lost intermediate stage.[22]

Three New Arguments in Favor of the Identification

Our findings up to this point may be compressed into one statement: for the Pseudo-Turpin around 1150, *Ra(g)inaldus de Albo Spino* was one of the strongest epic heroes of Charlemagne's time, but later on, there is no evidence that anybody still knew his name except from drawing – directly or indirectly – on the Pseudo-Turpin.[23] This contrast is all the more astonishing seeing that, by and large, in those generations the genre of the *chanson de geste* went through a period of growth and elaboration: for heroes already popular, the main stories were retold and expanded, *'Enfances'* and continuations were invented etc.

The above statement also implies that all arguments produced in the scholarly literature against the identicalness of the two Renauts have been disproven, as they are all based on post-Pseudo-Turpin allusions. This should now encourage us to pursue a contrary course and look for circumstances making an identicalness more probable. The Pseudo-Turpin is the only remaining witness for Renaut d'Aubépine, but, even from the words of this witness, one may draw three conclusions that have thus far been overlooked:

---

[21] See ed. Heitzmann (1999), index of names.
[22] His latest editor, Heitzmann (1999, p. XXXIX), also thinks it probable that he (superficially) knew the Pseudo-Turpin. Schneegans (1898) had denied that dependence, probably because he failed to see the correspondences for both Ferracutus and Arastagnus.
[23] To be complete concerning *Rainaldus de Albo Spino*, let us add that, together with the entire text of the Pseudo-Turpin, the character found his way into all translations of that work and into several comprehensive chronicles of the Late Middle Ages; for details see Moisan (1986), t. I, part 2, and t. II, part 2, s. v. *Renaut d'Aubespin(e)*.

(1) We have seen that the Pseudo-Turpin 'ranks' his Renaut between Ogier and Roland. Is it really pure chance that, in the *Renaut de Montauban* as well, Ogier and Roland are the only two of Charlemagne's warriors who are approximately Renaut's equals, the poet visibly using his narrative skill to stop any confrontation between Renaut and one of them shortly before it might prove fatal?

(2) Does the Pseudo-Turpin tell us anything about the geographical location of Aubépine? Yes, indirectly: it must be located – like the Montauban of the later *chanson* – in Southern France exclusive of the South-East. This may be deduced from the way the Pseudo-Turpin distributes the dead of Roncevaux among cemeteries in Arles, Bordeaux and Belin (some 25 miles south of Bordeaux, on the same branch of the *chemin de Saint Jacques*).[24]

According to his Chap. XXVIII, the cemeteries in Arles and Bordeaux were the most venerable in France. As he states explicitly (Chap. XXIX), it was 'the Burgundians' [both from the duchy in the *regnum Franciae* and from the whole realm of Burgundy or Arelate in the *imperium*] who carried their dead to Arles, among whom he includes Estout Count of Langres and Arnaut of Bellande (~Nice)[25] and with whom he affiliates Thierry d'Argonne/d'Ardenne and Naimes of Bavaria in his somewhat superficial, but understandable geography. The rationale is clear: of the three places, Arles was chosen for those warriors to whose home it was nearest.

But what, then, is the criterion that distinguishes Belin from Bordeaux? To the best of my knowledge, that question has never yet been answered,[26] though the answer is fairly obvious. In contradistinction to Arles and Bordeaux, the Pseudo-Turpin calls Belin a *villa macilenta*, so that a burial there (and more specifically, *in uno tumulo*, as the Pilgrim's Guide specifies) was an emergency measure. And in fact who was buried there? Olivier Count of Geneva, Gondebœuf King of Frisia, Ogier King of Denmark, *Arastagnus* King of (part of) Britain,[27] Garin of Lorraine 'and many others' – in other words, warriors whose

---

24 With three exceptions: Roland is buried at Blaye (the tradition to that effect being too strong to be disregarded; see e.g. Jullian 1896, *passim*), and two 'allied' contingents carry their leaders home: the Bretons carry their Count Hoel to Nantes, the Romans their 'Prefect' Constantine (partly by sea) to Rome.

25 Outside of the epic literature, *Bellanda* as a name for Nice (or for the rock on which its fortress was built) appears in a list of the towns, *villae* and castles of the County of Provence drawn up around 1200. Cf. Poindron (1934), *passim*, Benoît (1955), *passim*. There does not seem to be any cogent reason to doubt the identification of the epical *Bellanda/Bellande* with Nice or its fortress, though from approximately 1200 onwards several authors seem to have ignored it.

26 Compare especially Moisan (1981), *passim*.

27 *Britannia* here is Britain, not Britanny. In fact, *Arastagnus* etymologically represents 'Aethelstan' (this English name being remembered in France because sisters of the historical King Aethelstan had been married to King Charles the Simple, Duke Hugh the Great of Paris

homes were too far distant for the corpses to be transported there in the heat of the summer.[28]

Which heroes are then left for Bordeaux? As far as they can be localised,[29] they are from the South exclusive of the South-East: Gaifier, King of Bordeaux, Engelier, Duke of Aquitaine, Lambert, King of Bourges (a town which in Carolingian times belonged to Aquitaine), Gautier de Termes (also known as *le Toulousain* or 'of Blaye'), Begon of Belin or Blaye – and they are joined here by *Ra(g)inaldus de Albo Spino* so that he also is likely to be from the South exclusive of the South-East.

(3) The epithets *van den Witten Dorne* in the Dutch *Lorreinen* and *of the Wite Thorn* in a Middle English translation of the Pseudo-Turpin[30] show explicitly what is almost self-evident: that the etymological meaning of *de Albo Spino* continued to be felt. To be sure, the white hawthorn did lend its name to a number of small places in France; Nègre[31] lists four of them, all on Provençal or Franco-Provençal soil. But is this not a strange name for the fief of one of the strongest heroes in France? Would any author choose that name unless he wanted to suggest that the hero, either at the beginning or during a critical

---

and, very probably, King Conrad of Upper Burgundy). Moreover, in Chapter XI, the Pseudo-Turpin had added to the mention of *Arastagnus* the remark: 'there was at that time still another king in *Britannia* [=Britain] of whom I shall say nothing here.' In Britanny, two simultaneous 'kings' would be difficult to imagine, and, anyhow, the Bretons are ruled by their 'Count' Hoel (see above, note 22).

28 This is at any rate how the Pseudo-Turpin apportioned its share to Belin. But a (probably more vague) tradition prior to the Pseudo-Turpin seems to have existed at Belin because the contemporaneous (or even slightly older) Pilgrim's Guide says (in its Chap. VIII) that the sepulchral *tumulus* was visited there. At an initial stage, both Belin and Blaye (for the latter, see note 24) seem to have owed their status as burial places in the Roncevaux tradition to their situation on the border of 'France proper' in times when Gascony, either without the Bordelais (as in 778 and again in the tenth century until about 980) or including the Bordelais (as from about 980 to 1032/1058), was a semi-independent state. A burial at Belin or Blaye, respectively, may have been considered the minimal fulfillment of a French king's moral duty to bury the more renowned of his dead warriors 'in native soil'. The subject was touched upon by Jullian (1896), but merits a more detailed treatment than is possible here.

29 Gerin and Gerer cannot. *Guielinus* is attributable to Southern France on the assumption that he is one of the younger Aymerids. On the other hand, in Chap. XI, both Meredith-Jones (1936) and de Mandach/Hämel (1965) read *Guielmus* instead of *Guielinus* even in the *Codex Compostellanus*, and, in both Chap. XI and XXIX, other mss. also have that reading or even *Guillelmus*, *Willelmus*. Therefore, possibly the author and certainly many scribes thought of the great William *al curb nés* who also fought exclusively in the South (but who, in the mind of the Pseudo-Turpin, need not yet have been dubbed 'of Orange').

30 Moisan (1986), t. II, part 2, s. v. *Renaut d'Aubespin(e)*.
31 Nègre (1990–1998, nos. 22772 s.)

period of his career, had lived under extremely modest circumstances? And since social climbers were rather rare at the time in both reality and fiction, should we not think less of an upstart than of an exile or outlaw who had to make a fresh start in a modest place which was named – or even, which he named – after a hawthorn?

Why and When was 'Aubépine' Replaced by 'Montauban'?

If these observations are correct, that is, if Renaut d'Aubépine compares as a fighter with Ogier and Roland, is named after a small fief in the South excluding the South-East, and has something of an exile or outlaw nature about him, it is difficult not to hypothesize that, at some point after 1150, a poet of genius transformed him into the Renaut de Montauban we know. This poet must have done so with such success that the new name rather quickly superseded the old one, so that in the following century, readers of the Pseudo-Turpin no longer recognized the one in the other – a process no more astonishing than the fact that the historical Girart Count of Vienne lives on in the *chansons* as Girart de Viane, Girart de Roussillon and Girart de Fraite/d'Eufrate, the original identity of the three going unrecognized.

But what then was the motive for changing the name of Renaut's fief?

In present-day France, the toponym *Montauban/Montalban/Montalbà* seems to first surface in the Provençal-Catalan border zone. According to the recent *opus magnum* on Catalan historical toponymy, Montalbà 'del Castell' near the northern border of the Roussillon, attested in 955 as *Montealbo*, had become *castrum in Monte Albani* by 1118.[32] Within the medieval boundaries of France, the name appeared in October 1144, when Count Alphonse-Jourdain of Toulouse founded the town which is today the *chef-lieu* of the Departement of Tarn-et-Garonne.[33] And here we can better study the etymology of the name: for France at least, we probably have to acknowledge a two-stage etymology, consisting of a 'remote etymology' Latin *Mons Albanus* plus its re-interpretation as Provençal *mon(t)+albán* 'white mountain'.

---

[32] Coromines (1996), s. v. *Montalbà*. – Basseda (1990, pp. 522–525), had quoted the mention in 955 as *Monte Albano*, a reading difficult to accept for that time if only because it would remain isolated for more than 160 years in the whole of Europe. Furthermore, Basseda had attributed the attestation from 1118 to Montalbà d'Amèlia near the southern border of the Roussillon, a difference that is irrelevant to our discussion.

[33] Cf. Ligou (1984, p. 25 s.).

In fact, the *Mons Albanus* 15 miles southeast of Rome had been an important site in Roman history: along with Livy, Varro, Cicero, Pliny and others, Vergil also mentions it (*Aeneid* 12.134–137):

> At Iuno e summo qui nunc Albanus habetur
> (tum neque nomen erat neque honos aut gloria monti)
> prospiciens tumulo campum aspectabat et ambas
> Laurentum Troumque acies urbemque Latini.

'Then' the mountain was not yet famous, in other words, 'now', in Vergil's time, it was. I find it improbable that a toponymic compound *mont-+alban-* occurring in the *Aeneid* with that connotation should be formed a second time in the Middle Ages by pure chance – all the more improbable since *albán* 'white' (in the competing etymology) was already a rare word in Old Provençal (and unattested in Catalan), not likely to come to mind spontaneously, the current expression for 'white' already being *blanc*. So the Latin compound seems to have been present in the mind of the founders of the first medieval Montauban(s?), at least as a phonemic-graphemic template with a vaguely 'classical' ring and susceptible to being filled with a new content.

In the case of Alphonse-Jourdain's foundation, this reinterpretation took place as follows. The new Montauban, under the Count's direct jurisdiction, was in the immediate neighbourhood of a much older place called Montauriol, 'the golden-coloured mountain',[34] owned by a monastery. Alphonse-Jourdain's policy was clearly to attract inhabitants from the old place to the new one, and he was so successful that less than a year later, the Pope, siding with the monastery, complained angrily about the Count in a bull to the Bishop of Toulouse.[35] Evidently, the new name was mainly meant as a counter-formation: the 'white mountain' in successful rivalry with the 'golden mountain'. As to the specific appropriateness of both names, geographer Albert Cavaillé attributes them to the different colors of the soil of the two places: whitish vs. reddish.[36]

Around twenty years after the new town was founded, the author of the *Eneas*, the French adaptation of the *Aeneid*, introduced a Montauban into his narrative at an earlier point than his Latin model would have induced him to do. For him, *Montauban* is the name of the more or less improvised 'castle' in which the Trojans entrenched themselves during the time when their leader, Aeneas, was absent, in order to win Evander as an ally, and

---

[34] For this meaning of *Montauriol*, a toponym not unusual in Southern France, see Nègre (1990–1998, nos. 5275 and 21802).
[35] Ligou (1984, p. 31).
[36] In the introductory chapter of Ligou's book, p. 10.

> Li chastiaus sist en blanche terre;
> por ce distrent li Troïan
> que il avroit nom Montauban.³⁷

Here again, *Montauban* is the name not just of a mountain, as it is in the Latin model, but of a settlement, this time a 'castle', and the 'whiteness' etymology is even explicit.³⁸

Starting with the founding of the town in Southern France, and more clearly so after the *Eneas*, the toponym became truly fashionable throughout France and beyond. There is late twelfth-century evidence for one Montauban in the South-East (Drôme) and three Montaubans in the northern half of France (Pas-de-Calais, Somme and Ille-et-Vilaine), even these with *-an*, not *-ain*, up to this day, thus attesting classical or Provençal associations. For one of them, the 'whiteness' etymology surfaces in an ephemeral Latinisation *Mons Albus* alongside the normal *Montalban*.³⁹ Furthermore, in Catalonia proper, near Urgell, a *Monte Albano* is attested in 1174.⁴⁰ In Southern Aragon, the Montalbán 90 km south of Saragossa is mentioned in the *Poema de Mio Cid* (vv. 952 and 1089, cf. v. 904) as a Muslim place laid under contribution by the Cid shortly before 1090 though being then under the protection of Catalonia, but it is quite improbable that the place bore that name prior to its reconquest by the Catalans of Ramón Berenguer IV around 1160. In Southern Castile, 40 km west of Toledo, a castle of Muslim origin was ceded in 1145 by Alfonso VII to the Archbishop of Toledo who somewhat later renamed it Montalbán and gave it to the Templars.⁴¹ Finally, in Norman South Italy, both Montalbano Ionico and Montalbano di Elicona surface in the third quarter of the twelfth century.⁴² In the present context, it is irrelevant to what (probably varying) extent this toponymic fashion was deter-

---

37 Ed. Salverda de Grave (1925–29, vv. 4284–86). The first to see the above verses as possibly being of interest in regards to the *Renaut de Montauban* was Jeannine Oosterlynck, a student of Jacques Thomas; see the latter (1981a, p. 17, note 1).

38 Following the example of the *Eneas*, the troubadour Guiraut de Calansó likewise used *Montalban* without the definite article when in his *sirventés* 'Fadet joglar' (shortly before 1200) he referred to the battle between *Escanëus* (Ascanius) and *Tornus* (Turnus). His first editor, Bartsch (1856 [1966], p. 97) was ill-advised to emend the *de Montalban* of the two mss. into *del Montalban*. (Correct in Keller [1905], p. 53.) Less understandable is that Wiacek (1968), s. v., subsumed this occurrence under 'Montauban [...] chef-lieu du Département de Tarn-et-Garonne'.

39 Nègre (1990–1998), nos. 5274 and 21800, and de Mauny (1969), pp. 43 s., a study kindly referred to me by Michel Marechal, Director of the Archives of the Ille-et-Vilaine (letter dated September 6, 2004).

40 See Coromines (1996), s. v. *Montalbà*.

41 Jiménez de Gregorio (s.d.), pp. 51 and 58.

42 Gasca Queirazza et al. (1997), s. vv.

mined either by the emulation of Alphonse-Jourdain's successful town-founding activity or rather by the classical association.⁴³ What matters here is simply that the fashion did exist, as this implies that in the later twelfth century, *Montauban* was a sonorous and imaginative name for new foundations, and, as long as people could place a new Montauban anywhere, a poet could certainly do the same.⁴⁴

As already mentioned, in those centuries epic plots had a tendency to grow, not only in length and number of episodes, but also in the intensity and dimensions of the action itself. Therefore, an aggrandizement of *Aub-espin(e)* into *Mont-aub-an*, replacing the earthy *espin(e)* by the lofty *mont*, would certainly have been in the spirit of the times.⁴⁵

But the poet of genius to whom we owe the oldest preserved form of the *Renaut* would also have had a more specific motive. A hero's life had to have its lows, but also its highs, so our poet might devise to have Charlemagne, on his return from Compostela, discover an unusually proud and strong castle, only to learn that it belonged to Renaut and his brothers, whom the emperor had all but forgotten. His newly aroused hatred would then usher in the central part – and in the opinion of most critics the climax – of the whole plot. Evidently, the more magnificent the castle, the more plausible the emperor's embittered reaction.⁴⁶

And, indeed, even the oldest preserved version of the *Renaut* as represented in ms. D, in general remarkable for its conciseness, spends thirty-five verses on

---

43 One cannot even rule out the possibility that one or the other of these places already reflects the epic – but let us avoid circular reasoning and stick to the more tangible motives for name-giving.

44 The tradition which identifies the *Renaut*'s Montauban with Cubzac (Gironde) seems to be first attested by Matthew Paris who wrote his *Historia Anglorum* around 1250, referring here to an event of the year 1206, cf. Bédier (1929, 244 note), but in spite of its relatively early date, it is clearly based on an interpretation of the chanson.

45 This can even be considered as the modest beginning of a process that persisted for centuries: compare the development of the *Renaut* within approximately two centuries from the relatively concise version of ms. D (ed. Thomas 1989) to the *version aristocratique* of almost double length (ed. Verelst 1988; for length, see Verelst's introduction, p. 30; for new episodes, pp. 36–40), and finally to the five-volume *ensemble monumental* of the *prose amplifiée* (on this, see Verelst, pp. 6 and 55 s.). The increase in length and in episodes is paralleled by *une certaine surenchère, voire une certaine démesure* (Verelst, p. 55). On the same subject, also see Suard (1987).

46 To be sure, Charlemagne's pilgrimage to Compostela had been a constant theme since the Pseudo-Turpin. But that this was not the only imaginable way to set the action going again is shown by the later *version aristocratique* (ed. Verelst 1988, vv. 3280 s.), in which a French knight returning from Compostela sees Renaut and his brothers at the court of King Yon in Bordeaux and reports this to Charlemagne in Paris.

King Yon's magnanimous decision to give out in fief a place from which his whole realm could be dominated. In building the castle, Renaut is said to have employed more than a hundred carpenters and more than a thousand masons; the new adjoining *vile*, planned and properly walled simultaneously with the construction of the castle, soon housed five hundred well-to-do *borjois*, who had brought their gold and silver with them, and seven hundred more people in agriculture and wine-growing occupations.[47] Thus there was good reason indeed for a noble name like Montauban.

An Internal Metamorphosis of the Name 'Montauban'

The circumstance that the author took that name from reality does not necessarily imply that he or the later *remanieurs* entertained the same ideas about its etymology as we do. In ms. D we read:

> [*King Yon*] apela Renaut si li dist en riant:
> «Com a non cist chastel ? ne me celez noiant.
> – Sire, il n'a point de non, jel vos di veirement.
> »Quant je vinc ci a vos o trestote ma gent,
> »Rois, vous me retenistes mult debonairement;
> »Or li metez le non tot al vostre comant.
> – Certes, ce dist li rois, ci a leu bel e gent:
> »Montauben [*sic*] avra non qui sor la roche pent.»[48]

Jacques Thomas does not commit himself on the exact meaning of these verses.[49] In my opinion, one may vacillate between two interpretations.

On the one hand, the hemistich *qui sor la roche pent* possibly harks back to a similar hemistich twenty-three verses earlier:

> Et .llll. tors de marbre sor la roche pendant.

In that case, the dominant element in the overall appearance of castle plus *vile* would be the marble in its 'whiteness', and the underlying etymology would still be the same as for the Southern French town and the Trojans' castle.

---

[47] Ed. Thomas (1989, vv. 4220–4234, 4270–4304, 4307–4308, 4345–4353). In this context, let me also quote Thomas (1981a, p. 16): « La qualité du site et sa puissance, la richesse des constructions et des habitants – on dirait toute une ville plutôt qu'un château – sont importantes pour pouvoir résister à une attaque éventuelle de Charlemagne – Allard y fait allusion –, mais aussi comme assise matérielle de la personnalité même de Renaud, surtout après ce qu'il a subi ».
[48] Ed. Thomas (1989, vv. 4329–4336).
[49] Thomas (1981a, pp. 16 s.).

On the other hand, whereas even Old Provençal *albán* 'white', a derivative of Latin *albus*, was already a rare word, its Old French cognate *aubain* is no longer attested at all as an adjective; it lived on only as a noun in two specialized meanings, 'white horse' and 'a certain bird of prey with some white feathers'.[50] It is therefore not astonishing to see the versions of the *Renaut* slide into a different etymology. It is possible that the author of the version in ms. D already thought of the other Old French *aubain* (rarely *aubaine*), meaning 'stranger', a word identical with early medieval Latin *albanus* 'hailing from *alibi*, elsewhere'.[51] He may have considered that concept as being implicit in Renaut's preceding statement that he and his followers had come [from abroad] to solicit Yon's hospitality.

As Thomas remarks,[52] this explanation is even more plausible for the rather closely related ms. P,[53] from which he quotes the three pertinent verses:

«Sire, ce dist Renaut, ja l'orrez voirement:
Je m'i herbergerai et trestote ma gent,
Si ait nom Montaubains (*ms.* mont aubains) qui sus la roche pent.»

Here, Renaut himself gives the castle its name (and, as a Frenchman, he uses the French form in *-ain*).

Finally, the new etymology becomes fully explicit in ms. L, as edited by Castets:[54]

[*King Yon*] apela Renaut, si li dist en riant:
«Com a nom cist castiaux? ne me celes noiant.»
«Sire, ce dist Renaus, encor ne sai comment.
Jo ving ici aubaines[55] jo et tote ma gent;
Or, li metrois le non tot à vostre talent.»
«Certes, ce dist li rois, molt par a ci liu gent.
Montalban ara non, ki sor la roche pent.»[56]

---

50 FEW, vol. XXIV (*refonte* of vol.I), s. v. *albanus.
51 FEW, vol. XXIV, s. v. *alibanus.
52 Thomas (1981a, p. 16 with note 2).
53 In the Ardennes episode, P stands nearest to D in the stemma, see Thomas (1962, vol. I, p. 190). In the first part of the Gascony episode, the relationship is somewhat looser, but still mss. N and P, forming a group here, are fairly close to D, see Thomas (1987, p. 143, Sect. III 1).
54 Castets (1909, vv. 4189–4194).
55 The fact that the form in *-e* seems to designate male persons only once outside the *Renaut* (compare Tobler/Lommatzsch s. v. *aubaine* with the article *alibanus* in the FEW, vol. XXIV) is irrelevant because the more normal *aubain* (FEW, art. cit.) would fit the meter here as well.
56 A harking back from the hemistich *ki sor la roche pent* to the verse mentioning the 'marble', possible in D (see above), is definitely ruled out here because in L that verse is quite different in its second hemistich (ed. Castets 1909, v. 4176): *Et une tor de mabre droite contre le vent*. In

The Protagonist Amid the Other Constituent Elements of the Chanson

If our hypothesis on the original identicalness of the two Renauts is correct, what we have succeeded in tracing back to the middle of the twelfth century is a protagonist plus some elements of a plot. Admittedly, from the earliest preserved version of the *chanson* onwards, both its literary value and its popularity did not depend solely on the person of Renaut. Without his cousin Maugis and without the unshakeable mutual solidarity of the four Aymonid brothers, symbolized by a Bayard carrying all four, the *chanson* would not be nearly what it is. There is some evidence prior to the oldest preserved *Renaut* pointing to both the Maugis character and the four brothers theme, but it is difficult to assess with respect to the preserved *Renaut*.

For Maugis, I believe to have shown[57] that in at least one central scene – which may easily have become a core event for other scenes – he, as outlaw, daredevil master of disguise and favourite object of Charlemagne's hatred and apprehensions, was modeled on Adelgis, Charlemagne's historical archenemy: in fact, Adelgis had lived on in legend as *Algis* at least into the eleventh century, as witnessed by precisely that *Chronicle of the Novalese* to which we owe so much other legendary material of interest to students of the *chansons de geste*. But this does not answer the question regarding when such a character was integrated into the plot of a *Renaut*.

As to the four brothers theme, new evidence has unexpectedly surfaced from José Mattoso's study (1968) of early Portuguese monasticism.[58] In Portugal, at Paço de Sousa, about 15 miles east of Porto, the tomb of a certain Ega Mon(i)iz († 1146)[59] or of his son († 1137),[60] members of the influential *Gasco* fam-

---

the fourteenth-century *version aristocratique*, the passage on the name-giving (ed. Verelst 1988, vv. 3267–3275) is again problematic: around the new castle and town, the forests were all *auben*, and the settlers received the wood free to build their houses with. Castets (1909, variant readings for v. 4194) thought of 'bois d'aube', thus bringing up for discussion still another etymology (on *aube* as a term for trees and types of wood, see FEW, vol. XXIV, s.v. *alba*, pp. 307 s.), whereas Verelst (*ibid.*, v. 939) refers to *aubain* 'stranger', albeit with a question mark. Could the adjective simply mean here 'not privately owned', a meaning interpretable as the intermediate stage between Old French *aubain* 'owned by a stranger and falling on his death to the sovereign' and Modern French (*belle*) *aubaine* 'unexpected fortunate find (originally: of an ownerless object)'?

57 Beckmann (1973), *passim*.
58 The book was brought to the attention of literary historians by Thomas (1987), pp. 149 s.
59 Or rather 1136? Mattoso (1968, p. 323) quotes the sepulchral inscription as bearing the date 'Era 1174' [corresponding to A. D. 1136], but converts this into '1146'. One of the two dates must be wrong.
60 Mattoso (1968, pp. 324 s.).

ily who seems to have immigrated from Gascony,⁶¹ is remarkable for its contemporaneous bas-reliefs. On one of the four sides, there is a series of (six?) scenes which has not been the subject of any overall interpretation. But the first scene clearly shows a horse with an unnaturally lengthened body carrying three or four riders, the feet of the first person being invisible, so that he was possibly intended to stand behind the horse and hold it by the reins. Nevertheless, that he belongs with the three as their equal is almost certain because the fifth (?) scene shows four men in the same bed.⁶² Mattoso was the first to think of the *Quatre fils Aymon*, and Jacques Thomas and Maurice Piron, as the foremost authorities on the matter, confirmed to him that there is no other known popular or literary tradition conccerning a horse carrying four people.⁶³ Since the other scenes resist interpretation, it remains doubtful that any scene refers to an early *Renaut*. But even if none do, the first scene suggests that the theme of four inseparable brothers on a common horse had emerged, e.g. in Gascony, before the preserved *Renaut*. Polygenesis is unlikely, and yet the moment of the integration of the theme into a *Renaut* plot again remains undetermined.

Therefore, as things stand, it may well have been the great poet of the later twelfth century who integrated both themes into the story. If so, he not only integrated, but elaborated them magnificently. Flowing from his quill, Maugis, from a one-scene man, became an ever-haunting character, and the group of the four brothers, beyond the basic fact of their solidarity, received an exquisitely balanced internal structure.⁶⁴ Seen from this perspective, is his achievement any less admirable than if he had freely invented both themes?⁶⁵

---

61 Mattoso (1968, pp. 73 s.).
62 Or on their common deathbed?
63 Mattoso (1968), pp. 325 s.
64 See the interpretations of the preserved *Renaut* by Verelst (1981), concerning Maugis, and by Thomas (1981b), concerning the brothers. Joel Grisward (1984), *passim*, hypothesizes in a Dumézilian line of approach that the four brothers plus Maugis plus Renaut's wife perpetuate an age-old epic pattern of 'five warrior brothers with a common wife', as evidenced in the *Mahābhārata*. But as long as no intermediate stages can be found, we are moving here into the broad no man's land between longevity of structure and polygenesis.
65 As for *Dordone*, the home of all four brothers, one more toponym in the *Renaut* which had long remained mysterious, I have recently tried to elucidate its origin (Beckmann 2008, pp. 64 s.).

References

Aubri de Troisfontaines (1874): Chronica Albrici Monachi Trium Fontium, ed. P. Scheffer-Boichorst. In *Monumenta Germaniae Historica, Scriptores*, vol. 23 (pp. 674–750). Hanover: Hahn.
Bartsch, Karl (1856): *Denkmäler der provenzalischen Literatur*. Stuttgart: Litterarischer Verein (reprint: Amsterdam: Rodopi, 1966).
Basseda, Lluís (1990): *Toponymie historique de Catalunya Nord*. Prades: Centre de Recerques i d'Estudis Catalans.
Beckmann, Gustav Adolf (1973): Maugis d'Aigremont. Zur Genesis einer literarischen Gestalt. *Zeitschrift für romanische Philologie* 89, 148–166.
Beckmann, Gustav Adolf (2008): Les deux Alpais et les toponymes épiques (Avroy-) Auridon-Oridon-Dordon(e). *Le Moyen Âge* 114, 55–65.
Bédier, Joseph (1929): *Les légendes épiques*, vol. IV of the 3rd edition. Paris: Champion.
Benoît, Fernand (1955): La « géographie des chansons de geste » et le Canal des Fosses Mariennes. In *Recueil [...] Clovis Brunel*, vol. I (pp. 130–137). Paris: Société de l'École des Chartes.
Castets, Ferdinand (Ed.) (1880): *Turpini historia Karoli Magni et Rotholandi*. Montpellier: Bureau des Publications de la Société pour l'Étude des Langues Romanes.
Castets, Ferdinand (Ed.) (1909): *La chanson des Quatre Fils Aymon d'après le manuscrit La Vallière [...]*. Montpellier: Coulet (reprint: Geneva: Slatkine, 1974).
Coromines, Joan (1996): *Onomasticon Cataloniae*, vol. 5. Barcelona: Curial.
de Mandach, André, & Hämel, Adalbert (Eds.) (1965): *Der Pseudo-Turpin von Compostela*. Munich: Verlag der Bayerischen Akademie der Wissenschaften.
de Mauny, M. (1969): *Le château et les seigneurs de Montauban-en-Bretagne*. Saint-Germain-en-Laye (private printing).
Díaz y Díaz, Manuel C. (1988): *El Códice Calixtino de la Catedral de Santiago*. Santiago: Centro de Estudios Jacobeos.
Gasca Queirazza, Giuliano, et al. (1997): *Dizionario di toponomastica*. 2nd ed., Turin: UTET.
Grisward, Joel (1984): Aymonides et Pāndava: l'idéologie des trois fonctions dans *Les quatre fils Aymon* et le *Mahābhārata*. In *Essor et fortune de la Chanson de geste dans l'Europe et l'Orient latin (Actes du IXe Congrès international de la Société Rencesvals, Padoue-Venise, 29 août – 4 septembre 1982)*, vol. I (pp. 77–85). Modena: Mucchi.
Guessard, F. & Luce, S. (Eds.) (1852): *Gaydon, chanson de geste publiée pour la première fois d'après les trois manuscrits de Paris*. Paris: Champion (reprint: Nendeln: Kraus, 1966).
Heitzmann, Christian (Ed.) (1999): *Gesta Karoli Magni ad Carcassonam et Narbonam*. Florence: Bottai.
Horrent, Jules (1951): *Roncesvalles, Étude sur le fragment de cantar de gesta conservé à l'Archivo de Navarra (Pampelune)*. Paris: Belles Lettres.
Jacopo d'Acqui (1848): Jacobi de Aquis Chronicon Imaginis Mundi. In *Historiae Patriae Monumenta*, vol. 5 (=*Scriptores*, vol. 3), col. 1357–1626. Turin: Regium Typographaeum.
Jiménez de Gregorio, Fernando (s.d.)': Poblamiento y repoblación del Señorío de Montalbán. http://www.pueblademontalban.com/Cultura/Historia. Consulted: May 2008.
Jordan, Leo (1905): *Die Sage von den vier Haimonskindern*. Erlangen: Junge.
Jullian, Camille (1896): La tombe de Roland à Blaye. *Romania* 25, 161–173.
Karl, Maria (1941): *Der Pseudoturpin des Sebastian Ciampi und seine Quellen*. Dissertation, University of Würzburg. Consulted in the typescript.

Keller, Wilhelm (Ed.) (1905): *Das Sirventes „Fadet joglar" des Guiraut von Calanso. Versuch eines kritischen Textes*. Erlangen: Junge.

Klein, Hans-Wilhelm (Ed. and transl.) (1986): *Die Chronik von Karl dem Großen und Roland. Der lateinische Pseudo-Turpin in den Handschriften aus Aachen und Andernach*. Munich: Fink.

Ligou, Daniel (Ed.) (1984): *Histoire de Montauban*. Toulouse: Privat.

Matthes, J. C. (Ed.) (1875): *Renout van Montalbaen, met inleiding en aanteekeningen*. Groningen: Wolters.

Mattoso, José (1968): *Le monachisme ibérique de Cluny: les monastères du diocèse de Porto de l'an mille à 1200*. Louvain: Bureau du Recueil de travaux d'histoire et de philologie.

Menéndez Pidal, Ramón (Ed.) (1917): "Roncesvalles", un nuevo cantar de gesta español del siglo XIII, *Revista de filología española* 4, 105–204.

Meredith-Jones, C. (Ed.) (1936): *Historia Karoli Magni et Rotholandi, ou Chronique du Pseudo-Turpin, textes revus et publiés d'après 49 manuscrits*. Paris: Droz (reprint: Geneva: Slatkine, 1972).

Moisan, André (1981): Les sépultures des Français morts à Roncevaux. *Cahiers de Civilisation Médiévale* 24, 129–145.

Moisan, André (1986): *Répertoire des noms propres de personnes et de lieux dans les Chansons de geste françaises et les œuvres étrangères dérivées*, 5 vols. Geneva: Droz.

Monteverdi, Angelo (1956): Rinaldo di Montalbano e Bernardo del Carpio a Roncisvalle. In *Coloquios de Roncesvalles (Agosto 1955)* (pp. 263–276). Saragossa: Diputación Foral de Navarra, Instituto Príncipe de Viana.

Moralejo, O., Torres, C. and Feo, J. (1951): *Liber Sancti Jacobi, Codex Calixtinus, traducción*. Santiago de Compostela: Consejo Superior de Investigaciones Cientificas, Instituto Padre Sarmiento.

Nègre, Ernest (1990–1998): *Toponymie générale de la France*, 4 vols. Geneva: Droz.

Paris, Gaston (1882): Le « Carmen de prodicione Guenonis » et la légende de Roncevaux, *Romania* 11, 465–518.

Philippe Mousket (1836–1845): *Chronique rimée de Philippe de Mouskés,* ed. le Baron de Reiffenberg, 2 vols. and supplement. Brussels: Hayez.

Pilgrim's Guide: see Vielliard.

Poindron, Paul (1934): Nice, Cap de Provence. *Mémoires de l'Institut Historique de Provence* 11, 99–103.

Poema de Fernán González, ed. Alonso Zamora Vicente (1978), 5th ed. Madrid: Espasa-Calpe.

Primera Crónica General de España, ed. Ramón Menéndez Pidal (1977), 3rd reprint, 2 vols. Madrid: Gredos.

Rehnitz, Rudolf (1940): *Die Grandes Chroniques de France und der Pseudoturpin*. Würzburg: Triltsch.

Roncesvalles: see Horrent and Menéndez Pidal.

Salverda de Grave, Jean-Jacques (Ed.) (1925–1929): Eneas, roman du XIIe siecle. 2 vols. Paris: Champion (reprint: Paris: Champion, 1964).

Schmidt, Paul Gerhard (Ed.) (1996): *Karolellus*. Stuttgart: Teubner.

Schneegans, Friedrich Eduard (Ed.) (1898): *Gesta Karoli Magni ad Carcassonam et Narbonam*. Halle: Niemeyer (reprint: Geneva: Slatkine, 1977).

Smyser, Hamilton Martin (Ed.) (1937): *The Pseudo-Turpin, edited from Bibliothèque Nationale, fonds latin, ms. 17656, with an annotated synopsis*. Cambridge, MA: The Mediaeval Academy of America.

Suard, François (1987): Le développement de la *Geste de Montauban* jusqu'à la fin du moyen âge. In Hans-Erich Keller (Ed.), *Romance Epic* (pp. 141–161). Kalamazoo: Western Michigan University Press.

Subrenat, Jean (1974): *Étude sur Gaydon, chanson de geste du XIIIe siècle*. Aix-en-Provence: Éditions de l'Université de Provence.

Subrenat, Jean (Ed.) (2007): *Gaydon, chanson de geste du XIIIe siècle, édition, traduction (en collaboration avec Andrée Subrenat), présentation et notes de J.S.* Louvain: Peeters.

Thomas, Jacques (Ed.) (1962): *L'épisode ardennais de « Renaut de Montauban », édition synoptique des versions rimées*. 3 vols. Bruges: De Tempel.

Thomas, Jacques (1981a): Signifiance des lieux, destinée de Renaud et unité de l'œuvre. In Jacques Thomas, Philippe Verelst, & Maurice Piron (1981): *Études sur «Renaut de Montauban»* (Romanica Gandensia 18), pp. 7–45.

Thomas, Jacques (1981b): '*Les Quatre Fils Aymon*: Structure du groupe et origine du thème'. In Jacques Thomas, Philippe Verelst, & Maurice Piron (1981): *Études sur «Renaut de Montauban»* (Romanica Gandensia 18), pp. 47–72.

Thomas, Jacques (1987): *Renaut de Montauban*: tradition manuscrite et traditions parallèles. In *Au carrefour des routes d'Europe: la chanson de geste (Xe Congrès international de la Société Rencesvals, Strasbourg 1985)* (pp. 141–162). Aix-en-Provence: CUERMA.

Thomas, Jacques (Ed.) (1989): *Renaut de Montauban, Édition critique du manuscrit Douce*. Geneva: Droz.

Thoron, Ward (1934) (Ed.): *Codex quartus Sancti Iacobi de expedimento et conversione Yspanie et Gallecie, editus a beato Turpino archiepiscopo*. Boston: The Merrymount Press.

Tobler/Lommatzsch: *Altfranzösisches Wörterbuch, Adolf Toblers nachgelassene Materialien bearbeitet und herausgegeben von Erhard Lommatzsch. Weitergeführt von Hans Helmut Christmann. Vollendet von Richard Baum und Willi Hirdt. Unter Mitarbeit von Brigitte Frey*. 11 vols. Berlin: Weidmann, later Wiesbaden: Steiner, 1922–2002.

van der Have, J.B. (1980): *Roman der Lorreinen: de fragmenten en het geheel*. Dissertation, University of Leiden. Schiedam. Scriptum.

Verelst, Philippe (1981): Le personnage de Maugis dans «Renaut de Montauban» (versions rimées traditionnelles)'. In Jacques Thomas, Philippe Verelst, & Maurice Piron (1981): *Études sur «Renaut de Montauban»* (Romanica Gandensia 18), pp. 73–152.

Verelst, Philippe (Ed.) (1988): *«Renaut de Montauban», Édition critique du ms. de Paris, B. N. fr.764 (R)*. Ghent: Rijksuniversiteit.

Vielliard, Jeanne (Ed.) (1997): *Guide du pèlerin de Saint-Jacques de Compostelle*, 4th printing of the 5th edition. Paris: Vrin.

von Wartburg, Walther (1928–), *FEW: Französisches etymologisches Wörterbuch*. Bonn: Klopp (later Leipzig: Teubner, Basle: Zbinden, Paris: Champion).

Walpole, Ronald N. (1947): Philip Mouskés and the Pseudo-Turpin Chronicle, *University of California Publications in Modern Philology* 26, no. 4 (pp. 327–440). Berkeley, CA: University of California Press.

Walpole, Ronald N. (Ed.) (1979): *An anonymous old French translation of the Pseudo-Turpin chronicle. A critical edition of the text contained in Bibl. Nat. MSS. fr. 2137 and 17203 and incorporated by Philippe Mouskés in his "Chronique rimée"*. Cambridge, MA: The Mediaeval Academy of America.

Wiacek, Wilhelmina M. (1968): *Lexique des noms géographiques et ethniques dans les poésies des troubadours des XIIe et XIIIe siècles*. Paris: Nizet.

Wolf, Ferdinand (1859): *Studien zur Geschichte der spanischen und portugiesischen Nationalliteratur*. Berlin: Ascher.
Wulff, Fredrik (Ed.) (1879–1881): *La chronique dite de Turpin, deux anciens textes francais.* […], II: *Texte contenu dans le ms. B. N. 2137 f. fr.* Lund: Berlings Boktryckeri.

Zwei Fehlspuren und ein Ersatz für sie

16 Sind Alpert von Metz und der Pseudo-Alkuin frühe Zeugen der altfranzösischen Epik?

Résumé : Selon Menéndez Pidal, non seulement une observation d'Albert « de Metz » (entre 1021 et 1025) relative à des *cantilenae* narratives, mais encore le renvoi, dans le ms. Paris B. N. lat. 5354 (vers 1050 ou avant), à la *Vita Karoli* d'un mystérieux (Pseudo-)Alcuin, laquelle aurait contenu des motifs épiques, témoigneraient de l'existence de chansons de geste. Pourtant, Albert est probablement un Néerlandais ; en tout cas, il vit depuis longtemps aux Pays-Bas lorsqu'il formule l'observation en question dans une lettre à l'évêque Burchard de Worms, natif de Hesse. La remarque d'Albert ne semble donc pas porter sur la littérature française. En outre, contrairement à ce que croyait Menéndez Pidal, une *Vita Karoli* faussement attribuée à Alcuin a survécu dans plusieurs manuscrits, mais se trouve être simplement celle d'Éginhard, et supposer un manuscrit de cette dernière enrichi de motifs épiques serait une hypothèse dépourvue de tout parallèle. Le renvoi, dans le ms. 5354, à un Pseudo-Alcuin « épicophile », s'il semble donc infondé, renferme toutefois une subordonnée qui prouve que le scribe connaissait, indépendamment de toute *Vita Karoli*, des chansons françaises relatives à Charlemagne et fondées sur des motifs presque sûrement fictifs. D'après l'étude la plus récente, le manuscrit, y compris la remarque, remonterait au premier tiers du XIe siècle. Ce serait donc le plus ancien témoignage d'une activité épique centrée, dans une langue romane, sur la personne de Charlemagne.

Im Jahr 2009 ist gerade ein halbes Jahrhundert vergangen, seit Menéndez Pidal eine Bemerkung Alperts von Metz zu einem Eckstein seiner Theorie über die Entstehung der altfranzösischen Epik machte und zudem eine Vermutung über einen Pseudo-Alkuin als ebenfalls frühen Zeugen dieser Epik aussprach. In den darauf folgenden Jahren hätte man es einem jungen mediävistisch engagierten Romanisten sehr verübelt, wenn er zumindest Alperts Bemerkung nicht gekannt hätte. Doch die große Kontroverse zwischen ‚Neotraditionalisten' und ‚Individualisten' verebbte allmählich, ohne Sieg einer Partei, ja auch ohne klaren Kompromiss. So siedelten sich die meisten jungen Forscher nicht erst in diesem Gebiet an; denn dort schien die Grenze des Wissbaren erreicht. Ich gestehe, dass ich diese Anschauung nicht teile. Man kann hier durchaus noch wissenswerte Fakten zu Tage fördern, und zwar keineswegs immer zugunsten derselben Partei. Das sei hier zu zeigen versucht.

Die Bemerkung, welche Alpert / Albert[1] von Metz über zu seiner Zeit gesungene *cantilenae* im Widmungsbrief zu seinem zeitgeschichtlichen Werk *De di-*

---

1 Die essentiell einzige Handschrift der beiden ihm mit Sicherheit zugehörigen Werke (vgl. Anm. 5) hat *Alpertus* mit -*p*- an den drei Vorkommensstellen des Namens, nämlich in Alperts

Anmerkung: Erstmals veröffentlicht in: Romanische Forschungen 121 (2009), 477–495.

Open Access. © 2019 Gustav Adolf Beckmann, publiziert von De Gruyter. Dieses Werk ist lizenziert unter der Creative Commons Attribution-NonCommercial-NoDerivatives 4.0 Lizenz.
https://doi.org/10.1515/9783110615692-016

versitate temporum nach dem 5. Juni 1021 und spätestens einige Wochen vor dem 20. August 1025[2] niederschrieb, ist der gelehrten Welt zugänglich, seit erstmalig J. G. Eccard (1723), dann vor allem Pertz in den *Monumenta Germaniae Historica* (1841) die beiden mit Autornamen auf uns gekommenen Werke Alperts[3] edierte (nämlich außer dem genannten Werk einen ebenfalls zeitgeschichtlichen Bericht über die letzten Lebensjahre des Bischofs Dietrich I. von Metz, † 984).[4] Doch wurde die Bemerkung von der romanistischen Forschung erst sehr spät wahrgenommen, so weder von Gaston Paris (1865, [2]1905), Rajna (1884) oder Bédier (1904–1908, [3]1926–1929) noch von Faral in seiner auf Vollständigkeit der Zeugnisse angelegten Pariser Doktorthese über die Jongleure in

---

Selbstnennung am Ende seines Berichts über Bischof Dietrich sowie in der Antwort des Widmungsempfängers und im Incipit des eigentlichen Textes von *De diversitate* (van Rij 1980: 4, 6, 120); ebenso haben -*p*- eine Metzer Erwähnung der *Historia Alperti* aus dem 11. Jahrhundert (van Rij 1980: XII), von neueren Autoren dann Manitius (1923: 278–283 passim), der Romanist Favati (1960: 97) und die Historiker (das LM, Art. Albert [13], allerdings nur als Zweitform). Doch schon Sigebert von Gembloux, der durch seinen zwanzigjährigen Aufenthalt in Metz (um 1050 bis etwa 1071) mit Alperts Werken bestens vertraut war, spricht in seinem *Catalogus de viris illustribus* (ed. Witte 1974: 92) von *Albertus (!) monachus Mettensis* (van Rij 1980: IX, XII, XIX, XXXI, XLVIII, L); ihm folgen die Romanisten (mit Ausnahme von Favati) und das LM in seiner Lemmaform. Geht man von ‚Albert' aus, so könnte *Alpert* oberdeutsch erscheinen. Aber Alperts Leben und Schriften weisen keinerlei Beziehungen zu Oberdeutschland auf (s. weiter unten passim), und auch der Schreibort Metz liegt dem mitteldeutschen (moselfränkischen und westpfälzischen) Sprachgebiet näher als dem oberdeutschen. Ich vermute deshalb, dass es sich ursprünglich um den Namen *Ald-bert* handelte; auch Foerstemann 1900 (ohne Korrektur bei Kauffmann 1968) bringt ja ein *Olpert* unter ALDA- ‚alt' unter. Der Name hätte dann im ersten Glied Auslautverhärtung erfahren (wie sie im altsächsischen Namengut schon im 9. Jahrhundert gut bezeugt ist, vgl. *Alt-, Gunt-, Thiat-* u. ä. bei Schlaug 1962 s. vv., und im Niederld. im 10. Jahrhundert durchdrang, van Loey § 47); es folgten progressive Assimilation und Fall des mittleren Konsonanten (Schlaug 1955 s. vv. belegt *Thiapbalt* 1024, *Liupraht* 1042/63). Doch in der Romania haben wohl schon Alperts Klosterbrüder, spätestens Sigebert, dann seine Abschreiber den Namen identifiziert mit dem weit häufigeren Namen *Albert*.

2 Die Datierung ist unstrittig und unbestreitbar, vgl. die Begründung bei van Rij 1980: XIV. Da die Widmung in größerer Entfernung von Worms geschrieben ist, aber von ihrem Adressaten Bischof Burchard von Worms noch beantwortet wurde (van Rij 1980: 4 f.), muss sie spätestens einige Wochen vor dessen Tod entstanden sein. Ein wenigstens wahrscheinlicher *terminus ad quem* ist schon der 13. Juli 1024, Todestag Heinrichs II. (van Rij 1980: XIV). – Ich ziehe im Folgenden van Rijs Einleitung zur zweiten Auflage seiner Übersetzung (1999: 9–42) nur vereinzelt dort heran, wo sie wesentlich über die Einleitung zur Ausgabe (1980: IX–LIX) hinausgeht.

3 Über die anonymen, ihm wahrscheinlich als drittes Werk zuzuweisenden *Miracula Walburgae Tielensia* vgl. weiter unten.

4 Spätere Ausgaben beider Werke: Migne (1853, nach Pertz), Dederich (1859, unzuverlässig, mit dt. Übersetzung), Pijnacker Hordijk (1908, Faksimile), van Rij (1980, mit niederld. Übersetzung, die mit überarbeiteter Einleitung 1999 in 2. Aufl. erschien); nur *De diversitate temporum*: Hulshof (1916).

Frankreich (1909, ²1971). Wohl aber gab Manitius in seiner Geschichte der mittellateinischen Literatur die Stelle gerafft in indirekter Rede wieder (1923: 280); Alpert verteidigt sich im Voraus gegen mögliche Kritiker: „Und wenn man ihm vorwerfe, dass er längst Bekanntes geschrieben habe, so antworte er, dass man das Bekannte gern öfter höre, wie es bei den Volksgesängen (*cantilenis*) sei, deren alte wegen zu häufiger Wiederholung anwiderten, während man die neuen gern recht oft anhöre." Sehen wir uns genauigkeitshalber den etwas verschlungeneren Urtext an (ed. van Rij 1980: 4):

> „Et si demum hęc obicientur et arguar, quod omnibus cognita scripserim, tuo consilio perpendant me hac responsione uti: nota delectabiliter sepius audiri, ut solet fieri in cantilenis, quod, veteribus ex assiduitate fastiditis, novę frequentius in dies repetitę delectabilius audiuntur."[5]

In möglichst enger deutscher Übersetzung:

> Und wenn [mir] schließlich Folgendes entgegengehalten wird und ich getadelt werde, dass ich [nur] allen [schon] bekannte Dinge niedergeschrieben hätte, so seien sie [scil. jene Kritiker] auf deinen Rat hin ernsthaft zu überdenken aufgefordert, dass ich [immerhin] diese Antwort parat habe: [Auch] bekannte Dinge lassen sich mit Genuss häufiger hören, wie es mit den Kantilenen zu gehen pflegt, dass [nämlich], wenn [einem] die alten durch übermäßige Vertrautheit leid geworden sind, man doch die neuen, selbst wenn sie bald täglich wiederholt werden, recht gern hört.

In die Romanistik scheint die Stelle erst 1951 einzuziehen, zwar gleich doppelt, doch zunächst in wenig glücklicher Weise. Aus Manitius hat sie Sicilano (1951: 34 Anm. 1). Er beschränkt sich auf einen Satz innerhalb einer Fußnote: «Et il y a peu de choses à tirer du passage d'Albert de Metz (cité par Manitius, *Geschichte*, II, 282) qui semble nous dire que, une fois mortes les vieilles cantilènes, on écoute avec un plaisir plus grand les nouvelles sans cesse répétées.» Dieser Satz steht ohne Zeitangabe hinter einer Erwähnung des Thibaut von Vernon, der «vers 1040» wirkte, verharmlost also Alperts Bemerkung schon durch Suggestion eines zu späten Zeitpunktes. Ferner sind nach dem Urtext, den Sici-

---

5 Der Text hat keine Varianten; denn Alperts Werke sind im Wesentlichen nur in einer Sammelhandschrift des späten 11. Jahrhunderts erhalten (heute Niedersächsische Landesbibliothek XII B 712a, vorher Wolfenbüttel, geschrieben so gut wie sicher in Metz); vgl. van Rij 1980: XLV–L und Abbildung nach VII. Dass die kleine in *De diversitate* eingebaute Vita des Bischofs Ansfried von Utrecht aus einer heute verlorenen Utrechter Handschrift von den Bollandisten abgedruckt wurde und dass eine heute Florentiner Handschrift aus dem späten 11. Jahrhundert jene Polemik zwischen einem zum Judentum Konvertierten und einem Priester aus *De diversitate* ausgeschrieben hat, die Alpert dort anhangsweise aufgeführt (van Rij 1980: L–LII), braucht uns nicht zu interessieren.

liano nicht zitiert, die alten *cantilenae* nicht schon irgendwann ‹abgestorben›, sondern erzeugen noch Überdruss; indem Siciliano so den zeitlichen Zusammenhang zwischen Alt und Neu lockert, tritt die Kontinuität der von Alpert angedeuteten Tradition weniger hervor. Vor allem aber fehlt die Hauptsache; denn die Erwähnung der *cantilenae* ist doch Teil eines Vergleichs. Laut Alpert sollen seine Leser *einen und denselben* (sehr detailreichen historischen) *Erzählstoff*, den sie schon kennen, nunmehr, durch ihn selbst und damit zwangsläufig in variierter Perspektive dargeboten, durchaus ein zweites Mal goutieren können – so wie es auch bei den *cantilenae* der Fall sei. Damit dieser Vergleich auch nur im Geringsten sinnvoll ist, müssen die alten wie die neuen *cantilenae* ebenfalls *Erzählstoff* bieten (also ‚episch', nicht ‚lyrisch' sein), und zwar müssen jeweils (zumindest) eine alte und eine neue prinzipiell *einen und denselben Erzählstoff* bieten, nur wiederum mit einer gewissen Variation. Und gerade die Tatsache, dass Alpert diese *cantilenae* nicht in irgend einem indifferenten Zusammenhang, sondern in einer Argumentation *pro domo* als Vergleichsobjekte heranzieht, zeigt, dass er nicht nur die Bekanntschaft mit einer Mehrzahl solcher *cantilenae*, sondern auch die wenigstens prinzipielle Freude an ihnen und wohl auch die Duldung kleinerer inhaltlicher Unterschiede der jeweils neuen gegenüber den alten als das Normale voraussetzt.[6] Festhalten sollte man noch, dass in Alperts Formulierung diese Normal-Hörer (‹audire› kommt zweimal vor) zwar Überdruss oder Gefallen empfinden, aber nicht selbst die Singenden, die ‹Repetierenden›, zu sein brauchen. Zusammenfassend gesagt, scheint also Alperts Vergleich sehr wohl eine frühe und schon recht populäre Kantilenen-*Epik* zu bezeugen, doch wohlgemerkt ohne dass man über deren Sprache, ihre Erzählstoffe und den Umfang der einzelnen ‹Werke› bzw. Darbietungen Auskunft erhält.

Doch fahren wir fort mit der Forschungsgeschichte! Kaum glücklicher als Siciliano verfuhr gleichzeitig Jules Horrent, ebenfalls nur in einer Fußnote und ohne Nennung des Vergleichszusammenhangs (1951: 232 Anm. 2). Er war durch den Nederlandisten van Mierlo (1935: 76 f.) auf Alperts Passus aufmerksam geworden, datierte ihn aber versehentlich «vers 1080», wodurch er «pratiquement tout intérêt»[7] verlor und acht weitere Jahre in seinem Dornröschenschlaf ver-

---

[6] Auch 17 Jahre später hatte sich an Sicilianos Haltung nichts geändert: Jetzt in offener Polemik gegen Menéndez Pidal befindlich, hatte er wieder nur einen Teil einer Fußnote übrig (1968: 59 Anm., Punkt 3), um Alperts Passus „assez obscur" zu finden, seinen Vergleichscharakter erneut zu ignorieren und deshalb summarisch sagen zu können, Alpert präzisiere nicht „de quel genre de cantilènes il s'agit." Daran schließt sich der Verweis an: „Sur le caractère aventureux des interprétations de M. Menéndez Pidal, cf. S. Pellegrini, *Studi rolandiani e trobadorici*, 1964" – doch Pellegrini erwähnt Alpert von Metz nicht.
[7] So rückblickend Lecoy (1959: 114) zu Horrents Anmerkung.

harrte. Immerhin lernte aus Horrents Fußnote Ramón Menéndez Pidal die Bemerkung Alperts kennen. Im Jahr 1959 kommentierte er sie dann mit ihrem richtigen Datum in *La Chanson de Roland y el neotradicionalismo*.[8] Unmittelbar nach der Lektüre dieses Buches befasste sich aus den Reihen seiner Opponenten wenigstens[9] Félix Lecoy mit der Stelle, wie sein Diskussionsbeitrag vom 23. Juli 1959 auf dem Kogress der *Société Rencesvals* in Poitiers zeigt (Lecoy 1960: 114); wesentlich genauer ging er auf Alperts Bemerkung dann ein in seiner 46-seitigen Rezension (1963: 98–133, hier 121 f.) der französischen Ausgabe von Menéndez Pidals Buch. Interessanterweise verlief die Diskussion beider Forscher nur teilweise kontrovers.

Menéndez Pidal gibt dem Wort *cantilenae* bei Alpert kurzerhand dieselbe Bedeutung, die es 100 Jahre später etwa in William of Malmesburys Erwähnung einer *cantilena Rollandi* haben wird, und erklärt es schon bei Alpert mit «c'est-à-dire des chansons de geste» (1960: 382). Er ist offenbar durch Gaston Paris', Rajnas und Bédiers Kontroversen über ‹Kantilenen› als Vorstufen der altfranzösischen Epen so geprägt, dass er an keine andere Bedeutung denkt. Der ganze Zusammenhang seines Buches zeigt, dass er damit glaubt, in Bédiers «silence des siècles», jene massivste Verteidigungsbastion der Individualisten, vom zeitlichen Ende dieses Schweigens aus die bisher größte Bresche geschlagen zu haben – zeitlich viel einschneidender, als es die *Nota Emilianense* (1960: 384–447) oder das bei Hastings gesungene Rolandslied (op. cit. 271) waren, besser datierbar, als es 1959 die Kommentare der Schreiber in einzelnen Einhart-Handschriften (op. cit. 282 f.) sein konnten, ebenfalls besser datierbar schließlich und von eindeutigerem Zeugniswert für den ‹Sitz im Leben› jener frühen volkssprachlichen Epik, als es die Olivier- bzw. Olivier-Roland-Namenmode (op. cit. 347–365) oder das Haager Fragment (op. cit. 372–381) sein konnten. Und um sozusagen das Eisen zu schmieden, solange es heiß ist, fügt er an die Präsenta-

---

8 Weit größere Wirkung hatte (und wie allgemein in der Forschung wird auch von mir im Folgenden zitiert) die schon ein Jahr später erschienene französische Fassung *La Chanson de Roland et la tradition épique des Francs*. Zur Alpert-Stelle dort ausführlich p. 381 f., aber auch 81 und 393.

9 Von allen in den jährlichen Bibliographien der *Société Rencesvals* verzeichneten Rezensionen der beiden Menéndez-Pidalschen Bücher geht anscheinend nur die von Favati wenigstens in einem halben Satz (1960: 97) auf Alpert ein: „E resta il fatto che per trovare una citazione concreta di Rolando bisogna scendere nel tempo di almeno un altro secolo, e giungere al minimo al 999–1031, se è proprio di quella data (ma l'Aebischer ne dubita) il documento di Saint-Julien de Brioude che contiene la coppia onomastica Rolando-Olivieri, se non addirittura al 1020 circa, data alla quale Alperto di Metz, nella dedica del suo *De diversitate temporum*, cita una *Cantilena Rollandi* de W. Malmesbury." Ich kann nur hoffen, dass Favati hier einen Zeilensprungfehler seines Setzers übersehen hat!

tion der Alpert-Stelle sogleich (op. cit. 382) den Schluss an, dass sich damit zwanglos aus solchen *cantilenae* auch die anderen relativ frühen Zeugnisse einer Karl-in-Spanien-Legende, speziell der enorme Tribut Saragossas, die Einnahme Córdobas und das Sonnenwunder, erklärten.

Auch Lecoy bemüht sich intensiv um den Sinn der Stelle. Schon 1959 (1960: 114) bezeichnet er die Entdeckung als «très importante», schränkt aber ein: «s'il [scil. Albert] parle en effet de cantilènes, il ne fait pas forcément allusion à des chansons de geste. Mais il est légitime d'en discuter.» Und 1963 (p. 121 f.) erkennt er im Gegensatz zu Siciliano und Horrent die Vergleichsstruktur der Stelle ohne Umschweife an: «Naturellement, pour que la phrase d'Albert de Metz ait un sens, il faut que les nouvelles ‹cantilènes› traitent de sujets analogues ou identiques aux anciennes» – wobei ich allerdings statt «sujets» ein engeres «sujets narratifs» und statt «analogues ou identiques» ein engeres «plus ou moins identiques» vorziehen würde. Doch beanstandet Lecoy – neben einem weiteren Detail von Menéndez Pidals Übersetzung – wieder energisch dessen Gleichsetzung von Alperts *cantilenae* mit *chansons de geste*. Nun ist sofort zuzugeben, dass *cantilena* schon in der Spätantike, dann auch im Mittelalter eine solche Fülle von Bedeutungsschattierungen aufweist, dass sich, anders als Menéndez Pidal implizit voraussetzt, vom Lexikon her dem Problem nicht beikommen lässt; vgl. die Artikel *cantilena* im TLL und inzwischen im MLW und LMLMAe.[10] Die Diskussion muss sich vielmehr um die für etwa 1020 historisch nachweisbaren oder vermutbaren Fälle einer habituellen narrativen Fast-Identität von Älterem und Jüngerem drehen. In diesem Sinne fragt Lecoy denn auch: «[...] est-ce là le cas des ‹chansons de geste› seulement? N'en est-il pas de même pour toute forme de littérature populaire, et, en particulier, pour la chanson plus ou moins savante, dont on sait bien que les thèmes ne sont jamais très variés, sans parler de la lyrique religieuse?» Das klingt recht vage; man bekommt den Eindruck, dass Lecoy in defensiver Taktik die weniger ergiebigen Möglichkeiten aufsummieren will, um wenigstens deren kumulierte Wahrscheinlichkeit aufbieten zu können gegen die eine groß im Raume stehende Möglichkeit, dass es sich eben doch schon (zumindest: auch) um die Frühstufe der später manifesten – und dann für die *jongleurs* quantitativ weit ergiebigeren – volkssprachlichen Epik handelt. Doch wir brauchen zwischen Menéndez Pidals und Lecoys Auffassung nicht genauer abzuwägen. Denn einen viel gravierenderen Zweifel als denjenigen an der Gattung der *cantilenae* hat Lecoy abgedrängt in eine Fußnote (1963: 122 Anm. 2), wohl weil der vielbeschäftigte Herausgeber der *Romania* keine

---

10 Erst nach 1200 lässt sich das Wort vielleicht bei Johannes de Garlandia und Franco von Köln, sicher dann kurz vor oder um 1300 bei Johannes de Groche(i)o als *terminus technicus* für ‚Sololied mit Chorrefrain' nachweisen; vgl. hierzu auch Rohloff 1972: Register s. v.

Muße fand, ihn auszuarbeiten. «Et je ne parle pas du fait qu'Albert de Metz, en dépit de son nom, écrit en terre germanique, pour des personnalités germaniques [...].» Soviel ich sehe, ist dieses Problem innerhalb der Romanistik nie weiterdiskutiert worden, obwohl nicht weniger auf dem Spiel steht als Alperts Frankophonie. Wie steht es um die?

Beginnen wir mit dem Empfänger von Alperts Widmung. Es ist Burchard von Worms, nach seiner Vita (ed. Waitz, 1841: 832) gebürtiger Hesse, nach heutiger genealogischer Erkenntnis verwandt mit „führenden Grafen- und Adelsgeschlechter[n] des nördlichen Hessen" speziell um die obere Eder (LM s.v. 13 Burchard, nach W. Metz). Zwar wurde laut Sigeberts *Gesta abbatum Gemblacensium* (ed. Pertz 1841: 536) der Mönch, spätere Abt Olbert, den Sigebert noch persönlich kennen lernte, aus dem romanischen Gembloux zu Bischof Burchard nach Worms geschickt, um ihn bei der Ausarbeitung des *Decretum* zu unterstützen. Doch die Behauptung der etwa zwei Generationen jüngeren *Gesta abbatium Lobbiensium* («continuata», ed. Arndt 1869: 309 f.), Burchard sei damals vielmehr Kanonikus in Lüttich gewesen, wird heute durchweg abgelehnt, und dass Burchard zum Studium in Lobbes gewesen sei, glaubt überhaupt erst Trithemius kombinieren zu dürfen.[11] Doch wie dem auch sei, jedenfalls ist Burchard deutscher Muttersprachler. Und da er, Alperts «tuo consilio» zufolge, den Kantilenen-Vergleich überhaupt angeregt hat (oder, wenn das eine bloße Höflichkeitsformel sein sollte, ihn nach Alperts Einschätzung zumindest voll billigt), gerät Alperts Aussage bereits in ein merkwürdiges Zwielicht. Wenn ein deutscher Muttersprachler – oder zumindest: wenn man zu einem solchen – von Kantilenen redet, ohne deren Sprache anzugeben, wieso ist da eher von französischen die Rede als von deutschen, deren Existenz um diese Zeit außer Zweifel stehen dürfte?[12]

Betrachten wir weiter, was sich von Alperts eigenem Lebenslauf eruieren lässt! Die Stadt Metz und das umgebende *pays messin* scheinen seit antiken Zeiten immer romanophon geblieben zu sein. Darauf baut offensichtlich Menéndez Pidal, wenn er «Albert de Metz» mit Selbstverständlichkeit als Romanen betrachtet. Nun wäre es wohl hyperkritisch, zu bezweifeln, dass Alpert irgendwann in seiner ersten Lebenshälfte Mönch in Metz war. Sein Bericht über die

---

[11] Zu diesem Fragenkomplex vgl. Bubenheimer 1972 passim, speziell 322 Anm. 13.
[12] Zwischen einerseits Karls des Großen verlorener Sammlung heidnischer Heldenlieder, der Niederschrift des Hildebrandsliedes und dem Nibelungenstoff, wie ihn z. B. der Waltharius-dichter kannte, andererseits etwa der Vorliebe des Bischofs Gunther von Bamberg († 1065) für Spielmannsdichtung und Dietrichsepik mag die latente Stoffgeschichte schwer zu verfolgen sein, und die *cantilenae* mag man sich sehr verschieden lang vorstellen – doch von einer Diskontinuität kann hier nicht die Rede sein.

letzten Lebensjahre Bischof Dietrichs I. († 984) ist – ungleich einer Vita – nicht zum Lobe des Bischofs, sondern zur Entschuldigung der Tatsache geschrieben, dass Dietrich nach dem plötzlichen Tod Ottos II. (983) nicht dessen schon gekrönten 3-jährigen Sohn Otto III. unter der Vormundschaft seiner Mutter Theophanu, sondern aus Abneigung gegen die politische Macht einer Frau und noch dazu einer Griechin[13] einige Monate lang Ottos II. Vetter Herzog Heinrich von Bayern als Kronprätendenten unterstützt hatte. Alpert stützt sich auf Aussagen eines Anonymus aus dem engsten Umkreis des Bischofs, nennt Dietrich aber auch im eigenen Namen *noster presul* und widmet seinen Bericht dem Abt Konstantin des Metzer Klosters St. Symphorien.[14] Beide Werke Alperts sind nur in einer, nämlich derselben, Miszellanhandschrift des späten 11. Jahrhunderts auf uns gekommen; sie stammt, auch auf Grund ihrer sonstigen Inhalte, so gut wie sicher aus Metz und sehr wahrscheinlich aus dem Kloster St. Vincent, das Dietrich gegründet hatte und das Alpert ausführlich erwähnt.[15] Schon der Bericht über Dietrich und viel stärker noch *De diversitate* sind gespickt mit sprachlichen Anklängen an Cäsars *Bellum Gallicum*,[16] und St. Vincent besaß im 11. Jahrhundert eine Cäsar-Handschrift[17] – beides damals noch recht atypisch. Vor allem aber: 67 Jahre nach Dietrichs Tod begann ein so umsichtiger Historiker wie Sigebert von Gembloux seine 20-jährige Tätigkeit in eben diesem Metzer Kloster; wenn er, der nach Ausweis seiner Schriften als einziger mittelalterlicher Autor beide Schriften Alperts benutzte,[18] Alpert einen *monachus Mettensis* nennt,[19] wird er gewusst haben, wovon er sprach. Ausschließlich auf Sigeberts Nennung geht dann Alperts Beiname ‹von Metz› bei allen modernen Historikern zurück.

Doch ein völlig anderes Bild bietet später *De diversitate temporum*. Von ‹Metz in Belgien› hören wir nur, dass Heinrich II. es zwischen 1009 und 1012 zweimal belagerte, dabei teilweise zerstörte und schließlich unterwarf, wobei Alperts Sympathie jetzt klar auf Seiten des Kaisers ist.[20] Thema des Werkes auf seinen heute mehr als 50 Druckseiten sind vielmehr in erstaunlicher Detailfülle

---

[13] Van Rij 1980: 110 und 114. Gute Charakterisierung von Alperts Darstellung bei Hugenholtz 1966: 257 f.
[14] Van Rij 1980: 116 und 120.
[15] Vgl. oben Anm. 5 und van Rij 1980: 116, 118..
[16] Nach Manitius' Urteil (1888: 203), der dem Phänomen einen Aufsatz widmete und über 80 Stellen aushob, wird Alpert in der sprachlichen Benutzung Cäsars wohl von keinem anderen Schriftsteller des Mittelalters übertroffen. Van Rij 1980: XXXIII–XXXVI und 123–129 hat die Zahl der Nachweise sogar auf 190 erhöhen können.
[17] Van Rij 1980: XIII.
[18] Van Rij 1980: XXXII f.
[19] Vgl. oben Anm. 1.
[20] Van Rij 1980: XI und 16.

drei Jahrzehnte (etwa 990 bis 1021) der Geschichte eines schmalen Gebietsstreifens längs des Niederrheins bzw. seiner Arme von Elten bis Tiel und Utrecht. Alpert baut eine eigene kleine Vita des Bischofs Ansfried von Utrecht (sedit 990–1005) ein, worin er z. B. eine Örtlichkeit sechs Meilen außerhalb der Stadt sehr genau beschreiben kann.[21] Ein Utrechtsches Heer im Kampf gegen Eindringlinge aus der Grafschaft Holland sowie die Verteidiger von Tiel gegen eine normannische Bedrohung nennt er *nostri*, ferner den Autor eines Lobgedichtes auf den Utrechter Bischof *quidam e nostris*, offensichtlich einen seiner Mitkleriker.[22] Über die Unsitten der Kaufleute von Tiel – von ihren ständigen Klagen und ihrem unmoralischen Handelsrecht über ihre Neigung zu Meineid und Ehebruch bis hin zu morgendlichen Trinkgelagen auf gemeinsame Kosten und mit schmutzigen Scherzreden – verbreitet er sich ohne Not so detailliert, dass Historiker danach umfangreiche Aufsätze über die ‹Tieler Kaufmannsgilde um 1000› schreiben konnten.[23] Die Pfalz zu Nijmegen ist für ihn kurz «die Pfalz».[24] Doch hauptsächlich handelt er von der alten, als Verwaltungseinheit gerade aus der Geschichte verschwindenden Grafschaft Hamaland[25] mit Elten als Schwerpunkt der Handlung. Hier geht es um den Untergang der Hamaländer Grafenfamilie: Graf Wichmann hatte das Kloster Elten gestiftet, ihm den Großteil seines Besitzes vermacht und seine Tochter Liutgard als Äbtissin eingesetzt; deren Schwester Adela ficht nun nach seinem Tod die Stiftung an, heiratet zur Erreichung ihrer Ziele einen unebenbürtigen Gewaltmenschen und stiftet ihn im Laufe einer wüsten Fehde zum Mord an. Adelas Charakterisierung durch Alpert ist verblüffend individuell und kaum ohne persönliche Bekanntschaft denkbar: Sie spricht zu laut, benutzt laszive Ausdrücke, hat einen unsteten Augenaufschlag, bringt aber ihren Dienerinnen ausgezeichnete Webetechniken bei und übertrifft im Verfertigen kostbarer Kleider fast alle Frauen ‹unserer Gegenden›.[26]

Angesichts eines solchen Befundes sind sich die Historiker einig: Alpert hat zumindest einen langen letzten Lebensabschnitt in dem genannten Gebiet verbracht.[27] Dabei kommt ihnen noch ein glücklicher Zufall zu Hilfe. Alpert beginnt sein Widmungsschreiben an Burchard mit dem Satz: «Frater Immo causa

---

21 Van Rij 1980: 30.
22 Van Rij 1980: XV, XVII, 20, 26, 82.
23 Van Rij 1980: XV und 80. – Akkerman 1962 passim, Oexle 1989 passim.
24 Van Rij 1980: XV und 12.
25 Sie erstreckte sich von südlich Elten bis nördlich Deventer. Vgl.. Wirtz 1951 passim, speziell 50–80 mit Karte p. 55; van Winter 1980 passim.
26 Van Rij 1980: 10; Hugenholtz 1966: 255 f. Damit sei nicht gesagt, dass die Adela-Darstellung Alperts und auf ihm aufbauender Historiker objektiv sei; vgl. hierzu etwa Oediger 1954: 67–82, und Le Jan 2006 passim; weitere Lit. bei van Rij 1999: 40.
27 Van Rij 1980: XIV f.

amoris ad me venit.» Das heißt im Zusammenhang: Aus der unmittelbaren Umgebung Bischof Burchards in Worms ist soeben ein gewisser Diakon Immo (den 1036 Konrad II. zum Bischof von Arezzo machen wird) auf einen Freundschaftsbesuch zu Alpert gekommen. Nun wissen wir aus den 1022 oder ganz kurz danach geschriebenen *Miracula Waldburgae Tielensia*, dass Immo gerade zu dieser Zeit Tiel besuchte und von dort den Text der *Miracula* nach Worms mitnahm; nichts liegt dann näher, als mit van Rij die Besuche Immos bei Alpert und in Tiel zu identifizieren,[28] zumal es starke Indizien gibt, dass Alpertus der anonyme Autor der *Miracula* ist.[29] Selbst wenn wir für Alpert weiterhin romanische Herkunft voraussetzen, spricht hier ein durch lange Jahre in germanophoner Umgebung gleichsam ‹naturalisierter› Autor zu einem Bischof deutscher Muttersprache von *cantilenae* schlechthin. Ist da nicht die Wahrscheinlichkeit, dass er romanische *cantilenae* meint, schon fast gleich Null?

Das ist noch nicht alles. Zwischen den beiden Teilen von Alperts Leben besteht eine unerwartete Verbindung. Sigebert von Gembloux hat in seinen Metzer Jahren auch die erste volle Vita Bischof Dietrichs verfasst; danach stammt dieser ‹aus dem Gau Hamaland als Sohn des Grafen Eberhard›.[30] Das ist anscheinend insofern nicht ganz exakt, als Eberhard nur als Graf des Sallandes, der Nachbargrafschaft des Hamalandes – und gleichzeitig der schon genannte Wichmann als Graf des Hamalandes – nachzuweisen ist. Doch waren beide verwandt, am ehesten Söhne von Brüdern.[31] Fasst man also den Begriff Familie nicht ganz eng, so handelt Alpert in seinen beiden Werken essentiell von derselben niederländischen Familie!

---

28 Van Rij 1980: IX f. mit Anm. 8, XIV f.
29 Van Rij 1980 war in diesem Punkte noch misstrauisch, doch 1984 passim begründete er eindrucksvoll die Verdachtsmomente für die Identifizierung (und hielt sie 1999: speziell 17 f. und 32–35 aufrecht). War St. Waldburga damals allerdings Kanonikerstift – so zwei erzählende Quellen des 15. Jh. –, so müsste der frühere Mönch, wohl bei seiner Rückkehr in die Heimat, stattdessen die (geistliche, aber relativ bescheidene) Stelle eines *custos* bei den Kanonikern angenommen haben. Dazu passt, dass Alpert sich gegen Ende des Widmungsbriefes an Burchard (van Rij, 1980: 4, Z. 17 f.) scheinbar unmotiviert als nicht *ad opus Dei [...] idoneus* bezeichnet (van Rijs Übersetzung: ‚niet geschikt voor het koorgebed' – und das Chorgebet ist die wichtigste *raison d'être* des abendländischen Möchtums!) und dass ihn der Bischof in seiner Antwort nur als *specialis suus* ‚zijn dierbare vriend' bezeichnet, also auffälligerweise darauf verzichtet, seine geistliche Stellung irgendwie zu präzisieren.
30 Sigebert, *Vita Deoderici*, ed. Waitz 1841: 464: „Deodericum, ex pago [...] Hamalant oriundum, comite Everardo patre" [...].
31 So nach dem genealogischen System von van Winter 1980: 18 (mit Anm. 20), 25 und speziell 33; die essentielle Zusammengehörigkeit beider Teile der Familie und die sozusagen angestammten Rechte der Familie auf die Grafschaften Hamaland, Salland und Drenthe hatte schon Wirtz (1971: 46 f.) herausgearbeitet.

Damit steht man vor einer klaren Alternative. Entweder ist ein frankophoner Alpert nach dem Tode seines Bischofs in dessen ferne Heimat übergesiedelt, ohne dass man dafür ein Motiv erkennen kann; das ist von einem einzelnen Historiker (Moll 1867: 344) angenommen worden. Nach der Vermutung aller anderen ist ein niederländischer Alpert aus seiner Heimat, zu Studienzwecken und/oder dem Bischof Dietrich nachziehend bzw. von ihm nachgezogen, nach Metz gekommen, doch einige Zeit nach dem Tode des verehrten Bischofs in seine Heimat zurückgekehrt.[32]

Die Versuchung liegt nahe, sich bezüglich der Herkunft Alperts eines letzten, scheinbar durchschlagenden Arguments zu bedienen. Wie oben zitiert, nennt Alpert den Wormser Diakon aus der Umgebung Bischof Burchards und späteren Bischof von Arezzo, also einen Weltgeistlichen, «frater Immo». Weil das Wort hier nicht ‹Mönchsbruder, Frater› bedeutet, haben Pertz, Manitius, Pijnacker Hordijk und Wattenbach-Holtzmann-Schmale[33] es als ‹leiblicher Bruder› genommen. Nun hatte Immo einen bei Tiel verheirateten, also nicht mit Alpert identischen Bruder.[34] Die Annahme, samt Alpert wären auch dieser und Immo aus der Romania gekommen, würde alle Wahrscheinlichkeit strapazieren. Vielmehr schiene die Situation der Familie im alternativen Sinne klar: Ein Bruder blieb in der niederländischen Heimat und trat vermutlich in die Fußstapfen des Vaters, die beiden anderen wurden Geistliche, vielleicht mit der Hoffnung, in der Umgebung von machtvollen Mitgliedern des Reichsepiskopats Karriere

---

32 Zu dieser Alternative van Rij 1980: XX. – Dietrich war Vetter Kaiser Ottos des Großen und damit auch seines Bruders Brun, Erzbischofs von Köln und Platzhalters des Kaisers für (Nieder- und Ober-)Loth(a)ring(i)en. Nach einem mindestens neunjährigen Aufenthalt bei Brun wird er von Otto und Brun als Bischof von Metz eingesetzt, vgl. z. B. Parisse 1965: 110–112. Nun dürften die Mitglieder des Ottonischen Reichsepiskopates noch ungenierter als die Bischöfe anderer Zeiten Landsleute in ihre Umgebung nachgezogen haben; so wissen wir von Dietrich, dass er seinen noch jungen Neffen Eberhard zur Ausbildung nach Metz geholt hatte (Sigebert, *Vita Deoderici*, cap. 19, p. 479 f.). Man kann sich leicht vorstellen, dass solche Landsleute sich nach dem Tod ihres Gönners isoliert fühlten und in die Heimat zurückkehrten. Ein mögliches Indiz für Dietrichs Anhänglichkeit an seine angestammte germanische Muttersprache liegt übrigens darin, dass Alpert und Sigebert ihn «Deodericus» nennen, nicht «Theodericus» mit lautgesetzlichem /t/ < germ. /þ/, wie sonst der Name in der Romania immer lautet (frz. *Thierry*). Es muss das deutsche und niederländische /d/ </ð/ < /þ/ vorliegen (dt. *Dietrich*, niederld. *Diederik* > *Dirk*), eine Entwicklung, deren Ende man im Rheinfränkischen auf (kurz) «nach 900», im Mittelfränkischen auf das «10. und 11. Jahrhundert», im Niederländischen immerhin auf eine Zeit «vóór 1100» zu datieren pflegt (Braune-Eggers § 167, van Loey § 50). Der Bischof selbst muss auf dieser Namensform gegen die allgemeine Kanzleipraxis bestanden haben, da sonst der äußerst belesene Romane Sigebert sie nicht übernehmen würde.
33 Die Stellenangaben bei van Rij 1980: IX Anm. 4.
34 Auch das erfahren wir aus den *Miracula Waldburgae Tielensia*, vgl. van Rij 1980: X, und 1984: 84.

zu machen. Aber gegen diese Argumentation erhebt van Rij (1980: X f.) Einspruch: im Text stehe nicht *frater meus*, und *frater* allein könne – so van Rij dem Sinne nach – ein vages ‹Bruder in Christo› sein. Obwohl man hier durchaus geteilter Meinung sein kann,[35] wollen wir auf das Bruder-Argument verzichten; die anderen Argumente sollten ausreichen, Alperts Namen definitiv aus der (Vor-) Geschichte der altfranzösischen Literatur zu streichen.

Nun zum Pseudo-Alkuin! Schon Gaston Paris (1865/²1905: 492) machte aufmerksam auf das Ms. Paris, Bibliothèque Nationale. lat. 5354, das er nur grob auf das 11. Jahrhundert datierte; der bekannte Historiker Robert Fawtier (1933: 81) engte dann paläographisch die Datierung ein auf ‹um 1050, eher früher als später›. Diese Handschrift enthält unter vielem anderen[36] Einharts Karlsvita mit Nennung des Verfassers («Vita [..] gloriossimi imperatoris Karoli [...] aedita ab Aeginardo»).[37] Doch am Ende des Textes fügt der Schreiber hinzu: «Reliqua actuum eius gesta / seu et que in carminibus vulgo canuntur de eo / non hic pleniter sunt descripta / sed require in vita quam alchuinus de eo scribit.»[38] Gaston Paris zweifelte an der Existenz der hier erwähnten Karlsvita des (Pseudo-) Alkuin, weil man sonst nichts von ihr wisse. Doch Menéndez Pidal, der gleich nach der Besprechung Alperts auf die Handschrift zu sprechen kommt (1960: 382 f. mit Anm. 2) und Fawtiers Datierung akzeptiert, fragt: «Comment expliquer la citation d'une œuvre inexistante?» Er vermutet ein Werk in der Art des etwa ein Jahrhundert jüngeren Pseudo-Turpin, doch «moins arbitraire [...] et plus fidèle au récit des ‹chansons›».

Leider fällt es auch hier schwer, Menéndez Pidal zuzustimmen, und zwar auf Grund von Tatsachen, die erst dank der monumentalen Studie von Matthias Tischler (2001) zur Überlieferungsgeschichte der Einhartschen Karlsvita klar vor uns liegen.[39] Es gibt nämlich unter deren Handschriften eine Reihe, in denen

---

35 Denn wenn Immo nicht Alperts Bruder ist, zwischen beiden also nicht die als natürlich vorauszusetzende Bruderliebe waltet, ist das knappe «causa amoris» (nicht «causa amicitiae»!) merkwürdig. Jedenfalls erhält man aus dem Brief des *custos* (vermutlich also Alperts, vgl. oben Anm. 29) an Immo (van Rij 1984: 88 f.) trotz der stilistischen und motivischen Anlehnung an Sulpicius Severus (van Rij 1984: 89–91) den Eindruck, dass zwischen beiden seit langem eine enge Vertrautheit besteht, wobei der *custos* der Ältere ist – sonst könnte er auch im Scherz nicht zu sagen wagen, der ihm jetzt (aber anscheinend erst seit kurzem, «nunc») sozial Überlegene hätte Kerker, Fesseln und Block verdient, weil er ohne Vorwissen des «custos» dessen «conclavia» und «cellula» durchsucht hatte.
36 Vgl. Tischler 2001: 1142–1146.
37 Vgl. den umfangreichen vollen Titel bei Tischler 2001: 912 Anm. 33.
38 So Tischler 2001: 487 Anm. 803. Menéndez Pidal hat «ea quae» statt «et que».
39 Tischlers Studie, LXX + 1828 [sic] Seiten, ist eine während mehrerer Postgraduiertenjahre und dank ausgedehnter „Handschriftenreisen durch Europa" (Vorwort, p. V) erweiterte Heidelberger Dissertation. Ich gestehe, dass ich mir eine so intensive, minutiöse und erfolgreiche

das Werk fälschlich Alkuin zugeschrieben wird (Tischler 2001: 486 mit Anm. 803, vgl. auch 23, 28, 35, 37, 40):

- Paris B.N. lat. 6186, zweite Hälfte des 13. Jahrhunderts, im 17. Jahrhundert bei den Karmelitern von Clermont-Ferrand;
- Paris B.N. nouv. acq. lat. 2664, geschrieben etwa im ersten Viertel des 11. Jahrhunderts in Cluny;
- Leiden B.P.L. 20, geschrieben zwischen 1139 und 1149 in Le Bec; hier hat ihr wohl erster Besitzer, der illustre Robert de Torigny, den Genitiv *alcvini* eigenhändig zugesetzt;
- Cambridge Gonville and Caius College 177/220, geschrieben bald nach der Mitte des 12. Jahrhunderts in Reading, eine Abschrift der vorigen mitsamt Alkuins Namen; schließlich
- Vatikan Pal. Lat. 1569, geschrieben Ende des 15. Jahrhunderts in Venedig.

Ferner kannten im anglonormannischen Herrschaftsgebiet außer Robert de Torigny auch Radulfus de Diceto († um 1202) und Giraldus Cambrensis († 1223), im kapetingischen Herrschaftsbereich Alberich von Troisfontaines († 1252 oder kurz darauf), in Italien Jacobus a Voragine († 1298) und Petrarca (laut Brief von 1365) eine «Karlsvita von Alkuin», wobei es sich nach Tischlers Nachweisen (mit uneigentlicher, durch die Kürze der Erwähnung sattsam erklärter Ausnahme des Radulfus de Diceto) immer eindeutig um Einharts, nicht um ein anderes, Werk handelt.

Insgesamt stammt diese Zuschreibungstradition zweifellos aus Zentralfrankreich. Ihre älteste erhaltene Handschrift aus dem Cluny des frühen 11. Jh. hängt stemmatisch an einer Einhart- (und Astronomus-, also «Kaiserdiptychon»-) Tradition des 9. Jh. aus Orléans, die noch keine Zuschreibung an Alkuin kennt (Tischler 2001: 1102–1118, vgl. 1142).[40] Nun wussten im Westreich anders

---

Erforschung der Einhartschen Überlieferungsgeschichte (vom Auffinden von Einhart-Handschriften über die Handschriften- und Editionsgeschichte selbst des 16. bis 18. Jh. bis zur Beherrschung eines enormen Maßes an Sekundärliteratur) vorher nicht einmal als Desiderat der Forschung habe vorstellen können. Auch die Romanistik kann aus dem Werk noch mehrfachen Nutzen ziehen.

40 Im 19. Jahrhundert behaupteten zwei Lokalhistoriker des Klosters Cluny bzw. seiner einstigen Bücherschätze, die diese Handschrift «von Alkuins Karlsvita» für verschollen hielten (während sie nachweislich vom 18. Jh. bis 1901 an wenig bekannter Stelle in Lyon lagerte, Tischler 2001: 37), sie sei schon von Karl dem Einfältigen dem Herzog Wilhelm von Aquitanien und von diesem dem ersten Abt von Cluny, Berno, geschenkt worden, somit «le plus ancien [scil. manuscrit] de l'abbaye» gewesen (Tischler, op. cit. 910 f. mit Anm. 31). Das kann zwar für das erhaltene Exemplar aus paläographischen Gründen so nicht zutreffen, aber doch in das Entstehungsmilieu der Alkuin-Zuschreibung zurückweisen. Tischler (2001, 913) erinnert in diesem Zusammenhang daran, dass der erste große Abt des noch jungen Cluny, Odo (927–942), in Saint-Martin de Tours erzogen und von dort nach dem Zeugnis seines Schülers und ersten Biographen über Baume-les-Messieurs «hundert Handschriften» nach Cluny mitbrachte.

als im deutschen Sprachgebiet viele fast nichts von Einhart, umso mehr von Alkuin. Er war als Haupt von Karls Hofschule, als Abt von Saint-Martin de Tours, dem ehrwürdigsten Kloster des Gesamt-, dann des Westreiches, als ungemein fruchtbarer Autor und nicht zuletzt durch die im westfränkischen Ferrières entstandene *Vita Alcuini* in Erinnerung, ohne dass deshalb jedermann auf den Gedanken kommen musste, Alkuins Todesjahr 804 mit Karls Todesjahr 814 zu vergleichen. Wer wenn nicht Alkuin war dann berufen gewesen, Karls Historiograph zu sein – so muss sich ein westfränkischer Abschreiber gefragt haben, der die Brillanz des Lateins und (vor allem aus der *praefatio*) die Nähe des Autors zu Karl erkannte. Tischler (2001: 912, vgl. 910) hält hier zudem eine anonymes Exemplar als Vorlage für möglich. Von Zentralfrankreich aus hat die Tradition dann unter ähnlichen Wissensvoraussetzungen den anglonormannischen Herrschaftsbereich und zögernder Italien erreichen können, marginal auch den frankophonen Nordosten, gar nicht das deutsche Sprachgebiet.

Durch diese Tradition der Fehlzuschreibung ändert sich die Struktur des uns beschäftigenden Problems beträchtlich. Wir interessieren uns für die Dinge, die bei Einhart nicht *pleniter sunt descripta*, vielmehr *in carminibus vulgo canuntur*, und konnten unerwartet der Aufforderung nachkommen *require in vita quam Alchvinus de eo scribit* – aber da steht nichts dergleichen! Will man jetzt noch Menéndez Pidal folgen, so ist man gleich mit zwei «Karlsviten von Pseudo-Alkuin» konfrontiert: der gut bezeugten realiter einhartischen und einer nicht erhaltenen, nur in einer Handschrift erwähnten epikfreundlichen. Hier kann die Gleichheit der Zuschreibung doch kaum Zufall sein. Wie erklärt sie sich dann? Wie hängen die beiden zusammen? War die epikfreundliche mit der anderen identisch (also in Wirklichkeit einhartisch), nur angereichert durch Motive aus der frühen Epik? Das anzunehmen wäre unfundiert; denn noch bei keiner der 123 heute bekannten (vollständigen oder fragmentarischen) Vita-Karoli-Handschriften[41] – geschweige denn bei einer vor 1100 entstandenen – hat man je ein Eindringen solcher Motive in den Vita-Text feststellen können;[42] dafür waren eben einerseits der Respekt vor der offensichtlichen Karlsnähe und der Brillanz des Autors, andererseits das weit verbreitete Misstrauen gegenüber allem Jongleurwissen zu groß. Dann bleibt nur eines: Der Schreiber von Paris lat. 5354 hat sich partiell geirrt. Er hatte soeben die Karlsvita eines ihm bis dato unbekannten *Aeginardus* abgeschrieben und war enttäuscht; denn er vermisste dort Motive, die ihm aus Liedern vertraut waren und die wenigstens er – das implizieren seine Worte ja eindeutig – für glaubhaft hielt. Aus Gesprächen mit anderen

---

41 Vgl. die Liste bei Tischler, 2001: 20–44.
42 Ich spreche nicht von einer vereinzelten Randbemerkung nach 1100 in der Handschrift London, British Library, addit. 21109 (Menéndez Pidal 1960: 383 mit Lit.).

Mönchen, so dürfen wir annehmen, wusste er, dass es auch eine «Karlsvita von Alkuin» gab, von dem großen Alkuin, der doch Karl gewiss näher gestanden hatte als jener *Aeginardus* und der schon deshalb vollständiger berichtet haben musste als dieser. Bei Alkuin müsste man nachlesen .... Und schon floss dem Schreiber die teilweise falsche Bemerkung aus der Feder. Nur mit dieser Hypothese wird man meines Erachtens den scheinbaren Pseudo-Alkuin-Zwillingen gerecht, ohne den Zufall zu strapazieren. Streichen wir also besser – mit Gaston Paris – auch den Pseudo-Alkuin aus der Geschichte der altfranzösischen Epik!

Zur Vorgeschichte der altfranzösischen Epik haben wir somit zwei – wie mancher Forscher genüsslich sagen würde – *mythes* aufgeben müssen. Heißt das nun, dass die Neotraditionalisten Unrecht haben? Noch keineswegs. Es bleibt im Zeugnis des Schreibers von Paris lat. 5354 immerhin eine Aussage, bei der er sich nicht irren kann: dass nämlich schon zu seiner Zeit über Karl den Großen Dinge, die *nicht bei Einhart zu finden sind* (also auch für uns im Verdacht der Fiktivität stehen müssen), *in Liedern* (also vielleicht variablen, aber doch wiedererkennbaren Einheiten) *volkssprachlich* (denn *vulgo* ‹im Volke› kann sich nicht auf lateinische Lieder beziehen) *gesungen* (also nicht als gesprochene Anekdoten tradiert) wurden, und zwar in solchem Umfang, dass einfache Gemüter ihr Fehlen in einer Karlsbiographie mit Enttäuschung an dieser quittierten. Das ist weit mehr, als Alperts *cantilenae* bestreitbarer Gattung und ungenannter Thematik zu bieten hätten, selbst wenn sie romanisch wären!

Umso wichtiger wird es damit, die Handschrift mit den heutigen Mitteln im breiten Geflecht der Einhart-Überlieferung zeitlich-räumlich möglichst genau zu situieren. Von Fawtier (1933: 81) wurde sie, wie gesagt, paläographisch ‹um 1050, eher früher als später› datiert, mit etwas anderer Akzentuierung dann von Ernst Tremp (1991: 58 f.) auf «erste Hälfte / Mitte des 11. Jahrhunderts». Da sie einen Besitzvermerk des Klosters Bonneval (Diözese Chartres) aus dem 13. Jh. enthält, hielt Tremp sie für «mit großer Wahrscheinlichkeit» dort auch geschrieben.

Sehr eingehend behandelt sie schließlich Tischler (2001); laut Register wird sie an 30 Stellen des Werkes erwähnt, passim (z. B. 2001: 808–816 und 1111–1118) werden aus ihr Lesungen zitiert, ein 14-seitiger, auf Autopsie beruhender Abschnitt ist ausschließlich dieser Handschrift gewidmet (2001: 1142–1156). Nach Tischler «dürfte [sie] bald nach der Jahrtausendwende entstanden sein, also früher, als bisher allgemein angenommen» (2001: 1142, ähnlich 34, 104), zwar frühestens zur Zeit des Abtes Rainard von Bonneval, d. h. zwischen 979 und 1015 (2001: 1155, vgl. 1153), aber noch im «1. Drittel des 11. Jahrhunderts» (2001: 487 Anm. 803), und zwar gleich für Bonneval im knapp 100 km entfernten Fleury. In diesem Zusammenhang kann Tischler nämlich zeigen (2001: 1115), dass schon im späteren 9. Jahrhundert, dem Stemma nach aus der Gegend von

Orléans kommend, in Fleury eine Handschrift der *Vita Karoli* verfügbar war, welche Adrevald von Fleury für seine *Miracula Sancti Benedicti* benutzte; ferner, dass mit dieser Vorlage Adrevalds auch unsere Handschrift Paris lat. 5354 sowie die umfangreichen Einhart- (und Astronomus-)Auszüge, die Hugo von Fleury 1110 in die sechsbändige Fassung seiner *Historia ecclesiastica* einarbeitete, unstreitig eine Familie bilden, doch so, dass unsere Handschrift und Hugos Auszüge noch weit enger zusammenstimmen, ohne dass unsere Handschrift die Vorlage Hugos gewesen sein kann (2001: 1148–1152); unsere Handschrift und Hugos Exzerpte entstammen also (zumindest indirekt, wahrscheinlicher direkt) derselben, schon nach Fleury gehörenden Vorlage. Eines unter sehr vielen Beispielen für den letztgenannten Sachverhalt mag genügen: Unsere Handschrift und Hugo bieten an der Roland-Stelle in Einharts Kapitel 9 die Mitteilung, Eggihard, Anselm und Roland seien gefallen *cum aliis quam pluribus* ‹mit sehr vielen anderen›[43] statt Einharts *cum aliis compluribus* ‹mit nicht wenigen anderen› (2001: 1148 f.) – im frühen 11. Jahrhundert eine auch für die Romanistik inhaltlich interessante Variante, die übrigens in keiner Vita-Karoli-Ausgabe des 19. oder 20. Jahrhunderts aufgeführt ist! Nun war Fleury ja nicht nur schon seit der hochkarolingischen Zeit[44] allmählich zu einem Skriptorium allerersten Ranges geworden;[45] seit etwa 950 war es auch ein wichtiger Ausgangspunkt der Reform von Klöstern. Insbesondere führte Fleury um 978 die Reform, ja faktisch die Wiederbegründung, des von den Normannen zerstörten Bonneval durch und schickte Mönche mit Rainard als Abt dorthin, der, wie gesagt, bis 1015 amtierte. Aus Fleury stammte in Bonneval auch noch Abt Tetfrid, dessen Streit mit den eigenen Mönchen 1023 durch Abt Gauzlin von Fleury und den zuständigen Bischof Fulbert von Chartres geschlichtet werden musste (2001: 1153 f. mit Anm. 776). Da ist es selbstverständlich, dass Fleury Bonneval gerade in dessen Anfängen unter Rainard und Tetfrid auch mit Handschriften versorgte – darunter eben unserer Handschrift, wobei wir es dahingestellt sein lassen dürfen, ob dazu in Fleury eigene Schreiber oder solche aus Bonneval tätig waren (zur Schreiberfrage vgl. Tischler 2001: 1146 f. und 1155).[46]

---

43 *Complures* ‚nicht wenige' ist klassisch. *Quam plures* (manchmal *quamplures* geschrieben) findet sich seit Plautus selten und meist unsicher belegt (TLL s. v. *complures*, col. 2107, Z. 19 ff., Forcellini s. v. *quamplures* ‚molti assai'); etwa von Hieronymus an ist es häufiger, und zwar jetzt – wie das klassische *quam plurimi* – in der Bedeutung ‚wie viele doch, sehr viele' (TLL s. v. *multus*, col. 1612, Z. 66 f., klarer Blaise s. v. *quam* 3: ‚le plus possible', ‚très').
44 Interessante Schlaglichter bei Bischoff 1979, vgl. das Register p. 337.
45 Vgl. etwa Pellegrin 1988: 159–210, 285–297, Mostert 1989 passim.
46 Fleury und Bonneval liegen beide innerhalb oder zumindest am Rande jenes sich von Cluny zum anglonormannischen Bereich hinziehenden Gebietes, wo man die «Karlsvita von Alkuin» zu kennen glaubte, und erfüllen damit auch im geographischen Sinne die Vorausset-

Nun sind Romanisten ja oft gegenüber paläographischen Datierungen recht kritisch eingestellt. Das ist verständlich, wenn die geographische Heimat der Handschrift unbekannt ist, so dass die nur sehr allmähliche räumliche Ausbreitung von Neuerungen nicht adäquat berücksichtigt werden kann, oder auch, wenn die Datierung der Handschrift überhaupt erst um ihrer epengeschichtlichen Relevanz willen durchgeführt wird, so dass unvermerkt Vorerwartungen in sie einfließen können; beides trifft z. B. zu für das Haager Fragment oder – in geographisch bescheidenerem Umfang – für die Oxforder Handschrift des Rolandsliedes. Im vorliegenden Falle aber ist jetzt die Heimat der Handschrift mit der wünschenswerten Genauigkeit bekannt, und niemand, der Tischlers Ausführungen nachliest, wird ihn verdächtigen, bei seiner Datierung beeinflusst worden zu sein durch die oben herausgearbeitete romanistische Relevanz des *canuntur*-Nebensatzes oder gar der *quam-pluribus*-Variante. Wollen wir trotzdem bewusst vorsichtig verfahren, so können wir ja um den Mittelpunkt der vorgeschlagenen Datierung «erstes Drittel des 11. Jahrhunderts», also um das Wahrscheinlichkeitsmaximum in den Jahren 1016/1017, noch den Sicherheitsradius von einer Generation, d. h. von etwa dreißig Jahren, legen.

Auch dann bleibt der *canuntur*-Nebensatz ein Zeugnis gerade noch aus der ersten Hälfte des 11. Jahrhunderts – und damit das älteste Zeugnis dafür, dass *legendäre Karlsmotive in Liedern* vorgetragen wurden, und die *quam-pluribus*-Variante bleibt ein zumindest erwägenswertes Indiz für die Möglichkeit, dass dabei schon die Zahl der epischen Roncevaux-Opfer anzuschwellen begann.

Abschließend sei der Versuch gestattet, dieses Ergebnis mit wenigen andeutenden Strichen in einen größeren Zusammenhang zu stellen. Geographisch wie zeitlich steht das *canuntur*-Zeugnis zwischen den beiden meines Erachtens am ehesten resistenten Indizienkomplexen einer beginnenden Roland-Epik: nämlich zwischen einerseits der Olivier-Namenmode, die gegen 1000 nahe Vienne und damit – was bisher so gut wie unbeachtet blieb – nahe dem Ursprungspunkt der Gottesfriedens-Bewegung begonnen hatte, und andererseits jenen Indizien, die seit etwa dem letzten Drittel des 11. Jahrhunderts auf Westfrankreich (Anjou, Normandie) verweisen werden. Insgesamt wird man bei der Suche nach solchen Indizien – und auch allgemeiner nach potentiell epenträchtigen Namen – fündig nicht so sehr im eigentlichen Südfrankreich (und damit im Bereich einer vermeintlich okzitanischen Karlsepik), sondern entlang erst der südlichen, dann der westlichen Randzone des realen kapetingischen Machtbereichs, wohingegen dessen Hauptgebiet auffälligerweise erst nach 1100 ins Bild kommt. Diese ‹Verspätung› des kapetingischen Hauptgebiets dürfte ein-

---

zung unserer weiter oben gegebenen Inexistenz-Erklärung des epenfreundlichen Pseudo-Alkuin.

fach – aber wiederum bisher unbeachtet – darin begründet sein, dass die Ablösung der Karolinger durch die Kapetinger zu den längsten und schmerzvollsten Ablösungsprozessen gehört, die die europäische Geschichte kennt. So etwas wirkt lange nach, so dass im unmittelbaren Kapetingerbereich lange auch breiten Bevölkerungsschichten eine einschränkungslose emotionale Identifizierung mit der Sache der Karolinger – wie eine Epik dieser Art sie braucht – inopportun erscheinen musste. Das Bestreben der Kapetinger, sich nach dem rechtlichen schließlich auch den ideologischen Mantel der Karolinger überzuwerfen, manifestierte sich einigermaßen klar erst, als sie sich spät im 11. Jahrhundert den Karolingernamen Ludwig aneigneten, und konnte sich voller erst entfalten, als seit 1122 Abt Suger von Saint-Denis sein geniales Gespür für das Potential von Symbolen in den Dienst des Königshauses und zugleich seiner eigenen Abtei stellte. Selbst nach diesem Datum wird ader epische Karl nur sehr allmählich seinen Hauptsitz von Aachen nach Paris verlegen und schließlich zum ‚König von Saint-Denis' – und sein Reich zum ‚Königreich von Saint-Denis' – werden.

Zitierte Literatur

Akkerman, J.B., 1962: «Het koopmansgilde van Tiel omstreeks het jaar 1000», in: *Tijdschrift voor Rechtsgeschiedenis* 30, 409–471.
Alpert von Metz: siehe die Editionen von Dederich, Eccard, Hulshof, Migne, Pertz, Pijnacker Hordijk und vor allem van Rij.
Arndt, Wilhelm, ed., 1869: «Gesta abbatum Lobbiensium», in: *Monumenta Germaniae Historica, Scriptores*, XXI, Hannover 1869, 307–333.
Bédier, Joseph, 1904–1908, ³1926–1929: *Les légendes épiques*, 4 Bde., Paris, Champion.
Bischoff, Bernard, 1979: *Paläographie des römischen Altertums und des abendländischen Mittelalters*, Berlin, Erich Schmidt.
Blaise, Albert, 1954: *Dictionnaire latin-français des auteurs chrétiens*, Turnhout, Brepols.
Braune-Eggers, 1975: Wilhelm Braune, *Althochdeutsche Grammatik*, 13. Aufl. besorgt von Hans Eggers, Tübingen, Niemeyer, 1975.
Bubenheimer, Ulrich, 1972: «Der Aufenthalt Burchards von Worms im Kloster Lobbes als Erfindung des Johannes Trithemius», in: *Zeitschrift der Savigny-Stiftung für Rechtsgeschichte, Kanonistische Abteilung*, 58, 320–337.
Dederich, Andreas, ed. et trad. (dt.), 1859: *Des Alpertus von Metz zwei Bücher über verschiedene Zeitereignisse, nebst zwei Bruchstücken über Bischöfe von Metz*, Münster, Coppenrath.
Eccard, Johann Georg von, ed., 1723: «Alpertus Mettensis, De diversitate temporum, et: Fragmentum de Deoderico primo episcopo Mettensi», in: J.G.v.E., *Corpus historicorum medii aevi*, I, Leipzig, Gladitsch, col. 91–132.
Faral, Edmond, 1909, ²1971: *Les jongleurs en France au moyen âge*, Paris, Champion.
Favati, Guido, 1960: Rez. zu Menéndez Pidal 1959. In: *Studi francesi* 4, 95–99.
Fawtier, Robert, 1933: *La Chanson de Roland: étude historique*, Paris, de Boccard.

Forcellini: Egidio Forcellini, 1965: *Lexicon totius latinitatis*, 4. Aufl., 2. Nachdruck, 6 Bde., Bologna, Forni.
Förstemann, Ernst Wilhelm, ²1900: *Altdeutsches Namenbuch*, I, *Personennamen*, Bonn, Hanstein.
Gesta abbatum Lobbiensium: siehe die Edition Arndt.
Horrent, Jules, 1951: *La Chanson de Roland dans les littératures française et espagnole au moyen âge*, Paris, Belles Lettres.
Hugenholtz, F.W.N., 1966: «Alpertus Mettensis als ‚biograaf'», in: *Tijdschrift voor geschiedenis* 79, 249–259.
Hulshof, Abraham, ed., 1916: *Alperti Mettensis de diversitate temporum. Met inleiding van C[ornelius] Pijnacker Hordijk*, Amsterdam, Müller.
Johannes de Groche(i)o: siehe die Edition Rohloff.
Kauffmann, Henning, 1968: *Ergänzungsband* zu Förstemann 1900, München, Finck, und Hildesheim, Olms.
Le Jan, Régine, 2006: «La vengeance d'Adèle ou la construction d'une légende noire», in: *La vengeance, 400–1200*, ed. Dominique Barthélemy [et al.], Rom, École française de Rome, 325–340.
Lecoy, Felix, 1960: [Diskussionsbeitrag vom 23. Juli 1959 auf dem Kongress der *Société Rencesvals* in Poitiers]. In: *Bulletin bibliographique de la Société Rencesvals* 2, 112–115.
Lecoy, Felix, 1963: Rez. zu Menéndez Pidal 1959 und 1960. In: *Romania* 84, 88–133.
LM: *Lexikon des Mittelalters*, I, München, Artemis u. a., 2003.
LMLMAe: *Lexicon musicum latinum medii aevi*, 1992–, ed. Michael Bernhard, München, Bayerische Akademie der Wissenschaften.
Manitius, Max, 1888: «Zu den Werken Alperts», in: *Neues Archiv* 13, 202–208.
Manitius, Max, 1923: *Geschichte der lateinischen Literatur des Mittelalters*, II, München, Beck.
Menéndez Pidal, Ramón, 1959: *La Chanson de Roland y el neotradicionalismo*, Madrid, Espasa Calpe.
Menéndez Pidal, Ramón, 1960: *La Chanson de Roland et la tradition épique des Francs, deuxième édition, revue et mise à jour par l'auteur avec le concours de René Louis et traduite de l'espagnol par Irénée-Marcel Cluzel*, Paris, Picard.
Mierlo, Jozef van, S.J., ed., 1935: *Het Roelantslied*, Gent, Erasmus.
Migne, Jacques Paul, ed., 1853: *Patrologia Latina*, CXL, Paris, Migne.
MLW: *Mittellateinisches Wörterbuch*, 1967–, begr. von Paul Lehmann und Johannes Stroux, München, Beck.
Moll, Willem, 1867: *Kerkgeschiedenis van Nederland vóór de hervorming*, II, 2, Utrecht, Kemink.
Mostert, Marco, 1989: *The library of Fleury. A provisional list of manuscripts*, Hilversum, Verloren.
Oediger, Friedrich Wilhelm, 1954: «Adelas Kampf um Elten (996–1002)», in: *Annalen des Historischen Vereins für den Niederrhein* 155/156, 57–86.
Oexle, Otto-Gerhard, 1989: «Die Kaufmannsgilde von Tiel», in: *Untersuchungen zu Handel und Verkehr der vor- und frühgeschichtlichen Zeit in Mittel- und Nordeuropa, VI, Organisationsformen der Kaufmannsvereinigungen in der Spätantike und im frühen Mittelalter*, ed. Herbert Jankuhn, Göttingen, Vandenhoeck und Ruprecht, 325–340.
Paris, Gaston, 1865, ²1905: *Histoire poétique de Charlemagne*, Paris, Franck.
Parisse, Michel, 1965: «Thierry Ier, évêque de Metz (965–984)», in: *Les Cahiers lorrains* N.S. 17, 110–118.

Pellegrin, Élisabeth, 1988: *Bibliothèques retrouvées. Manuscrits, bibliothèques et bibliophiles du moyen âge et de la Renaissance. Recueil d'études publiées de 1938 à 1985*, Paris, Éditions du Centre National de la Recherche Scientifique.

Pellegrini, Silvio, 1964: *Studi rolandiani e trobadorici*, Bari, Adriatica Editrice.

Pertz, Georg Heinrich, ed., 1841: «Sigeberti Gemblacensis monachi Vita Deoderici primi episcopi Mettensis», in: *Monumenta Germaniae Historica, Scriptores*, IV, Hannover, Hahn, 461–483.

Pertz, Georg Heinrich, ed., 1841: «Alperti Mettensis monachi Fragmentum de Deoderico primo episcopo Mettensi [et] De diversitate temporum.» In: *Monumenta Germaniae Historica, Scriptores*, IV, Hannover, Hahn, 697–723.

Pertz, Georg Heinrich, ed., 1848: «Sigeberti Gemblacensis monachi Gesta abbatum Gemblacensium», in: *Monumenta Germaniae Historica, Scriptores*, VIII, Hannover, Hahn, 523–564.

Pijnacker Hordijk, Cornelius, ed. (Faks.), 1908: *Alpertus Mettensis, De diversitate temporum und De Theoderico I episcopo Mettensi, Codex Hannoveranus 712A, in phototypischer Reproduktion. Einleitung von C. P. H.*, Leiden, Sijthoff.

Rajna, Pio, 1884: *Le origini dell'epopea francese*, Florenz, Sansoni.

Rohloff, Ernst, ed., 1972: *Die Quellenhandschriften zum Musiktraktat des Johannes de Grocheio*, Leipzig, Deutscher Verlag für Musik.

Schlaug, Wilhelm, 1955: *Studien zu den altsächsischen Personennamen des 11. und 12. Jahrhunderts*, Lund, Gleerup.

Schlaug, Wilhelm, 1962: *Die altsächsischen Personennamen vor dem Jahre 1000*, Lund, Gleerup.

Siciliano, Italo, 1951: *Les origines des chansons de geste. Théories et discussions, traduit de l'italien par P. Antonetti*, Paris, Picard.

Siciliano, Italo, 1968: *Les chansons de geste et l'épopée. Mythes, histoire, poèmes*, Turin, Società Editrice Internazionale.

Sigebert von Gembloux: siehe die Editionen von Pertz (2) und Witte.

Tischler, Matthias M., 2001: *Einharts Vita Karoli. Studien zu Entstehung, Überlieferung und Rezeption*, 2 vol., Hannover, Hahn.

TLL: *Thesaurus linguae latinae*, 1900–, Leipzig, Teubner.

Tremp, Ernst, 1991: *Die Überlieferung der Vita Hludowici des Astronomus*, Hannover, Hahn.

Van Loey: A. van Loey, [7]1959, *Schönfelds historische grammatica van het Nederlands*, Zutphen, Thieme.

Van Rij, Hans, ed. et trad. (niederld.), 1980: *Alpertus van Metz, Gebeurtenissen van deze tijd en Een fragment over bisschop Diederik I van Metz, vertaald en ingeleid door H. v. R. met medewerking van Anna Sapir Abulafia*, Amsterdam, Verloren.

Van Rij, Hans, 1984: «De Tielse koster, broeder Immo en Alpertus van Metz», in: *Ad fontes. Opstellen aangeboden aan prof. dr. C. van de Kieft* [...], Amsterdam, Verloren, 1984, 83–94.

Van Rij, Hans, trad. (niederld.), 1999: *Alpertus van Metz, Gebeurtenissen van deze tijd, Een fragment over bisschop Diederik I van Metz en De mirakelen van de heilige Walburg, vertaald en ingeleid door H. v. R.*, Hilversum, Verloren.

Van Winter, Johanna Maria, 1980: «Die Hamaländer Grafen als Angehörige der Reichsaristokratie im 10. Jahrhundert», in: *Rheinische Vierteljahresblätter* 44, 16–42.

Vita Burchardi: siehe die Edition Waitz.

Waitz, Georg, ed., 1841: «Vita Burchardi episcopi Wormatiensis auctore anonymo», in: *Monumenta Germaniae Historica, Scriptores*, IV, Hannover, Hahn, 829–846.

Wirtz, Anna geb. Henningsen, 1971: «Die Geschichte des Hamalandes», in: *Annalen des Historischen Vereins für den Niederrhein* 173, 7–84.
Witte, Rudolf, ed., 1974: *Catalogus Sigeberti Gemblacensis monachi de viris illustribus*, Bern, Lang.

Vorgeschichte zweiten Grades

17 ‚Chlothars II. Sachsenkrieg': eine Relektüre

I Die Standard-Version

Das Kapitel 41 des a. 727/728 fertiggestellten *Liber Historiae Francorum*[1] (im Folgenden: *Liber*) besteht aus einer in sich abgeschlossenen Erzählung: sie handelt von einem sonst unbezeugten[2] Sachsenfeldzug zunächst Dagoberts I., dann auch seines ihm zu Hilfe eilenden Vaters Chlothar II. zwischen a. 622/623 und 629/630, wahrscheinlich vor 625/626,[3] bei dem Chlothar den Sachsenherzog im Zweikampf tötet.

Diese Erzählung hat insbesondere unter dem etwas einseitigen Namen ‚Chlothars II. Sachsenkrieg' in einer hitzigen romanistischen Diskussion im späten 19. Jh. eine Rolle gespielt. Nach Meinung vieler damaliger Forscher brauchte man sie nur zusammenzuhalten mit dem sogenannten ‚Farolied', d. h. mit den wenigen Versen, die Bischof Hildegar von Meaux in der um 869 geschriebenen *Vita* seines Vorgängers Faro (*sedit* vor 637 bis 673/675)[4] zwar in einer – *sit venia*

---

1 *Liber Historiae Francorum*, in: Bruno Krusch (ed.), *Fredegarii et aliorum Chronica, Vitae Sanctorum* (= Monumenta Germaniae Historica [von nun an: MGH] SS.mer. II), Hannover, 1888, 215–328; zu dessen vom Autor der Rezension A im Schluss-Satz selbst angegebenen Datum (*Theudericum* [IV.], […] *qui nunc anno sexto in regno subsistit*) p. 217; das Kapitel 41 p. 311–314. (Zur Datierung der Rezension B cf. weiter unten Teil II, einleitend.)
2 D. h. sie ist die einzige Primärquelle für die Faktizität eines solchen Feldzugs; denn der zunächst globale Hinweis, dann die sprachlich und stilistisch leicht verbesserte Nacherzählung in den *Gesta Dagoberti* (um 830/835, Kap. 1 und 14, ed. Krusch [wie n. 1], 396–425, hier 401 und 404 s.), ferner die (meist sehr kurzen) Erwähnungen in der *Vita Faronis* (um 869), bei Ado von Vienne († 875) sowie (nach 900) z. B. bei Regino von Prüm, Ademar von Chabannes, Sigebert von Gembloux, Aimoin, Philippe Mousket, in den *Chroniques de Saint-Denis* usw. hängen direkt oder indirekt vom *Liber* ab; vgl. Hermann Suchier, *Chlothars des II. Sachsenkrieg und die Anfänge des französischen Volksepos*, in: Zeitschrift für romanische Philologie 18 (1894), 175–194, hier 186 s. mit n. 2.
3 Dagobert konnte selbständig einen Krieg in Sachsen erst führen, nachdem er a. 622/623 majorenn (*adultus*, fünfzehn Jahre alt) geworden und von seinem Vater zum Unterkönig eines um die Gebiete westlich der Vogesen und der Ardennen verkleinerten Austrasien eingesetzt war; a. 625/626 erhielt er auf Grund eines Schiedsspruches ganz Austrasien; Chlothar starb im Winter 629/630 (Fredegar Kap. 4.47, 53 und 56, ed. Krusch [wie n. 1] 144, 146 s. und 148). Zur größeren Wahrscheinlichkeit der Zeit vor 625/626 vgl. die Begründung weiter unten.
4 Bruno Krusch (ed.), *Vita Faronis episcopi Meldensis*, in: B. K. und Wilhelm Levison (edd.), *Passiones vitaeque sanctorum aevi merovingici*, Bd. III (= MGH SS.mer. V), Hannover, 1910, 171–206, hier 193.

Anmerkung: zuvor unveröffentlicht.

verbo – ,vermittellateinischten' Sprachform wiedergab, aber als *carmen publicum iuxta rusticitatem* aus der Zeit vor Faros Episkopat, also als volkssprachliches[5] Lied aus dem ersten Drittel des 7. Jh., vorstellte; dann sollten beide Texte zusammen die Existenz eines verloren gegangenen (proto-) französischen ,Volksepos' beweisen, also einer schon merowingerzeitlichen *chanson de geste* eben über ,Chlothars Sachsenkrieg'.

Doch wurde diese These von vornherein durch zweierlei Umstände belastet. Zum einen war auffällig, dass die bis gegen 658 reichende Chronik des sogenannten Fredegar,[6] die große und fast einzige Primärquelle für das Frankenreich aus dem 7. Jh. selbst, nichts von dem Krieg geschweige denn von Faro mitteilte. Zum anderen ließen sich – was gravierender war – die starken Diskrepanzen zwischen *Liber* und Farolied nicht verkennen: die Ereignisse bis zu Chlothars Eintritt in den Krieg werden völlig verschieden dargestellt; zu dem Krieg selbst sagt Hildegar dann eigentlich nur, dass Chlothar nach seinem Sieg alle Sachsen dezimierte, deren Körpergröße die Länge seines Schwertes übertraf, und gerade darin hängt er bis in die Formulierung hinein eindeutig vom *Liber* ab, ist also kein unabhängiger Zeuge.

Diese doppelte Problematik führte damals bald zu miteinander unvereinbaren, heute unwahrscheinlich bis abwegig wirkenden Hilfshypothesen über eine vermeintliche Vorgeschichte beider Texte: zum einen etwa, dass jener ,Sachsenkrieg' erst sekundär von Chlothar I. († 561) auf Chlothar II. übertragen worden sei oder aber dass er überhaupt durch Umformung einer Episode des Jahres 601 aus dem Krieg des damals jungen, erst neustrischen Königs Chlothar II. gegen seinen burgundischen Widersacher Theuderich II. entstanden sei; zum anderen, dass Hildegar seine Verse übernommen habe aus einer ebenfalls verlorenen Quelle, der *Vita* eines in Nordgallien missionierenden Iro-Schotten namens Chillenus, wo sie sich aber auf einen älteren (sonst unbezeugten!) Faro bezogen hätten. Kurzum, die Diskussion hatte sich schon hoffnungslos verkompliziert,[7]

---

5 Und zwar romanisches (also proto-französisches), nicht germanisches; dafür sprechen schon die den Urtext spiegeln sollenden Assonanzen und wohl auch die Zeilenform, die zwar kaum isosyllabisch ist, doch dem späteren 6 + 4-Silber etwa des *Girart de Roussillon* nahekommt, während die ältere germanische Dichtung nichts auffällig Ähnliches bietet.

6 Edition: Krusch (wie n. 1), 1–193. Obwohl ein *Fredegarius (scholasticus)* erst im späteren 16. Jh. ohne weitere Quellenangabe (also nicht in einer Handschrift der Chronik) als Autor genannt wird, behält man den Namen bequemlichkeitshalber meist bei, auch ohne halbe Anführungszeichen oder vorgesetztes *Pseudo-*.

7 Eine detaillierte Aufbereitung ist im gegenwärtigen Zusammenhang unnötig; so gut wie alle Aspekte werden zumindest berührt bei Suchier (wie n. 2, passim), zu ergänzen durch die Replik von Ferdinand Lot, *La Vie de Saint Faron et la guerre de Saxe de Clotaire II*, in: Romania 23 (1894), 440–445.

bevor Joseph Bédier der ganzen Idee einer romanisch-merowingerzeitlichen Epik (wohl zu unterscheiden von der viel differenzierter zu beurteilenden Karolinger-Epik) ein Ende setzte.[8]

*

Im Gegensatz zu den Romanisten ging und geht es für die Fachhistoriker hauptsächlich um die binäre Frage, ob der Sachsenfeldzug stattfand oder nicht.

Krusch hatte 1888 vor dem *Liber* im selben Bande auch die Fredegar-Chronik ediert,[9] und im Vergleich mit ihr fiel der *Liber* schon quantitativ sehr ab: gemessen vom legendären Beginn der Frankengeschichte bis zum Verklingen der Fredegar-Chronik gegen 658, ist seine Darstellung (Version A) nur etwa halb so lang wie die Fredegars; vergleicht man erst vom Tode Gregors von Tours an († 594), um die meisten aus älteren Quellen übernommenen Teile beider Werke auszuschalten, so beträgt sie sogar nur etwa 40 % der Fredegarschen. Bei einem solchen Vergleich wirkt das kürzere Werk fast zwangsläufig oberflächlich. Das rief gegen alles Eigengut des *Liber* Kruschs prinzipielles Misstrauen hervor, am stärksten dort, wo ein ganzer Kriegszug auf dem Spiel stand: *Omnia [!] enim, quae a Fredegario non confirmantur, aut suspecta sunt aut prorsus ficta, ut expeditio Dagoberti (cap. 41) in Saxones suscepta [...]*.[10] Dieses Verdammungsurteil speziell gegen den ‚Sachsenkrieg' wird bis heute mehr oder minder entschieden nachgesprochen,[11] obwohl es eigentlich nur eine der bei Krusch oft notorisch scharfen Behauptungen und kein Beweis war.

---

8 Joseph Bédier, *Les légendes épiques*, speziell Bd. IV, Paris, 1910, in der Regel zitiert nach der 3. Aufl., Paris, 1929, 289–344. Die spätere Forschung zum Farolied braucht hier nicht zu interessieren. Nur sei erinnert an Karl Heisig, *Über das Farolied*, in: Romanische Forschungen 60 (1948), 459–499, mit überzeugender Uminterpretation des primären Textsinnes und daraus folgendem Nachweis, dass das Lied erst nach Faros Tod und wohl erst nach dem *Liber* entstanden sein kann. Alle weiteren Möglichkeiten halte ich noch für offen, von Entstehung kurz nach 727 bis zur Fälschung durch Hildegar selbst; ich selbst neige zur Entstehung zwischen 751 (Krönung Pippins) und 804 (Aachen endgültige Kaiserresidenz).
9 Krusch (wie n. 6 bzw. n. 1). Im Folgenden ist ‚Fredegar' immer nur der eigentliche Fredegar, d. h. bis um 658 (ed. Krusch p. 168), und sämtliche Aussagen über ihn lassen sich ableiten aus den Handschriften, die die *Continuationes* des späten 7. und des 8. Jh. noch nicht enthalten und die deshalb auch nicht als Zeugen einer *Historia vel Gesta Francorum* im Sinne von Roger Collins, *Die Fredegar-Chroniken* (= MGH, Studien und Texte 44), Hannover, 2007, passim, gelten können (vgl. die Liste beider Handschriften-Gruppen bei Collins p. XIVs.). Das bis um 658 reichende Werk nenne ich singularisch ‚Chronik', im Gegensatz zu Kruschs (spätlateinischem) Plural *Chronicae*; die Begründung ergibt sich aus dem oben folgenden Text.
10 Krusch (wie n. 1), 218. Hervorhebung von mir.
11 Dafür nennt etwa Richard A. Gerberding, *The Rise of the Carolingians and the ‚Liber Historiae Francorum'*, Oxford, 1987, 164 n. 11, die folgenden Beispiele: Godefroid Kurth, *Histoire poétique des Mérovingiens*, Brüssel, 1893, 146–148, Erich Zöllner, *Geschichte der Franken bis zur*

Als einziges spezielles Argument kam im vorliegenden Fall hinzu, dass Fredegar ausdrücklich sagt, Chlothar habe die sechzehn Jahre seiner Herrschaft über das Gesamtreich (613–629) verbracht *pacem habens cum universas gentes vicinas*.[12]

Mit dieser Aussage müssen wir uns also genauer auseinandersetzen, was nicht ohne einen Überblick über die Fredegar-Forschung möglich ist.

Unmissverständlich Einspruch erhob 1894 Ferdinand Lot: „[...] le silence de Frédégaire sur la guerre saxonne ne prouve rien contre sa réalité. Frédégaire n'a eu à sa disposition pour cette période que des sources bourguignonnes et austrasiennes, et s'il déclare que Clotaire a vécu seize ans en paix, c'est qu'il ne sait rien de la fin de son règne, sur lequel il n'a point de renseignements neustriens."[13] In diesem Zusammenhang ist daran zu erinnern, dass Chlothar 613 bei der Übernahme des Gesamtreichs den drei Teilen ein beträchtliches Maß an Autonomie, darunter das Indigenat, zusagte: alle Würdenträger (mit Ausnahme der Mitglieder der Königsfamilie) mussten aus ihrem Reichsteil gebürtig sein; insbesondere amteten weiterhin drei Hausmeier nebeneinander.[14] Ein damaliger Historiograph war also nicht notwendigerweise über alle drei Reichsteile gleich gut informiert, geschweige denn ihnen gegenüber gleich unparteiisch.

Auch Krusch selbst war schon 1888 bei Gelegenheit seiner Fredegar-Edition aufgefallen, dass dort zwar die Ereignisse bis zu Chlothars Übernahme des Gesamtreichs a. 613 einschließlich sehr detailliert geschildert werden, Chlothars

---

Mitte des sechsten Jahrhunderts, München, 1950, 102, Wilhelm Wattenbach/Wilhelm Levison, *Deutschlands Geschichtsquellen im Mittelalter*, I/1, Weimar, 1952, 118, Paul Fouracre, *Ebroin*, Diss. (University of London, 1981), Kap. 2. Die Liste ließe sich bis heute verlängern, z. B. durch ein sonst so bewundernswertes Buch wie Wolfgang Haubrichs, *Die Anfänge: Versuche volkssprachiger Schriftlichkeit im frühen Mittelalter (ca. 700–1050/60)* (=Geschichte der deutschen Literatur von den Anfängen bis zum Beginn der Neuzeit, hrg. von Joachim Heinzle, I/1), 2. Aufl., Tübingen, 1995, 100 (der Feldzug sei „völlig unhistorisch"). Auch Gerberding selbst, dessen Buch sonst viel zur Rehabilitation des *Liber* beigetragen hat, urteilt nur „Untrue perhaps [...]" – Bemerkenswert unparteiisch Herbert Haupt, in: *Quellen zur Geschichte des 7. und 8. Jahrhunderts: Die vier Bücher der Chroniken des sogenannten Fredegar*, neu übertragen von Andreas Kusternig, *Die Fortsetzungen der Chroniken des sogenannten Fredegar [...], Das Buch von der Geschichte der Franken [...]* neu übertragen von Herbert Haupt, Darmstadt, 1982, 361 n. 83: „Der folgende Bericht über den Sachsenkampf ist sonst unbekannt." Bernard S. Bachrach, *Merovingian Military Organization 481–751*, Minneapolis, 1972, 85 s., scheint die Erzählung (kommentarlos) für historisch zu halten.

12 Fredegar 4.42, ed. Krusch (wie n. 1), 142.
13 Lot (wie n. 7), 444.
14 Vgl. etwa Ulrich Nonn, Art. *Fredegar (Fredegar-Chronik)* im *Lexikon des Mittelalters*, Studienausgabe Bd. IV, Stuttgart, 2002.

folgende Herrschaft aber umso dürftiger: für sechs der 16 Jahre werde gar nichts, für die anderen *perpauca* gemeldet.[15] Ähnlich negativ urteilte 1934 Hellmann wenigstens über das Jahrzehnt von 614–623,[16] und noch stärker insistierte Goffart 1963 bzw. 1989 auf einer „decade of very sketchy and inadequate narrative", nämlich „a period of ten years, 614–623, where the author's information is visibly much scantier than before and after".[17] Meines Wissens ist die Informationsarmut Fredegars für diesen Zeitraum bis heute unbestritten geblieben.

Krusch, Hellmann und Goffart erklärten sie denn auch prinzipiell auf dieselbe Weise: der Autor habe an diesen Zeitraum etwa seiner Jugendjahre dürftigere Erinnerungen als an die Folgezeit. Freilich unterschied dabei Krusch drei Autoren: der erste habe die Darstellung bis zum Jahre 613 geführt, der zweite bis 642, beide in der heutigen Westschweiz wirkend, der dritte, ein Austrasier, habe weniger systematisch Materialien aus der Zeit bis 658 hinzugefügt;[18] unseren Sachsenfeldzug hätte also der zweite erwähnen müssen, etwa zwanzig Jahre nach den Ereignissen und gut 500 km von ihren möglichen Ausgangspunkten entfernt. Doch Kruschs System wurde demontiert: schon Hellmann fasste den zweiten und den dritten Autor wieder zu einer Person zusammen, und nachdem die französische Forschung (Lot 1894, 1914, Levillain und Baudot 1928) ohnehin an der Autoreinheit festgehalten hatte, trat für diese mit ausgefeilter Argumentation 1963 (und 1989) auch Goffart ein, dem sich – zum Teil aus spezielleren Perspektiven – unter anderen Erikson (1965), Kusternig (1982), Wood (1994) und Collins (2007) anschlossen, so dass sie heute als allgemein anerkannt gilt.[19]

---

15 Krusch (wie n. 1), 3; vgl. auch 4 ss.
16 Siegmund Hellmann, *Das Fredegarproblem*, in: Historische Vierteljahrsschrift 29 (1934), 36–92, passim und speziell 52.
17 Ich zitiere den (vom Autor besorgten) Wiederabdruck: Walter Goffart, *Rome's Fall and After*, London, 1989, 319–354: [Kap.] 13 The Fredegar Problem Reconsidered, hier 334 bzw. 340. Goffart hält übrigens (p. 349) Fredegars Satz über Chlothars 16 Friedensjahre (4.42) nicht eigentlich für ein Element der Narration, sondern für eine Art gedrängtes Gesamturteil über den König, vergleichbar ähnlichen Gesamturteilen über Guntram (4.1) und Dagobert (4.58). Von einem solchen Gesamturteil erwartet man meines Erachtens, dass es ‚im Großen und Ganzen', aber wohl nicht, dass es bis in jede Einzelheit zutrifft.
18 Krusch (wie n. 1), 1–7.
19 Hellmann (wie n. 16); Ferdinand Lot (wie n. 7); derselbe, *Encore la chronique du Pseudo-Frédégaire*, in: Revue historique 115 (1914), 305–337; Léon Levillain, Rez. Krusch in: Bibliothèque de l'École des Chartes 89 (1928), 91–95; Marcel Baudot, *La question du Pseudo-Frédégaire*, in: Le Moyen Âge 38 [N.S. 29] (1928), 129–170; Goffart (wie n. 12), passim; Alvar Erikson, *The problem of authorship in the Chronicle of Fredegar*, in: Eranos 63 (1965), 47–76; Kusternig (wie n. 11), 9–13; Ian N. Wood, *Fredegar's Fables*, in: Anton Scharer (ed.), *Historiographie im frühen Mittelalter*, Wien, 1994, 359–366; Collins (wie n. 9), der p. 8–15 zu der Frage ‚Ein Autor oder mehrere?' einen detaillierteren Forschungsbericht bietet, als ich hier andeutend geben kann.

Sie hat eine unentrinnbare Folge: der Autor schrieb ‚noch 658', ja nach heute überwiegender Meinung überhaupt ‚nach oder um 658' (Goffart) bzw. ‚zwischen 656 und 662' (Wood) bzw. ‚um 660' (Collins).[20] Freilich ging dieser neue Konsens in der Zeit einher mit einem Dissens im Ort. Wo saß der Autor? Goffart plädierte für ein *Non liquet*, was sich nicht zuletzt deshalb empfiehlt, weil noch Wood für Austrasien, doch Collins für Neustrien/Burgund optierte – beide mit guten Gründen, die sich meines Erachtens zu neutralisieren drohen.[21]

Wir können dann zusammenfassen: nach der neueren Forschung schrieb Fredegar an unbestimmbarem Ort etwa 35 Jahre nach dem potentiellen Ereignis. Das macht ihn als *Ex-silentio*-Zeugen nicht schlechthin untauglich, setzt aber seine Zeugniskraft beträchtlich herab. Zwar könnte er ein Ereignis ersten Ranges, wie es der Kampfestod eines Sachsenherzogs von der Hand Chlothars wäre, kaum ignorieren, wohl aber sonstige kriegerische Ereignisse um Chlothar, zumindest wenn diese ‚eine Nummer kleiner' waren, als der *Liber* sie darstellt.

Nun handelt unsere Erzählung aber nicht von Chlothar allein, sondern von Dagobert und Chlothar, und 623 (genau genommen: 622/623) ist nicht ihr End-, sondern ihr Anfangsdatum. Wie beurteilt Fredegar Dagobert? Von seinem Vater 622/623 als Fünfzehnjähriger zum König eines um die Gebiete westlich der Vogesen und Ardennen verkleinerten Austrasien eingesetzt, kam er unter den beherrschenden Einfluss des austrasischen Hausmeiers Pippin des Älteren und des Bischofs Arnulf von Metz (4.52), die beide in der Chronik auffällig positiv dargestellt werden: sie waren es, die schon 613 zusammen mit dem austrasischen Adel Chlothar als König in Austrasien willkommen geheißen hatten (4.40). Als Dagobert 625/626 bei seiner Heirat von seinem Vater ganz Austrasien forderte, stimmten Vater und Sohn, nicht zuletzt unter der friedensstiftenden Einwirkung Arnulfs, der Einsetzung eines Schiedsgerichts zu, das dann in der Hauptsache dem Sohn Recht gab (4.53). Weiterhin von Pippin und (nach Arnulfs Ausscheiden) von Bischof Kunibert von Köln *fortiter admonetus*, entwickelte sich Dagobert bis 629 (also bis in sein 21. oder 22. Lebensjahr) zu einer Art Musterkönig in Austrasien. Doch nach dem Tode seines Vaters verwandelte er sich mit seiner Übersiedlung nach Paris als Herrscher des Gesamtreichs ins Gegenteil (4.58): er vergaß alle Gerechtigkeit, häufte in Habgier selbst gegenüber der Kirche und gegenüber seinen eigenen Leuten immer neue Schätze an, ergab sich völlig der Ausschweifung, hatte drei Königinnen und so viele Beischläferinnen, dass sie aufzuzählen die Chronik belasten würde – wo doch, hätte sich sein Herz wieder auf Gott gerichtet, *regnum, creditur, meruisset aeternum*

---

20 Goffart (wie n. 17), 347; Wood (wie n. 19), 359; Collins (wie n. 9), 24.
21 Goffart (wie n. 17), 333: die geographische Frage sei „a blind alley"; Wood (wie n. 20), 364–366; Collins (wie n. 9), 23–25.

(4.60);²² ja, während so seine *leudes* unter seiner Verworfenheit stöhnten, musste selbst Pippin im Verkehr mit ihm seine ganze Vorsicht und Selbstbeherrschung aufbieten, um nicht durch Verleumdung in Ungnade zu fallen und das Leben zu verlieren; doch seine Gerechtigkeitsliebe und sein Gottvertrauen bewahrten ihn (4.61).

Kurzum: Dagobert erscheint positiv nur, solange er – und dann nur: weil er – von Arnulf, Pippin und Kunibert geformt wird; doch das Endurteil des Chronisten über ihn fällt vernichtend aus. Kann man sicher sein, dass ein solcher Chronist sich verpflichtet gefühlt hätte, eine Tollkühnheit des jungen Dagobert zu berichten, wenn ihn aus dieser wohlgemerkt nicht Pippin, sondern sein Vater herausgehauen hatte?

*

Entlastet sowohl von der romanistischen Zumutung, etwas anderes zu sein als zu scheinen, als auch von der fachhistorischen, durch das bloße Schweigen eines Zeugen als Ganzes der Unwahrheit überführt zu sein, bietet sich das Kapitel heute an für eine frische Interpretation, der es erlaubt sein muss, im Kraftfeld zwischen den Polen der Historizität und der freien Erfindung auch abgestufte Positionen einzunehmen.

Aus Gründen, die weiter unten klar werden, wollen wir im Prinzip entgegen der Erzählrichtung interpretieren.

Am eindeutigsten liegen die Dinge ganz am Ende: Chlothar muss nicht nur an dem Sachsenherzog²³ die erlittene Beleidigung rächen, sondern glaubt auch an den aufständischen Sachsen *signum statuere* ‚ein Exempel statuieren' zu sollen.²⁴ Doch um das Strafgericht, das er nach dem Maß seines Schwertes voll-

---

22 Die Periode ist bei Fredegar überladen und dadurch wirr; doch kann man *regnum aeternum* mit Kusternig (wie n. 11), p. 227, nur als „das Ewige Königreich", d. h. die ewige Seligkeit, verstehen (so häufig bei Augustin); man beachte die Schärfe der implizierten Verdammung!
23 Im *Liber* heißt er alle sechs Mal *Bertoaldus* (eine nahezu ausschließlich bei romanischen Schreibern vorkommende Schreibung, < *Berht-waldus*), in den *Gesta Dagoberti* drei Mal *Bertoldus*, dann dreimal *Bertoaldus*. Hier ist *-oldus* die reguläre, nach 800 schon majoritäre Weiterentwicklung von *-waldus* (wie *Arnwald* > *Arnold* usw.), war also vermutlich für den *Gesta*-Autor unabhängig von unserer Geschichte die Normalform dieses Namens, die er zunächst benutzte, bevor er gegenüber der Autorität seiner Vorlage klein beigab; sie garantiert also bei ihm keine Eigenkenntnis unserer Geschichte aus der Mündlichkeit. Außerhalb unserer Geschichte ist die Gestalt unbekannt; bei einem *dux* der Sachsen kann man zu dieser Zeit – wie noch zur Zeit Karls des Großen – nur an einen *dux belli* denken, d. h. an einen regionalen Magnaten, der für die Dauer des Krieges zum Heerführer gewählt war.
24 Die *Gesta Dagoberti* (wie n. 2) verstärken dies noch: die Nachwelt soll wissen, wie groß sich die Bosheit der Sachsen, die Stärke der Franken und der Zorn provozierter Könige erweisen können.

zieht,[25] der Leserschaft glaubhaft zu machen, hält bereits der Autor des *Liber* den erklärenden Zusatz für notwendig, Chlothars Schwert sei ‚eine sogenannte *spata*', also ein Langschwert, gewesen.[26] Dass dieses Genozid – so müsste man

---

25 Ich halte es für eher unwahrscheinlich, dass dieses Motiv der Bibel (2Sam 8.2) nachgebildet ist; der Grundgedanke ist ein anderer. David tötet zwei Drittel der Moabiter, indem er sie sich dicht nebeneinander hinlegen lässt und jeweils die bei zweimaligem Anlegen einer Messchnur Erfassten tötet, die beim dritten Anlegen Erfassten leben lässt; wie in römischer und späterer Zeit beim ‚Dezimieren' meuternder oder feiger Militäreinheiten ist hier bewusst ein Zufallsprinzip zugrunde gelegt. Chlothars Verfahren ist nicht minder ein Genozid, aber mit einem Schein von Vernunft: nur die nach einem sehr oberflächlichen Kriterium Unschuldigen bleiben verschont.

26 Auch die *Gesta Dagoberti* (wie n. 2) übernehmen diese Erklärung. – Da sich der Begriff ‚Langschwert' als Gegenbegriff zum Schwert jeweils normaler Länge im Lauf der Zeit wandelte, hier einige Angaben zur Klingenlänge der Schwerter. Der zweischneidige *gladius* des römischen Legionärs zu Beginn der Kaiserzeit hatte eine Klingenlänge von nur 50–56 cm; denn wer in wohleingeübter Infanteriereihe kämpfte, durfte seine Nachbarn nicht stören, sondern benutzte sein Schwert möglichst als Stichwaffe, am wirksamsten gegen den Unterleib des Gegners. In dem Maße, wie Rom dann auf weitere Territorialgewinne zu verzichten begann, wurden große Feldschlachten selten, unvorhersehbare Grenzkämpfe häufig; somit verstärkte man die (meist aus Auxiliaren bestehende) Reiterei und stattete zunächst sie, und seit etwa 200 n. Chr. auch die Fußtruppen, mit der *spata* (< σπάθη) aus, dem überwiegend als Hiebwaffe benutzten zweischneidigen Langschwert mit einer Klingenlänge von 70–80 cm. (Vgl. hierzu jetzt, mit imponierendem statistischem Material, Christian Miks, *Studien zur römischen Schwertbewaffnung in der Kaiserzeit*, 2 vol., Rahden, 2006, passim, speziell 19–106.) Der *spata* ähnelt in Klingenlänge und Handhabung das klassische Ritterschwert des 11./12. Jh., eben die *espee* (< *spatha*). Doch konnte sich nach der Völkerwanderung, wie die Funde zeigen, die überwiegende Mehrheit der ‚Sieger' kein solches Schwert leisten. Vielmehr trug der einfache fränkische Krieger der Merowingerzeit außer der *frankiska*, also dem überkommenen, allmählich veraltenden Wurfbeil, mit dem er die Schlacht eröffnete, ein einschneidiges Kurzschwert oder Langmesser namens *(scrama)sax* mit einer Klingenlänge von anfangs 28–30 cm, im 8. Jh. dann bis zu 50 cm, mit dem man stechen, hauen und auch aufreißen konnte. (Das Wort erscheint zuerst im lat. Plural *scramasaxi* bei Gregor von Tours, *Historia Francorum*, edd. Bruno Krusch und Wilhelm Levison [= MGH SS.mer. I/1²], Hannover, 1951, 4.51, p. 188, von Gregor erklärt als *cultri validi*.) Als Gegensatz zu ihm muss man das erklärende ‚spata' in unseren beiden Texten hören; der Begriff ‚Schwertlänge' schließt dann außer der Klinge noch den (im Durchschnitt etwa 15–20 cm breiten) Griff (mit Parierstange auf der einen, Knauf auf der anderen Seite) ein. (In Erinnerung an etwa diese Zeit trägt in der altfranzösischen Epik der sich deutlich vorhöfisch gebende Ogier der *chansons de geste* den Beinamen *Spata curta* und seine *espee* den Namen *Co(u)rte*; vgl. G. A. Beckmann, *Oggero Spatacurta und Ogier le Danois: Zur Komplexität eine epischen Tradition*, in: Zeitschrift für romanische Philologie 120 [2004], 421–456.) Erst dadurch, dass etwa im 9., 10. und frühen 11. Jh. die Volksheere fast verschwanden, ‚Schwertes Amt' allmählich mit ‚Adel' identisch und die Reiterschlacht zum Normaltyp der Schlacht wurde, konnte die *espee* zu ‚dem' Schwert schlechthin werden. Als man dann vor allem im 13. Jh. gegen Armbrustschüsse die Rüstungen verstärkte (stichworthaft gesagt: vom Ketten- zum Plattenpanzer), wurden im Gegenzug die Schwertklingen durchschnittlich 90 cm, ja schließlich im Zweihänder des Spätmittelalters 85–

es ja wohl nennen – überhaupt ein Phantasieprodukt ist, dürfte man vielleicht schon auf Grund der Tatsache vermuten, dass es uns als Wandermotiv wiederbegegnet: beim Mönch von Sankt-Gallen (2.12, ed. Haefele p. 70, um 883) lässt Karl der Große sämtliche Avaren *ad spathas* messen und gegebenenfalls hinrichten; obwohl die Avaren (anders als die Sachsen) nach dem fränkischen Sieg als Volk bald aus der Geschichte verschwanden, kann bei ihnen von einem Strafgericht dieses Typs keine Rede sein. Doch auch bei uns ist der historische Kontext des 7. Jh. selbst eindeutig. Hätte Chlothar so gehandelt, wären die Sachsen ja einige Jahre lang der gesamten wehrfähigen Bevölkerung beraubt gewesen und damit ein leichtes Opfer der mit ihnen verfeindeten Slaven geworden. Doch als 632/633, also knappe zehn Jahre später, Dagobert gegen die Slaven vorgehen wollte, kamen ihm sächsische Boten bis Mainz entgegen mit dem Angebot ihres Stammes, die Ostgrenze des Reiches gegen die Slaven zu schützen, wenn Dagobert ihnen den jährlichen Tribut von 500 Kühen erlasse, den sie in dieser Höhe seit Chlothar I., also seit 555/556, entrichtet hatten; Dagobert ging darauf ein.[27] In diesem Augenblick waren die Sachsen also einerseits wehrfähig genug, um in plausibler Weise eine solche Aufgabe zu übernehmen – womit Chlothars Genozid zur Genüge als irreal erwiesen ist. Andererseits aber fällt auf, dass sie jetzt den demütigenden Tribut gar nicht erst mit kriegerischen Mitteln zunichte machen wollten, sondern sich umgekehrt als nützliche Glieder des großfränkischen Reiches (im weitesten Sinn) zu präsentieren suchten. Es wäre naiv zu glauben, dass sie den Tribut seit fast siebzig Jahren gezahlt hatten, ohne mehr oder minder periodisch dagegen aufzubegehren. So gelang ihnen in den Jahren 555/556 einmal sogar ein Sieg über Chlothar I. und kurz darauf, vielleicht angestiftet von dessen Bruder, dem Pariser König Childebert I., ein momentaner Vorstoß bis (Köln-) Deutz (Gregor von Tours 4.14 und 16 Ende, ed. Krusch p. 145–147, 150); um 573 wiederum fiel ein sächsisches Heer, das den Langobarden nach Italien gefolgt war, sich aber mit ihnen entzweit hatte, zweimal in Südost-Gallien ein und musste besiegt werden, ehe es zur Rückkehr nach Sachsen bewogen werden konnte (Gregor von Tours 4.42, ed. Krusch p. 175–177).[28]

---

110 cm lang. – Ich sehe nicht, weshalb Haupt (wie n. 11), 363, *gladius suus quod spata vocant* hier übersetzt: ‚sein Schwert, die sogenannte Spada'.

27 Fredegar (wie n. 6 bzw. 1) 4.74, p. 158; vgl. Gregor von Tours (wie n. 26) 4.10 und 14 Anfang, p. 141 und 145, auch Marius von Avenches zu a. 555 und 556, MGH Auctores antiquissimi [von nun an: AA.] vol.11, ed. Theodor Mommsen, Berlin, 1904, p. 236 und 237. – Pippin wird 748 diesen Tribut strafweise erneuern, als die Sachsen einen noch mit seinem Bruder Karlmann geschlossenen Vertrag nach dessen Eintritt ins Kloster missachten; vgl. die Fredegar-Fortsetzer (wie n. 1) Kap. 31, p. 181.

28 Nur der *Liber* spricht außerdem einmal *en passant* (Kap. 31, p. 292), um gegen 566 eine vorübergehende Abwesenheit Chilperichs I. von seiner Gattin zu erklären, von einem Krieg, den dieser damals zusammen mit seinem Bruder Sigibert I. gegen die Sachsen unternommen

Weniger spektakuläre Ereignisse dieser Art lagen vermutlich unterhalb des Radars der Geschichtschreiber, also Gregors, dann Fredegars, und eines davon könnte sehr wohl das historische Substrat unserer Erzählung gewesen sein. Doch wie dem auch sei, alle derartigen Ereignisse halfen mit, auch auf fränkischer Seite eine Feindschaft zu nähren, die sich bei passender Gelegenheit in Hassphantasien wie der hier vorliegenden entlud.

Diesem drastischen, aber nur codahaft nachgesetzten Schlusspunkt der Erzählung geht eine geradezu kanonische Motivsequenz voraus, die im westeuropäischen Bereich von der Äneis bis weit über das Rolandslied hinaus in immer neuen Variationen den Schlussakt der Handlung bildet und als solche – wir brauchen im Einzelnen nicht zu prüfen woher – auch Erzählern geringeren Kalibers zur Verfügung stand: das Duell der Heerführer. In der Realität trafen zwei Heerführer schon damals nur selten persönlich aufeinander; für Erzähler hingegen war ein solches Duell als Schluss schlechthin unüberbietbar.

Doch wenn es nicht gerade den Krieg laut einer Abmachung entscheiden sollte (wie in der Äneis), musste der Erzähler die Abwesenheit Dritter erklären oder (im Fresko großer Handlungen, wie im Rolandslied) schlicht vergessen machen. Unser Erzähler löst die Aufgabe leidlich plausibel: ein Sachsenherzog, der seine Unruhe auch vor den eigenen Leuten nicht zeigen möchte, mag sich gelegentlich als einsamer Späher in eigener Sache betätigen; und ein überraschtes Frankenheer kann einen Fluss nicht mit ganz derselben unreflektierten Energie durchqueren wie ein Einzelner.

Als ‚letztes erregendes Moment' vor dem Kampf darf dann in der Motivsequenz eine wohlformuliert-abmahnende Rede mindestens eines der Duellanten nicht fehlen. In unserem Fall weiß der Sachsenherzog (oder sieht sogar schon), dass der König bald Hilfe erhalten wird; er selbst muss also zügig verhandeln – und tut es nicht ohne Geschick: eine kurze Überlegenheitsgebärde (*ne interficiam te*) soll das Gegenüber kompromissbereit stimmen; der Hauptgedanke dann scheinbar umso zahmer: für den König ginge ein Kampf gegen seinen *servus* (!) ‚so oder so' ruhmlos aus.

Doch die Motivsequenz verlangt, dass solche Worte vergeblich bleiben – und dass nunmehr der uns Sympathischere der beiden Kontrahenten, der Erschöpfung nahe,[29] mit letzter Kraft siegen wird. Auch das muss hier schnell geschehen; denn schon naht mit ermutigenden Zurufen ein weiterer Franke;[30]

---

habe, doch führte er in Wirklichkeit mehrfach und so wohl auch hier gegen Sigibert Krieg; vgl. Krusch zur Stelle.

29 Die *Gesta Dagoberti* (wie n. 2) begründen dies noch genauer: seine gesamte Kleidung war vom Schwimmen noch des Wassers voll.

30 Sein Imperativ *confortare!* ist hier kontextgemäß etwa: ‚halte durch!' – denn Hilfe naht.

käme er bis zum Eingreifen, so würde er den Ruhm des Königs und damit die gesamte Erzählung unterminieren.³¹ So wirft sich Chlothar denn mit ganzem Gewicht gegen oder vielmehr ‚über' den Sachsen, wobei er ihm offenbar den Kopf abzuschlagen vermag. Denn den nimmt er dann – als unüberbietbares, für uns eher schauriges Zeichen seines Sieges – auf die Lanze.

Alles in allem ist also das letzte Drittel unserer Geschichte, von Chlothars Ankunft auf dem östlichen Flussufer an, zwar im Detail plastisch erzählt, folgt aber zu sehr gängigen Mustern, als dass irgendwo ein deutlich ‚realitätsverdächtiges' Spezifikum auffallen könnte. Anders ausgedrückt: falls unsere Geschichte einen – eher bescheidenen – historischen Kern hat, wird er hier um des Effektes willen durch ein großes Finale überdeckt.

Merklich anders schon die Ereignisse um den Fluss: der Reizruf quer über den Fluss und das kühne Durchschwimmen. In ganz ähnlicher Weise wird ein Fluss die schlechthin zentrale, strukturstiftende Rolle in der altfranzösischen Sachsenepik spielen, nämlich in Bodels *Saisnes* sowie in der gesamten Branche V der altnordischen *Karlamagnús-Saga* (im Folgenden: KMS) und (kurzgefasst) in Kap. 46 s. ihrer Branche I, die beide hier stellvertretend für (zumindest) je eine im Altfranzösischen verlorene Fassung letztlich ‚desselben' Stoffes stehen;³² und weder in den *Saisnes* noch in der Branche V wird es an Reizrufen oder gar an tollkühnen Überquerungen fehlen. Genauer: Reizrufe quer über den Fluss erscheinen in den *Saisnes* v. 1566–1601 und 2271–2291 sowie in der KMS V Kap. 44; noch häufiger sind tollkühne Überquerungen, oft ganzer Gruppen mit anschließendem Kampf (und hier mit baldiger Rückkehr; denn das Finale des Stoffes soll vielmehr ein endlich gelingender Brückenbau Karls sein): *Saisnes* v. 2139–2386 (nur hier in unerwarteter Richtung: Guiteclin mit Mannschaft, der Überraschungsangriff scheitert), 2601–2772, 3698–3704, aber auch Einzelner (zum Kampf, aber auch schon zu Liebesabenteuern): 1609 ff., 2418 ff., 2881 ff., 3101 ff. (dazu einzelnes Weitere in der Fassung LT); ähnlich die KMS V Kap. 17– 19, 25–26 (Guiteclin, allein) sowie 29–35.³³ Somit handelt es sich hier zwar in

---

31 Die *Gesta Dagoberti* (wie n. 2) unterdrücken diesen Helfer und können deshalb den Zweikampf *diu* dauern lassen.
32 Jehan Bodel, *La Chanson des Saisnes*, ed. Annette Brasseur, 2 Bde., Genève, 1989. Ich zitiere die Fassung AR; die Fassung LT findet sich im Prinzip jeweils *en face*. – Zur KMS V vgl. immer noch *Karlamagnus Saga ok kappa hans*, ed. Carl Richard Unger, Kristiania, 1860. KMS I liegt außerdem vor in: *Karlamagnús saga. Branches I, III, VII et IX. Édition critique bilingue projetée par Knud Togeby et Pierre Halleux. Texte norrois édité par Agnete Loth. Traduction française par Annette [Patron-] Godefroit. Avec une étude par Povl Skårup*, Copenhague 1980.
33 Genauer zu allen Fassungen: G. A. Beckmann, *Epik um einen Fluss: Geographie, Geschichte und Mittellatinistik als Schlüssel zur Sachsenepik*, in: Mittellateinisches Jahrbuch 51 (2016), 221– 258.

noch weit höherem Grade als bei dem ‚Königsschwert-als-Richtmaß' um ein Wandermotiv, aber vom Inhalt her um ein für die merowingische, dann karolingische Francia spezifisches; denn es zieht seine Kraft weder aus einer literarhistorischen Nahezu-Ubiquität noch aus einem einzelnen historischen Ereignis, sondern – was mehr sein kann – aus einer seit dem 6. Jh. kollektiv-repetitiven Erfahrung. Denn die zahlreichen, meist aus den regenreichen Mittelgebirgen kommenden Flüsse, die sich durch Stammes-Sachsen (also das heutige Nordwestdeutschland) hinziehen, waren ja die natürlichen Verteidigungslinien der Sachsen und ihre Überquerung ein ständiges Problem für die Franken; noch in den Sachsenkriegen des historischen Karl des Großen spiegelt sich das so, dass die Franken es teils dabei bewenden ließen, einen Fluss erreicht zu haben, teils an Flussübergängen in heftige Kämpfe gerieten[34] – und niemand wird annehmen, dass Flussüberquerungen in merowingischer Zeit leichter waren als zur Zeit Karls des Großen. Andererseits haben alle diese Flüsse nur eine Breite, bei der nicht nur ein Hinüberrufen,[35] sondern je nach der Kriegssituation auch ein

---

34 Wenn ich mich selbst zitieren darf (wie n. 33, S. 230): Im Jahre 772 gelangte Karl bis zur (obersten) Weser, 775 erzwang er kämpfend den Übergang erst über die Ruhr-, dann über die mittlere Weser (*multi Saxones ibi occisi sunt*, sagen die ‚Reichsannalen', cf. *Annales regni Francorum* [= MGH SS.schol. 6], ed. Friedrich Kurze, Hannover, 1895) und gelangte bis zur Oker; im gleichen Jahr gelang den Sachsen kurzzeitig bei Lübbecke ein Weserübergang westwärts, und Karl selbst musste herbeieilen, um sie an die Weser zurückzutreiben (vgl. zu dieser Episode auch die aufrichtigeren *Annalen bis 829*!); 782 zog Karl bis zur Aller und hielt dort sein Blutgericht, 795 gelangte er erstmalig bis zur Elbe, 797 zog er nur bis zur Weser bei Herstelle, aber um dort demonstrativ zu überwintern, im folgenden Frühjahr wieder bis zur Elbe. Schließlich zog er, nunmehr bei drohenden Dänenkriegen, 804 bis zur Elbe und 810 nochmals bis zur Weser an der Allermündung (vgl. jeweils die *Reichsannalen*). – Aus der Zeit vor Karl dem Großen lokalisiert der *Liber* (Kap. 27 bzw. 41) die große Schlacht Chlothars I. von a. 550 und die zur Diskussion stehende von um 623 an der Weser; auch die *Annales Petaviani* (MGH, SS. 1, p. 7) und die *Annales Mettenses priores* (ed. von Simson p. 26) lassen Karl Martell a. 718 (oder 720) bis zur Weser gelangen; sonst fehlen Präzisierungen innerhalb Sachsens. (Von etwas anderer Art ist die Angabe der Fredegar-Fortsetzer [wie n. 1] Kap. 19, p. 177, Karl Martell habe a. 738 seinen Sachsenfeldzug mit der Rheinüberquerung an der Lippemündung begonnen; diese Überquerung mitsamt den geographisch entsprechenden Überquerungen Karls des Großen von a. 779, 784 und 799 hat die Darstellung der KMS I 46s. angeregt; vgl. Beckmann [wie n. 33], 238–241.)

35 Die Breite der Weser bei Herstelle (und noch bei Minden) oder die der Ruhr (also der *Rune* in den *Saisnes*) bei der Hohensyburg (außerhalb der heutigen Ausweitung zum künstlichen Hengsteysee) bleibt bei mittlerem Wasserstand unterhalb von 100 m (einfach messbar z. B. in den Google Maps beim Einstellen einer passenden Vergrößerung); über diese Entfernung ist ein kräftiger Schimpfruf durchaus verständlich, da „the normal intelligible outdoor range of the male human voice in still air is 180 m (590 ft 6.6 in)", unter Sonderbedingungen sogar ein Mehrfaches davon, laut www.guinessworldrecords.com/ Farthest distance travelled by a human voice.

kurzes Hinüber- und Zurückschwimmen als episodenhafte Mutprobe Einzelner möglich war, und was möglich war, wird immer wieder einmal auch praktiziert worden sein. Doch gerade deshalb sollte man die Beziehung zwischen dem *Liber* und der erhaltenen Sachsenepik nicht als eine rein literarische – etwa von Vorbild und Amplifikation – sehen; dabei ginge das hier wichtige Moment der ständigen Auffrischung durch die Erfahrung verloren. Zudem braucht der ‚literarische' Anteil der Beziehung nur eine Prosa-Erzählung gewesen zu sein; mit gebundener Rede müsste man erst rechnen, wenn jene preisenden *vulgaria carmina* unter anderem auf *Hlotharios*, die der Poeta Saxo erwähnt,[36] entgegen der heute herrschenden Einschätzung romanisch und nicht germanisch gewesen sein sollten.

Hatte also der Feldzug Dagoberts, dann auch Chlothars, überhaupt einen realen Kern, so gewinnen damit auch derartige Ereignisse an und um einen Fluss sogleich einige Plausibilität – selbst wenn die Weser in der Realität nicht der Ort der Handlung gewesen, sondern nur als Inbegriff eines sächsischen Flusses schlechthin eingetreten sein sollte.

Der beleidigende Zuruf des Sachsen ist in der Forschung meist missverstanden worden. Da er sich auf die Haartracht der Merowingerkönige bezieht, sei diese zuvor betrachtet.

Bekanntlich trugen im Merowingerreich nur die Mitglieder der Königsfamilie ihr Haar nicht rundum kurzgekappt, sondern von Jugend auf in voller Länge (‚*reges criniti*'), und zwar, wie schon um 580 der griechische Historiograph Agathias präzisiert (*hist.* 1.3.4, mit Bezug auf Ereignisse von 552–559), beiderseitig herabfallend mit Mittelscheitel, sorgfältig gewaschen und gekämmt. Diese Sitte wurde nach essenziell einhelliger Überlieferung[37] durch fränkischen Volksbeschluss schon vor der Invasion Galliens zusammen mit dem fränkischen Königtum selbst begründet; sie bestand unverändert bis zum Untergang der Dynastie a. 751, ist also auch für unseren Autor des Jahres 727 noch Gegenwart, die keiner Erklärung bedarf.[38]

---

36 Buch V, v. 117–120, in: MGH PLAeC IV/1, ed. Paul von Winterfeld, Berlin 1909, p. 58.
37 Gregor von Tours (wie n. 26) 2.9, p. 57 s.; Fredegar (wie n. 1) 3.9, p. 94 s.; *Liber* (wie n. 1) 4 s., p. 244 s.; gewisse (auf den Namen des ersten Königs und auf den Ort der Handlung bezügliche) Unterschiede zwischen diesen drei Darstellungen sind für uns ohne Interesse. Schon Priskos (frg. 16) beschreibt einen Frankenprinzen, den er um 450 in Rom antraf, als ‚noch bartlos, mit blonder Mähne, die Haare infolge ihrer Dichte und Menge über die Schultern herabhängend'. Zur obengenannten Beschreibung des Agathias passt das Bild von Chlodwigs Vater Childerich († 481/482) auf seinem Siegel (gefunden in seinem Grab in Tournai). Wenn Avitus in seinem berühmten Brief an den neugetauften Chlodwig diesen als bisher *sub casside crinis nutritus* bezeichnet, so kann Ähnliches mitschwingen; vgl. Alcimus Ecdicius Avitus, *Opera quae supersunt* (= MGH AA. VI/2), ed. Rudolf Peiper, Berlin, Weidmann, 1883, p. 75.
38 Vgl. Gregor von Tours (wie n. 26) 3.18, p. 117–119 (kurz nach 524), 6.24, p. 291 (um 561), 8.10, p. 377 (a. 585); *Liber* (wie n. 1) 45, p. 317 (um 675), 52, p. 326 (a. 716); Bruno Krusch (ed.),

Das schon seiner Natur nach hochspezifische Motiv charakterisiert nun gleich zwei Wendepunkte der Handlung und dabei die Charaktere der beiden Hauptpersonen in je eigener Weise, die sehr gut zu dem passt, was wir über sie aus der realen Geschichte wissen.

Zunächst zu Dagobert. Er wird als junger Unterkönig von Austrasien eingeführt, wozu ihn in der Realität sein Vater a. 622/623 bei Erreichen seiner Volljährigkeit, also mit Vollendung des fünfzehnten Lebensjahres, eingesetzt hatte – allerdings zunächst nur über ein um die Gebiete westlich der Vogesen und Ardennen verkleinertes Austrasien; erst a. 625/626 gab er ihm auf Grund des Schiedsspruchs der Franken ganz Austrasien.[39] Chlothars anfängliche Zurückhaltung erklärt sich offenbar daraus, dass er dem anstelligen und tatkräftigen, aber auch sehr eigenwilligen, ja verschlagenen[40] Jüngling zunächst zur Bewährung nur eine beschränkte Macht geben wollte.

Auf die Sachsen musste die Einrichtung des austrasischen Unterkönigtums ermutigend wirken. Denn da ihr Land nur an das (östliche) Austrasien, nicht an Neustrien oder Burgund grenzte, durften sie glauben, von nun an nicht mehr – jedenfalls nicht mehr unmittelbar – mit dem ein Jahrzehnt lang bewährten König des Gesamtreiches, sondern mit einem Neuling zu tun zu haben, der nur über eines der drei Teilreiche (und anfangs nicht einmal zur Gänze über dieses) gebot; vermutlich schlossen sie überdies aus der Tatsache, dass Chlothar Teile seiner Macht abgab, auf des Seniors körperliche Hinfälligkeit und baldigen Tod.

Laut dem *Liber* rebellierten sie also und zogen Truppen zusammen.[41] Wie zu erwarten, wollte sich Dagobert den Ruhmestitel eines selbständig handelnden jungen Heldenkönigs nicht entgehen lassen – und übernahm sich: *contra Saxones ad pugnam exire non dubitavit*; doch als durch einen gegnerischen Schwertstreich auch ein Strang seines langen Kopfhaars zu Boden fiel, fiel damit auch die jugendliche Selbstüberschätzung von ihm ab. Abrupt wurde ihm klar, dass sein Heer ohne baldige Hilfe der allmählichen Vernichtung entgegenginge und dass diese Hilfe nur aus den Ressourcen des Gesamtreichs und damit von seinem Vater kommen könnte. Ohne falsche Scham zog er die Konsequenz:

Passio prima Leodegarii, in: Krusch/Levison (*wie n. 4*), p. 288 (um 675); Einhart, *Vita Karoli Magni*, ed. Oswald Holder-Egger (= MGH SS.schol. 25), Kap. 1, p. 3 (zu 751).
39 Vgl. oben n. 3!
40 Vgl. zu beidem: Fredegar (wie n. 1) 4.52s., *Liber* (wie n. 1) Kap. 41 eingangs und (obwohl schon zugunsten von Saint-Denis umfunktioniert, als eine Art Charakterbild des Adoleszenten in der Grundtendenz vertrauenswürdig) *Gesta Dagoberti* (wie n. 2) Kap. 2–8.
41 Bei diesem *exercitus gencium plurimarum* kann man an die sächsischen Teilstämme (Westfalen, Engern, Ostfalen, Nordalbingier) denken, vielleicht auch an die Thüringer, wohl nicht an Friesen oder Slaven; wahrscheinlich aber soll der Ausdruck einfach die Größe des Heeres bezeichnen.

sein Waffenträger hatte in einem Augenblick, wo dies möglich war, den langen – vermutlich blutigen – Haarstrang[42] aufgehoben; jetzt erhielt er den Befehl, mit diesem Beweisstück in Gewaltritten den Vater aufzusuchen und um sofortige Hilfe zu bitten.

Heutige Leserinnen und Leser empfinden dieses abgeschnittene Stück Merowingerhaar leicht als melodramatische Zutat zur eigentlichen Botschaft. Sehr zu Unrecht! Auf der symbolischen Ebene wird dieser sehr partielle Verzicht für Dagobert zum Sinnbild eines Reifeprozesses, fast eines *rite de passage*, nämlich des Verzichts auf das pubertäre Ideal des ‚ganzheitlichen' jungen Helden zugunsten eines immerhin begrenzten, weil realpolitischen Selbstverständnisses; in der Tat wird der *Liber* im folgenden Kapitel (Nr. 42, ed. Krusch p. 314 s.) die eigene Herrschaft Dagoberts als die eines *velut Salomon* friedlichen, ob seiner Stärke von den Nachbarn gefürchteten Herrschers werten.[43] Auf der realen Ebene wiederum ist die abgeschnittene lange Strähne für Chlothar ein beklemmend objektives Zeichen: sie kann von einer Kopfwunde keines anderen als seines Sohnes stammen und spricht damit beweiskräftiger, im buchstäblichen Sinn ‚fühlbarer' zu ihm als jedes Botenwort.

Damit zu Chlothar. Der reitende Bote *Ardinna silva transit, usque fluvio penetravit*, gelangte also ‚bis zu dem Flusse X', wohin in umgekehrter Richtung *Chlotharius rex cum exercitu plurimo pervenerat*. Der Name des Flusses ist leider in keiner Handschrift erhalten; es handelt sich offenbar um einen kleineren austrasischen Fluss (nicht z. B. die Maas).[44] Das Malheur muss sich spätestens im Archetyp aller erhaltenen Handschriften ereignet haben. Da der *Liber* aus Neustrien stammt,[45] dürften auch die frühesten Kopisten noch Neustrier gewesen sein; einer von ihnen kannte oder erkannte den Fluss nicht und ließ eine Lücke; der nächste erkannte deren Ursache nicht oder fand die Lücke hässlich

---

42 Für den *Liber* ist es nur *abscisa particola de capillis eius*; die *Gesta Dagoberti* sagen wirkungsvoller *abscisa particula de capite eius cum capillis*.

43 In diesem Punkte unterscheidet sich also der neustrische *Liber* sehr von dem hier krass proaustrasischen Fredegar [wie n. 1], 4.58, p. 149 s., vgl. weiter oben den Haupttext bei und mit n. 22.

44 Der Begriff ‚Ardennen' umfasste im Mittelalter zwar ein größeres Gebiet als heute, das aber südostwärts höchstens bis zur Mosel reichte. Es bleibt also eine große Ausnahme, wenn Fredegar (wie n. 1), 4.74, p. 158, einmal Dagobert (beim geplanten Zug gegen die Slaven, nicht die Sachsen!) von Metz *transita Ardinna* nach Mainz gelangen lässt. Dass der Autor des *Liber* sich eine ähnliche Route (nur in umgekehrter Richtung) vorgestellt haben sollte, ist unwahrscheinlich auch deshalb, weil der Bote dann nur Mosel und Maas zu überqueren gehabt hätte, große Flüsse, deren Namen allgemein bekannt waren. Vollends zeigt die höchstens ein Jahrhundert jüngere Longlier-Fassung (cf. weiter unten!), dass man ‚Ardennen' hier im selben Sinn wie noch heute verstand.

45 Krusch (wie n. 1), 215–217; Gerberding (wie n. 11), passim.

und unterdrückte sie.[46] Der Fluss kann noch mitten *in* die Ardennen gehören („durchquerte die Ardennen und kam dabei bis ..."), mit größerer Wahrscheinlichkeit gehört er an ihren Rand („durchquerte die Ardennen und kam dann bis ..."). Weiter von den Ardennen entfernt wird er kaum gewesen sein; denn dann wäre deren Nennung funktionslos, während man doch den Eindruck hat, dass sie zunächst den richtigen Großraum evozieren sollen, relativ zu dem dann noch eine Präzisierung erfolgt.

Dass und wie der Bote dort auf Chlothar trifft, ist eine der nach Inhalt und Form bemerkenswertesten, aber bisher unkommentierten Stellen unserer Erzählung.

Chlothar ist in die reale Geschichte eingegangen als ein durch klarsichtige Zurückhaltung[47] erfolgreicher Herrscher des Gesamtreichs: so wie er Austrasien und Burgund das Indigenat zugestand, so blieb er selbst möglichst im angestammten Neustrien, am liebsten in seiner Pfalz Clichy bei Paris. Exemplarische Geduld bewies er gerade gegenüber Dagobert: als der Achtzehnjährige, nach drei Jahren nicht mehr mit dem verkleinerten Austrasien zufrieden, ausgerechnet bei seiner eigenen Hochzeit im väterlichen Clichy ganz Austrasien forderte, vermied der Vater die öffentliche Kraftprobe, die ihm oder dem Sohn – in jedem Falle also der Dynastie – nur schaden konnte, indem er ein Schiedsgericht zuließ; dieses sprach dann dem Sohn ganz Austrasien zu, die traditionellen Anhänge Austrasiens in Südfrankreich aber dem Vater, so dass keiner von beiden sein Gesicht verlor (Fredegar 4.53).

Als klarsichtiger Vater erscheint Chlothar auch in unserer Erzählung. Wenn wir ihn nicht in Clichy, sondern an der Spitze eines nicht geringen Heeres auf eben der Straße finden, die – weil der Bote sie in umgekehrter Richtung benutzt – die kürzeste Verbindung vom Pariser Becken zu Dagoberts gegenwärtigem Standort in Sachsen sein muss, so gibt es nur eine Erklärung: er hatte vorausgesehen, dass sein noch unerfahrener Sohn sich aus jugendlichem Draufgängertum überheben würde, und machte sich mit einem Heer schon auf den Weg, bevor dieser ihn um Hilfe anrief, ja ohne dass dieser schon davon wusste.

---

46 Die Handschriften-Familie B hat den Rhein eingesetzt, was Krusch zu Recht als – nach dem Durchreiten der Ardennen – unmöglich bezeichnet. Nur die Handschrift B1a (der dann die *Gesta Dagoberti* folgen) führt statt des Flusses den Ortsnamen Longlier ein (*usque Longolario*); dazu unten Teil II) Die Longlier-Version.

47 Eine Ausnahme waren gleich bei Chlothars Übernahme des Gesamtreichs die Exzesse gegen Brunhild und ihren Familienzweig: im Hass gegen sie war Chlothar seit frühester Jugend erzogen worden, und dieser Hass wurde jetzt, nach den Ereignissen der unmittelbar vorhergehenden Jahre, wahrscheinlich von der Mehrheit nicht nur der Neustrier, sondern auch der Austrasier und Burgunder geteilt; vgl. Nonn (wie n. 14).

Mehr noch: Chlothar scheint selbst in dieser Situation nicht nur Klarsicht, sondern noch immer auch Zurückhaltung zu zeigen. In der Realität wurde das verkleinerte Austrasien der ersten drei Herrschaftsjahre Dagoberts im Westen, wie gesagt, durch ‚Vogesen und Ardennen' begrenzt (Fredegar 4.52). Ist es da Zufall, dass der Bote auf seinem langen Weg gerade beim oder gleich nach dem Durchqueren der ‚Ardennen' auf Chlothar stößt? Wenn unsere Erzählung von Dagoberts ersten Herrschaftsjahren handelt – und in diese passt ja seine jugendliche Selbstüberschätzung am besten –, so heißt das: der Bote trifft auf Chlothar gleich jenseits der Grenze. Der Vater ist also mit dem Heer bis an die Grenze des Unterkönigtums seines Sohnes gezogen, aber nicht weiter – doch wohl aus Rücksicht auf dessen Empfindlichkeiten: er steht für den Notfall bereit, möchte den Sohn aber nicht unnötig durch einen Einmarsch demütigen. Für diese Interpretation sprechen zwei weitere, zunächst unauffällige Umstände. Zum einen der Gegensatz der Tempora: der Bote *penetravit*, der König aber *pervenerat*; nicht zwei Bewegungen treffen aufeinander, sondern eine Bewegung auf eine schon beendete Bewegung. Zum anderen die Tatsache, dass der König, beim Anblick des Haarstrangs von Schmerz getroffen, mit dem Heer *cum strepitu tubarum de nocte* aufbrechen kann. Einen plötzlichen Nachtmarsch kann man einem Heere zumuten, das sich seit Tagen in ständiger Erwartung eines Marschbefehls ausgeruht hat, nicht aber einem Heere, das soeben einen Tagesmarsch nach dem anderen hinter sich hat.[48]

Formal bemerkenswert ist, dass der Erzähler von dieser Vorgeschichte zu Chlothars Präsenz an dem Fluss X nichts erwähnt. Man kann ihm nicht zutrauen, dass das ein erzählerischer Kunstgriff ist; vielmehr scheint ihm – wie manchen seiner Zeitgenossen[49] – weitgehend jene mehr oder minder bewusste Schulung zu fehlen, auf Grund derer man in jedem Augenblick des Erzählens automatisch den Wissens- und Erwartungsstand der Rezipienten mitreflektiert. Doch – und das ist hier das Wichtige – wird seine Erzählung umso kohärenter, je mehr man sie einpasst in das, was wir von der realen Geschichte wissen. Man könnte sagen, die Erzählung ist in der Tiefenstruktur besser, als sie bei ihm in der Oberflächenstruktur herauskommt. Ein solcher Befund spricht zumindest

---

[48] Die etwa ein Jahrhundert nach dem *Liber*, zwei Jahrhunderte nach den Ereignissen entstandenen *Gesta Dagoberti* (wie n. 2), Kap. 13 und 14, setzen zwar den Feldzug hinter jenen Schiedsspruch, implizit also in die Jahre 625/626–629/630. Doch schreiben sie nur kapitelweise zunächst Fredegar 4.53, dann den *Liber* Kap. 41 aus, besitzen also sicher keine zusammenhängende Eigenkenntnis von Dagoberts Lebenslauf als solchem. Diese Reihenfolge kann also Zufall sein.
[49] Was Erich Auerbach, *Mimesis*, Kap. IV: *Sicharius und Chramnesindus*, über Gregor von Tours schreibt, ließe sich größtenteils auch auf Fredegar und den *Liber* übertragen.

gegen eine bewusste Erfindung durch einen individuellen Erzähler (speziell den Autor des *Liber*), passt hingegen zu einer Volkserzählung mit realem Kern. Die Erzählung scheint also schon irgendwann vor 727 entstanden zu sein.

Hat man den Mut, dieses ‚Irgendwann' bis die Zeit um 680/685 auszudehnen, so erreicht man damit bereits die Schwelle, bis zu der Zeitzeugen der Ereignisse von 622/625 in nennenswerter Zahl am Leben waren, wenn man davon ausgeht, dass Zwölfjährige die politisch-militärischen Ereignisse um sie herum mitzubekommen pflegen und dass auch damals nicht ganz wenige Menschen das siebzigste oder fünfundsiebzigste Lebensjahr erreichten. In einer rational wenig geschulten Epoche wie der Merowingerzeit schützt die Existenz solcher Zeitzeugen zwar einen schon existierenden Erzählstoff wenig gegen die Anlagerung legendärer Zusätze; wohl aber dürfte sie die Entstehung von ganzen Erzählungen *ex nihilo* merklich erschweren. Umgekehrt hat also eine durch Zeitzeugen noch kontrollierbare Erzählung die größere Chance auf Historizität wenigstens in den Grundzügen.

Als Vater und Sohn endlich in Sachsen zusammentreffen, spenden ihre Truppen in freudiger Erleichterung Beifall, und man bezieht dicht an der Weser Quartier. Der Sachsenherzog, der am andern Ufer steht und spähend schon die Chancen einer Schlacht erwogen hat, ist über die plötzliche Geschäftigkeit beunruhigt und kann, über den Fluss hinweg rufend, eine Frage nach der Ursache nicht unterdrücken. ‚*Domnus Chlotharius rex* ist gekommen', lautet die Antwort, wobei der volle Titel sowohl die Hochachtung vor dem Seniorkönig als auch, indirekt, die dahinterstehende Macht des Gesamtreichs durchklingen lässt. Wenn der Sachse jetzt schwiege, gäbe er zu, beeindruckt zu sein. Also reagiert er umgekehrt mit Gelächter: er glaubt – oder bemüht sich zu glauben – an eine bloße Finte der Franken, gab es doch schon ein Gerücht von Chlothars Tod. ‚Da lügt ihr! Aus Angst phantasiert ihr,[50] ihr hättet Chlothar bei euch, wo wir doch von seinem Tod erfahren haben!' Die Antwort, die darauf von fränkischer Seite fällig ist, gibt Chlothar selbst, und zwar in wahrhaft königlicher Weise: er nimmt schweigend den Helm ab. Visuell nicht minder ausdrucksstark als jene lange blutige Strähne des jungen ist jetzt das ebenfalls lange, aber weiß-melierte Haar (*crines cum canicie variatas*) des alternden Königs, das gerade dem stumm Dastehenden eine Würde *sui generis* verleiht.[51]

---

50 Das *delerare formidatis* der Leithandschrift A1a wird in B2c¹ logisch gebessert zu *formidantes deliratis*.
51 Zwar war Chlothar vier bis sieben Jahre später bei seinem (natürlichen) Tod erst 45 Jahre alt. Doch ist nach damaligem Lebensrhythmus nicht zuletzt der Merowingerfamilie selbst (Volljährigkeit mit 15 Jahren, Reproduktionsbeginn kaum später, durchschnittliche Lebenserwartung weniger als 40 Jahre) Grau- oder Weißhaarigkeit in diesem Alter nichts Unwahrscheinliches.

Und auch hier markiert das Merowingerhaar einen Wendepunkt der Handlung. Denn der Sachse erkennt natürlich am Haar den Seniorkönig, macht aber in seiner Überraschung einen entscheidenden Fehler: um sich auch jetzt noch nicht imponieren zu lassen, verschärft er den Ton abermals, diesmal bis in die Beleidigung: ‚Du warst schon hier, *bale iumente*?'

Was bedeutet das genau?[52] Eine Beleidigung ist umso matter, faziler, je allgemeiner sie ist; der intellektuelle Aufwand, jemanden z. B. ‚Trottel' zu nennen, ist nahezu Null. Doch hier will uns der Erzähler gerade nicht farbloses Alltagslatein, sondern offensichtlich etwas sehr Spezifisches bieten; es muss treffend genug und doch so abgefeimt sein, dass Chlothar, soeben noch majestätisch ruhig, in einem blindwütigen Zornanfall dagegen sein Leben einsetzt. Nun ist der Vergleich eines Menschen mit einem *iumentum*, im klassischen Latein also ‚Zug- oder Tragetier' (zu *iungere* ‚anspannen', *iugum* ‚Joch'), zwar in sich schon beleidigend, aber er allein wäre nicht situationsspezifisch genug. Vielmehr dürfen wir dem Sachsen darüber hinaus beim Anblick des langen und sorgfältig in der Mitte gescheitelten, langen Haars des Merowingerkönigs eine doppelte Assoziation zutrauen. Es erinnert ihn erstens an eine Pferdemähne, die ja auch an beiden Seiten getrennt herabfällt; mit *iumentum* dürfte hier also ein Pferd gemeint sein, nicht ein Esel, Maultier oder Rind, die keine solche Mähne besitzen.[53] Doch zweitens, und vielleicht noch stärker, muss ihm Chlothars Haartracht – man entschuldige den Macho-Ausdruck – ‚weibisch' erscheinen. Damit ergibt sich ‚Pferd' + ‚weiblich' = ‚Stute'.[54] In der Tat hat sich ja im 8. Jh. auf

---

52 Ich muss auch hier z. T. wiederholen, was ich in der gedrängteren Form einer Fußnote anlässlich meiner Untersuchung der afrz. Sachsenepik dargelegt habe; vgl. Beckmann (wie n. 33), 231 n. 28.

53 *Iumente* ist beim formalen Neutrum *iumentum* ein falscher, aber aus der Situation unmittelbar verständlicher Vokativ. – Haubrichs (wie Anm. 11), 100, übersetzt zwar: „weißhaariger Esel!", wählt also aus dem Bedeutungsspektrum von klass.-lat. *iumentum* die dort mögliche Bedeutung ‚Esel'. Aber lat. *asinus* > afrz. *asne* > nfrz. *âne* ist zu allen Zeiten gängig, und bei einem beleidigenden Tiervergleich erwartet man doch die konkret-präzise Bezeichnung, nicht die blassere übergeordnete Kategorie. Auch die alte Übersetzung „falsches Vieh!" von Krusch (wie Anm. 1), ad loc., sowie die damit fast identische „falsches Lasttier!" von Haupt (wie n. 11), p. 363, sind nicht situationsspezifisch: wie man als ‚weißhaarigen Esel' fast jeden alten Mann beschimpfen könnte, so als ‚falsches Vieh' gar jeden Menschen; ‚falsches Lasttier!' klingt obendrein geschraubt. Gegen ‚falsch' vgl. zudem unten n. 56!

54 Gerhard Eis, *Zum Turisindlied*, in: Zeitschrift für deutsches Altertum und deutsche Literatur 49 (1942), 167–177, zitiert nach dem Wiederabdruck in G. E., *Kleine Schriften zur altdeutschen weltlichen Dichtung*, Amsterdam 1979, 1–15, hier speziell 10–13, übersetzt *iumentum* zwar richtig mit ‚Stute', aber nicht auf Grund der Bedeutung des Wortes im 8. Jh. oder auf Grund seiner Eignung als Schimpf für die Träger der Merowingerfrisur (beides berührt er nicht einmal), sondern weil er überzeugt ist von der semantischen Identität von *bale iumentum* mit dem zweiten (möglicherweise Spott-) Namen *Ballomeris* des (pseudo-?) merowingischen Prätendenten

einem weiten Gebiet *iumentum* schon verengt auf ‚Stute' (> frz. *la jument*), wie man leicht an einem Dutzend Belegen nachweisen kann⁵⁵ und auch hier vo-

---

Gundowald († 585, vgl. Gregor von Tours 7.19, 36, 38, 9.28, ed. Krusch p. 335.18, 357.7, 361.16, 447.1). Dessen zweiten Namensteil deutet Eis nämlich als ‚Stute', lässt dabei jedoch nicht nur die implizit suggerierte, aber lautlich dubiöse Zusammengehörigkeit mit germ. **markhī/ markhjō* ‚Mähre' unerklärt, sondern weist (anders als Krusch) auch nicht hin auf einen zweiten, völlig unauffälligen Träger des Namens, den *Ballomeris presbyter*, Teilnehmer der Synode von Auxerre (zwischen 573 und 603, MGH Concilia, Bd. I, 184.21). Zu Eis' Deutung von *bale* vgl. unten n. 56.

55 Da s. v. *iumentum* das FEW sehr allgemein, der TLL für die späte Zeit sehr unvollständig bleibt, hier eine Belegliste (nach den Ausgaben der MGH Leges): *Leges Visigothorum* (ed. Karl Zeumer, 1902): 8.4.5 p. 332 [Gesetzestext des Königs Eurig von a. 681] *partum eque praegnantis* > p. 329 [etwas jüngere Überschrift dazu, älteste Hs. R1 laut Zeumer frühes 8. Jh.] *iumenti partus*. – *Pactus Legis Salicae* (ed. Karl August Eckhardt, 1962) 38.7 A1 und 2 [frühmerowingisch] *equam pregnantem* > C 5 und 6 [spätmerowingisch] *iumentum prignante(m)*, > K [*Karolina*, nach Karls Kaiserkrönung, sprachlich verbesserte Fassung nach frühem Text] *equam praegnantem*; 38.11 C5, C6, K wenn jemand *caballum uel iumentum* stiehlt, identische Geldbuße für beide Fälle (wäre unvorstellbar, wenn *iumentum* Rind, Esel oder Maulesel bezeichnete); 38.13 C5, C6, K wenn jemand aus Übermut *caballos uel iumenta* verletzt, ebenso; 38.12 C5, C6, K wenn jemand einen fremden *a(d)missarius* ‚Deckhengst' aus Bosheit kastriert, erhöht sich die Strafe mit jedem *iumentum*, das dieser zu decken pflegte; Lex Salica (ed. K. A. Eckhardt, 1969) [frühkarolingischer Hundert-Titel-Text] 63.3 D7, D9 wenn jemand *admissarium cum grege usque duodecim equas* stiehlt, aber E 11, 12, 13, 14, 15/16 *usque XII iumenta*. – *Leges Alamannorum* (ed. Karl Lehmann, 2. Aufl. K. A. Eckhardt, 1966) [frühes 8. Jh.]: 133.5 *in troppo de iumentis illam ductricem* ‚die Leitstute in einer Stutenherde', 133.13 *iumenta de grege quae lactantes sunt*, 16 *alia autem quae adhuc praegna non fuerunt*, 134.1 und 5 *pregnum iumentum*. – *Capitularia regum Francorum*, Bd. 1 (ed. Alfred Boretius, 1883), 83–92, hier 84: Karl der Große, *Capitulare de villis* [nahezu sicher kurz vor 800, Ms. zweites Viertel 9. Jh.]: § 13 über *emissarii* ‚Deckhengste', speziell die Zeit, *ut inter iumenta mitti debeant*; § 14 über *iumenta*, dass man die *poledros* ‚männlichen Fohlen' zeitig genug von ihnen trenne, die *pultrellae* ‚weiblichen Fohlen' nur, falls sie zu zahlreich sind. Ibd., hier 254: Formular zur Beschreibung kirchlichen und staatlichen Besitzes („circa 810", unmittelbar vor dem *Capitulare de villis* im selben Ms.): jeweils Aufzählung *De peculio*: zuerst *iumenta maiora*, dann solche im dritten, zweiten und ersten Jahr, dann Fohlen, zweijährig und einjährig, Deckhengste, weiter Ochsen, Esel usw., 255, 256 [2x]: ähnlich. (Sehr selten wird *iumentum* in dieser Bedeutung sogar verdeutlicht zu singularischem *iumenta*: Pactus 38.10 C6 und 38.14 K19 *iumentam alienam*; so auch die *Kasseler Glossen* [wohl um 810] Nr. 63–66 *cauallus hros, equm hengist, iumenta marhe, equa marhe*.) – Zu Recht erklärt Jules Marouzeau, *Un aspect du féminin français*, in: Le Français moderne 14 (1946), 241–244, hier 241: „si le neutre latin *iumentum* (bête de somme) a donné en français le féminin *la jument*, c'est par suite de la pratique qui faisait préférer l'animal femelle comme bête de trait." Doch scheint mir angesichts des relativ plötzlichen Aufkommens dieser Bedeutung eine ergänzende Vermutung am Platz: in dem Maße, wie (schon ganz am Beginn der ‚Kavallerisierung' Westeuropas) die Erkenntnis in den Alltag eingedrungen sein muss, dass als Kampfross nur starke nicht-kastrierte männliche Tiere geeignet waren, blieb für das weibliche Tier fast automatisch die Arbeit übrig, so allerdings auch für die restlichen

raussetzen darf. In Parallele schließlich zum melierten Weiß des realen Kopfhaares ist eine entsprechende auf Pferdeköpfe angewandte Farbbezeichnung zu erwarten. In der Tat weist das FEW, Bd. 1, s. v. *balla* (germ.) ‹weißgefleckt›, hin auf eine Wortsippe got. *bala*, engl. *ball* ‹Pferd mit einer Blässe› [~ Blesse, weißem Stirnfleck, meist von der Mähne bis ans Maul], kymr. *bal* ‹having a white face or forehead (as a horse)›, ähnlich bret. *bal*; ob sie letztlich germanisch (so von Wartburg) oder keltisch ist (so andere), kann uns gleichgültig sein. Im Afrz. liegt noch, mit einer bloßen *j*-Erweiterung, die substantivierte Form vor: *baille* ‹cheval marqué d'une tache blanche au dos› (> mbret. *baill*).[56] Damit wird auch verständlich, dass die Mss. A3a[1] (9. Jh.) und B2c[1] (10. Jh.) des *Liber* voneinander unabhängig (!) *bale* durch *blare* ersetzen; denn Letzteres gehört klar zu afrz. *bler* ‹(Pferd) nicht genau bestimmbarer Farbe, (Tier) mit weißer Stelle am Kopf› (vgl. FEW, Bd. 1, s. v. **blaros*) und ist zudem etymologisch identisch mit mittelniederld. *blaar*, mittelniederdt. *blare* ‚(Pferd, Rind) mit weißer Stelle am Kopf'. Alle diese hängen übrigens duch grammatischen Wechsel und Rhotazismus zusammen mit spätaltnord. *blesi*, mittelniederld. *bles*, mhd. *blasse* > nhd. *Blesse* (mit Umlaut, seit etwa 1400) ‚weiße Stelle am Kopf; (Pferd, Rind) mit einer solchen', ferner altnord. *blesöttr* ‚mit weißem Stirnfleck', ahd. *blasros* (Ms. 13. Jh.) ‚Pferd mit weißem Stirnfleck'.

---

männlichen Tiere, für die sich dann als spezieller Terminus schon bei Isidor 20.16.5 (*caballus*) *sagmarius* (> afrz. *sommier*) einstellte. Hingegen meines Erachtens weder historisch noch logisch einleuchtend die These von P.-F. Fournier, *Jument*, in: Le Français moderne 20 (1946), 241, entscheidend für den Sieg der femininen Bedeutung sei ein Mehrwert des weiblichen Tieres dank seiner Gebärfähigkeit gewesen.

56 Die richtige Erklärung von *bale* hat im Prinzip Hermann Suchier (wie n. 2), 186 s., gegeben, der auch *bale iumentum* als ‚Blässe' richtig übersetzt, falls er unter dieser weiblichen Bezeichnung außer der Färbung des Pferdes auch sein weibliches Geschlecht mitversteht. – Hingegen behauptete von *bale* DuCange s. v. *balejumentum* ohne Quellenangabe, es sei *vetus Gallicum* und bedeute ‹falsch›; daher auch Kruschs Übersetzung ‚falsches Vieh!' und Haupts Übersetzung ‚falsches Lasttier!' (vgl. n. 53). Aber ein solches Wort ist im Afrz. nicht zu finden, und Holder, Alt-celtischer Sprachschatz, bietet nichts für das Gallische (oder eine andere kelt. Sprache). Das Mlat.Wb. s. v. *balus* (2) kennt nur unseren Beleg, schlägt als Bedeutung ‹?*falsus*› vor und verweist auf ahd. *balo*. Doch nach dem Ahd. Wörterbuch von Frings/Karg-Gasterstädt ist *balo* immer Substantiv: ‹das Übel, das man erleidet oder tut›. Zudem: wäre die Bedeutung des Wortes *bale* hier einfach ‹übel, bösartig›, so sollte man Übersetzung ins Lateinische erwarten; denn auch *iumente* ist ja im Munde des Sachsen schwer vorstellbar, ist also Übersetzung ins Lateinisch(-Romanische). Es muss somit ein stärker situationsspezifisches, weniger leicht ins Lat. übersetzbares Wort vorliegen – siehe oben! – Eis (wie n. 54), der in seinen gesamten Darlegungen ausgeht von den *fetiles equae* ‚Stuten mit weißen Fesseln [= Unterschenkeln]' bei Paulus Diaconus, *Historia Langobardorum* 1.24, will den Begriff ‚weißfesselig' auch hineintragen in den Eigennamen *Ballomeris* (vgl. n. 54!), was willkürlich ist, und in unser *bale iumentum*, was sowohl text- als auch situationswidrig ist.

Diese geballte Bosheit der Beschimpfung (subhuman, ‚weibisch‘, senil) ist auch als narrative Leistung auffällig. Denn wenn in volksläufigen Erzählungen und noch in den *chansons de geste* die Gegenpartei Böses über die Partei des Erzählers sagt, fällt es meist grobschlächtig und witzlos aus. Hier hingegen ist es schwer, sich einen *ex nihilo* erfindenden Franken vorzustellen, der, kurz in die ungewohnte sächsische Perspektive schlüpfend, gegen einen eigenen König besten Andenkens so maliziös und bildkräftig zugleich formulieren könnte; vielmehr hat man den Eindruck einer realen Beschimpfung nicht-fränkischen, z. B. eben sächsischen, Urprungs.

So weit unsere Interpretation. Bevor wir aus ihr die Bilanz ziehen, muss noch eine Sonderform der Erzählung betrachtet werden.

*

II Die Longlier-Version

Nahezu die gesamte Überlieferung des *Liber Historiae Francorum* verteilt sich auf nur zwei Rezensionen, A und B. Die Rezension A, laut dem Schluss-Satz des Autors 727 fertiggestellt,[57] hat den kritischen Text von Kruschs Ausgabe und damit den normalerweise kommentarlos zitierten Text des *Liber* bestimmt und auch uns bisher allein interessiert. Die Rezension B ist laut Krusch, der sich dabei auf eine Umformung jenes Schluss-Satzes beruft, vor 737 entstanden.[58] Doch haben sich inzwischen zwei Textzeugen als Mischmanuskripte erwiesen: ein Krusch entgangenes, sehr frühes Fragment (wohl Ende 8. Jh.) und eine stark bearbeitende Teilabschrift (9. Jh.), die Krusch als einzigen von 50 Textzeugen keiner der beiden Versionen zuwies und anscheinend nicht weiter berücksichtigte; auf Grund der vor allem durch das frühe Fragment entstehenden Komplikationen rechnet man heute damit, dass zumindest die Rezension B bzw. Unterrezensionen von ihr bis ins späte 8. Jh. bearbeitet wurden;[59] doch spielt dies für die folgende Argumentation keine Rolle.

---

[57] *Theudericum* [IV.], [...] *qui nunc anno sexto in regno subsistit*; s. oben n. 1. Theuderich starb 737.
[58] *Theudericum* [IV.], [...] *qui usque nunc in regno subsistit*; s. Krusch (wie n. 1),
[59] Vgl. vor allem Richard A. Gerberding, *Paris, Bibliothèque nationale 7906: an unnoticed very old fragment of the Liber Historiae Francorum*, in: Traditio [New York] 43 (1987), 381–386; ferner Helmut Reimitz, *Ein karolingisches Geschichtsbuch aus Saint-Amand: der Codex Vindobonnsis palat. 473*, in: Christoph Egger und Herwig Weigl (edd.), *Text – Schrift – Codex*, Wien/München, 2000, 34–90, speziell 36, 43 s., 56–59.

Uns interessiert vielmehr, dass der Schreiber des Subarchetyps von B (nach Ausweis der von Krusch herangezogenen B2a² und B2b¹) erkannte, dass in der Wendung *Ardinna silva transit, usque fluvio penetravit* nach *fluvio* ein Flussname ausgefallen war; er setzte dafür *Reno* ‚dem Rhein' ein – unsinnig, weil der Bote, wie Krusch richtig bemerkt, den Rhein nicht *nach* den Ardennen erreicht haben kann. Doch einer seiner Abschreiber versetzte den Rhein an die richtige Stelle und ersetzte ihn an der falschen Stelle durch einen Ortsnamen: *Renum transiit, in Ardinna silva usque Longolario pervenit*. Diese Lesart liegt vor im besten erhaltenen B-Manuskript, B1a (London B. L. Arundel 375, 9. Jh.);[60] doch da sie schon von den *Gesta Dagoberti* (um 830/835) übernommen wurde, ist sie irgendwann zwischen kurz nach 727 einerseits und 835 andererseits in die uns erschließbare schriftliche Überlieferung aufgenommen worden, spätestens also etwa ein gutes Jahrhundert nach der Standard-Fassung (A).

Longolarium ist Longlier, 2 km nordöstlich von Neufchâteau in der belgischen Provinz Luxemburg.

Die Neuerung erweist sich als frappante Verbesserung gegenüber der Fassung von 727, indem sie deren Plausibilität erheblich verstärkt. Denn Longlier
1) liegt auf der Südflanke der Ardennen,
2) ist königliche Pfalz,
3) liegt, wenn nicht überhaupt an, so doch nahe der großen römischen Straße Köln-Reims, und zwar
4) dicht südlich einer wichtigen Territorialgrenze.

Im Einzelnen:

Zu 1): Während der höchste Punkt der Ardennen, das *Signal de Botrange*, 694 m über Normal-Null liegt, steigt die Römerstraße von Köln nach Reims im heutigen Belgien gleich bei Büllingen/Bullange immerhin bis auf etwa 580 m und liegt 60 km weiter südwestlich bei Bastogne noch etwa 512 m hoch. Von dort zieht sich ein Höhenrücken südwestwärts mit geringem Gefälle mehr als 25 km bis deutlich über Sainte-Marie-Chevigny (485 m) hinaus; in der östlich davon gebildeten Mulde liegt, 7,6 km Luftlinie südlich von Sainte-Marie, Longlier (im Mittel etwa 422 m hoch, Extrempunkte 415 und 500 m). Nach Südsüdwesten fällt das Terrain dann weiter ab über die Semois (~ 160–250 m) und die Maas (~ 150–170 m) zur champagnischen Ebene mit Reims (88 m). Ein Bote, der von Nordosten Longlier erreicht, hat also den größeren Teil der Ardennen bereits durchritten – wie es eben schon die Standard-Fassung unserer Erzählung nahelegt.

---

[60] Geschrieben von einem Romanen laut Krusch (wie n. 1), p. 225, der zu Recht auf *istabilirent, estatuit, iscramasaxos, Ostrasii* verweist.

Zu 2): Von unserer Erwähnung abgesehen, tritt Longlier in das Licht der Geschichte a. 759 ein, und zwar gleich als königliche Pfalz:[61] nach den *Reichsannalen* (wie n. 34) feierte Pippin damals *in Lonclare* Weihnachten. Es muss ihm gut gefallen haben, da er schon a. 763 *in villa quae dicitur Longlar* (var. *Longlaar* A1, *Longolare* B2) nicht nur erneut das Weihnachtsfest feierte, sondern bis zum folgenden Osterfest blieb. Auch Karl der Große urkundete in Longlier am 3. 11. 771 im Rahmen eines großen Gerichtstages und erneut am 20. 1. 773.[62]

---

[61] Die begriffliche Grenze zwischen bloßem Königshof und Königspfalz (beide samt umgebender Domäne) ist nicht scharf, cf. Helga Müller-Kehlen, *Die Ardennen im Frühmittelalter*, Göttingen, 1973, 70 s.; da bezüglich Longlier a. 773 und 844 (cf. folgende Anm.!) ein *palatium* erwähnt wird, spreche ich von Pfalz. Zum Folgenden cf. Müller-Kehlen (op. cit.) 173–179; Arsène Geubel und Louis Gourdet, *Histoire du pays de Neufchâteau*, Gembloux, 1956 (467 p.!); Léon Hector, *Longlier et son prieuré*, Arlon, 1942.

[62] *Diplomata Karolinorum*, Bd. 1, ed. Engelbert Mühlbacher, Hannover, 1906, Nr. 63, p. 91–93 (*Longlario villa*), und Nr. 73, p. 106 (*Longolario palatio*) – Dann wurde es etwas stiller um den Ort, weil Karl der Große und Ludwig der Fromme sich hauptsächlich weiter nordöstlich aufhielten (Aachen, Sachsen, Rheingau). Zwar führt Maurits Gysseling, *Toponymisch Woordenboek van België, Nederland, Noord-Frankrijk en West-Duitsland (vóór 1226)*, 2 Bde., Brussel, 1960, s. v. *Longlier*, aus Paris, Ms. lat. 9294/3, eine angebliche Originalurkunde Ludwigs des Frommen aus *Longolare* von 822 an; doch handelt es sich um eine der seit Harry Bresslau und Alfred Dopsch als solche erkannten Sankt-Maximiner Fälschungen. Wohl aber urkundete am 11. 9. 844 Kaiser Lothar in *Longolare* (var. *Longalare* C) *palatio regio*, und irgendwann zwischen 855 und 869 schenkte Lothar II. ein Neuntel aller Einkünfte von *Longolare* und vielen anderen Besitzungen dem Aachener Marienstift (das sich diese Schenkung samt Nennung von *Longolare* von mehreren späteren Herrschern bis zu Friedrich II. bestätigen ließ); cf. *Die Urkunden der Karolinger*, Bd. 3, ed. Theodor Schieffer, Berlin/Zürich, 1966, Nr. 86, p. 210 s., und Deperditum Nr. 43, p. 454 s. Nach den *Annales de Saint-Bertin*, ed. Félix Grat (= Société de l'Histoire de France 470), Paris, 1964, ad a. 879, beging in diesem Jahr Ludwig der Stammler das Weihnachtsfest in *Longlario* (var. *Longlaro* A). Noch die Kaiser Otto I. und Otto II. verfügten über Longlier; cf. *Die Urkunden der deutschen Könige und Kaiser*, Bd. 1, ed. Theodor Sickel, Hannover, 1884, Nr. 80, a. 946, p. 159 s.; Bd. 2, Hannover, 1893, Nr. 280, a. 982, p. 325 s. Dann ging der Ort aus Reichs- in herzoglich-lothringischen Besitz über, und um 1055 oder wahrscheinlicher 1064 schenkte Gottfried der Bärtige (samt seiner Frau Beatrice, seinem Sohn Gottfried dem Buckligen und dessen Verlobter Mathilde, Beatrices Tochter aus erster Ehe) aus Beatrices Allodialbesitz die *ecclesia de Longliers* an die Abtei Florenne (Prov. Namur); cf. dazu genauer z. B. (mit Lit.) *Die Urkunden und Briefe der Markgräfin Mathilde von Tuszien*, edd. Elke und Werner Goez, Hannover, 1998, Deperditum 2, p. 392. Die Mönche gründeten in Longlier ein Priorat dicht nordwestlich neben der Kirche (im Südosten erschwert ein Steilabfall von etwa 10 m jede Bebauung, Müller-Kehlen [wie n. 61], 176). Es bestand bis zur französischen Revolution; seine Baulichkeiten (von denen Reste, in andere Gebäude integriert, noch heute bestehen) dürften die Stelle der karolingischen Pfalz eingenommen haben, von der sich noch keine sicheren Reste haben finden lassen; cf. (mit Bild und Skizze) Geubel/Gourdet (wie n. 61), 184–189 und 458, Hector (wie n. 61), 15 s. Die De-Facto-Macht über Longlier ging im späten 11. und 12. Jh. von den Herzögen zunächst auf die Grafen von Chiny, dann auf die Herren von Mellier

Nun beginnen die *Reichsannalen* gerade mit Weihnachten 759 ihre kontinuierlichen Angaben über den jeweiligen Winteraufenthalt der Könige; aus älterer Zeit liegt nichts Vergleichbares vor. Schon deshalb kann 759 nicht etwa als *terminus post quem* für die Entstehung der Pfalz oder für ihr Bekanntwerden im Reich benutzt werden.

Obwohl die Herrscher im Winter der Jagd nachgingen, setzte doch die sonstige Versorgung des gesamten Hofstaates für über drei Monate – wie in Longlier 763/764 – offensichtlich eine gut organisierte, landwirtschaftlich weiträumige Pfalzdomäne voraus, mit Besitzverhältnissen, die sich nicht kurzfristig schaffen ließen.[63] Während mehrere andere Königsdomänen der Ardennen nahezu sicher römische Domänen fortsetzten,[64] kann man dies zwar bei Longlier nicht nachweisen; doch immerhin lässt die Fülle römischer Keramik, die unter dem Kirchenfußboden und im Erdreich neben der Kirche gefunden wurde, eine römische Villa mit Friedhof vermuten.[65] Wichtiger ist, dass Longlier Urpfarrei war,

---

über, die 2 km südwestlich von Longlier auf einem *promontoire rocheux et escarpé* Neufchâteau erbauten (Geubel/Gourdet [wie n. 61], 40 Bild), so dass aus dem Domänenbezirk Longlier die *terre de Neufchâteau* wurde, die bis zur französischen Revolution bestand.

[63] Welche wirtschaftliche Bedeutung die Pfalzen für das itinerante Königtum hatten, geht gerade daraus hervor, dass z. B. Müller-Kehlen (wie n. 61), 68, abwehrend betonen muss: „Die frühmittelalterlichen Könige waren ja keine ‚Nomaden', die ausschließlich [!] aus wirtschaftlichen Erwägungen wegen ihrer und des Hofes Verpflegung herumreisten, sondern sie taten es auch [!], um ‚an Ort und Stelle nach dem Rechten zu sehen';" eine Fußnote wendet sich ebenfalls gegen eine „Abweidetheorie". [Hervorhebungen von mir, G. A. B.]

[64] Müller-Kehlen (wie n. 61), 67 sowie die zugehörigen Einzelabschnitte.

[65] Geubel/Gourdet (wie n. 61), 31 s., 36, 185; Müller-Kehlen (wie n. 61), 175 n. 11. Der Name *Lonclare > Longlier* ist allerdings ein germanischer *-lar-*Name (der hier im 5. Jh., vielleicht durch Infiltranten schon im 4. Jh. gegeben worden sein kann); wie bei *Mellier* (11 km weiter südlich, a. 763 *Maslario*, ebenfalls Königsdomäne) ist *-ar* in lat. *-arium* > frz. *-ier* aufgegangen. Vierzehn (!) weitere °*Lang-lar* bei Heinrich Dittmaier, *Die (H)lar-Namen, Sichtung und Deutung*, Köln, 1963, 87, 88 s., der das reichste Inventar aller *-lar-*Namen bietet. Etymologisch ist (gegenüber Dittmaiers auf unsicherer Grundlage sehr eng konstruiertem ‚Pferch, Hürde') die Verbindung zu slav. *lěs* ‚Wald, besonders Laubwald (mit Bäumen und Sträuchern bewachsene Fläche)' als Ansatz vermutlich vorzuziehen (so Jürgen Udolph, *Namenkundliche Studien zum Germanenproblem*, Berlin 1994, 473–497), doch wohlgemerkt unter Anerkennung der schon vorhistorischen (!) Entwicklung von ‚lichter Wald' zu ‚Lichtung (auch zum Stapeln von Holz), (offenes/unbebautes) Feld, Weide (speziell gemeinsame)', die sämtlich im mittelalterlichen oder dialektalen Niederländisch, wenn auch selten, im Simplex *laar/laer* belegt sind. Nicht der Ort, wohl aber die gesamte Domäne Longlier war in diesem Sinne eine große (~ ‚lange') ‚Lichtung', ringsum von Wäldern umgeben (Hector [wie n. 61], p. 2). Oft liegen *-lar-*Orte in einem Mündungswinkel (Dittmaier op. cit., 84, und cf. 81–84), so auch die Kirche von Longlier (Müller-Kehlen [wie n. 61], 173 s.). Kaum oder nie treten Personennamen als Bestimmungswörter zu *-lar*; es geht also nicht um Adelsgründungen der merowingischen Ausbauphase.

noch 1570 mit 32 Dörfern und Weilern;⁶⁶ denn Geubel und Gourdet haben nachgewiesen, dass bei Longlier – wie in zahlreichen vergleichbaren Fällen⁶⁷ – Urpfarrei und Königsdomäne in ihrer Ausdehnung identisch waren.⁶⁸ Weil man Zufall ausschließen kann und eine Einwirkung der Christianisierung auf die Domänengröße nicht vorstellbar ist, darf man umgekehrt vermuten, dass die Königsdomäne mindestens so alt ist wie die Urpfarrei; da die Merowinger seit Chlodwig katholische Christen waren und an der Ausbreitung des Christentums auch ein politisches Interesse hatten, mussten sich ja gerade Königsdomänen als Ausgangspunkte der Christianisierung empfehlen. Nun datieren im Erzbistum Trier, zu dem auch Longlier gehörte, die allerletzten, entlegenen Spuren des Heidentums – im Walde etwa zehn Kilometer außerhalb von Ivois, dem heutigen Carignan, 34 km Luftlinie südsüdwestlich von Longlier – aus den Jahren oder schon Jahrzehnten vor 585.⁶⁹ Die Urpfarreien der Gegend dürften damals schon bestanden haben. *A fortiori* war also Longlier zu Chlothars II. Zeit wahrscheinlich bereits länger Königsdomäne; es eignete sich damit vorzüglich als Rastplatz einer Truppe – wie ihn schon die Standard-Fassung voraussetzt.

Zu 3) Die beiden Hauptzentren im verkleinerten Austrasien des jungen Dagobert waren Metz und Köln. Das rechte Rheinufer bei Köln, also das heutige Köln-Deutz, war a. 555/556 von den Sachsen in einem Überraschungsangriff erreicht worden, doch konnten sie den Fluss nicht überqueren (Gregor von Tours 4.16 Ende, ed. Krusch p. 150); umgekehrt ging a. 775 von Köln der zweite – der erste große – Sachsenfeldzug Karls des Großen aus.⁷⁰ Köln eignete sich also auch als Ausgangspunkt von Dagoberts Sachsen-Abenteuer, und über Köln verlief umgekehrt der Weg des Boten.

---

66 Auguste Longnon und Victor Carrière (edd.): *Pouillés de la province de Trèves* (= Recueil des Historiens de la France, Pouillés V), Paris, 1915, p. 108A (und B): *Visitation de l'Archidacre de Longuyon en 1570*, VI, *Decanatus Ivodiensis*. Solche Visitationsberichte, die eine *systematische* Übersicht über die Pfarrorganisation erlauben, liegen durchweg erst aus später Zeit vor. Viele Filialkirchen hielten das Bewusstsein ihrer Herkunft von der Mutterkirche durch eine jährliche Wallfahrt dorthin aufrecht.
67 Müller-Kehlen (wie n. 619), 73–75.
68 Geubel/Gourdet (wie n. 61), 36, 44 (Karte) und 175–241.
69 Gregor von Tours (wie n. 26) 8.15, ed. Krusch p. 380–383.
70 Genau genommen versammelte sich das Heer nach den *Reichsannalen* bei Düren; da es dann aber die Hohensyburg eroberte (weiter den Weserübergang erzwang und die Oker erreichte), muss es den Rhein bei Köln überquert haben und folgte dann der schon vorgeschichtlichen „südlichen Zubringerstraße" zum (eigentlichen) Hellweg bei Dortmund; zu dieser Wegstrecke cf. Paul Leidinger, *Der westfälische Hellweg als frühmittelalterliche Etappenstraße zwischen Rhein und Weser*, in: Westfälische Zeitschrift 148 (1999), 9–33, hier 9 und 11, und G. A. Beckmann (wie n. 33), 254–256.

Der eindeutig kürzeste damalige Weg von Köln in das Pariser Becken – fast in gerader Linie – ist sehr einfach zu beschreiben: von Köln bis Reims die römische Heerstraße, dann die ‚normale' Straße Reims-Paris. Die römische Heerstraße ist verzeichnet auf der Peutingerschen Tafel (um 375 n. Chr.); dass sie im frühen 7. Jh. nicht etwa zerfallen oder gar vergessen, sondern praktikabel war, folgt daraus, dass auf ihr noch a. 716 der neustrische König Chilperich II. und sein Hausmeier Raganfrid den Staatsschatz, den sie in Köln Pippins Witwe Plektrud abgenommen hatten, nach Paris transportieren wollten, aber bei Amel/Amblève von dem jungen Karl Martell überfallen und völlig geschlagen wurden.

Der Straßenverlauf[71] ist von Köln bis Bastogne (25 km vor Longlier) bis auf Details unproblematisch. Für den weiteren Verlauf nahm man bis 1983 meist an, die Straße vereinige sich schließlich nahe der südbelgisch-französischen Grenze bei Pin d'Izel mit der Römerstraße Trier-Reims und überquere dann die Maas bei Mouzon. Unter dieser Voraussetzung ist ein Verlauf Bastogne-Longlier-Neufchâteau und weiter südsüdwestwärts längs der heutigen N 85 sehr plausibel. Auf Grund von Autopsie plädierten für ihn unter anderem Von Veith (1883), der zwischen Longlier und Neufchâteau sowie jenseits Neufchâteau noch „deutliche Reste" der Römerstraße vermeldet, und Geubel/Gourdet (1956), die ebensolche mit Bestimmtheit für den Ortsausgang von Neufchâteau konstatierten, sowie Ch. Dubois (1930 und mehrfach), ferner als die plausibelste von drei Möglichkeiten Mertens/Despy-Meyer (1968).[72] Doch 1983 machte M.-H. Corbiau es

---

71 Die Zwischenstationen auf der Peutingeriana lehren über den Straßenverlauf sehr wenig; denn außer dem trivialen *Mosa* ‚Maas(übergang)' (aber wo?) ist noch keine sicher identifiziert. Neben der Tatsache, dass es sich in den dünn besiedelten Ardennen vermutlich um vergleichsweise kleine Örtlichkeiten handelte, spielt dabei eine Rolle, 1) dass für die etwa 280 km Luftlinie die nur fünf Zwischenstationen, verglichen mit sonstigen Römerstraßen, zu weit auseinander liegen und zudem die Summe der angegebenen Entfernungen viel zu klein ist, und 2) dass eine unklar eingezeichnete Zwischenstation (*Lindesina/Andesina*) wahrscheinlich nicht zu dieser Straße gehört, eine zweite (*Meduanto*) ohne Entfernungsangabe bleibt. Den bisher scharfsinnigsten, möglicherweise definitiven Lösungsvorschlag bietet Henri Boreux, *À propos de Meduanto*, in: Le Pays Gaumais 48/49 (1987/1988), 299–307.
72 C. Von Veith, *Die Römerstraßen Cöln-Reims und Reims Trier*, in: [Bonner] Jahrbücher des Vereins von Alterthumsfreunden im Rheinlande 75 (1883), 1–30, hier 23; Geubel/Gourdet (wie n. 61), 436, cf. auch 32; Charles Dubois, *L'influence des chaussées romaines sur la frontière linguistique de l'Est*, in: Revue belge de Philologie et d'Histoire 9 (1930) 455–494, hier 474; Josef Mertens und A. Despy-Meyer, *Carte archéologique des routes romaines de la Belgique au Haut-Empire et au Bas-Empire*, Bruxelles, Service national des fouilles, 1968, Karte. – Auch Victor Gauchez, *Topographie des voies romaines de la Gaule-Belgique*, Anvers 1882 (zitiert nach Corbiau [wie n. 73], 153 n. 21), und L. Hector (wie n. 61), p. 5, erkennen eine Römerstraße von Longlier in Richtung Bastogne an, aber als *diverticulum* ‚Abzweigung von einer Hauptstraße'.

wahrscheinlich, dass der vermeintliche Vereinigungspunkt beider Straßen bei Pin d'Izel ein bloßer Punkt der Straße Trier-Reims war, dass hingegen 34 km von Mouzon maasabwärts bei Warcq (dicht westlich von Charleville-Mézières) eine Römerstraße die Maas in Richtung Reims überquerte. Entsprechend trat sie ein für einen nördlicheren, dann westlicheren Verlauf der Straße Köln-Reims: von Bastogne über Sainte-Marie-Chevigny, Paliseul und Warcq.[73] Geht man sicherheitshalber von dieser für uns ungüstigeren Straßenführung aus, so lag Longlier 7,6 km, also etwa eine Reitstunde, von der Straße entfernt; man darf dann aber als selbstverständlich unterstellen, dass die große Königsdomäne mindestens mit Sainte-Marie-Chevigny, wahrscheinlich auch mit Bastogne, durch Zubringerstraßen verbunden war.

Ungefähr 4 km östlich vor Sainte-Marie entsprang dicht neben der Straße beim heutigen Bauernhof Planchipont die nach Ostsüdosten (zur Mosel) abfließende Sauer (lat. *Sura*); unmittelbar vor und nach Sainte-Marie überquerte die Straße die beiden Quellarme der nach Nordnordwesten (zur Maas) abfließenden *Ourthe occidentale* (lat. *Urta*). Eine von beiden wird jener kleine Ardennenfluss sein, den der noch neustrische Schreiber des Archetyps des *Liber* nicht kannte.

Zu 4) Als Chlothar das Austrasien seines Sohnes im Westen zunächst durch ‚Vogesen und Ardennen' begrenzte (Fredegar 4.52), muss ihm der interimistische Charakter dieser Regelung klar gewesen sein. Bei einem solchen Provisorium pflegt man nicht, um jede Quadratmeile ringend, eine komplizierte Grenze neu zu ersinnen, sondern (zumindest von Abschnitt zu Abschnitt) bestehende Grenzlinien zu benutzen.

Eine fast zeitlose Grenzlinie lag dicht nördlich von Longlier. Laut Nouwen (1997) verlief hier schon seit Augustus die Grenze zwischen der *civitas Treverorum* und der *civitas Tungrorum*, seit Diokletian die zwischen Belgica Prima und Germania Secunda.[74] Freilich pflegen solche Aussagen über antike Grenzen in

---

[73] Marie-Hélène Corbiau, *La chaussée romaine Reims-Cologne entre la Meuse et Bastogne*, in: Miscellanea archeologica in honorem H. Roosens (Archeologica belgica 255), Bruxelles, 1983, 145–164. Corbiau (p. 164 in fine) war damals geneigt, die südliche Route wenigstens noch als *diverticulum* ‚Abzweigungsstraße' gelten zu lassen, so dass Raepsaet-Charlier (1994) und Nouwen (1997) in ihre Karten beide Verläufe als reale Straßen aufnahmen; cf. Marie-Thérèse Raepsaet-Charlier, *La cité des Tongres sous le Haut-Empire*, in: Bonner Jahrbücher 194 (1994), 43–59, hier Karte p. 45. hier 153 n. 21, und Robert Nouwen, *Tongeren en het land van de Tungri (31 v. Chr.–284 n. Chr.)*, Leeuwarden/Mechelen, Eisma, 1997, Karte p. 64. Doch hat Boreux (wie n. 71) Zweifel auch daran angemeldet.

[74] Nouwen (wie n. 73), 54, spricht von einer Grenze zwischen Neufchâteau (2 km westlich von Longlier) und Libramont-Chevigny (6 km westlich von Sainte-Marie-Chevigny), hätte aber ebenso Longlier und Sainte-Marie nennen können. – Etwas weiter östlich setzt er die Grenze im Wesentlichen mit der obersten Sauer gleich, während dort Jean Loicq, *Le pagus Vilcias et l'organisation de l'Ardenne sous le Haut-Empire*, in: Serta Leodensia secunda, Liège 1992, 271–

nicht immer leicht kontrollierbarem Maße auch auf Rückschlüssen aus der kirchlichen Einteilung zu beruhen. Umso aussagekräftiger ist diese selbst. Das Christentum hatte sich zwar zur Zeit der Verfolgungen im Wesentlichen von Stadt zu Stadt ausgebreitet; doch schon kurz nach dem Toleranzedikt entwickelte die Kirche parallel zur (Diokletianischen!) Reichsgliederung das Prinzip einer flächendeckenden kirchlichen Gliederung, wobei sie, schon um endlose innere Streitigkeiten zu vermeiden, die weltlichen Grenzen grundsätzlich übernahm. Mit den *civitates* deckten sich also jetzt die Bistümer,[75] und aus jener *civitates*-, dann Provinzen-Grenze wurde die Grenze zwischen dem Bistum Trier und dem Bistum (Tongern-)Maastricht(-Lüttich).[76] Die kirchlichen Grenzen ihrerseits gehören dann für die Zeitgenossen zu den einprägsamsten Fakten der Geographie und für den heutigen Historiker zum Stabilsten, was das Mittelalter zu bieten hat, in unserem Falle bis zur französischen Revolution (auch wenn sich *innerhalb* jedes Bistums die genauen hierarchischen Zwischenstufen zwischen Bistum und Pfarreien, nämlich die Archidiakonate und Dekanate, erst im 9. und 10. Jh. verfestigt zu haben scheinen): Longlier war die nördlichste Urpfarrei des Dekanats Ivois (heute Carignan), das zum Archidiakonat Longuyon des Bistums und damit des Erzbistums Trier gehörte; 7,6 km weiter nördlich war (Sainte-Marie-) Chevigny die südlichste Urpfarrei des Dekanats Bastogne, das zum Archidiakonat Ardennen des Bistums Lüttich und damit des Erzbistums Köln gehörte.[77] Nichts spricht also gegen die Annahme, dass dicht nördlich von

---

293, und ihm folgend Raepsaet-Charlier (wie n. 73) den als ‚Wiltzgau' gedeuteten *Vilcias*-Gau und die Intarabus-Zeugnisse von Foy-Noville noch den Treverern zurechnen möchten. Auch wenn sie im Recht sind, folgt daraus nichts für die Zeit nach Diokletian. « On ignore comment la réforme de Dioclétien a réparti dans le détail les pays tongre et trévire entre les nouvelles provinces de Germanie Seconde et Belgique Première [...] » (Loicq p. 286).

75 Die Entsprechung gilt als so selbstverständlich, dass man anfangs sogar die weltlichen Territorialbegriffe benutzte, so in den *Canones* 4 und 15 der Konzilsakten von Nicäa (a. 325): ein neuer Bischof muss von allen Bischöfen der *provincia* gemeinsam ordiniert werden; Bischöfe und andere Geistliche dürfen nicht von *civitas* zu *civitas* wechseln; über eine *provincia* gebietet der *metropolitanus episcopus*, d. h. der Bischof der Provinzhauptstadt (spätere Erzbischof).

76 Genauer: jenem Bistum, dessen Zentrum bis zur Völkerwanderung Tongern, dann bis nach 700 Maastricht, schließlich Lüttich war.

77 Cf. Müller-Kehlen (wie n. 61), 148, 174. – Fragt man sich über die allgemeine Stabilität der Bistumsgrenzen hinaus, wie weit denn die Trierische im Umkreis von Longlier im Frühmittelalter selbst nachweisbar ist, so wird man wegen der Kargheit der schriftlichen Quellen diesen Umkreis nicht zu eng ziehen dürfen. Für die Richtung nach Südwesten cf. die *Vita Gaugerici*, ed. Bruno Krusch, in: Krusch/Levison (wie n. 4), 652–658, hier 652 s.: in *Ebosium* (*Eposium* ‚Ivois', heute Carignan, 32 km Luftlinie südwestlich von Longlier) fand schon um 570/575 Bischof Magnerich von Trier (*sedit* 566–nach 587) bei seiner regulären Visitation eine wohlgeordnete Gemeinde mit einer Lateinschule vor, in der er den jungen Gaugerich (der 584/585

Longlier ein Abschnitt der trierisch-maastrichtschen Bistumsgrenze auch als Grenze des verkleinerten Austrasien diente.[78]

Woher hat der Schreiber das Stichwort ‚Longlier'? Man hat alle Mühe zu glauben, dass er es aus der Standard-Version durch Kombinieren abzuleiten vermochte und dann als Faktum auszugeben wagte. Haben es ihm vielmehr die vier Königsaufenthalte der Jahre 759–773 suggeriert? Doch von diesen hängt keiner mit einem Sachsenzug zusammen; zudem lässt sich aus ihnen weder der Gesamtverlauf der Straße Köln-Paris ableiten noch geben sie einen Hinweis auf die mutmaßliche Grenze jenes kurzlebigen ‚Klein'-Austrasien, das als solches im *Liber* nicht einmal erwähnt wird.

Alternativ drängt sich somit die Möglichkeit auf, dass der Name – *proh pudor!* – aus der lokalen mündlichen Erinnerung stammt, mit anderen Worten: aus der Historizität: dass Chlothar damals in Longlier kampierte, erzählte man sich noch lange in und um Longlier.

Bischof von Cambrai wurde, frz. *Saint Géry*) zum Priesterberuf bestimmte; cf. ferner Eugen Ewig [*et al.*], Les Ardennes au Haut-Moyen-Âge, Namur, 1967, 23: wenn laut Gregor von Tours (8.15, ed. Krusch p. 380 s.) die a. 585 von ihm besuchte Einsiedelei nahe bei *Eposium* im *territurium Trevericae urbis* lag, kann er damit – mehr als 100 km Luftlinie von der *urbs* ‚Bischofsstadt' entfernt – kein weltliches Territorium, sondern nur ‚das Bistum Trier' gemeint haben. Nur 6,2 km Luftlinie westsüdwestlich von Carignan liegt dann Mouzon an der Maas, von dem schon um 530 Erzbischof Remigius schreibt, es habe *semper*, d.h. seit der Christianisierung, Reims unterstanden – wie noch heute. Hingegen liegen von Longlier nach Norden hin im 7. Jh. große Staatsforste, so dass z. B. bei der Gründung von Stavelot-Malmedy kurz vor 650 und in einigen anderen Urkunden nur von der *Arduinna/Ardenna* als Naturregion die Rede ist; cf. *Die Urkunden der Merowinger*, nach Vorarbeiten von Carlrichard Brühl (†) hrg. von Theo Kölzer unter Mitwirkung von Martina Hartmann und Andrea Stieldorf, 2 Bde., Hannover 2001, [wie n. 57], Nr.81, p. 205–207; Müller-Kehlen [wie n. 61], 55 s. Immerhin erfährt man zum einen a. 767/768 von Ammeldingen an der Our (63 km ostnordöstlich von Longlier), zwischen 770 und 779 von Paliseul (23 km westnordwestlich von Longlier), um a. 884 von Bastogne (25 km nordöstlich von Longlier), dass sie im Ardennengau liegen, zum andern aus einem Brief des Bischofs Ghaerbald von Lüttich († 809), dass der Ardennengau (der sich später als essenziell identisch mit dem Archidiakonat Ardennen erweisen wird) zu seiner Diözese gehört (cf. Wilhelm A. Eckhardt [ed.], *Die Kapitulariensammlung des Bischofs Ghaerbald von Lüttich*, Göttingen, 1955, Nr. 66, p. 106 ss.).

78 Wohlgemerkt hatte Chlothar seinem Sohn nicht das ganze Bistum Trier entzogen. Laut Fredegar (4.52) versprach Dagobert bei einem Treffen mit seinem Vater Milde gegenüber einem gewissen Chrodoald, der von Dagobert zu Chlothar geflohen war; doch als *Dagobertus cum Chrodoaldo Treverus accessisset*, ließ er ihn töten. *Treverus* (statt *Treveros*) ist im 7. Jh. nicht mehr ‚die Treverer', sondern ‚Trier'. Dagobert verschob seine Rache offensichtlich, bis er kurz vor Trier eigenes Gebiet betrat. Chlothar kann ihm also aus dem Bistum Trier Gebiete im romanischen Westen entzogen haben (entsprechend etwa dem Dekanat Ivois oder dem Archidiakonat Longuyon).

III Bilanz

Machen wir Bilanz, zunächst zur Standardfassung!

Das letzte Drittel der Erzählung, auf dem jenseitigen Weser-Ufer spielend, ist zur Gänze aus gängigen Erzählelementen – einer im Duell kulminierenden Motivsequenz plus einer Hassformel – aufgebaut; offenbar konnte eine volksläufige Geschichte auf die Dauer schlecht ohne einen äußeren Höhepunkt und eine deftige Moral-von-der-Geschicht auskommen. Ob bzw. wieviel Realität dahintersteht, bleibt unklar. Nur ist es sehr unwahrscheinlich, dass Chlothar eigenhändig einen Sachsenherzog tötete; denn einen Triumph dieser Größenordnung hätte auch Fredegar kaum ignorieren können. Konzedieren wir also, dass ein realer Kern unserer Geschichte deutlich geringer gewesen sein muss, als ihr Finale suggeriert. Damit ist dann aber Fredegars Schweigen auch zur Genüge berücksichtigt, und man darf nunmehr unsere Geschichte auf Grund innerer Kriterien beurteilen.

Das *bale iumentum* als von außerhalb des Frankenreiches kommende Verhöhnung eines bejahrten Merowingers wirkt echt, auch wenn es nicht unbedingt in unserem Zusammenhang entstanden sein muss. Insgesamt nehmen Reizruf und Durchschwimmen eines sächsischen Flusses eine Mittelstellung ein: sie gehörten bei den Franken zum Erzählrepertoire, aber so gut wie sicher auch zur realen kollektiv-repetitiven Erfahrung. Dass sie zu einem realen Kern unserer Geschichte gehörten, ist also zumindest nicht unwahrscheinlich.

Alles, was davor steht, ergibt eine völlig plausible Ereignisfolge, psychologisch in sich stimmig und passend zu allem, was wir sonst von den Akteuren wissen: von den Sachsen, die Dagoberts Einsetzung als willkommene Chance für einen Aufstand sehen, über Dagoberts Selbstüberschätzung, ihr abruptes Ende mit Appell an den Vater, Chlothars welterfahren-dezente Voraussicht (die sogar plausibler ist, als der Erzähler sie darzustellen weiß) bis zu seiner entschlossenen Hilfe als Vater; auch das zweimalige Vorkommen des Motivs der *reges criniti* darf man hier anschließen.

Bedenkt man, wie oft mittelalterliche Ereignisse uns nur aus einer Quelle – z. B. im 7. Jh. nur aus Fredegar, im 10. Jh. nur aus Flodoard – bekannt sind, ohne deshalb angezweifelt zu werden, so wird man dafür plädieren, auch unsere Erzählung in diesem reduzierten Umfang als essenziell historisch anzusehen. *A fortiori* gilt dies von der Longlier-Fassung auf Grund ihrer erhöhten geographischen Plausibilität.

Die Erzählung hat dann also von ihrem historischen Kern bis zur Niederschrift im Jahre 727 etwa ein Jahrhundert überstanden. Geht man im *Liber* die Darstellung dieses Jahrhunderts durch, so wird ein Hauptgrund dafür klar: es gab über die Merowinger nach Dagobert nichts vergleichbar Erzählenswertes mehr.

Der neustrische Autor ist zwar auch 727 dem merowingischen Königsgeschlecht noch rückhaltlos zugetan; man sieht es unter anderem daran, dass er dem Einzigen, der dessen Sonderstellung antastete, dem Pippiniden Grimoald, ausdrücklich den grausamen Tod im Pariser Kerker gönnt (Kap. 43, p. 315 s.). Doch kann selbst er, der Loyalist, die Könige jener Zeit nur mehr vorführen als moralisch verkommen (wie Chlodwig II. als tempelschänderisch, unzüchtig, Völler und Trinker, Childerich II. als leichtfertigen Unterdrücker) oder – später – als Marionetten ihrer Hausmeier. Dem König seiner eigenen Jugendjahre, Childebert III. (bei anderer Zählung: IV., a. 695–711), bewahrt er zwar ein ehrendes Gedenken als einem *vir inclytus*, dem *bonae memoriae gloriosus domnus Childebertus rex iustus*,[79] weiß aber charakteristischerweise sogar von ihm nur zu berichten, dass er in Choisy-au-Bac (Oise) begraben liege, einer unbedeutenden Landpfalz 5 km nordöstlich von Compiègne.

Die späteren Pippiniden behandelt er im Allgemeinen mit kühler Korrektheit. Nur Karl Martell – unter dessen nicht zimperlicher Herrschaft er lebt – führt er gleich ein als *virum elegantem, egregium atque utilem*. Doch das kann pures Lippenbekenntnis sein, da er vorher Plectrud als *uxor nobilissima et sapientissima* gekennzeichnet hat, Karls Mutter Alpheid aber jetzt als *alia uxor* namenlos belässt (Kap. 48 s., p. 393 s.). Und obwohl er sein Werk erst 727 abschließt, erwähnt er im Gegensatz zu den Fredegar-Fortsetzern (Kap. 11, ed. Krusch p. 175) nicht Karls siegreichen Sachsenfeldzug von 724 – als wolle er uns im letzten Augenblick noch eine aparte Umkehrung unserer Quellendiskrepanz bieten: er verschweigt, was die Fredegar-(Fortsetzer-)Partei feiert.

In einer solchen Zeit des Niedergangs der Königsdynastie nimmt deren letzte Glanzzeit, hier also die Zeit Chlothars und Dagoberts, in der Erinnerung ihrer Parteigänger noch an Glanz zu: *maior e longinquo reverentia*. Und manchmal kommt diese Art *reverentia* eben erst zur Ruhe, wenn sie ihren Gegenstand durch einen dramatisch-triumphalen Schluss überhöht hat, wie in unserem Fall.

So entstand eine Erzählung, die man geradezu den literarischen Abgesang jenes großen Geschlechtes nennen könnte, das gut zwei Jahrhunderte die Geschicke Westeuropas bestimmt hatte. Nicht seine Bruder- und Neffenmorde leben darin fort, sondern – als Verkörperung des einzigen Verwandtschaftsverhältnisses, das selbst in dieser Dynastie funktionierte – ein exemplarisches

---

[79] Zu *rex iustus*: mit 16 erhaltenen echten Urkunden (Kölzer Nr. 142–159 außer den gefälschten Nr. 148 und 154; vgl. speziell Nr. 149 mit Entscheidung gegen Drogo in Gegenwart von dessen Vater Pippin dem Mittleren) und 20 Deperdita (Kölzer Nr. 341–360) ist der urkundliche Nachlass Childeberts III. immerhin größer als der eines der noch folgenden fünf Merowinger; cf. Kölzer (wie n. 77), p. 357–398, 496, 640–646.

Vater-Sohn-Verhältnis. Vater und Sohn handeln komplementär und erscheinen doch beide, wie ihre Zeitgenossen sie sahen und ihre Anhänger sie zu sehen liebten: als *reges criniti*.

Ein Seitwärtsblick

18 Odins Schatten auf der Durchreise in Rouen

Résumé : Dans la partie de sa *Chronique des Ducs de Normandie* traitant de Rollon, Benoît décrit le passage à Rouen d'un mystérieux cavalier vêtu de gris et qui se déplace sur la Seine sans que son cheval en touche l'eau. Refusant de révéler son identité, il prédit pour la dynastie ducale un avenir de neuf règnes prospères. Sans attendre une rencontre avec Rollon devenu chrétien, il continue, en étapes journalières surhumaines, une chevauchée qui semble sans commencement ni fin. En latin, cette histoire est racontée dès avant 1120 comme étant de notoriété générale. Qui est l'inconnu? En ancien norrois, dans les nombreux récits comparables jusque dans les détails, c'est toujours Odin en personne. Pour la Normandie, il faut conclure que si ce n'est plus lui explicitement, c'est quand même son ombre qui hante le domaine flou, dans l'imagination populaire, entre christianisme et paganisme – domaine dont a su se servir, comme on le voit, même une propagande producale, donc, en principe, chrétienne.

In seiner *Chronique des Ducs de Normandie*, an der er von etwa 1174 bis spätestens 1189 arbeitete, erzählt uns Benoît eine merkwürdige Episode aus der Zeit Rollos, des ersten Herzogs. Da sie in ihrem narrativen Teil fast zweihundert Verse umfaßt, zu denen noch einhundert Verse ihrer historischen Würdigung durch Benoît kommen, können wir sie hier nur gedrängt paraphrasieren.[1]

Eines Tages erleben die Bürger von Rouen, wie ein stattlicher Reiter in einem Mantel aus kostbarem grauem Stoff[2] auf dem Wasser der Seine flußaufwärts in die Stadt einreitet, ohne daß auch nur die Füße seines Pferdes naß werden. Über seine Person verweigert er jede Auskunft – außer daß er am Morgen aufgebrochen sei von Rennes, in Avranches (nach 80 km!) zur dritten Tagesstunde eine Mahlzeit eingenommen habe und nun gegen Abend (nach weiteren 220 km!) in bequemem Paßgang in Rouen eintreffe. In Avranches habe er übrigens sein Speisemesser vergessen; wer seine Angaben nachprüfen wolle, könne es dort abholen. Ein reicher Bürger lädt den Fremden zum Nachtquartier

---

1 Fahlin (ed., 1951–54), vv. 9839–10020 bzw. 10122. Der Text fehlt in Hs. T, aber nur, weil dort eine ganze Lage verlorengegangen ist. – Unmittelbar vorher berichtet Benoît Ereignisse von 922–923; doch besagt das für eine genauere zeitliche Einordnung wenig, da er unsere Episode einem Anhang seiner Hauptquelle entnahm und sie deshalb innerhalb von Rollos Herzogszeit irgendwo einordnen mußte (s. Anm. 6).

2 V. 9868 «d'escarlate gris». *Escarlate* wird im Glossar von Södergård (1967 s. v.) zu Recht mit ‹drap fin› übersetzt. Altfrz. *escarlate* (und mhd. *scharlât*, *scharlach*) bezeichnet recht häufig noch feine Stoffe, die ausdrücklich als nicht-rot, sondern z. B. als lila, weiß, schwarz, braun, grünblau und hier eben als grau bezeichnet werden.

Anmerkung: Erstmals veröffentlicht in: Romanische Forschungen 116 (2004), 214–222.

ein. Andere melden dem Herzog von dem Ereignis. Dieser läßt dem Fremden gebieten, sich ihm vor dem Weiterritt vorzustellen. Der Fremde antwortet, er werde am Morgen bis zur Prime für den Herzog bereitstehen,[3] reitet dann aber schon bei Tagesanbruch weiter. Der erzürnte Herzog äußert den Verdacht, das sei ein böser Geist gewesen; doch seine Leute, auf die der Fremde einen sehr positiven Eindruck gemacht hat, antworten ihm, der Fremde rechne wohl als Prime einen früheren Zeitpunkt als der Herzog und sei deshalb nicht wortbrüchig geworden. Der Gastgeber des Fremden erzählt, er habe diesen nach der Abendmahlzeit in einem langen Gespräch am Feuer nach der Zukunft der Herzogsdynastie gefragt und die Antwort erhalten, von Rollo an würden neun Herzöge kraftvoll regieren. Nach dem zehnten befragt, habe der Fremde nur nachdenklich die Furchen, die er mit einem Stock in die Asche gezeichnet hatte, wieder eingeebnet. Er habe dem Gastgeber übrigens die Scheide zu dem in Avranches vergessenen Messer geschenkt. Der Herzog sendet nach Avranches, und siehe da, der Bote kommt mit dem Messer zurück.

Benoît schließt nun die Betrachtung an, daß sich die Prophezeiung voll bewahrheitet habe: nach dem neunten Herzog, König Heinrich I., habe sich der zehnte (nämlich Benoîts Gönner König Heinrich II.) erst gegen ungeheure Widerstände schließlich glorreich durchgesetzt. In der Tat: Da Heinrich I. 1135 bei seinem Tod keine legitimen Söhne, wohl aber durch seine Tochter Mathilde seinen damals zweijährigen Enkel Heinrich II. hinterließ, war dieser in Heinrichs I. wie in Benoîts Denken der legitime Erbe; daß bis zu seiner Großjährigkeit ein Zwischenherzog Gottfried von Anjou und ein Zwischenkönig Stephan von Blois auftreten sollten, ist in der Perspektive ‹Rolloniden als Normannenherzöge› irrelevant.[4]

Als 1883 Hugo Andresen erstmalig Benoîts Chronik quellenkritisch untersuchte, ging er auf die Gestalt des ‹geheimnisvollen Fremden› nicht ein, konnte aber die lat. Quelle der Episode aufzeigen:[5] die sog. *Additamenta ad Historiam Normannorum*, Zusätze zu den – wie man heute sagt – *Gesta Normannorum Ducum* des Wilhelm von Jumièges. Und zwar gehört unser Zusatz wie das ganze Buch VIII der *Gesta* zur heute so genannten Redaktion F, die Robert de Torigny um 1139 besorgte und die auch sonst Benoîts Hauptquelle ist.[6]

---

[3] Der Fortgang der Erzählung zeigt, daß der Fremde nicht etwa zum Herzog zu kommen, sondern ihn zu erwarten versprach!
[4] Andresen (1883: 340) vermißt in Benoîts Liste Wilhelm den Roten – aber der war doch nie Normannenherzog!
[5] Andresen (1883: 338–340) zitiert nach Duchesne (1619: 315 D), nachlesbar auch bei Migne PL 149. 910C–911C. Moderne Ausgabe und Übersetzung: Van Houts (ed., 1992–1995: 2.282–287).
[6] Van Houts (ed., 1992–1995): 1, S. LXXIX–XC. Das Originalms. dieser Redaktion ist erhalten, ibd. CIX f.; außerdem liegt sie in 22 Hss. vor, ibd. CXXVI ff. Durch ein bloßes Versehen erklärt

Statt wie Benoît von neun kraftvoll regierenden Herzögen spricht Robert de Torigny von sieben Generationen, was auf dasselbe hinausläuft, da auf Richard III. sein Bruder Robert II., auf Robert Courteheuse sein Bruder Heinrich I. folgte.[7] Was die dunkle Zeit nach der siebten Generation betrifft, so bemerkt Robert de Torigny zutreffend, «wir, die wir Heinrich I. überlebt haben», steckten jetzt in der Krise.[8]

Auch Robert de Torigny seinerseits folgt eng einer schriftlichen Quelle, der sog. *Brevis relatio de Guillelmo Conquestore*, die uns eindeutig schon aus der Zeit Heinrichs I. vorliegt, nämlich in einer Form aus den Jahren 1114–20 und einer ältesten Hs. aus den Jahren 1120–28. Zugesetzt hat Robert nur die Bemerkung, man lebe jetzt in der Krisenzeit nach der siebten Generation.[9] Die Auszählung der sieben Generationen bis zu Heinrich I. gehört aber schon der *Brevis Relatio* an, auch wenn sie dort drei heutige Druckseiten vor unserer Erzählung erscheint.[10]

Daß nun die Episode eine Erfindung der Zeit Heinrichs I. oder gar des Autors der *Brevis Relatio* selbst wäre, ist sehr unwahrscheinlich. Denn erstens erklärt der Autor einleitend, er habe die folgende Episode aus dem Munde vieler vernommen, die sie als wirklich geschehen bezeichneten. Und zweitens wird so

---

van Houts ibd. XCIV global, Benoît habe ‹die› *Additamenta* ausgelassen. Das stimmt gerade für unsere Episode nicht; das richtige Verhältnis hatte van Houts selbst (1984: 120–122) sehr klar dargestellt. Zu beanstanden ist dort nur, daß sie von einem *knight from Brittany* spricht *who came to Rouen in the days of Henry I*. Weder Benoît noch seine lat. Vorlage (noch deren sogleich zu besprechende Vorlage) lassen einen Zweifel daran, daß der Ritter nur zufällig an diesem Morgen von Rennes aufgebrochen ist und daß die Episode zur Zeit Rollos spielt, nach dem lat. Text *eo tempore, quo primum pacificatus est cum rege Francie* – also kurz nach 911, während Benoît die Episode, als er sie aus ihrer Nachtragsposition herausholte, in die Rollo-Biographie so einordnete, daß man glauben könnte, sie habe nach 922–23 stattgefunden (s. oben Anm. 1)

7 Irrig wiederum der Vorwurf von Andresen (1883: 340), Richard III. sei vergessen.

8 Von diesem (scheinbaren) Zählungsunterschied und dem zeitgerechten Lob Heinrichs II. abgesehen, hat Benoît seine Quelle nur in zwei Einzelheiten erweitert bzw. verändert: er hat hinzuerfunden, daß der Fremde an einem schönen Februarfesttag in Rouen ankam (was die Menge der Zuschauer plausibel macht), und er hat den Fremden in Avranches nach der dritten statt zur sechsten Tagesstunde speisen lassen (was den relativen Entfernungen Rennes–Avranches–Rouen besser gerecht wird). Insgesamt darf man das eine intelligente, zwar auf den königlichen Gönner schielende, aber in der Substanz treue Bearbeitung nennen – eine Charakterisierung, die Benoîts Chronik auch als Ganzes verdient.

9 Zum Verhältnis von Robert de Torignys Fassung der *Gesta Normannorum Ducum* zur *Brevis Relatio* vgl. van Houts (1984: 121 und ed. 1992–95, 1: LXXXV, XC f.); zu den Fassungen und Hss. der *Brevis Relatio* van Houts (1987: 164, 180–183). Der Text der *Brevis Relatio* bei Giles (1845: 1–23, unser Passus 17 f.).

10 Giles (1845: 14); Van Houts (ed. 1992–95: 1: LXXXV mit Anm. 246).

leicht doch niemand die Regierungszeit des gegenwärtigen Herrschers als die wahrscheinlich letzte glückliche Epoche bezeichnen und damit das Unheil geradezu herbeireden. Wahrscheinlicher ist, daß sich die magische Zahl Sieben hier einnistete, als sie noch weit in die Zukunft wies. Doch auch wenn wir zur Frage der Entstehungszeit keine autoritative Antwort zu bieten haben, lohnt es, die Episode zu analysieren.

Die Hauptgestalt reitet auf einer bewegten Wasserfläche, ohne sie zu berühren, und legt bequem Tagereisen zurück, die menschliches Vermögen um ein Mehrfaches übersteigen; sie bleibt anonym selbst gegenüber ihrem freiwilligen Gastgeber, wird von diesem aber ohne weiteres – und wie sich zeigt, zu Recht – für fähig gehalten, bis in die ferne Zukunft zu blicken; sie diktiert in Mißachtung der menschlichen Hierarchie dem Herzog enge Bedingungen für ein mögliches Treffen und setzt beim ersten Tageslicht eine Fahrt fort, von der in diesem Erzählhorizont nie der Anfangs- noch der Endpunkt noch der Sinn zu erfahren sein werden. Gerade weil hier verschiedene, voneinander logisch unabhängige übernatürliche Fähigkeiten zusammenkommen, handelt es sich sichtlich – obwohl der Reiter auf Fragen nach seiner Identität sich selbst kryptisch als ‹einen Menschen› bezeichnet – um eine übernatürliche Gestalt, die nur ‹auf der Durchreise› durch die Normandie kommt.

Da die Autoren der erhaltenen Fassungen Christen sind, müssen wir uns zunächst bemühen, die Episode in den Kategorien christlicher Übernatürlichkeit zu verstehen. Aber gerade das will nicht gelingen. Daß der Reiter kein böser Geist ist, schließen schon die Zeitgenossen daraus, daß er ihnen über seinen Ritt von Avranches aus die Wahrheit gesagt hat, Spätere dann daraus, daß seine Prophezeiungen eintreffen. Aber ebenso wenig gelingt es, in ihm einen Engel zu sehen. ‹Normalerweise› kommen Engel vom Himmel herab und kehren dorthin zurück, erscheinen und verschwinden wohl auch übergangslos. Sie können auch vorgeben, auf Reisen zu sein wie die drei Engel von Abraham, oder sie können einen Reisenden schützend begleiten wie Raphael den Tobias. Doch unser Reiter vollführt einsam seine Gewaltritte, die sein Dauerschicksal zu sein scheinen.

So werden wir auf heidnische Vorstellungen und damit im wesentlichen auf die altnordische Überlieferung verwiesen. Dort ziehen einige Erzählungen schon durch die Gesamtstruktur unsere Aufmerksamkeit auf sich. Daß sie in der uns vorliegenden Form erst aus der Zeit zwischen etwa 1200 und kurz nach 1300 stammen, erklärt sich zum Teil schon aus den Überlieferungsverhältnissen altnordischer Prosa überhaupt und sagt über die Entstehungszeit zumindest ihrer Vorstufen und des Erzähltyps noch nichts aus.

Um 1208 soll bei einem Schmied in Nesjar ein Reiter um Nachtquartier gebeten haben. Während er am nächsten Morgen sehr früh sein Pferd beschlagen läßt, erzählt er, die Nacht vor seinem Hierherkommen habe er in Medaldal in Telemark zugebracht, die kommende werde er in Sparmork auf dem Weg nach Schweden verbringen. Der Schmied hält beides für unmöglich; Sparmork liegt sieben Tagesritte entfernt. Der Fremde hat den Schmied schon einen unverständigen und unweisen Mann genannt, weil er nichts frage. Jetzt nennt sich Odin mit Namen, setzt mit dem Pferd aus dem Stand über einen hohen Zaun und ist verschwunden. Kurz darauf findet in Schweden die Schlacht von Lena statt.[11]

Hier ist also der Zweck seiner ruhelosen Ritte noch erkennbar: er eilt auch jetzt noch von Schlacht zu Schlacht, offenbar doch, um in sie einzugreifen. Insofern bleibt ihm in dieser Erzählung noch viel von seiner alten Funktion. Wenn demgegenüber unsere normannische Erzählung seinen Ritten nicht etwa eine andere, sondern gar keine Funktion zuweist, so muß sich die Frage melden, ob nicht in der früher christianisierten Normandie diese Erzähllücke einfach auf einem opportunen Verschweigen der einst identischen Funktion beruht – wobei ein Erzähler zunächst sogar darauf rechnen konnte, daß die Zuhörerschaft dies nicht als Informationslücke, sondern als beredtes Verschweigen – *sapienti sat!* – verstand. Selbst in den ‹klassischen› Zeugnissen der altnordischen Religion trat Odin ja meist anonym oder pseudonym auf; gab er sich indirekt zu erkennen (wie in der *Vafthrúðnismál* und den *Heiðreksrätseln*) oder nannte er sich gar namentlich (wie in der *Grímnismál*), so bedeutete dies für seinen nichtgöttlichen Gesprächspartner den Untergang.

Da Rollo erst als Erwachsener Christ wurde, sind für uns auch jene vier Erzählungen von Interesse, bei denen Odin an die beiden Norwegerkönige herantritt, die in derselben Lage sind: je zwei Erzählungen über Olaf Tryggvason und Olaf den Heiligen. Sie sind, wie zu erwarten, prochristlich tendenziös, aber in verschiedenem Grade.[12]

Olaf Tryggvason erhält eines Abends Besuch von einem Einäugigen, der ihn großartig bis in die späte Nacht mit seiner unerschöpflichen Kenntnis fremder Länder und alter Zeiten unterhält. Am nächsten Morgen ist der Fremde nicht mehr zu finden, hat aber den Köchen Fleischbrocken für das Mahl des Königs übergeben. Daran erkennt der König nun Odin und läßt das Fleisch wegschaffen.[13]

Aggressiver reagiert Olaf der Heilige. Ein Fremder mit dem Decknamen Gest (‹Gast›) erzählt dem König abends viel von den Vorzeitkönigen. An einer Frage,

---

11 *Hákonarsaga Sverrissonar* Kap. 20.
12 Zusammenhängend behandelt sie z. B. Golther (1908: 342–44).
13 Snorri Sturluson, *Óláfssaga Tryggvasonar* Kap. 64 (dt.: Thule 14.271 f.); *Óláfssaga Tryggvasonar hin mesta* Kap. 198.

die Olafs Christenglauben in Versuchung bringen könnte, erkennt der König Odin und schlägt nach ihm mit dem Meßbuch; Odin verschwindet.[14]

Auch die beiden verbleibenden Erzählungen werden üblicherweise als Odinerzählungen verstanden. Hier kommt Odin unter den Decknamen Nornagest (‹Nornengast›) bzw. Tóki zu Olaf Tryggvason bzw. Olaf dem Heiligen, erzählt auch hier abends spannend aus uralten Heldenzeiten, an denen er selbst teilgenommen zu haben erklärt, empfängt dann aber auf eigene Bitte die Taufe und stirbt als Christ.[15]

Die beiden letztgenannten Erzählungen wollen also den Heidengott in Frieden, doch unwiderruflich begraben; die beiden ersten lassen ihn als verführerischen Dämon weiterleben. In allen vier Erzählungen aber bewährt sich der erst im Erwachsenenalter getaufte König gegenüber dem unheimlichen abendlichen Geschichtenerzähler als Christ. «So verschieden die Berichte im einzelnen auch sind, die Grundlage bleibt überall dieselbe» (Golther 1908: 342).

Lenken wir von hier aus den Blick auf Rollo zurück, so wird klar, daß bei ihm dieselbe Erzähltendenz wirkt. Jeden Gedanken an eine Sympathie oder gar Kollusion des Herzogs mit dem dubiosen und im Christenglauben nicht unterzubringenden Fremden macht der Erzähler von vornherein unmöglich, indem Rollo gar nicht mit ihm zusammentrifft, ja als einziger ihn als böses *phantasma* verdächtigt. Der Christenglaube des Neuchristen soll auch hier außer allem Zweifel stehen. Man kann es deshalb schwerlich für Zufall halten, wenn sich auch die normannische Erzählung gerade an den konvertierten Herrscher heftet und nicht an eine andere Generation. Die Konversion ist das Ereignis, das Erzähler und Publikum noch einmal und vielleicht zum letzten Mal magisch an den ‹Fremden› denken läßt, und der Konvertit bzw. in unserem Fall seine ganze Dynastie muß gestärkt daraus hervorgehen.

Aber passen nun die sonstigen Eigenschaften des Reiters zu Odin? Durchaus:

– Er reitet über die Wellen. Über das Meer ritt auch jener geheimnisvolle Einäugige hinweg, der sich des jungen vaterlos umherirrenden Helden Hadding angenommen, ihn mit einem Zaubertrank gestärkt und ihm ein Stück Zukunft verkündet hatte – eine eindeutige Odinserscheinung.[16]

– Unser Reiter ist ein stattlicher Mann: *Bel home i out a grant maniere / De cors, de façon et de chere*. Und von Odin sagt Snorri:[17] «er war so schön und

---

14 *Óláfssaga helga*, Anhang in den *Fornmanna sögur* 5.171 f.
15 *Nornagests Tháttr* (dt.: Thule 21.199–218); *Tháttr Tóka Tókasonar* (*Fornmanna sögur* 5.299–303).
16 Saxo Grammaticus, *Gesta Danorum* I 6 (Holder S. 24, dt. Herrmann 1901: 28 f.).
17 Snorri Sturluson, *Ynglingasaga* Kap. 6 f., auch zum Folgenden (dt.: Thule 14.31 ff.); vgl. auch Golther (1908: 309 f.).

vornehm anzuschauen, wenn er bei seinen Freunden saß, daß allen das Herz darüber lachte; aber wenn er im Heer war, da schien er seinen Feinden grimmig».
- Unser Reiter gewinnt das Vertrauen aller, die mit ihm zusammentreffen. Und Odin, wieder nach Snorri, besaß «die Kunst, daß er beredt und glatt sprach, daß das allein allen, die es hörten, wahr däuchte».
- Vor allem: Unser Reiter blickt in die Zukunft. Das konnte natürlich auch der ‹Gott der Weisheit›: Durch seine Zauberkunst vermochte er, um abermals Snorri zu zitieren, «die Geschicke der Leute und ungeschehene Dinge zu wissen».

Man kann es nicht leugnen: unsere ganze Erzählung kommt einer Odinserzählung so nahe, daß von Zufall keine Rede sein kann. Damit ist freilich noch nicht entschieden, ob einst der erste Erzähler
1. Odin namentlich nannte oder
2. ihn anonym beließ, aber erkannt wissen wollte oder schließlich ob er
3. unter Benutzung eines schon in der De-Wodanisierung befindlichen Erzählschemas[18] *bona fide* einfach von einem geheimnisvollen Fremden sprach.

Die *erste* dieser Annahmen hätte reale Chancen nur, wenn wir den Mut hätten, die Erzählung wirklich in die Zeit Rollos zu datieren. Rollo kommt nach Frankreich als Führer einer Gefolgschaft, deren Bindung prinzipiell nicht erblich ist; er sieht bei seinen neuen Pairs faktische Erblichkeit und will nun auch eine Dynastie gründen. Die Haupttradition der Normannenhistoriker wird ihn als ehrlichen Christen bezeichnen; aber wenige Jahrzehnte nach seinem Tod behauptet eine Fassung des um 942 entstandenen *Planctus* auf seinen frommen Sohn Wilhelm Langschwert, Rollo sei als Heide gestorben,[19] und ein knappes Jahrhundert später erklärt Adémar von Chabannes gar, Rollo habe auch nach der Taufe christliche Gefangene den Heidengöttern geopfert[20] – nach unserem Wissen über die altgermanische Religion hieße das essentiell: dem Odin. Stimmt wenigstens die Grundtendenz beider Nachrichten, so kann Rollo gerade an die Adresse seiner alten heidnischen und schwer zum erblichen Gehorsam bereiten

---

18 Nach einer auch heute wohlvertretbaren Forschungsmeinung beruhen ja die zahllosen Sagen vom Wilden Jäger und von seinen regionalen Ersatzgestalten in fast dem ganzen germanischen Sprachgebiet letztlich auf einer De-Wodanisierung, ohne daß die ‹normalen› Erzähler und Hörer das noch merken.
19 Vgl. Douglas (1942: 433).
20 *Historia* III 20. Die längere Fassung C präzisiert, er habe beim Nahen seines Todes den Heidengöttern hundert christliche Gefangene, dem Christengott hundert Pfund Gold geopfert.

Mitkämpfer eine Prophezeiung im wirksamsten Namen, nämlich Odins, in Umlauf gesetzt haben nach dem Motto: Die Gottheit selbst verlangt von euch Gehorsam gegenüber dem neuen Herzogsgeschlecht.

Von Wilhelm Langschwert an sind die Herzöge unbezweifelte Christen: eine offene Odinsprophezeiung zugunsten ihrer selbst könnten sie nicht mehr ohne Skandal in Umlauf setzen, und ihre noch heidnischen Gegner täten es aus Interessegründen erst recht nicht. Aber in der Normandie koexistieren weiterhin zwei Religionen. In Lisieux und Avranches scheinen die Bischofsstühle bis 990 leerzustehen, fünf Bischöfe des westnormannischen Bistums Coutances müssen überhaupt im ostnormannischen Rouen residieren.[21] Der große westnormannische Aufstand des Riulf von 933/35 gegen Wilhelm Langschwert ist ein skandinavischer und damit essentiell ein heidnischer Aufstand; er ist zunächst erfolgreich bis unter die Mauern von Rouen. Auch auf Wilhelms Ermordung folgt klar eine heidnische Reaktion. Doch sogar die Herzöge selbst verschmähen im Kampf gegen Zentralfranzosen nach 942 und 965 nicht die Hilfe von Flotten aus dem heidnischen Skandinavien; erst die dritte und letzte solche Aktion 1014–15 steht unter Olaf, dem späteren Heiligen. Noch 1047 droht in der Schlacht von Val-ès-Dunes die Normandie im Kampf zwischen Westnormannen und Ostnormannen (diese jetzt verbündet mit Zentralfranzosen) zu zerbrechen,[22] und noch bis 1066 konzentrieren sich die normannischen Klöster mit Ausnahme des Mont-Saint-Michel in frappantem Maße auf die Ost- und Mittelnormandie.[23] In der Westnormandie fehlt damit großenteils noch jene mönchische Aktivität, die zunächst einmal den Adel auch innerlich an das Christentum heranführt. Was selbst in der Oberschicht noch möglich ist, zeigt eine Anekdote. Der Erzbischof Mauger von Rouen, ein Sohn Richards II. und damit Onkel Herzog Wilhelms, des künftigen Eroberers, zog sich nach seiner Absetzung 1054 in die Westnormandie einschließlich der Kanalinseln zurück. Noch mindestens ein halbes Jahrhundert später erzählte man sich dort, Mauger habe ständig Gespräche geführt mit *un deiable [...] privé* namens *Toret*;[24] nach Abzug der romanischen Hypokoristikon-Endung *-et* ist das der Gottesname Thor. Wenn nun heidnisches Glaubensgut, jetzt als Aberglaubensgut, selbst bei einem in der Ostnormandie

---

21 Douglas (1942: 433).
22 Gegenstandslos ist allerdings die immer mal wieder (z. B. bei Léonard 1948: 38) auftauchende Behauptung, in dieser Schlacht hätten die Heiden noch *Thor aïe!* gerufen; sie beruht auf einer Manipulation am Text des *Roman de Rou*.
23 Douglas (1995: 120 f.)
24 *Roman de Rou* III 4577, 4578, 4580. Wace selbst wurde um 1110 auf der Kanalinsel Jersey geboren und hat zweifellos dort in seiner Jugend diese Lokaltradition gehört (Holden ed. 1970–73, Bd. III 15 und 164).

aufgewachsenen Mitglied der Oberschicht durch ein Zufallszeugnis noch so spät für uns dokumentierbar ist – wie viel stärker und länger mag es im Verborgenen speziell bei den Unterschichten und speziell im Westen weitergeblüht haben? Alles das macht dann auch die obengenannte *dritte* Möglichkeit sehr unwahrscheinlich: man kann nicht gut – spätestens gegen 1100 – in der Normandie unsere alles andere als naiv-einfache Erzählung erfinden, ohne überhaupt zu merken, welcher heidnisch abergläubischen Interpretation sie fähig ist. Und eine Interpretation, die ein Autor voraussieht und nicht abblockt, sondern zumindest billigend in Kauf nimmt, ist eine legitime Interpretation.

Damit optieren wir also für die *zweite* Interpretationsmöglichkeit. Unsere Erzählung, Tendenzerzählung eines Christen zugunsten des Herzogshauses, richtet sich von vornherein auf die breite Grauzone im damaligen durchschnittlichen normannischen Bewußtsein zwischen christlichen und heidnischen Vorstellungen. Die Erzählung ist ambivalent genug, um einerseits christlichem Denken gerade noch kein Ärgernis zu geben, andererseits heidnisches Denken bzw. dessen zum Aberglauben gewordene Reste erschauern zu lassen bei der Frage, wer sich hinter dem ‹Fremden› verbirgt – und je größer dieser Schatten ist, desto schicksalsschwangerer natürlich auch seine Prophezeiung. Insgesamt wirkt die Erzählung also gerade durch ihre Ambivalenz integrierend.

Was das Entstehungsdatum angeht, neigen wir zu einer gemäßigten Frühdatierung, damit in der Zahl von sieben Generationen zunächst noch eine Verheißung steckt und nicht ein Countdown. Robert de Torigny trägt die Prophezeiung dann durch ihre eigene und der Normandie Krise, Benoît schließlich hat das Glück und das Darstellungsgeschick, sie, die jetzt zur Gänze Geschichte geworden ist, mit neuem Glanz auszustatten.

Bibliographie

Andresen, Hugo, 1883/1886: «Über die von Benoît in seiner normannischen Chronik benutzten Quellen, insbesondere sein Verhältnis zu Dudo, Wilhelm von Jumièges und Wace». In: *Romanische Forschungen* 1.327–412, 2. 477–538.
Benoît: s. Fahlin.
Brevis Relatio: s. Giles.
Douglas, David C., 1942: «Rollo of Normandy». In: *The English Historical Review* 228.417-36.
Douglas, David C., 1995: Wilhelm der Eroberer, Herzog der Normandie. [Dt. Übs. von *William the Conqueror*, London.] ²München.
Duchesne, André, ed., 1619: *Historiae Northmannorum Scriptores antiqui*. Paris.
Egilsson, Sveinbjörn [u. a.], edd., 1825–37: *Fornmanna sögur eptir gömlum handritum*, 12 Bde., Kopenhagen.
Fahlin, Carin, ed., 1951–54: *Chronique des Ducs de Normandie par Benoît*, Bd. I, II, Uppsala. [S. auch Södergård.]

Fornmanna sögur, s. Egilsson [u. a.].
Giles, John Allen, ed., 1845: *Scriptores rerum gestarum Wilhelmi Conquestoris*, London [Nachdruck New York (Franklin) 1967].
Golther, Wolfgang, 1908: Handbuch der germanischen Mythologie. ²Leipzig.
Hákonarsaga Sverrissonar, z. B. in: *Konunga Sögur*, ed. Gudni Jónsson, Reykjavik 1957.
Herrmann, Paul, 1901: Erläuterungen zu den ersten neun Büchern der Dänischen Geschichte des Saxo Grammaticus, I, Übersetzung, Leipzig.
Holden, A. J., ed. 1970–73: *Le Roman de Rou de Wace*. 3 Bde., Paris (Picard, Société des Anciens Textes Français).
Léonard, Émile-G., 1948: *Histoire de la Normandie*. Paris (PUF; Que sais-je 127).
Migne, J.-P.: *Patrologiae cursus completus [...] Series secunda in qua prodeunt patres [...] ecclesiae latinae*, 221 Bde,. Paris 1844–64.
Olrik, Jörgen und Raeder, Hans, edd., 1931: *Saxonis Gesta Danorum [...]* I (Text), Kopenhagen.
Saxo Grammaticus: s. Olrik/Raeder.
Nornagests Tháttr, Teil von [Bergr Sokkason?] *Ólafssaga Tryggvasonar hin mesta*; s. diese.
Óláfssaga Tryggvasonar hin mesta, ed. Ólafur Halldórsson, 3 Bde., Kopenhagen 1958 ff. (Editiones Arnamagnaeanae A1–3).
Snorri Sturluson, *Heimskringla*, ed. Bjarni Adalbjarnarson, 3 Bde., Reykjavik 1941–51 (Íslenzk fornrit).
Snorri Sturluson, *Óláfssaga Tryggvasonar*, Teil der *Heimskringla*; s. diese.
Snorri Sturluson, *Ynglingasaga*, Teil der *Heimskringla*; s. diese.
Södergård, Östen, 1967: wie Fahlin 1951–54, Bd. III, *Glossaire*. Lund.
Tháttr Tóka Tókasonar, in: *Fornmanna sögur* 5.299 ff.; s. Egilsson [u. a.].
Thule. Altnordische Dichtung und Prosa. 24 Bde. und Einleitungsband, Jena 1912–30. [Nachdruck mit neuen Nachworten Darmstadt 1963–67.]
Van Houts, Elisabeth, 1984: «The adaptation of the *Gesta Normannorum Ducum* by Wace und Benoît». In: *Non Nova, sed Nove. Mélanges de civilisation médiévale dédiés à Willem Noomen*, ed. Martin Gosman und Jan van Os, Groningen 1984, 115–124.
Van Houts, Elisabeth, 1987: «The ship list of William the Conqueror». In: *Anglo-Norman Studies* (Proceedings of the Battle Conference) 10.159–183.
Van Houts, Elisabeth, ed., 1992–95: *The Gesta Normannorum Ducum of William of Jumièges, Orderic Vitalis, and Robert of Torigni*, Oxford.
Wace: s. Holden.
Wilhelm von Jumièges: s. Van Houts, ed., 1992–95.

www.ingramcontent.com/pod-product-compliance
Lightning Source LLC
Chambersburg PA
CBHW031409230426
43668CB00007B/251